12065911 VEREDA DIGITAL GRA EM TEXTOS ED3

Acesse
www.moderna.com.br/ac/livro
e siga as instruções para fazer o
download do **livro digital**.

CÓDIGO DE ACESSO:

A 00028 VEREGRA U 63900

MODERNA

Vereda Digital

Gramática
em textos

Volume único

Leila Lauar Sarmento

Licenciada em Letras pela Universidade Federal de Minas Gerais.
Professora na rede pública e em escolas particulares de Belo Horizonte por 35 anos.
Coordenadora em escolas do Ensino Fundamental e do Ensino Médio por 13 anos.

Livro acompanhado por um DVD.

3ª edição

MODERNA

MODERNA

Coordenação editorial: Áurea Regina Kanashiro
Edição de texto: Débora Missias Alves, José Gabriel Arroio, José Paulo Brait
Assistência editorial: Solange Scattolini
Preparação de texto: Áurea Faria
Coordenação de *design* e projetos visuais: Sandra Botelho de Carvalho Homma
Projeto gráfico: Everson de Paula, Rafael Mazzari
Capa: Everson de Paula
Foto da capa: Bioraven/Shutterstock
Coordenação de produção gráfica: André Monteiro, Maria de Lourdes Rodrigues
Coordenação de arte: Maria Lucia Couto, Tais Nakano
Edição de arte: Rodolpho de Souza
Ilustrações: Andre Toma, Andréa Vilela, Carlos Caminha, Daniel Bueno, Felipe Santos, Orlandeli, Walter Vasconcelos e Weberson Santiago
Cartografia: Alessandro Passos da Costa, Anderson de Andrade Pimentel, Fernando José Ferreira
Editoração eletrônica: APIS design integrado
Coordenação de revisão: Elaine Cristina del Nero
Revisão: Alexandra Costa, Ana Paula Luccisano, Márcia Leme, Maristela S. Carrasco, Sandra Garcia Cortés, Viviane T. Mendes
Pesquisa iconográfica: Denise Durand Kremer
As imagens identificadas com a sigla CID foram fornecidas pelo Centro de Informação e Documentação da Editora Moderna.
Coordenação de *bureau*: Américo Jesus
Tratamento de imagens: Arleth Rodrigues, Bureau São Paulo, Fabio N. Precendo, Rodrigo Fragoso, Rubens M. Rodrigues, Wagner Lima, Marina Mantovanni
Pré-impressão: Alexandre Petreca, Everton L. de Oliveira Silva, Hélio P. de Souza Filho, Marcio H. Kamoto
Coordenação de produção industrial: Wilson Aparecido Troque
Impressão e acabamento: Prol Editora Gráfica
Lote: 207047

Dados Internacionais de Catalogação na Publicação (CIP)
(Câmara Brasileira do Livro, SP, Brasil)

Sarmento, Leila Lauar
Gramática em textos: volume único / Leila Lauar Sarmento. – 3. ed. – São Paulo: Moderna, 2012

Bibliografia
1. Português (Ensino médio) – Gramática
I. Título.

11-03151 CDD-469.507

Índice para catálogo sistemático:
1. Gramática : Português : Ensino médio 469.507

978-85-16-06591-1 (LA)
978-85-16-06592-8 (LP)

EDITORA MODERNA LTDA.
Rua Padre Adelino, 758 - Belenzinho
São Paulo - SP - Brasil - CEP 03303-904
Vendas e Atendimento: Tel. (0_ _11) 2602-5510
Fax (0_ _11) 2790-1501
www.moderna.com.br
2017
Impresso no Brasil

1 3 5 7 9 10 8 6 4 2

Apresentação

Tendo em vista as novas propostas no ensino da língua portuguesa, incluímos nesta edição estudos sobre linguística, linguagem, língua, variações linguísticas, textualidade e outros temas de interesse do aluno e do professor no estudo da gramática.

Além dessa abordagem, acrescentamos um capítulo sobre semântica e ampliamos as questões sobre estilística, dada a relevância desses conteúdos no trabalho com o texto. Nesta nova edição, os exercícios apresentam também questões sobre coesão e coerência, oralidade e escrita, texto e discurso e intertextualidade.

Como nas edições anteriores, os conhecimentos linguísticos são focalizados em textos de diferentes gêneros. E o que já é uma característica desta obra: a seleção criteriosa de textos permite a qualquer estudioso da língua conhecer seu uso em diferentes contextos de interação verbal e de circulação na mídia. Esse trabalho tem contribuído para que o estudo gramatical e linguístico se fundamente na reflexão e no conhecimento prático, possibilitando melhor compreensão e uso da língua como instrumento de integração social.

Outra novidade constitui o DVD do aluno, que apresenta, entre outros conteúdos, questões do Enem e de vestibulares. Foram selecionadas questões de múltipla escolha e dissertativas, com diferentes níveis de dificuldade, para cada uma das partes que compõem os estudos gramaticais desenvolvidos. Essas questões são acompanhadas das respostas e de comentários esclarecedores.

Nosso objetivo é fazer que o usuário da língua portuguesa conheça e empregue com adequação diferentes linguagens, aperfeiçoando seu domínio na comunicação oral e escrita. Esperamos que este novo trabalho atenda a essa proposta.

A autora

Organização do livro

O livro *Gramática em textos*, da coleção **Vereda Digital**, está estruturado em cinco partes, identificadas por cores diferentes, e 29 capítulos, com exposição teórica sucinta e abrangente, além de muitos exercícios de aplicação. No final, há o "Índice de assuntos", para facilitar a localização de um assunto específico.

Os conteúdos gramaticais são introduzidos sempre com base em textos de diferentes gêneros (seção "No texto"), têm sua exposição teórica desenvolvida com a utilização de muitos exemplos (seção "Em contexto") e uma aplicação imediata por meio de exercícios variados, em sua maioria baseados em textos de diversos tipos (seção "Aplicação"). Uma novidade interessante é a seção "Ponto de vista", permeando os estudos gramaticais.

Gramática em textos

CAPÍTULO 11

Elementos estruturais do verbo

No texto

Leia este anúncio publicitário:

Este produto pode ser encontrado nos principais supermercados e também em: www.kitemcasa.com.br

1. Nessa propaganda, que produto o anunciante visa promover?
2. Quais são as qualidades desse produto destacadas no anúncio e que o põem em vantagem em relação à toalha de papel?
3. De que maneira a frase da parte superior da propaganda dialoga com a imagem?
4. Observe, nessa frase da parte superior do anúncio, as formas verbais *utilize*, *reutilize* e *utilizar*. O que você percebe quanto à estrutura ou à formação delas?

246

Seleção e combinação das palavras

CAPÍTULO 15

- **Predicado verbal**: "*releio o bilhete*" – tem um **núcleo verbal** constituído por um **verbo significativo** (transitivo ou intransitivo).
- **Predicado verbo-nominal**: "*e **ando** assim **sozinho***" – tem como núcleos um **verbo significativo** (núcleo verbal: *ando*) e um **nome** (núcleo nominal: *sozinho*). No exemplo destacado, o núcleo nominal se relaciona ao sujeito, mas ele também pode se relacionar ao complemento do verbo, como veremos adiante.

Em contexto

Predicado nominal

Leia estes versos de um poema de Jorge de Lima (1893-1953), poeta da segunda geração modernista – os versos curtos com rimas encadeadas dão ritmo e leveza ao texto, que celebra a chegada do descanso dominical:

Domingo

Amanhã é domingo pede cachimbo.
O galo monteiro pisou na areia
A areia é fina deu no sino
O sino é de prata deu na mata
A mata é valente deu no tenente
[...]

LIMA, Jorge de. In: BUENO, Alexei (Org.). *Jorge de Lima*: poesia completa. Rio de Janeiro: Nova Aguilar, 1997. p. 268. (Fragmento).

Observe que há orações em que se empregou o verbo *ser* como verbo de ligação, isto é, ligando uma qualidade ou característica ao sujeito. Nesse caso, não é o verbo que transmite informações sobre o sujeito. A informação que temos sobre o sujeito advém somente do termo que o qualifica (**predicativo do sujeito**). Como o núcleo desse predicado é um **nome**, o predicado é chamado de **predicado nominal**. Observe:

"*Amanhã* ***é domingo***" — *Amanhã*: sujeito; *é domingo*: predicado nominal; *domingo*: predicativo do sujeito

"*A areia* ***é fina***" — *A areia*: sujeito; *é fina*: predicado nominal; *fina*: predicativo do sujeito

"*O sino* ***é de prata***" — *O sino*: sujeito; *é de prata*: predicado nominal; *de prata*: predicativo do sujeito

"*A mata* ***é valente***" — *A mata*: sujeito; *é valente*: predicado nominal; *valente*: predicativo do sujeito

Veja outros exemplos de orações com verbos de ligação:

A viagem ***continuava*** *tranquila.*
A venda do imóvel ***tornou-se*** *um problema judicial.*
O expositor ***pareceu****-me um pouco nervoso.*
Um trecho da rodovia ***ficou*** *interditado.*

353

Seção "Em contexto"
Essa seção faz a exposição teórica do conteúdo gramatical introduzido na seção "No texto". Traz conceitos, exemplos e observações relativas a cada assunto, facilitando a aprendizagem da gramática.

Seção "No texto"
Com base em uma leitura de texto – que pode ser um poema, uma tira, uma charge, uma propaganda, etc. –, essa seção introduz o assunto gramatical a ser estudado. A exploração do texto abrange ainda questões de entendimento e interpretação.

Seção "Aplicação"
Trata-se de uma seção de atividades de aplicação dos conhecimentos teóricos expostos. Para cada assunto, há uma seção desse tipo, com grande variedade de exercícios elaborados com base em poemas, trechos de contos e de romances, tiras, notícias de jornal, artigos de revista, cartuns, propagandas, etc. Facilita a aprendizagem da gramática de modo agradável.

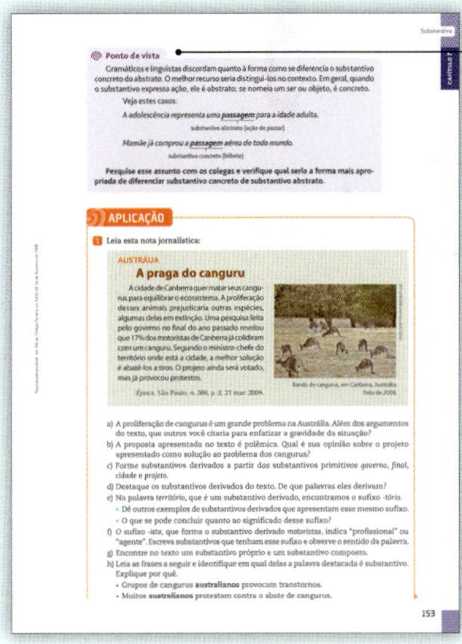

Seção "Ponto de vista"
É uma proposta para o desenvolvimento de um debate sobre determinado assunto gramatical. Trata-se de um interessante momento de participação.

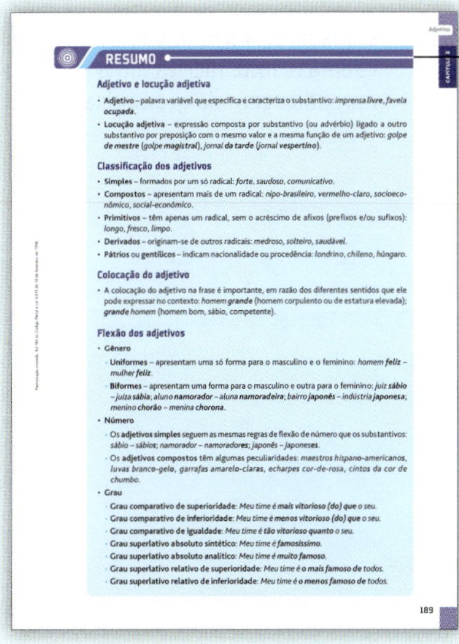

Resumo
O objetivo dessa seção já está no próprio nome. É apresentada sempre no final de cada capítulo e faz uma recapitulação breve, sucinta, dos principais conceitos gramaticais explorados no capítulo.

Como encontrar um objeto digital indicado na remissão:

Visão do especialista

Nome da pasta

A remissão para o DVD indica a pasta do objeto digital: **Visão do especialista**, **Biblioteca do estudante**, **Conteúdo multimídia**, **Lista de exercícios** ou **Questões do Enem e de vestibulares comentadas**.

- O ícone **Visão do especialista**:

Visão do especialista — Faz remissão para "Questões dissertativas de vestibulares comentadas".

- O ícone **Biblioteca do estudante**:

Biblioteca do estudante — Faz remissão para ferramentas digitais (como usar) e sugestões de *sites* e apêndices gramaticais.

- O ícone **Conteúdo multimídia**:

Conteúdo multimídia — Faz remissão para animações, vídeos, música e áudio.

- O ícone **Lista de exercícios**:

Lista de exercícios — Faz remissão para atividades extras sobre o conteúdo gramatical.

- O ícone **Questões do Enem e de vestibulares comentadas**:

Questões do Enem e de vestibulares comentadas — Faz remissão para questões do Enem e de vestibulares referentes aos conteúdos gramaticais trabalhados na obra.

Organização do DVD

Ao abrir o DVD, você encontrará o *menu* com a lista de pastas disponíveis para sua navegação. Cada pasta traz conteúdos específicos relacionados aos trabalhos desenvolvidos no livro. Observe o mapa de navegação de seu DVD:

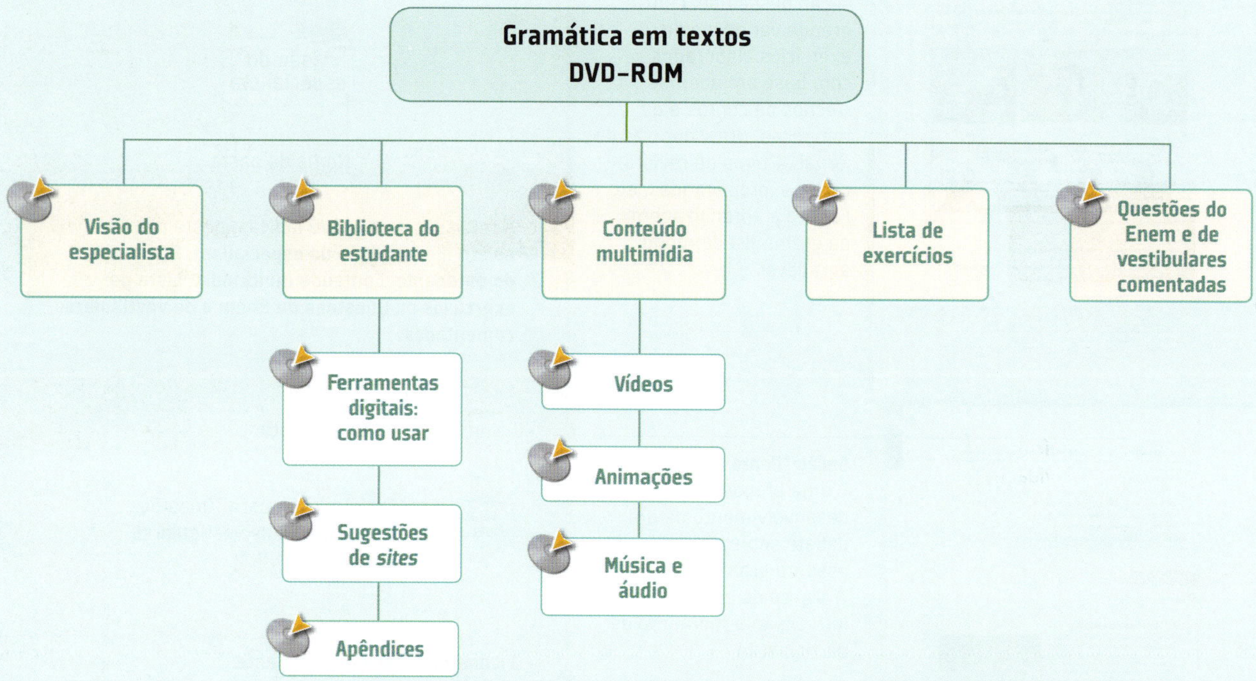

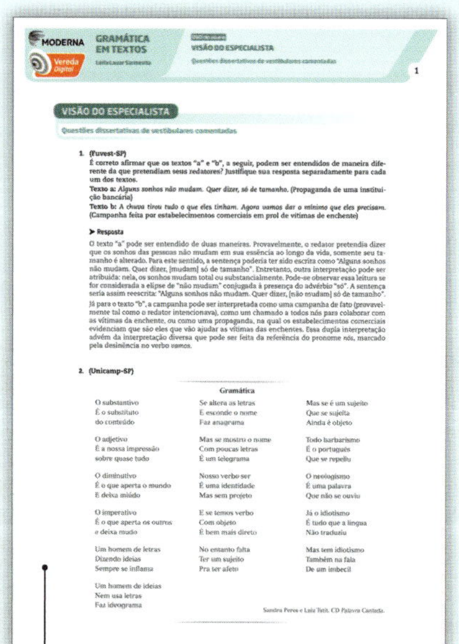

Visão do especialista
Apresenta questões dissertativas de vestibulares comentadas.

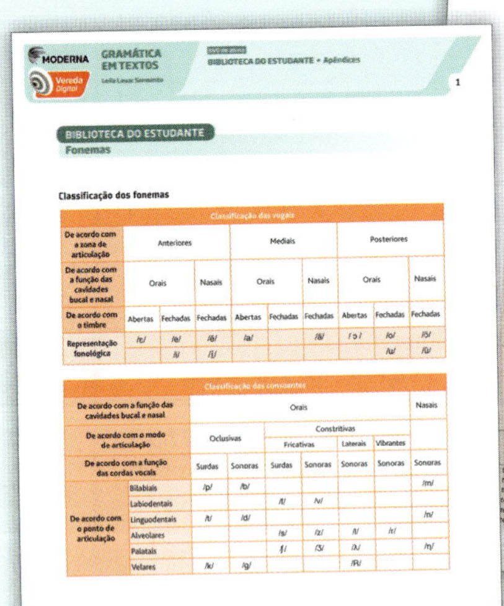

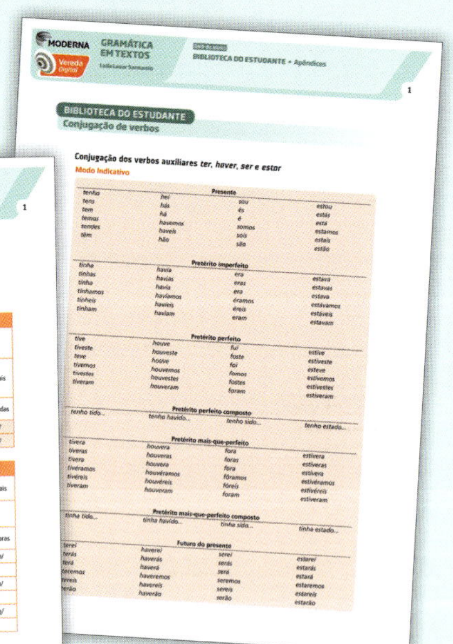

Biblioteca do estudante
Apresenta orientações sobre como usar determinadas ferramentas digitais, sugestões de *sites* e apêndices gramaticais.

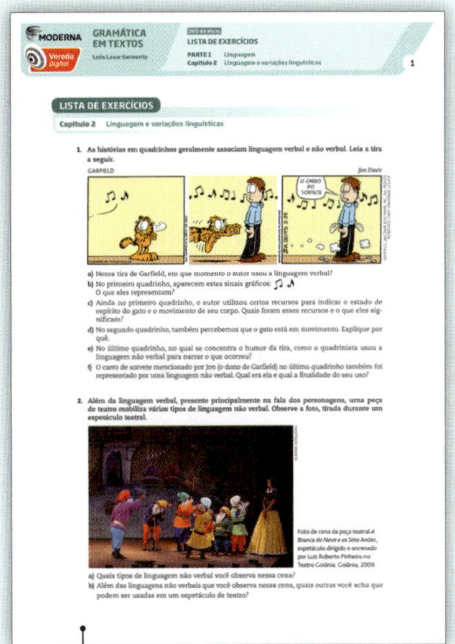

GRAMÁTICA EM TEXTOS
Leila Lauar Sarmento
LISTA DE EXERCÍCIOS
PARTE 1 Linguagem
Capítulo 2 Linguagem e variações linguísticas
1

LISTA DE EXERCÍCIOS
Capítulo 2 Linguagem e variações linguísticas

1. As histórias em quadrinhos geralmente associam linguagem verbal e não verbal. Leia a tira a seguir.

GARFIELD Jim Davis

a) Nessa tira de Garfield, em que momento o autor usou a linguagem verbal?
b) No primeiro quadrinho, aparecem estes sinais gráficos: ♫ ♪
O que eles representam?
c) Ainda no primeiro quadrinho, o autor utilizou certos recursos para indicar o estado de espírito do gato e o movimento de seu corpo. Quais foram esses recursos e o que eles significam?
d) No segundo quadrinho, também percebemos que o gato está em movimento. Explique por quê.
e) No último quadrinho, no qual se concentra o humor da tira, como o quadrinista usou a linguagem não verbal para narrar o que ocorreu?
f) O carro de sorvete mencionado por Jon (o dono de Garfield) no último quadrinho também foi representado por uma linguagem não verbal. Qual era ela e qual a finalidade do seu uso?

2. Além da linguagem verbal, presente principalmente na fala dos personagens, uma peça de teatro mobiliza vários tipos de linguagem não verbal. Observe a foto, tirada durante um espetáculo teatral.

Foto de cena da peça teatral *A Branca de Neve e os Sete Anões*, espetáculo dirigido e encenado por Luiz Roberto Pinheiro no Teatro Goiânia. Goiânia, 2009.

a) Quais tipos de linguagem não verbal você observa nessa cena?
b) Além das linguagens não verbais que você observa nessa cena, quais outras você acha que podem ser usadas em um espetáculo de teatro?

Lista de exercícios
Apresenta atividades extras sobre o conteúdo gramatical do livro.

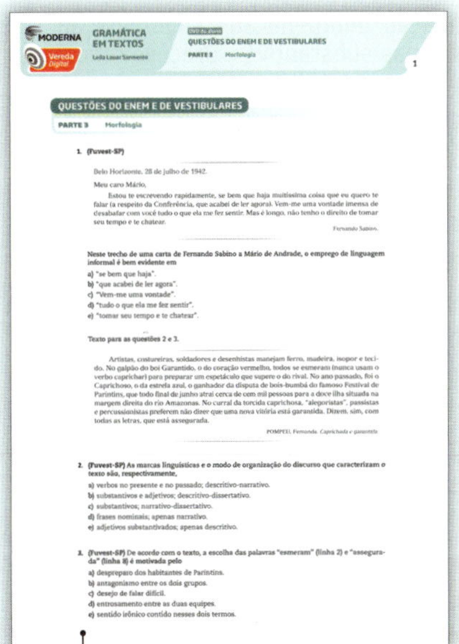

GRAMÁTICA EM TEXTOS
Leila Lauar Sarmento
QUESTÕES DO ENEM E DE VESTIBULARES
PARTE 3 Morfologia
1

QUESTÕES DO ENEM E DE VESTIBULARES
PARTE 3 Morfologia

1. (Fuvest-SP)

Belo Horizonte, 28 de julho de 1942.
Meu caro Mário,
Estou te escrevendo rapidamente, se bem que haja muitíssima coisa que eu quero te falar (a respeito da Conferência, que acabei de ler agora). Vem-me uma vontade imensa de desabafar com você tudo o que ela me fez sentir. Mas é longo, não tenho o direito de tomar seu tempo e te chatear.
Fernando Sabino.

Neste trecho de uma carta de Fernando Sabino a Mário de Andrade, o emprego de linguagem informal é bem evidente em
a) "se bem que haja".
b) "que acabei de ler agora".
c) "Vem-me uma vontade".
d) "tudo o que ela me fez sentir".
e) "tomar seu tempo e te chatear".

Texto para as questões 2 e 3.

Artistas, costureiras, soldadores e desenhistas manejam ferro, madeira, isopor e tecido. No galpão do boi Garantido, o do coração vermelho, todos se esmeram (nunca usam o verbo caprichar) para preparar um espetáculo que supere o do rival. No ano passado, foi o Caprichoso, o da estrela azul, o ganhador da disputa de bois-bumbá do famoso Festival de Parintins, que todo final de junho atrai cerca de cem mil pessoas para a doce ilha situada na margem direita do rio Amazonas. No curral da torcida caprichosa, "alegoristas", passistas e percussionistas preferem não dizer que uma nova vitória está garantida. Dizem, sim, com todas as letras, que está assegurada.
POMPEU, Fernanda. *Caprichada e garantida.*

2. (Fuvest-SP) As marcas linguísticas e o modo de organização do discurso que caracterizam o texto são, respectivamente,
a) verbos no presente e no passado; descritivo-narrativo.
b) substantivos e adjetivos; descritivo-dissertativo.
c) substantivos; narrativo-dissertativo.
d) frases nominais; apenas narrativo.
e) adjetivos substantivados; apenas descritivo.

3. (Fuvest-SP) De acordo com o texto, a escolha das palavras "esmeram" (linha 2) e "assegurada" (linha 8) é motivada pelo
a) despreparo dos habitantes de Parintins.
b) antagonismo entre os dois grupos.
c) desejo de falar difícil.
d) entrosamento entre as duas equipes.
e) sentido irônico contido nesses dois termos.

Questões do Enem e de vestibulares comentadas
Apresenta questões comentadas relativas a cada uma das partes do livro.

Conteúdo multimídia deste DVD: vídeos, música, áudio e animações.

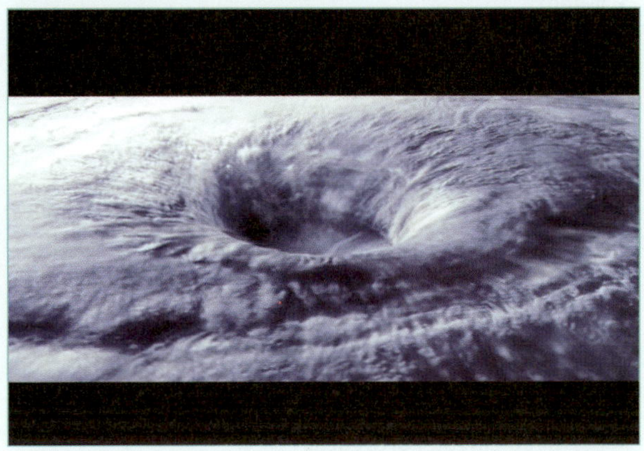

Vídeos.

Animações.

Conteúdo do DVD

Visão do especialista

- Questões dissertativas de vestibulares comentadas referentes a cada parte do livro: (1) Linguagem, (2) Fonologia e ortografia, (3) Morfologia, (4) Morfossintaxe e (5) Introdução à estilística e à semântica

Biblioteca do estudante

Ferramentas digitais: como usar

- Excel 2010
- Firefox
- Google
- Google Earth 6
- Google Maps
- iGeom
- Internet Explorer 9
- PowerPoint 2010
- WinPlot
- Word 2010

Sugestões de *sites*

- Enciclopédia das Línguas no Brasil
- Comunidade dos Países de Língua Portuguesa
- Museu da Língua Portuguesa
- Academia Brasileira de Letras
- Portal da Língua Portuguesa
- Instituto Camões

Apêndices

- Dúvidas frequentes
- Classificação dos fonemas
- Radicais, prefixos e sufixos
- Substantivos coletivos
- Adjetivos pátrios
- Conjugação de verbos

Conteúdo multimídia

Vídeos

- Trecho de *O garoto selvagem*, de François Truffaut
- Trecho de *O dia depois de amanhã*, de Roland Emmerich
- Trecho de *São Bernardo*, de Leon Hirszman
- Abertura do desenho animado *Batman*
- Trecho do programa "*Nossa Língua Portuguesa*", da TV Cultura: A crase e seu uso
- Propaganda Eco Bombril

Animações

- Disposição das palavras
- Línguas da família indo-europeia
- Origens do português

Música e áudio

- "Cuitelinho", com Pena Branca e Xavantinho
- Plurais

Lista de exercícios

- Cap. 1 – Linguagem, língua e gramática
- Cap. 2 – Linguagem e variações linguísticas
- Cap. 3 – Linguagem e textualidade
- Cap. 4 – Fonologia
- Cap. 5 – Ortografia
- Cap. 6 – Estrutura e formação das palavras
- Cap. 7 – Substantivo
- Cap. 8 – Adjetivo
- Cap. 9 – Artigo e numeral
- Cap. 10 – Pronome
- Cap. 11 – Verbo (I)
- Cap. 12 – Verbo (II)
- Cap. 13 – Advérbio
- Cap. 14 – Conjunção, preposição e interjeição
- Cap. 15 – Seleção e combinação das palavras
- Cap. 16 – Termos da oração relacionados ao verbo
- Cap. 17 – Termos da oração relacionados aos nomes
- Cap. 18 – Coordenação
- Cap. 19 – Subordinação. Coordenação e subordinação. Subordinadas substantivas. Orações reduzidas. Substantivas reduzidas
- Cap. 20 – Subordinadas adjetivas. Adjetivas reduzidas. Funções sintáticas dos pronomes relativos
- Cap. 21 – Subordinadas adverbiais. Adverbiais reduzidas
- Cap. 22 – Pontuação
- Cap. 23 – Funções das palavras *que* e *se*
- Cap. 24 – Ordem dos termos nos enunciados linguísticos
- Cap. 25 – Concordância nominal e concordância verbal
- Cap. 26 – Regências nominal e verbal. Estudo da crase
- Cap. 27 – Estilística: figuras de linguagem
- Cap. 28 – O texto poético: poesia, poema e prosa
- Cap. 29 – Introdução à semântica

Questões do Enem e de vestibulares comentadas

- Parte 1 – Linguagem
- Parte 2 – Fonologia e ortografia
- Parte 3 – Morfologia
- Parte 4 – Morfossintaxe
- Parte 5 – Introdução à estilística e à semântica

Sumário

Parte 4 • Morfossintaxe 337

Parte 1

Linguagem

Capítulo 1 Linguagem, língua e gramática

Linguagem e linguística

Biblioteca do estudante
Sugestões de *sites*.

Biblioteca do estudante
Apêndice "Dúvidas frequentes".

No texto

Carlos Drummond de Andrade, poeta e prosador mineiro da Geração de 1930, foi um artesão das palavras na forma e no conteúdo, especialmente na criação de versos. Leia a seguir um de seus poemas, que apresenta como tema o ensino da língua portuguesa.

Aula de português

A linguagem
na ponta da língua,
tão fácil de falar
e de entender.

A linguagem
na superfície estrelada de letras,
sabe lá o que ela quer dizer?

Professor Carlos Góis, ele é quem sabe,
e vai desmatando
o amazonas de minha ignorância.
Figuras de gramática, esquipáticas,
atropelam-me, aturdem-me, sequestram-me.

Já esqueci a língua em que comia,
em que pedia para ir lá fora,
em que levava e dava pontapé,
a língua, breve língua entrecortada
do namoro com a prima.

O português são dois; o outro, mistério.

ANDRADE, Carlos Drummond de. *Poesia completa*.
Rio de Janeiro: Nova Aguilar, 2002. p. 1.089-1.090.
Carlos Drummond de Andrade © Graña Drummond.
www.carlosdrummond.com.br

Glossário

Esquipáticas: provável união dos adjetivos *esquisito* e *antipático*.

Atropelam: confundem, desorientam.

1. Na primeira e segunda estrofes, o eu lírico faz referência a dois tipos de linguagem, ao lembrar-se das aulas de português. Explique o que ele diz sobre essas duas formas de linguagem.
2. Na terceira estrofe, há uma referência ao professor Carlos Góis (1881-1935), destacado gramático que ensinou português em escolas mineiras.
   a) Nessa estrofe, como o eu lírico caracteriza sua aprendizagem da língua materna na escola?
   b) Observando a linguagem e o contexto da criação do poema, interprete estes versos: "e vai desmatando / o amazonas de minha ignorância".
3. A linguagem permite que as pessoas se comuniquem e interajam, quando então ocorre uma ação e uma reação entre elas.
   a) Releia a terceira e a quarta estrofes e explique em que língua ocorria a interação entre o eu lírico e os outros. Esclareça sua resposta.
   b) Que versos da terceira estrofe sugerem que a interação na aula de português não era perfeita? Justifique.
4. Na quarta estrofe, ocorre uma retomada ao tipo de linguagem mencionado na primeira estrofe: a linguagem espontânea do falante nativo. De acordo com a quarta estrofe, em que situações era mais comum uma comunicação nessa linguagem espontânea?
5. Na quinta e última estrofe, o eu lírico sintetiza sua opinião sobre os dois tipos de linguagem mencionados nas estrofes iniciais. Como se pode interpretar, então, esse verso final?

Em contexto

A leitura do texto de Carlos Drummond de Andrade nos mostra a importância da **linguagem** como veículo de comunicação social. Com o objetivo de se comunicar, a sociedade utiliza certos recursos que representam a linguagem. Por exemplo, a **linguagem verbal**, constituída pela língua, que tem nas palavras os seus sinais ou símbolos; e a **linguagem não verbal**, representada por sons, movimentos, imagens, etc. Gestos e expressões corporais também fazem parte do complexo sistema (código) de sinais que forma a linguagem. O uso das palavras possibilita aos indivíduos desenvolver a capacidade de nomear as coisas, de criar, de transformar o mundo e de falar e trocar experiências, pois a linguagem constitui a expressão material do pensamento. Nesse caso, a linguagem compõe-se de sons, palavras e frases e apresenta certa autonomia; como expressão de emoções e ideias, no entanto, sofre influência da realidade social e cultural do falante.

No ensino da língua materna destacam-se hoje três concepções de linguagem. A primeira define a **linguagem como expressão do pensamento**. Nesse caso há regras ou normas gramaticais a serem seguidas para se falar e escrever bem, com base em uma gramática normativa ou tradicional. Não existe preocupação com a interatividade verbal, pois o indivíduo apenas traduz e exterioriza um pensamento.

A segunda concepção entende a **linguagem como instrumento de comunicação, como meio objetivo para a comunicação**. Nesse caso, a língua é considerada um código virtual que os falantes precisam dominar para estabelecer comunicação com os outros indivíduos. O falante se afasta do processo de produção da linguagem, ou seja, do seu contexto social e histórico, realizando apenas a função de transmitir informações a outrem, considerado elemento decodificador.

A terceira concepção apresenta a **linguagem como forma ou processo de interação**. O falante, nesse caso, usa a língua com o objetivo de atuar sobre o interlocutor (ouvinte/leitor). A linguagem tem uma função de interação comunicativa, ao criar efeitos de sentido entre os usuários da língua ou interlocutores. Portanto a linguagem representa um diálogo bem amplo que ocorre pela **interação verbal**. Essa é a concepção de linguagem atualmente mais defendida pelas correntes e teorias de estudo da língua e que compreendem a chamada **linguística da enunciação**, da qual faz parte a **linguística textual**.

A **linguística textual** compreende estudos sobre a **semântica do texto**, que explicita a significação de um texto; a **pragmática do texto**, que esclarece a função de um texto no contexto; a **sintaxe do texto**, que expressa sintaticamente a significação de um texto; e a **fonética do texto**, que determina as características e os sinais fonéticos na produção de um texto.

A **linguagem** é a propriedade que o ser humano tem de representar o seu pensamento por meio de sinais codificados, com o intuito de comunicar-se com os outros seres humanos.

A **linguística** é a ciência que estuda a linguagem. Ela tem o objetivo de descrever e explicar os fenômenos linguísticos e também conhecer como se processa a comunicação humana.

APLICAÇÃO

1 Leia esta tira do Garfield:

GARFIELD Jim Davis

a) Na construção da tira, o quadrinista empregou linguagem verbal e linguagem não verbal. No primeiro quadrinho, como se apresentam esses dois tipos de linguagem?

b) Como se chama a figura de linguagem que representa ou imita os sons ou ruídos, como no caso da palavra *ding-dong*?

c) Compare o comportamento de Garfield no primeiro e no segundo quadrinho e explique o que ocorre com ele.

d) Que recursos o quadrinista utilizou para expressar a mudança de comportamento de Garfield nos três quadrinhos, já que não há palavras referentes a isso? Explique cada caso.

e) Pavlov, citado por Jon, foi um médico russo que se tornou célebre por elaborar a noção de reflexo condicionado. Nessa tira, o que Jon quis dizer, então, com a afirmação "Pavlov explica"?

2 Leia o texto a seguir, de Luiz Carlos Cagliari, professor do Departamento de Linguística da Universidade Estadual Paulista (Unesp).

Como surgiu a linguagem humana?

Embora não exista uma resposta fechada para a pergunta, há alguns experimentos e teorias que sugerem que o início do processo se deu entre os antepassados do *Homo sapiens*, há 1,5 milhão de anos. A hipótese mais considerada pelos especialistas para o início da linguagem é a antropológica. Segundo ela, o processo resultou da necessidade de o homem, além de se comunicar socialmente, garantir sua sobrevivência.

E por que o homem precisou falar? Ora, porque ele queria estabelecer seu individualismo. Queria que o outro homem, que passou a viver ao seu lado na comunidade, não roubasse sua comida ou sua mulher. Segundo essa teoria, outros seres não estão muito atrás do homem. Os cães e os golfinhos são exemplos. Eles não falam, mas se fazem entender por alguns gestos e grunhidos.

Falta a eles um ingrediente fundamental para a comunicação humana: as mãos. Os antigos hominídeos passaram a ser bípedes, porque, apesar de ficarem um pouco mais lentos do que os animais tetrápodes, eles podiam usar os órgãos para segurar armas, pegar comidas ou se alimentar em movimento. E logo descobriram mais uma função para as mãos. Com elas podiam gesticular para os outros homens da caverna, anunciando que a caça estava por perto, por exemplo.

Aí que surge a ideia genial: o homem começa a associar esses gestos a alguns sons que, até então, emitia involuntariamente. Evidente que a caverna toda passou a dar muito mais atenção para ele a partir do momento em que, para indicar a presa, o homem soltou um brado acompanhado de movimentos frenéticos das mãos.

Passada a fase do berro, o homem começou a organizar o seu método de comunicação. Cada um dos gestos passa a ter um significado específico e um som determinado. Dali a pouco, formou-se a primeira palavra. Daí para a criação das frases e, finalmente, dos diálogos, não demorou muito.

De lá para cá não houve evolução. O que aumentou com o tempo foi o vocabulário. Pois, à medida que mais coisas precisavam ser nomeadas, mais nomes o homem criava. Mas a estrutura básica da linguagem não foi alterada. Portanto, não existe língua primitiva e língua evoluída.

É quase impossível datar todos esses estágios do desenvolvimento da linguagem. Isso porque os primeiros registros da humanidade encontrados são escritos. E neles ninguém conta quando – e como – começou a falar.

CAGLIARI, Luiz Carlos. *Galileu*, São Paulo, n. 203, p. 40, jun. 2008.

a) De acordo com o texto, existem apenas hipóteses sobre a época e o modo como a linguagem surgiu. Qual é a hipótese mais considerada pelos especialistas para explicar a origem da linguagem? O que ela supõe?

b) A fala é um elemento entre a linguagem e a língua. Por que ela é um ato individual?

c) Os antigos hominídeos, antecessores do *Homo sapiens*, podem ter sido os primeiros seres a utilizar a linguagem como forma de comunicação entre eles. A que isso pode ser associado?

d) Segundo o texto, a partir de que momento o homem utilizou, além de símbolos e desenhos, outros recursos para se comunicar?

3 Leia esta tira do Níquel Náusea:

NÍQUEL NÁUSEA — Fernando Gonsales

a) A partir do diálogo entre as duas traças, o quadrinista apresenta uma crítica. Qual é a crítica e em que ela se baseia?
b) De que recursos linguísticos o quadrinista se valeu para a transmissão dessa crítica?
c) Além da linguagem das personagens, o que mais contribui para a construção do efeito de humor da tira? Explique por quê.

Conteúdo multimídia: trecho do filme *O garoto selvagem*, de Truffaut.

4 O artigo a seguir é um texto argumentativo, isto é, um texto em que se defende um ponto de vista sobre um assunto, em geral, polêmico. Leia-o com atenção.

Os meninos-lobo

No velho conto de Rudyard Kipling *Mogli, o Menino-Lobo*, o autor descreve uma criança que, adotada por uma loba, cresce sem jamais haver usado uma só palavra humana, até ser encontrada e se integrar à sociedade. O conto é atraente, mas cientificamente absurdo. Porém, houve outros casos, supostamente reais, de crianças criadas por animais. E também casos reais (até recentes) de crianças que cresceram isoladas e sem oportunidades de aprender a falar.

Faz tempo, meninos-lobo e outros jovens criados sem interação humana despertaram o interesse da psicologia cognitiva e da linguística. A razão é que seriam um experimento natural que permitiria responder a uma pergunta crucial: esses jovens, sem conhecer palavras, poderiam pensar como os demais humanos?

A questão em pauta era decidir se pensamos porque temos palavras ou se seria possível pensar sem elas. Como os meninos-lobo não conheciam palavras, se podiam pensar, teria de ser sem elas. Nos diferentes casos de crianças criadas em isolamento, ficou clara a enorme dificuldade de ajustamento que elas encontraram ao serem reabsorvidas pela sociedade. Muitas jamais se ajustaram, fosse pelo trauma do isolamento, fosse pela impossibilidade de pensar humanamente sem palavras. Mas o fato é que não desenvolveram um raciocínio (abstrato) classicamente humano.

O interesse pelos meninos-lobo feneceu. Mas se aprendeu muito desde então, e hoje não se acredita que o pensamento sem palavras seja possível – pelo menos, o pensamento simbólico que é a marca dos seres humanos. Ou seja, Mogli não seria capaz de pensar.

"Vivemos em um mundo de palavras", diz o celebrado antropólogo Richard Leakey. "Nossos pensamentos, o mundo de nossa imaginação, nossas comunicações e nossa rica cultura são tecidos nos teares da linguagem... A linguagem é o nosso meio... É a linguagem que separa os humanos do resto da natureza." Para o neuropaleontólogo Harry Jerison, precisamos de um cérebro grande (três vezes maior do que o de outros primatas) para lidar com as exigências da linguagem.

THE BRIDGEMAN ART LIBRARY/KEYSTONE

Ilustração de Charles Maurice Detmold (1883-1908) baseada no livro *The jungle book* ("O livro da selva"), de Rudyard Kipling, 1903.

Portanto, se pensamos com palavras e com as conexões entre elas, a nossa capacidade de usar palavras tem muito a ver com a nossa capacidade de pensar. Dito de outra forma, pensar bem é o resultado de saber lidar com palavras e com a sintaxe que conecta uma com a outra. O psicólogo Howard Gardner, com sua tese sobre as múltiplas inteligências, talvez diga que Garrincha tinha uma "inteligência futebolística" que não transitava por palavras. Mas grande parte do nosso mundo moderno requer a inteligência que se estrutura por intermédio das palavras. Quem não aprendeu bem a usar palavras não sabe pensar. No limite, quem sabe poucas palavras ou as usa mal tem um pensamento encolhido.

Talvez veredicto mais brutal sobre o assunto tenha sido oferecido pelo filósofo Ludwig Wittgenstein: "Os limites da minha linguagem são também os limites do meu pensamento". Simplificando um pouco, o bem pensar quase que se confunde com a competência de bem usar as palavras. Nesse particular não temos dúvidas: a educação tem muitíssimo a ver com o desenvolvimento da nossa capacidade de usar a linguagem. Portanto, o bom ensino tem como alvo número 1 a competência linguística.

Pelos testes do Sistema Nacional de Avaliação da Educação Básica (Saeb), na 4ª série 50% dos brasileiros são funcionalmente analfabetos. Segundo o Programa Internacional de Avaliação de Alunos (Pisa), a capacidade linguística do aluno brasileiro corresponde à de um europeu com quatro anos a menos de escolaridade. Sendo assim, o nosso processo educativo deve se preocupar centralmente com as falhas na capacidade de compreensão e expressão verbal dos alunos.

Ao estudar a Inconfidência Mineira, a teoria da evolução das espécies ou os afluentes do Amazonas, o aprendizado mais importante se dá no manejo da língua. É ler com fluência e entender o que está escrito. É expressar-se por escrito com precisão e elegância. É transitar na relação rigorosa entre palavras e significados.

No conto, Mogli se ajustou à vida civilizada. Infelizmente para nós, Kipling estava cientificamente errado. Nossa juventude está mal preparada para a sociedade civilizada se insistirmos em uma educação que produz uma competência linguística pouco melhor do que a de meninos-lobo.

CASTRO, Cláudio de Moura. *Veja*, ed. 2.120, ano 42, n. 27, p. 24, 8 jul. 2009.

a) No primeiro parágrafo, é feito um comentário sobre o conhecido conto *Mogli, o Menino-Lobo*, do escritor inglês Rudyard Kipling. Com que objetivo o articulista trouxe à discussão essa obra?

b) Que argumentos o autor empregou para justificar seu ponto de vista sobre o conto e o protagonista?

c) Outras histórias semelhantes à de Mogli e fatos reais de crianças que viveram afastadas do convívio social foram analisados por estudiosos da língua. O que eles concluíram a respeito dessas crianças?

d) Os estudos realizados sobre a capacidade de o ser humano pensar ou não, mesmo sem conhecer palavras, foram importantes. Explique por quê.

e) Releia este trecho do texto e interprete o sentido da expressão destacada, empregada em linguagem subjetiva: "nossas comunicações e nossa rica cultura são **tecidos nos teares da linguagem**".

f) Segundo o texto, como o antropólogo Richard Leakey destaca a importância da linguagem humana?

g) O sexto parágrafo se inicia com esta frase: "Portanto, se pensamos com palavras e com as conexões entre elas". Que conexões são essas a que o autor se refere?

h) De acordo com o texto, qual é a ideia defendida pelo articulista para tornar a educação brasileira mais eficiente?

i) Na conclusão, o autor retorna ao caso de Mogli e, para reforçar seu ponto de vista ou tese, compara a competência linguística na educação atual com a dos meninos-lobo. Explique por que ele desenvolve essa comparação.

Língua, comunicação e interação

No texto

Na criação dos versos que você vai ler a seguir, João Cabral de Melo Neto pode ter se inspirado nas longas secas nordestinas que minam, aos poucos, os rios e os lagos da região. Observe a linguagem utilizada.

Rios sem discurso

Quando um rio corta, corta-se de vez
o discurso-rio de água que ele fazia;
cortado, a água se quebra em pedaços,
em poços de água, em água paralítica.
Em situação de poço, a água equivale
a uma palavra em situação dicionária:
isolada, estanque no poço dela mesma,
e porque assim estanque, estancada;
e mais: porque assim estancada, muda,
e muda porque com nenhuma comunica,
porque cortou-se a sintaxe desse rio,
o fio de água por que ele discorria.

O curso de um rio, seu discurso-rio,
chega raramente a se reatar de vez;
um rio precisa de muito fio de água
para refazer o fio antigo que o fez.
Salvo a grandiloquência de uma cheia
lhe impondo interina outra linguagem,
um rio precisa de muita água em fios
para que todos os poços se enfrasem:
se reatando, de um para outro poço,
em frases curtas, então frase e frase,
até a sentença-rio do discurso único
em que se tem voz a seca ele combate.

MELO NETO, João Cabral de. In: OLIVEIRA, Marly de (Org.). *João Cabral de Melo Neto*: obra completa. Rio de Janeiro: Nova Aguilar, 1994. p. 350-351. © by herdeiros de João Cabral de Melo Neto.

1. No segundo verso, o poeta diz que o rio fazia um "discurso-rio de água". Explique por que ele diz isso.
2. De acordo com o texto, o que acontece com o "discurso-rio" sob o efeito da seca?
3. Como muitos rios que lentamente são alterados pela ação do ser humano, esse também se modificou com o tempo. Interprete a linguagem subjetiva da expressão "água paralítica".
4. Releia estes versos: "Em situação de poço, a água equivale / a uma palavra em situação dicionária". Por que o eu lírico compara a água em poço com uma palavra no dicionário?
5. No 11º verso, o eu lírico diz que "cortou-se a sintaxe desse rio".
   a) O que significa a palavra *sintaxe* do ponto de vista gramatical?
   b) Interprete o sentido dessa palavra nesse trecho.
6. Segundo o texto, o rio perde sua força ao se transformar em poços de água. De que modo uma cheia pode produzir uma nova linguagem para o rio?

7. Observando a linguagem subjetiva do poema, explique como se dá a recuperação de um rio, quando a seca se vai.
8. De fio em fio, ou de frase em frase, o rio ressurge lentamente e desaparecem os poços que tinham a água estancada.
   a) Com base nessa afirmação, o que você entende por "sentença-rio"?
   b) No último verso, a palavra *voz* é empregada em sentido subjetivo. Interprete-a.
   c) Explique a relação entre o título do poema e o seu contexto.

Em contexto

A **língua** é a parte social da linguagem, sendo representada por um sistema de signos vocais e, muitas vezes, gráficos que se relacionam de forma organizada dentro de um todo. Assim como os diversos fios de água que se juntam para formar um rio, ela constitui um objeto unificado e comunicante. Como é exterior ao indivíduo, não pode sofrer modificações, pois há um contrato social a ser obedecido pelo falante. Portanto, a língua é alterada apenas pela ação da comunidade e não de um único indivíduo. Entre a linguagem e a língua há um outro elemento: a **fala**, que é um ato individual. **Língua** e **fala** são partes interligadas, já que a língua é necessária para a produção da fala e não existe língua sem a fala.

Como o objetivo no ensino do Português constitui o desenvolvimento da capacidade de comunicação dos usuários da língua, o que se deseja é a utilização adequada da língua nas diferentes situações de **interação verbal**. Ocorre **comunicação** quando há efeitos de sentido entre os usuários da língua ou interlocutores (falante/ouvinte, escritor/leitor). Nesse caso, o falante ou escritor produz um texto que o ouvinte ou leitor compreende, porque a comunicação faz sentido. Portanto, existe **interação comunicativa** apenas quando acontece uma reação por parte do ouvinte, ou seja, ocorre efeito de sentido na comunicação entre os interlocutores. Como no texto de João Cabral de Melo Neto, em que é necessário que "todos os poços se enfrasem", para que o rio realize o seu discurso, se comunique e crie sentido.

É importante que falante e ouvinte saibam empregar com adequação os recursos da língua na produção de textos, de acordo com a situação específica de comunicação, que é muitas vezes bem diversa. O contato dos usuários da língua com a grande variedade de situações de interação comunicativa, a partir de análises e produções de textos, contribui para o aprimoramento da capacidade de comunicação. Com esse trabalho, o falante ou escritor aprende a utilizar a língua de forma adequada na produção de seu texto, de acordo com cada situação interativa. Como ouvinte ou leitor, ele adquire competência para compreender o emprego dos diferentes recursos da língua e os efeitos de sentido contidos em textos orais ou escritos.

Como a linguagem é uma atividade social entre locutor e receptor, cabe a esse ouvinte/leitor atuar ou reagir diante do material linguístico ou enunciado exposto, pois ele não deve ser passivo. Por isso não basta a simples decodificação dos sinais transmitidos pelo locutor; é necessário que o receptor estabeleça relações entre os elementos do texto para compreendê-los e construir um sentido, elaborar uma leitura adequada. Nesse caso, é importante observar as **inferências** ou **elementos implícitos** do texto, pois nenhum texto apresenta todas as informações necessárias à sua compreensão de forma totalmente clara. A apreensão do sentido do texto acontece na interlocução, quando o receptor processa as ideias, em termos de compreensão ou interpretação, realizando uma atividade verbal.

A **língua** é um sistema de sinais comum a todos os indivíduos de uma determinada comunidade; é parte social da linguagem.

Comunicação é a transmissão de uma mensagem que é decodificada porque foi compreendida. A **interação verbal** constitui a realidade fundamental da linguagem.

APLICAÇÃO

1 Leia esta tira de Frank & Ernest:

FRANK & ERNEST — Bob Thaves

2011 UNITED MEDIA/IPRESS

a) Observe, na tira, o diálogo entre os interlocutores. Pode-se dizer que as orientações de preenchimento do formulário produziram uma interação comunicativa com Frank e Ernest? Por quê?

b) Que interpretação as personagens Frank e Ernest deram ao texto "Não escreva nos espaços sombreados"?

c) Se a comunicação tivesse feito sentido na interlocução, como o texto do formulário seria interpretado?

d) Nesse caso, a língua foi utilizada adequadamente à situação de comunicação? Por quê?

2 Os textos a seguir também abordam a dificuldade de se utilizar a palavra adequada para exprimir o pensamento de forma mais exata. Leia-os com atenção.

Texto 1

Por que algumas palavras ficam na ponta da língua?

Sabe quando você quer se lembrar de uma coisa, está quase lá, mas a palavra não vem? Essa angústia é estudada por neurocientistas, que a chamam justamente de Fenômeno da Ponta da Língua. Toda essa confusão acontece no nosso cérebro, por vários motivos.

"A pessoa tem certeza de que conhece a palavra específica de que está tentando se lembrar", comenta o neurologista Rogério Gomes Beato, da Universidade Federal de Minas Gerais. Pior, ela recorda tudo relacionado: sabe que é um inseto amarelo e preto, de picada forte, que leva o pólen de flor em flor, mas a palavra "abelha" não vem. Afinal, é a representação sonora dessas características que está bloqueada.

É como se fosse uma corrida que só termina quando seus dois participantes cruzam a linha de chegada. Um deles, o sentido, já chegou lá, mas o outro, o registro sonoro, ainda está lá atrás. Enquanto eles não estiverem juntos, a palavra fica "na ponta da língua".

O curioso é que essa separação entre som e sentido já tinha sido imaginada, na teoria, pela ciência que estuda os símbolos: na semiótica, cada palavra é um signo, dividido em significante (o som) e o significado (o sentido).

TERMERO, Maíra. *Superinteressante*, São Paulo, n. 270, out. 2009.

Texto 2

Inania verba

Ah! quem há-de exprimir, alma impotente e escrava,
O que a boca não diz, o que a mão não escreve?
– Ardes, sangras, pregada à tua cruz, e, em breve,
Olhas, desfeito em lodo, o que te deslumbrava...

O Pensamento ferve, e é um turbilhão de lava:
A Forma, fria e espessa, é um sepulcro de neve...
E a Palavra pesada abafa a Ideia leve,
Que, perfume e clarão, refulgia e voava.

Quem o molde achará para a expressão de tudo?
Ai! quem há-de dizer das ânsias infinitas
Do sonho? e o céu que foge à mão que se levanta?

E a ira muda? e o asco mudo? e o desespero mudo?
E as palavras de fé que nunca foram ditas?
E as confissões de amor que morrem na garganta?!

BILAC, Olavo. In: BUENO, Alexei (Org.).
Olavo Bilac: obra reunida.
Rio de Janeiro: Nova Aguilar, 1997. p. 166-167.

a) No texto 1, escrito em prosa, como o eu lírico explica o bloqueio da memória, quando se tenta às vezes lembrar uma determinada palavra?

b) Por que essa explicação está bem fundamentada e merece crédito?

c) No texto 2, o poeta parnasiano Olavo Bilac destaca, em versos, a busca incansável pelas palavras para exprimir ideias e sentimentos. *Inania verba* é uma expressão latina que significa "palavras inanimadas ou mortas". Explique a razão do título do poema, tendo em vista o contexto.

d) Interprete a linguagem poética do texto, fazendo uma síntese do que o eu lírico expressa.

e) Compare a linguagem empregada nos dois textos, explicando como se processa a comunicação em cada um.

3 Leia esta tira do Minduim.

MINDUIM — Charles Schulz

a) No contexto da tira, Marcie tenta conversar com a amiga Patty, mas acaba se aborrecendo e afirma que está deprimida. Por que ela estaria deprimida?

b) Segundo Marcie, o que impede a interação entre ela e os outros?

c) Na sua opinião, a interação entre as pessoas é possível somente com o emprego da linguagem formal? Esclareça sua resposta.

4 O texto a seguir trata da barreira enfrentada por um célebre cientista para transmitir suas ideias.

Gênio indecifrável

Apesar de ter fundado a cibernética – uma ciência ligada à comunicação –, Wiener foi um péssimo divulgador das próprias ideias

Vida de gênio não é fácil. Por um lado, as ideias vêm aos montes e, em alguns casos, com muita rapidez. O problema é o resto da humanidade conseguir acompanhar a velocidade de raciocínio do dono de uma mente privilegiada. Esse é o caso do norte-americano Norbert Wiener (1894-1964).

Estimulado pelo pai – um imigrante russo – seu talento para algumas ciências apareceu logo cedo. Formou-se em matemática com apenas 14 anos. Depois, passou para a zoologia e mudou para a filosofia. Mas a primeira paixão acabou voltando e ele defendeu uma tese de doutorado em matemática, envolvendo a filosofia, aos 18 anos. Inquieto, passou por alguns países da Europa, onde estudou lógica. Voltou para os Estados Unidos sem ter se firmado em nenhuma área de estudo.

Se nas salas de aula a sua biografia é exemplar, sua vida foi um tanto confusa, e sua carreira profissional, no mínimo incomum. Nos EUA, Wiener trabalhou com jornalismo, pesquisas em física e até foi escritor de enciclopédias antes de se estabelecer definitivamente como professor de matemática no MIT (Massachusetts Institute of Technology).

Durante a Segunda Guerra, o matemático prestou serviços ao seu país aplicando métodos de controles em armas e equipamentos de defesa aérea. Esse trabalho de engenharia acabou se estendendo para as áreas de computação, neurofisiologia e bioquímica, e culminou na publicação de seu livro *Cibernética*. Foi assim que ele fundou uma nova área de conhecimento, em 1948, e se tornou mundialmente conhecido.

Segundo o estabelecido pelo próprio Wiener, cibernética é a ciência da informação e comunicação que estuda o controle e a comunicação em máquinas e animais (especialmente os homens).

Ironicamente, apesar de ser um estudioso do assunto, Wiener não era muito bom comunicador. A dificuldade de se expressar se dava provavelmente por causa de seu modo peculiar de raciocinar. Conta-se que, por

BETTMANN/CORBIS/LATINSTOCK

Norbert Wiener.

causa de sua miopia, quando jovem, Wiener foi aconselhado por um médico a se abster por um tempo das leituras. Mas em vez de descansar dos estudos, ele passou a fazer matemática mentalmente, desenvolvendo seu jeito próprio de aprendizagem e raciocínio.

Ele se expressava em mais de dez línguas, mas ninguém entendia direito o que ele queria dizer em nenhuma delas. Wiener falava muito de si mesmo, mas não sabia ouvir os outros. Assim, sua fama de mau professor ganhou corpo.

Os estragos causados pelo seu modo de raciocinar se estendiam a suas publicações. Apesar de conter ideias inovadoras e que se tornaram muito importantes, é comum encontrar em seus artigos uma argumentação sem sequência ou coerência lógica. Em geral, há um rico material matemático nos trabalhos, mas intercalado com outros assuntos que não têm nada a ver com o que se propõe inicialmente.

É como se o autor, enquanto desenvolvia uma ideia, se lembrasse de algo importante de outra área de conhecimento e achasse que deveria ser colocado ali mesmo. De difícil leitura, suas obras acabariam virando um amontoado de textos com assuntos diversos, para vários tipos de leitores, ou dirigido para si mesmo. Só ele era inteligente o bastante para decifrar a própria genialidade.

Galileu, São Paulo, n. 203, p. 84-85, jun. 2008.

a) O cientista Norbert Wiener tornou-se famoso como fundador da cibernética, ciência da informação e comunicação. Wiener, no entanto, comunicava-se mal. Com base no texto, explique por quê.

b) De acordo com o texto, Wiener empenhou-se bastante nos estudos sobre comunicação, mas não se fazia entender como professor. Como se explica esse fato?

c) O cientista também não obteve sucesso como escritor, embora falasse várias línguas e tivesse ideias geniais. Por que sua obra foi considerada um "amontoado de textos com assuntos diversos"?

d) O texto leva concluir que não houve interação comunicativa entre Wiener e seus interlocutores. Justifique essa afirmação com base no texto.

Língua: o léxico e a gramática

No texto

O poema a seguir é de Manoel de Barros, conhecido escritor brasileiro contemporâneo. Leia o texto, observando a linguagem.

VII

Descobri aos 13 anos que o que me dava prazer nas
leituras não era a beleza das frases, mas a doença
delas.
Comuniquei ao Padre Ezequiel, um meu Preceptor,
esse gosto esquisito.
Eu pensava que fosse um sujeito escaleno.
– Gostar de fazer defeitos na frase é muito
saudável, o Padre me disse.
Ele fez um limpamento em meus receios.
O Padre falou ainda: Manoel, isso não é doença,
pode muito que você carregue para o resto da
vida um certo gosto por nadas...
E se riu.
Você não é de bugre? – ele continuou.
Que sim, eu respondi.
Veja que bugre só pega por desvios, não anda em
estradas –
Pois é nos desvios que encontra as melhores
surpresas e os ariticuns maduros.
Há que apenas saber errar bem o seu idioma.
Esse Padre Ezequiel foi o meu primeiro professor de
agramática.

BARROS, Manoel de. *O livro das ignorãças.*
Rio de Janeiro: Record, 2000. p. 87.

Glossário

Preceptor: educador, instrutor.

Escaleno: tortuoso, complicado.

Bugre: indivíduo rude, inculto.

Ariticuns: frutos comestíveis de árvores brasileiras (ou araticuns).

1. Nesse poema, Manoel de Barros fez um alerta, como escritor, em relação ao uso da linguagem. De acordo com o contexto, o que seria a "doença" das frases que encantava mais o autor, quando criança, do que a beleza delas em construções perfeitas?
2. Explique por que o professor, padre Ezequiel, em vez de censurar o aluno de "gosto esquisito", incentivou-o.
3. Interprete estes versos, de acordo com o conteúdo dos versos anteriores: "pode muito que você carregue para o resto da / vida um certo gosto por nadas...".
4. O professor aconselhou seu aluno a "só pegar desvios e não andar em estradas". O que o professor quis dizer ao aluno com esse conselho?
5. No poema, o que simbolizam as "surpresas e os ariticuns maduros" encontrados nos "desvios"?
6. Relacione o sentido dos três últimos versos com as ideias desenvolvidas no contexto do poema.
7. Compare a opinião de Manoel de Barros sobre o uso da linguagem com as ideias de Carlos Drummond de Andrade expressas no poema "Aula de português".

Em contexto

Como você observou no texto de Manoel de Barros, a gramática envolve mais do que regras; é necessário conhecer a língua. O conhecimento gramatical não garante o domínio de uma língua, pois ela apresenta um outro componente. Dois são os **componentes linguísticos**: o **léxico**, que constitui o vocabulário ou o conjunto de palavras, e a **gramática**, que apresenta as regras para a construção de palavras e sentenças. O léxico e a gramática relacionam-se constantemente, e o uso da língua varia de acordo com as diversas regras e normas existentes. Em cada situação e discurso deve haver o emprego de um tipo diferente de gramática.

Todo falante nativo conhece naturalmente a gramática de sua língua, ou seja, tem uma **gramática internalizada** aprendida na convivência com os outros falantes. Trata-se de uma gramática baseada nos usos da língua e que não precisa de uma aprendizagem formal.

Na escola, os alunos ampliam seus conhecimentos gramaticais, para ter acesso à norma prestigiada socialmente. No ensino da gramática, o objeto de estudo é o **texto**. É nele que se faz, por exemplo, a análise linguística das **categorias gramaticais**, destacando-se a função que elas exercem e os efeitos de sentido que conferem ao contexto. O conhecimento das **nomenclaturas** e da **classificação gramatical** é importante, porque elas servem para nomear as unidades ou funções da língua, mas não são noções tão relevantes quanto saber os usos da língua.

Além dos recursos gramaticais e lexicais, o conhecimento das **regras de textualização**, que são relativas à organização do texto, e das **regras de interação verbal** também permite uma compreensão mais completa de um texto. Dessa forma é possível saber a composição dos gêneros textuais trabalhados e as finalidades interativas de cada texto, bem como os efeitos e usos da linguagem.

Pode-se dizer que a **reflexão crítica** sobre os fatos linguísticos e o trabalho de **apreensão dos sentidos** e da **organização sintático-semântica** de um texto contribuem para uma atividade comunicativa mais competente. É a partir da análise e produção de textos de diferentes gêneros que as questões sobre o funcionamento e os sentidos da língua são apreendidas de forma adequada.

A **língua** apresenta dois componentes, o **léxico** e a **gramática**, e seu uso segue regras e normas, apreendidas naturalmente e no contexto escolar.

A **gramática** é o conjunto de regras e normas que definem o funcionamento de uma língua.

APLICAÇÃO

1 Leia o texto de Thaís Nicoleti de Camargo, consultora de língua portuguesa do grupo Folha-UOL.

Língua e identidade cultural

Muito se tem falado sobre o fenômeno da mudança linguística, e não é novidade dizer que as línguas são organismos vivos, que se modificam com o passar do tempo.

Falta, talvez, falar um pouco do que não muda, do que há de permanente na língua, portanto capaz de identificá-la em qualquer variante ou mesmo em qualquer época.

É possivelmente a esse jogo entre mudança e permanência que alude Caetano Veloso no verso com que inicia a canção "Língua": "Gosto de sentir a minha língua roçar a língua de Luís de Camões".

Para além da metáfora erótico-amorosa, na chave concreto/abstrato proposta pela palavra "língua", o encontro entre a língua de hoje e a língua de ontem é revelador de uma trajetória de mudanças sobre um patamar de permanências – e são estas que nos permitem a comunicação com as diferentes épocas e com os diferentes autores que expressaram seus pensamentos e emoções por meio do mesmo recorte da realidade.

"O que quer / O que pode esta língua?", questiona Caetano no refrão da canção. A linguística explica que as mudanças são aleatórias. Além de refletirem as influências históricas, extralinguísticas, seguem uma dinâmica intralinguística.

Só isso já bastaria para justificar o estudo da língua portuguesa e das suas apaixonantes sutilezas. "Gosto de ser e de estar", diz Caetano. Eis uma sutileza da nossa língua que o inglês e o francês, por exemplo, anulam. Para nós, falantes do português, "ser" é diferente de "estar".

A maneira de pensar de um povo expressa-se em sua língua. Daí a frase lapidar de Fernando Pessoa: "Minha pátria é a língua portuguesa", que o nosso Caetano retomou como "Minha pátria é minha língua".

Ainda que haja diferenças no espaço e no tempo, é a mesma língua que cruza fronteiras horizontais e verticais, afirmando sua unidade em meio à diversidade.

Em sua canção, repleta de referências, Caetano afirma e reafirma essa unidade camaleônica da língua, aberta à influência externa. Artífice da língua, Caetano trabalha e retrabalha suas canções do ponto de vista linguístico – metafórico e também sonoro, em que joga com as incontáveis possibilidades semânticas e sonoras da língua, em arranjos que oscilam entre o jogo etimológico e as imprevisíveis paronomásias, pura brincadeira com a forma das palavras, a carne da língua.

A percepção da língua como meio privilegiado de expressão e veículo de identidade cultural é o que deve nortear o seu estudo.

CAMARGO, Thaís Nicoleti de. *Folha de S.Paulo*, São Paulo, 23 jun. 2010. Encarte Fovest. © Folhapress.

a) No início do texto, a autora menciona a repercussão dos estudos no campo da linguística. Como ela analisa esse fato?

b) Com que objetivo esse texto foi produzido, segundo a própria autora?

c) Explique por que este verso de Caetano Veloso sugere a mudança e permanência na língua: "Gosto de sentir a minha língua roçar a língua de Luís de Camões".

d) Segundo o texto, é importante que as mudanças na língua aconteçam, mas que suas estruturas básicas permaneçam. Por quê?

e) Releia esta frase: "Só isso já bastaria para justificar o estudo da língua portuguesa e das suas apaixonantes sutilezas". A que "sutilezas" a autora se refere?

f) No oitavo parágrafo, a autora reafirma a necessidade de se manter a unidade da língua, apesar das mudanças que ocorrem em diferentes épocas. Explique por que ela retoma a canção de Caetano Veloso como exemplo.

g) No último parágrafo, a autora sintetiza o conteúdo do seu texto. O que ela conclui?

2 **No trecho a seguir, a professora Irandé Antunes analisa a aprendizagem da língua e da gramática. Leia o texto.**

Língua e gramática

Língua e gramática não rimam também quando se confunde o estudo da nomenclatura com o estudo da gramática; quando não se vai além da nomenclatura, para encontrar os sentidos que transparecem nos usos reais, concretizados, efetivados. Usos gerais. Todos. Não apenas aqueles que são reconhecidos como "cultos" ou prestigiados. Todos têm sua validade e ninguém pode ser visto como *menos dotado* por não saber alinhar pela erudição e pela língua "bem falada"...

[...]

Língua e gramática podem ser uma solução se aprendemos a apreciar a recriação da língua cada vez que a gramática varia, cada vez que ela se submete às condições de uso e se deixa levar pelos propósitos de quem a usa; quer dizer, se não deixamos que a gramática assuma o comando absoluto de tudo e saia do seu lugar de adjuvante; de companheira, apenas, cuja presença é necessária, mas não, suficiente.

Língua e gramática podem ser uma solução se sabemos ter olhos de ver bem longe e enxergamos uma travessia não totalmente pronta, mas que se vai fazendo; se cremos que há muito o que fazer nas aulas, envolvendo a gramática em atividade de análises, de leitura, de escrita, de oralidade; propondo perspectivas interativas e diferentes modos de expressão; desfazendo preconceitos e valorações discriminatórias.

Língua e gramática podem ser uma solução se não deixarmos que a gramática ofusque o fascínio que a língua pode exercer sobre as pessoas; se não deixarmos que a gramática nos impeça de sentirmos gosto pelo estudo da língua; se desfizermos o *grande equívoco de admitir que não é para ensinar gramática*, ou, pior ainda, que não é para ensinar a norma padrão.

Língua e gramática podem ser uma solução se soubermos ir adiante, muito além da gramática; muito além até mesmo da língua, para alcançar a nós mesmos e aos vestígios mais sutis da cultura, da história, dos discursos todos que teceram e tecem os versos de cada um.

ANTUNES, Irandé. *Muito além da gramática*: por um ensino de línguas sem pedras no caminho. 4. ed. São Paulo: Parábola Editorial, 2009. p. 160-161. (Fragmento).

a) Como foi visto, a língua compreende a gramática e o léxico. Com base na definição de gramática, explique a crítica feita ao ensino da gramática no início desse trecho.

b) Ainda no primeiro parágrafo, a autora se posiciona quanto ao estudo dos usos da língua. Compare essa opinião com a que foi vista no texto "Língua e identidade cultural", de Thaís Nicoleti de Camargo.

c) No segundo parágrafo, o que significa a submissão da gramática "às condições de uso"?

d) A que "travessia não totalmente pronta" a autora se refere no terceiro parágrafo?

e) Explique por que, no quarto parágrafo, parece haver receio de que o estudo da gramática comprometa o gosto pela língua.

f) Nesse caso, a autora defende a posição de que seria melhor não ensinar gramática nem a norma padrão? Justifique sua resposta.

g) Pode-se dizer que o último parágrafo desse texto dialoga com ideias apresentadas por Thaís Nicoleti em "Língua e identidade cultural"? Esclareça sua resposta.

O léxico

No texto

Leia este poema de Manoel de Barros. Observe o uso subjetivo que ele faz da linguagem.

No descomeço era o verbo.
Só depois é que veio o delírio do verbo.
O delírio do verbo estava no começo, lá onde a
criança diz: *Eu escuto a cor dos passarinhos*.
A criança não sabe que o verbo escutar não funciona
para cor, mas para som.
Então se a criança muda a função de um verbo, ele
delira.
E pois.
Em poesia que é voz de poeta, que é a voz de fazer
nascimentos –
O verbo tem que pegar delírio.

BARROS, Manoel de. *O livro das ignorãças*.
Rio de Janeiro: Record, 2000. p. 15.

1. **Conotação** é o emprego da palavra em sentido subjetivo ou figurado (*voz* ***aveludada***, *angústia* ***rouca***). **Denotação** é o uso da palavra em sentido objetivo, denotativo (*tecido* ***aveludado***, *voz* ***rouca***). Observando o emprego da linguagem subjetiva ou figurada no texto, interprete os dois primeiros versos.
2. Com base no texto, explique como ocorreu o "delírio do verbo".
3. Releia esta frase "Eu escuto a cor dos passarinhos", presente no quarto verso.
   a) Foi empregada a linguagem denotativa ou conotativa nessa frase? Por quê?
   b) Que sentido apresenta essa frase? Interprete-a.
4. Explique o que se pode concluir com a leitura destes versos: "Então se a criança muda a função de um verbo, ele/delira.".
5. Nos três últimos versos, o eu lírico parece concluir seu pensamento sobre os diferentes sentidos que a palavra, como código verbal, pode expressar. O que ele nos diz?

Em contexto

Como vimos, a gramática e o léxico compõem a língua. E o **léxico** representa um conjunto bem amplo de palavras que são empregadas na construção de enunciados. Por isso, o estudo do léxico de uma língua é tão importante quanto o conhecimento de sua gramática. O léxico apresenta o **percurso das palavras** em diferentes épocas, destacando sua utilização de acordo com a necessidade dos falantes. O **uso individual e coletivo** do léxico representa uma das funções da língua e possibilita a construção de nossas ideias.

Você pôde observar na composição do poema de Manoel de Barros como o léxico exerce um papel fundamental na elaboração de textos, devido à possibilidade de **seleção e uso das palavras com novos sentidos**, articuladas de forma diferente. As palavras podem expressar nossos pensamentos de forma concreta a partir de significados variados que se identificam no contexto. Desse modo, as palavras funcionam como **elos na estrutura de um texto**, estabelecendo nexos, ao se combinarem em expressões, sequências e frases de acordo com as regras da gramática, da coesão e da coerência textuais. A fala ocorre com o uso das palavras, ou seja, com o uso do léxico da língua construída em textos. Pode-se dizer que a interação verbal se efetiva a partir da **fusão do léxico e da gramática** na elaboração de textos.

A utilização do léxico nos permite identificar se o falante emprega ou não a língua prestigiada socialmente. Por exemplo, o **conhecimento de um vocabulário mais rico e formal** sugere uma situação de prestígio dada ao falante e à língua usada. Também um **maior domínio vocabular** possibilita, muitas vezes, maior aquisição de informações, melhor compreensão entre interlocutores e maior capacidade de produção.

Dessa forma conclui-se que, como a gramática e o léxico constituem a língua, o ensino da língua portuguesa deve enfatizar o trabalho com a linguagem, ou seja, com as palavras (**léxico**) e, ao mesmo tempo, com as regras que definem o uso da língua (**gramática**).

O **léxico** representa um conjunto amplo de palavras que os falantes podem usar nas atividades verbais, na interação comunicativa.

APLICAÇÃO

1 No poema de Manoel de Barros, o autor explorou subjetivamente os sentidos de algumas palavras para produzir efeitos de sentido diferentes no contexto. Agora observe a imagem e leia o texto desta propaganda.

REPRODUÇÃO/AGÊNCIA MOHALLEM MEIRELLES

a) Nesse anúncio, o publicitário destacou a imagem do produto (o carro), centralizando-o. Na frase "Nem todos os pequenos vêm ao mundo pelados", que palavras caracterizam o carro?

b) Explique o significado de cada uma delas de acordo com o seu emprego no contexto da propaganda.

c) Como ficaria a frase da propaganda se as palavras fossem empregadas no sentido real? Comente o efeito das palavras nas duas construções.

d) Observe ainda que a frase da propaganda parece personificar o carro, como se ele fosse um ser humano. Nesse caso, a que fato o anunciante compara a chegada do novo veículo ao mercado?

e) A elaboração das ideias de forma mais criativa depende da boa articulação das palavras ou do léxico na construção do texto. Por que os anúncios publicitários apresentam, quase sempre, uma linguagem com novos sentidos?

f) Explique por que o fabricante considerou importante destacar que o carro é mais completo.

2 **No trecho a seguir, Mia Couto, famoso escritor moçambicano, fala do uso das palavras (do léxico) e das normas gramaticais (da gramática). Leia o texto.**

Escrevências desinventosas

Estava já eu predisposto a escrever mais uma crónica quando recebo a ordem: não se pode inventar palavra. Não sou homem de argumento e, por isso, me deixei. Siga-se o código e calendário das palavras, a gramatical e dicionárica língua. Mas ainda, a ordem era perguntosa: "já não há respeito pela língua-materna?"

Não é que eu tivesse intenção de inventar palavras. Até porque acho que palavra descobre-se, não se inventa. Mas a ordem me deixou desesfeliz. Primeiro: porquê meter a mãe no assunto? Por acaso sou filho da língua, eu? Se nasci, mesmo inicialmente, foi de duplo serviço genético, obra inteira. Segundo: sou um homem obeditoso aos mandos. Resumo-me: sou um obeditado. Quando escrevo olho a frase como se ela estivesse de balalaica, respeitosa. É uma escrita disciplinada: levanta-se para tomar a palavra, no início das orações. Maiusculiza-se deferente. E, em cada pausa, se ajoelha nas vírgulas. Nunca ponho três pontos que é para não pecar de insinuência. Escrita assim, penteada e engomada, nem sexo tem. Agora acusar-me de inventeiro, isso é que não. Porque sei muito bem o perigo da imagináutica. Às duas por triz basta uma simples letra para alterar tudo. Um pequeno "d" muda esperto em desperto. Um simples "f" vira o útil em fútil. E outros tantíssimos, infindáveis exemplos.

Afinal das contas, quem imagina é porque não se conforma com o real estado da realidade. E nós devemos estar para a realidade como o tijolo está para a parede: a linha certa, a aresta medida. Entijole-se o homem com tendência a imaginescências [...].

COUTO, Mia. *Cronicando*. Lisboa: Caminho, 1993. p. 163-164. (Fragmento).

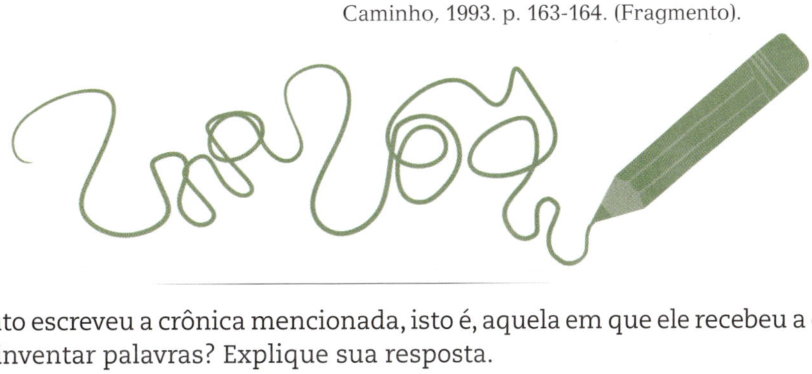

a) Mia Couto escreveu a crônica mencionada, isto é, aquela em que ele recebeu a ordem de não inventar palavras? Explique sua resposta.

b) No primeiro parágrafo, o escritor faz uma crítica sobre o uso do vocabulário e das normas gramaticais. De que maneira ele faz isso?

c) Explique por que Mia Couto se posiciona contra a ordem estabelecida.

d) Interprete o sentido desta frase: "Até porque acho que palavra descobre-se, não se inventa.".

e) Destaque do texto as palavras e expressões que podem ser consideradas invenções em nosso português, escrevendo a forma ou expressão que seria equivalente.

f) O escritor utiliza como recurso a ironia para contestar o efeito que certas regras podem causar ao texto. Interprete esta frase em que ele personifica a palavra: "Escrita assim, penteada e engomada, nem sexo tem".

g) Mia Couto se diz obediente às regras e não ser "inventeiro". Mas, ao mostrar a troca de letras nas palavras, o que ele sugere?

h) Na frase final do texto, que resume o último parágrafo, como o escritor usa da ironia em defesa da criação literária?

3 **Leia as estrofes a seguir de um poema de Carlos Drummond de Andrade. O escritor destaca a importância de se explorar o léxico na produção de textos.**

Procura da poesia

Não faças versos sobre acontecimentos.
Não há criação nem morte perante a poesia.
Diante dela, a vida é um sol estático,
não aquece nem ilumina.
As afinidades, os aniversários, os incidentes pessoais não contam.
Não faças poesia com o corpo,
esse excelente, completo e confortável corpo, tão infenso à efusão lírica.
[...]

Penetra surdamente no reino das palavras.
Lá estão os poemas que esperam ser escritos.
Estão paralisados, mas não há desespero,
há calma e frescura na superfície intata.
Ei-los sós e mudos, em estado de dicionário.
Convive com teus poemas, antes de escrevê-los.
Tem paciência, se obscuros. Calma, se te provocam.
Espera que cada um se realize e consume
com seu poder de palavra
e seu poder de silêncio.
Não forces o poema a desprender-se do limbo.
Não colhas no chão o poema que se perdeu.
Não adules o poema. Aceita-o
como ele aceitará sua forma definitiva e concentrada
no espaço.

Chega mais perto e contempla as palavras.
Cada uma
tem mil faces secretas sob a face neutra
e te pergunta, sem interesse pela resposta,
pobre ou terrível, que lhe deres:
Trouxeste a chave?

Repara:
ermas de melodia e conceito
elas se refugiaram na noite, as palavras.
Ainda úmidas e impregnadas de sono,
rolam num rio difícil e se transformam em desprezo.

ANDRADE, Carlos Drummond de. *Poesia completa e prosa*. Rio de Janeiro: Nova Aguilar, 2002. p. 117-118. (Fragmento).
Carlos Drummond de Andrade © Graña Drummond.
www.carlosdrummond.com.br

a) Na primeira estrofe, o eu lírico dá alguns conselhos para quem deseja compor versos. O que ele diz?

b) No verso "Penetra surdamente no reino das palavras", que efeito de sentido produz o emprego da palavra *surdamente*?

c) Segundo o texto, os poemas a serem escritos estão "no reino das palavras", ou seja, eles permanecem "em estado de dicionário". Explique essa afirmação.

d) Sintetize o que o eu lírico sugere ao leitor quanto à forma de trabalho com o léxico na composição de um poema.

e) Nos versos "Cada uma / tem mil faces secretas sob a face neutra", o que o eu lírico diz sobre o poder das palavras?

f) Explique o significado da pergunta "Trouxeste a chave?", no último verso da terceira estrofe. Releia toda a estrofe para responder.

g) De acordo com a última estrofe, como se comportam as palavras ante a busca do fazer poético?

4 Leia este anúncio publicitário:

REPRODUÇÃO/DPZ

a) Interprete, no enunciado da parte superior da propaganda, o significado da palavra *Azul* ("Voe Azul") e da frase "dê férias para o seu bolso".

b) O uso de verbos no imperativo é comum em propagandas, como nestas frases: "**Voe** Azul e **dê** férias", "**Consulte** seu agente de viagens". Que efeito produz o emprego do imperativo em anúncios?

c) Que imagem aparece bastante destacada no anúncio? De que forma ela dialoga com o caráter persuasivo da propaganda?

d) Na parte inferior esquerda do anúncio, a palavra *agora* (um advérbio) aparece repetida no início de duas frases. Que sentido ela expressa empregada dessa forma?

e) Observe o tratamento em 3ª pessoa: "Agora **você** tem opção". Explique o uso desse pronome na propaganda.

Lista de exercícios

RESUMO

Linguagem, língua e gramática

- **Linguagem** – propriedade do ser humano de representar o pensamento por meio de sinais codificados, com o intuito de comunicar-se com outro ser humano.
- **Linguística** – ciência da linguagem que pretende descrever e explicar os fenômenos linguísticos e também conhecer como se processa a comunicação humana.
- **Interação verbal** – processo comunicativo em que os interlocutores se inter-relacionam, por meio da linguagem, e ocorre uma reação entre eles.
- **Língua** – sistema de sinais comum a todos os indivíduos de uma determinada comunidade. A **língua** é uma atividade interativa e apresenta dois componentes, o léxico e a gramática, e seu uso segue regras e normas.
- **Gramática** – conjunto de regras que definem o funcionamento de uma língua.
- **Léxico** – conjunto amplo de palavras que os falantes podem usar nas atividades verbais na interação comunicativa.
- **Comunicação** – transmissão de uma mensagem que é decodificada porque foi compreendida, ou seja, existe uma interação comunicativa entre locutor e interlocutor.

Capítulo 2

Linguagem e variações linguísticas

Oralidade e escrita

No texto

Leia, a seguir, trechos de um texto que aborda a questão da oralidade e da escrita.

A fala e a escrita

[...] parece-me fundamental chamar a atenção para a forma como, neste livro, se concebem *a oralidade e suas relações com a escrita*. Ou seja, interessa-me frisar que, embora cada uma tenha as suas especificidades, não existem diferenças essenciais entre a oralidade e a escrita nem, muito menos, grandes oposições. Uma e outra servem à interação verbal, sob a forma de diferentes gêneros textuais, na diversidade dialetal e de registro que qualquer uso da linguagem implica. Assim, não tem sentido a ideia de uma fala apenas como lugar da espontaneidade, do relaxamento, da falta de planejamento e até do descuido em relação às normas da língua padrão nem, por outro lado, a ideia de uma escrita uniforme, invariável, formal e correta, em qualquer circunstância. Tanto a fala quanto a escrita podem variar, podem estar mais planejadas ou menos planejadas, podem estar mais, ou menos, "cuidadas" em relação à norma padrão, podem ser mais ou menos formais, pois ambas são igualmente dependentes de seus contextos de uso.

[...]

Evidentemente, convém chamar a atenção para o fato de que *não existe um padrão único de fala, como não existe também um padrão único de escrita*. Não falamos nem escrevemos todos do mesmo jeito, em qualquer situação ou para quaisquer interlocutores. Falamos e escrevemos, com maior ou menor formalidade, mais ou menos à vontade, com maior ou menor espontaneidade e fluência. Há momentos, de fala ou de escrita, em que tudo o que vai ser dito pode ser dito sem muita ou sem nenhuma formalidade, como há momentos em que tudo precisa ser cuidadosamente planejado e controlado.

Naturalmente, a diferença que pretendo ressaltar aqui é aquela entre a fala mais informal e a escrita mais formal. Quanto maior for a distância entre as duas, mais salientes serão as diferenças. A fala informal está normalmente presente nos contextos mais corriqueiros da conversação coloquial e caracteriza-se, em geral, por um vocabulário comum, restrito a esses contextos corriqueiros, por uma sintaxe permeada de expressões fáticas ("não é?", "sabe como é?", "tá ligado?", "certo"), de hesitações, de superposições ou de frases inacabadas (não que isso signifique "erro" ou desleixo). Sua coesão, além de outros aspectos discursivos, é estabelecida por meio de recursos paralinguísticos (como os gestos, as expressões faciais) e suprassegmentais (como a entonação, o aumento da intensidade, o alongamento das vogais, as pausas). Além disso, a presença de referentes concretos deixa, quase sempre, o texto falado informalmente cheio de incompletudes e "vaguezas", o que não afeta a coerência do que é dito, pois são facilmente supridas pelo contexto.

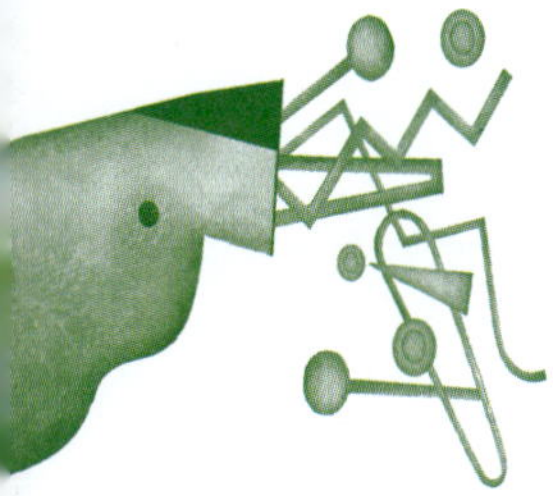

Daí que apenas a fala informal não pode servir de suporte para o desenvolvimento da compreensão de como acontece a escrita de textos formais. Ou seja, só pelo contato com textos escritos formais é que se pode apreender a formulação própria da escrita formal. Consequentemente, só com textos orais os alunos não chegam à competência para o texto escrito. [...]

Sem pretender estabelecer um marco nitidamente divisório entre a fala e a escrita – até porque, na verdade, há muito mais de semelhante entre as duas do que de diferente –, sem pretender os muitos simplismos com que a fala e a escrita têm sido distinguidas, vale a pena, contudo, chamar a atenção para as diferentes condições de produção de uma e de outra e ter em conta como essas diferenças interferem na sua realização concreta.

Elaborar um texto escrito é uma tarefa cujo sucesso não se completa, simplesmente, pela codificação das ideias ou das informações, através de sinais gráficos. Ou seja, produzir um texto escrito não é uma tarefa que implica apenas o ato de escrever. Não começa, portanto, quando tomamos nas mãos papel e lápis. Supõe, ao contrário, várias etapas, interdependentes e intercomplementares, que vão desde o planejamento, passando pela escrita propriamente, até o momento posterior da revisão e da reescrita. Cada etapa cumpre, assim, uma função específica, e a condição final do texto vai depender de como se respeitou cada uma destas funções.

ANTUNES, Irandé. *Aulas de português.*
São Paulo: Parábola Editorial, 2009. p. 52-54, 99, 100. (Fragmento).

1. Segundo o texto, a oralidade e a escrita não apresentam diferenças essenciais nem grandes oposições. Explique por quê.
2. Qual é o argumento empregado pela autora para contestar os que julgam a fala diferente da escrita?
3. Em que situações de comunicação podemos empregar a fala e a escrita em linguagem informal e em linguagem formal?
4. Explique por que as pessoas não falam e escrevem da mesma forma.
5. A autora considera importante destacar que há, sem dúvida, diferenças entre a fala informal e a escrita formal. Por quê?
6. Segundo a autora, que estratégias de produção diferenciam o texto oral do texto escrito?

Em contexto

O texto "A fala e a escrita" destaca algumas características da **fala informal** ou **coloquial** que a distinguem da **escrita formal**. Por exemplo, o vocabulário é mais simples; há o uso de expressões fáticas como *não é?*, *certo?*, *tá ligado?*, de frases incompletas, de hesitações linguísticas, etc. Também é possível, na fala, a inclusão de recursos como gestos, expressões faciais, entonação, pausas, fluência, etc.

Existem formas ou construções gramaticais que são mais empregadas na linguagem oral do que na escrita. Quase sempre, a fala apresenta frequentes repetições de palavras, maior uso de onomatopeias e de exclamações e supressão de certas construções, como do pronome relativo *cujo* e da preposição *de*. Interrompe-se, muitas vezes, a construção inicial da frase, e certos tempos verbais, como o mais-que-perfeito, quase ou nunca são empregados.

Em geral, como na **comunicação oral** os interlocutores (falante e ouvinte) estão presentes em determinado lugar e tempo conhecidos, a forma e o conteúdo da mensagem são mais reduzidos. Ao contrário, na **comunicação escrita** o emissor precisa esclarecer qual é a situação, isto é, definir o lugar, o nome dos personagens, tempo, etc. Nesse caso, a linguagem escrita se torna mais extensa e precisa.

Além de empregar maior número de palavras, a língua escrita apresenta outros **recursos de expressão**, como a pontuação, que facilita a transcrição de algumas características da língua falada. O **uso da pontuação** é fundamental na construção das ideias, pois separa os grupos de palavras, e assim favorece a compreensão do texto. Não só na escrita, mas também na leitura, a pontuação define o sentido das mensagens.

Na verdade, as diferentes modalidades ou variações da língua materna fazem também parte do ensino; e é mais interessante que se destaquem as semelhanças entre elas do que as diferenças, que existem, às vezes, devido às condições de produção. Mas cabe à escola, particularmente, ensinar ao usuário da língua as características da linguagem escrita e a norma padrão, que não podem ser ignoradas, já que são as formas de maior prestígio social.

Observe as diferenças entre a oralidade e a escrita:

Oralidade	Escrita
Presença de hesitações (*É..., humm..., né?*) e reformulações.	Linearidade, porque o texto pode ser revisto várias vezes.
Predominância de frases curtas, simples ou coordenadas: *Tá bom! Troco os ovos pra senhora.*	Predominância de frases complexas, com subordinação: *Em resposta à sua solicitação, vou providenciar novos ovos para a senhora.*
Predomínio da voz ativa: *Você passou a roupa.*	Uso frequente da voz passiva: *As roupas foram passadas?*

KOCH, Ingedore Villaça. *A inter-ação pela linguagem*. São Paulo: Contexto, 1997. p. 68-69. (Coleção Repensando a Língua Portuguesa). (Fragmento adaptado).

Essas características, no entanto, podem variar, porque há textos orais muito próximos da escrita (por exemplo, o discurso de um político) e textos escritos que se aproximam da oralidade (por exemplo, os bilhetes, os balões nas histórias em quadrinhos).

APLICAÇÃO

1 Leia este anúncio publicitário:

REPRODUÇÃO/AGÊNCIA ESCALA

Uma linha de presentes para este Natal:
Philco cinema, DVD portátil Adventure e Micro System PH671 com DVD que liga na TV.

a) Observe o enunciado em maior destaque na propaganda. Que fato, no contexto, justifica a referência a Papai Noel?
b) Que palavras desse enunciado são mais usadas na língua falada e hoje se encontram na língua escrita informal?
c) Que efeito de sentido produz o uso dessas palavras no anúncio?
d) Explique a diferença de sentido na linguagem escrita com a mudança de colocação da palavra *só* nestas frases:

*Tem coisas que **só** sua mãe faz pra você.*
*Tem coisas que sua mãe faz **só** pra você.*

2 Leia o que uma editora de livros escreveu sobre algumas mudanças que têm ocorrido em nossa língua.

Nossa nova língua portuguesa

Logo que comecei a trabalhar como editora, reparei que a diferença entre a língua falada e a língua escrita é maior em português do que em inglês, meu idioma nativo. Um estrangeiro pode passar anos sem topar com uma ênclise. De repente, abre um livro e paft! As pessoas não se sentam; sentam-se. Uma porta não se fecha; fecha-se. O ex-presidente Jânio Quadros uma vez falou "fi-lo porque qui-lo". Tradução: fiz porque quis – e foi por causa da ênclise falada que a frase entrou na história. Enquanto os vizinhos hispânicos mantêm seus verbos reflexivos falados certinhos, os brasileiros ao falar deixam cair toda espécie de pronome. Escrever, porém, trata-se de outra história. É quase como se fosse um outro idioma.

O português é muito mais aberto do que línguas como o espanhol e o francês. Não existe aqui um forte sentimento nacional pela preservação linguística. Enquanto em espanhol se utiliza Sida, aqui se fala de Aids, a sigla em inglês. Outro dia li "bêbado como um gambá" numa tradução e corri para ver como estava a frase no inglês original, pensando que o tradutor a tivesse erroneamente traduzido ao pé da letra, pois existe a expressão "drunk as a skunk". Mas essa aliteração, que nada tem a ver com o comportamento do fedorento animal, não estava no texto original! Concluí que a expressão deve ser um empréstimo que veio há tempos de minha terra natal, talvez por meio de algum filme.

Neste momento histórico de globalização e acesso máximo à informação, as pessoas no mundo inteiro prezam acima de tudo a comunicação, de maneira eficiente. Daí surgem as abreviações-gíria como "vc" (você) "rs" (risos), "pq" (por que) e "tranks" (tranquilo). No meu trabalho, vejo o impacto da crescente massificação da comunicação escrita. Os livros que chegam aqui dos EUA estão escritos cada vez mais como se o autor estivesse falando em voz alta com seus leitores: "Tenho certeza de que a esta altura você está se perguntando...", para ficar em apenas um exemplo. Até os franceses, tão mais formais no trato do que os brasileiros, estão mudando. No seu novo livro sobre as ligações entre a mitologia grega e o desenvolvimento pessoal, o filósofo Luc Ferry utiliza o "tu", e não o "vous", quando dirige a palavra àquele que vira as páginas.

Em português, esse tipo de abordagem soa muito crua. Fica difícil saber se é melhor escrever "como eu te disse há pouco", "como eu lhe disse há pouco" ou "como eu disse há pouco".

Alguns podem pensar que é o inglês que está influenciando as estruturas do português escrito, tornando-o (ih!) mais fácil de ler, mas eu discordo. Sim, foram meus compatriotas os pioneiros na democratização de linguagem, séculos atrás. Um dos fundadores do Estado americano, Benjamin Franklin, até escreveu um livro de ditados populares (foi ele quem observou que, no caso de peixes e hóspedes, ambos fedem em três dias). Mas a meu ver é a própria democratização brasileira que leva à abertura linguística. Ao passo que as pessoas sobem na pirâmide política, social e econômica do País, precisamos e procuramos maior acessibilidade ao mundo da palavra escrita.

Quem produz e vende livros quer comercializar o maior número possível deles, e não restringir a leitura aos poucos eruditos, que, como o Jânio, poderiam explicar seus hábitos assim: "Bebo porque é líquido. Se fosse sólido, comê-lo-ia". Hoje o público tem mais a cara da minha podóloga, que acaba de comprar uma casa pela Caixa Econômica: "Quero ler um livro que minha filha está lendo; não consigo pronunciar direito o nome. É algo assim: Cre-pús-cu-lo."

MICHAELS, Julia. *Galileu*, São Paulo, n. 217, p. 104, ago. 2009.

a) No primeiro parágrafo, a autora argumenta que a nossa língua falada difere da língua escrita bem mais do que ocorre no inglês. Por que ela teria observado as diferenças, inicialmente, no uso dos pronomes?

b) Para a autora, a língua escrita no Brasil, em comparação com a falada, parece ser outro idioma, ou é "outra história". Pode-se dizer que há uma crítica aos brasileiros em relação a essa diferença linguística? Explique.

c) O que a autora quis dizer ao considerar o português uma língua mais aberta?

d) Apesar da facilidade com que as pessoas hoje se comunicam, é necessário que as informações sejam dadas com exatidão e objetividade. De acordo com o texto, de que forma acontece a comunicação no mundo atual?

e) Como a autora explica as consequências da massificação da escrita em alguns países?

f) Na sua opinião, por que a autora diz que os Estados Unidos foram "os pioneiros na democratização da linguagem"?

g) De acordo com o texto, de que modo a "democratização brasileira" tem influenciado a língua e as pessoas?

h) Ao concluir o texto, a autora confessa ser favorável à democratização da língua escrita. Por que ela compara o público leitor atual com a podóloga que a atende?

3 Leia esta charge do Santiago:

Santiago

SANTIAGO

SANTIAGO. *Tinta fresca*. Porto Alegre: L&PM, 2004. p. 80.

a) Observe que a charge apresenta linguagem verbal e linguagem não verbal. O que é possível perceber em relação a dona Esmeralda, a partir da linguagem não verbal utilizada pelo chargista?

b) Que recursos verbais e não verbais empregados no texto o ajudaram a chegar a essa conclusão?

4 Como se pode observar, o anúncio a seguir utiliza apenas a linguagem verbal para apresentar sua mensagem. Leia-o com atenção.

REPRODUÇÃO/AGÊNCIA BABEL

- Sem carências
- Sem limite de utilização
- Sem restrições a doenças preexistentes
- Sem limite de idade
- Atendimento emergencial domiciliar 24 h
- Programa de assistência farmacêutica
- Exames laboratoriais com até 85% de economia

O Sinasa tem as duas coisas que você mais precisa: saúde e economia.

a) No enunciado em maior destaque, o anunciante interroga o leitor, mas ele se antecipa e responde ao possível interlocutor. A quem esse anúncio é dirigido e por quê?

b) Explique por que o plano de saúde oferecido é melhor que os demais, segundo a propaganda.

c) Observe o emprego da forma verbal *quer* no enunciado principal. Em que pessoa está esse verbo e qual é o seu sujeito?

d) Observe, agora, nesse enunciado o emprego dos pronomes *seus* e *te*, que se referem ao sujeito do verbo *quer*.

- Considerando as regras gramaticais, qual pronome deveria ser utilizado em lugar do *te*?
- Reescreva a frase, fazendo a adequação.

e) Qual pode ter sido a intenção do anunciante em não obedecer às regras do emprego uniforme dos pronomes?

f) Observe esta frase do anúncio:

"O Sinasa tem as duas coisas que você mais precisa: saúde e economia".

Em que lugar da frase foi suprimida uma preposição, como é frequente ocorrer na língua falada e já começa a ser registrada na escrita? Justifique sua resposta.

Variações linguísticas e norma padrão

No texto

Leia a tira de Adão Iturrusgarai e a de Mauricio de Sousa, apresentadas a seguir.

MUNDO MONSTRO — Adão Iturrusgarai

TURMA DA MÔNICA — Mauricio de Sousa

1. Compare a linguagem verbal utilizada nas duas tiras, destacando a situação e as condições de interação entre os interlocutores.
2. Nas duas situações, a comunicação entre os interlocutores se completa, ou seja, há interação entre as personagens, embora empreguem diferentes variações da língua? Justifique sua resposta.
3. As diferenças de registro linguístico quase sempre contribuem para a criação do humor. Isso acontece na tira de Chico Bento em que se intensifica o efeito humorístico, ou seja, a ingenuidade da personagem. Nas expressões "pra contá pra **sinhora**" e "No ano **qui** vem", as palavras *sinhora* e *qui* são pronunciadas com *i* ou com *e* pelos "não caipiras"? Leia as frases em voz alta.
4. Que observação se pode fazer quanto à variação linguística usada pela personagem Chico Bento, tendo em vista a sua fala?
5. Na primeira tira, que recursos o quadrinista empregou para enfatizar o encantamento da personagem com o livro que estava lendo?
6. Os quadrinistas procuram utilizar recursos da comunicação não verbal, como movimentos e expressões físicas, para dar maior realismo à tira. Aponte, em cada tira, os efeitos resultantes desse trabalho.

Em contexto

Variações linguísticas

A nossa língua apresenta **variações**, conforme você pôde observar nas tiras. Não existe língua sem variação, e esse é um fato de natureza universal. Dependendo da situação de comunicação, o uso da língua ocorre de modo variado. Como a língua é um fato social e a sociedade apresenta inúmeras características e diversas tendências, é natural que haja variações no uso da língua.

Em geral, a língua escrita tende a seguir os **modelos prestigiados** de emprego, mas ocorrem mudanças naturais em qualquer modalidade de língua, dependendo da adequação às condições de uso. Portanto não existe uma língua uniforme e invariável, do contrário haveria inadequação em determinada situação de interatividade comunicativa.

De acordo com a linguística, conforme afirma Irandé Antunes, em seu livro *Muito além da gramática*, "o bom uso da língua é aquele que é adequado às condições de uso". Nesse caso, nas diferentes situações sociais, o uso da língua deve se adequar ao tipo de interlocução. Por exemplo, em situações formais é comum o uso da **norma culta**, enquanto em situações informais fica mais coerente e adequado o uso da **linguagem coloquial**.

Assim, no ensino da língua materna, é importante o usuário conhecer bem todas as suas variantes, para saber empregá-las com propriedade e domínio. Não é somente a aprendizagem da norma culta, considerada às vezes a mais correta, que pode ampliar a competência na fala e na escrita. Também o uso dos dois tipos de variedades linguísticas, os dialetos e os registros, acrescentam maior capacidade no uso da língua. Ambos representam, hoje, aspectos significativos no trabalho com a oralidade, já que a língua falada também é variada.

Norma padrão

Norma corresponde àquilo que as pessoas usam comumente ou com maior frequência. **Norma padrão** ou **norma culta** significa, em geral, nas escolas, o falar considerado correto segundo as regras gramaticais. Trata-se do falar de maior prestígio social, e não somente das pessoas cultas, e sim de todos aqueles que exercem atividades relacionadas à escrita e à fala em situações comunicativas formais.

Considera-se **situação formal** aquela ligada à vida pública, fora do ambiente familiar. A norma padrão pode ser usada informalmente, mas isso não é comum. Na verdade, linguisticamente não existe uma única norma totalmente correta ou melhor, mas diversas variantes cujo emprego deve se adequar às condições de comunicação, para que ocorra interatividade entre os interlocutores.

Variações linguísticas são as diferentes variações regionais e sociais dentro de uma mesma língua.

Norma padrão é a variedade linguística mais valorizada socialmente e a mais utilizada na esfera pública (imprensa, comércio, indústria, universidade, governo, etc.).

APLICAÇÃO

1 Leia o texto narrativo a seguir, em que se identifica o uso de duas variantes linguísticas. A autora é Fernanda Takai, cantora, compositora e escritora mineira.

Comida boa é aqui messss...

– Opa! Bom-dia.

– Dia!

– Tô chegando à cidade, o senhor podia me dar uma informação?

– Mas é claro!

– Onde tem um restaurante bom?

– Eita. Aí complicô...

– Por quê? Não tem?

– Tem até demais...

– Então é só me dizer aonde ir. Qual o melhor?

– Aqui... que tipo de comida você quer?

– Mineira, ué!

– Aí ocê me apertô sem me abraçá.

– Não tem restaurante de comida mineira boa?

– Ô, se tem! Os mió do mundo tão aqui...

– Me fala um.

– É que eu conheço o pessoal todim, fica chato falá de um e num falá do outro... Por que o senhor num vai comer outra coisa?

– Mas eu tô na capital de Minas Gerais, pra que comer em outro lugar se não for num restaurante de comida mineira?

– Ah... mas você sabia que só aqui tem o único restaurante de comida iraniana do Brasil?

– É?!

– Ô! E as *pizza*?!

– Mas eu sou paulista. Pra que vou comer *pizza* em Belo Horizonte, meu?

– Então nem vô falar... são boas demais da conta!

– Ah, tudo bem. Pode deixar que pergunto a outra pessoa. Obrigado.

– Aqui, o senhor me desculpe, mas... o senhor gosta de peixe?

– Gosto.

– Então deixa eu te dizer que tem uma moqueca...

– Péra aí. Peixe em Minas?

– Comida japonesa, capixaba ou baiana?

– Tá gozando da minha cara?

– Tô não!

– Eu quero é comer um tropeiro, uma linguiça com cachaça...

– Pela sua cara, acho que também gosta de um churrasquinho!

– Gosto, mas deixo pra comer isso no Sul, ora...

– Aqui, o senhor já ouviu falar em globalização?

– Já, mas eu quero é o regional!

– Conhece rolinho primavera?

– É claro!

– Tem um lugar aqui que vende o melhor rolinho primavera do país, talvez melhor até que em qualquer restaurante da China.

– Aí você brincou!

– Tô falando sério, sô! E faláfel? Tapas? Quiche? Bacalhau? Sanduíche? Saladas? Magret?

– Olha, me desculpe, mas eu queria só comer uma comida mineirinha mesmo. Será que dava pra você descer desse muro e simplesmente me indicar um bom restaurante de comida mineira?

– Ô, sô, me desculpe. Vou te contá procê então...

– Até que enfim! Qual é o melhor restaurante de Belo Horizonte afinal?

– Aqui... se o senhor num se incomodá... posso levar ocê lá. É pertim da minha casa.

TAKAI, Fernanda. *Veja Belo Horizonte*, p. 162, out. 2009b.

a) Observe que a narração é desenvolvida em diálogo em discurso direto, ou seja, as próprias personagens falam. Quem são os interlocutores e onde se passa o fato?

b) Esse texto é uma narrativa humorística. Em que se baseia a criação do humor do texto?

c) Explique por que o diálogo entre as personagens se torna cada vez mais difícil, apesar de engraçado.

d) Apesar de pressionado, o visitante de São Paulo insiste com o cidadão local pela indicação de um bom restaurante de comida mineira. Por que a conclusão da narrativa também acrescenta comicidade ao texto?

e) Compare a variação de linguagem das personagens. O que se pode observar quanto à fala de cada um?

f) Identifique, no texto, as características dos dois tipos de variação linguística, dando exemplos de palavras e expressões encontrados na narração.

g) O que sugerem o uso da palavra *mesmo* incompleta e com vários *s* e o uso das reticências no título do texto ("messss...")?

2 Leia esta nota jornalística:

PLANETA

Descoberta de furo na camada de ozônio faz 25 anos

Em maio de 1985, cientistas alertaram para a existência de um buraco na camada de ozônio em cima da Antártida na revista científica *Nature*. Essa camada protege animais, plantas e homens das radiações solares.

A descoberta foi divulgada pelos pesquisadores Joe Farman, Brian Gardiner e Jonathan Shanklin. O buraco está relacionado ao acúmulo de gases CFCs (usados em sistemas de refrigeração e de ar-condicionado e em solventes industriais).

Para reverter a situação, foi firmado em 1987 o Protocolo de Montreal, em que os países se comprometeram a substituir os CFCs. A expectativa dos cientistas é que em 2080 a camada de ozônio na Antártida volte aos níveis de 1950.

"A descoberta foi um lembrete crucial da importância de investir em monitoramento de longo prazo. Mas talvez a lição mais surpreendente do buraco tenha sido o quão rápido nosso planeta pode mudar", disse Shanklin.

O Estado de S. Paulo, São Paulo, 6 maio 2010. Vida – Planeta

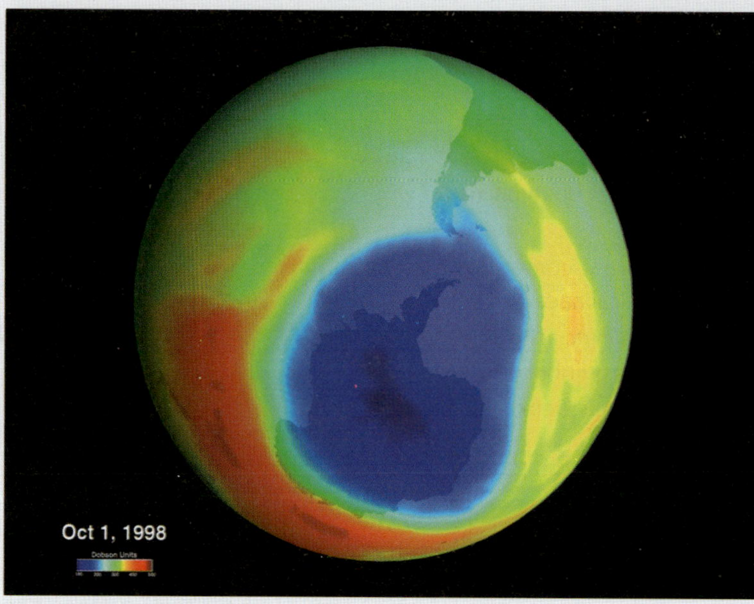

NASA/GODDARD SPACE FLIGHT CENTER SCIENTIFIC VISUALIZATION STUDIO

Buraco de ozônio em 1998.

a) Nesse texto, uma data importante é lembrada: os 25 anos da descoberta do furo na camada de ozônio. O autor usou uma linguagem objetiva ou subjetiva na narração do fato? Por quê?

b) Que elementos próprios da notícia jornalística comprovam a veracidade das informações?

c) Qual é a variação linguística empregada no texto? Por quê?

d) Compare a linguagem utilizada nesse texto com as linguagens empregadas no texto "Comida boa é aqui messss...".

e) Identifique características da variação linguística utilizada nesse texto jornalístico.

f) O que você pode concluir das palavras do cientista Shanklin no último parágrafo do texto?

3 Leia, a seguir, um texto de Tutty Vasques, escrito para o jornal *O Estado de S. Paulo*. Observe a linguagem empregada por esse jornalista brasileiro.

TUTTY HUMOR

A maldição do dia do casamento

Cutucaram a sexta-feira 13 – e ainda por cima de agosto – com vara curta! Sem medo de dar mole pro azar, o primeiro casamento gay da América Latina está marcado para o Dia Internacional das Bruxas, com celebração em Buenos Aires.

EDUARDO BAPTISTÃO/AGÊNCIA ESTADO

Deram à superstição em torno da data a grande chance de reacender a fogueira das crenças no mito das trevas. Imagina se alguma coisa não der certo na lua de mel dos noivos, ainda mais depois de 34 anos de união estável do casal?

Acontece nas melhores famílias, mas não seria este, decerto, um casamento como tantos outros nas estatísticas de divórcios-relâmpago. Entraria para a história das sextas-feiras 13 de agosto como um marco da maldição da efeméride.

Eu, particularmente, não acredito nessas bobagens, mas conheço muita gente boa que se dobrou às evidências de que, não à toa, Fidel Castro nasceu numa sexta-feira 13 de agosto (de 1926).

Não por isso, evidentemente, até os mais esclarecidos evitam reservar a data para estrear vida nova de qualquer gênero. Ainda mais no caso de um rito de mudanças nas relações matrimoniais do continente, francamente, não custava nada marcar a cerimônia de casamento para o dia 15, né não?

VASQUES, Tutty. *O Estado de S. Paulo*, São Paulo, 20 jul. 2010. Cidades/Metrópole.

a) Como se informa, essa crônica foi publicada na seção "Tutty Humor" do Caderno Cidades/Metrópole, no jornal *O Estado de S. Paulo*. Compare esse texto com o da questão 2 ("Descoberta de furo na camada de ozônio faz 25 anos") e explique que tratamento cada autor dá ao respectivo texto.

b) Observe o título do texto: "A maldição do dia do casamento". A que tipo de maldição o autor se refere?

c) Já vimos que a linguagem informal ajuda a construir um texto bem-humorado. Destaque do texto "A maldição do dia do casamento" expressões que são típicas dessa variação linguística.

d) Que relação há entre a imagem ilustrativa e o conteúdo do texto?

Variedades regionais, sociais e históricas

No texto

No fim da década de 1980, o músico e pesquisador carioca Bernard von der Weid estudou a cultura musical de comunidades rurais do semiárido baiano. Ao final do trabalho, reuniu alguns grupos da região e gravou com eles o CD *Da quixabeira pro berço do Rio*. O álbum chamou a atenção do compositor Carlinhos Brown, que gravou, no seu CD *Alfagama betizado*, uma faixa sob o título "Quixabeira" reunindo três canções dos agricultores: "Alô meu Santo Amaro", "Vinha de viagem" e "Amor de longe". A faixa fez grande sucesso, e mais ainda faria quando regravada pela banda de *axé music* Cheiro de Amor, em 1998. Leia, a seguir, a letra da canção "Quixabeira".

Quixabeira

Amor de longe
Benzinho
É favor não me querer
Benzinho
Dinheiro eu não tenho
Benzinho
Mas carinho eu sei fazer até demais
Fui de viagem
Passei as barreiras
Avisa meus companheiros
Sou eu manoel de isaías
Na ida levei tristeza
Na volta trouxe alegria
Passei pela quixabeira
Mané me deu uma carreira
Que até hoje correia
Tu não faz como um passarinho
Que fez um ninho e avoou
Mas eu fiquei sozinho
Sem teu carinho
Sem teu amor
Alo meu santo amaro
Eu vim lhe conhecer
Eu vim lhe conhecer
Sambá Santamarense
Pra gente aprende
Pra gente aprende

Domínio público. Adaptação de Bernard von der Weid, Afonso Machado e Carlinhos Brown. Disponível em: <http://www.carlinhosbrown.com.br/>. Acesso em: 10 mar. 2011.

ESMERALDO LOPES

Quixabeira, em Curaçá, Bahia. Fotografia de março de 2006.

Glossário

Quixabeira: árvore típica do semiárido.

1. Na sua opinião, quais trechos dessa canção correspondiam originalmente a cada uma três das canções nela reunidas?

2. Leia, agora, o início de uma matéria publicada em uma revista portuguesa da atualidade sobre reformas no aeroporto de Lisboa.

> **Aterrar nas lojas antes de levantar voo**
>
> *A nova zona comercial do aeroporto de Lisboa está maior e mais bonita.*
> *Ana Garcia Martins não foi de viagem mas foi visitá-la.*
>
> Ir de viagem e não comprar perfumes e chocolates no aeroporto é mais ou menos a mesma coisa do que ir a Roma e não ver o Papa: obrigações incontornáveis [...]
>
> Disponível em: <http://timeout.sapo.pt/news.asp?id_news=2560>. Acesso em: 10 mar. 2011. (Fragmento).

Glossário

Aterrar: aterrissar.

a) Algumas regiões rurais do Brasil preservam certos modos de falar típicos do português lusitano. Localize na letra da canção "Quixabeira" uma expressão que também aparece nesse trecho da matéria.

b) Na maior parte do Brasil, qual expressão se usa geralmente no lugar dessa?

3. Em algumas partes do Brasil, é comum a permanência de palavras do português antigo, que hoje já não são mais usadas nem em Portugal nem nas demais áreas do nosso país. Um exemplo é o verbo *avoar*, presente neste verso da canção "Quixabeira": "Que fez um ninho e **avoou**".

a) Procure em um dicionário a palavra *avoar* e comente com os colegas o que encontrou.

b) Enquanto os moradores de certas áreas do país permaneceram falando *avoar*, em outras partes passou-se a falar *voar*. Você conhece outros verbos que também são pronunciados com um **a** inicial por certos grupos de pessoas?

4. Em certas comunidades, é comum chamar alguém por seu primeiro nome acrescido do nome de seu pai ou de sua mãe. Exemplo: *Severino de Maria* (Severino, filho de Maria). Identifique na letra da canção "Quixabeira" uma construção semelhante a essa e dê seu provável significado.

5. Releia este verso: "Mané me deu uma carreira". Segundo o *Dicionário eletrônico Houaiss da língua portuguesa* (Rio de Janeiro: Objetiva, 2003), *dar uma carreira* pode significar "sair correndo" ou "expulsar energicamente; escorraçar".

a) Qual desses significados aplica-se à expressão no contexto? Por quê?

b) Você conhecia essa expressão? Troque ideias com os colegas.

6. Releia estes versos:

"Tu não faz como um passarinho
Que fez um ninho e avoou
Mas eu fiquei sozinho
Sem teu carinho
Sem teu amor"

a) O eu lírico faz aqui uma **comparação**, recurso comum em poesia. No caso, o que ele compara?

b) Nessa canção, o eu lírico dirige-se à pessoa amada pelo pronome *tu*. Na região onde você mora, qual forma de tratamento é mais comum: *tu* ou *você*? Há diferença no uso das duas formas quanto ao nível de intimidade entre as pessoas?

c) De acordo com a gramática normativa, qual deve ser a concordância em "Tu não faz"?

d) Na região onde você mora (caso se use o pronome *tu*), qual concordância é mais comum: a estabelecida pela gramática normativa, ou a que aparece na canção?

Em contexto

Variações regionais e sociais

A língua apresenta variedades associadas a diversos aspectos. Os dois tipos de variedades linguísticas são os **dialetos** e os **registros**. Os **dialetos** constituem as variedades produzidas pelos falantes ou emissores da língua. Os **registros**, também denominados de **estilos**, são as variedades provenientes do uso da língua ou que se formam de acordo com o recebedor, a mensagem ou a situação.

Entre as variações dialetais, identificam-se quatro dimensões básicas:

a) **a regional** (**territorial** ou **geográfica**) – você observou, por exemplo, na letra da canção "Quixabeira", palavras e construções típicas do semiárido baiano, onde a canção foi criada;

b) **a social** – grupos com interesses comuns costumam desenvolver uma linguagem própria. Assim, temos os jargões profissionais (dos médicos, dos economistas, dos *motoboys*, etc.) e as formas características de se expressar que se percebem em grupos de diferentes origens socioeconômicas e/ou culturais;

c) **a de faixa etária** – você certamente não fala nem escreve do mesmo modo que seus pais ou avós;

d) **a de sexo** – estudos mostram que mulheres e homens não só têm pronúncias diferentes, como também escolhem palavras diferentes e conduzem a conversa de modo distinto.

A **variação regional**, da qual provêm os chamados **regionalismos**, acontece entre pessoas de diversas regiões onde se fala a mesma língua. Ela se verifica devido às influências ocorridas em cada região quando da sua formação. Ou ainda, porque os falantes de uma certa região representam uma comunidade linguística, geograficamente separada, que se identifica em função das características linguísticas comuns. No Brasil ocorrem diversos falares que se originam de uma mesma língua – o português. Dentre eles, distinguem-se os falares nordestinos, o gaúcho, o carioca, o dialeto caipira, e ainda outros.

Em geral, as diferenças linguísticas regionais acontecem no **campo do léxico** (vocabulário). Nesse caso, certas palavras apresentam sentidos diferentes, ou se formam outras com o mesmo significado. No **campo fonético**, há mudanças na pronúncia (sotaque), na entonação e no timbre, entre outras alterações; e, no **campo sintático**, quase ou nunca existem modificações.

A letra *r* em *mar*, por exemplo, pode ser pronunciada de modo diferente em algumas regiões do Brasil; a mesma raiz é chamada de *aipim*, *mandioca* ou *macaxeira* em diferentes regiões do país. E, conforme vimos na canção "Quixabeira", as variedades regionais se manifestam também no modo de organizar as palavras numa frase: *ir de viagem, manoel de isaías*.

Não é possível determinar onde começa e termina um dialeto regional em relação a outro. O dialeto nordestino, por exemplo, apresenta diferenças mais evidentes em relação ao falar gaúcho do que quando se compara com os falares de usuários do Pará ou do Amazonas.

As **variações sociais** acontecem em função da classe social dos falantes da língua. São exemplos os jargões profissionais ou a linguagem de certos grupos sociais, como de médicos, professores, artistas, favelados, da classe média, etc. A **gíria** também constitui uma variação ou dialeto social, porque se trata do emprego da língua de um modo específico por um certo grupo.

Devido às muitas diferenças existentes entre as variações sociais, não é fácil classificá-las. Há várias questões relacionadas, como nível de escolaridade e classe econômica, diferenças entre classes sociais e grau de formalismo, etc. A partir das variações sociais são reconhecidos os grupos sociais com base na linguagem, portanto elas servem como meio de identificação grupal.

A **variedade padrão** é a registrada nos dicionários e nas gramáticas normativas. Ela tem uma função muito mais de estabilizar, diminuir o ritmo das mudanças do que, de fato, refletir o uso real da língua. As variedades diferentes da padrão são chamadas de **variedades não padrão**.

As variedades diferentes da norma culta são as **variedades populares**. Muitas vezes, elas são alvo de preconceito, sendo consideradas "primitivas" ou "feias". Contudo, do ponto de vista da linguística (ciência que estuda a linguagem), esse tipo de julgamento não se justifica. Todas as variedades são legítimas e funcionais, permitindo não só que as pessoas interajam, como também que produzam cultura e arte.

Variação histórica

A língua está sempre em transformação. Diversos aspectos de um idioma podem se alterar ao longo do tempo. Por exemplo:

a) a **ortografia** – há palavras que tiveram alteração na escrita com o passar do tempo: *pharmácia* → *farmácia*;

b) a **semântica**, isto é, o significado das palavras – algumas palavras eram usadas com um significado que hoje está em desuso: *brotinho* → *adolescente, jovem*;

c) o **léxico**, isto é, o conjunto de palavras – constantemente, novas palavras são criadas ou entram na língua (*teleconferência*, *digitação*), enquanto outras desaparecem (*motorneiro*, o motorista de bonde);

d) a **fonética**, isto é, pronúncia das palavras – por exemplo: até o século XVI, as palavras que hoje a gramática normativa determina que sejam pronunciadas *flauta*, *planta* e *flor* eram normalmente pronunciadas *frauta*, *pranta* e *fror* (a esse fenômeno dá-se o nome de **rotacismo**, que hoje é tratado como um vício de pronúncia ou de escrita da consoante *r* em lugar do *l*);

e) a **sintaxe**, isto é, a organização das palavras na frase – por exemplo: a frase "São dessas coisas **que se não explicam**", que aparece no romance *Casa de pensão*, de Aluísio Azevedo, de 1884, hoje certamente seria escrita assim: "São dessas coisas **que não se explicam**". Essa construção, hoje praticamente extinta, recebe o nome de **apossínclise** e consiste na interpolação de um vocábulo entre o pronome átono (*se*) e o verbo (*explicam*). Ela sempre foi comum no português lusitano, inclusive na fala popular.

Essas mudanças constituem a chamada **variação histórica** da língua, que é determinada tanto por características internas da própria língua, quanto por fatores externos, como o avanço tecnológico e o contato com outros povos.

Conteúdo multimídia
Línguas da família indo-europeia e Origens do português

As línguas variam de região para região, de grupo social para grupo social, de situação para situação. O cruzamento desses fatores configura as **variedades regionais** e **sociais**. A influência das variações regionais e sociais gera inúmeras variedades linguísticas dentro de um mesmo idioma.

A **variedade padrão** é a que está de acordo com as regras da gramática normativa e com o registro dos dicionários.

Variedades populares ou **variedades não padrão** são aquelas que apresentam diferenças marcantes em relação à variedade padrão.

Variação histórica é a mudança que a língua sofre no decorrer do tempo. Pode incidir sobre praticamente todos os aspectos do idioma (grafia, pronúncia, semântica, léxico, sintaxe).

APLICAÇÃO

1 Leia o texto a seguir. Ele trata de um determinado tipo de variação linguística: o miguxês.

Vc tb gosta d escreve assim??!?!

Algumas pessoas sentem arrepios de pavor quando leem, na internet ou em mensagens de celular, aqueles textos caracterizados por abreviações ou transformações gráficas – a exemplo de cmg (comigo), 9dad (novidade) e naum (não) – e onomatopeias, como hahaha para designar uma gargalhada. Trata-se do miguxês*, uma variação da língua portuguesa que virou mania principalmente entre os adolescentes. O miguxês é uma corruptela da palavra amiguxo, ou seja, amiguinho. Porém, há quem ache que esse, digamos, estilo de escrita, ao invés de emburrecer, pode até melhorar as nossas habilidades linguísticas.

Pelo menos é o que concluiu Beverly Plester, professora de psicologia da Universidade de Coventry, na Inglaterra, depois de acompanhar os hábitos de 88 estudantes de 10 a 12 anos. Para Plester, tais abreviações fonéticas são positivas porque possibilitam uma forma de envolvimento voluntário com a linguagem escrita motivada pela diversão: "Quanto mais experiência uma criança tem com o mundo da escrita e quanto melhor é seu conhecimento dos fonemas, mais forte é sua habilidade de ler e escrever. E, claro, nos damos melhor nas atividades que fazemos por diversão".

Nem todo mundo concorda com o raciocínio de Beverly. Para o radialista e apresentador de TV inglês John Humphrys, os adeptos das abreviações e onomatopeias são verdadeiros vândalos gramaticais. "Eles estão pilhando nossa pontuação, brutalizando nossas sentenças, violando nosso vocabulário. E precisam ser impedidos", disse no artigo "I H8 Txt Msgs" (Eu odeio mensagens de texto), publicado no jornal britânico *Daily Mail*. O título brinca com uma adaptação bastante comum na língua inglesa: unir a sonoridade da palavra "oito" (eight) a uma letra. No caso, o "H", formando o som da palavra "hate" (odeio).

David Crystal, professor de linguística da Universidade de Wales, chama isso de pânico moral em seu livro *Txtng – the Gr8 Db8* ("Texting – o Grande Debate", ainda sem versão em português). Para o acadêmico, não há provas de que as novas maneiras de se comunicar por torpedos ou a linguagem abreviada que se usa na internet estejam detonando o inglês.

No Brasil a realidade entre os jovens é semelhante. Segundo Carmen Pimentel, da Universidade Estadual do Rio de Janeiro, muitos pais e professores estão preocupados com a escrita eletrônica, e acreditam que com isso os seus filhos e alunos estão desaprendendo o português. Para a pesquisadora, não há muito com o que se preocupar. "Pelas entrevistas que tenho feito, eles sabem que cada variante linguística tem seu espaço para se manifestar. Um ou outro admitiu deixar 'escapar' um vc (você) ou um tb (também) de vez em quando numa redação escolar. Mas, no geral, eles se policiam e procuram não misturar as situações", diz.

Outros estudos mostram a influência do internetês na comunicação dos adolescentes brasileiros. Em sua pesquisa de mestrado pela Faculdade de Filosofia, Letras e Ciências Humanas da USP, a professora Cássia Batista aplicou 40 questionários a alunos de 15 e 16 anos de um colégio particular em Osasco, na Grande São Paulo. Como resultado, encontrou uma grande proximidade dos textos dos questionários com a linguagem falada: informalidade, respostas curtas, uso de abreviaturas, ícones (os *emoticons*) e vocabulário típico de internet.

Mas ela concorda que não há motivo para preocupação em relação a uma possível substituição da linguagem escrita formal, desde que a escola oriente o aluno em relação aos usos adequados de diferentes linguagens e entenda que o computador faz parte da sala de aula.

TIRABOSCHI, Juliana. *Galileu*, São Paulo, n. 213, p. 16-17, abr. 2009.

* Conheça um tradutor de miguxês no *site* www.coisinha.com.br/miguxeitor.

a) O texto apresenta mais uma das variações linguísticas cuja formação é bem atual – o miguxês. Como se explica o sucesso dessa nova linguagem entre os adolescentes?

b) Como acontece com a maioria das variações linguísticas, o uso do miguxês também causa polêmica; há aqueles que aprovam e os que não. Que argumento a professora Beverly Plester utiliza em defesa da nova linguagem?

c) O radialista inglês John Humphrys se posiciona contrário a esse estilo de escrita, que julga corromper a língua inglesa. De que forma ele ironizou o emprego do miguxês?

d) O professor de linguística David Crystal considera precipitado definir, por ora, os efeitos do miguxês na língua inglesa. No nosso caso, você acha que a escrita eletrônica pode prejudicar o português? Esclareça sua resposta.

e) Outro tipo de variação linguística que apresenta influência tanto na escrita quanto na fala é o internetês. Explique por que é importante preservar e aprender diferentes linguagens.

f) A que tipo de variedade de estilo ou de registro pertence a linguagem digital? Trata-se de um registro informal ou registro formal? Justifique sua resposta.

Conteúdo multimídia Música "Cuitelinho", com Pena Branca e Xavantinho

2 **A letra da canção "Cuitelinho", que você vai ler a seguir, faz parte da cultura popular. A preservação de produções culturais como essa mantém a memória de um falar e a história de uma época.**

Cuitelinho

Cheguei na bera do porto
Onde as onda se espaia.
As garça dá meia volta
E senta na bera da praia.
E o cuitelinho não gosta
Que o botão de rosa caia, ai, ai, ai.

Aí quando eu vim de minha terra
Despedi da parentaia.
Eu entrei no Mato Grosso
Dei em terras paraguaia.
Lá tinha revolução,
Enfrentei fortes bataia, ai, ai, ai.

A tua saudade corta
Como aço de navaia.
O coração fica aflito
Bate uma, a outra faia.
Os óio se enche d'água
Que até a vista se atrapaia, ai, ai, ai.

VANZOLINI, Paulo; XANDÓ, Antônio. Disponível em: <http://letras.terra.com.br/pena-branca-e-xavantinho/48101/>. Acesso em: 8 fev. 2011.

Glossário
Cuitelinho: um tipo de beija-flor.

a) No texto foi usada a variação padrão da língua ou uma variação não padrão? Explique por quê.

b) Segundo os linguistas, é comum não haver repetição na formação dos plurais na variedade não padrão. Observe estes exemplos do texto: "**as** onda se espaia", "**As** garça dá meia volta". Na sua opinião, é dispensável ou não a flexão das outras palavras? Por quê?

c) Por que será que o cuitelinho "não gosta que o botão de rosa caia"?

d) Na segunda estrofe, o eu lírico parece lamentar-se dos novos rumos que sua vida tomou. Por quê?

e) Observe o emprego dos verbos *entrar* e *dar* nestes versos: "Eu *entrei* no Mato Grosso / *Dei* em terras paraguaia". Na variedade padrão, que verbos poderiam ser usados com o mesmo sentido nesses dois casos?

f) Na segunda estrofe, que palavras marcam o plural segundo a variação não padrão?

g) Observe o emprego do pronome possessivo em referência à segunda pessoa do singular neste verso da terceira estrofe: "A *tua* saudade corta". Na sua opinião, saudade de que o eu lírico poderia estar sentindo?

h) Releia estes versos: "O coração fica aflito / Bate uma, a outra faia". Explique o sentido de "Bate uma, a outra faia", apontando por que isso acontece.

i) No último verso de cada estrofe se repete a interjeição *ai* algumas vezes. Que sentido o emprego repetitivo dessa interjeição apresenta no contexto?

j) Destaque da canção algumas palavras próprias do registro informal, ou seja, da variedade não padrão.

k) Que usos da linguagem falada se veem nos versos "Cheguei na bera do porto" e "Lá tinha revolução"? Como eles ficariam em linguagem escrita formal?

3 Leia esta tira de Mauricio de Sousa:

TURMA DA MÔNICA

Mauricio de Sousa

a) O pai de Chico Bento procura conscientizar o filho quanto à preservação do meio ambiente. Como, no segundo quadrinho, o quadrinista associou a linguagem verbal à linguagem não verbal?

b) Como já vimos, em muitas regiões brasileiras é comum a pronúncia da vogal *i* em lugar de *e* em certas palavras na linguagem falada. Identifique na tira as palavras em que isso ocorre.

c) No diálogo entre Chico Bento e o pai, observa-se o emprego de palavras e expressões características do falar rural. Destaque essas palavras e expressões, apresentando entre parênteses as formas equivalentes na fala urbana.

d) Na sua opinião, por que é importante conhecer os diversos falares do povo brasileiro, ou seja, o falar gaúcho, o nordestino, o mineiro, o carioca, etc.?

4 Marta Scherre é linguista e pesquisadora. Leia, no texto a seguir, seus argumentos sobre o uso das variações linguísticas.

O preconceito linguístico deveria ser crime

Basta ser homem, estar em sociedade e estar rodeado de pessoas falantes que a língua – este sistema de comunicação inigualável – emerge. Ela se instaura e toma conta de todos nós, de nossos pensamentos, de nossos desejos e de nossas ações. Falar faz parte do nosso cotidiano, de nossa vida. A troca por meio das formas linguísticas é a nossa dádiva maior, nossa característica básica. É por meio de uma língua que o ser humano se individualiza, em um movimento contínuo de busca de identidade e de distinção. É isso, enfim, que nos torna humanos e nos diferencia de todos os outros animais.

Não existe homem sem língua. Mesmo as pessoas com deficiências diversas adotam um sistema de comunicação. Quem é surdo, por exemplo, usa a linguagem de sinais. Sendo assim, não existe razão para que tenhamos preconceito com relação a qualquer variedade linguística diferente da nossa. Preconceito linguístico é o julgamento depreciativo, desrespeitoso, jocoso e, consequentemente, humilhante da fala do outro ou da própria fala.

O problema maior é que as variedades mais sujeitas a esse tipo de preconceito são, normalmente, as com características associadas a grupos de menos prestígio na escala social ou a comunidades da área rural ou do interior. Historicamente, isso ocorre pelo sentimento e pelo comportamento de superioridade dos grupos vistos como mais privilegiados, econômica e socialmente.

Então, há críticas negativas em relação, por exemplo, à falta de concordância verbal ou nominal (*As coisa tá muito cara*); ao "r" no lugar do "l" (*Framengo*); à presença do gerúndio no lugar do infinitivo (*Eu vô tá verificano*); ao "r" chamado de caipira, característico da fala de amplas áreas mineiras, paulistas, goianas, mato-grossenses e paranaenses – em franca expansão, embora sua extinção tenha sido prevista por linguistas. Depreciando-se a língua, deprecia-se o indivíduo, sua identidade, sua forma de ver o mundo.

SCHERRE, Marta. *Galileu*, São Paulo, n. 220, p. 94-95, nov. 2009. (Fragmento).

a) No início do texto, a autora destaca o uso da língua como sistema de comunicação. Explique o que ela diz sobre esse assunto.

b) Releia este trecho: "A troca por meio das formas linguísticas é a nossa dádiva maior, nossa característica básica". A que formas linguísticas a autora se refere?

c) De acordo com o texto, existe preconceito linguístico em relação ao uso de certas variações da língua. Como a autora se posiciona sobre esse fato?

d) Que variação linguística a autora empregou para desenvolver seus argumentos contra o preconceito linguístico? Justifique sua resposta.

e) No último parágrafo são apresentadas características de certas variações linguísticas consideradas inadequadas, e por isso causam polêmica. Qual é a sua opinião sobre os argumentos usados em defesa dessas diferenças linguísticas?

5 Os fragmentos de texto a seguir apresentam a opinião de dois linguistas sobre o ensino da norma padrão e das demais variedades linguísticas. Leia-os com atenção.

[...] é preciso que os alunos que usam a variante sem redundância (variante não padrão) na sua linguagem oral, espontânea, aprendam a se monitorar para usar a variante com plurais redundantes (variante padrão) nos estilos monitorados e na linguagem escrita.

BORTONI-RICARDO, Stella Maris. *Educação em língua materna*: a sociolinguística na sala de aula. São Paulo: Parábola Editorial, 2009. p. 60.

Mostre a eles [aos alunos] **de onde vêm** esses fenômenos (variações linguísticas), esclareça que não se trata de "erros", mas de formas perfeitamente explicáveis com base num bom conhecimento da história da língua e de seu funcionamento. Chame a atenção deles para as **consequências sociais** do uso dessas regras variáveis e garanta a eles, também, o conhecimento das **regras prestigiadas**, para que eles possam, se quiserem, usá-las como instrumento em sua luta por uma vida melhor, mais digna e mais justa.

BAGNO, Marcos. *Nada na língua é por acaso*: por uma pedagogia da variação linguística. São Paulo: Parábola Editorial, 2007. p. 224.

Explique quais são as orientações dos dois autores em relação ao ensino do português, tendo em vista as variantes linguísticas. Se necessário, pesquise antes sobre o assunto e troque ideias com o professor e os colegas.

Funções da linguagem

No texto

Leia este anúncio publicitário:

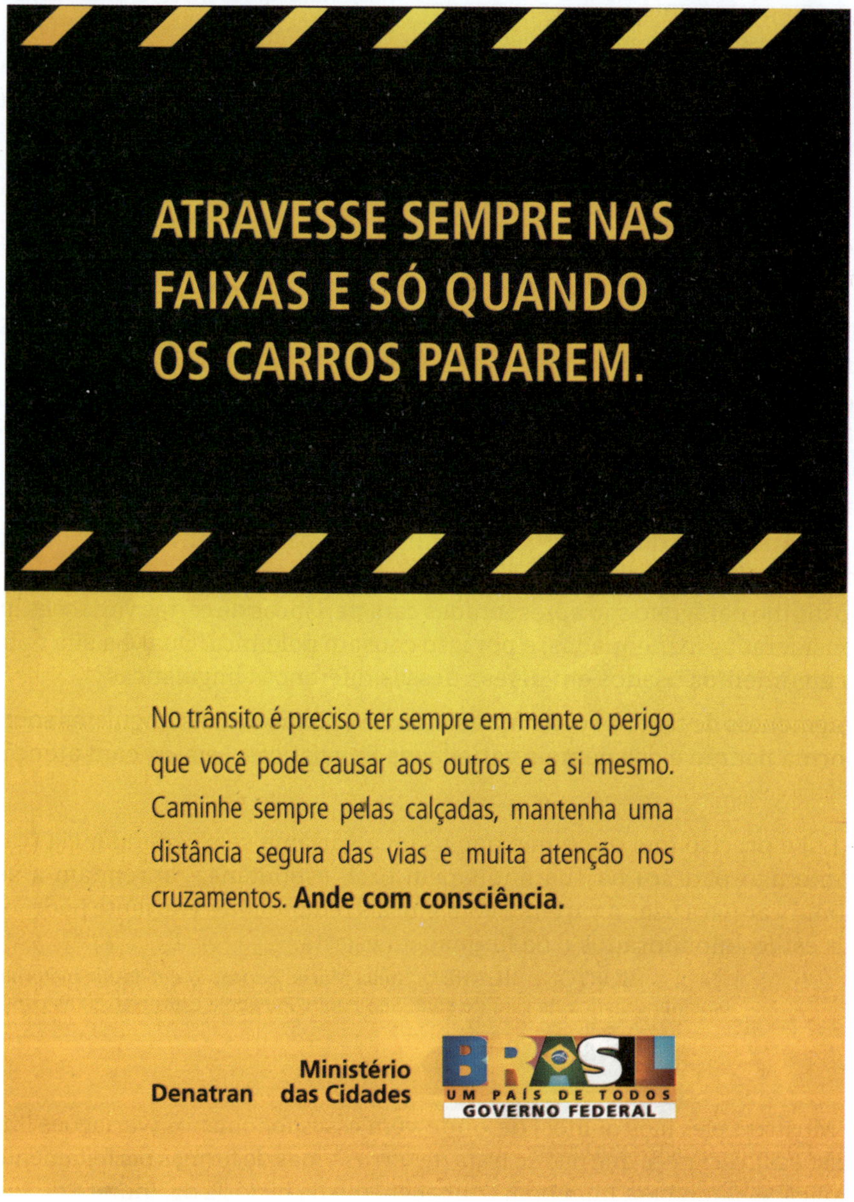

REPRODUÇÃO

1. Como se observa, o responsável pela publicação desse anúncio foi o Denatran (Departamento Nacional de Trânsito), órgão do Ministério das Cidades. Qual foi o objetivo do anúncio?
2. Observe a parte superior do anúncio: ela é constituída de elementos de linguagem verbal (enunciado) e não verbal (imagem). De que forma a imagem dialoga com o enunciado no contexto?
3. No texto abaixo da imagem, o anunciante reforça as orientações do enunciado em destaque. Como um pedestre pode comprometer a segurança própria e a dos outros?
4. Em anúncios publicitários é comum o uso de verbos no imperativo. No anúncio acima, com que sentido ele foi empregado?

Em contexto

A fala e a escrita são utilizadas não só para expressar nosso pensamento, mas também para realizar ações (jurar, prometer, xingar, etc.), ou para produzir certo efeito sobre o outro. Nesse sentido, pode-se dizer que, ao falar ou escrever, temos sempre uma **intenção** ou **objetivo**, ou seja, sempre pretendemos algo.

Como vimos no anúncio, a linguagem não serve apenas para transmitir informações. Ela também pode ter a função de levar o outro a tomar uma atitude (como andar com segurança no trânsito), manter o contato com o outro, fazê-lo rir, emocionar-se, refletir, etc. A linguagem também pode servir para darmos vazão ao nosso mundo interior, para entendermos o mundo e refletirmos sobre ele, entre outras funções.

Um dos primeiros estudiosos a considerar que a linguagem não tem apenas a função de transmitir informações foi Roman Jakobson (1896-1982). Para esse linguista russo, haveria basicamente seis **funções da linguagem**, determinadas de acordo com o elemento em que a ênfase da mensagem recai.

ÊNFASE	FUNÇÃO DA LINGUAGEM
No emissor ou locutor ou remetente (a pessoa que fala ou escreve)	Emotiva ou expressiva
No receptor ou interlocutor ou destinatário (a pessoa para quem se fala ou escreve)	Apelativa ou conativa
No canal ou contato (físico ou psicológico)	Fática ou de contato
No contexto ou referente (o assunto sobre o qual se fala ou escreve)	Referencial ou denotativa
No código (no caso das comunicações verbais, a língua)	Metalinguística
Na mensagem ou no texto	Poética

Contudo, seria um erro imaginar que cada enunciado ou texto cumprisse apenas uma dessas funções. De acordo com a teoria de Jakobson, o que ocorre é o predomínio de uma função sobre as outras. Veja este exemplo dado por Ataliba de Castilho, professor da Universidade de São Paulo (USP):

> [...] uma expressão do tipo
> – *Mas que diabo, acabaram de bater minha carteira!*
> ilustra a função representativa, também conhecida como função referencial *(estou informando que me assaltaram)*, a função emotiva *(nossa, e agora, acabo de ficar mais pobre?!)* e a função apelativa *(ei, você aí, vê se me ajuda, pô, corra atrás do ladrão, ou chame a polícia!!)*. [...]

CASTILHO, Ataliba T. de. O que se entende por língua e linguagem? Disponível em: <http://www.estacaodaluz.org.br>. Acesso em: 6 jul. 2009. (Fragmento).

É importante ter em mente que não se trata da única classificação possível e que, como qualquer outra teoria, essa tem seus méritos e limitações. No entanto, a classificação de Jakobson continua tendo mérito por nos ajudar a reconhecer que a linguagem exerce funções que vão além da transmissão de informações.

A **linguagem** não serve apenas para transmitir informações. Ela tem várias outras funções. Uma das classificações pioneiras das funções da linguagem foi elaborada por Roman Jakobson e prevê seis funções, conforme o elemento em que a ênfase da mensagem recai: **emotiva** (no locutor), **conativa** (no interlocutor), **fática** (no canal), **referencial** (no contexto), **metalinguística** (na própria linguagem) e **poética** (no texto).

Função emotiva ou expressiva – ênfase no locutor

A linguagem tem função **emotiva** ou **expressiva** quando está centrada no próprio emissor que exprime seus sentimentos ou suas emoções. É o que ocorre nos versos a seguir, da escritora portuguesa Florbela Espanca, em que o eu lírico extravasa seus sentimentos mais profundos.

Mocidade

A mocidade esplêndida, vibrante,
Ardente, extraordinária, audaciosa,
Que vê num cardo a folha duma rosa,
Na gota de água o brilho dum diamante;

Essa que fez de mim Judeu Errante
Do espírito, a torrente caudalosa,
Dos vendavais irmã tempestuosa,
– Trago-a em mim vermelha, triunfante!

No meu sangue rubis correm dispersos:
– Chamas subindo ao alto nos meus versos,
Papoilas nos meus lábios a florir!

Ama-me doida, estonteadoramente,
Ó meu Amor! que o coração da gente
É tão pequeno... e a vida, água a fugir...

ESPANCA, Florbela. *Sonetos*. Rio de Janeiro: Bertrand Brasil, 1998. p. 136.

Glossário
Cardo: folha com espinhos.

Observe como o eu lírico revela a ansiedade de seu jovem espírito, que deseja desfrutar a mocidade com a pessoa amada, de forma rápida e intensa, por sentir quão efêmera é a existência humana.

A função emotiva caracteriza-se principalmente pelo uso da 1ª pessoa do singular ("**Trago**-a em **mim**", "**meu** Amor"), de interjeições ("**ó**") e de pontuação expressiva, com reticências e pontos de exclamação e interrogação ("Ó meu Amor**!**", "É tão pequeno**...** e a vida, água a fugir**...**").

Função apelativa ou conativa – ênfase no interlocutor

Observe este anúncio publicitário:

REPRODUÇÃO/NITRO

Nos textos publicitários, o principal objetivo do locutor (o anunciante) é convencer o interlocutor (leitor) a fazer (ou deixar de fazer) algo. No presente caso, por exemplo, o anunciante quer convencer seus interlocutores – os leitores da revista *Superinteressante* – a adquirir o novo celular.

Para alcançar tal objetivo, o enunciado concentra-se no interlocutor, apelando para suas atitudes: "Fotografe. Filme. Crie. Jogue. Encontre". E como se pode observar, há o emprego do imperativo, modo verbal que exprime ordem, pedido, incitação.

Observe que o anúncio não é puramente apelativo. Para convencer o leitor a comprar o celular, o anunciante também usou argumentos racionais, descrevendo os recursos do aparelho. Nesses trechos predomina, portanto, a função referencial, centrada no assunto sobre o qual se fala (leia mais sobre essa função adiante).

Função fática ou de contato – ênfase no canal

Leia esta tira do Calvin:

O MELHOR DE CALVIN | Bill Watterson

1990 WATTERSON / DIST. BY UNIVERSAL UCLICK

© 1990 Universal Press Syndicate

No primeiro quadrinho, o locutor (o pai de Calvin) avisa que chegou em casa, e Calvin lhe responde: "Oi". O pai diz: "Oi, Calvin". Logo depois aparece outro Calvin (réplica do primeiro) e diz: "Oi". Dessa vez o pai responde nervoso: "Eu já disse oi". Quando chega o terceiro Calvin, o pai encerra o diálogo: "Já chega, Calvin". Nesse momento a mãe intervém: "Querido, converse com ele. Ele está me deixando louca".

Essa função de linguagem usada para estabelecer contato verbal é chamada **fática** ou **de contato**, e é observada em várias situações do dia a dia, sempre que iniciamos uma conversa: "Tudo bem?", "Como vai?", "Boa-tarde!", "Está frio, não?", "Pronto?". Mesmo depois que o contato já está estabelecido, tudo que serve para testá-lo ou mantê-lo também pertence à função fática; por exemplo, quando estamos conversando pelo telefone e usamos expressões como: "Alô, você está me ouvindo?" ou "Você está entendendo?".

A função fática ocorre também quando os interlocutores ficam repetindo frases que servem apenas para manter a comunicação. Por exemplo:

– *E então, tudo bem?*

– *Tudo bem. E você?*

– *Tudo ótimo.*

– *Pois é...*

– *Então...*

Função referencial ou denotativa – ênfase no contexto

Leia esta nota jornalística:

Uma nova luz no firmamento

Há 100 bilhões de estrelas na Via Láctea, apenas uma entre bilhões de galáxias. Até 1994, só se conheciam os planetas do Sistema Solar. Naquele ano, foram detectados os primeiros exoplanetas, os planetas em órbita de outras estrelas, mas nenhum fora visto com tanta clareza como o ponto no alto da foto ao lado, divulgado na semana passada pelo Observatório Gemini, no Havaí. Mostra um planeta oito vezes maior que Júpiter, a 500 anos-luz da Terra.

GEMINI OBSERVATORY/AURA/LAFRENIÈRE, JAYAWARDHANA E VAN KERKWIJK

O pequeno ponto no alto da foto é um planeta oito vezes maior que Júpiter. No centro, a estrela em torno da qual ele orbita.

> No centro, bem maior, sua estrela, cujo nome é uma sequência de números: 1RSX J160929.1-210524. Fotografar um exoplaneta era um desafio porque a luz da estrela sempre o ofuscava, tal como um carro com farol alto aos olhos de um motorista.
>
> *Época*, São Paulo, n. 633, p. 16, 3 jul. 2010.

A **função referencial** ou **denotativa** aparece quando o enunciado se concentra no **referente**, ou seja, no assunto sobre o qual se fala, como no texto lido. Essa função predomina na maioria dos textos jornalísticos. Nesse caso, o principal objetivo do locutor é **informar** o interlocutor sobre o que está acontecendo.

A função referencial também está presente em vários outros textos. Por exemplo: um folheto distribuído pelo governo para informar a população sobre a dengue, um verbete de enciclopédia, os trechos em que são narradas as ações dos personagens em um romance, etc.

Nos textos em que a função referencial predomina, geralmente há:

- emprego da 3ª pessoa ("só *se conheciam* os planetas", "*foram* detectados os primeiros exoplanetas", "nenhum *fora* visto", "[a foto] *Mostra* um planeta", "a luz [...] o *ofuscava*");
- ausência de advérbios e adjetivos com alta carga de subjetividade, tais como *horrível*, *lindo*, *deliciosamente*, etc.

Função metalinguística – ênfase no código

Leia esta tira do Macanudo:

MACANUDO Liniers

Na tira, o uso da linguagem com função metalinguística aparece em dois momentos:

- quando o quadrinista usa, dentro dos balões de fala, uma partitura musical para indicar que o passarinho está cantando;
- quando o quadrinista, no último balão, desenha apenas a pauta musical para indicar que o passarinho parou de cantar, após a fala agressiva do homem.

A **função metalinguística** ocorre sempre que se usa certa linguagem para discorrer sobre ela mesma. Por exemplo: um filme que fala sobre a arte de fazer cinema; um poema que explica o fazer poético; uma história em quadrinhos que brinca com os próprios traços dos quadrinhos. Mesmo no cotidiano, quando usamos palavras para explicar ou pedir explicação sobre outras palavras, também recorremos à metalinguagem: "O que é *pleura*?", "*Pleura* é a membrana que envolve o pulmão".

Função poética – ênfase na mensagem

Leia este poema:

O amor

O amor, sem palavras. Ou. A palavra amor, sem amor. Sendo amor, ou. A palavra ou. Sem substituir nem ser substituída por. Si, a palavra si, sem ser de si gnada ou gnificada por. O amor. Entre si e o que se. Chama amor, como se. Amasse (esse pedaço de papel escrito amor). Somasse o amor ao nome amor, onde ecoa. O mar, onde some o mar onde soa. A palavra amor, sem palavras.

ANTUNES, Arnaldo. *Como é que chama o nome disso*: antologia. São Paulo: Publifolha, 2006. p. 166.

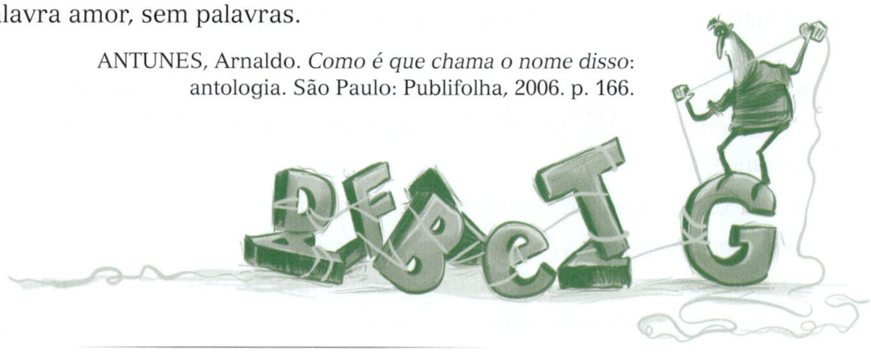

Observe que a preocupação do locutor não está na informação, mas na elaboração do enunciado em si. As palavras foram selecionadas e combinadas de forma particular, não apenas pelo que significam, mas também para provocar certos efeitos sonoros e estéticos: "**S**i, a palavra **si**, sem ser de **si**", "Am**asse** (**esse** peda**ço** [...]. **S**om**asse**", "**O** mar, **o**nde s**o**me **o** mar **o**nde s**o**a".

A **função poética** pode ser explorada em versos e em prosa, e não só em textos literários, mas também em anúncios publicitários e na linguagem cotidiana. Nos ditados populares, por exemplo, que, em geral, apresentam ritmo e rima, também a função poética pode se manifestar: *Água mole em pedra dura tanto bate até que fura*.

APLICAÇÃO

1 Identifique a função de linguagem predominante nos textos a seguir. Justifique sua resposta com elementos dos próprios textos.

Texto 1

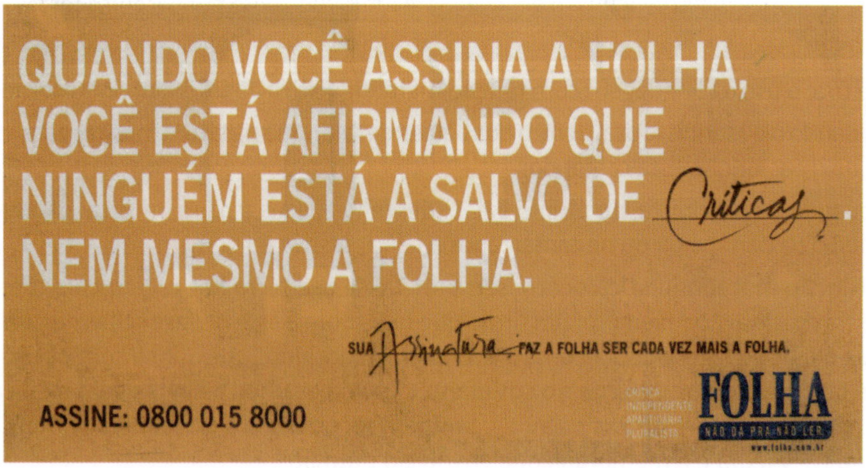

REPRODUÇÃO/FOLHAPRESS

Texto 2

Não sei, Marília, que tenho
depois que vi o teu rosto
pois quanto não é Marília
já não posso ver com gosto.
Noutra idade me alegrava,
até quando conversava
com o mais rude vaqueiro:
hoje, ó bela, me aborrece
inda o trato lisonjeiro
do mais discreto pastor.
Que efeitos são os que sinto?
Serão efeitos de Amor?

GONZAGA, Tomás Antônio. In: MOISÉS, Massaud. *A literatura brasileira através dos textos*. São Paulo: Cultrix, 1977. p. 64.

2 Leia a tira e reconheça a função de linguagem predominante e suas características.

GARFIELD — Jim Davis

3 Leia esta notícia jornalística:

Plástico chega à Antártida remota

Estudo mostra que lixo produzido pelo homem atinge locais não habitados e impacta a vida marinha

O lixo produzido pelos homens tem chegado a áreas remotas do oceano na região antártica e o plástico é o material que mais preocupa. É o que mostra um estudo feito por pesquisadores da British Antarctic Survey e do Greenpeace a partir dos dados obtidos a bordo de dois navios – o RRS James Clark Ross e o MV Speranza. As embarcações percorreram as partes leste e oeste da região antártica.

Leandra Gonçalves, ligada ao Greenpeace e uma das autoras do estudo, diz que foram encontrados "restos de materiais de pesca, muitas caixas plásticas e micropartículas plásticas". As sacolas, diferentemente do que ocorre em outras regiões, não foram vistas em grande quantidade. Os resultados foram aceitos para publicação na revista *Marine Environmental Research* em maio e serão divulgados na edição de agosto.

O texto diz que, de 69 itens vistos pelo MV Speranza, 43% eram materiais plásticos. No caso dos 59 itens observados pelo navio RRS James Clark Ross, 41% também eram plásticos. Com isso, a vida selvagem – peixes, golfinhos, focas, leões e elefantes marinhos – fica mais vulnerável. Eles sofrem ao engolir plásticos e podem morrer sufocados ou enforcados pelo material.

BALAZINA, Afra.
O Estado de S. Paulo, 15 jul. 2010.

a) O que mais surpreende após a leitura desse texto?
b) Que função de linguagem é predominante nesse texto? Justifique sua resposta.

4 **Leia este fragmento de um poema de Casimiro de Abreu, poeta de nosso Romantismo:**

IV

Minh'alma é triste como o grito agudo
Das arapongas no sertão deserto;
E como o nauta sobre o mar sanhudo,
Longe da praia que julgou tão perto!

[...]

De tanto fogo tinha a mente cheia!...
No afã da glória me atirei com ânsia...
E, perto ou longe, quis beijar a s'reia
Que em doce canto me atraiu na infância.

Ai! loucos sonhos de mancebo ardente!
Esp'ranças altas... Ei-las já tão rasas!...
— Pombo selvagem, quis voar contente...
Feriu-me a bala no bater das asas!

Dizem que há gozos no correr da vida...
Só eu não sei em que o prazer consiste!
— No amor, na glória, na mundana lida,
Foram-se as flores — a minh'alma é triste!

Glossário

Sanhudo: feroz, bravio.

ABREU, Casimiro de. In: BARBOSA, Frederico (Org.).
Clássicos da poesia brasileira. São Paulo: Klick, 1999. p. 122. (Fragmento).

a) Nesses versos, o eu lírico declara ser uma pessoa triste. O que ele mais lamenta em sua existência? Por quê?
b) No poema, a que o eu lírico se compara e por que ele se imagina dessa forma?
c) O que representam as "flores" na última estrofe? Justifique sua resposta.
d) Identifique a função de linguagem empregada no poema. Justifique sua resposta com elementos do texto.

5 **Leia o fragmento a seguir extraído do romance *A cabana*, de William P. Young.**

[...] Pousou a cabeça na mesa e pensou que havia acabado de cair no sono quando o telefone o acordou com um susto.

— Ah... alô?

— Oi, amor. Parece que você estava dormindo. — Ele sentiu na voz de Nan uma animação incomum, mesmo percebendo a tristeza encoberta que espreitava logo abaixo da superfície de cada conversa. Mack ligou a luminária da mesa e olhou o relógio, surpreso ao constatar que dormira por cerca de duas horas.

— Ah, desculpe. Acho que cochilei um pouco.

— É, você parece meio grogue. Tudo bem?

— Tudo. — Mesmo estando quase escuro lá fora, Mack podia ver que a tempestade não havia amainado. [...]

YOUNG, William P. *A cabana*. Rio de Janeiro: Sextante, 2007. p. 23. (Fragmento).

No texto, a personagem Mack acorda com o toque do telefone. Que funções de linguagem o autor empregou para narrar o que aconteceu a seguir? Esclareça sua resposta.

6 Leia este texto:

Poupar é possível

Sempre dá para separar um dinheirinho para o futuro. Em sete passos fáceis, veja como: 1. Ande com um caderninho na bolsa e anote tudo o que gasta para saber para onde está indo seu dinheiro. 2. Se você não tem certeza de que conseguirá conter seus impulsos, deixe em casa cartões de crédito e cheques. Estabeleça um limite em dinheiro para carregar na carteira. 3. Planeje suas compras, todas elas, e pague apenas à vista. 4. Sempre pesquise preços e pechinche. 5. Só compre pela internet ou por telefone se for algo necessário, oferecido a um preço ótimo (a internet é um prato cheio para compradores compulsivos). 6. Passe longe das liquidações. 7. Pesquise pacotes econômicos para celular, telefone fixo, internet e TV a cabo.

TOLEDO, Elaine. *Cláudia*, São Paulo, p. 83, fev. 2009.

a) O texto apresenta uma série de medidas para orientar as pessoas, em especial, as consumistas. Você acha que todas essas precauções são fáceis de serem seguidas, como diz a autora? Justifique sua resposta.
b) Que tipo de variação linguística se identifica na frase "a internet é um prato cheio para compradores compulsivos"? Destaque do texto outros exemplos.
c) Interprete a metáfora (ou comparação subentendida) na frase "a internet é um prato cheio para os compradores compulsivos".
d) Releia essa frase no texto e explique o emprego dos parênteses.
e) Identifique a função de linguagem empregada no texto. Justifique.

Lista de exercícios

RESUMO

Linguagem e variações linguísticas

- **Variações linguísticas** – diferentes variações regionais e sociais dentro de um mesmo idioma.
- **Norma padrão** – variedade mais valorizada socialmente e a mais utilizada na esfera pública (imprensa, comércio, indústria, universidade, governo, etc.). É a que está de acordo com as regras da gramática normativa e com o registro dos dicionários.
- As línguas variam de região para região, de grupo para grupo social, de situação para situação. O cruzamento desses fatores configura as **variedades linguísticas** dentro de um mesmo idioma.
- **Variedades populares** ou **variedades não padrão** – aquelas que apresentam diferenças marcantes em relação à variedade padrão.
- **Variação histórica** – mudança que a língua sofre no decorrer dos tempos. Pode incidir sobre praticamente todos os aspectos do idioma (grafia, pronúncia, semântica, léxico, sintaxe).

Funções da linguagem

- **Função emotiva** ou **expressiva** – ênfase no locutor, que expressa seus sentimentos e suas emoções.
- **Função apelativa** ou **conativa** – ênfase no interlocutor, visando convencê-lo a fazer (ou deixar de fazer) algo.
- **Função fática** ou **de contato** – ênfase no canal para estabelecer contato verbal.
- **Função referencial** ou **denotativa** – ênfase no contexto, o objetivo do locutor é informar o interlocutor.
- **Função metalinguística** – ênfase no código, quando certa linguagem é utilizada para explicar sobre ela mesma.
- **Função poética** – ênfase na mensagem, caracteriza-se pela elaboração do enunciado em si.

Capítulo 3

Linguagem e textualidade

Texto e discurso

No texto

Leia a seguir um dos mais conhecidos poemas do escritor pernambucano João Cabral de Melo Neto.

Tecendo a manhã

Um galo sozinho não tece uma manhã:
ele precisará sempre de outros galos.
De um que apanhe esse grito que ele
e o lance a outro; de um outro galo
que apanhe o grito que um galo antes
e o lance a outro; e de outros galos
que com muitos outros galos se cruzem
os fios de sol de seus gritos de galo,
para que a manhã, desde uma teia tênue,
se vá tecendo, entre todos os galos.

E se encorpando em tela, entre todos,
se erguendo tenda, onde entrem todos,
se entretendendo para todos, no toldo
(a manhã) que plana livre de armação.
A manhã, toldo de um tecido tão aéreo
que, tecido, se eleva por si: luz balão.

MELO NETO, João Cabral de. In: OLIVEIRA, Marly de (Org.). *João Cabral de Melo Neto*: obra completa. Rio de Janeiro: Nova Aguilar, 1994. p. 345.

1. Observe que, no poema, ocorre a associação do trabalho da criação poética ao cantar dos galos. Com que objetivo o poeta relaciona essas duas situações?
2. No terceiro verso, o poeta deixa o substantivo *galo* e o verbo *lançar* subentendidos, por isso a frase está incompleta.
   a) Há outros versos em que o substantivo *galo* permanece oculto. Em que verso o verbo *lançar* também não está expresso?
   b) Que sentido confere ao contexto do poema a incompletude desses versos?
3. Que efeito produz, no contexto, a reiteração de certas palavras como *galo*, *apanhe*, *grito*, *lance* e *outro*?
4. Quem os galos representam? Explique por quê.
5. Assim como o grito de um galo que é repetido, em sequência, por outros galos, também os "fios de sol" são tecidos e formam uma teia. O que simboliza essa "teia tênue", já que o título sugere que o poeta está "tecendo a manhã"?
6. Observe a seleção das palavras e a estrutura sintática do poema. Que vocábulos dão a entender que o poeta vai tecendo o texto?

7. Além da repetição de palavras, o poeta emprega o verbo no gerúndio várias vezes (*tecendo*, *encorpando*, *erguendo* e o neologismo *entretendendo*). Que sentidos expressam esses verbos no texto?
8. O poeta diz que a "tenda" está erguida para todos. Então, o que significa, de forma objetiva, a manhã "que plana livre de armação"?
9. Como o poeta constrói a imagem da manhã se formando, desde o início até se abrir inteiramente?
10. Esse poema nos sugere a construção de um texto. São necessárias, na produção escrita, uma estrutura sintática bem organizada e uma seleção criteriosa no campo semântico ou vocabular. Só assim um texto se torna coeso e coerente. Com base no poema lido, como você definiria o que é texto?

Em contexto

Segundo a linguista Irandé Antunes, a língua é uma "atividade interativa" utilizada na comunicação em sociedade. Ela é formada pelo léxico (vocabulário) e pela gramática (regras gramaticais); e o seu uso obedece a regras de textualização (normas de composição de textos) e a normas sociais de atuação (situação interativa).

Chama-se **textualidade** ou **textura** o que torna uma sequência linguística um texto e não um conjunto de palavras ou frases soltas. Os elementos de textualização compreendem todas as propriedades do texto: coesão, coerência, informatividade (relevância do que se diz) e intertextualidade (diálogo entre textos). Também se incluem todos os recursos usados na construção sequencial do texto. Um conjunto de palavras representa um texto somente quando está articulado, ligado de forma coesiva e revela coerência.

A partir da leitura do poema "Tecendo a manhã", é possível entender que o ato de escrever se assemelha à atividade de tecer. Na escrita, faz-se a seleção das palavras que são amarradas ou ligadas para a construção de sentidos. Assim como os fios que se prendem para compor um tecido. Portanto, uma palavra ou um fio sozinhos não representam, respectivamente, um texto ou um tecido.

Em qualquer texto, o sentido das frases não é independente, e o sentido global do texto resulta das múltiplas relações que se estabelecem entre suas partes. Pode-se dizer que o **texto** é um tecido (ou "tessitura") construído de tal modo que o sentido de uma frase resulta da correlação que ela mantém com as outras.

Também é importante considerar o **contexto** em que o texto está inserido, pois uma mesma frase pode ter significados distintos. Considera-se contexto uma unidade linguística maior na qual se encaixa uma unidade linguística menor, assim como nesta sequência: a frase insere-se no contexto de um parágrafo, que se insere no contexto de um capítulo, que se insere no contexto de uma obra.

O **discurso** representa o uso da língua em uma situação específica de comunicação. Nesse caso, ele constitui o conjunto de enunciados de um locutor e de seu interlocutor em um determinado momento em que se faz esse uso. O texto se origina do discurso, o qual se concretiza com a produção textual. Há formas diferentes de apresentação de um determinado discurso e que representam os gêneros textuais ou discursivos. A maneira como um texto manifesta um discurso específico depende do autor, pois é ele quem escolhe a forma de comunicar suas ideias sobre os diversos temas.

Textualidade é o que caracteriza uma sequência linguística como um texto e não apenas um conjunto de palavras ou de frases soltas.

Texto (do latim *textu*, "tecido") é um tecido em cuja construção o sentido de uma frase resulta da correlação que ela mantém com as outras.

Contexto é a ligação entre as partes de um todo, ou de um conjunto de fatores.

Discurso é o uso da língua em uma determinada situação de comunicação entre interlocutores.

Coesão textual

No texto

Leia este anúncio publicitário:

REPRODUÇÃO/MONDOYUMI STUDIO

O que deve mudar no clima?

Estimativas preliminares indicam que a elevação da temperatura global provocará um aumento da evaporação de solos e alterações no balanço hídrico. Fenômenos que levariam, por exemplo, a uma redução do cultivo de plantas de clima temperado no Brasil. Ao mesmo tempo, haveria uma redução de geadas no sul, sudeste e sudoeste do país, o que beneficiaria culturas adaptadas ao clima tropical nessas áreas.

Também são previstas modificações nas circulações atmosféricas próximas à superfície, o que impactaria o potencial de geração de energia eólica do Brasil, considerado um dos maiores do mundo.

1. O anúncio em estudo faz parte de uma campanha publicitária em defesa do meio ambiente. Qual é o objetivo dessa campanha?

2. Alterações meteorológicas têm ocorrido com certa frequência nos últimos anos em todo o mundo. Dentre as consequências mencionadas no texto, quais afetariam mais a vida dos brasileiros?

3. Observe que, no texto do anúncio, a construção das frases e dos parágrafos apresenta uma organização e uma estrutura clara; por isso a linguagem é de fácil compreensão. O uso de determinadas palavras e expressões, nesse texto, constitui **recursos de coesão textual**. Eles funcionam como elementos de ligação e contribuem para a boa articulação das ideias no contexto.
   a) No primeiro parágrafo, ocorre a **coesão sequencial**, que se estabelece a partir da **estrutura gramatical** da frase. A conjunção *que* funciona como elemento de coesão entre as duas orações. Explique por que essa conjunção é necessária na conexão do período.
   b) Releia esta passagem: "evaporação **de** solos **e** alterações **no** balanço hídrico". Qual dos elementos coesivos destacados apresenta a ideia de adição?

4. Às vezes ocorre a coesão referencial, com base no léxico; nesse caso, há repetição das mesmas ideias pelo uso de sinônimos, ou de palavras e expressões equivalentes que substituem elementos já mencionados. Na segunda frase do texto, a palavra *fenômenos* estabelece uma coesão referencial (ou lexical). Por quê?

5. Releia este trecho: "Fenômenos que levariam, **por exemplo**, a uma redução do cultivo de plantas". A expressão coesiva destacada expressa o sentido de:
   a) retificação.
   b) confirmação.
   c) especificação (ou exemplificação).
   d) gradação.
   e) acréscimo.

6. Na frase "**Ao mesmo tempo**, haveria uma redução de geadas no sul", a locução adverbial destacada é um elemento de coesão que:
   a) especifica a ordem em que ocorrem os fatos.
   b) liga argumentos que levam a uma mesma conclusão.

7. Observe o uso de um mesmo recurso coesivo nestas frases:
   - "**o** que beneficiaria culturas"
   - "**o** que impactaria o potencial de geração"

   Esse recurso coesivo chama-se **coesão referencial** ou **remissiva**. Releia o texto e indique os elementos retomados pelo pronome destacado (*o*).

8. Como você observou, a coesão referencial ocorre quando há referência a elementos já citados no texto e que são retomados. Mas a referência também pode ser feita a elementos que serão citados na sequência do texto. Nesse último caso, a coesão se faz por antecipação.
   - No final do primeiro parágrafo, em "**nessas** áreas", que parte do texto é retomada pelo pronome *nessas*?

9. Observe que a palavra *também*, no início do segundo parágrafo, estabelece uma ligação com o parágrafo anterior, "amarrando" as ideias do texto. Que sentido ela introduz?

Preposições, conjunções, alguns pronomes e advérbios estabelecem relações de sentido entre enunciados e palavras de um mesmo texto: são **recursos** essenciais de **coesão textual**.

Em contexto

Conforme se pode perceber no texto apresentado para análise, na **coesão sequencial** as orações são ligadas por meio de "conectores lógicos" (conjunções, preposições, advérbios e outros) que estabelecem vários tipos de relações semânticas (de causa, condição, oposição, tempo, conformidade, modo, etc.) e são encadeadores do discurso. Vimos, por exemplo, no anúncio publicitário, o emprego da conjunção *que*, das expressões *por exemplo* e *ao mesmo tempo* e da palavra denotativa *também*. Todas apresentam um determinado sentido, ao serem empregadas no texto.

Existem outros mecanismos de coesão na produção de um texto que também funcionam como "elos coesivos" ou "laços". No anúncio, os pronomes *o* e *nessas* (em + essas) retomam o enunciado anterior, ligando as ideias. Esse recurso é conhecido como **coesão referencial** ou **remissiva**, pois se faz remissão (ou referência) a outro elemento do texto.

Na **coesão referencial**, de natureza lexical, retomam-se as mesmas ideias ou parte delas, com o uso de sinônimos ou de expressões equivalentes para substituir elementos já mencionados. Vimos, no texto, o caso do substantivo *fenômenos* que repete ideia semelhante à de um trecho da frase anterior.

Ainda se pode identificar a **coesão referencial por elipse**, se houver a omissão de elementos já citados, marcados por vírgula, ou de fácil identificação. Há coesão pela elipse de pronomes, verbos, nomes e frases. Releia estes versos do poema "Tecendo a manhã", em que ocorre a **coesão por elipse**, como objetivo de síntese e de estilo.

> "De um [galo] que apanhe esse grito que ele [lançou]
> e o lance a outro [galo]; de um outro galo
> que apanhe o grito que um galo [lançou] antes"

O **elemento remissivo** pode representar um nome, parte de uma oração, toda a oração ou um enunciado, e ocorre "para trás e para frente". Constituem formas gramaticais remissivas os pronomes pessoais de 3ª pessoa [*ele*(*s*), *ela*(*s*)]; os pronomes demonstrativos [*este*(*s*), *esta*(*s*), *isto*; *esse*(*s*), *essa*(*s*), *isso*; *aquele*(*s*), *aquela*(*s*), *aquilo*]; os pronomes possessivos [*seu*(*s*), *sua*(*s*)] e outros com função pronominal; e certos advérbios (*ali*, *lá*, *aí*, etc.).

Portanto, os dois tipos principais de coesão, a **coesão sequencial** e a **coesão referencial**, contribuem para a progressão do texto. A primeira constrói o encadeamento, com o emprego dos conectores lógicos, ao passo que a segunda estabelece a remissão e produz também o encadeamento textual. Dessa forma, a coesão textual ocorre no campo gramatical e no campo semântico.

Há linguistas, como Halliday & Hassan (*Cohesion in English*, London: Longman, 1967), que explicam a **coesão textual** com base em um conceito semântico "que se refere às relações de sentido existentes no interior do texto e que o definem como um texto". Eles consideram que a "coesão ocorre quando a interpretação de algum elemento do discurso é dependente da de outro".

No entanto, observa-se certa oposição a esse conceito, pois a coesão é um recurso necessário, mas não é considerado suficiente para a produção de um texto. Isso porque há textos cuja continuidade ocorre no nível do sentido, sem que existam recursos coesivos, mas apresentam coerência. Encontram-se ainda textos com coesão que não têm coerência ou sentido, por isso não representam textos. Observe os exemplos a seguir.

Texto 1

Dia incandescente de sol. Ruas expostas ao calor. Corpos largados, sangue escuro, zumbido de insetos. Desolação.

Nesse texto não há elementos coesivos, mas se percebe uma relação de sentido entre as palavras selecionadas que lhe dá coerência e unidade.

Texto 2

O motorista parou o ônibus, pois o passageiro desceu. Além disso, ele andou e fez um cumprimento.

Esse exemplo apresenta elementos coesivos (*pois*, *além disso*, *e*), porém não se vê coerência entre os enunciados, que não têm uma unidade de sentido e, portanto, não constituem um texto.

Vimos que vários recursos linguísticos podem ser empregados para unir orações e parágrafos, criando-se uma unidade textual. Entre eles, destacam-se os chamados **conectivos**: conjunções, preposições, pronomes e advérbios.

São elementos de coesão mais comuns os que expressam as seguintes relações de sentido:

- **adição**, **continuação**: *por outro lado*, *também*, *e*, *nem*, *não apenas... como também*, *não só... bem como*, *além disso*, *outrossim*, *ainda mais*;
- **alternativa**: *ou... ou*, *ora... ora*, *quer... quer*, *seja... seja*, *já... já*, *nem... nem*;
- **causa e consequência**, **explicação**: *por conseguinte*, *por isso*, *de fato*, *pois*, *já que*, *de tal forma que*, *então*;
- **certeza**, **ênfase**: *certamente*, *sem dúvida*, *inegavelmente*, *com toda a certeza*;
- **condição**, **hipótese**: *se*, *caso*, *eventualmente*;
- **conformidade**, **semelhança**, **comparação**: *segundo*, *conforme*, *igualmente*, *assim também*, *da mesma forma*, *semelhantemente*, *por analogia*, *de acordo com*, *tal qual*, *como*, *assim como*, *do mesmo modo*, *bem como*, *de maneira idêntica*;
- **contraste**, **oposição**, **restrição**, **ressalva**: *exceto*, *salvo*, *todavia*, *menos*, *pelo contrário*, *mas*, *porém*, *no entanto*, *entretanto*, *contudo*, *embora*;
- **dúvida**: *quem sabe*, *é provável*, *talvez*, *possivelmente*, *quiçá*;
- **esclarecimento**, **ilustração**: *quer dizer*, *isto é*, *ou seja*, *por exemplo*;
- **lugar**, **proximidade**, **distância**: *próximo a*, *perto de*, *além*, *acolá*, *aqui*, *onde*, *aonde*, *em que*;
- **prioridade**, **relevância**: *principalmente*, *sobretudo*, *antes de mais nada*, *primeiramente*, *acima de tudo*, *em primeiro lugar*;
- **propósito**, **intenção**, **finalidade**: *a fim de que*, *com o fim de*, *para que*, *com o propósito de*;
- **resumo**, **recapitulação**, **conclusão**: *em síntese*, *em resumo*, *enfim*, *em suma*, *portanto*, *assim*, *dessa forma*, *logo*, *pois*, *dessa maneira*;
- **surpresa**, **imprevisto**: *de repente*, *inesperadamente*, *de súbito*;
- **tempo (frequência, duração, ordem, sucessão, anterioridade, posterioridade, simultaneidade)**: *enfim*, *logo*, *então*, *logo depois*, *imediatamente*, *logo após*, *a princípio*, *agora*, *atualmente*, *sempre*, *raramente*, *desde que*, *já*, *enquanto*, *quando*, *não raro*, *mal*, *apenas*.

O texto é produzido por meio da organização de palavras que se unem, adequadamente, umas às outras. Assim, os termos vão formando uma oração, e as orações vão constituir períodos. Essa união ou ligação entre os elementos de um texto deve apresentar um sentido lógico, coerente; para isso, é necessário observar as relações semânticas existentes entre eles. Na verdade, há uma relação de dependência entre os termos e as orações que se estabelece pela coordenação ou subordinação das ideias.

Coesão textual é a conexão estabelecida entre as partes de um texto (palavras, períodos e parágrafos) por meio de conectivos (conjunções, pronomes, preposições e advérbios) e outros recursos linguísticos.

Coerência textual

No texto

O texto a seguir pertence ao romance *Vidas secas*, de Graciliano Ramos (1892-1953), escritor de prosa da segunda geração modernista brasileira. Nele, o autor narra a viagem de Fabiano, retirante nordestino, com sua mulher Sinha Vitória, o Menino Mais Velho, o Menino Mais Novo e a cadelinha Baleia, que fogem da seca.

Baleia

A cachorra Baleia estava para morrer. Tinha emagrecido, o pelo caíra-lhe em vários pontos, as costelas avultavam num fundo róseo, onde manchas escuras supuravam e sangravam, cobertas de moscas. As chagas da boca e a inchação dos beiços dificultavam-lhe a comida e a bebida.

Por isso Fabiano imaginara que ela estivesse com um princípio de hidrofobia e amarrara-lhe no pescoço um rosário de sabugos de milho queimado. Mas Baleia, sempre de mal a pior, roçava-se nas estacas do curral ou metia-se no mato, impaciente, enxotava os mosquitos sacudindo as orelhas murchas, agitando a cauda pelada e curta, grossa na base, cheia de moscas, semelhante a uma cauda de cascavel.

Então Fabiano resolveu matá-la. Foi buscar a espingarda de pederneira, lixou-a, limpou-a com o saca-trapo e fez menção de carregá-la bem para a cachorra não sofrer muito.

Sinha Vitória fechou-se na camarinha, rebocando os meninos assustados, que adivinhavam desgraça e não se cansavam de repetir a mesma pergunta:

– Vão bulir com a Baleia?

Tinham visto o chumbeiro e o polvarinho, os modos de Fabiano afligiam-nos, davam-lhes a suspeita de que Baleia corria perigo.

RAMOS, Graciliano. *Vidas secas*. Rio de Janeiro: Record, 2002. p. 85. (Fragmento).

Glossário

Supuravam: formavam pus.

Pederneira: pedra que produz faíscas quando atritada em peças antigas de metal (espingardas, por exemplo).

Saca-trapo: instrumento de limpeza de resíduos que ficam nos tubos das espingardas.

Camarinha: no Nordeste, quarto de dormir.

Polvarinho: frasco para levar pólvora.

1. Esse trecho encontra-se em um dos capítulos mais emocionantes de *Vidas secas*. A cachorra Baleia adoece, durante a difícil caminhada pelo sertão.
   a) Observe a reação das personagens diante da situação de Baleia. Explique como elas se sentiam.
   b) A partir dessa explicação, conclua: o que Baleia representava para Fabiano e sua família?
2. Você já deve ter entendido que as sequências linguísticas ou frases constituem um texto se houver o emprego de conectores gramaticais adequados que estabeleçam nexo entre elas ou remetam a certas palavras ou enunciados desse mesmo texto. Também viu que é possível um texto ser coerente sem ter conector algum.
   a) No primeiro parágrafo, o pronome *lhe* é empregado duas vezes. Que palavra do texto ele retoma? Que tipo de elo coesivo ele representa?
   b) Que palavra o pronome relativo *onde* substitui, ainda no primeiro parágrafo? Que tipo de coesão ele estabelece?
3. Observe o segundo parágrafo.
   a) Que conectivo o introduz, dando-lhe um nexo coesivo sequencial?
   b) Qual é o elemento conector sequencial que expressa uma oposição em relação ao que foi dito anteriormente?
4. O terceiro parágrafo abre com um conector sequencial.
   a) Que elemento é esse e qual é o seu sentido?
   b) Que palavra, nesse parágrafo, refere-se à cachorra Baleia e funciona como forma gramatical remissiva?
5. No quarto parágrafo, o narrador relata a reação de Sinha Vitória e dos dois filhos. Pode-se dizer que a sequência de ideias no texto é coerente, ou seja, há uma unidade de sentido? Ou certas ideias são contraditórias? Esclareça sua resposta.

Em contexto

Como você observou, é a **coerência** que pode estabelecer um sentido para o texto. Caso uma das partes que o compõem impeça a construção de uma unidade de sentido entre todos os elementos, o texto se torna incoerente. Portanto, um fator básico da coerência é a **continuidade de sentidos** entre os componentes do texto, como ocorre no de Graciliano Ramos.

Nesse texto, comprovou-se que a **coesão** é importante na construção da coerência, mas apenas ela não é suficiente para produzir um texto coerente. Prova disso é que existem sequências linguísticas que apresentam alguns elementos coesivos, ou nenhum, como vimos no exemplo do **texto 1**, em "Coesão textual", e ainda assim são coerentes. Esse fato as caracteriza como **textos**, uma vez que apresentam **textualidade** ou **textura**.

Pode-se, portanto, afirmar que é a coerência que faz de uma sequência linguística um texto, já que ela estabelece relações entre os elementos e, desse modo, passa a constituir um todo significativo. Sabe-se hoje que não é a coesão que produz textualidade (isto é, transforma sequência linguística em texto), mas sim a coerência.

Entre os principais fatores que podem conferir coerência a um texto estão **o emprego adequado dos elementos linguísticos, a sua organização e a relação que estabelecem entre si**.

Coerência textual é a estruturação lógica das ideias, para que haja continuidade entre as sequências ou frases e um sentido unitário para o todo.

Intertextualidade

No texto

Leia a tira do Níquel Náusea e observe as personagens.

NÍQUEL NÁUSEA — Fernando Gonsales

FERNANDO GONSALES

1. A história apresenta humor com a exploração das duas linguagens, verbal e não verbal. No segundo quadrinho, por que Chapeuzinho se espanta ao ver a boca da avó?
2. Que efeito produz na fala de Chapeuzinho o uso da palavra *putz*, empregada em lugar da interjeição *puxa*?
3. Explique de que maneira o quadrinista concentrou o humor da tira no último quadrinho.
4. O que complementa o humor na fala zangada da avó de Chapeuzinho?
5. Você observou que o quadrinista criou essa tira com base no conto maravilhoso "Chapeuzinho Vermelho". Portanto, ele dialoga com outro texto. Em que quadrinho esse diálogo está mais próximo do conto? Por quê?

Nesse caso, o quadrinista Fernando Gonsales estabeleceu um diálogo com outro texto, citando fragmentos da narrativa, e assim produziu um texto humorístico. Chama-se **intertextualidade** a esse diálogo ou relação entre dois ou mais textos. Tal inserção de um texto em outro acontece, em geral, apenas com o uso de um pequeno fragmento, mas é possível explorar um texto mais extenso.

Intertextualidade é o diálogo entre dois ou mais textos em que um deles faz citações do outro.

Em contexto

O pintor francês Jean-François Millet (1814-1875) dedicou grande parte de sua obra artística ao tema da vida na lavoura, que conhecia profundamente, pois quando criança trabalhou no campo com a família.

Suas pinturas se destacaram por conferir dignidade à vida pobre e miserável do trabalhador rural, exercendo grande influência sobre outros pintores, entre eles o surrealista catalão Salvador Dalí (1904-1989). Um dos trabalhos de Millet, intitulado *O Ângelus*, inspirou a elaboração de dois outros quadros: *Reminiscência arqueológica do Ângelus de Millet* e *O Ângelus arquitetônico de Millet*, ambos de Dalí.

Ao utilizar recursos expressivos bem diferentes dos empregados no quadro de Millet, Dalí afirmou sua admiração pelo pintor francês, retomando a figura do trabalhador rural, um tema universal e recorrente que pode ser encontrado em inúmeras obras e expresso de várias maneiras. Ao dialogar com Millet, Dalí criou uma obra intertextual.

Observe esse exercício de intertextualidade entre as três obras a seguir.

MILLET, Jean-François. *O Ângelus*. 1857-1859. Óleo sobre tela, 55,5 × 66 cm.

DALÍ, Salvador. *Reminiscência arqueológica do Ângelus de Millet*. 1935. Óleo sobre tela, 32 × 39 cm.

DALÍ, Salvador. *O Ângelus arquitetônico de Millet*. 1933. Óleo sobre tela, 73 × 61 cm.

Nesse caso, a intertextualidade se deu entre produções não verbais. Mas, como vimos, as produções verbais também podem se relacionar em um diálogo enriquecedor.

A intertextualidade pode ter diferentes propósitos (recriação, releitura, reflexão, crítica, humor, etc.) e aparece na literatura, na música, no cinema, na publicidade – enfim, em muitas formas de se expressar e de se comunicar. Ela nos mostra que os temas são universais, embora a maneira de abordá-los possa variar de acordo com cada indivíduo, época, gênero e intenção.

Na literatura brasileira, são muitos os exemplos de textos que remetem a outros já existentes, por tratarem da mesma personagem ou da mesma temática. Um exemplo de intertextualidade em nossa literatura são os poemas "Soneto", de Álvares de Azevedo (Romantismo), e "Dormindo...", de Cruz e Sousa (Simbolismo). No primeiro, uma mulher adormecida é idealizada como um anjo inatingível; no segundo, retoma-se essa temática da amada adormecida para retratar uma mulher mais sensual, mais "palpável". Embora o enfoque de Cruz e Sousa seja bem diferente do de Álvares de Azevedo, há uma ligação explícita entre os textos. Leia-os.

Texto 1

Soneto

Pálida, à luz da lâmpada sombria,
sobre o leito de flores reclinada,
como a lua por noite embalsamada,
entre as nuvens do amor ela dormia!

Era a virgem do mar! na escuma fria
pela maré das águas embalada!
Era um anjo entre as nuvens d'alvorada
que em sonhos se banhava e se esquecia!

Era mais bela! o seio palpitando...
Negros olhos as pálpebras abrindo...
Formas nuas no leito resvalando.

Não te rias de mim, meu anjo lindo!
Por ti – as noites eu velei chorando,
Por ti – nos sonhos morrerei sorrindo.

AZEVEDO, Álvares de.
In: PIRES, Homero (Org.).
Álvares de Azevedo: obras completas.
Rio de Janeiro: Nacional, 1942. p. 22.

Texto 2

Dormindo...

Pálida, bela, escultural, clorótica
sobre o divã suavíssimo deitada,
ela lembrava – a pálpebra cerrada –
uma ilusão esplêndida de ótica.

A peregrina carnação das formas,
– o sensual e límpido contorno,
tinham esse quê de avérnico e de morno,
davam a Zola as mais corretas normas!...

Ela dormia como a Vênus casta
e a negra coma aveludada e basta
lhe resvalava sobre o doce flanco...

Enquanto o luar – pela janela aberta –
– como uma vaga exclamação – incerta –
entrava a flux – cascateado – branco!...

CRUZ E SOUSA, João da. *Obra completa*.
Rio de Janeiro: Aguilar, 1961. p. 226.

Glossário

Clorótica: desbotada, muito pálida.

Carnação: representação do corpo humano nu e com a cor natural.

Avérnico: infernal.

Zola: referência ao escritor naturalista francês Émile Zola.

Vênus: deusa do amor e da beleza, na mitologia greco-romana; Afrodite.

Coma: cabeleira.

Basta: cheia, volumosa.

Flanco: lado do corpo.

A flux: em grande quantidade ou intensidade.

APLICAÇÃO

1 Leia este poema de João Cabral de Melo Neto, em que se faz uma reflexão sobre o ato da escrita, ou seja, a criação de um texto:

Catar feijão

Catar feijão se limita com escrever:
jogam-se os grãos na água do alguidar
e as palavras na da folha de papel;
e depois, joga-se fora o que boiar.
Certo, toda palavra boiará no papel,
água congelada, por chumbo seu verbo:
pois para catar esse feijão, soprar nele,
e jogar fora o leve e oco, palha e eco.

Ora, nesse catar feijão entra um risco:
o de que entre os grãos pesados entre
um grão qualquer, pedra ou indigesto,
um grão imastigável, de quebrar dente.
Certo não, quando ao catar palavras:
a pedra dá à frase seu grão mais vivo:
obstrui a leitura fluviante, flutual,
açula a atenção, isca-a com o risco.

MELO NETO, João Cabral de. In: OLIVEIRA, Marly de (Org.). *João Cabral de Melo Neto*: obra completa. Rio de Janeiro: Nova Aguilar, 1994. p. 346-347. © by herdeiros de João Cabral de Melo Neto

Glossário

Alguidar: vaso de metal ou barro utilizado na cozinha.

Fluviante, flutual: neologismos criados pelo poeta com inversão dos sufixos. Fluviante = fluvial (relativo a rio); flutual = flutuante (que flutua).

Açula: provoca, aumenta, intensifica.

Isca: açula, provoca, incita.

a) No primeiro verso, o poeta já deixa clara a comparação entre a atividade de catar feijão e a escrita de um poema. O que essas atividades têm em comum? Explique.

b) Como no poema "Tecendo a manhã", do mesmo autor, que você leu neste capítulo, também aqui o poeta omite certas palavras. No terceiro verso, quais são as palavras subentendidas? Por que não foram expressas?

c) No quinto verso, que sentido tem o termo *toda* em "toda palavra"? E, ainda, por que o poeta emprega a palavra *certo* ao começar esse verso?

d) Interprete o sentido deste verso: "água congelada, por chumbo seu verbo". Para isso, leia o verso anterior.

e) Segundo a primeira estrofe, há semelhanças e diferenças entre as duas atividades: catar feijão e escrever. Inicialmente, qual delas parece ser mais difícil e por quê?

f) Observe, na segunda estrofe, a introdução do primeiro verso com a interjeição *ora*. Que sentido essa interjeição apresenta ao se analisar o contexto? Por quê?

g) Explique em que reside, na segunda estrofe, a discordância do poeta quanto ao ato de catar feijão.

h) Explique por que, no quinto verso da segunda estrofe, o poeta agora diz "certo não".

i) Nos últimos versos, o poeta parece dar um conselho ao leitor. O que ele sugere?

j) Releia os versos a seguir, em que as palavras destacadas (*e*, *pois*, *quando*) estabelecem uma coesão sequencial. Identifique o sentido que elas expressam.
- "**e** depois, joga-se fora o que boiar"
- "**pois** para catar esse feijão, soprar nele"
- "Certo não, **quando** ao catar palavras"

k) Identifique dois versos em que se usou a coesão referencial por elipse. Esclareça sua resposta.

l) Releia este verso: "açula a atenção, isca-**a** com o risco".
- A palavra destacada (*a*) substitui que palavra anterior?
- Como se chama esse tipo de coesão?

2 Na tira a seguir ocorre um diálogo entre Hagar e um padre.

HAGAR — Chris Browne

a) Como vimos, **discurso** é o uso individual da língua. No texto, os interlocutores (o padre e Hagar) desenvolvem uma conversa, empregando o discurso. Pode-se dizer que o padre expressou suas opiniões com clareza e coerência?

b) Existe uma intencionalidade discursiva em toda interação verbal. No caso dessa tira, os interlocutores levam em conta as intenções comunicativas um do outro? Explique por quê.

c) Como o quadrinista conseguiu criar humor no texto?

3 **Nas tiras a seguir, observe as expressões das personagens e leia os balões. São duas tiras em sequência.**

GARFIELD — Jim Davis

a) O pronome *deste* aparece em negrito no primeiro quadrinho da primeira tira. Explique por quê.

b) Qual foi a reação da namorada ao ver Jon de terno e gravata? O que ela quis dizer com “problema genético”?

c) O que dá conotação humorística aos quadrinhos da primeira tira?

d) Na sequência, Jon tenta encontrar uma roupa que a namorada aprecie, mas ela parece insatisfeita com o que vê. Por que é Garfield que produz humor nessa segunda tira?

e) De que modo os interlocutores dessa tira usaram o discurso para se comunicar? Esclareça sua resposta.

4 Leia o anúncio publicitário a seguir.

REPRODUÇÃO/WMCCANN/BRASKEM

Acontecendo de forma sustentável. A Braskem está realizando grandes investimentos em tecnologia, pesquisa e desenvolvimento para oferecer cada vez mais produtos a partir de fontes renováveis. Ainda em 2010, será inaugurada a Unidade de Eteno Verde em Triunfo-RS, a primeira a produzir em escala industrial matéria-prima para o plástico a partir da cana-de-açúcar.

Acontecendo de forma responsável. A Braskem, de 2002 a 2009, reduziu seus indicadores de ecoeficiência: 61% na geração de resíduos sólidos, 40% na geração de efluentes, 19% no consumo de água e 12% no consumo de energia. E, de 2007 a 2009, reduziu em 11% a intensidade de emissões de gases de efeito estufa.

a) Nesse texto, o que o anunciante promove e por que o Dia do Meio Ambiente é mencionado por ele?
b) Observe o trabalho com as imagens e explique o que elas sugerem.
c) No enunciado em destaque, quais são os elementos coesivos na primeira oração? Que tipo de coesão estabelecem e que sentido expressam?
d) A conjunção *mas*, que liga os dois períodos, apresenta que significado? Que tipo de coesão ela estabelece em relação à oração anterior?
e) Na segunda parte do enunciado, que palavras também funcionam como elementos de coesão? O que elas ligam?
f) Analise esta frase final do texto que vem logo abaixo do enunciado principal: "E **que** acontece de diferentes formas". Qual é a coesão estabelecida pelo pronome relativo destacado? Por quê?
g) Identifique o tipo de variação linguística empregado nesse enunciado. Explique por que se fez essa opção.

5 Leia esta tira do Daiquiri:

DAIQUIRI — Caco Galhardo

a) No primeiro quadrinho, uma das personagens parece ter chegado a uma conclusão sobre seu comportamento. Qual é a crítica feita pelo quadrinista nesse momento?
b) Explique por que, no último quadrinho, o verbo está destacado (em negrito) e a personagem gesticula.
c) Que incoerências se identificam no modo de agir e de falar da personagem consumista?

6 Leia as estrofes iniciais de um famoso poema de Carlos Drummond de Andrade:

Poema de sete faces

Quando nasci, um anjo torto
desses que vivem na sombra
disse: Vai, Carlos! ser *gauche* na vida.

As casas espiam os homens
que correm atrás de mulheres.
A tarde talvez fosse azul,
não houvesse tantos desejos.

ANDRADE, Carlos Drummond de. *Poesia completa*. Rio de Janeiro: Nova Aguilar, 2002. p. 5. (Fragmento). Carlos Drummond de Andrade © Graña Drummond. www.carlosdrummond.com.br.

Glossário

***Gauche* [pronuncia-se "gôche"]:** termo francês que significa "esquerdo"; por extensão de sentido, "torto", "canhestro", "desajeitado".

Adélia Prado, escritora contemporânea, compôs o poema a seguir, inspirando-se nesses versos de Drummond.

Com licença poética

Quando nasci um anjo esbelto,
desses que tocam trombeta, anunciou:
vai carregar bandeira.
Cargo muito pesado pra mulher,
essa espécie ainda envergonhada.
Aceito os subterfúgios que me cabem,
sem precisar mentir.
Não sou tão feia que não possa casar,
acho o Rio de Janeiro uma beleza e
ora sim, ora não, creio em parto sem dor.
Mas o que sinto escrevo. Cumpro a sina.
Inauguro linhagens, fundo reinos
– dor não é amargura.
Minha tristeza não tem *pedigree*,
já a minha vontade de alegria,
sua raiz vai ao meu mil avô.
Vai ser coxo na vida é maldição pra homem.
Mulher é desdobrável. Eu sou.

PRADO, Adélia. *Poesia reunida*. São Paulo: Siciliano, 1992. p. 11. © by Adélia Prado.

Glossário

Subterfúgios: pretextos, desculpas, evasivas.

***Pedigree*:** documento que atesta a linha de ancestrais de um animal de raça; no texto, o termo é usado em linguagem figurada, exprimindo ironia.

Coxo: manco; por extensão de sentido, "torto", "desajeitado".

a) Em que versos do poema de Adélia Prado se identifica a intertextualidade com o poema de Drummond?

b) Que características diferem a figura do anjo nos dois poemas?

c) No poema de Adélia Prado, a forma como o eu lírico enxerga e enfrenta a vida provém do modo como o anjo anuncia seu caminho. Explique por quê.

Lista de exercícios

RESUMO

Visão do especialista

Questões do Enem e de vestibulares comentadas

Linguagem e textualidade

- **Textualidade** – o que caracteriza uma sequência linguística como um texto e não tão somente um conjunto de palavras ou de frases soltas.
- **Texto** (do latim *textus*, ou seja, "tecido") – tecido em cuja construção o sentido de uma frase resulta da correlação que ela mantém com as outras.
- **Contexto** – ligação entre as partes de um todo, ou de um conjunto de fatores.
- **Discurso** – uso da língua em uma determinada situação de comunicação entre interlocutores.
- **Coesão textual** – conexão estabelecida entre as partes de um texto (palavras, períodos e parágrafos) por meio de conectivos – conjunções, pronomes, preposições e advérbios – e outros recursos linguísticos.
- **Coerência textual** – estruturação lógica das ideias, para que haja continuidade entre as sequências ou frases e um sentido unitário para o todo.
- **Intertextualidade** – diálogo entre dois ou mais textos em que um deles faz citações do outro.

Parte 2

Fonologia e ortografia

Capítulo 4

Fonologia

Fonema e letra

Biblioteca do estudante
Apêndice
"Fonemas"

No texto

É comum o trabalho com os sons no texto poético, como no poema a seguir, de Manuel Bandeira (1886-1968), em que a exploração de elementos fônicos lhe dá significado expressivo.

A onda

A ONDA
a onda anda
aonde anda
a onda?
a onda ainda
ainda onda
ainda anda
aonde?
aonde?
a onda a onda

BANDEIRA, Manuel. In: SEFFRIN, André (Org.). *Manuel Bandeira*: poesia completa e prosa. Rio de Janeiro: Nova Aguilar, 2009. p. 260. © do texto de Manuel Bandeira, do Condomínio dos Proprietários dos Direitos Intelectuais de Manuel Bandeira. (In: Estrela da vida inteira – Editora Nova Fronteira). Direitos cedidos por Solombra – Agência Literária (solombra@solombra.org).

1. Nesse poema, a sonoridade foi explorada com a repetição, principalmente, de que vogais e consoantes? Que efeito esse recurso produz no texto?
2. Há, nos versos, uma alternância constante com a repetição da vogal oral e da vogal nasal, o que dá ritmo ao poema. Selecione algumas dessas vogais nos dois primeiros versos e marque as nasais e as orais.
3. A vogal oral *a* é mais aberta e átona, ao passo que a vogal nasal *a* (*an*) é fechada e tônica. Releia o poema e responda: com que objetivo o poeta criou essa composição sonora?
4. Quais são as figuras de linguagem que trabalham a repetição de sons vocálicos e de sons consonantais em um verso ou poema? Se necessário, pesquise.
5. Na construção do poema, o que o emprego do ponto de interrogação sugere em alguns versos?

Em contexto

Você pôde observar que as palavras são formadas por sinais gráficos, que são as **letras**, e por unidades sonoras: *onda* = /õ/ /d/ /a/. As unidades sonoras, que estabelecem diferença de significados entre as palavras, recebem o nome de **fonemas**. Vejamos as diferenças entre letras e fonemas.

Na fala, as palavras são formadas por **sons**. Na escrita, pelas **letras** do alfabeto. A correspondência entre som e letra, entretanto, nem sempre é igual. Pode ocorrer, por exemplo, que duas letras representem um só som, como na palavra *passo*, em que as letras *ss* representam apenas um fonema.

Observe estes pares de palavras:

boca (/bo**k**a/) *bolha* (/bo**ʎ**a/)

bota (/bo**t**a/) *bola* (/bo**l**a/)

Ao compararmos as palavras *boca* e *bota* ou *bolha* e *bola*, notamos a diferença de significado entre elas pela mudança em um único som ou fonema.

Analise a correspondência entre fonema e letra de algumas palavras:

musical	m - u - s - i - c - a - l / m / / u / / z / / i / / k / / a / / l /	7 letras (sinais gráficos) 7 fonemas (sons)
jangada	j - a - n - g - a - d - a / ʒ / / ɑ / / g / / a / / d / / a /	7 letras 6 fonemas
sonho	s - o - n - h - o / s / / o / / ɲ / / o /	5 letras 4 fonemas
hálito	h - a - l - i - t - o / a / / l / / i / / t / / o /	6 letras 5 fonemas
chocolate	c - h - o - c - o - l - a - t - e / ʃ / / o / / k / / o / / l / / a / / t / / e /	9 letras 8 fonemas

Nesse quadro, ocorre correspondência perfeita entre letras e fonemas apenas no primeiro exemplo (*musical*). Nos outros exemplos, existem duas letras que representam um só fonema. Assim, em *jangada*, as letras *an* representam o fonema /ɑ/; em *sonho*, as letras *nh* representam o fonema /ɲ/. Em *hálito*, a letra *h* não possui representação fonética; em *chocolate*, as letras *ch* representam o fonema /ʃ/.

É possível observar, então, que há uma diferença entre o fonema e a maneira de representá-lo graficamente. Para a representação dos fonemas, foi criado um alfabeto fonético internacional, cujos sinais vêm sempre destacados entre barras (/ /) ou colchetes ([ ]). Essa e outras representações podem ser vistas nos dicionários.

Observe agora estes outros exemplos:

graxa *exílio* *axila* *expansão*

Em cada uma dessas palavras, a consoante *x* representa um fonema distinto: em *graxa* /ʃ/, em *exílio* /z/, em *axila* /ks/ e em *expansão* /s/. Concluímos que, embora as letras representem os fonemas de uma língua, a escrita alfabética nem sempre representa um mesmo fonema com a letra correspondente ao som; é possível, porém, usar a mesma letra para representar mais de um fonema.

Fonética é o estudo da produção, das características e da percepção dos sons da fala isolados.

Fonema é a unidade fonológica, acústica, registrada por nossos ouvidos, cuja ocorrência contribui para o estabelecimento de diferenças de significado entre as palavras.

Letra é a representação gráfica dos sons ou fonemas.

Fonologia é a parte da gramática que estuda os fonemas e sua articulação nas palavras da língua.

Classificação dos fonemas

No texto

Leia esta tira de Quino, cartunista argentino criador da personagem Mafalda:

MAFALDA Quino

JOAQUÍN SALVADOR LAVADO (QUINO)

QUINO. *Toda Mafalda*. São Paulo: Martins Fontes, 1991. p. 353.

- Como o quadrinista conferiu humor ao texto?

Leia com atenção estas palavras retiradas da tira: *estrangeiro*, *louco*, *nasceu*, *coitado*. Não é difícil perceber uma diferença bem nítida entre os sons /t/, /r/ e /a/, por exemplo, ou entre /g/ e /e/. Observe que, nos sons /t/ e /r/, o ar encontra algum obstáculo no momento em que passa pela boca, em direção ao meio exterior. Isso não ocorre com os sons /o/ e /e/ nas palavras *louco* e *nasceu*, que, ao serem pronunciados, encontram um caminho livre na boca.

Leia novamente as mesmas palavras, observando o som das letras que estão destacadas em negrito:

*estrang**ei**ro* *l**ou**co* *nasc**eu*** *c**oi**tado*

Observe que, ao articular os sons /e/ e /i/ em *estrang**ei**ro* e /o/ e /u/ em *l**ou**co*, as vogais /e/ e /o/ são pronunciadas com mais força que /i/ e /u/. O mesmo ocorre com o som /e/ e /o/ em *nasc**eu*** e *c**oi**tado*.

Biblioteca do estudante
Apêndice
"Fonemas"

Em contexto

Vogais, semivogais e consoantes

Os fonemas da língua portuguesa classificam-se em **vogais**, **semivogais** e **consoantes**.

São **vogais**: *a*, *e*, *i*, *o*, *u*. Em português, a vogal é considerada a base sonora da sílaba. Por isso, não há sílaba sem vogal. Observe:

cru – el – da – de (vogais) *pre – si – den – te* (vogais) *car – go* (vogais)

As letras *i* e *u* são consideradas vogais quando formam sílaba com uma consoante. Quando formam sílaba com outra vogal, são chamadas de **semivogais**. Observe os exemplos:

cis – co → vogal
cor – ti – na → vogal
ar – roi – o → semivogal
ân – sia → semivogal
mú – si – ca → vogal
a – çu – de → vogal
náu – sea → semivogal
rou – pa → semivogal

A letra *e* com som de /i/ e a letra *o* com som de /u/ são classificadas como semivogais quando ocorre outra vogal na mesma sílaba. Observe estes exemplos:

*ma – mã**e*** → semivogal (som de /i/)

*pi – ã**o*** → semivogal (som de /u/)

Veja outros exemplos em que as letras *i* e *u* são semivogais:

*se**i** – va* → semivogal

*pá – tr**i**a* → semivogal

*fro**u** – xo* → semivogal

*fa**u** – na* → semivogal

Na pronúncia das consoantes, os sons sofrem alguma interrupção ao passar pela boca. Observe estes exemplos:

es – co – va → consoantes

la – va – dei – ra → consoantes

fri – tas → consoantes

Vogais são os sons que se formam quando o ar, vindo dos pulmões, não sofre nenhum tipo de interrupção ao passar pela boca.

Semivogais são os fonemas /i/ e /u/ que, acompanhados de uma vogal, com ela formam sílaba. Em comparação, a semivogal é ouvida menos distintamente, com menor intensidade que a vogal.

Consoantes são os sons que se produzem quando o ar, vindo dos pulmões, sofre alguma interrupção ao passar pela boca, em direção ao meio exterior.

Classificação das vogais

Segundo a Nomenclatura Gramatical Brasileira (NGB), classificam-se as vogais de acordo com:

a) **a zona** (ou **região**) **de articulação** (relacionada com a região da boca onde elas são articuladas):
- média: *a* (***a**rte, **â**nsia*);
- anteriores: *é, ê, i* (*r**é**, l**ê**, s**i***);
- posteriores: *ó, ô, u* (*p**ó**, ioi**ô**, bamb**u***).

b) **o papel das cavidades bucal e nasal**:
- orais: *a, é, ê, i, ó, ô, u* (***a**ço, p**é**, d**ê**, t**i**, d**ó**, c**o**co, **u**rso*);
- nasais: *ã, ẽ, ĩ, õ, ũ* (*s**ã**, l**e**nto, r**i**m, **o**nda, f**u**ndo*).

c) **o timbre**:
- abertas: *á, é, ó* (*p**á**, f**é**, n**ó***);
- fechadas: *ê, ô, i, u* e todas as nasais (*cr**ê**, cant**o**r, l**i**, n**u**, f**ã**, s**e**nha*);
- reduzidas: as vogais átonas orais ou nasais (*bel**a**, fal**e**, r**i**val, ím**ã**, órg**ão***).

d) **a intensidade**:
- tônicas: *j**á**, caf**é**, d**e**do, al**i**, s**ó**, r**ó**seo, l**ei**a*;
- subtônicas: *avezinha, lugarzinho, graciosamente, felizmente*;
- átonas: *est**a**, bul**e**, lim**ão**, s**i**n**o**, s**u**g**a**r*.

A Nomenclatura Gramatical Brasileira (NGB), publicada pelo Ministério da Educação em 1959, recomenda uma terminologia única para o programa de ensino da língua portuguesa no Brasil.

Sílaba subtônica: algumas palavras polissílabas e geralmente derivadas de outras apresentam, além do acento tônico, um acento secundário. Este é chamado de subtônico.

Observações

1. Na pronúncia de algumas palavras, as vogais átonas *e* e *o* são proferidas como *i* e *u*, respectivamente: *leite*, *sino*.

   Nota: Em algumas regiões do Paraná, mantém-se a pronúncia do *e* no final das palavras. As palavras ou pronúncias usadas apenas em determinadas regiões do país são chamadas de **regionalismo**.
2. As vogais nasais apresentam três grafias: *órfã* (com til), *pombo* (seguidas de *m*), *lenda* (seguidas de *n*).
3. Os signos *m* e *n* são consoantes somente no começo de sílaba: ***molho***, ***mel***, ***neto***, ***neve***. Nos finais de sílabas, representam apenas sinais de nasalização de vogal ou do ditongo anterior: *tampa*, *também*, *limpo*, *bomba*, *zumbi*, *santo*, *lenda*, *pinta*, *conto*, *munguzá*. Nesses casos, portanto, não exprimem consoantes reais, pois têm a função de til.

APLICAÇÃO

1 Leia esta tira da Turma da Mônica e a do Garfield:

Texto 1

TURMA DA MÔNICA — Mauricio de Sousa

Texto 2

GARFIELD — Jim Davis

a) No texto 1, as personagens Cebolinha e Magali estão fazendo uma excursão e parecem cansadas devido à caminhada. Explique o efeito de sentido que a repetição da vogal *o* produz na palavra *fome*.

b) Observe agora o texto 2. A repetição da vogal *a* pela personagem Jon causa o mesmo efeito visto no texto 1? Por quê?

c) Cebolinha tem o hábito de trocar o fonema /r/ pelo fonema /l/. Nesse caso, o problema pode ser articulatório, e não um indicador de variedade rural ou, ainda, regional. O que significa "fazer uma boquinha", expressão usada na variedade não padrão?

d) O humor do texto 1 encontra-se no último quadrinho. O que nos diz a linguagem não verbal nessa parte da tira?

e) Na segunda tira, que recursos o quadrinista empregou para sugerir as reações de Jon, Garfield e Oddie?

f) Observe o emprego da palavra *excursão* na primeira tira. Quantas letras e quantos fonemas ela apresenta?

g) Na palavra *Maurício* há vogais e semivogais. Identifique-as.

h) Leia estas palavras.

boquinha *qualquer* *gente* *discreto* *chamam* *lanchonete*

- Quais delas apresentam o mesmo número de letras e fonemas?
- Identifique o número de letras e fonemas nas palavras restantes.

2 **Leia o texto a seguir, de José Paulo Paes (1926-1998), um autor concretista. O Concretismo (1956) pregava oposição ao formalismo literário da época e renovação na poesia** contemporânea.

Natureza-morta

pprédiosprédiosprédiosprédiosprédios
prédios**a**prédiosprédiosprédiosprédios
prédiosprédios**i**prédiosprédiosprédios
prédiosprédiosprédios**s**prédiosprédios
prédiosprédiosprédiosprédios**a**prédios
prédiosprédiosprédiosprédiosprédios**g**
eprédiosprédiosprédiosprédiosprédios
prédios**m**prédiosprédiosprédiosprédios
prédiosprédiosprédiosprédiosprédiosp

PAES, José Paulo. *Poesia completa*.
São Paulo: Companhia das Letras, 2008. p. 454.

a) Observe a construção e o conteúdo do poema e identifique a função de linguagem empregada. Justifique sua resposta.

b) Que palavras o poeta trabalhou no poema e por que ele fez essa escolha?

c) Explique a relação entre as palavras *prédios* e *paisagem*, que compõem o poema.

d) Relacione o título ao poema. A que tipo de natureza o poeta chama de morta?

e) Quais são as consoantes e vogais que mais se repetem no poema? O que sugere a repetição da mesma palavra e desses sons?

f) Identifique a semivogal nas duas palavras do texto.

3 Leia esta charge de Frank & Ernest:

FRANK & ERNEST Bob Thaves

2011 UNITED MEDIA/IPRESS

a) No texto, a personagem Frank faz palavras cruzadas com a ajuda de Ernest. Qual é a sátira social produzida pelo chargista?

b) De acordo com a charge, a palavra *televisão* apresenta nove letras. Quantos são os fonemas?

c) A letra *o* na palavra *televisão* é vogal ou semivogal? Por quê?

d) Na palavra *lento*, a vogal destacada é nasal ou oral? Esclareça sua resposta.

4 Leia este poema do autor gaúcho Mario Quintana (1906-1994):

Canção de nuvem e vento

Medo da nuvem
Medo Medo
Medo da nuvem que vai crescendo
Que vai se abrindo
Que não se sabe
O que vai saindo
Medo da nuvem Nuvem Nuvem
Medo do vento
Medo Medo
Medo do vento que vai ventando
Que vai falando
Que não se sabe
O que vai dizendo
Medo do vento Vento Vento
Medo do gesto
Mudo
Medo da fala
Surda
Que vai movendo
Que vai dizendo
Que não se sabe...
Que bem se sabe
Que tudo é nuvem que tudo é vento
Nuvem e vento Vento Vento!

QUINTANA, Mario. In: CARVALHAL, Tania Franco (Org.). *Mario Quintana*: poesia completa. Rio de Janeiro: Nova Aguilar, 2008. p. 135. © by Elena Quintana.

a) Observe a repetição de palavras no contexto poético. Explique por que o eu lírico demonstra grande receio ao ver surgir a nuvem.

b) No poema ocorre a repetição da palavra *medo*, que aparece grafada com inicial maiúscula, assim como os substantivos *nuvem* e *vento*. O que isso parece sugerir?

c) O eu lírico parece sentir um medo especial do vento, mais ainda do que da nuvem. Por que essa sensação é coerente com a realidade?

d) Com base no poema, explique por que o vento desperta tanto medo no eu lírico.

e) Observe os adjetivos que se referem aos substantivos *gesto* e *fala*. Por que o vento tem gesto *mudo* e fala *surda*?

f) Observe que o verso "Que não se sabe" se repete no poema. Mas, no final do texto, o eu lírico o muda para "Que bem se sabe". O que significa essa alteração?

g) Os versos não apresentam regularidade quanto à sua extensão e disposição na estrofe. Que efeito esse recurso produz em relação ao conteúdo do texto?

h) Que vogais e consoantes mais se repetem no poema e que sonoridade elas conferem ao contexto?

5 Leia estas tiras do Garfield e do Mundo Monstro:

Texto 1

GARFIELD — Jim Davis

Texto 2

MUNDO MONSTRO — Adão Iturrusgarai

a) Observe a expressão de Jon, no texto 1, ao falar com a namorada ao telefone. Explique por que ele pronuncia a palavra *rodízio* com as letras separadas.

b) Ao ouvir o convite de seu dono, o gato Garfield logo aparece e se inclui como convidado. Por que ele também fala pausadamente, com todas as letras, como Jon?

c) No texto 2, a história se inicia com a fala do narrador. Quem é ele?

d) Explique por que a personagem Guazzelli, antes tão calma, vai modificando sua reação.

e) O que se pode concluir quanto ao emprego de letras e fonemas como recursos de expressão em textos?

6 Leia este poema concreto escrito pelos poetas Décio Pignatari e os irmãos Haroldo de Campos e Augusto de Campos, iniciadores do movimento concretista (1956). O objetivo era trabalhar na arte poética os aspectos semântico, sonoro e visual.

Poema concreto "Beba Coca Cola". In: PIGNATARI, Décio. *Poesia pois é poesia*: 1950-2000. Cotia/ Campinas: Atêlie Editorial/ Editora da Unicamp, 2004.

a) O poema baseia-se em um *slogan* bem conhecido: "Beba Coca-Cola". Observe que, a partir de *coca cola*, é possível ler o texto da esquerda para a direita, da direita para a esquerda, de cima para baixo e, como uma espiral, saindo do centro. Dessa forma, o texto permite múltiplas interpretações. Explique como o poema foi criado a partir do anúncio publicitário.

b) Ao relacionar as palavras *beba* e *babe*, ou ainda *coca cola*, *cola*, *caco*, *cloaca*, pode-se dizer que há uma intenção depreciativa no poema? Esclareça sua resposta.

c) As formas verbais *beba* e *babe* sugerem ações diferentes, ou seja, simbolizam uma antítese (oposição de ideias) no contexto. Explique.

d) Você observou que, ao serem empregados fonemas ou as mesmas sílabas das palavras do *slogan*, criou-se um novo texto com outras palavras de sentidos bem diversos. Em sua opinião, o Concretismo valorizou os recursos gráficos das palavras nesse poema? De que forma?

Encontros vocálicos

No texto

Leia este outro poema da escritora mineira Adélia Prado, autora de "Com licença poética":

Exausto

Eu quero uma licença de dormir,
perdão pra descansar horas a fio,
sem ao menos sonhar
a leve palha de um pequeno sonho.
Quero o que antes da vida
foi o profundo sono das espécies,
a graça de um estado.
Semente.
Muito mais que raízes.

PRADO, Adélia. *Poesia reunida*.
São Paulo: Siciliano, 1992. p. 27.
© by Adélia Prado.

1. Nessa estrofe, o eu lírico se mostra profundamente cansado. Como se percebe que seu estado de fadiga é intenso?
2. Na sua opinião, por que o eu lírico pede "licença" e "perdão" para descansar?
3. Nos dois últimos versos, que diferença se pode estabelecer entre "semente" e "raízes"?
4. As palavras *eu* e *perdão* apresentam um encontro de vogal com semivogal na mesma sílaba. Destaque do poema outras palavras com essa característica.
5. Identifique as duas palavras do poema em que ocorre um hiato.
6. Qual das palavras a seguir não apresenta ditongo? Justifique.

perdão *muito* *foi* *pequeno* *Adélia* *mais*

Em contexto

Há três tipos de encontros vocálicos: **ditongo**, **tritongo** e **hiato**.

O **ditongo** é o encontro de uma vogal e uma semivogal ou de uma semivogal e uma vogal. Ele é **crescente** quando formado por uma semivogal seguido de uma vogal: *in-fân-**cia**, tê-**nue**, a-ná-**gua**, **mui**-to*. É **decrescente** quando formado por uma vogal seguido de uma semivogal: *te-**sou**-ro,de-**fei**-to, **sau**-da-de, ju-**deu**, **coi**-fa, jor-**nais***.

O **tritongo** é o encontro de uma semivogal, uma vogal e uma semivogal, nessa ordem, em uma mesma sílaba: *U-ru-**guai**, sa-**guão**, de-si-**guais***.

O **hiato** é o encontro de duas vogais em sílabas diferentes: ***bo-a**-to, **ci-ú**-me, **fa-ís**-ca, **ra-i**-nha*.

Observações

1. Existem encontros vocálicos que podem ser pronunciados como ditongos ou hiatos, por isso denominam-se **instáveis**. Exemplos: *gló-**ria*** ou *gló-**ri-a***, *cá-**rie*** ou *cá-**ri-e***, *mé-**dio*** ou *mé-**di-o***. Tais encontros instáveis são sempre localizados no final da palavra: *-ea, -eo, -ia, -ie, -io, -oa, -ua, -ue, -uo*.
2. As terminações *-em* e *-am* constituem ditongos nasais decrescentes: *tam**bém**, olha**ram**, volta**ram***.
3. Há casos em que /e/ e /o/ átonos são semivogais, portanto formam ditongos, devido ao valor fonético que os aproxima de /i/ e /u/: *capi**tães**, **põe**, aben**çoe**, algo**dões***.
4. Nos ditongos nasais decrescentes *em* (ẽi) e *am* (ão), não aparece escrita a semivogal: ***tem*** (tẽi), *a**mém*** (amẽi); *e**ram*** (érão), *an**dam*** (ândão).

Ditongo crescente: semivogal + vogal juntas: *e-le-gân-**cia***.
Ditongo decrescente: vogal + semivogal juntas: ***cou**-ro*.
Tritongo: semivogal + vogal + semivogal juntas: *Pa-ra-**guai***.
Hiato: vogal + vogal separadas: ***sa-í**-da*.

Encontros consonantais e dígrafos

No texto

Leia este poema de Alberto Caeiro, um dos heterônimos de Fernando Pessoa (1888-1935), poeta português consagrado:

XI

Aquela senhora tem um piano
Que é agradável mas não é o correr dos rios
Nem o murmúrio que as árvores fazem...

Por que é preciso ter um piano?
O melhor é ter ouvidos
E amar a Natureza.

PESSOA, Fernando. In: LOPES, Teresa Rita (Sel.). *Melhores poemas*. São Paulo: Global, 1994. p. 154.

1. O eu lírico destaca, no primeiro verso, o fato de uma senhora "ter" um piano. Que sentido esse verbo dá ao verso, tendo em vista o contexto?
2. Observe o emprego de um dos elementos de coesão no segundo verso: a conjunção *mas*. Que efeito ela produz nas ideias contidas nesse verso? Explique.
3. De que forma o eu lírico reforça seus argumentos nessa estrofe?
4. Portanto, o que representam o piano e a natureza para o eu lírico?
5. Na segunda estrofe, o eu lírico faz uma indagação ao seu interlocutor (o leitor) e ele próprio responde. Interprete os versos finais.
6. Observe as consoantes destacadas nestas palavras do poema: *a**gr**adável*, *mu**rm**úrio*, *á**rv**ores*, ***pr**eciso*. Nelas há dois tipos de encontro consonantal: os separáveis (sílabas diferentes: *mu**r**-**m**ú-rio*, *á**r**-**v**o-res*) e os inseparáveis (mesma sílaba: *a-**gr**a-dá-vel*, ***pr**e-ci-so*).
   - Dê exemplos de palavras em que ocorrem encontros consonantais separáveis e inseparáveis.

Em contexto

Encontro consonantal é o agrupamento de consoantes num vocábulo, na mesma sílaba ou não. Exemplos:

bl	***bl**o-co*
pr, nt	***pr**a**n**-**t**o*
cl	***cl**a-ve*
cr	***cr**o-ma-do*

dr	*vi-**dr**o*
fl	***fl**a-ne-la*
fr, nq	***fr**a**n**-**q**ue-za*
gn	*di**g**-**n**o /di-**gn**o*

mn	***mn**e-mô-ni-co*
pn	***pn**eu*
pt	***pt**e-ri-dó-fi-to*
tm	*ri**t**-**m**o / ri-**tm**o*

Leia em voz alta estas palavras do poema de Fernando Pessoa: *a**qu**ela*, *se**nh**ora*, *co**rr**er*, *me**lh**or*. Observe a pronúncia das duas letras destacadas em cada uma delas. Numa palavra, duas letras juntas que representam um único som recebem o nome de **dígrafo**.

Observe os dígrafos presentes nestas palavras:

*t**am**pa*	***ch**eiro*	***qu**eijo*	*de**sç**o*	***gu**elra*
*a**sc**e**n**são*	*c**on**ta*	*ni**nh**o*	*m**un**do*	*d**en**te*
*co**rr**eio*	*mo**lh**o*	*s**om**bra*	*e**xc**elência*	*pa**ss**eio*

Agora, observe o quadro dos dígrafos consonantais e vocálicos, com exemplos de palavras em que eles ocorrem:

Dígrafos			
Consonantais		Vocálicos	
rr	*to**rr**e, ga**rr**a*	am, an	*s**am**ba, l**an**che*
sc	*flore**sc**er, na**sc**er*	em, en	*t**em**plo, s**en**so*
ss	*gro**ss**o, pa**ss**e*	im, in	*s**im**patia, f**in**car*
sç	*na**sç**a, de**sç**a*	om, on	*c**om**pra, c**on**to*
xc	*e**xc**itado, e**xc**eto*	um, un	*alg**um**, ass**un**to*
lh	*bo**lh**a, coe**lh**o*		
nh	*ma**nh**a, enge**nh**o*		
gu	***gu**itarra, jo**gu**ete*		
qu	***qu**estão, es**qu**ina*		
ch	***ch**ocalho, bi**ch**o*		
xs	*e**xs**udar*		

Observações

1. Os grupos *gu* e *qu* nem sempre são dígrafos, ou seja, nem sempre representam um só som. A letra *u* pode representar uma semivogal ou uma vogal nos grupos *gu* e *qu*. Nesses casos, o *u* é pronunciado: *a**gu**entar*, *pin**gu**im*, *cin**qu**enta*, *delin**qu**ir* (semivogal); *apazi**gu**e*, *ar**gu**i* (vogal).
2. Não ocorre dígrafo quando *gu* ou *qu* vêm seguidos das vogais *a* ou *o*: *lín**gu**a*, *ave-ri**gu**o*, *a**qu**ário*, ***qu**ociente*. Também nesses casos o *u* é pronunciado.
3. As letras *b* e *l* são pronunciadas separadamente nas palavras formadas com o prefixo *-sub*: *su**bl**ingual*, *su**bl**egenda*, *su**bl**ocar*.
4. O encontro *gu* não é dígrafo quando fecha uma sílaba: *a**gu**lha*, *a**gu**do*.

Encontro consonantal é um agrupamento de duas consoantes numa palavra, em uma mesma sílaba ou em sílabas diferentes.

Dígrafo é um agrupamento de letras que representa apenas um som. Pode ser **consonantal** ou **vocálico**.

Sílaba

No texto

Leia o poema a seguir, de José Paulo Paes (1926-1998), poeta, tradutor e ensaísta. Ele imprimiu humor a seus poemas, marcados pela ironia, pelo sarcasmo e pelo prazer de brincar com as palavras.

Epitáfio para um banqueiro

n e g ó c i o
e g o
ó c i o
c i o
0

PAES, José Paulo. *Anatomias*. São Paulo: Cultrix, 1976.

Glossário
Epitáfio: inscrição em pedra sobre túmulos.

1. Nesse poema, que aspectos críticos de nossa sociedade o autor denuncia?
2. Como o poeta trabalha o texto para apresentar suas ideias?
3. De que forma ele decompõe a palavra *negócio*?
4. O que simbolizam as palavras *ego*, *ócio* e *cio* e o algarismo 0 (zero), relacionados à palavra *negócio*, da qual se originam?
5. Relacione o título do poema ao contexto e interprete-o.

Em contexto

Definição

Observe que os segmentos formadores das palavras do poema "Epitáfio para um banqueiro", compostos por fonemas, são pronunciados em duas ou mais emissões de voz: *ne-gó-cio*, *e-go*, *ó-cio*, *ci-o*. A palavra *negócio*, portanto, apresenta três emissões de voz, e as outras, duas emissões. A cada um desses segmentos dá-se o nome de **sílaba**.

Classificação das palavras quanto ao número de sílabas

A palavra *negócio* possui três sílabas: *ne-gó-cio*. Quanto ao número de sílabas, as palavras podem ser classificadas em:

a) **monossílabas** – quando formadas por uma só sílaba: *pão*, *voz*, *lar*;

b) **dissílabas** – quando formadas por duas sílabas: *lo-te*, *fes-ta*, *trei-no*;

c) **trissílabas** – quando formados por três sílabas: *tu-ris-mo*, *tou-ra-da*;

d) **polissílabas** – quando formadas por quatro ou mais sílabas: *pen-sa-men-to*, *re-a-li-da-de*.

Na **divisão silábica**, há determinadas regras a serem seguidas. Observe.

1. Não se separam as vogais de ditongos e tritongos: ***pai**-xão*, *i-**guais***.
2. Separa-se o ditongo do hiato quando aparecem juntos: ***mei-a***, ***boi-a***, ***sa-iu***.
3. Separam-se as vogais dos hiatos: ***mo-í**-do*, ***ba-ú***.
4. Separam-se as consoantes dos dígrafos *rr*, *ss*, *sc*, *sç*, *xc*: ***bar-ro***, ***pas-so***, ***as-cen**-der*, ***des-ço***, ***ex-ce**-len-te*.
5. Não se separam os dígrafos *lh*, *nh*, *ch*, *gu*, *qu*: *ga-**lho***, *vi-**nho***, ***cha**-ma*, ***guer**-ra*, *bos-**que***.
6. Não se separam da sílaba anterior as consoantes que não forem seguidas de vogal: ***ap**-to*, *fleu**g**-ma*, *a**d**-mis-são*.
7. Não se separam os encontros consonantais que iniciam palavras: ***psi**-có-lo-go*, ***gno**-mo*, ***pneu**-má-ti-co*.
8. Os prefixos *des-*, *in-* e *sub-* desmembram-se para formar outra sílaba quando seguidos de vogal: ***de-su**-ni-ão*, ***i-ne**-vi-tá-vel*, ***su-ben**-ten-der*.

Classificação das palavras quanto à sílaba tônica

Quanto à sílaba tônica (mais forte), as palavras de mais de uma sílaba podem ser classificadas em:

a) **oxítonas** – quando a sílaba tônica é a última: *se**rá***, *vo**cê***, *va**por***, *an**zol***, *a**tum***, *cari**jó***;

b) **paroxítonas** – quando a sílaba tônica é a penúltima: ***di**fícil*, ***hí**fen*, *ca**ri**nho*, *aga**sa**lho*;

c) **proparoxítonas** – quando a sílaba tônica é a antepenúltima: ***úl**tima*, ***pân**tano*, ***lím**pido*, ***má**gico*, *es**cân**dalo*.

Quanto ao acento tônico, os **monossílabos** classificam-se em:

a) **tônicos** – quando pronunciados com mais intensidade: *flor*, *gás*, *chão*;

b) **átonos** – quando pronunciados com menos intensidade: *sem*, *me*, *nos*.

APLICAÇÃO

1 Leia esta tira do Hagar:

HAGAR Chris Browne

2011 KING FEATURES SYNDICATE/IPRESS

a) A personagem Eddie Sortudo caracteriza-se como uma pessoa ingênua. Pode-se dizer que entre ele e Hagar houve interação verbal? Por quê?
b) No primeiro quadrinho, qual é o significado das palavras de Hagar?
c) O que Eddie Sortudo concluiu em relação ao que Hagar disse?
d) Explique a reação de Hagar após a fala de Eddie, tendo em vista sua resposta: "É!".
e) Identifique as palavras da tira em que ocorrem ditongo e hiato e sublinhe-os.
f) Identifique os encontros consonantais (separáveis e inseparáveis) das palavras a seguir e sublinhe-os.

importante *atrás* *mesmo* *preciso* *castelos* *Inglaterra*

g) Identifique as palavras com dígrafos que há na tira e sublinhe-os. Em seguida, dê outros exemplos que contenham esses mesmos dígrafos.

2 Leia o poema a seguir, de Ferreira Gullar, um escritor contemporâneo, autor de poemas concretistas e de caráter social.

Barulho

Todo poema é feito de ar
apenas:
a mão do poeta
não rasga a madeira
não fere
o metal
a pedra
não tinge de azul
os dedos
quando escreve manhã
ou brisa
ou blusa
de mulher.
O poema
é sem matéria palpável
tudo
o que há nele
é barulho
quando rumoreja
ao sopro da leitura

GULLAR, Ferreira. *Toda poesia*. Rio de Janeiro: José Olympio, 2001. p. 373.

a) No poema, o eu lírico explica como acontece a criação poética. De acordo com o contexto, por que "todo poema é feito de ar"?
b) Observe a comparação que o eu lírico faz entre o trabalho do poeta e o de outros profissionais. De que modo eles trabalham?
c) Explique por que o eu lírico compara a matéria-prima utilizada em cada tipo de trabalho.
d) No texto, que palavra sugere a diferença existente entre a forma de produzir de cada um?
e) De que modo o poeta trabalha os versos para "criar barulho" e fazer o poema "rumorejar" ao ser lido?
f) Identifique a palavra que não apresenta dígrafo e justifique sua resposta.

manhã *barulho* *quando* *mulher* *que*

g) Destaque do poema as palavras em que há encontros vocálicos e sublinhe-os.

h) A reiteração (ou repetição) de determinados fonemas constitui um recurso poético comum na criação de sonoridade. Que fonemas (consoantes e vogais) são mais empregados nesse poema?

i) Separe as sílabas e sublinhe a sílaba tônica das palavras a seguir.

poema *matéria* *rumoreja* *manhã* *mulher*

j) Em que par de palavras a seguir não há encontro consonantal? Identifique-o e sublinhe os encontros consonantais que ocorrem nos demais pares.

• *pedra – escreve* • *barulho – leitura* • *brisa – blusa* • *palpável – sopro*

3 Leia o anúncio publicitário a seguir.

REPRODUÇÃO/CASA7

a) A imagem central destaca três fonemas. O que eles significam e qual é a sua relação com o texto verbal?

b) A empresa anunciante trabalha em prol da sustentabilidade do meio ambiente. Que ações do homem, em geral, degradam mais a natureza?

c) Releia o texto e verifique o sentido que os seguintes elementos de coesão estabelecem no contexto: *por isso*, *para que* e *e*.

d) Separe as palavras a seguir em sílabas, quando possível, e classifique-as quanto ao número de sílabas.

responsabilidade	*harmonizem*	*recuperação*	*Nascentes*
equilíbrio	*ambiente*	*mais*	*impactos*
missão	*áreas*	*meio*	*uma*

4 **Leia este outro poema de Mario Quintana, cujo estilo é marcado pela ironia, profundidade e perfeição técnica:**

Ritmo

Na porta
a varredeira varre o cisco
varre o cisco
varre o cisco

Na pia
a menininha escova os dentes
escova os dentes
escova os dentes

No arroio
a lavadeira bate roupa
bate roupa
bate roupa

até que enfim
se desenrola
toda a corda
e o mundo gira imóvel como um pião!

QUINTANA, Mário. In: CARVALHAL, Tania Franco (Org.). *Mário Quintana*: poesia completa. Rio de Janeiro: Nova Aguilar, 2008. p. 385. © by Elena Quintana.

a) O título do poema, "Ritmo", sugere o movimento sequenciado que se observa em cada estrofe. Em um texto poético, o ritmo pode ocorrer:
- pela alternância, regular ou não, de sílabas fortes (tônicas) e fracas (átonas);
- pela alternância, regular ou não, de versos longos e curtos;
- pela combinação de sons;
- pela repetição de palavras;
- pelas rimas.
- Como foi explorado o ritmo no poema? Justifique sua resposta.

b) Os elementos sonoros em um poema contribuem para a expressão do significado do contexto poético.
- Nesse poema, o que a alternância de sons sugere em cada estrofe?
- Na primeira estrofe, que som a repetição das letras *v*, *r* e *s* sugere?

c) Na segunda estrofe ocorre, em especial, a repetição da expressão *escova de dentes*, com a incidência da vogal e no início e no fim dela. Explique por quê.

d) Na terceira estrofe, ocorre a repetição das consoantes *b* e *p* (oclusivas bilabiais) e *t* (oclusiva linguodental). Que som o eu lírico tenta reproduzir?

e) Não só a repetição de palavras e de sons dá ritmo ao texto poético, mas também a extensão diferente dos versos e sua disposição no texto, como se observa nesse poema. Relacione os versos da última estrofe com o conteúdo do poema.

f) O que não há na palavra *arroio*: ditongo, hiato, tritongo, dígrafo, cinco fonemas, semivogal?

g) Identifique os encontros consonantais e os dígrafos nas palavras a seguir.

varredeira *corda* *porta* *ritmo* *menininha* *escova*

5 Leia esta nota jornalística:

Preocupação mundial

Leis de direito animal controversas não são exclusivas da Suíça

Índia e Nepal são certamente os melhores lugares do mundo para uma vaca viver. Em várias cidades desses países é proibido por lei matar esse animal, considerado sagrado para os hindus. Os que desobedecem a essa lei podem ir parar na prisão. O grande problema enfrentado nesses locais, entretanto, é que, como o animal pode andar livremente pelas ruas, virou um estorvo no trânsito. Estima-se que em Nova Délhi, a capital indiana, 40 mil vacas disputam espaço com carros e pedestres.

AFP/GETTYIMAGES

Cena de trânsito em Nova Délhi. Foto de 2003.

A proteção aos animais se torna um assunto cada vez mais importante na agenda dos governantes e da sociedade. Na Austrália, a Sociedade Real para a Prevenção de Crueldade aos Animais (RSPCA, na sigla em inglês) acaba de ganhar poderes para, por exemplo, fazer uma busca sem mandado em qualquer propriedade privada, se houver denúncia de maus-tratos. No estado de Queensland, a multa por esse crime pode ultrapassar R$ 100 mil.

Para a Sociedade Mundial de Proteção Animal (WSPA, na sigla em inglês), Suécia e Reino Unido são considerados países-modelos nesse tipo de lei. A entidade está preparando uma Declaração Universal de Bem-Estar Animal para ser apresentada na ONU. Só está aguardando a adesão de mais países.

CASAL, Samuel. *Galileu*, São Paulo, n. 209, p. 18, dez. 2008.

a) Você leu vários poemas (composição em versos). E também o texto jornalístico em estudo (escrito em prosa). Que diferenças você percebe entre a composição ou forma de um poema e a de um texto em prosa?

b) Observe que, além do título, há nesse texto um subtítulo no qual se sintetiza suas ideias principais. Sugira um outro subtítulo ao texto.

c) Explique por que a primeira frase do texto soa um pouco estranha e qual foi a intenção do autor ao colocá-la no início.

d) Que fato desenvolvido no texto levou o autor a mencionar o tratamento dispensado às vacas na Índia e no Nepal? Por quê?

e) Explique o valor fonético da letra *x* nestas palavras do texto: *exclusivas* e *exemplo*. Dê exemplos de palavras em que a letra *x* equivale a *s*, *ch*, *z*, *ss* e *cs*.

f) Identifique as palavras oxítonas, as paroxítonas e as proparoxítonas e indique nelas a sílaba tônica.

hindus	*Suíça*	*várias*	*estorvo*	*trânsito*
indiana	*denúncia*	*sociedade*	*ultrapassar*	*houver*
proibido	*Índia*	*preocupação*	*teóricas*	*ganhar*

Ortoépia e prosódia

Há palavras cujo modo de articulação dos sons oferece dúvida, por isso a **fonologia** se ocupa do estudo da pronúncia adequada à norma padrão dos fonemas e das palavras. Por exemplo, segundo a variedade padrão, diz-se *gratuito* (tuí) ou *gratuito* (túi); *rubrica* (rú) ou *rubrica* (brí)? A parte da gramática que trata desse assunto chama-se **ortoépia** (ou ortoepia) e **prosódia**.

A **ortoépia** trata da pronúncia adequada dos fonemas e das palavras.
A **prosódia** trata da acentuação e da entoação adequada dos fonemas.

APLICAÇÃO

1 Dos pares de palavras a seguir, indique as que apresentam uma única pronúncia adequada à norma padrão da língua.

acróbata – acrobata	*projétil – projetil*	*hieróglifo – hieroglifo*
reptil – réptil	*meteorito – meteórito*	*zângão – zangão*
Oceânia – Oceania	*récem – recém*	*rúbrica – rubrica*

2 Identifique as palavras com vogal tônica aberta (*é*, *ó*) e aquelas com vogal tônica fechada (*ê*, *ô*).

molho (feixe)	*coldre*	*reses*	*gasosos*
molho (caldo)	*groselha*	*aceso*	*panela*
inodoro	*miolo*	*despojo*	*caroço*
lodoso	*poço*	*farofa*	*fornos*
plateia	*tijolo*	*crosta*	*desportos*

3 Leia as duplas de palavras em voz alta e indique aquelas cuja pronúncia e escrita estão de acordo com a variedade padrão.

esteje – esteja	*meteorologia – metereologia*
aterrissagem – aterrisagem	*subaco – sovaco*
tóxico (ch) – tóxico (cs)	*recorde (cór) – recorde (ré)*
fluido (uí) – fluido (úi)	*posa (verbo pousar) – pousa*
superstição – supertição	*própio – próprio*
irriquieto – irrequieto	*sobrancelhas – sombrancelhas*

4 Identifique as palavras oxítonas, as paroxítonas e as proparoxítonas.

xerox	*filantropo*	*ibero*	*ruim*
têxtil	*cateter*	*hangar*	*ureter*
condor	*inaudito*	*mortadela*	*ínterim*
austero	*gratuito*	*refém*	*aziago*
pudico	*Nobel*	*avaro*	*mister*

Lista de exercícios

RESUMO

Fonema e letra

- **Fonologia** – parte da gramática que estuda os fonemas.
- **Fonema** – unidade fonológica cuja ocorrência contribui para o estabelecimento de diferenças de significado entre as palavras: /o/ /r/ /a/ (hora).
- **Letra** – representação gráfica dos sons ou fonemas: l/u/a, t/r/e/v/o.

Classificação dos fonemas

- **Vogais** – sons que se formam quando o ar, vindo dos pulmões, não sofre nenhum tipo de interrupção ao passar pela boca: *v**e**la*, *a**ta**lho*, *r**i**sada*, *m**u**ro*.
- **Semivogais** – vogais *i* e *u* pronunciadas fracamente que acompanham outras vogais numa mesma sílaba: *pai*, *tou-ro*, *lei-te*.
- **Consoantes** – sons que se produzem quando o ar, vindo dos pulmões, sofre alguma interrupção ao passar pela boca, em direção ao meio exterior: ***l**ojas*, ***tr**atado*, ***m**ágico*.

Encontros vocálicos

- **Ditongo** – encontro de uma vogal e uma semivogal, ou vice-versa, na mesma sílaba. Os ditongos classificam-se em **crescentes** e **decrescentes**, de acordo com a ordem entre vogal e semivogal no vocábulo: (crescentes) *név**oa***, *réd**ea***, *t**ei**a*, *m**ou**ro* (decrescentes).
- **Tritongo** – encontro de semivogal, vogal e semivogal, nessa ordem, na mesma sílaba: *Urug**uai***, *sag**uão***.
- **Hiato** – encontro de duas vogais que ficam em sílabas diferentes: ***ta-i**nha*, *g**ui-a***, ***sa-ú**de*.

Encontros consonantais e dígrafos

- **Encontro consonantal** – agrupamento de consoantes num vocábulo, na mesma sílaba ou em sílabas diferentes: *a-**pl**au-so*, *po**l-v**o*.
- **Dígrafo** – agrupamento de letras que representam um único som: *a**lh**o*, *so**nh**o*, *pa**ss**arela*, *a**rr**oz*.

Sílaba

- **Sílaba** – fonema ou conjunto de fonemas pronunciados em uma única emissão de voz: /ter/-/res/-/tre/, /mei/-/a/.
  - Quanto ao número de sílabas, as palavras podem ser **monossílabas** (uma sílaba), **dissílabas** (duas sílabas), **trissílabas** (três sílabas) ou **polissílabas** (quatro ou mais sílabas): *pé*, *me-sa*, *ci-da-de*, *ma-ra-vi-lha*.
  - Quanto à classificação da sílaba tônica, as palavras podem ser **oxítonas** (acento na última sílaba), **paroxítonas** (acento na penúltima sílaba) ou **proparoxítonas** (acento na antepenúltima sílaba): *ci-**pó***, *ma-**dei**-ra*, ***ár**-vo-re*.

Ortoépia e prosódia

- **Ortoépia** – parte da gramática que se ocupa da pronúncia adequada dos fonemas e das palavras.
- **Prosódia** – parte da gramática que trata da acentuação e da entoação adequada dos fonemas.

Capítulo 5

Ortografia

Introdução

No texto

Observe a propaganda ao lado. Ela foi publicada na revista semanal *Fon-Fon!*, em uma edição de 1908. Essa revista foi uma das primeiras e mais importantes do país e foi lançada no Rio de Janeiro em 1907. Seu título se relaciona ao som da buzina dos automóveis, que simbolizavam a modernidade na época.

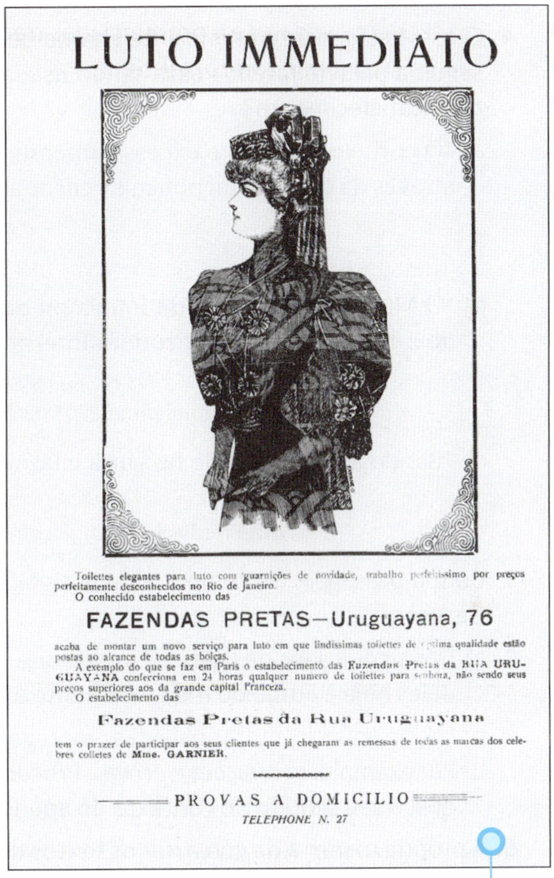

Fon-Fon!, Rio de Janeiro, ano II, n. 39, 4 jan. 1908.

EM REVISTA FON-FON, ANO II, N. 39

Toilettes elegantes para luto com guarnições de novidade, trabalho perfeitíssimo por preços perfeitamente desconhecidos no Rio de Janeiro.
O conhecido estabelecimento das

FAZENDAS PRETAS – Uruguayana, 76

acaba de montar um novo serviço para luto em que lindíssimas toilettes de optima qualidade estão postas ao alcance de todas as bolças.
A exemplo do que se faz em Paris o estabelecimento das **Fazendas Pretas da Rua Uruguayana** confecciona em 24 horas qualquer numero de toilettes para senhora, não sendo seus preços superiores aos da grande capital Franceza.
O estabelecimento das

Fazendas Pretas da Rua Uruguayana

tem o prazer de participar aos seus clientes que já chegaram as remessas de todas as marcas dos celebres colletes de Mme. Garnier.

1. *Toilettes* é uma palavra francesa e, no anúncio, significa "trajes, vestuários".
   a) Levando em conta essa informação, explique que tipo de produto está sendo anunciado.
   b) Hoje, anúncio desse tipo de produto não se faz mais. O que pode ter provocado essa mudança? Se possível, converse com seu professor de História antes de responder.
2. Um dos principais argumentos que o anúncio usa para convencer os compradores é o preço. O que o anunciante afirma sobre seus preços?
3. **Ortografia** (do grego *orto*, "correto" + *grafia*, "escrita") é a maneira de escrever as palavras que se convencionou como correta. Quem define essa maneira são as autoridades do país ou dos países nos quais a língua é falada, a partir de consulta a especialistas em linguagem.
   - Ao longo do tempo, a ortografia das palavras de uma língua pode sofrer variações. Copie do anúncio alguns exemplos de palavras cuja grafia está diferente da atual.
4. O estabelecimento anunciante chama-se Fazendas Pretas. Em que alternativa a seguir a palavra *fazenda* está sendo usada com sentido equivalente ao do nome do estabelecimento?
   a) "O corpete descia-lhe excessivamente justo na cintura, e aqui e ali rebentava através da costura um pouco da carne aprisionada, esgarçando a **fazenda** [...]."

      CARDOSO, Lúcio. *Crônica da casa assassinada.* São Paulo: Civilização Brasileira, 1999.

   b) "O Ministério da **Fazenda** informou que o Brasil está em oitavo na colocação do *ranking* mundial do Produto Interno Bruto (PIB) [...]"

      O Globo Online. Disponível em: <http://oglobo.globo.com/economia/mat/2007/03/22/295045546.asp#>. Acesso em: 11 abr. 2010.

   c) "Bando armado invade **fazenda** e faz nove reféns"

      O Diário do Norte do Paraná. Disponível em: <http://odiariomaringa.com.br/noticia/219211>. Acesso em: 11 abr. 2010.

5. Com a passagem do tempo, alguns significados de uma palavra podem cair em desuso.
   a) Dos significados da palavra *fazenda* que você observou na questão anterior, qual deles hoje é atribuído mais raramente à palavra?
   b) Há, no anúncio, outras palavras empregadas com um sentido pouco comum hoje. Por exemplo: *guarnições* e *provas*. Procure essas palavras no dicionário e explique qual o seu sentido no contexto do anúncio.
6. A própria maneira de construir os textos dos anúncios também sofre variações ao longo do tempo. Procure anúncios em revistas da atualidade e compare-os com o reproduzido aqui. Escreva as diferenças que você observa quanto:
   - à extensão das frases;
   - à extensão do texto;
   - ao uso das imagens.

Em contexto

Causar uma boa impressão ao falar ou ao escrever é apenas uma das particularidades do domínio que se pode ter de uma determinada língua. Melhor do que apenas impressionar os interlocutores é garantir a compreensão do que dizemos ou escrevemos.

Já vimos que há diversas variedades linguísticas. Não se pode afirmar que algumas são melhores do que outras, já que todas cumprem muito bem seu papel de ajudar as pessoas a se comunicar e interagir. Mas a maior parte das línguas de sociedades letradas conta com uma variedade de maior prestígio – a **variedade padrão** –, usada nas situações formais de interlocução oral e nas formas escritas em textos acadêmicos, jornais, revistas e livros. Para que um texto esteja adequado à variedade padrão, é preciso obedecer a certas regras, entre elas as que determinam como se devem escrever as palavras.

A **variedade padrão** é a mais valorizada socialmente e a mais utilizada na esfera pública (imprensa, comércio, indústria, universidade, governo, etc.). De modo geral, procura estar de acordo com as regras da gramática normativa e com o registro nos dicionários.

Alfabeto

No texto

Leia o poema "O bicho alfabeto", de Paulo Leminski, escritor curitibano, e observe o cuidado artesanal com que ele emprega as palavras ao falar do alfabeto.

O bicho alfabeto

o bicho alfabeto
tem vinte e três patas
ou quase

por onde ele passa
nascem palavras
e frases

com frases
se fazem asas
palavras
o vento leve

o bicho alfabeto
passa
fica o que não se escreve

LEMINSKI, Paulo. *Melhores poemas*. In: GÓES, Fred; MARINS, Álvaro (Sels.). São Paulo: Global, 2002. p. 181.

1. O eu lírico refere-se ao alfabeto como se fosse um bicho de vinte e três patas (ou quase). Hoje, o nosso alfabeto continua com "vinte e três patas"? Por quê?
2. Explique o sentido que apresentam estes versos: "por onde ele passa / nascem palavras / e frases".
3. Na terceira estrofe, o que o substantivo asas nos leva a pensar?
4. Os versos "com frases / se fazem asas / palavras" se referem ao ato da escrita. O que eles querem dizer?
5. As palavras *leve* ("o vento **leve**") e *passa* ("o bicho alfabeto / **passa**") apresentam duplo sentido no poema. Explique por quê.
6. Explique por que o alfabeto é comparado a um bicho.

Em contexto

O conjunto de letras de uma língua é chamado de **alfabeto**. O da língua portuguesa apresenta 26 letras. Veja:

A B C D E F G H I J K L M N O P Q R S T U V W X Y Z

a b c d e f g h i j k l m n o p q r s t u v w x y z

A letra *h*, embora não represente nenhum fonema, é empregada no início de algumas palavras, no final de certas interjeições e nos dígrafos *ch*, *nh* e *lh*. Exemplos: ***h**álito*, ***h**igiene*, ***h**iena*, *a**h**!*, *o**h**!*, *c**h**iado*, *pun**h**o*, *bol**h**a*.

As letras *k*, *w* e *y* são empregadas em nomes próprios estrangeiros e seus derivados e em abreviaturas, símbolos e palavras adotadas como unidades de medida de uso internacional. Exemplos:

- *k*: ***k**m* (quilômetro), *John **K**ennedy*, *Hong **K**ong*;
- *w*: *dar**w**inismo*, ***W**agner*, *k**W*** (quilowatt);
- *y*: *Disne**y**lândia*, *Pink Flo**y**d*, *lorde B**y**ron*.

Emprego de algumas letras

Emprega-se a letra *z*:

a) em palavras derivadas de outras grafadas com *z*: *feli**z*** → *feli**z**ardo*, ***z**elo* → ***z**elador*;

b) em substantivos abstratos femininos terminados em *-ez* e *-eza*, derivados de adjetivos: *grávida* → *gravid**ez***, *esperto* → *espert**eza***;

c) em palavras terminadas em *-izar* (verbos) e *-ização* (substantivos), derivadas de certos substantivos: *colono* → *colon**izar*** → *colon**ização***.

Emprega-se a letra *s*:

a) nos sufixos *-ês*, *-esa*, *-isa*, *-osa*, *-oso* e *-ense*: *fregu**ês***, *consul**esa***, *poet**isa***, *gas**osa***, *ole**oso***, *cear**ense***;

b) em palavras derivadas de outras que têm *s* no fim do radical: *do**s**e* → *do**s**agem*, *li**s**o* → *ali**s**ar*, *análi**s**e* → *anali**s**ar*;

c) em todas as formas dos verbos *querer* e *pôr*, que têm *s*, e seus derivados: *qui**s*** → *qui**s**eram*, *pu**s*** → *pu**s**eram*, *repu**s*** → *repu**s**esse*;

d) em substantivos derivados de verbos terminados em *-nder* ou *-ndir*: *prete**nder*** → *preten**s**ão*, *expa**ndir*** → *expan**s**ão*.

Emprega-se a letra *x*:

a) depois de ditongo: *fei**x**e*, *cai**x**a*;

b) depois da sílaba inicial *en-*: ***en**xada*, ***en**xurrada*;

Observação

- Palavras derivadas de outras que tenham *ch* mantêm o *ch*: *en**ch**arcar* (de ***ch**arco*), *en**ch**ente* (de ***ch**eio*), *en**ch**iqueirar* (de ***ch**iqueiro*).

c) depois da sílaba inicial *me-*: ***me**xer*, ***me**xerico*.

Observação

- *Mecha* e seus derivados são escritos com *ch*.

Emprega-se a letra *j*:

a) em palavras derivadas de outras que já tenham *j*: *cerejeira* (de *cereja*), *lojista* (de *loja*);

b) nas formas dos verbos terminados em *-jar* e *-jear*: *velejei* (*velejar*), *almeje* (*almejar*), *lisonjeie* (*lisonjear*);

c) em vocábulos de origem ameríndia (sobretudo tupi) ou africana: maracu**j**á, pa**j**é, **j**iboia, **j**irau.

Emprega-se a letra *g*:

a) em vocábulos terminados em *-ágio*, *-égio*, *-ígio*, *-ógio*, *-úgio*: *ped**ágio***, *col**égio***, *prest**ígio***, *rel**ógio***, *ref**úgio***;

b) em vocábulos derivados de outros já grafados com *g*: *mu**g**ir* → *mu**g**ido*, *fin**g**ir* → *fin**g**imento*, *a**g**itar* → *a**g**itação*.

c) em vocábulos formados pelo sufixo *-gem*: *paisa**gem***, *cora**gem***, *mensa**gem***;

Observação

- As palavras *pajem*, *laje* e *lambujem* são grafadas com *j*.

Acentuação gráfica

No texto

Leia este anúncio publicitário:

REPRODUÇÃO

Há 50 anos o Conselho Federal de Farmácia vem valorizando o farmacêutico e defendendo o direito da população à saúde. E promove tudo isso inscrevendo-o, habilitando-o e fiscalizando o exercício profissional. A fórmula para chegar tão bem aos 50? Ética e compromisso com a saúde. É o nosso jeito de comemorar e parabenizar o farmacêutico.

1. Esse anúncio divulgou a comemoração dos 50 anos do Conselho Federal de Farmácia. O que a imagem sugere?
2. Explique o sentido desta frase: "Sua saúde está em festa".
3. Releia este trecho: "**vem valorizando** o farmacêutico e **defendendo** o direito da população à saúde". Que efeito de sentido produz, no trecho, o emprego dos verbos destacados? Releia o anúncio para observar o contexto, se necessário.
4. No texto expositivo do anúncio, que elemento de coesão sequencial foi usado para ligar a frase do segundo período ao primeiro? O que esse elemento expressa?
5. Ainda nesse segundo período do anúncio, que palavra o pronome *o* retoma ("inscrevendo-o, habilitando-o"), estabelecendo uma coesão referencial?
6. Com que objetivo foi empregada a frase interrogativa no texto?
7. Destaque do anúncio as palavras acentuadas, separando-as de acordo com a tonicidade (monossílabas, oxítonas, paroxítonas e proparoxítonas).
8. Quais das palavras que você destacou no item anterior são acentuadas pela mesma razão? Justifique.

Em contexto

A acentuação gráfica das palavras na língua portuguesa obedece às regras apresentadas a seguir.

Palavras oxítonas

1. Acentuam-se graficamente as palavras oxítonas com uma ou mais sílabas terminadas em *-a(s)*, *-e(s)*, *-o(s)*: *vatap**á(s)***, *jacar**é(s)***, ***rês***, *caf**é(s)***, *mai**ô(s)***, ***cós***, *bisav**ô(s)***.
2. São acentuadas graficamente as palavras oxítonas com mais de uma sílaba e terminadas em *-em*, *-ens*: *vint**ém***, *para**béns***.
3. Acentuam-se as palavras oxítonas com os ditongos abertos grafados *-éu(s)*, *-éi(s)* e *-ói(s)*: *tro**féu**(s)*, *pas**téis***, *cau**bói**(s)*.

Palavras paroxítonas

Acentuam-se as palavras paroxítonas terminadas em *-l*, *-n*, *-r*, *-x*, *-i(s)*, *-u(s)*, *-ão(s)*, *-on(s)*, *-um*, *-uns*, *-ps* e em ditongos seguidos ou não de *-s*: *difí**cil***, ***sê**men*, *ca**rá**ter*, ***fê**nix*, ***tá**xi(s)*, ***ví**rus*, ***ór**gão(s)*, ***ór**fã(s)*, ***pró**ton(s)*, ***ál**bum*, ***fó**runs*, *bí**ceps***, *a**é**reo(s)*.

Observações

1. As palavras paroxítonas terminadas em *-n* não são acentuadas no plural (*-ns*): *hi**fens***, *po**lens***, *se**mens***.
2. Não são acentuadas as palavras paroxítonas terminadas em *-em*, *-ens*: ***i**tem*, *men**tem***, *jo**vens***, *ima**gens***.
3. Nas palavras paroxítonas, não se acentuam os ditongos abertos *-ei* e *-oi*: *ge**lei**a*, *cento**pei**a*, *an**droi**de*, ***joi**a*.

Palavras proparoxítonas

1. Acentuam-se todas as palavras proparoxítonas: ***ál**gebra*, ***pól**vora*, ***lú**cido*, *re**lâm**pago*, ***trân**sito*.
2. São acentuadas as palavras terminadas em ditongo crescente (seguido ou não de *-s*), que pode ser pronunciado como hiato: *á**rea***, *i**dô**neo*, *gl**ó**rias*, *esp**é**cies*, *m**á**goa*, ***tré**gua*, ***vá**cuo*.

Hiatos

1. Acentuam-se as vogais *-i* e *-u* tônicas dos hiatos quando aparecem sozinhas na sílaba ou são seguidas de *-s*: *paraíso*, *uísque*, *ciúme*, *balaústre*.

Observação

- As vogais *-i* e *-u* não são acentuadas quando:
  a) embora apareçam sozinhas na sílaba, são seguidas de *-nh*: *rainha*, *ventoinha*;
  b) embora sozinhas na sílaba, em palavras paroxítonas, são antecedidas por ditongos: *taoismo*, *baiuca*, *feiura*.

2. Não se acentua graficamente a primeira vogal tônica dos hiatos *oo* e *ee*: *coo*, *enjoo*, *veem*, *leem*.

Acento diferencial

1. É empregado para diferenciar apenas as seguintes palavras: *pôde* (verbo na 3ª pessoa do singular do pretérito perfeito do indicativo), para distingui-la de *pode* (3ª pessoa do singular do presente do indicativo), e *pôr* (infinitivo do verbo *pôr*), para diferenciá-la de *por* (preposição).
2. Não são diferenciadas por acento as palavras:
   a) *para* (preposição) e *para* (verbo *parar*);
   b) *pelo* (substantivo), *pelo* (verbo *pelar*) e *pelo* (antiga preposição *per* + *o*).

Verbos *ter* e *vir*

Os verbos *ter* e *vir* são acentuados, no presente do indicativo, na forma da 3ª pessoa do plural, para diferenciá-la da forma da 3ª pessoa do singular. Exemplos: (ele) *tem*, (eles) *têm*, (ele) *vem*, (eles) *vêm*.

Observação

- Os verbos derivados de *ter* e *vir* seguem a regra de acentuação das oxítonas terminadas em *-em*; a 3ª pessoa do plural tem acento circunflexo para diferenciar-se da 3ª pessoa do singular (acento agudo). Exemplos: (ele) *mantém*, (eles) *mantêm*; (ele) *provém*, (eles) *provêm*.

Emprego do hífen

No texto

Leia esta tira de Calvin e Haroldo:

CALVIN & HAROLDO — Bill Watterson

WATTERSON, Bill. *Dez anos de Calvin e Haroldo*. Best News, 1996. v. 2, p. 75.

1. Nessa tira, a personagem Calvin comenta o preconceito da mãe em relação aos gibis. Com base nas falas de Calvin, o que se pode concluir sobre a opinião da mãe dele quanto a esse tipo de leitura?
2. Calvin defende os super-heróis e a qualidade dos gibis. Na sua opinião, que significado tem a expressão "fantasia escapista" utilizada por Calvin?
3. Observe, no último quadrinho, o diálogo entre Calvin e Haroldo, o tigre de pelúcia de Calvin.
   a) Por que Haroldo também parece se opor às ideias de Calvin?
   b) A quem Haroldo está cedendo sua fala para fazer essa crítica?
4. Na tira aparecem algumas palavras compostas cujos elementos estão ligados por hífen: *super-heróis*, *super-poder* e *garota-amazona*.
   a) Que elementos formam a palavra *super-heróis*?
   b) Observe que o prefixo *super* termina em *r* e a palavra *herói* se inicia com a letra *h*. Pesquise outros exemplos de palavra com hífen que apresenta essa mesma característica.
   c) A palavra *super-poder* também se apresenta com hífen. Observe que a edição da obra de onde a tira foi extraída ocorreu antes do Acordo Ortográfico implantado no Brasil a partir de 2009. Pesquise e verifique se, nesse caso, o emprego do hífen permaneceu.
   d) Explique por que se emprega o hífen em *garota-amazona*.

Em contexto

Emprega-se o hífen para:

1. Indicar a separação de sílabas: *pneu-mo-ni-a*, *an-si-o-sas*, *com-pa-nhi-a*.
2. Ligar os pronomes oblíquos a verbos: *estimá-lo*, *conservar-se-á*, *deixa-se ficar*, *precisa-se de*.
3. Unir palavras compostas: *luso-brasileiro*, *amarelo-ouro*, *ano-luz*.
4. Ligar os sufixos de origem tupi que representam formas adjetivas (*-açu*, *-mirim* e *-guaçu*) a palavras terminadas em vogal acentuada graficamente, ou quando a pronúncia exige a distinção gráfica dos dois elementos: *sabiá-guaçu*, *capim-açu*.
5. Ligar topônimos:
   a) iniciados por *grã-* ou *grão*: *Grã-Bretanha*;
   b) iniciados por verbo: *Passa-Quatro* (município de MG);
   c) em que há artigo entre os elementos: *Baía de Todos-os-Santos*.

6. Unir palavras compostas que designam espécies botânicas e zoológicas: *erva-doce*, *estrela-do-mar*.
7. Unir palavras compostas cujo primeiro elemento é *além-*, *aquém-*, *recém-*, *sem-*: *além-túmulo*, *aquém-terra*, *recém-chegado*, *sem-teto*.
8. Unir o advérbio *mal* a palavras iniciadas por vogal ou *h*: *mal-amado*, *mal-estar*, *mal-habituada*.

9. Separar *ante-*, *arqui-*, *auto-*, *contra-*, *extra-*, *hiper-*, *infra-*, *inter-*, *intra-*, *micro-*, *neo-*, *proto-*, *pseudo-*, *semi-*, *sobre-*, *sub-*, *super-*, *supra-*, *ultra-* do segundo elemento, caso ele:
   a) seja iniciado por *h*: *anti-horário*, *neo-hispânico*, *proto-história*, *semi-hospitalar*, *super-homem*, *sub-humano*;
   b) comece com a mesma vogal do primeiro elemento: *anti-inflamatório*, *arqui-inimigo*, *micro-organismo*, *semi-interno*.
10. Ligar *circum-* e *pan-* a palavras iniciadas por vogal, *h*, *m* ou *n*: *circum-adjacente*, *circum-navegação*, *pan-americano*, *pan-helenismo*, *pan-mágico*.
11. Ligar *hiper-*, *inter-* e *super-* a palavras iniciadas por *r*: *hiper-resistente*, *inter-regional*, *super-real*.
12. Ligar *ex-*, *vice-* e *pós-*, *pré-* e *pró-* tônicos, independentemente da letra com que se inicia a palavra à qual se ligam: *ex-presidiário*, *vice-líder*, *pós-moderno*, *pré-vestibular*, *pró-saúde*.
13. Ligar os prefixos *ad-* e *sub-* a palavras que se iniciam por consoante igual à consoante final do prefixo: *ad-digital*, *sub-base*, *sub-bloco*.
14. Ligar os prefixos *ab-*, *ad-*, *ob-*, *sob-* e *sub-* a palavras iniciadas por *r*: *ab-rogar*, *ad-renal*, *ob-repção*, *sob-roda*, *sub-raça*.

Observações

1. Não se emprega o hífen nas palavras compostas em que o primeiro elemento termina em vogal e o segundo começa por *r* ou *s*: *contrarregra*, *pseudossábio*, *semirreta*, *ultrarromantismo*, *minissaia*.
2. Não se emprega o hífen nas palavras em que o primeiro elemento termina em vogal e o segundo começa por vogal diferente: *autoavaliação*, *bioética*, *infraestrutura*, *intrauterino*.

APLICAÇÃO

1 Leia esta tira de Fernando Gonsales:

NÍQUEL NÁUSEA — Fernando Gonsales

a) Apesar de saber que o alimento já não servia para consumo, a personagem procura aproveitá-lo, dando-o ao cachorro. Com base no texto, comprove que essa atitude da personagem era habitual.

b) Como se interpreta a fala de Níquel Náusea no último quadrinho?

c) A palavra *linguiça* é empregada na tira sem o trema, conforme a ortografia atual. Escreva outras palavras em que não se usa mais esse acento gráfico.

d) Observe a grafia da forma verbal *finja*. Como se escreve esse verbo na primeira e na segunda pessoas do singular do presente do indicativo?

2 No texto a seguir, os acentos gráficos de certas palavras foram omitidos propositadamente. Leia-o com atenção.

Filtrada ou mineral?

As duas aguas podem ser consumidas sem riscos a saude, porem a primeira e mais limpa e cristalina. Ela passa por um processo que remove, alem de bacterias e micro-organismos, terra e outras impurezas. Ja a mineral leva vantagem no quesito paladar – e engarrafada assim que sai da nascente. "Voce pode ter um produto leve, caso da que traz no rotulo um valor de residuo de evaporação mais proximo de zero; com sabor ligeiramente salgado, como acontece com a magnesiana; ou aroma delicado, caso da sulfurosa", diz Jose Mauro de Moraes, diretor da Coca-Cola Brasil. Ao comprar, fique atenta a presença de fluor, que em excesso mancha os dentes, ou a quantidade de sodio se voce e hipertensa.

PHOTODISC/GETTY IMAGES

SALEM, Shâmia. *Cláudia*, p. 82, jul. 2009.

a) Transcreva as palavras que devem ter acento gráfico, acentuando-as adequadamente.

b) Após a leitura desse texto, que compara a qualidade da água filtrada e da água mineral, qual das duas você considera mais saudável? Por quê?

c) No texto, a palavra *micro-organismo* apresenta hífen. Explique por quê e dê exemplos de outras palavras com a mesma característica.

d) Escreva os adjetivos relacionados aos substantivos a seguir, observando a grafia. Modelo: *prazer* → *prazeroso*.

água	*saúde*	*bactéria*	*vantagem*
sabor	*aroma*	*excesso*	*organismo*

3 Leia esta tira do Recruta Zero:

RECRUTA ZERO — Mort Walker

2011 KING FEATURES SYNDICATE/IPRESS

a) Na tira, o sargento Tainha fica enfurecido ao ver sua cama coberta de pelos. Por que a presença dos pelos incriminaria a outra personagem?

b) O último Acordo Ortográfico (2009) eliminou o acento circunflexo do substantivo *pelos*. Pesquise e explique por que se colocava acento nessa palavra.

c) Explique por que a palavra *está* é acentuada e *esta* não?

4 Todas as palavras abaixo têm dígrafo, que foi substituído pelo símbolo ★. Transcreva as palavras, trocando o símbolo pelo dígrafo que as completa.

a) a★ensão	f) e★eto	k) pe★in★a	p) fa★inação
b) e★itação	g) as★eiroso	l) e★elente	q) re★u★itar
c) di★ernir	h) e★epcional	m) suce★ivo	r) ca★ino
d) adole★ente	i) ★elra	n) ace★o	s) grose★a
e) a★ombro	j) se★ão	o) mo★ila	t) ★erosene

5 Leia este anúncio publicitário:

REPRODUÇÃO

a) Qual é o produto divulgado pelo anunciante?

b) O anunciante desse produto é a Multiplus Fidelidade. De acordo com o texto, como surgiu essa empresa?

c) A que pontos o anúncio faz referência e com que objetivo?

d) Observe esta frase que aparece no final do texto principal do anúncio: "Fique atento, mais parceiros vêm por aí". Explique o emprego do verbo *Fique*, no imperativo, uma característica comum em textos persuasivos como o do anúncio.

e) Releia: "mais parceiros **vêm** por aí". No Acordo Ortográfico, que outro verbo manteve a mesma acentuação gráfica do verbo *vir* na 3ª pessoa do plural?

f) Como se explica a acentuação do advérbio *aí*?

g) Escreva duas palavras que se acentuam de acordo com estas que aparecem no anúncio: *público*, *vários*, *já* e *só*.

h) Observe a grafia do substantivo *eletroeletrônicos*. Por que não se empregou o hífen para unir os elementos que o formam?

6 Identifique na lista as palavras em que o uso do acento gráfico não está adequado segundo o novo Acordo Ortográfico.

juízo	*alcoólatra*	*têxtil*	*platéia*	*ânsia*	*refém*	*pólen*	*mantêm*
caçôo	*médium*	*bambu*	*cáqui*	*vêem*	*crânio*	*ovóide*	*feiúra*

7 Identifique, em cada alternativa, a palavra que não se liga por hífen, tendo em vista o Acordo Ortográfico. Reescreva-a de acordo com a norma.

a) anti-histamínico, beija-flor, grão-duque, bio-engenharia

b) mal-educado, foto-síntese, recém-nascido, além-mar

c) semi-reta, vice-presidente, sub-raça, pós-guerra

d) inter-regional, extra-oficial, ex-presidiário, pré-história

8 Transcreva as palavras, colocando o acento gráfico quando necessário.

lagoa	*pegada*	*aparelho*	*umido*
ruim	*veiculo*	*austero*	*mister*
circuito	*impar*	*alcool*	*nodoa*
fusivel	*desdem*	*especime*	*heroi*

9 O texto a seguir compôs um anúncio que expunha o avanço do Brasil no setor aéreo. Determinadas letras de algumas palavras foram retiradas propositadamente. Leia o texto, procurando identificar essas palavras.

Definindo o futuro

Atualmente, todos os caças supersônicos no mundo são fabricados no Hemisfério Norte pelos cinco membros permanentes do Conselho de Segurança da ONU. A e★eção é a Sué★ia, isso, porém, está para mudar. Em um futuro pró★imo, o Brasil poderá se unir a este grupo e★clusivo, tornando-se um fabricante e e★portador de aeronaves supersônicas de combate. O Gripen NG será fabricado no Brasil, transformando o país no único fabricante de caças do Hemisfério Sul.

Como participante do Programa Gripen NG, o Brasil não só a★quirirá a nova gera★ão de aeronaves de combate multimissão mais avançadas tecnologicamente no mundo, como também fará parte de uma par★eria industrial diferenciada que oferece a★e★o a todos os níveis tecnológicos do avião.

Isso significa que o Brasil a★umirá o comando e a★egurará que o Gripen NG seja produzido sob medida, atendendo a todas as necessidades e e★igências do país.

AEROSYSTEMS/AFP/GETTY IMAGES

Gripen, caça multimissão.

Equipado com tecnologias futurísticas e acompanhado de uma parceria estraté★ica, o Programa Gripen NG dará suporte não só ao desenvolvimento de uma força aérea independente como também ao progre★o de uma indústria aeroná★tica independente, líder mundial.

Gripen NG para o Brasil – a escolha pela independência.

Época, São Paulo, n. 588, p. 165, 24 ago. 2009.

a) Escreva adequadamente as palavras que têm letras faltando.
b) Explique por que a participação do Brasil como fabricante de aviões de combate supersônicos tornou-se um fato significativo.
c) Observe o emprego do pronome *isso* em duas passagens do texto; ele estabelece uma coesão referencial. O que esse pronome retoma em cada caso?
d) Há no texto palavras que estão unidas sem o hífen: *supersônicas*, *aeronaves*, *multimissão*. Explique por quê.
e) Organize as palavras a seguir em grupos que se incluem na mesma regra de acentuação gráfica.

supersônicos — *hemisfério* — *porém* — *poderá* — *país*
único — *também* — *fará* — *níveis* — *tecnológicos*
futurísticos — *aérea* — *indústria* — *líder* — *independência*

f) Que palavras da questão anterior não se encaixam nos casos de acentuação identificados? Por quê?

Emprego de *por que*, *por quê*, *porque* e *porquê*

No texto

Leia este anúncio publicitário:

REPRODUÇÃO

Por que um sabonete Natura Ekos de cacau?

Porque tem alta concentração de manteiga de cacau, que protege a pele e permitiu criar um sabonete em gomos, que você quebra e usa o tamanho que quiser.

1. Essa propaganda divulga uma nova linha de sabonetes.

a) Explique por que o anunciante destacou a imagem e deu pouco espaço ao texto verbal.

b) Observe a imagem das sementes de cacau e a dos sabonetes. O que elas têm em comum?

2. No texto verbal estão apresentados, de forma objetiva, os benefícios que o consumidor do produto poderá obter. Qual é a grande novidade desse lançamento?

3. Os dois enunciados são introduzidos pela palavra *porque*, escrita de formas diferentes: *por que* e *porque*.

a) Compare o emprego das duas formas e explique o que determinou a grafia em cada caso.

b) O que teria motivado o emprego enfático da palavra *porque* nesse anúncio?

Em contexto

Leia as informações a seguir e saiba quando empregar *por que*, *por quê*, *porque* e *porquê*.

Por que

1. *Por* (preposição) + *que* (advérbio interrogativo) – usa-se em perguntas diretas e indiretas e equivale a *por qual motivo* ou *por qual razão*.

__Por que__ a água do mar é salgada?
(por qual motivo)

Não sei __por que__ o setor da saúde no país é tão precário.
(por qual razão)

2. *Por* (preposição) + *que* (pronome relativo) – substitui *pelo qual* e suas flexões.

O bancário obteve a promoção __por que__ tanto lutou.
(pela qual)

3. *Por* (preposição) + *que* (conjunção subordinativa integrante) – inicia oração subordinada substantiva e equivale a *para que*.

O escritor mostrou-se interessado __por que__ lêssemos seu livro.
(para que)

Por quê

Usa-se somente no final de frases.

A matéria jornalística não ficou pronta __por quê__?
(por qual razão)

Porque

Funciona como conjunção coordenativa explicativa, conjunção subordinativa adverbial causal ou final, e equivale a *pois*, *uma vez que*, *já que*, *como*, *para que*, *a fim de que*.

Leve-lhe um agasalho, __porque__ a noite está fria.
(conjunção coordenativa explicativa = pois)

A economia está em crise ***porque*** *o preço do petróleo aumentou.*

(conjunção subordinativa adverbial causal = já que)

Não fales alto ***porque*** *eles não te escutem.*

(conjunção subordinativa adverbial final = para que)

Porquê

Emprega-se como substantivo, precedido de artigo ou pronome. Equivale a *motivo*, *causa*, *razão*.

Ignoro o ***porquê*** *de sua partida.*

(motivo)

A ministra mencionou outro ***porquê*** *da mudança de horário.*

(motivo)

Palavras homônimas

No texto

Leia esta tira do Hagar:

HAGAR — Chris Browne

1. Helga, esposa de Hagar, está sentada à mesa conversando com uma amiga, enquanto o marido se mantém um pouco afastado. Na verdade, de que Helga está se queixando para a amiga?
2. De que modo o quadrinista produziu humor nessa tira?
3. No segundo quadrinho, observe as duas setas no balão de fala de Helga. Elas indicam que a esposa do Hagar faz uma pausa em sua fala para depois continuar, concluindo a sua ideia. Que elemento gramatical confere coesão à fala de Helga nesse balão de dupla seta? Justifique sua resposta.
4. Na tira, os elementos que compõem o substantivo composto *lua-de-mel* estão ligados por hífen e a forma verbal *pára* aparece acentuada. Pesquise e explique se a escrita dessas palavras segue o atual Acordo Ortográfico.
5. Explique o sentido da palavra *molho* em cada frase.
   a) "E começa a trazer alho para o molho de espaguete."
   b) Aos sábados, eu molho todo o gramado em volta da casa.
   c) Guardou o molho de chaves dentro de uma pequena caixa.
6. Leia em voz alta as frases da questão anterior, observando a pronúncia da palavra *molho*. Em quais frases se pronuncia essa palavra com a primeira vogal *o* aberta?

Em contexto

Nas expressões *molho todo o gramado* e o *molho de chaves*, as palavras *molho* e *molho* têm a mesma escrita e pronúncia, sendo chamadas de **palavras homônimas homógrafas homófonas**. Já em o *molho de espaguete* e *molho todo o gramado*, as palavras *molho* (ô) e *molho* (ó) são iguais na escrita e diferentes na pronúncia, sendo chamadas de **palavras homônimas homógrafas heterofônicas**.

Observe estes outros exemplos:

cedo (**ê**) (do verbo *ceder*) e *cedo* (**ê**) (advérbio)

hera (**é**) (trepadeira) e *era* (**é**) (época ou forma do verbo *ser*)

As **palavras homônimas** são as que têm a mesma pronúncia ou a mesma grafia, mas com significados diferentes. Como vimos anteriormente, podem ser **homófonas heterográficas, homógrafas heterofônicas** e **homógrafas homófonas** (ou **homônimas perfeitas**).

Homófonas heterográficas

As **palavras homófonas heretográficas** são iguais na pronúncia, mas têm grafias diferentes.

Exemplos:

- *concerto* (sessão musical) – *conserto* (reparo);
- *cela* (pequeno quarto) – *sela* (apetrecho de montaria; forma do verbo *selar*);
- *censo* (recenseamento) – *senso* (juízo);
- *apreçar* (calcular o preço) – *apressar* (acelerar);
- *acender* (ligar, pôr em funcionamento um sistema de iluminação) – *ascender* (subir);
- *cessão* (ato de ceder) – *sessão* (tempo de uma reunião ou espetáculo) – *seção* (**ê**) (divisão, repartição);
- *cerrar* (fechar) – *serrar* (cortar);
- *paço* (palácio) – *passo* (andar).

Homógrafas heterofônicas

As **palavras homógrafas heterofônicas** são iguais na grafia, mas diferentes na pronúncia da vogal tônica.

Exemplos:

- *colher* (**é**) (substantivo) – *colher* (**ê**) (verbo);
- *gelo* (**ê**) (substantivo) – *gelo* (**é**) (verbo);
- *começo* (**ê**) (substantivo) – *começo* (**é**) (verbo);
- *almoço* (**ô**) (substantivo) – *almoço* (**ó**) (verbo);
- *molho* (**ô**) (substantivo) – *molho* (**ó**) (verbo);
- *torre* (**ô**) (substantivo) – *torre* (**ó**) (verbo);
- *jogo* (**ô**) (substantivo) – *jogo* (**ó**) (verbo).

Homógrafas homófonas

As **palavras homógrafas homófonas** são iguais na escrita e na pronúncia.

Exemplos:

- *livre* (adjetivo) – *livre* (forma do verbo *livrar*);
- *são* (adjetivo) – *são* (forma do verbo *ser*) – *são* (santo);
- *serra* (substantivo) – *serra* (forma do verbo *serrar*).

Palavras parônimas

Parônimas são as palavras que, além de apresentar pequenas diferenças na escrita e na pronúncia, têm significados diferentes.

Exemplos:

- *comprimento* (extensão) – *cumprimento* (saudação);
- *coro* (conjunto de vozes) – *couro* (pele de animal);
- *deferir* (conceder) – *diferir* (adiar);
- *descrição* (ato de descrever) – *discrição* (reserva de atitudes);
- *emergir* (vir à tona) – *imergir* (mergulhar);
- *eminente* (ilustre) – *iminente* (próximo, que está para ocorrer);
- *emigrante* (pessoa que deixa o seu país) – *imigrante* (pessoa que chega a um país que não é o seu);
- *flagrante* (evidente) – *fragrante* (perfumado);
- *fluir* (correr em estado fluido) – *fruir* (desfrutar);
- *inflação* (desvalorização da moeda) – *infração* (violação da lei);
- *infringir* (transgredir) – *infligir* (aplicar);
- *ratificar* (confirmar) – *retificar* (corrigir);
- *tráfego* (trânsito de veículos) – *tráfico* (comércio ilegal);
- *vultoso* (volumoso ou de grande importância) – *vultuoso* (acometido de congestão da face).

Formas variantes

Há palavras que admitem **mais de uma forma de grafia**, sem que isso lhes altere o sentido. O emprego dessas formas variantes é indiferente, mas é sempre preferível a forma mais usada na linguagem cotidiana.

Exemplos:

- *catorze* e *quatorze*;
- *cociente* e *quociente*;
- *assoviar* e *assobiar*;
- *bêbado* e *bêbedo*;
- *aspecto* e *aspeto*;
- *xeretar* e *xeretear*;
- *mobiliar* e *mobilhar*;
- *verruga* e *berruga*;
- *rubi* e *rubim*;
- *derrubar* e *derribar*;
- *taverna* e *taberna*;
- *transpassar*, *traspassar* e *trespassar*;
- *seção* e *secção*.
- *xérox* e *xerox*;
- *matracar* e *matraquear*;
- *redemoinho* e *remoinho*;
- *entretenimento* e *entretimento*;
- *coradouro* e *quaradouro*;
- *coisa* e *cousa*;
- *malvadeza* e *malvadez*;
- *espécime* e *espécimen*;
- *fleuma* e *fleugma*;
- *embaralhar* e *baralhar*;
- *diabete* e *diabetes*;
- *champanhe* e *champanha*;
- *chipanzé* e *chimpanzé*.

Palavras homônimas são as que têm a mesma pronúncia ou a mesma grafia, mas com significados diferentes. Podem ser **homófonas heterográficas** (iguais na pronúncia, mas grafias diferentes), **homógrafas heterofônicas** (iguais na grafia, mas diferentes na pronúncia da vogal tônica) e **homógrafas homófonas** (iguais na escrita e na pronúncia).

Parônimas são as palavras que, além de apresentar pequenas diferenças na escrita e na pronúncia, têm significados diferentes.

APLICAÇÃO

1 Leia este outro poema de Paulo Leminski, autor de "O bicho alfabeto":

Razão de ser

1. Escrevo. E pronto
2. Escrevo porque preciso,
3. preciso porque estou tonto.
4. Ninguém tem nada com isso.
5. Escrevo porque amanhece,
6. E as estrelas lá no céu
7. lembram letras de papel,
8. quando o poema me anoitece.
9. A aranha tece teias.
10. O peixe beija e morde o que vê.
11. Eu escrevo apenas.
12. Tem que ter por quê?

LEMINSKI, Paulo. *Distraídos venceremos*.
São Paulo: Brasiliense, 1987. p. 80.

a) No poema, o eu lírico questiona aqueles que desejam saber o que o motiva a escrever. Por que escrever se tornou uma necessidade para ele?

b) O eu lírico aos poucos vai confessando o que lhe traz inspiração para compor seus poemas. Releia os versos de 5 a 8 e explique o que leva o eu lírico a escrever.

c) Nos versos finais, o eu lírico menciona as atividades da aranha e do peixe. Com que objetivo ele fez isso?

d) Observe o emprego da palavra *porque* nos versos 2, 3 e 5. Que função ela exerce nos versos? Justifique.

e) Releia este verso: "Tem que ter por quê?". Explique o emprego da expressão *por quê* acentuada.

2 Leia esta tira do Garfield:

GARFIELD — Jim Davis

a) Observando o último quadrinho, pode-se afirmar que Jon foi sincero com Garfield na fala do segundo quadrinho? Por quê?

b) Explique o emprego da palavra *por que* (separada e sem acento) no segundo quadrinho.

3 Complete as frases com a forma adequada dos parênteses de acordo com a variedade padrão da língua.

a) O candidato à presidência ★ sua presença no debate. (ratificou, retificou)

b) No Irã, a mulher que ★ a lei é severamente castigada. (inflige, infringe)

c) É preciso ★ os bons momentos para viver melhor. (fruir, fluir)

d) O ★ nas grandes cidades causa sérios engarrafamentos. (tráfico, tráfego)

e) O técnico alemão ★ o atacante do time adversário. (discriminou, descriminou)
f) O governador eleito vai ★ seu secretariado esta semana. (empossar, empoçar)
g) Só consegui entrar na ★ das dez para assistir ao filme. (sessão, seção, cessão)
h) O conversor da TV a cabo apresentou defeito e o técnico disse que não tem ★. (concerto, conserto)
i) Durante sua ★ em São Paulo, o turista prolongou a ★ do carro alugado para passear pela cidade. (estadia, estada)
j) Na entrada, o palestrante fez um ★ amistoso ao público. (comprimento, cumprimento)

4 **Escreva o sentido da palavra homônima destacada nas frases. Depois, escreva uma frase empregando a forma homônima dessa palavra.**

a) O governo inicia, no próximo mês, o **censo** da população.
b) Bill Gates **ascendeu**, ainda jovem, a uma boa posição social.
c) O marceneiro trouxe a madeira já **serrada** para **apressar** o trabalho.
d) Ela deixou a **sessão** mais cedo e bem preocupada.

5 Leia a charge a seguir, de Bob Thaves.

FRANK & ERNEST — Bob Thaves

2011 UNITED MEDIA/IPRESS

a) Como se pode interpretar a resposta dada pela mulher em relação ao comportamento masculino?
b) Destaque da charge um exemplo de cada tipo de palavra quanto ao acento tônico.
c) A palavra *porque* é utilizada com grafias diferentes na charge. Explique cada uma das ocorrências.

6 Reescreva as frases, empregando *porque*, *porquê*, *por que* ou *por quê*.

a) A encomenda ainda não virá esta semana, ★?
b) Haverá reunião dos condôminos ★ será escolhido outro síndico.
c) ★ tantas pessoas fumam, apesar dos danos à saúde?
d) Ninguém explicou ★ o treinamento mensal foi adiado.
e) Cientistas discutem o ★ das mudanças climáticas.

7 Identifique a alternativa em que uma das palavras não está grafada de acordo com as regras da gramática normativa. Corrija essa palavra.

a) Empoçar, pretensão, oscilação, tigela.
b) Concessão, consciência, obsessão, coaxar.
c) Acessível, majestade, proeza, rebuliço.
d) Berinjela, entupir, hérnia, gilete.
e) Espectativa, xampu, vazante, jiu-jítsu.

8 Escreva a forma variante correspondente às palavras abaixo.

a) coisa
b) verruga
c) bêbado
d) assobiar
e) catorze
f) chimpanzé
g) rubi
h) diabete
i) espécime
j) transpassar
k) coradouro
l) cociente

9 Leia a tira do recruta Zero e a do Níquel Náusea a seguir. Observe que a palavra *porque* foi borrada propositadamente nas vezes em que ela é utilizada.

Texto 1

RECRUTA ZERO

Mort Walker

Texto 2

NÍQUEL NÁUSEA

Fernando Gonsales

a) Reescreva a fala das personagens, utilizando a forma adequada da palavra *porque* no lugar do símbolo ★.
- ★ limpar uma lata de lixo?
- Ah, quer saber ★?
- ★ a cascavel tem um chocalho no rabo?
- ★ é importante conservar a criança que existe dentro de você.

b) Que sentido apresenta a palavra *porque* no primeiro balão da tira do Recruta Zero?

c) Na tira do Fernando Gonsales, qual é a opinião de Níquel Náusea sobre a resposta da cascavel?

d) Por que o camundongo repudiou a resposta da cascavel?

10 Transcreva as frases, substituindo o símbolo pela forma adequada entre parênteses.

a) Um dos jogadores de basquete ★ as regras. (inflingiu, infringiu)

b) A disseminação do vírus nesta região é ★ . (eminente, iminente)

c) O ministro ★ a sua ida à China este mês. (ratificou, retificou)

d) É preciso combater o ★ nas fronteiras do país. (tráfego, tráfico)

e) Todos nós devemos ★ a vida, que é fugaz. (fruir, fluir)

Lista de exercícios

Questões do Enem e de vestibulares comentadas

Visão do especialista

RESUMO

Acentuação gráfica

Palavras oxítonas

- Acentuam-se as oxítonas terminadas em *-a(s)*, *-e(s)*, *-o(s)*, *-em*, *-ens*: *sofá(s)*, *balé(s)*, *cipó(s)*.
- Acentuam-se as oxítonas com mais de uma sílaba terminadas em *-em*, *-ens*: *refém*, *vinténs*.
- São acentuadas as oxítonas com os ditongos abertos *-éu(s)*, *-éi(s)* e *-ói(s)*: *mausoléu(s)*, *anéis*, *herói(s)*.

Palavras paroxítonas

- Acentuam-se as paroxítonas terminadas em *-l*, *-n*, *-r*, *-x*, *-ei(s)*, *-us*, *-ão(s)*, *-ã(s)*, *-on(s)*, *-um*, *-uns* e *-ps*: *móvel*, *abdômen*, *revólver*, *ônix*, *vôlei*, *tênis*, *bônus*, *bênção*, *órfã*, *fórum*, *fóruns*, *fórceps*.

Palavras proparoxítonas

- Todas as palavras proparoxítonas são acentuadas: *límpido*, *tentáculo*, *fórmula*.
- Acentuam-se as palavras terminadas em ditongo crescente (seguido ou não de *-s*) que pode ser pronunciado como hiato: *náusea*, *errôneo*, *sósias*, *séries*, *água*, *assíduo*.

Hiatos

- Acentuam-se as vogais *-i* e *-u* tônicas dos hiatos quando aparecem sozinhas na sílaba ou seguidas de *-s*: ca*í*do, tra*í*ste, mi*ú*do, gra*ú*do.

A forma verbal *pôde*

- Acentua-se a forma *pôde* (verbo *poder*) na 3ª pessoa do singular do pretérito perfeito do indicativo, para distingui-la da 3ª pessoa do singular do presente do indicativo – *pode*.

Verbo *pôr*

- Acentua-se o verbo *pôr* no infinitivo, para diferenciá-lo da preposição *por*.

Verbos *ter* e *vir*

- Acentuam-se as formas dos verbos *ter* e *vir* na 3ª pessoa do plural do presente do indicativo: *têm*, *vêm*; e as formas compostas: *mantém*, *mantêm*; *convém*, *convêm*.

Emprego do hífen

- Separar sílabas: *a-nê-mi-co*, *ho-ri-zon-te*.
- Ligar pronomes oblíquos a verbos: *levantou-se*, *buscou-o*.
- Unir palavras compostas: *caça-níquel*, *amor-perfeito*, *arco-íris*.
- Ligar os sufixos *-açu*, *-guaçu* e *-mirim*, se o elemento anterior termina em vogal acentuada, ou quando a pronúncia exigir a distinção gráfica dos dois elementos: *tamanduá-açu*, *socó--mirim*.

- Ligar topônimos iniciados por *grã* ou *grão*, por verbo e em que há artigo entre os elementos: *Grão-Pará*, *Passa-Quatro*, *Entre-os-Rios*.
- Unir palavras compostas que designam espécies botânicas e zoológicas: *vitória-régia*, *lobo--guará*.
- Unir palavras compostas cujo primeiro elemento é *além*, *aquém*, *recém*, *sem*: *além-mar*, *recém-nascido*.
- Unir o advérbio *mal* a palavras iniciadas por vogal ou *h*: *mal-humorado*.
- Após *ante-*, *anti-*, *arqui-*, *auto-*, *contra-*, *extra-*, *hiper-*, *infra-*, *inter-*, *intra-*, *micro-*, *neo-*, *proto-*, *pseudo-*, *semi-*, *sobre-*, *sub-*, *super-*, *supra-*, *ultra-*, se o segundo elemento iniciar por *h* ou tiver a mesma vogal do primeiro elemento: *anti-higiênico*, *auto-hipnose*, *auto--observação*, *super-habilidade*.
- Ligar *circum-* e *pan-* a palavras iniciadas por vogal, *h*, *m* ou *n*: *circum-adjacente*, *circum--navegação*, *pan-hispânico*.
- Ligar *hiper-*, *inter-* e *super-* a palavras iniciadas por *r*: *hiper-realista*, *inter-regional*.
- Ligar *ex-*, *vice-*; e *pós-*, *pré-* e *pró-* tônicos: *ex-presidiário*, *vice-presidente*, *pós-graduação*, *pró-americano*.
- Ligar os prefixos *ad-*, *sob-* e *sub-* a palavras que se iniciam por consoante igual à consoante final do prefixo: *ad-digital*, *sub-base*.
- Ligar os prefixos *ab-*, *ad-*, *ob-*, *sob-* e *sub-* a palavras iniciadas por *r*: *ab-reagir*, *ob-rogar*, *sob-roda*.

Emprego de *por que*, *por quê*, *porque* e *porquê*

- **Por que** – usado em perguntas diretas e indiretas; em substituição a *pelo qual* e suas flexões ou em orações subordinadas.

  ***Por que** você se atrasou?*

  *Não sei o motivo **por que** se atrasou tanto.*

  *Meus pais insistiram **por que** eu fizesse o curso.*

- **Por quê** – usado somente em final de frase.

  *O casamento foi adiado não sei **por quê**.*

- **Porque** – conjunção coordenativa ou subordinativa.

  *Pegou o táxi **porque** estava apressada.*

- **Porquê** – equivale a um substantivo.

  *Não entendo o **porquê** dessa atitude.*

Palavras homônimas

- **Homônimas** – palavras que têm a mesma pronúncia e, às vezes, a mesma grafia, mas significação diferente: *sela* e *cela*; *sede* (substantivo) e *sede* (do verbo *ser*).

Palavras parônimas

- **Parônimas** – palavras parecidas na escrita e na pronúncia, mas com significados diferentes: *eminente* e *iminente*, *ratificar* ou *retificar*.

Parte 3

Morfologia

Capítulo 6 Estrutura e formação das palavras

Elementos mórficos ou morfemas

No texto

Leia esta nota jornalística:

TECNOLOGIA

Ônibus à prova de enchentes

Ele se chama Amphibus e foi apresentado em diversos países europeus – a empresa Amphicoach exibiu o projeto em busca de investidores que lhe viabilizem a produção. Trata-se de um ônibus-barco de alta tecnologia que tem condições de rodar normalmente em ruas, mas pode, também, substituir balsas em pequenos trajetos. Desenvolve até 112 km/h na terra e 20 km/h na água. O veículo é equipado com GPS, piloto automático, ar-condicionado e aparelhos de DVD.

IstoÉ, São Paulo, p. 28, 25 mar. 2009.

YU HAO - IMAGINECHINA/AP/IMAGEPLUS

Ônibus anfíbio (ônibus-barco) em uso turístico na cidade chinesa de Qingdao. Foto de 2009.

1. Um projeto como o referido no texto deve interessar aos investidores. Explique por quê.

2. Observe a divisão da forma verbal *viabilizem* em segmentos ou partes: *viabil-iz-em*. Esses três segmentos são chamados **elementos mórficos**. A forma latina *viabil* originou a palavra *viável* (via + vel).
   a) Que sentido apresenta o segmento *viabil*, já que corresponde a *viável*?
   b) Cite outras palavras que contêm esse mesmo segmento.
3. O segmento *-iz* (*-izar*) é encontrado em vários verbos. Dê exemplos.
4. O que o elemento *-izar* expressa nos verbos? Como são denominados esses verbos?
5. O segmento *-em* que aparece em *viabilizem* é chamado **desinência verbal**. Que pessoa, número, tempo e modo verbais esse segmento indica?
6. Se houvesse no texto a palavra *inviabilizem*, que sentido o segmento ou elemento mórfico inicial *-in* daria a ela?

Como se viu, a forma verbal *viabilizem* constitui-se de segmentos chamados **elementos mórficos**, e estes apresentam um sentido próprio. O conhecimento dos elementos mórficos ou morfemas formadores de palavras favorece a compreensão de um texto.

Biblioteca do estudante
Apêndice
"Radicais, prefixos e sufixos"

Em contexto

Uma palavra apresenta em sua estrutura diferentes elementos. As unidades significativas formadoras das palavras chamam-se **morfemas** ou **elementos mórficos** (do grego *morphé*, "forma"). Cada um desses elementos de composição mínima e indivisível fornece um significado à palavra formada.

O acréscimo do morfema *in-* à palavra *viabilizem*, por exemplo, muda seu significado, assim como acontece com as palavras *incapaz* e *incompetência*, formadas a partir de *capaz* e *competência*.

Morfemas são as unidades mínimas com significado que integram as palavras.

As palavras podem apresentar em sua estrutura os seguintes elementos mórficos ou morfemas: **radical**, **afixo**, **desinência**, **vogal temática**, **vogal** e **consoante de ligação**.

Radical

O **radical** constitui o elemento estrutural básico da palavra; ele expressa o significado da palavra e não apresenta variação. Observe o radical destacado em negrito em cada um destes exemplos: ***equip**-e*, ***equip**-ar*, ***equip**-agem*, ***equip**-amento*.

Palavras que têm um mesmo radical, formador de uma mesma família, chamam-se **palavras cognatas**: ***produt**-o*, ***produt**-or*, ***produt**-ivo*, ***produt**-ível*, *im-**produt**-ível*. Há palavras que apresentam somente o radical: ***sol***, ***voz***, ***gol***, ***sabor***.

Afixo

Afixo é o elemento que se junta ao radical e forma uma nova palavra com significado diferente. Como você viu em *improdutível*, houve o acréscimo do morfema *in-*, que significa "oposto", "contrário", e também do morfema *-vel*, cuja ideia é "estar apto a".

O afixo anexado antes do radical chama-se **prefixo**; quando colocado depois do radical, é chamado **sufixo**. O sufixo pode mudar a classe gramatical a que o radical pertence originalmente.

Veja mais estes exemplos:

__re__-equipar (re: prefixo)
aparelh-__agem__ (agem: sufixo)
__des__-nutri-__ção__ (des: prefixo; ção: sufixo)
normal-__mente__ (mente: sufixo)

Desinência

A **desinência** indica as flexões dos nomes e dos verbos e sempre aparece no final das palavras variáveis, ou seja, que variam na forma (verbos, substantivos, etc.). As desinências podem ser **nominais**, **verbais** ou **verbo-nominais**.

As **desinências nominais** caracterizam as variações dos substantivos, dos adjetivos e de certos pronomes quanto ao gênero (masculino e feminino) e ao número (singular e plural).

Observe:

pilot - **o** - **s**
- *pilot*: radical
- **o**: desinência de gênero (masculino)
- **s**: desinência de número (plural)

pequen - **a** - **s**
- *pequen*: radical
- **a**: desinência de gênero (feminino)
- **s**: desinência de número (plural)

Como já diz o nome, as **desinências verbais** incidem nos verbos e podem ser de **pessoa** (primeira, segunda e terceira), de **número** (singular e plural), de **tempo** (presente, passado e futuro) e de **modo** (indicativo, subjuntivo e imperativo).

Veja:

substitu - *i* - ***re*** - ***mos***
- *substitu*: radical
- ***re***: desinência modo-temporal (futuro do presente do indicativo)
- ***mos***: desinência número-pessoa (1ª pessoa do plural)

As **desinências verbo-nominais** são morfemas que caracterizam as formas nominais dos verbos: *-r* para o infinitivo, *-ndo* para o gerúndio e *-do* para o particípio.

O ônibus-barco deve atrair o interesse dos investidores.
r - infinitivo

*A tecnologia está revoluciona**ndo** o mundo.*
ndo - gerúndio

*O time de vôlei de nossa escola foi elogia**do**.*
do - particípio

Vogal temática

A **vogal temática** tem a função de ligar o radical às desinências, além de formar algumas classes de palavras. As vogais temáticas podem ser **verbais** ou **nominais**.

As **vogais temáticas verbais** indicam a conjugação do verbo: 1ª conjugação (vogal *a*), 2ª conjugação (vogal *e*) ou 3ª conjugação (vogal *i*).

Observe:

cham - **a** - *m*
- *cham*: radical
- **a**: vogal temática (1ª conjugação verbal)
- *m*: desinência número-pessoa (3ª pessoa do plural)

corr - **e** - *ria*
- *corr*: radical
- **e**: vogal temática (2ª conjugação verbal)
- *ria*: desinência modo-temporal (futuro do pretérito do indicativo)

invest - ***i*** - *sse*
- *invest*: radical
- ***i***: vogal temática (3ª conjugação verbal)
- *sse*: desinência modo-temporal (pretérito imperfeito do subjuntivo)

As **vogais temáticas nominais** são as vogais átonas finais *-a*, *-e*, *-o* que, unidas a radicais nominais (paroxítonos ou proparoxítonos), referem-se a um substantivo ou a um adjetivo.

Veja os exemplos:

sonh - ***o***
radical (sonh); vogal temática nominal (o)

manifestant - **e** - *s*
radical (manifestant); vogal temática nominal (e); desinência de número (s)

revist - ***a***
radical (revist); vogal temática nominal (a)

contist - ***a*** - *s*
radical (contist); vogal temática nominal (a); desinência de número (s)

A vogal temática não deve ser confundida com a desinência de gênero. Só podemos falar em desinências nominais de gênero em palavras que admitem tal flexão (*alun**o**/alun**a***, *lind**o**/lind**a***). Em palavras como *cas**a***, *cort**e*** ou *fígad**o***, por exemplo, não temos desinência nominal de gênero, apenas vogal temática.

Observações

1. A união do radical com a vogal temática é chamada de **tema**. Observe:

   limp - ***a*** - *s* → ***limpa***
   radical (limp); vogal temática (a); desinência de número (s) → tema (limpa)

   produz - ***i*** - *am* → ***produzi***
   radical (produz); vogal temática (i); desinência de número (am) → tema (produzi)

2. A vogal temática não aparece nos nomes terminados em vogal tônica, que são chamados **palavras atemáticas**. Se não houver vogal temática, o tema e o radical são iguais. Veja:

   caf - ***é*** — radical e tema (caf); desinência (é)

   sof - ***á*** — radical e tema (sof); desinência (á)

   cip - ***ó*** — radical e tema (cip); desinência (ó)

Vogal e consoante de ligação

As **vogais e consoantes de ligação** são elementos que unem determinados radicais a certos sufixos para facilitar ou, ainda, possibilitar a leitura de uma palavra. Não representam morfemas, já que não têm nenhum significado.

Veja os exemplos:

pau - ***l*** - *ada*
radical (pau); consoante de ligação (l); sufixo (ada)

flor - ***i*** - *cultura*
radical (flor); vogal de ligação (i); sufixo (cultura)

gas - ***ô*** - *metro*
radical (gas); vogal de ligação (ô); sufixo (metro)

trico - ***t*** - *ar*
radical (trico); consoante de ligação (t); sufixo (ar)

APLICAÇÃO

1 Leia o anúncio publicitário a seguir.

a) O anúncio incentiva as escolas a participar de um projeto em prol da cidadania. Que argumento reforça o convite?

b) Em que frases foi usado o verbo no imperativo como recurso de persuasão?

c) De que maneira o anúncio sugere que é necessária uma ação comunitária para melhorar a educação em nossas escolas?

d) Observe estas palavras utilizadas no anúncio: *cidadania*, *chamada*, *mudanças*.

- Quais são os elementos mórficos que as compõem?
- Dentre esses elementos, destaque o radical de cada palavra.
- A partir desses radicais, forme novas palavras da mesma família.
- Qual é o sufixo das palavras *cidadania*, *chamada* e *mudanças*?

- Nas palavras *chamada* e *mudanças*, como se chama o morfema destacado (a vogal *a*)?
- O que indica o elemento mórfico -s no final da palavra *mudanças*?

e) Qual é o radical do verbo *respeitar*? Escreva palavras que apresentem o mesmo radical (palavras cognatas).

f) Compare as palavras que você escreveu no item anterior e dê o sentido expresso pelo radical.

g) Separe os elementos mórficos da palavra *transformadora* e identifique o nome de cada segmento.

h) Na forma verbal *mostr-**ara**-**m***, como se chamam os elementos destacados?

2 Leia esta tira do Garfield:

GARFIELD — Jim Davis

GARFIELD, JIM DAVIS 2010 PAWS, INC. ALL RIGHTS RESERVED / DIST. UNIVERSAL UCLICK

a) No texto, Jon tenta alegrar Garfield, que permanece impassível. Que sentido apresenta o prefixo na palavra *anticorpos* no segundo quadrinho? Cite outras palavras com esse prefixo.

b) Tendo em vista o contexto, por que Garfield empregou essa palavra?

c) Releia esta frase: "A felicidade é contagiosa".

- O radical da palavra *felicidade* origina-se da forma latina *félix* ("feliz"), cujo plural é *felicis*, em que o *x* se transforma em *c*. Nesse caso, o que é a segunda vogal *i*? Explique.
- Que sentido apresenta o sufixo *-dade*, que forma palavras como *felicidade*, *mocidade*, *temeridade*, *sustentabilidade*, *naturalidade* e outras?
- Na palavra *contagiosa*, qual é o radical? Qual é o sufixo e que sentido ele expressa?
- Explique o que indica a vogal *-a* no final da palavra *contagiosa*.

3 Leia estas estrofes de um poema de Casimiro de Abreu (1837-1860), autor da segunda geração do Romantismo brasileiro:

Minh'alma é triste

III

[...]
Amei outrora com amor bem santo
Os negros olhos de gentil donzela,
Mas dessa fronte de sublime encanto
Outro tirou a virginal capela.

Oh! Quantas vezes a prendi nos braços!
Que o diga e fale o laranjal florido!
Se mão de ferro espedaçou dois laços
Ambos choramos mas num só gemido!

Dizem que há gozos no viver d'amores,
Só eu não sei em que o prazer consiste!
– Eu vejo o mundo na estação das flores...
Tudo sorri – mas a minh'alma é triste!

Glossário
Capela: grinalda.

ABREU, Casimiro de. In: BARBOSA, Frederico (Sel.). *Clássicos da poesia brasileira*. São Paulo: Klick, 1999. p. 122. (Fragmento).

a) Com base nos versos, explique por que a tristeza domina o eu lírico.

b) De acordo com o texto, como era o amor do eu lírico pela amada? Comprove sua resposta com passagens do poema.

c) Interprete a última estrofe, em que o eu lírico revela grande frustração.

d) No primeiro verso, a palavra *outrora*, hoje pouco empregada na linguagem coloquial, é formada pelas palavras *outra* + *hora*. Nesse caso, houve uma justaposição ou uma aglutinação das duas palavras? Por quê?

e) Releia este verso: "Mas dessa fronte de sublime encanto".

- Escreva palavras da mesma família (cognatas) da palavra *encanto*, identificando seu radical.
- Se colocarmos o prefixo *des-* na palavra *encanto*, que sentido ela passa a ter? Por quê?

f) Como se chama o elemento mórfico sublinhado nas palavras a seguir?

laranjal *choramos* *santo* *dizem* *flores*

g) Na forma verbal *espedaçou*, quais são os elementos mórficos?

h) Que sentido apresenta o radical nessa palavra?

4 Leia o texto a seguir, extraído de uma revista.

Brasil, país de imigrantes

O que acontece quando um país fica mais rico que os vizinhos? Imigração em massa. Para o Brasil, será uma nova onda, que transformará novamente nossa economia. Com o êxodo nordestino estancado, paraguaios e bolivianos serão os braços do campo, venezuelanos e colombianos construirão as novas metrópoles amazônicas, e argentinos e uruguaios agitarão o mercado com sua mão de obra qualificada. Ah, claro, leva vantagem quem já domina a língua: seremos redescobertos por portugueses.

Superinteressante, São Paulo, n. 274, p. 59, jan. 2010.

a) Segundo as previsões apresentadas no texto, o crescimento econômico do Brasil atrairá grande número de imigrantes da América do Sul. Explique por que, nesse caso, "seremos redescobertos por portugueses".

b) Identifique a palavra cujo elemento mórfico destacado está classificado de forma inadequada e corrija a informação.

- *construi**rão***: *-rão*, desinência verbal modo-temporal
- ***imigr**ante*: *migr-*, radical
- *vant**agem***: *-agem*, sufixo nominal
- *mercad**o***: *-o*, desinência nominal

c) Forme novas palavras, acrescentando um prefixo e um sufixo às palavras abaixo. Dê o significado de cada prefixo e de cada sufixo.

rico *nova* *campo* *prazer* *consiste*

d) Observe os sufixos destacados nas palavras e identifique o sentido que eles expressam em cada coluna.

Coluna 1	Coluna 2	Coluna 3
*nordest**ino***	*nova**mente***	*santu**ário***
*bolivi**anos***	*secreta**mente***	*viv**eiro***
*portugu**ês***	*lenta**mente***	*dormit**ório***

e) Identifique o radical e os demais elementos mórficos da palavra *redescobertos*.

Formação de palavras

No texto

Leia o anúncio publicitário a seguir.

REPRODUÇÃO

1. O anúncio apresenta os produtos de uma marca que recebeu o prêmio *Top of Mind* do jornal *Folha de S.Paulo*.
   a) Explique a relação entre a imagem e o texto verbal.
   b) Além de promover o plantio de grande quantidade de árvores, que outra ação realizada pela empresa anunciante revela preocupação com o meio ambiente?

2. Releia esta frase do anúncio: "Cuidando bem da nossa casa". Que sentido tem o emprego do verbo no gerúndio (*cuidando*)?
3. No texto há palavras formadas por processos diferentes. Algumas apresentam afixos, outras são compostas, ligadas ou não por hífen, e outras, ainda, são formadas por meio de outros recursos.
   a) Que elementos mórficos apresentam as palavras *natureza* e *preservação?*
   b) Como é formada a palavra *ecológico?* Que sentido apresentam os elementos que a constituem?
4. No anúncio, certas palavras compostas apresentam hífen para ligar os elementos que as formam.
   a) Identifique essas palavras compostas e a classe gramatical dos elementos de que são formadas.
   b) Identifique no texto a palavra composta cujos elementos não são ligados por hífen e explique sua formação.
5. Observe, no texto, a expressão *Top of Mind*, que constitui o título de uma revista que divulga e premia as marcas de produtos com maior aceitação no mercado brasileiro.
   a) O título *Top of Mind* representa um *estrangeirismo*, porque as palavras que o formam provêm de outra língua e constituem empréstimos incorporados pela convivência social. A que língua pertencem essas palavras e o que significam?
   b) O nome de um dos produtos, Ypê Premium, apresenta as palavras *ipê*, escrita com *y* (provavelmente por razões comerciais), e *premium*. Esta última palavra também constitui um estrangeirismo? Por quê?
   c) Escreva outros estrangeirismos originários da língua inglesa e que hoje estão incorporados ao nosso idioma.

Em contexto

Como você percebeu, há diversos recursos para formar uma palavra.

Formação de palavras é o conjunto de processos da morfossintaxe (estudo das formas das palavras e de suas funções sintáticas) que permite a criação de vocábulos novos com base em radicais.

Existem dois processos básicos de formação de palavras, chamados **derivação** e **composição**, que serão vistos a seguir.

Derivação

No texto

Leia estes versos do poeta barroco Gregório de Matos (1636-1695):

A certo sujeito assinalado, que, retirando-se da corte, vivia na solidão de uma quinta

Goze a corte o ambicioso
De aplausos e vaidades,
Que eu cá nestas soledades,
O melhor descanso gozo.
Aqui vivo cuidadoso
De descuidos; e este estado
Julgo bem-aventurado,
Que o melhor estado, cuido,
É aquele em que o descuido
Vem a ser todo o cuidado.

MATOS, Gregório de. In: SPINA, Segismundo (Sel.). *A poesia de Gregório de Matos.* São Paulo: Editora da Universidade de São Paulo, 1995. p. 132.

Glossário

Assinalado: ilustre.

Quinta: propriedade rural com moradia; sítio.

Soledades: lugares ermos, desertos, solitários; retiros.

1. O título extenso do poema é uma característica do estilo barroco e, em geral, apresenta informações sobre o texto.
   a) Qual é o conteúdo expresso no título?
   b) Que ideias foram desenvolvidas no poema e estão relacionadas às informações do título?
   c) O que significa viver "cuidadoso de descuidos"?
2. Observe estas palavras do poema: *descanso* e *descuido*.
   a) Qual é o radical em cada uma?
   b) Ao excluir o radical, que elementos ou morfemas restam nessas palavras?
3. As palavras *ambicioso* e *cuidadoso* apresentam o mesmo elemento mórfico no final.
   a) Como se chama esse elemento e o que ele expressa?
   b) Com o acréscimo do sufixo *-des* à palavra *cuidado*, quais seriam os elementos mórficos dela?

Em contexto

As palavras trabalhadas no texto que você leu são classificadas como **derivadas**, isto é, formadas pelo acréscimo de prefixos e/ou sufixos. Esse processo caracteriza a formação de palavras por **derivação**. Exemplos:

*povo → povo**ado**, povo**ação**, **des**povo**ado**, povoa**mento**, povoa**dor***

*público → publi**car**, publicá**vel**, **im**publicá**vel**, publica**ção***

Como se pode observar, novas palavras são formadas pelo processo de derivação com o acréscimo de prefixo (***des**povoar*), de sufixo (*publicá**vel***) ou de prefixo e sufixo ao mesmo tempo (***im**publicá**vel***).

A **derivação** ocorre quando, a partir de uma palavra primitiva, se forma uma nova palavra (derivada) com o acréscimo de **afixos** (prefixos e/ou sufixos). Estes muitas vezes modificam o significado da palavra e também a classe gramatical.

Derivação prefixal ou prefixação

Acrescenta-se um prefixo a um radical ou a uma palavra primitiva, cujo sentido se altera.

***des**canso* (prefixo) — ***ante**braço* (prefixo) — ***re**editar* (prefixo) — ***vice**-diretor* (prefixo) — ***pre**meditar* (prefixo)

Derivação sufixal ou sufixação

Acrescenta-se um sufixo ao radical ou a uma palavra primitiva, que pode mudar de significado ou de classe gramatical.

*natu**reza*** (sufixo) — *joga**dor*** (sufixo) — *ferra**dura*** (sufixo) — *pétr**eo*** (sufixo) — *planta**ção*** (sufixo) — *visí**vel*** (sufixo)

Derivação parassintética ou parassíntese

É resultante do acréscimo simultâneo de um prefixo e de um sufixo a um mesmo radical ou à palavra primitiva. Em geral, as palavras parassintéticas originam-se de substantivos ou de adjetivos e formam, sobretudo, verbos.

É importante destacar que, por meio desse processo, se for retirado o prefixo ou o sufixo, não restará uma palavra com sentido completo. Veja:

acariciar — prefixo / sufixo

ensaboar — prefixo / sufixo

amadurecer — prefixo / sufixo

esfriar — prefixo / sufixo

Derivação prefixal e sufixal

Acrescenta-se um prefixo e um sufixo a um mesmo radical em sequência, isto é, os afixos não são anexados ao mesmo tempo. Mesmo que não haja o prefixo ou o sufixo, a palavra já apresenta um sentido completo. Observe:

obediência (sentido completo) — ***desobediência*** — prefixo / sufixo

comunicável (sentido completo) — ***incomunicável*** — prefixo / sufixo

eleição (sentido completo) — ***reeleição*** — prefixo / sufixo

igualdade (sentido completo) — ***desigualdade*** — prefixo / sufixo

Derivação regressiva

Suprime-se a parte final de uma palavra primitiva e, por meio dessa redução, obtém-se uma derivada. Por esse processo formam-se principalmente substantivos a partir de verbos, em geral da 1ª e da 2ª conjugações. Esses substantivos são chamados **deverbais** e expressam sempre uma ação. Faz-se a substituição da desinência verbal por uma das vogais temáticas nominais *-a*, *-e* ou *-o*.

Veja os exemplos:

Primitiva	Derivada	Primitiva	Derivada	Primitiva	Derivada
afagar	*afago*	*alcançar*	*alcance*	*apelar*	*apelo*
censurar	*censura*	*cortar*	*corte*	*perder*	*perda*

Observação

- Há casos em que são os verbos que se formam a partir de substantivos, quando estes nomeiam um **objeto** ou uma **substância** e não exprimem ação. Portanto, o verbo constitui a palavra derivada e o substantivo, a palavra primitiva. Nesses casos, porém, a derivação não é regressiva, já que há acréscimo e não supressão de morfemas. Veja:

Primitiva	Derivada	Primitiva	Derivada	Primitiva	Derivada
planta	*plantar*	*perfume*	*perfumar*	*alimento*	*alimentar*

Derivação imprópria

Trata-se da mudança de classe gramatical de uma palavra sem que haja modificação em sua forma.

Observe alguns exemplos:

(a sabedoria) (a justiça)

*O **sábio** e o **justo** nem sempre se veem lado a lado.*

os adjetivos passam a ter valor de substantivos com a anteposição do artigo (*o*)

*O Brasil precisa de mais escolas-**modelo**.*
o substantivo passa a ter valor de adjetivo

(a vida)
*Com o tempo, o **viver** lhe trouxe muitas experiências.*
o verbo passa a ter valor de substantivo

(seriamente)
*Após entrar na sala, o juiz leu **sério** a sentença do réu.*
o adjetivo passa a ter valor de advérbio

Composição

No texto

Leia este anúncio:

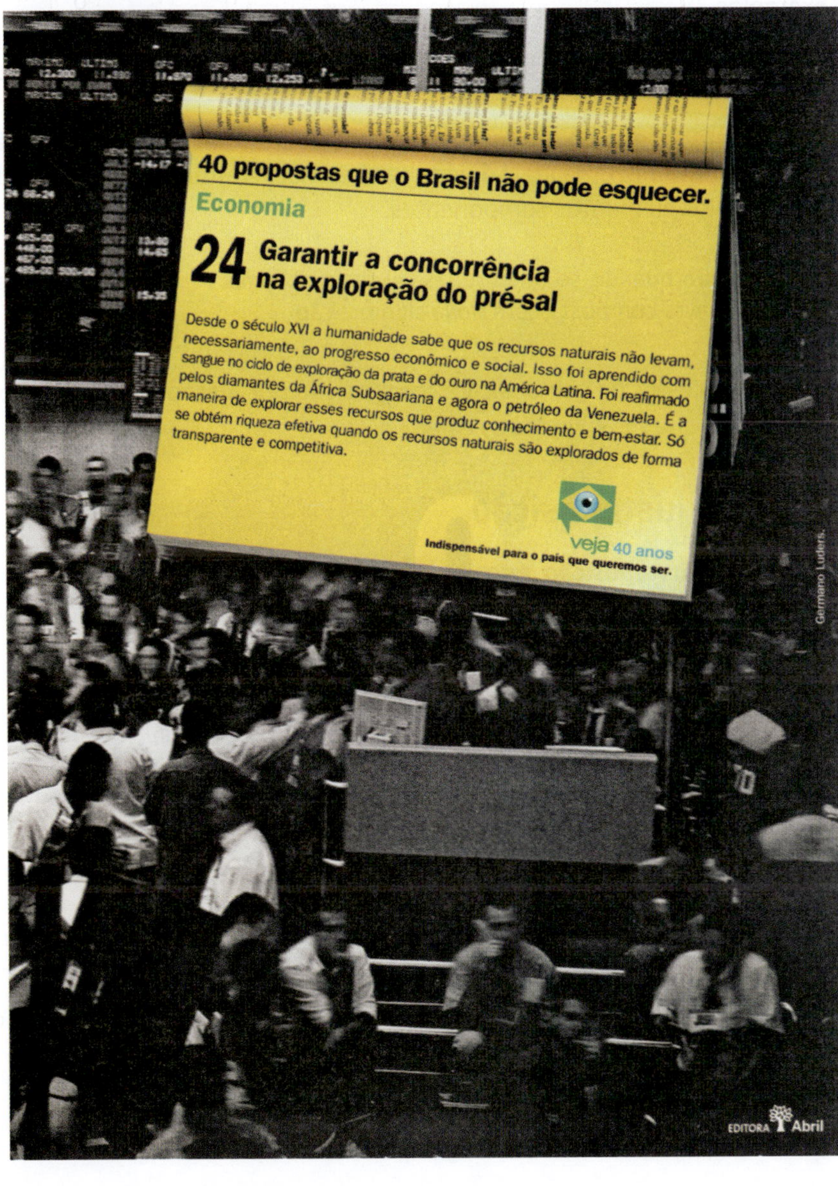

GERMANO LUDERS/REPRODUÇÃO

1. O anúncio apresenta a 24ª proposta sugerida pela revista *Veja* ao governo brasileiro, desta vez na economia.
   a) Por que é importante haver concorrência na exploração do pré-sal?
   b) O anunciante reforçou suas opiniões com base em exemplos históricos do mau emprego dos recursos naturais. Comente sobre um país onde a forma de exploração desses recursos deu certo. Se necessário, pesquise ou converse com o professor de Geografia ou de História.
2. No texto, ocorre o emprego da palavra *bem-estar*, que apresenta em sua formação duas palavras ligadas por hífen.
   a) A que classe gramatical pertencem originalmente essas duas palavras?
   b) Observe que não houve modificação nas palavras ao serem unidas por hífen para formar outra (*bem-estar*). Escreva outros exemplos em que isso ocorre.
   c) Há casos em que as palavras formadoras de outra não se alteram e são escritas juntas, sem hífen. Escreva alguns exemplos.
3. A palavra *petróleo*, empregada no texto, é formada por duas palavras.
   a) Que palavras compõem o termo *petróleo*? Elas foram alteradas em sua forma primitiva? Explique.
   b) Você conhece outras palavras que se aglutinaram para formar uma terceira? Dê exemplos.

Em contexto

As palavras *bem-estar* e *petróleo* são exemplos de palavras formadas por **composição**. A palavra composta apresenta uma ideia única e autônoma, geralmente dissociada dos sentidos expressos pelos elementos componentes.

Ocorre **composição** quando se unem duas ou mais palavras (ou radicais) para a formação de uma palavra composta com nova significação.

Há os seguintes processos de composição: **composição por justaposição** e **composição por aglutinação**, que serão vistos a seguir.

Composição por justaposição

Na **composição por justaposição**, as palavras ou os radicais se unem sem nenhuma alteração fonética ou gráfica, ou seja, conservam a mesma pronúncia e escrita, podendo vir ligados ou não por hífen.

Veja alguns exemplos:

cana-de-açúcar	*terça-feira*	*beija-flor*	*vaivém*
passatempo	*tique-taque*	*fim de semana*	*cão de guarda*

Composição por aglutinação

Na **composição por aglutinação**, as palavras ou os radicais se fundem e ocorre perda, ou seja, alteração fonética ou gráfica.

Observe as modificações ocorridas nestes vocábulos, formados pelo processo de aglutinação:

embora (em + boa + hora) *fidalgo* (filho + de + algo)

planalto (plano + alto) *vinagre* (vinho + acre)

Conteúdo multimídia Propaganda Eco Bombril

A composição ocorre também com o uso de radicais, geralmente gregos e latinos, que não têm sentido independente na língua portuguesa. As palavras assim formadas chamam-se **compostos eruditos**.

Observe alguns exemplos:

agricultura *alviverde* *democracia* *telefone* *pedagogia*

Entre os componentes eruditos há os **helenismos** (radicais gregos) e os **latinismos** (radicais latinos), que são considerados, por conveniência, compostos por aglutinação.

Veja estes exemplos:

demagogo e *hemisfério* → do grego

ovíparo e *ambidestro* → do latim

Biblioteca do estudante Apêndice "Radicais, prefixos e sufixos"

Atenção

- Consulte no DVD, em **Biblioteca do estudante**, o apêndice "Radicais, prefixos e sufixos".

Outros processos de formação

No texto

Leia este trecho de uma notícia:

TECNOLOGIA

O carro-robô

Pesquisador brasileiro desenvolve na Austrália um modelo de automóvel que dispensa motorista

TATIANA DE MELLO

Quando detecta um obstáculo, ele freia ou desvia. Quando entra no centro da cidade, diminui a velocidade. Quando pega a estrada, acelera. O carro do futuro será capaz de fazer tudo isso, bastando que seu ocupante aperte um botão – ou seja, não é necessário ficar dirigindo. Essa incrível tecnologia está mais perto do que imaginamos. Pesquisadores da Universidade de Sydney, na Austrália, estão desenvolvendo um modelo de automóvel-robô totalmente automatizado e muito mais seguro que os veículos atuais. O carro que nasce dos computadores dos engenheiros da universidade é equipado com *scanners*, câmeras, *lasers*, sensores e GPS que monitoram todo o trajeto que ele terá de percorrer ao receber um comando. Há dispositivos, por exemplo, que o fazem "perceber" objetos ou pessoas a até 120 metros de distância e um sistema de seis câmeras capta imagens a 360 graus. Parte desses instrumentos já existe no mercado e o importante agora é orquestrá-los para se criar um robô-motorista confiável. [...]

IstoÉ, São Paulo, n. 2.063, p. 97, 27 maio 2009. (Fragmento).

1. A notícia é um gênero textual do tipo narrativo que circula no meio jornalístico para informar fatos atuais de interesse geral.
   a) Que acontecimento relatado no texto é de interesse público?
   b) Que motivos contribuem para que os engenheiros estejam utilizando tecnologia tão avançada nessa pesquisa?

2. No texto há palavras formadas por processos de derivação e de composição e por outros.

   a) No trecho "equipado com *scanners*, câmeras, *lasers*", as palavras em itálico são da língua portuguesa? Esclareça sua resposta.

   b) As palavras *carro-robô*, *automóvel-robô* e *robô-motorista* já existiam em nossa língua ou foram criadas a partir da notícia dessa invenção tecnológica? Dê sua opinião.

   c) GPS, em inglês, são as iniciais de Global Positioning System. Assim como ONG (Organização Não Governamental), trata-se de uma abreviação ou de uma sigla? Escreva outros exemplos.

   d) *Automóvel* é um substantivo formado por duas palavras de origem diferente: *auto* provém do grego e *móvel*, do latim. De que línguas se originam os elementos que compõem as palavras *lactômetro* e *alcoômetro*? Pesquise.

Vejamos com mais detalhes outros processos de formação de palavras.

Em contexto

Entre os processos de formação de palavras estão também o **estrangeirismo** (empréstimo linguístico), o **hibridismo**, a **abreviação**, a **onomatopeia**, o **neologismo**, a **siglonimização** e a **palavra-valise**.

Estrangeirismo

Atualmente, o inglês norte-americano é a maior fonte de empréstimos da língua portuguesa, como se observa em *sale*, *personal trainer*, *making-of* etc.

Muitas vezes, o uso leva ao aportuguesamento das palavras estrangeiras que se incorporam ao nosso idioma, como *xampu*, *futebol*, *abajur* e *boate*, estas duas últimas emprestadas do francês.

Há casos em que as palavras não se alteram e devem ser escritas com algum destaque (geralmente itálico): *show*, *delivery*, *airbag* e *office boy*, entre outras.

Toda língua é formada, em parte, por palavras importadas de outros idiomas. Nesse sentido, a presença de estrangeirismos em qualquer língua é um fenômeno natural. Contudo, caso tenhamos palavras em português mais adequadas a determinados contextos, é aconselhável que evitemos o uso de estrangeirismos.

Estrangeirismo é o empréstimo de termos ou de palavras provenientes de língua estrangeira.

Hibridismo

A palavra *televisão* é formada por um radical grego, *tele*, que significa "longe", e uma palavra portuguesa, *visão*. Portanto, significa "visão longe" e é um exemplo de palavra formada pelo processo de hibridismo.

Veja outros exemplos:

surfista → do inglês e do grego

reportagem → do inglês e do latim

sociologia → do latim e do grego

sambódromo → do quimbundo ou umbundo e do grego

O **hibridismo** ocorre quando há combinação ou união de palavras em cuja formação entram elementos de línguas diferentes.

Abreviação ou redução vocabular

No texto

Leia esta tira do Mundo de Tina:

MUNDO DE TINA — Rina Piccolo

2011 KING FEATURES SYNDICATE/IPRESS

1. Observe a expressão das personagens em cada quadrinho. De acordo com a tira, por que seria impossível a euforia surgir nesse momento?

2. Que palavra foi empregada de forma abreviada na tira?

- Escreva palavras que apresentam esse processo de abreviação ou redução.

3. Releia esta frase: "Estou **de guarda baixa**!". A expressão destacada constitui uma gíria, variação linguística de criação popular. No contexto da tira, qual é seu significado?

Em contexto

As **abreviações** ou **reduções vocabulares** são muito comuns na linguagem coloquial Observe estes exemplos:

auto (automóvel)
otorrino (otorrinolaringologista)
pneu (pneumático)
pornô (pornográfico)
fone (telefone)
foto (fotografia)
moto (motocicleta)
metrô (metropolitano)
112 km/h (112 quilômetros por hora)
9h30 (9 horas e 30 minutos)

Observe esta frase:

*É muita **neura** para uma pessoa só!*

A palavra *neura* é uma forma abreviada de *neurose* e tem sentido pejorativo.

É comum usar um prefixo ou um elemento de uma palavra composta em substituição ao termo completo. Nesse caso, a forma abreviada deve estar em um contexto, para que se possa compreender o significado.

Veja outros exemplos:

máxi (maxidesvalorização)
ex (ex-esposa, ex-marido, ex-namorada)
vídeo (videocassete, videolocadora)
micro (microcomputador)
quilo (quilograma)
cine (cinema)

A **abreviação** ou **redução** resulta da eliminação de um segmento da palavra para obter uma forma mais curta, que tem o mesmo significado da palavra original.

Onomatopeia

No texto

Leia esta tira do Hagar:

HAGAR — Chris Browne

1. Na tira, Eddie tenta dialogar com o amigo, mas fica surpreso com a reação dele. O que Hagar parece dizer?
2. As palavras que reproduzem sons ou ruídos são chamadas de **onomatopeias**. No segundo quadrinho, que som a onomatopeia *glug glug* representa?
3. Também são **onomatopeias** palavras que reproduzem sons, como *crac!*, *uau!*, *bum!*, *atchim!* e *plaft!*. Escreva outros exemplos.

Conteúdo multimídia
Abertura do desenho animado *Batman*

Em contexto

As histórias em quadrinhos (HQs) costumam reproduzir os sons da natureza, dos animais, de barulhos como digitação, máquinas de lavar roupa, etc. Quando uma nova palavra é criada a partir da reprodução de um som, tem-se uma **onomatopeia**.

Veja estes exemplos:

pingue-pongue	*arrulho* (voz do pombo)
bangue-bangue	*cocoricó* (voz do galo)

> **Onomatopeia** é a imitação de sons, ruídos e vozes de animais reproduzidos pela formação de uma palavra.

Neologismo

No texto

Leia este anúncio:

REPRODUÇÃO

É pra quem pode, não pra quem quer.

Os cães mais desgrenhados são transformados em exemplos de beleza canina nessa competição com os mais criativos tosadores.

1. O anúncio divulga um programa de televisão, apresentado em série. Considerando o título, a imagem e o texto verbal, qual é o conteúdo do seriado?
2. Explique por que foi empregado esse título no seriado.
3. Que fato o anunciante ironiza com a frase "É pra quem pode, não pra quem quer"?
4. A palavra *cãobeleireiros* foi criada pelo anunciante para enfatizar a especialidade do salão: embelezar cães. Que palavra similar a ela é relativa às pessoas?

Em contexto

A palavra *cãobeleireiros*, presente no anúncio que acabamos de analisar, representa um **neologismo**, isto é, uma palavra nova. Ela foi formada pelo substantivo *cão* + parte da palavra *cabeleireiros*.

Neologismo é a palavra criada recentemente ou usada com novo significado para atender às necessidades de expressão dos usuários de uma língua.

Chama-se **neologismo semântico** a palavra alterada apenas em seu sentido: *marginal* (malfeitor ou rua), *tira* (policial ou HQ), *figura* (gravura ou pessoa), etc.

Siglonimização

No texto

Leia este texto:

Como acessar o Hulu no Brasil?

Quer driblar o bloqueio ao *site* que disponibiliza a programação de TV produzida por empresas norte-americanas do porte da Fox e da NBC? Vá ao hotspotshield.com ou ao ultrareach.com. Os programas que eles oferecem permitem driblar aquela irritante tela escura que diz que "por enquanto, o Hulu só está disponível para os moradores dos EUA". E viva a internet sem fronteiras e sem controle de IP.

Galileu, São Paulo, n. 212, p. 33, mar. 2009.

1. Certos usuários da internet encontraram um meio de acessar o *site* Hulu. Em sua opinião, por que a revista divulgou esse fato?
2. Há palavras no texto representadas por formas mais curtas; em geral, apenas por suas letras iniciais. Identifique-as e escreva-as por extenso.
3. Em textos já trabalhados neste capítulo, apareceram as palavras GPS e DVD, que são formadas pelo processo da siglominização. Escreva-as por extenso.

Em contexto

A exemplo da abreviação vocabular, o processo de **siglonimização**, ou seja, a redução de títulos a simples siglas, está cada vez mais generalizado.

Observe estes exemplos:

IOF (Imposto sobre Operações Financeiras)

CPF (Cadastro de Pessoas Físicas)

RAP (*Rhythm and Poetry*, "ritmo e poesia")

Muitas vezes, as siglas passam a integrar o vocabulário, são **flexionadas** e **formam novas palavras**.

Exemplo:

rappers (praticantes de RAP)

As **siglas** resultam da combinação das letras iniciais das palavras para formar um nome mais curto.

Palavra-valise

No texto

Veja, a seguir, a reprodução da capa de um livro.

REPRODUÇÃO

No título do livro, um termo chama a atenção: *Showrnalismo*. Trata-se da junção de *show* e *jornalismo*, cujo significado é exatamente o subtítulo da obra, "a notícia como espetáculo". Se você reparar bem, a palavra *jornalismo*, embutida na nova palavra, leva-nos a pensar em sua deturpação pelo espetáculo ou sensacionalismo.

Em contexto

O termo *Showrnalismo* é um exemplo de palavra-valise. Observe outros exemplos: *Flaflu* (Flamengo e Fluminense), *portunhol* (português e espanhol), *showmício* (*show* e comício).

A **palavra-valise** é formada, tanto na linguagem coloquial como na variedade padrão, por um processo similar ao da composição por aglutinação, isto é, pela fusão de duas palavras; no processo, ao menos uma sofre truncamento. A diferença é que, na aglutinação, a nova palavra não nos deixa perceber, de imediato, as outras que a formaram; temos de recorrer à análise etimológica do vocábulo para descobri-las.

APLICAÇÃO

1 Leia este anúncio publicitário:

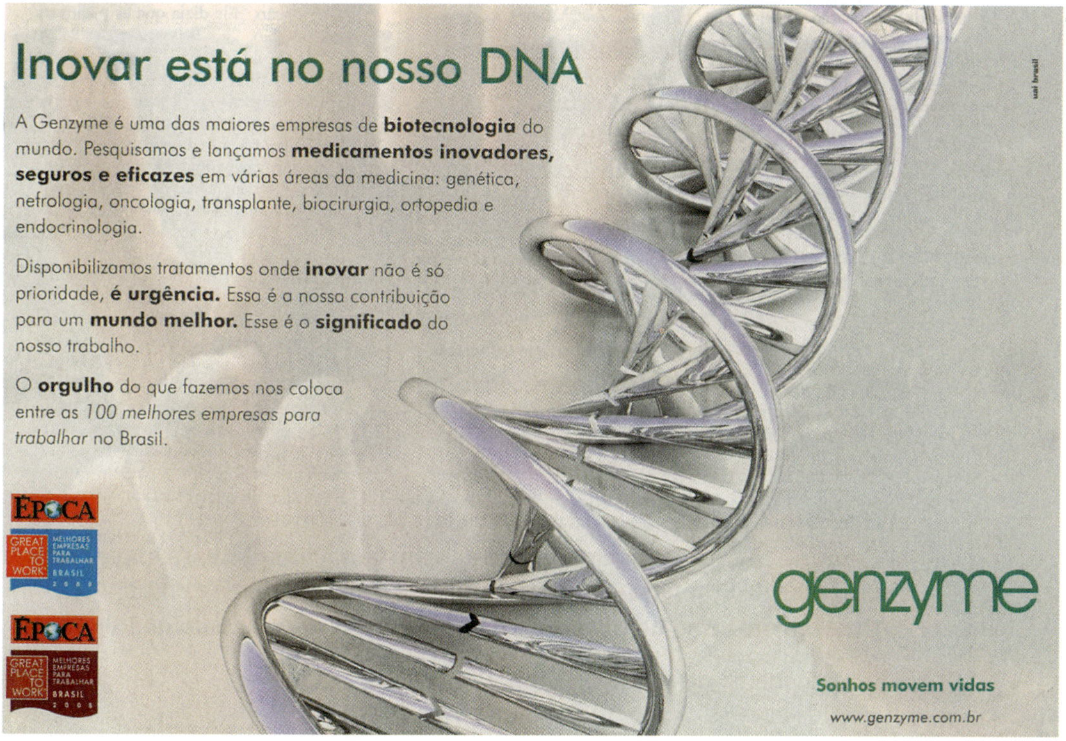

REPRODUÇÃO

a) O texto traz informações sobre uma grande empresa de biotecnologia. Que relação há entre o enunciado inicial e a imagem?

b) Utilizando uma linguagem objetiva, o anunciante destaca, em negrito, no texto, as principais características da empresa. Que outro recurso ele utiliza com a intenção de influenciar o público-alvo?

c) No anúncio, há várias palavras formadas pelo processo de derivação sufixal. Identifique essas palavras, destaque os sufixos e dê o significado de cada um deles.

d) Como se chama o processo de formação da palavra DNA? Pesquise seu significado.

e) Identifique no anúncio uma palavra formada por derivação prefixal e sufixal. Separe o prefixo e o sufixo.

f) As palavras a seguir são formadas por aglutinação. Separe o radical e dê o significado de cada palavra.

angiologia	*biotecnologia*	*endocrinologia*
nefrologia	*oncologia*	*ortopedia*

g) Qual é o processo de formação da palavra *transplante*? Explique.

2 Leia esta nota jornalística:

A roleta do Chatroulette

Basta ligar a câmera e apertar um botão na tela. Pronto: um estranho aparece na sua frente. Assim funciona o Chatroulette, *site* criado em novembro que agora virou febre no mundo. Ele escolhe duas pessoas que estejam logadas no *site*, aleatoriamente, e as coloca para bater papo via *webcam*. Se você não der sorte, é só apertar "*Next*" e esperar o próximo parceiro de chat.

Superinteressante, São Paulo, n. 277, p. 88, abr. 2010.

a) Em sua opinião, por que esse *site* está sendo um sucesso?
b) Que palavras do texto constituem neologismos? E estrangeirismos?
c) Que afixos formam a palavra *aleatoriamente*? Que sentido eles apresentam? Qual é o processo de formação dessa palavra?
d) Forme palavras pelo processo de derivação regressiva a partir dos verbos *apertar*, *chorar*, *esperar*, *nadar*, *papear*, *queimar*, *roubar* e *vender*.

3 Leia esta tira do Recruta Zero:

RECRUTA ZERO — Mort Walker

a) Que fato dá conotação humorística aos quadrinhos?
b) Como se chama o processo em que se formam palavras para expressar sons, ruídos ou vozes de animais? Identifique os dois casos que ocorrem na tira.
c) Qual é o processo de formação da palavra *sabião-de-bico-dourado*?

4 Leia este poema de Adélia Prado:

Bucólica nostálgica

Ao entardecer no mato, a casa entre
bananeiras, pés de manjericão e cravo-santo,
aparece dourada. Dentro dela, agachados,
na porta da rua, sentados no fogão, ou aí mesmo,
rápidos como se fossem ao Êxodo, comem
feijão com arroz, taioba, ora-pro-nobis,
muitas vezes abóbora.
Depois, café na canequinha e pito.
O que um homem precisa pra falar,
entre enxada e sono: Louvado seja Deus!

PRADO, Adélia. *Poesia reunida*.
São Paulo: Siciliano, 1991. p. 42.

Glossário

Êxodo: fuga; retirada.

Ora-pro-nobis: planta da família das cactáceas; suas folhas são muito apreciadas na culinária mineira.

Pito: cigarro; cachimbo.

a) Um dos temas de Adélia é a vida do homem no campo. Nesse poema, que aspectos relativos a esse tema ela destaca?
b) Nos versos está descrita a vida simples e rotineira do homem que sobrevive do trabalho com a enxada. Explique o sentido da expressão "Louvado seja Deus!" nesse contexto.

c) Dê exemplos de palavras que apresentam os mesmos sufixos de *nostálgica*, *bananeiras* e *canequinha*.

d) Qual é o processo de formação das palavras *entardecer* e *pito*?

e) Que palavras do poema são formadas pelo processo de composição por justaposição?

5 Leia esta tira do Recruta Zero:

RECRUTA ZERO — Mort Walker

a) Nessa tira, a criação do humor ocorre pelo jogo de sentido entre as palavras *desequilibrado* e *equilíbrio*. Explique como isso acontece.

b) Que palavra empregada na tira permitiu essa dupla interpretação? Por quê?

c) As palavras *desequilibrado* e *desequilíbrio* apresentam o mesmo processo de formação? Esclareça sua resposta.

6 Leia este poema de Camões (1524-1580), poeta lírico do Classicismo português:

Ao desconcerto do mundo

Os bons vi sempre passar
No Mundo graves tormentos;
E pera mais me espantar,
Os maus vi sempre nadar
Em mar de contentamentos.
Cuidando alcançar assim
O bem tão mal ordenado,
Fui mau, mas fui castigado,
Assim que só pera mim
Anda o Mundo concertado.

CAMÕES, Luís de. In: SALGADO JÚNIOR, Antônio (Org.). *Luís de Camões*: obra completa. Rio de Janeiro: Nova Aguilar, 2008. p. 475-476.

Glossário

Pera: forma antiga de *para*.

a) Nesses versos, o eu lírico compara o destino das pessoas no mundo. A que conclusão ele chegou?

b) Como a vida do eu lírico foi afetada por essa visão?

c) O que significa o título, tendo em vista os dois últimos versos?

d) Releia estes versos: "Os **bons** vi sempre passar" e "Os **maus** vi sempre nadar". Qual é o processo de formação das palavras destacadas? Esclareça sua resposta.

e) Transcreva do poema palavras formadas por derivação prefixal e derivação sufixal.

f) A partir das palavras a seguir, forme outras pelo processo de derivação regressiva: *espantar*, *fugir*, *perder*, *castigar*, *concertar*.

7 Leia a notícia a seguir, que focaliza uma polêmica em torno do uso de sacolas plásticas em hipermercados.

Sorocaba proíbe sacolas plásticas convencionais em hipermercados

A Câmara de Sorocaba, a 92 km de São Paulo, aprovou ontem, em votação definitiva, um projeto de lei que obriga as redes de hipermercados instaladas na cidade a oferecerem sacolas oxibiodegradáveis para os consumidores levarem suas compras. O projeto proíbe, nesses estabelecimentos, o uso de sacolas plásticas comuns. Segundo o vereador João Donizeti (PSDB), autor da proposta, as sacolas de plástico oxibiodegradável – que se degrada na presença da luz e do oxigênio – levam em média 18 meses para se decompor, contra até 600 anos do plástico comum.

Porém, as sacolas oxibiodegradáveis também são controversas. O secretário estadual do Meio Ambiente, Xico Graziano, diz que esse plástico é ilusoriamente ecológico, já que a degradação do oxibiodegradável é baseada em aditivos químicos que contaminam solo e água.

Sorocaba descarta mais de 30 milhões de sacolinhas por mês. O projeto, que deve ser sancionado pelo prefeito Vitor Lippi (PSDB), prevê notificação em caso de descumprimento e multa de R$ 5 mil a R$ 10 mil na reincidência. Os estabelecimentos terão prazo de 90 dias após a publicação para se adequarem à norma. Os valores arrecadados com multas serão revertidos a um fundo de apoio ao meio ambiente.

O Estado de S. Paulo, São Paulo, 19 jun. 2010. Vida.

a) Explique por que foi questionada a proibição das sacolas plásticas comuns em hipermercados da cidade paulista de Sorocaba.

b) Que argumentos apresentados no texto fortalecem a decisão de manter a proibição?

c) Destaque o prefixo presente nas palavras *reincidência* e *hipermercados* e dê o sentido de cada um deles.

d) Em qual das palavras o processo de formação foi identificado de forma incorreta? Faça a correção.

- *convencionais*: derivação sufixal
- *revertidos*: derivação prefixal.
- *descumprimento*: derivação prefixal e sufixal
- *oxibiodegradáveis*: neologismo

e) Na expressão "a 92 **km** de São Paulo", a palavra destacada é formada por processo de abreviação (redução vocabular) ou por sigla? Por quê?

Lista de exercícios

RESUMO

Estrutura de palavras

- **Morfema** – unidade mínima significativa da palavra: *pedregulho*.
- **Radical** – elemento estrutural básico da palavra que expressa significado e não apresenta variação: *sonho*, *sonhador*.
- **Afixo** – elemento que se junta ao radical para formar nova palavra.
  - **Prefixo** – afixo antes do radical: *desfeito*.
  - **Sufixo** – afixo depois do radical: *queijeira*.
- **Desinência** – morfema que indica as flexões.
  - **Desinência verbal** – indica a flexão dos verbos: *estudaram*, *lemos*.
  - **Desinência nominal** – indica a flexão dos nomes: *menino*, *alunas*.
  - **Desinência verbo-nominal** – indica a flexão dos verbos em suas formas nominais (infinitivo, gerúndio e particípio): *construir*, *construindo*, *construído*.
- **Vogal temática** – morfema que liga o radical às desinências. Pode ser *verbal* ou *nominal*.
  - **Vogal temática verbal** – indica a conjugação dos verbos (1ª, 2ª e 3ª): *salvar*, *receber*, *sair*.
  - **Vogal temática nominal** – vogal átona final (*-a*, *-e*, *-o*) que ocorre em paroxítonos e proparoxítonos e refere-se a um substantivo ou a um adjetivo: *dentista*, *célebre*, *muro*.
- **Tema** – radical + vogal temática: ***levanta**s*, ***come**ste*.
- **Vogal e consoante de ligação** – elementos mórficos que unem radicais a certos sufixos para facilitar a leitura: *frutífero*, *paulada*.

Formação de palavras

Derivação

- **Derivação prefixal** – ocorre acréscimo de prefixo: *rever*.
- **Derivação sufixal** – ocorre por acréscimo de sufixo: *sociável*.
- **Derivação parassintética** – ocorre por acréscimo simultâneo de prefixo e sufixo: *envelhecer*.
- **Derivação prefixal e sufixal** – acontece pelo acréscimo não simultâneo de prefixo e de sufixo: *desrespeitoso*.
- **Derivação regressiva** – ocorre pela substituição da desinência verbal por uma das vogais temáticas nominais (*-a*, *-e*, *-o*): *contar* → *conta*.
- **Derivação imprópria** – ocorre pela mudança de classe gramatical sem que haja modificação em sua forma: *o falar*.

Composição

- **Composição por justaposição** – união de palavras ou radicais sem nenhuma alteração fonética ou gráfica: *arranha-céu*, *vaivém*.
- **Composição por aglutinação** – fusão de palavras ou radicais com alterações em sua estrutura: *planalto* (plano + alto), *aguardente* (água + ardente).
- **Composto erudito** – união de radicais gregos ou latinos: *psicologia*, *micróbio*.

Outros processos

- **Estrangeirismo** – empréstimo de termos originários de línguas estrangeiras: *fast-food*, *delivery*, *abajur*.
- **Hibridismo** – combinação ou união de palavras em cuja formação entram elementos de línguas diferentes: *burocracia*, *televisão*.
- **Abreviação** (ou redução vocabular) – encurtamento de uma palavra: *cine* (cinema), *moto* (motocicleta), *metrô* (metropolitano), *neura* (neurose).
- **Onomatopeia** – palavra que reproduz ruídos, sons e vozes: *bangue-bangue*, *tlim-tlim*, *bum*, *psiu*, *miau*.
- **Neologismo** – palavra criada recententemente ou usada com novo significado para atender às necessidades de expressão dos usuários de uma língua: *deletar*, *tuitar*, *becapear*, *printar*.
- **Siglonimização** – combinação das letras iniciais das palavras que formam um nome: *Enem*, *USP*.
- **Palavra-valise** – fusão de duas palavras com uma delas sofrendo truncamento: *portunhol*, *bebemorar*, *carreata*.

Capítulo 7 Substantivo

Definição

No texto

Leia estes versos de um poema de Mario Quintana, cuja linguagem apresenta um lirismo próprio e especial:

Segunda canção de muito longe

Havia um corredor que fazia cotovelo:
Um mistério encanando com outro mistério, no escuro...

Mas vamos fechar os olhos
E pensar numa outra cousa...

Vamos ouvir o ruído cantado, o ruído arrastado das correntes no algibe,
Puxando a água fresca e profunda.
Havia no arco do algibe trepadeiras trêmulas.
Nós nos debruçávamos à borda, gritando os nomes uns dos outros,
E lá dentro as palavras ressoavam fortes, cavernosas como vozes de leões,
Nós éramos quatro, uma prima, dois negrinhos e eu.
Havia os azulejos reluzentes, o muro do quintal, que limitava o mundo,
Uma paineira enorme e, sempre e cada vez mais, os grilos e as estrelas...
Havia todos os ruídos, todas as vozes daqueles tempos...
As lindas e absurdas cantigas, tia Tula ralhando os cachorros,
O chiar das chaleiras...
Onde andará agora o *pince-nez* da tia Tula
Que ela não achava nunca?
[...]

QUINTANA, Mario.
In: CARVALHAL, Tania Franco (Org.).
Mario Quintana: poesia completa.
Rio de Janeiro: Nova Aguilar, 2008. p. 152.
(Fragmento). © by Elena Quintana.

Glossário

Algibe: reservatório onde se recolhe água; cisterna.

Pince-nez (francês): óculos sem haste que se prendem ao nariz por meio de uma mola.

1. No poema, o eu lírico retorna à infância embalado pelas recordações do passado, que é evocado em linguagem subjetiva. Na primeira estrofe, ocorre-lhe a imagem de um corredor. O que ele quis dizer com "corredor que fazia cotovelo" e "mistério encanando com outro mistério"?
2. A partir da segunda estrofe, o eu lírico continua a convocar o leitor a acompanhá-lo em suas novas lembranças.
   a) Que palavra marca a oposição de conteúdo entre a primeira e as demais estrofes? Que sentido ela expressa?
   b) Por que a lembrança inicial do corredor é diferente das novas recordações que se desenvolvem nas próximas estrofes?
3. As evocações chegam trazidas por ruídos que o eu lírico vai identificando pouco a pouco.
   a) Em sua opinião, o que representam os ruídos de que o eu lírico fala nos versos da segunda estrofe?
   b) O que podia representar "o muro do quintal" na infância do eu lírico?
4. Releia o poema a partir do décimo verso ("Nós éramos quatro, uma prima, dois negrinhos e eu.") até o final.
   a) Nesse trecho, que palavras nomeiam as pessoas que faziam parte do passado do eu lírico?
   b) Que palavras designam as coisas ou os objetos que existiam nesse lugar do qual o eu lírico se recorda?
   c) Identifique também as palavras que nomeiam animais.
   d) Releia estes versos: "Havia um corredor que fazia cotovelo: / Um **mistério** encanando outro mistério, no escuro...".
      - As palavras *corredor* e *mistério* referem-se a coisas concretas ou abstratas?
      - À palavra *escuro* se antepõe o artigo ("**no** escuro"). A que palavra da mesma família ela equivale?
      - No final do poema, também encontramos um verbo em que se antepõe um artigo. Que verbo é esse e a que palavra cognata, que designa coisa, ele equivale no verso?

Em contexto

Algumas das palavras do poema que você leu nomeiam seres vivos ou animados, como **pessoas** (Tula), **animais** (cachorros, leões) e **plantas** (paineira); outras dão nome a seres inanimados, **coisas** ou **objetos** (corredor, cantigas, azulejos, chaleiras, muro) e outras coisas que só existem a partir da existência de outro ser (mistério). Essas palavras são classificadas como **substantivos**.

Substantivos são palavras que atribuem **nomes** a seres reais ou imaginários (pessoas, animais, objetos), lugares, qualidades, ações e sentimentos, ou seja, tudo que tem existência concreta ou abstrata.

Observação

- Se a palavra for originalmente um adjetivo ou verbo, ou pertencer a outra classe gramatical, e estiver precedida de artigo ou de certos pronomes, equivale a um substantivo; ela apresenta uma **função substantiva**: ***o** escuro*, ***o** chiar*, ***seu** sorrir*, etc.

Classificação dos substantivos

No texto

Leia esta nota jornalística sobre um fato que ocorreu na cidade de Rosana, no interior do estado de São Paulo:

ROSANA (SP)

Macacos à solta

Eles viraram atração turística. Em busca de alimento, cerca de 30 macacos-prego se aventuram pelas ruas e casas da cidade. A seca que atinge as três reservas ambientais da região é a causa do vaivém dos primatas. Os moradores retribuem com frutas e biscoitos. Não houve nenhum ataque à população.

Época, São Paulo, n. 532, p. 17, 28 jul. 2008.

LUCIANO CANDISANI/MINDEN/LATINSTOCK

Mamãe macaco-prego com seu filhote. Os macacos-prego alimentam-se de frutos, nozes, sementes e pequenos invertebrados. Foto de 2009.

1. O texto destaca um fato que tem ocorrido com frequência nos últimos anos.
   a) Além das alterações climáticas, como menciona o texto, que outros fatores vêm acarretando a ocorrência de situações como essa?
   b) O que há de inesperado e original nessa invasão de macacos?
2. No texto há vários substantivos que apresentam formações diferentes.
   a) Na segunda frase, que substantivos apresentam um único radical?
   b) Em que substantivos do texto há mais de um radical em sua estrutura?
   c) Escreva as palavras a partir das quais se formaram os substantivos *atração*, *moradores*, *primatas*, *ataque* e *população*.
   d) Na frase "Eles viraram atração turística", o substantivo *atração* tem existência própria ou depende de um ser para existir?
   e) Ocorre no texto algum substantivo que nomeia determinado ser ou lugar de modo particular? Esclareça sua resposta.

Pode-se concluir, de maneira geral, que os substantivos diferem quanto ao que se referem e quanto à sua formação. Veja a seguir cada caso de classificação dos substantivos.

Em contexto

Classificação quanto à formação

Quanto à formação, os substantivos são classificados em **simples** ou **compostos** e **primitivos** ou **derivados**.

1. **Substantivos simples** – apresentam um só radical em sua estrutura.

   olhos *água* *muro* *quintal*

   macaco *cidade* *biscoito* *rua*

2. **Substantivos compostos** – são formados por mais de um radical em sua estrutura.

   macacos-prego *porta-voz* *cana-de-açúcar* *vaivém* pince-nez

3. **Substantivos primitivos** – são os que dão origem a outras palavras, ou seja, não provêm de nenhum outro radical da língua.

   arco *casa* *mundo* *tempo* *grilos* *frutas* *tia* *vozes*

4. **Substantivos derivados** – são formados de outros radicais da língua.

   correntes *chaleiras* *paineira* *cantiga* *população* *moradores* *azulejos*

Classificação quanto ao que se referem

Quanto ao que se referem, os substantivos classificam-se em **comuns** ou **próprios**, **concretos** ou **abstratos** e **coletivos**.

1. **Substantivos comuns** – referem-se a qualquer ser de uma mesma espécie.

   biscoito *ruído* *estrelas* *cachorro* *prima* *algibe*

2. **Substantivos próprios** – designam determinado ser entre outros da mesma espécie, de maneira individual ou particular. São escritos com inicial maiúscula.

   Rosana *Tula* *Brasil* *Mario Quintana*

3. **Substantivos concretos** – nomeiam seres com existência própria, isto é, que não dependem de outros para existir. Esses seres podem ser animados ou inanimados, reais ou imaginários, como criaturas fantásticas ou divindades.

   leão *corrente* *estrelas* *fada*

   lobisomem *saci-pererê* *mula sem cabeça*

4. **Substantivos abstratos** – nomeiam ações, estados, qualidades e sentimentos que não têm existência própria, ou seja, só existem em função de um ser.

   mistério *bondade* *confiança* *mágoa* *lembrança*

5. **Substantivos coletivos** – referem-se a um conjunto de seres da mesma espécie, mesmo quando empregado no singular, e constituem um substantivo comum.

Biblioteca do estudante Apêndice "Substantivos coletivos"

Alguns substantivos coletivos	
elenco (de atores)	*multidão* (de pessoas)
acervo (de obras artísticas)	*cinemateca* (de filmes)
buquê (de flores)	*corja* (de malfeitores)
fauna (de animais de uma região)	*flora* (de plantas de uma região)
antologia (de textos selecionados)	*enxoval* (de roupas)
frota (de navios, aviões e veículos)	*molho* (de chaves)

Ponto de vista

Gramáticos e linguistas discordam quanto à forma como se diferencia o substantivo concreto do abstrato. O melhor recurso seria distingui-los no contexto. Em geral, quando o substantivo expressa ação, ele é abstrato; se nomeia um ser ou objeto, é concreto.

Veja estes casos:

A adolescência representa uma ***passagem*** *para a idade adulta.*

substantivo abstrato (ação de passar)

Mamãe já comprou a ***passagem*** *aérea de todo mundo.*

substantivo concreto (bilhete)

Pesquise esse assunto com os colegas e verifique qual seria a forma mais apropriada de diferenciar substantivo concreto de substantivo abstrato.

APLICAÇÃO

1 Leia esta nota jornalística:

AUSTRÁLIA

A praga do canguru

A cidade de Canberra quer matar seus cangurus para equilibrar o ecossistema. A proliferação desses animais prejudicaria outras espécies, algumas delas em extinção. Uma pesquisa feita pelo governo no final do ano passado revelou que 17% dos motoristas de Canberra já colidiram com um canguru. Segundo o ministro-chefe do território onde está a cidade, a melhor solução é abatê-los a tiros. O projeto ainda será votado, mas já provocou protestos.

Época, São Paulo, n. 566, p. 2, 21 mar. 2009.

ROB GRIFFITH/AP/IMAGEPLUS

Bando de cangurus, em Canberra, Austrália. Foto de 2006.

a) A proliferação de cangurus é um grande problema na Austrália. Além dos argumentos do texto, que outros você citaria para enfatizar a gravidade da situação?

b) A proposta apresentada no texto é polêmica. Qual é sua opinião sobre o projeto apresentado como solução ao problema dos cangurus?

c) Forme substantivos derivados a partir dos substantivos primitivos *governo*, *final*, *cidade* e *projeto*.

d) Destaque os substantivos derivados do texto. De que palavras eles derivam?

e) Na palavra *território*, que é um substantivo derivado, encontramos o sufixo *-tório*.

- Dê outros exemplos de substantivos derivados que apresentam esse mesmo sufixo.
- O que se pode concluir quanto ao significado desse sufixo?

f) O sufixo *-ista*, que forma o substantivo derivado *motoristas*, indica "profissional" ou "agente". Escreva substantivos que tenham esse sufixo e observe o sentido da palavra.

g) Encontre no texto um substantivo próprio e um substantivo composto.

h) Leia as frases a seguir e identifique em qual delas a palavra destacada é substantivo. Explique por quê.

- Grupos de cangurus **australianos** provocam transtornos.
- Muitos **australianos** protestam contra o abate de cangurus.

2 Reescreva as frases, substituindo a expressão destacada pelo substantivo coletivo equivalente.

- O **grupo de atores** da novela *Ti-ti-ti* esteve presente no festival.
- O **conjunto de obras de arte** do museu foi destruído pelo incêndio.
- Grande parte dos **navios de guerra** do país protegia as fronteiras.
- Toda a **rede de malfeitores** desta cidade foi detida pela polícia.
- Uma **divisão de soldados** do exército dos EUA deixará o Iraque.

3 Leia o texto a seguir, que expõe uma questão bem atual: a reciclagem.

Brasil perde até R$ 8 bi ao ano por falta de reciclagem

Estudo realizado pelo Instituto de Pesquisa Econômica Aplicada (Ipea), em parceria com o Ministério do Meio Ambiente (MMA), aponta que o Brasil poderia ter benefícios da ordem de R$ 8 bilhões ao ano se fizesse a reciclagem de todos os resíduos recicláveis que são encaminhados aos lixões e aterros. Atualmente, a coleta seletiva gera benefícios que variam de R$ 1,4 bilhão a R$ 3,3 bilhões anuais.

O documento deverá servir de base para estabelecer uma política de Pagamento por Serviços Ambientais Urbanos (PSAU) pelo Ministério do Meio Ambiente, em que as cooperativas de catadores devem desempenhar papel fundamental. “O estudo nos deu a base para trabalhar. Há um mercado enorme e existem 1 milhão de catadores no Brasil todo”, diz a ministra do Meio Ambiente, Izabella Teixeira. Só na cadeia do plástico, os benefícios poderiam subir do atual teto máximo de R$ 1 bilhão ao ano para R$ 5 bilhões ao ano.

HÉLVIO ROMERO/AE

Entulho com sacolas e garrafas plásticas em margem do rio Pinheiros, na cidade de São Paulo. Fevereiro de 2009.

O Estado de S. Paulo, São Paulo, 15 maio 2010. Vida.

a) O Brasil já aproveita objetos recicláveis, mas ainda atua de forma insuficiente nessa área. Além de aumentar os ganhos, de que outros benefícios a população poderá usufruir com uma coleta seletiva organizada?

b) Escreva o sentido do substantivo *teto* nas frases a seguir.
- “os benefícios poderiam subir do atual **teto** máximo [...].”
- O **teto** do antigo sobrado desabou após as últimas chuvas.
- O rapaz casou-se, mas vivia sob o mesmo **teto** paterno.
- Com a neblina, não havia **teto** para a decolagem de aviões.

c) Substitua o prefixo do substantivo *aterros* por *des-* e *en-*, e escreva o significado destes últimos dois prefixos.

d) Observe o substantivo derivado *reciclagem* (“a **reciclagem** de todos os resíduos”).
- Quais os elementos (radical, prefixo e sufixo) que compõem esse substantivo?
- Escreva o significado do prefixo que compõe esse substantivo e dê outros exemplos de substantivos que também o apresentam em sua estrutura.
- Os substantivos *folhagem*, *paisagem* e *montagem* apresentam o mesmo sufixo de *reciclagem*. Destaque esse sufixo e escreva os significados que ele pode ter.
- O que significa *reciclagem*, considerando os elementos que compõem essa palavra?

e) A diferença entre substantivo concreto e substantivo abstrato nem sempre se faz com facilidade. Distingui-los no contexto é mais seguro. Escreva o sentido do substantivo *benefícios* nas frases a seguir e classifique-o como concreto ou abstrato.

- "o Brasil poderia ter **benefícios** da ordem de R$ 8 bilhões"
- A mulher esperava um **benefício** divino naquele momento.
- O prefeito realizou alguns **benefícios** durante seu mandato.
- A maioria dos idosos recebe **benefícios** da Previdência Social.
- O gerente deu-lhe o **benefício** da dúvida.

4 Leia este anúncio publicitário:

REPRODUÇÃO

a) O anúncio apresenta uma campanha de uma empresa fabricante de cosméticos. O que o enunciado central sugere?
b) Com base no anúncio, explique como a empresa de cosméticos defende o desenvolvimento sustentável.
c) Releia esta frase: "Incorporar novos processos, criar soluções, ver com outro olhar". O verbo *olhar*, nessa frase, tem valor de substantivo. Explique por quê.
d) No anúncio há dois substantivos compostos. Em qual deles o emprego do hífen foi eliminado com a Reforma Ortográfica de 2009?
e) Escreva duas frases em que as palavras *natureza* e *solução* sejam empregadas como substantivos concretos e duas em que figurem como abstratos.
f) Derive substantivos a partir:
   - dos substantivos *higiene*, *origem* e *consumo*.
   - dos verbos *repor*, *inovar* e *viver*.
   - dos adjetivos *necessário*, *mineral* e *sustentável*.
g) Na frase "Mude o seu pensar", a palavra *pensar* é um verbo? Justifique sua resposta.

5 Leia esta tira do Garfield:

GARFIELD — Jim Davis

a) As palavras de Jon não parecem incomodar Garfield, apesar de ele pressentir que seu dono continuará insistindo no "sermão". O que leva a pensar que o gato teve tal pressentimento?
b) Na tira, que substantivos são abstratos? Por quê?

Flexão dos substantivos

Flexão de gênero

No texto

Leia esta tira do Níquel Náusea:

NÍQUEL NÁUSEA — Fernando Gonsales

1. No primeiro quadrinho, há uma legenda em que o narrador esclarece ao leitor qual é o gênero do substantivo *caramujo*. Com que objetivo ele dá essa explicação?
2. Com base na tira, explique como o quadrinista caracteriza o caramujo em sua parte feminina.
3. Que recursos o quadrinista utiliza para evidenciar que a personagem é um caramujo fêmea?
4. O que se conclui quanto à flexão de gênero do substantivo *caramujo*?
5. Observe os substantivos relacionados a seguir.

onça	*zangão*	*tigre*	*elefante*	*faisão*	*capivara*
bode	*cascavel*	*pavão*	*cobra*	*mamoeiro*	*leitão*

a) Identifique os substantivos que fazem o feminino da mesma forma que *caramujo*. Escreva-os no feminino.

b) Escreva o feminino dos demais substantivos, os quais apresentam uma forma para o masculino e outra para o feminino.

Vejamos, a seguir, como se faz a variação de gênero em português.

Em contexto

Em geral, a **flexão de gênero** (masculino e feminino) em português é feita com a troca de *-o* por *-a* ou com o acréscimo da vogal *-a* no final da palavra: *o cozinheir**o*** – *a cozinheir**a***, *o doutor* – *a douto**ra***.

1. São **masculinos** os substantivos aos quais é possível antepor os artigos *o* ou *um* e as formas pronominais *meu*, *teu*, *seu*: ***o** teatro*, ***um** cafezinho*, ***meu** pé*, ***teu** pai*.
2. São **femininos** os substantivos diante dos quais se podem empregar os artigos *a* ou *uma* e as formas pronominais *minha*, *tua*, *sua*: ***a** camisa*, ***uma** geladeira*, ***sua** freguesa*.
3. Nem sempre a terminação *-o* ou *-a* indica o gênero masculino ou feminino: ***o** grama* (masculino), ***o** telefonema* (masculino), ***a** comichão* (feminino).

Observação

- Não se deve confundir o gênero da palavra com o sexo do ser, porque todos os substantivos possuem gênero, quer se refiram a seres, objetos ou coisas: ***o** indivíduo*, ***o** remédio* (gênero masculino); ***a** pessoa*, ***a** música* (gênero feminino).

Substantivos biformes

Chamam-se **biformes** os substantivos que apresentam uma forma para o masculino e outra para o feminino.

o cônsul – a consulesa	*o monge – a monja*
o perdigão – a perdiz	*o pardal – a pardoca* (ou *pardaloca*)
o presidente – a presidenta	*o ator – a atriz*
o sacerdote – a sacerdotisa	*o maestro – a maestrina*
o sultão – a sultana	*o campeão – a campeã*

Substantivos uniformes

Os substantivos que apresentam uma única forma para o masculino e o feminino são chamados **uniformes**: ***o/a** gerente*, ***a** criança*, ***o** jacaré*, ***o** cônjuge*, ***a** palmeira*, ***o/a** intérprete*.

Classificam-se em **epicenos**, **sobrecomuns** e **comuns de dois gêneros**.

Os **epicenos** designam alguns animais e plantas e são invariáveis. Diferencia-se o sexo pelo emprego da palavra *macho* ou *fêmea*.

a** suçuarana **macho** – **a** suçuarana **fêmea

a** palmeira **macho** – **a** palmeira **fêmea

o** mamoeiro **macho** – **o** mamoeiro **fêmea

Os **sobrecomuns** referem-se a seres humanos. É pelo contexto em que aparecem que se sabe qual é o gênero dos indivíduos. Caso isso não seja possível, a variação de gênero pode ser determinada pelo uso das expressões *do sexo masculino* ou *do sexo feminino*.

***a** criança (do sexo masculino ou do sexo feminino)*

***o** indivíduo (do sexo masculino ou do sexo feminino)*

Os substantivos **comum de dois gêneros** são aqueles que admitem a mesma forma para o masculino e para o feminino. Para diferenciar o gênero, coloca-se antes ou depois deles um artigo, pronome adjetivo ou adjetivo.

***o** / **a** jornalista* ***um** / **uma** paciente* ***outro** / **outra** mártir*

Substantivos de gênero aparente

São os substantivos que mudam de sentido quando se troca o gênero. Observe alguns exemplos:

***o** cisma (separação, dissidência) – **a** cisma (suspeita)*

***o** grama (unidade de medida) – **a** grama (relva)*

***o** moral (ânimo) – **a** moral (ética)*

Substantivos de gênero vacilante

Certos substantivos oferecem dúvida quanto ao gênero. Veja a seguir a forma recomendável de alguns deles.

Masculinos	Femininos
***o** aneurisma* (dilatação arterial)	***a** derme* (pele)
***o** apêndice* (acessório)	***a** cal* (substância)
***o** eclipse* (fenômeno astronômico)	***a** cólera* (raiva, ira)
***o** dó* (pena; pesar; nota musical)	***a** libido* (desejo sexual)
***o** magma* (massa do interior terrestre)	***a** alface* (hortaliça)

Masculinos e femininos	
o** / **a cólera (doença)	***o** / **a*** diabetes (ou *diabete*)
o** / **a sabiá	***o** / **a*** personagem
o** / **a suéter	***o** / **a*** champanhe (ou champanha)

Ponto de vista

Segundo alguns estudiosos da língua, o masculino não indica variação de gênero, por isso se diz que ele representa o gênero zero. Nesse caso, é o feminino que expressa a mudança de gênero em português.

Qual é a sua opinião? Troque ideias sobre ela com seus colegas.

Flexão de número

No texto

Leia o texto a seguir.

Objetos perdidos

Os guarda-chuvas perdidos... aonde vão parar os guarda-chuvas perdidos? E os botões que se desprenderam? E as pastas de papéis, os estojos de *pince-nez*, as maletas esquecidas nas gares, as dentaduras postiças, os pacotes de compras, os lenços com pequenas economias, aonde vão parar todos esses objetos heteróclitos e tristes? Não sabes? Vão parar nos *anéis* de Saturno, são eles que formam, eternamente girando, os estranhos *anéis* desse planeta misterioso e amigo.

QUINTANA, Mario.
In: CARVALHAL, Tania Franco (Org.).
Mario Quintana: poesia completa.
Rio de Janeiro: Aguilar, 2008. p. 167.
© by Elena Quintana.

Glossário

Gares: estações de estradas de ferro.

Heteróclitos: bizarros, extravagantes.

1. No texto, o eu lírico se mostra incomodado com o destino dos objetos esquecidos por seus donos em algum lugar.

a) Em sua opinião, por que as pessoas estão cada vez mais distraídas?

b) Quais objetos você acha que são comumente esquecidos ou perdidos pelas pessoas nos dias de hoje?

2. No texto há alguns substantivos simples flexionados quanto ao número (plural). Observe a terminação deles no singular e depois no plural e indique como se formou o plural.

a) pasta – pastas; estojo – estojos; maleta – maletas; gare – gares; economia – economias; pacote – pacotes

b) botão – botões

c) papel – papéis; anel – anéis

3. No texto há um substantivo composto flexionado no plural: *guarda-chuvas*. Agora, observe a flexão no plural do substantivo *guarda-civil*: *guarda**s**-civi**s***.

Atenção

- A palavra *guarda* é verbo se o segundo elemento for substantivo. Mas, se este for adjetivo, *guarda* é substantivo.

- Observe os substantivos a seguir e flexione-os no plural.

guarda-noturno *guarda-marinha* *guarda-roupa*

Em português, há várias maneiras de formar o plural dos substantivos, como veremos a seguir.

Em contexto

Plural dos substantivos simples

1. Acrescenta-se *-s* aos substantivos terminados em vogal e em ditongos crescentes ou decrescentes.

   maçã – maçãs *prédio – prédios* *cânone – cânones*

2. Acrescenta-se *-s* aos substantivos terminados em *-n*.

   líquen – liquens *pólen – polens* *hífen – hifens*

   abdômen – abdomens *elétron – elétrons* *gérmen – germens*

Observação

- Admitem-se também, no singular, a forma *cânon* e, no plural, as formas *abdômenes*, *líquenes*, *hífenes* e *gérmenes*.

3. Aos substantivos terminados em *-r*, *-s* ou *-z*, acrescenta-se *-es*.

   açúcar – açúcares *radar – radares* *retrós – retroses*

Observações

1. Alguns substantivos terminados em *-r* mudam sua sílaba tônica no plural: *júnior – juniores*; *caráter – caracteres*; *sênior – seniores*.
2. Os substantivos terminados em *-s* só recebem *-es* se forem oxítonos ou monossílabos tônicos: *freguês – fregueses*; *gás – gases*. Se forem paroxítonos ou proparoxítonos, permanecem invariáveis: *o lápis – os lápis*; *o pires – os pires*; *o ônibus – os ônibus*.

4. Nos substantivos terminados em *-l* e precedidos de *-a*, *-e*, *-o*, *-u*, substitui-se o *-l* por *-is*.

   pardal – pardais *anel – anéis* *paul – pauis* *álcool – alcoois*

   Exceções: *mal – males*; *cônsul – cônsules*.

5. Nos substantivos oxítonos terminados em *-il*, troca-se o *-l* por *-is*.

   fuzil – fuzis *canil – canis* *barril – barris*

Observações

1. Quando são paroxítonos, muda-se o *-il* por *-eis*: *réptil – répteis*; *fóssil – fósseis*; *projétil – projéteis*.
2. Existem também as formas *reptil* e *projetil* (oxítonas). Nesse caso, o plural é *reptis* e *projetis*.

6. Em alguns substantivos terminados em *-ão*, acrescenta-se *-s*.

   cidadão – cidadãos *cristão – cristãos* *sótão – sótãos*

7. Em outros substantivos terminados em *-ão*, troca-se *-ão* por *-ães*.

   charlatão – charlatães *sacristão – sacristães*

8. Em outros substantivos terminados em *-ão*, ainda, troca-se *-ão* por *-ões*.

   verão – verões *vilão – vilões* *guardião – guardiões*

Observação

- Alguns substantivos terminados em **-ão** apresentam mais de uma forma no plural. Nesses casos, a forma terminada em *-ões* é a mais usada: *ermitão – ermit**ões**, ermit**ãos**, ermit**ães***; *sultão – sult**ões**, sult**ãos**, sult**ães***; *ancião – anci**ões**, anci**ãos**, anci**ães***.

9. Nos substantivos terminados em *-zito* e *-zinho*, pluraliza-se o substantivo primitivo, elimina-se o *-s* e coloca-se o sufixo no plural.

*florzita – flor**ezitas*** *balãozinho – balõ**ezinhos***

10. Os substantivos terminados em *-x* são invariáveis.

o clímax – os clímax *o tórax – os tórax* *a fênix – as fênix*
o/a xerox (ou *xérox*) – *os/as xerox* (ou *xérox*)

Exceções: *o cálix* (ou *cálice*) – *os cálices*; *o códex* (ou *códice*) – *os códices*. Também se usa a forma *os/as xeroxes* (ou *xéroxes*).

11. Nos substantivos terminados em *-m*, troca-se o *-m* por *-ns*.

jardim – jardins *atum – atuns* *pajem – pajens*

12. Há substantivos que são usados apenas no plural.

(os) *arredores* (as) *bodas* (as) *condolências*
(os) *esponsais* (as) *exéquias* (as) *fezes*
(as) *núpcias* (os) *pêsames* (os) *víveres*

13. Os nomes de letras, de certos números ou nomes próprios de pessoas flexionam-se normalmente.

*Ele nunca colocava os pingos nos **is**.*
*Eliminaram todos os **quatros** da cartela.*
*Apreciamos os **Andrades** pelo talento.*

Conteúdo multimídia Áudio "Plurais"

14. Há substantivos que mudam o timbre da vogal tônica no plural. Esse fenômeno se chama **metafonia**. Podem apresentar **o** tônico fechado no singular e aberto no plural.

caroço (ô) – *caroços* (ó) *miolo* (ô) – *miolos* (ó)
imposto (ô) – *impostos* (ó) *poço* (ô) – *poços* (ó)
forno (ô) – *fornos* (ó) *tijolo* (ô) – *tijolos* (ó)

15. Em outros substantivos a vogal *o* tônica se mantém fechada tanto no singular quanto no plural.

gosto – gostos (ô) *sogro – sogros* (ô) *esposo – esposos* (ô)
rosto – rostos (ô) *cachorro – cachorros* (ô) *piolho – piolhos* (ô)

16. Existem substantivos que mudam de sentido quando usados no plural.

*Sua volta foi um **bem** para a família.* (felicidade)
*Casaram-se com separação de **bens**.* (patrimônio)
*O operário recebeu a **féria** irrisória do dia.* (remuneração)
*Passar as **férias** no campo foi relaxante.* (período de descanso)

Plural dos substantivos compostos

No texto "Objetos perdidos", você observou o emprego do substantivo composto *guarda-chuvas*: somente a segunda palavra foi flexionada no plural, porque *guarda* é verbo e *chuva* é substantivo.

Veja a seguir os processos de formação do plural dos substantivos compostos, cujos elementos podem ou não vir ligados por hífen.

1. Se não houver hífen, os substantivos compostos flexionam-se como substantivos simples.

   aguardente – aguardentes *girassol – girassóis*

   malmequer – malmequeres *pontapé – pontapés*

2. Pluralizam-se as partes dos substantivos compostos formadas por palavras variáveis (substantivos, adjetivos e numerais ordinais) e não se flexionam as partes formadas por palavras invariáveis (verbos e advérbios) nem os prefixos que formam o substantivo composto ligado por hífen.

   couve-flor – couves-flores (substantivo e substantivo)
   quinta-feira – quintas-feiras (numeral ordinal e substantivo)
   guarda-civis – guardas-civis (substantivo e adjetivo)
   boia-fria – boias-frias (substantivo e adjetivo)
   guarda-costa – guarda-costas (verbo e substantivo)
   sempre-viva – sempre-vivas (advérbio e adjetivo)
   ex-aluno – ex-alunos (prefixo e substantivo)

3. Quando as palavras que compõem o substantivo composto vêm ligadas por preposição (*de*, *do*, *sem*, etc.), pluraliza-se somente a primeira palavra.

   cana-de-açúcar – canas-de-açúcar
   abelha-da-europa – abelhas-da-europa
   água-de-colônia – águas-de-colônia
   vaca-sem-chifre – vacas-sem-chifre (tipo de peixe)
   pé-de-meia – pés-de-meia
   abricó-do-pará – abricós-do-pará

4. Quando o substantivo composto é formado por palavras repetidas ou por onomatopeias, pluraliza-se somente a segunda palavra.

   reco-reco – reco-recos *pingue-pongue – pingue-pongues*
   bem-te-vi – bem-te-vis *tico-tico – tico-ticos*
   tique-taque – tique-taques *quero-quero – quero-queros*

Observações

1. Há substantivos compostos que já têm a segunda palavra no plural: *o saca-rolhas – os saca-rolhas*.
2. Nos substantivos compostos de verbos com sentidos contrários, nenhuma palavra se flexiona: *os perde-ganha*.
3. Certos substantivos compostos apresentam mais de uma forma no plural: *guardas-marinha* ou *guardas-marinhas* ou *guarda-marinhas*; *padre-nossos* ou *padres-nossos*; *salários-família* ou *salários-famílias*.
4. As formas apocopadas *grão*, *grã* e *bel* não são flexionadas: *grão-duques*, *grã-cruzes*, *bel-prazeres*.

5. Determinados substantivos compostos não variam no plural: *os arco-íris*, *os louva-a-deus*.
6. Flexiona-se só o primeiro elemento do substantivo composto, mas se admite pluralizar ambos quando o segundo expressa semelhança, finalidade ou limita o primeiro. Nesse caso, o substantivo composto é formado por dois substantivos: *peix**es**-espada* ou *peix**es**-espada**s***; *pap**éis**-moeda* ou *pap**éis**-moeda**s***; *caf**és**-concerto* ou *caf**és**-concerto**s***.

Flexão de grau

No texto

Leia o texto a seguir.

Da cor

Há uma cor que não vem nos dicionários. É essa indefinível cor que têm todos os retratos, os figurinos da última estação, a voz das velhas damas, os primeiros sapatos, certas tabuletas, certas ruazinhas laterais: a cor do tempo.

QUINTANA, Mario. In: CARVALHAL, Tania Franco (Org.). *Mario Quintana*: poesia completa. Rio de Janeiro: Aguilar, 2008. p. 181. © by Elena Quintana.

1. No texto, o autor faz uma referência à *cor do tempo*, que, como ele diz, é impossível definir. Explique por que essa não é uma cor concreta, mas metafórica.
2. Releia o texto e observe a flexão dos substantivos *tabuletas* e *ruazinhas*. Eles apresentam um sentido de aumento ou de diminuição? Explique sua resposta.
3. Que palavras indicariam respectivamente a diminuição e o aumento dos substantivos *voz* e *sapato*?

Em contexto

Você pôde perceber que, além da flexão de gênero e de número, os substantivos podem ser flexionados quanto ao **grau**, expressando **aumento** ou **diminuição**.

A ideia de aumento ou de diminuição pode ser expressa de forma **sintética** ou **analítica**.

1. Para a forma sintética, basta acrescentar um sufixo aumentativo ou diminutivo ao substantivo: *mão**zona*** – *mão**zinha***; *bal**ázio*** – *bal**inha***; *homen**zarrão*** – *homen**zinho***; *fog**aréu*** – *fog**uinho***, *fog**acho***.
2. Para a forma analítica, emprega-se uma palavra (adjetivo) que dá a ideia de aumento ou de diminuição junto ao substantivo: *mesa **grande*** – *mesa **enorme***; *quarto **pequeno*** – *quarto **minúsculo***.
3. Em geral, faz-se o **aumentativo sintético** com os sufixos *-ão* ou *-zão*: *dent**ão***, *pe**zão***. E o **diminutivo sintético** com os sufixos *-inho* ou *-zinho*: *dent**inho***, *pe**zinho***.
4. Há outros sufixos usados na formação do aumentativo e do diminutivo: *vag**alhão***, *cop**ázio***, *bal**aço***, *cabe**çorra***, *can**zarrão***, *corp**anzil***, *fest**ança*** (aumentativos); *ru**ela***, *vilar**ejo***, *burr**ico***, *rapaz**ola***, *velh**ote***, *farol**ete***, *ri**acho*** (diminutivos).
5. Certos sufixos indicativos de aumentativo ou diminutivo expressam, às vezes, um sentido depreciativo ou pejorativo, de grosseria ou de zombaria: *bei**çorra***, *orel**hudo***, *mulher**ona***, *poet**astro***, *jornal**eco***, *livr**eco***, *gent**inha***.

6. Há sufixos indicativos de diminutivo que podem acrescentar ao substantivo uma ideia de carinho, de ternura: *filh**inho***, *doc**inho***, *coração**zinho***.
7. Determinados substantivos perderam o sentido gradativo de aumento ou de diminuição: *cartão*, *portão*, *papelão*, *folhinha* (calendário).

Ponto de vista

Gramáticos (especialistas em gramática) e linguistas (especialistas em linguística) apresentam opiniões contrárias sobre os graus dos substantivos. Há aqueles que consideram o aumentativo e o diminutivo apenas um processo de derivação, como Mattoso Câmara Júnior. Outros julgam essa formação uma flexão do substantivo.

Com um colega, pesquise esse assunto e exponham para a classe qual explicação acima os dois consideram mais adequada.

APLICAÇÃO

1 Leia o texto a seguir, que relata uma importante descoberta.

NORUEGA

O superpredador

Ele era capaz de comer qualquer coisa. Foi assim que paleontólogos noruegueses descreveram o réptil marinho cujo fóssil foi descoberto no Arquipélago de Svalbard, próximo ao Oceano Ártico. Classificado como um "pliossauro" (lagarto maior), ele teria sido o carnívoro mais poderoso da história do planeta. Sua mordida era quatro vezes mais forte que a do tiranossauro rex – até então considerada a mais forte entre os dinossauros. O animal viveu há 157 milhões de anos e pesava 45 toneladas.

Época, São Paulo, n. 566, p. 19, 23 mar. 2009.

Glossário

Paleontólogos: estudiosos das formas de vida existentes em épocas passadas.

a) Na sua opinião, por que descobertas como essa, ocorrida na Noruega, despertam o interesse não só de pesquisadores?

b) O substantivo *superpredador* é formado pelo prefixo *super-* e pelo substantivo *predador*.
- Que sentido o prefixo *super-* confere a essa palavra?
- Há prefixos que podem formar o aumentativo, como é o caso de *super-*, ou o diminutivo, como *mini-*. Escreva exemplos dos dois casos.

c) Escreva no plural este trecho: "o réptil marinho cujo fóssil foi descoberto no Arquipélago de Svalbard".

d) Releia esta frase: "Classificado como um 'pliossauro' (lagarto maior), ele teria sido o carnívoro mais poderoso da história do planeta".
- Em *lagarto maior*, em que grau está o substantivo?
- Por que a palavra *carnívoro*, nessa frase, é um substantivo? Empregue-a como adjetivo numa frase e explique.

e) Nas frases a seguir, ocorrem casos de palavras de outra classe gramatical empregadas com função substantiva. Identifique-as e explique por quê.
- O pliossauro tinha uma mordida poderosa.
- Certos dinossauros atacavam presas maiores que eles.

2 Leia o anúncio publicitário a seguir.

REPRODUÇÃO

a) De que forma a imagem e o texto verbal do anúncio dialogam entre si?

b) O anúncio tem como objetivo a promoção de uma ideia divulgada pelo movimento Planeta Sustentável.
- O que motivou essa iniciativa em defesa da Mata Atlântica?
- Que consequências poderão ocorrer se a Mata Atlântica for completamente destruída?

c) Em qual das frases a seguir a palavra destacada é empregada como substantivo? Por quê?
- A rica biodiversidade encantou **naturalistas**.
- Charles Darwin foi um cientista **naturalista**.

d) Destaque do texto do anúncio dois substantivos dos seguintes tipos: derivado, próprio, comum e abstrato.

e) Observe este substantivo composto empregado no anúncio: *chefe-geral*. Como ele é formado e como se faz sua flexão de número?

3 Leia esta nota jornalística:

Redes de pesca matam entre 700 e 1,3 mil toninhas ao ano

Pesquisadores alertam para a morte de toninhas - um tipo de golfinho - que ficam presas acidentalmente em redes de pesca no litoral brasileiro.

De acordo com Eduardo Secchi, do Instituto de Oceanografia da Universidade Federal do Rio Grande (FURG), entre 700 e 1,3 mil toninhas morrem todos os anos no Rio Grande do Sul e no Uruguai por essa razão.

As redes de pesca chegam a ter entre 20 e 30 quilômetros. Mas, segundo Secchi, deveriam ter, no máximo, 7,5 km.

As toninhas geram somente um filhote a cada dois anos e costumam ficar próximas da costa. Por isso, acabam ameaçadas também pela poluição das águas.

Juntos, esses problemas têm feito o número de indivíduos da espécie declinar nos últimos anos. As toninhas estão classificadas como "vulneráveis" na lista vermelha de animais ameaçados de extinção da União Internacional para Conservação da Natureza (IUCN).

O Estado de S. Paulo, São Paulo, 15 mar. 2010. (Fragmento).

VALÉRIA RUOPPOLO/PROJETO BIOPESCA

Toninha, o golfinho mais ameaçado da costa atlântica sul-americana. No Brasil, seus maiores predadores são pescadores que exploram o litoral sul e sudeste.

a) O texto apresenta um alerta contra o uso de grandes redes de pesca. Além de as toninhas serem vítimas de uma pesca ilegal, o que também compromete a sobrevivência desses animais?

b) Na frase "As toninhas geram somente um **filhote** a cada dois anos e costumam ficar próximas da costa", em que grau está empregado o substantivo destacado? Escreva outros substantivos com a mesma terminação.

c) Há substantivos que têm a forma aumentativa ou diminutiva, mas não apresentam o sentido de aumento nem de diminuição. Identifique, na relação de substantivos a seguir, quais não se incluem nesse caso.

toninha — *caldeirão* — *golfinho* — *chapelão*
cartão — *folhinha* — *rapagão* — *gentinha*
canzarrão — *portão* — *calção* — *jornaleco*
colchão — *pezinho* — *papelão* — *riacho*

4 **Os substantivos compostos a seguir apresentam variações especiais. Escreva-os no plural, utilizando para isso o artigo definido.**

sem-terra — *mico-leão-dourado* — *saca-rolhas*
bota-fora — *bem-me-quer* — *arco-íris*

5 **Identifique os substantivos abaixo cujo plural não se faz com a terminação *-ãos* e escreva-os no plural, utilizando a terminação adequada.**

pagão — *acórdão* — *escrivão*
bênção — *capitão* — *falcão*
cidadão — *temporão* — *corrimão*
afegão — *tecelão* — *cirurgião*
órfão — *sótão* — *guardião*

6 **Leia esta nota jornalística:**

Mamíferos em extinção

Ursos-polares, pandas, baleias, macacos, cervos, focas e o raro diabo-da-tasmânia estão entre os animais que podem sumir do planeta, segundo um relatório divulgado na terça-feira 7 pela União Internacional para a Natureza (UICN). No total, um quarto de todas as espécies de mamíferos do planeta está em extinção. O número é assustador: das 5.487 espécies conhecidas, 1.141 estão ameaçadas. São vários os motivos – caça, desmatamento, mudanças climáticas. A Ásia é o continente com o maior número de espécies ameaçadas.

IstoÉ, São Paulo, n. 2.032, p. 26, 15 out. 2008. © Três Editorial Ltda.

CYRIL RUOSO/JH EDITORIAL/MINDEN/LATINSTOCK

Panda, mamífero da família dos ursídeos. Ocorre na Ásia e alimenta-se basicamente de brotos e raízes de bambu.

a) Um dos problemas relacionados ao meio ambiente refere-se à extinção de algumas espécies de animais. Na sua opinião, por que esse fato é muito preocupante?

b) Entre os motivos mencionados no texto que justificam a extinção principalmente de mamíferos, qual você considera mais grave? Justifique sua resposta.

c) Destaque os substantivos compostos do texto e flexione-os em número, explicando a formação do plural de acordo com a gramática normativa.

d) No texto aparecem alguns substantivos simples que nomeiam animais: *pandas*, *baleias*, *macacos*, *cervos* e *focas*. Dê o masculino e o feminino de cada um.

7 Leia o texto a seguir.

A vida como você nunca viu

1. ***O ataque da foca-leopardo*** Nos mares gelados da Antártica, o pior dos predadores é a foca-leopardo. Com 3 metros e até 400 quilos, ela espreita e ataca filhotes de pinguim quando estes começam a aprender a nadar. A sobrevivência das aves depende apenas da sorte.
2. ***Procurando Nemo*** O peixe-palhaço ficou conhecido graças a Nemo, o astro da animação de 2003. No filme e na vida real, o peixe-palhaço mora entre os tentáculos venenosos da anêmona-do-mar nas águas da Austrália. Sem nunca se machucar.
3. ***Mamãe rã*** A perereca venenosa da Costa Rica põe seus ovos em poças d'água na floresta. Quando nascem os girinos, ela os carrega, um a um, até o copo de bromélias no toco de árvores de 50 metros. A mãe dedicada, de 1 centímetro, escala mais de 800 metros.
4. ***Plantas famintas*** Seu nome correto é planta insetívora, mas nós as conhecemos como carnívoras. Elas crescem em locais desolados, onde os nutrientes do solo são insuficientes para a maioria da flora. Assim, atrair, aprisionar e devorar insetos é questão de sobrevivência.
5. ***Um macaquinho genial*** O macaco-prego da Serra da Boa Vista, no sul do Piauí, é surpreendente. Seu bando é o único entre os primatas das Américas a usar ferramentas – no caso pedras, que empregam como martelos para abrir cocos. Um comportamento sofisticado assim só existe entre chimpanzés. E no ser humano.

Peter Moon. *Época*, São Paulo, n. 617, p. 115, 13 mar. 2010. (Fragmento).

ANDRÉ SEALE/PULSAR IMAGENS

Peixes-palhaço em uma anêmona-do-mar.

KONRAD WOTHE/MINDEN/LATINSTOCK

Perereca venenosa da Costa Rica com filhote nas costas.

LUCIANO CANDISANI/MINDEN/LATINSTOCK

Macaco-prego usando uma predra para quebrar frutos.

a) O texto apresenta curiosidades sobre o mundo animal e vegetal.
   - Destaque do texto os substantivos compostos cujos elementos encontram-se ligados por hífen.
   - Escreva uma frase utilizando cada um desses substantivos flexionados no plural.

b) As palavras a seguir têm, no singular, o som da primeira vogal -*o* fechado. Identifique os casos em que, no plural, o som da vogal muda e fica aberto. Leia a observação.

Observação

- As palavras *poça* e *molho* podem ser pronunciadas com a vogal *-o* aberta ou fechada, no singular e no plural.

ovo – ovos	*poça – poças*	*corpo – corpos*
esposo – esposos	*molho* (caldo) *– molhos*	*estojo – estojos*
toco – tocos	*forno – fornos*	*globo – globos*

c) Releia este trecho: "Seu bando é o único entre os primatas da América a usar ferramentas". No contexto, o substantivo *bando* é coletivo de quê?

d) Escreva o coletivo de: peixes, árvores, plantas, animais, insetos e aviões.

e) Observe o título "Um macaquinho genial". Qual é o significado do sufixo *-inho*, acrescentado ao radical do substantivo *macaquinho*? Que valor ele confere ao substantivo?

f) Nas frases a seguir, indique se o sufixo aumentativo ou diminutivo dos substantivos destacados expressa valor pejorativo (depreciativo) ou, ainda, carinho, simpatia, afetividade, ternura ou admiração.
- Ainda era um **rapazola** inexperiente.
- Ana Clara parecia uma **bonequinha**.
- O pai sempre foi seu **heroizinho**.
- A **cabeçorra** do árbitro impediu o gol.
- Seu **vozeirão** assustou a **Claudinha**.

8 Leia esta tira do Hagar:

HAGAR — Chris Browne

2011 KING FEATURES SYNDICATE/IPRESS

a) Em virtude do frio, Helga pede ao marido, Hagar, que se agasalhe bem antes de sair. Como o quadrinista produziu humor na tira?

b) Observe que o substantivo *suéter* foi empregado como palavra feminina ("**sua** suéter"). Segundo a gramática normativa, esse emprego está adequado? Por quê?

c) Na relação de substantivos a seguir, quais admitem o emprego nos dois gêneros?

telefonema *omoplata* *personagem* *champanhe* *diabetes*

d) Identifique a sequência em que todos os substantivos permanecem invariáveis no plural. Justifique sua resposta.
- ourives, ônix, atlas, lilás, obus, cós, pires
- ônibus, herpes, íris, alferes, ônus, miosótis
- tórax, vírus, oásis, revés, fênix, lótus, ás

e) Reescreva as frases, flexionando no plural os substantivos compostos.
- Trouxe da feira manga-rosa e banana-maçã.
- No lanche havia cachorro-quente e coca-cola.
- O caminhão-baú transportava boia-fria.

Lista de exercícios

RESUMO

Definição de substantivo

- **Substantivo** é a palavra que dá nome a seres reais ou imaginários.

Classificação dos substantivos

- **Simples** – apresentam um só radical em sua estrutura: *alface, música*.
- **Compostos** – têm mais de um radical: *pé-de-cabra, vice-líder*.
- **Primitivos** – dão origem a outras palavras e não provêm de nenhum outro radical da língua: *feira, loja, vidro*.
- **Derivados** – são formados de outros radicais da língua: *feirante* (de *feira*), *lojista* (de *loja*).
- **Comuns** – referem-se, de maneira geral, a qualquer ser de uma mesma espécie: *bolsa, rua, festa, óculos*.
- **Próprios** – designam determinado ser (ou lugar) entre outros da mesma espécie, de modo individual ou particular; são escritos com letra maiúscula: *Amazonas, José Paulo Paes, Petrobras, Tocantins*.
- **Concretos** – nomeiam seres com existência própria, que não dependem de outros para existir, podendo ser reais ou imaginários: *tênis, rio, cidade, flor, avião, peixe*.
- **Abstratos** – nomeiam ações, estados, qualidades e sentimentos que não têm existência própria; só existem em função de um ser: *amizade, glória, esperança*.
- **Coletivos** – referem-se a um conjunto de seres da mesma espécie, mesmo quando empregados no singular, e representam um tipo de substantivo comum: *enxame, bando, frota, pinacoteca*.

Flexão dos substantivos

- **Gênero**. Podem ser **biformes** ou **uniformes**.
  - **Biformes** – apresentam uma forma para o masculino e outra para o feminino: *tigre – tigresa; rajá – rani; czar – czarina*.
  - **Uniformes** – têm uma única forma para ambos os gêneros; subdividem-se em **epicenos**, **sobrecomuns** e **comuns de dois gêneros**.
    a) **Epicenos** – designam alguns animais e plantas e são invariáveis: *onça macho – onça fêmea; pulga macho – pulga fêmea*.
    b) **Sobrecomuns** – referem-se a seres humanos; é pelo contexto em que aparecem que se determina o gênero: *a criança, a testemunha*.
    c) **Comuns de dois gêneros** – admitem a mesma forma para o masculino e o feminino: *o/a turista, este/esta agente*.
- **Número**. Podem flexionar no **singular** e no **plural**.
  - **Singular**: *anzol, retrós, tórax, próton*.
  - **Plural**: *anzóis, retroses, os tórax, prótons*.
- **Grau**. Podem apresentar-se no **grau aumentativo** e **grau diminutivo**.
  - **Grau aumentativo sintético**: *casarão, bocarra*; e **grau aumentativo analítico**: *casa grande, boca enorme*.
  - **Grau diminutivo sintético**: *casinha, casulo; boquinha*; e **grau diminutivo analítico**: *casa pequena, boca minúscula*.

Capítulo 8

Adjetivo

Adjetivo e locução adjetiva

No texto

Leia o poema a seguir, do escritor gaúcho Mario Quintana, um dos mais festejados autores da literatura contemporânea. Seus inúmeros livros de poemas revelam uma profunda percepção da vida e das pessoas.

Canção do amor imprevisto

Eu sou um homem fechado.
O mundo me tornou egoísta e mau.
E a minha poesia é um vício triste,
Desesperado e solitário
Que eu faço tudo por abafar.

Mas tu apareceste com a tua boca fresca de madrugada,
Com o teu passo leve,
Com esses teus cabelos...

E o homem taciturno ficou imóvel, sem compreender nada, numa alegria atônita...
A súbita, a dolorosa alegria de um espantalho inútil
Aonde viessem pousar os passarinhos!

QUINTANA, Mario. In: CARVALHAL, Tania Franco (Org.). *Mario Quintana*: poesia completa. Rio de Janeiro: Nova Aguilar, 2005. p. 158.

1. No texto, o eu lírico conta a história de um amor inesperado que aconteceu em sua vida.
   a) Explique por que ele se surpreendeu com esse amor.
   b) Para o eu lírico, a poesia é um "vício". Não sua opinião, por que ele apresenta essa visão da poesia?
   c) Como o eu lírico caracteriza a poesia?
2. A segunda estrofe do poema, constituída de um único verso, inicia-se com a conjunção *mas*. Que tipo de oposição ela faz em relação aos versos anteriores?
3. Observe que a extensão dos versos é irregular; há versos curtos e longos. Essa irregularidade, complementada pela pontuação, cria um ritmo para o poema.
   a) Que relação pode haver entre a construção dos versos e o sentido do poema?
   b) Como a pessoa amada aparece na vida do eu lírico?
4. Releia os dois últimos versos do poema: que associação de sentido pode ser feita entre o "espantalho inútil" e o eu lírico do início do poema?
5. Que palavras no poema descrevem as características dos substantivos *homem* e *alegria*?
6. Como o eu lírico caracteriza o amor que surgiu inesperadamente em sua existência?

Em contexto

Como você pôde observar no poema "Canção do amor imprevisto", as palavras *fechado*, *egoísta*, *mau*, *taciturno*, *imóvel*, *atônita*, *súbita*, *dolorosa* e *imprevisto* caracterizam, respectivamente, os substantivos *homem*, *alegria* e *amor*.

As palavras que dão características aos substantivos, atribuindo-lhes qualidades ou defeitos, modos de ser, estado ou aparência, chamam-se **adjetivos**.

Muitas vezes, não é possível diferenciar adjetivos de substantivos isoladamente. O que vai marcar a distinção é o contexto, ou seja, o sentido da palavra na frase. Observe:

Na chegada, o público aplaudiu o ***brasileiro*** ***iatista***.

substantivo (elemento determinado) — adjetivo (elemento determinante)

Na chegada, o público aplaudiu o ***iatista*** ***brasileiro***.

substantivo (elemento determinado) — adjetivo (elemento determinante)

Na primeira frase, a palavra *brasileiro* é um substantivo e *iatista*, um adjetivo. Na segunda, porém, ocorre o contrário: *iatista* é substantivo e *brasileiro*, adjetivo. Pode-se dizer, então, que o adjetivo é o elemento caracterizador (determinante) do substantivo, e o substantivo é o elemento caracterizado (determinado) pelo adjetivo.

Leia esta estrofe de um poema de Fernando Pessoa, escritor do Modernismo português:

O Universo não é uma ideia minha.
A minha ideia do Universo é que é uma ideia minha.
A noite não anoitece pelos meus olhos,
A minha ideia da noite é que anoitece por meus olhos.
Fora de eu pensar e de haver quaisquer pensamentos
A noite anoitece concretamente
E o fulgor das estrelas existe como se tivesse peso.

PESSOA, Fernando. Poemas inconjuntos. Poemas completos de Alberto Caeiro. In: GALHOZ, Maria Aliete (Org.). *Fernando Pessoa*: obra poética. Rio de Janeiro: Nova Aguilar, 1999. p. 238.

Observe que a expressão *das estrelas*, no último verso, qualifica o substantivo *fulgor* ("o fulgor das estrelas"), tendo, portanto, valor de adjetivo (*das estrelas* = *estelar*). Essa expressão formada por preposição e substantivo [*das* (de = as) + *estrelas*] com valor de adjetivo recebe o nome de **locução adjetiva**. Também existem locuções adjetivas compostas de preposição e advérbio (rodas *de trás* = rodas *traseiras*), e a maioria tem um adjetivo equivalente.

Veja alguns exemplos de locuções adjetivas e os adjetivos correspondentes:

de águia – aquilino
de prata – argentino ou argênteo
de ouro – áureo
de orelha – auricular
de pescoço – cervical
de pele – cutâneo ou epidérmico
de aluno – discente
de professor – docente

de fogo – ígneo
sem barba – imberbe
de criança – infantil ou pueril
sem cheiro – inodoro
sem sal – insosso
de ilha – insular
de leite – lácteo
de lago – lacustre

Adjetivo é a palavra variável que especifica e caracteriza o substantivo.

A **locução adjetiva** é uma expressão que tem o mesmo valor e a mesma função de um adjetivo. Pode ser composta de substantivo (ou advérbio) ligado a outro substantivo por preposição ou por preposição seguida de substantivo ou advérbio.

Classificação dos adjetivos

No texto

Leia este fragmento de um artigo de revista:

Por que os médicos têm a letra tão feia?

Caligrafia ruim pode fazer mal à saúde. Só em 2007, o Sistema Nacional de Informações Toxicofarmacológicas registrou 1.853 casos de intoxicação por erro de administração (remédio ou doses erradas). Desses, estima-se que 10% sejam por "garrancho médico". Para Florisval Meinão, da Associação Médica Brasileira, a letra ilegível vem da faculdade: "Os estudantes têm de anotar muitas coisas muito rápido durante quase 10 anos de formação. Não há caligrafia que resista". Para Reinaldo Ayer, do Conselho Regional de Medicina de São Paulo, o problema se agrava pelo uso de jargões incompreensíveis. Isso leva a casos como o de um paciente de Adamantina (SP), que foi comprar remédio para gripe (Dipirona) e levou um para o coração (Digoxina). Além dos farmacêuticos, os próprios médicos se confundem com os garranchos: segundo uma pesquisa da Unifesp, 34% dos prontuários escritos à mão são mal interpretados pelos colegas de jaleco.

Superinteressante, São Paulo, n. 265, p. 40, maio 2009.

1. No texto comenta-se que a letra garranchosa das prescrições médicas é uma das causas dos episódios de intoxicação por erro de remédio ou por doses erradas de medicação.
   a) Que outra causa é mencionada no texto para justificar a incompreensão dos prontuários médicos?
   b) Você concorda com a justificativa apresentada no texto para explicar a letra ilegível dos médicos? Justifique sua resposta.
2. Identifique no texto os adjetivos que:
   a) apresentam uma só palavra.
   b) são formados por mais de uma palavra.
   c) não se originam de outras palavras.
   d) têm origem em outras palavras.

Em contexto

Quanto à sua formação, os adjetivos são classificados em *simples* ou *compostos*, *primitivos* ou *derivados* e *pátrios* (ou *gentílicos*).

Adjetivos simples e adjetivos compostos

1. Os **adjetivos simples** são os formados por um único radical.

barco ***seguro*** | *poeta* ***apaixonado*** | *passo* ***leve***
filme ***divertido*** | *leitor* ***satisfeito*** | *camisa* ***azul***

2. Os **adjetivos compostos** são o que apresentam mais de um radical.

uniforme ***verde-escuro*** | *escola* ***ítalo-brasileira***
toalha ***azul-piscina*** | *produção* ***franco-suíça***
pesquisa ***sociolinguística*** | *criança* ***afro-luso-brasileira***

Adjetivos primitivos e adjetivos derivados

1. Os **adjetivos primitivos** são o que têm apenas um radical sem o acréscimo de afixos (prefixos e/ou sufixos).

quarto ***amplo*** | *água* ***fria*** | *mãe* ***jovem*** | *tênis* ***novo*** | *toalha* ***branca***

2. Os **adjetivos derivados** são os que se originam de outros radicais com o acréscimo de afixos (prefixos e/ou sufixos).

acordo ***salarial*** (*de salário*) | *movimento* ***grevista*** (*de greve*)
planta ***carnívora*** (*de carne*) | *notícia* ***sensacional*** (*de sensação*)
força ***extra-humana*** (*de homem*) | *patrimônio* ***incalculável*** (*de cálculo*)

Biblioteca do estudante: Apêndice "Adjetivos pátrios"

Adjetivos pátrios ou gentílicos

Os **adjetivos pátrios** ou **gentílicos** referem-se à procedência, à nacionalidade ou ao lugar de origem de alguém ou de algo. São derivados de substantivos.

música ***espanhola*** | *cidadão* ***brasileiro*** | *jogador* ***argentino***
repórter ***catarinense*** | *cidade* ***cearense*** | *comida* ***portuguesa***

Na formação dos **adjetivos pátrios compostos**, o primeiro elemento é, em geral, mais curto e erudito.

soldados ***franco-germânicos*** | *política* ***sino-russo-japonesa***
relações ***luso-brasileiras*** | *equipes* ***euro-americanas***

Veja algumas formas reduzidas usadas na composição de adjetivos pátrios:

anglo – inglês | *ítalo* – italiano | *euro* – europeu
sino – chinês | *ásio* – asiático | *nipo* – japonês
hispano – hispânico | *teuto* – alemão | *belgo* – belga
luso – português | *indo* – indiano | *franco* – francês

Observações

1. Às vezes, os adjetivos mudam de classe gramatical, sendo empregados como substantivos ou advérbios.

   Agia como um ***ingênuo***. (adjetivo transformado em substantivo)
   Sempre trabalhou ***sério***. (adjetivo transformado em advérbio)

2. Outras vezes, são substantivos que passam a funcionar como adjetivos, formando substantivos compostos num processo de derivação imprópria.

   O governo distribuiu mais ***bolsas-família*** *este ano.*
   Campanhas são realizadas em defesa dos ***peixes-boi***.

Colocação dos adjetivos

No texto

Leia esta tira do Hagar:

HAGAR — Chris Browne

2011 KING FEATURES SYNDICATE/IPRESS

1. Explique o que torna a tira cômica.
2. Explique qual é o sentido do adjetivo *grande* quando anteposto ao substantivo a que se refere e quando posposto.
3. E quando esse adjetivo é colocado posposto ao nome, o que significa?

Em contexto

Observe que o humor da tirinha do Hagar foi construído com base no sentido implícito do adjetivo *grande* em posição posposta ao substantivo, pelo fato de tanto Helga quanto Hagar serem avantajados fisicamente.

Dessa maneira, os dois sentidos do adjetivo *grande* – quando anteposto e quando posposto aos substantivos *homem* e *mulher* – contribuem para a construção do humor do texto, ou seja, a ironia desenvolvida a partir do sentido do adjetivo em razão de sua posição na frase é fundamental para se achar graça nessa tira.

Concluindo: alguns adjetivos podem apresentar diferentes sentidos dependendo de sua posição na frase em relação ao substantivo a que se referem.

APLICAÇÃO

1 Leia esta tira do Níquel Náusea:

NÍQUEL NÁUSEA — Fernando Gonsales

FERNANDO GONSALES

a) A personagem do texto perdeu seu cão e tenta descrevê-lo para que o encontrem. Que palavras ela usa nessa descrição e a que classe gramatical pertencem?

b) O humor da tira se concentra no último quadrinho. Por quê?

c) Que adjetivos do texto são derivados de substantivos?

d) O adjetivo *perdido* pode ser empregado em expressão considerada gíria: *Ele deu **um perdido***. Nesse caso, *perdido* continua a ser adjetivo? Por quê? Explique o sentido da expressão.

e) Forme outros adjetivos colocando afixos (prefixo e/ou sufixo) em *perdido* e *sensível*.

f) Leia estas frases:

- No *shopping* havia um **bonito** espaço cultural.
- Este restaurante serve um **bonito** assado muito bom.

Em que frase a palavra *bonito* não é adjetivo? Por quê?

2 Leia a nota jornalística a seguir.

VIRTUAIS

Plante essa árvore

PROJETO ALDEINHA / http://www.bloomproject.org.br

Torne-se um colecionador de arte contemporânea e, de quebra, parceiro de um projeto de transformação socioambiental através da arte. Ao adquirir, por R$100, um metro quadrado virtual do Projeto Aldeinha, o comprador passa a fazer parte de uma rede social que inclui artistas, associações, empresários e até três mil habitantes de comunidades carentes da Lapa, na zona oeste de São Paulo. Converter um lugar deteriorado em espaço aprazível (ou em obra de arte) é a meta do artista plástico francês Jean Paul Ganem, que quer fazer um jardim de plantas coloridas e de arquitetura sustentável na área de 17 mil metros quadrados da favela Aldeinha, desocupada pela prefeitura no final de 2008. "Vamos criar núcleos de cooperativismo entre os moradores da favela que foram deslocados e resgatar a memória dos que passaram por ali, reproduzindo com plantas e pedras o traçado original da favela", diz Ganem, autor de projetos de *landscape art* no interior da França, em aterros sanitários no Canadá e em pistas de aeroportos.

IstoÉ, São Paulo, n. 2096, 13 jan. 2010.
© Três Editorial Ltda.

a) A nota é, antes de tudo, um convite à população, em especial da cidade de São Paulo, para participar de um projeto socioambiental. Por que a aquisição do metro quadrado é virtual?

b) Você acha que iniciativas como essa do Projeto Aldeinha deveriam servir de exemplo em nosso país? Esclareça sua resposta.

c) Além do incentivo à solidariedade das pessoas, o que mais esse projeto traz de importante para todos?

d) Substitua as locuções adjetivas destacadas por adjetivos equivalentes.

- "habitantes **de comunidades** carentes da Lapa, na zona oeste [da cidade] **de São Paulo**."
- "Vamos criar núcleos **de cooperativismo** entre os moradores."

e) Identifique os adjetivos primitivos na série a seguir.

social *carentes* *quadrados* *plástico* *virtual* *coloridas*

f) Releia este trecho: "17 mil metros quadrados da favela **Aldeinha**". A palavra destacada é, em geral, empregada como substantivo. É o que ocorre nessa frase? Esclareça sua resposta.

g) Qual é o adjetivo composto e o adjetivo pátrio encontrados no texto? Empregue-os numa mesma frase.

h) Identifique as palavras de que derivam os seguintes adjetivos e separe os elementos que as compõem.

contemporânea *aprazível* *sustentável* *desocupada*

i) No trecho "reproduzindo com plantas e pedras o **traçado**", a palavra destacada é um substantivo. Escreva uma frase empregando-o como adjetivo.

3 Leia esta tira da Mafalda:

MAFALDA Quino

QUINO/EDICIONES DE LA FLOR

QUINO. *Toda Mafalda*. São Paulo: Martins Fontes, 1991. p. 328.

a) Mafalda parece não entender do que Susanita está se queixando. Qual é a queixa dela contra os norte-americanos?

b) No texto, a palavra composta *norte-americanos* é um substantivo. Empregue-a numa frase como adjetivo composto.

c) Em qual das frases a seguir há um adjetivo simples? Justifique sua resposta.

- "Não era para a gente ter cuidado com os chineses?"
- "Porque o perigo amarelo isto, o perigo amarelo aquilo."

4 Leia o fragmento a seguir, que aborda a falta de liberdade da mulher no Afeganistão.

MUNDO

A voz das afegãs

A opressão às mulheres afegãs ficou conhecida no mundo graças aos relatos de jornalistas estrangeiros. Um *site* fundado em 2009 pela escritora americana Masha Hamilton está ajudando a acrescentar às narrativas já conhecidas detalhes de experiências pessoais. É o Projeto de Literatura de Mulheres Afegãs. Com a ajuda de voluntárias, Masha organiza oficinas pela internet e publica os textos – contos, relatos e poemas – num *site* que dá voz às mulheres afegãs.

Época, São Paulo, p. 192, 2 ago. 2010.

MUSTAFA NAJAFIZADA/AP/IMAGEPLUS

Mulheres afegãs vestindo burca. Cabul, Afeganistão. Foto de 2010.

a) A leitura do texto nos mostra a importante função do jornalista na sociedade. De que modo o *site* criado para as mulheres afegãs poderá ajudá-las?

b) Como se classificam os adjetivos *afegãs* ("mulheres afegãs") e *americana* ("escritora americana")?

c) Identifique os outros adjetivos do texto e o substantivo a que cada um desses adjetivos se refere.

5 Leia esta nota jornalística:

ESTADOS UNIDOS

Cadela de guerra

ED ANDRIESKI/AP/IMAGEPLUS

Gina, numa base militar. A cadela voltou traumatizada do Iraque.

Ir para o Iraque traumatiza até os cães. Gina, uma cadela da raça pastor-alemão, voltou do front com estresse pós-traumático, segundo o Exército. Durante seis meses, ela farejou explosivos. De volta aos Estados Unidos, tornou-se arredia. O drama da cadela interessou mais que a notícia do recorde no número de suicídios de soldados americanos em guerra: 160 entre setembro de 2008 e setembro de 2009. "É hora de ter consciência e jogar fora o manual de lunáticos (de guerra)", escreveu Bob Herbert no *The New York Times*.

Época, São Paulo, p. 17, 9 ago. 2010.

a) A longa permanência de soldados americanos no Iraque causou muita polêmica e trouxe sérias consequências.

- Por que o ocorrido com a cadela Gina deveria servir de alerta para os governantes americanos?

b) Empregue, em frases no plural, os dois adjetivos compostos que ocorrem no texto.

c) Reescreva o trecho "jogar fora o manual de lunáticos (de guerra)", substituindo a locução adjetiva *de guerra* pelo adjetivo correspondente.

6 Explique a mudança de sentido dos adjetivos destacados nestes pares de frases de acordo com a sua colocação.

a) O conde tornou-se um cidadão **simples**.
O conde tornou-se um **simples** cidadão.

b) O governador era um **forte** candidato.
O governador era um candidato **forte**.

Flexão dos adjetivos

Os adjetivos podem se flexionar em **gênero** (masculino e feminino), **número** (singular e plural) e **grau** (comparativo e superlativo).

Flexão de gênero

No texto

Leia esta tira do Hagar:

HAGAR Chris Browne

2011 KING FEATURES SYNDICATE/IPRESS

1. Helga tenta convencer o marido Hagar a levantar-se. Em que consiste o humor da tira?
2. Quais são os adjetivos presentes na tira? A que substantivo do texto eles se referem e de que gênero é esse substantivo?
3. Geralmente, a palavra *jovem* é utilizada como adjetivo (*homem* ***jovem***, *moda* ***jovem***, *público* ***jovem***). Nesse texto, *jovem* está funcionando como substantivo. Por quê?
4. Se a expressão fosse *a empreendedora jovem* ou *a empreendedora dinâmica*, por que o adjetivo *jovem* não variaria e o adjetivo *dinâmica* se flexionaria em gênero?

Em contexto

Os adjetivos concordam em gênero com os substantivos a que se referem. Quanto à flexão em gênero, os adjetivos classificam-se em **uniformes** e **biformes**.

Adjetivos uniformes

Os **adjetivos uniformes** são os que têm uma única forma para se referir ao masculino e ao feminino.

aluno ***eficiente*** *– aluna* ***eficiente***
galo ***pedrês*** *– galinha* ***pedrês***
patrão ***gentil*** *– patroa* ***gentil***
ator ***versátil*** *– atriz* ***versátil***

Adjetivos biformes

Adjetivos biformes são os que apresentam uma forma para cada gênero. Flexionam-se mediante a troca da vogal *-o* pela vogal *-a* ou com o acréscimo da desinência *-a*, indicadora da noção de feminino.

juiz ***dinâmico*** *– juíza* ***dinâmica***
escritor ***inglês*** *– escritora* ***inglesa***

Observações

1. Em geral, no feminino acrescenta-se *-a* às terminações *-u*, *-ês* e *-or*: *cru – crua*; *irlandês – irlandesa*; *amador – amadora*.
2. Alguns adjetivos terminados em *-u*, *-ês* e *-r* não se flexionam em gênero: *hindu*, *cortês*, *pedrês*, *pior*, *melhor*, *anterior*, *superior*, *incolor*, *multicor*, *maior*, *menor*.
3. Adjetivos terminados em *-or* podem admitir a terminação *-eira* no feminino: *trabalhador – trabalhadora* ou *trabalhadeira*.
4. Certos adjetivos biformes apresentam flexão de gênero especial: *europeu*, *hebreu*, *plebeu – europeia*, *hebreia*, *plebeia*; *judeu*, *sandeu – judia*, *sandia*; *folgazão – folgazã* ou *folgazona*; *são – sã*; *glutão – glutona*; *parvo – parva* ou *párvoa*; *mau – má*.

Flexão de número

No texto

Leia esta tira do Calvin:

CALVIN Bill Watterson

1. Calvin se mostra irritado enquanto conversa com o tigre Haroldo. Por que o menino demonstra tanto mau humor?
2. Como Calvin define sua reclamação em relação ao vento?
3. No texto, que adjetivo(s) caracteriza(m) os substantivos *vento*, *tempo* e *dia*, respectivamente?
4. Escreva uma frase ou expressão com o adjetivo *horroroso* no feminino plural.

Em contexto

Os adjetivos podem ficar no **singular** e no **plural**, acompanhando o substantivo a que se referem.

Vamos estudar separadamente os casos dos **adjetivos simples** e dos **adjetivos compostos**.

Adjetivos simples

Os **adjetivos simples** seguem as mesmas regras de flexão dos substantivos:

dia festivo – dias festivos *sofá azul – sofás azuis*

boa escolha – boas escolhas *moça sensível – moças sensíveis*.

Observação

- Os substantivos empregados como adjetivos para nomear cores permanecem invariáveis: *meia* **creme** – *meias* **creme**; *gravata* **mostarda** – *gravatas* **mostarda**; *vestido* **esmeralda** – *vestidos* **esmeralda**; *toalha* **abóbora** – *toalhas* **abóbora**.

Adjetivos compostos

1. Se o adjetivo composto é formado por adjetivos, somente o último elemento varia.
   poltrona ***azul-escura*** – *poltronas* ***azul-escuras***
   acordo ***ítalo-brasileiro*** – *acordos* ***ítalo-brasileiros***
   olho ***castanho-claro*** – *olhos* ***castanho-claros***

Observação

- São **exceções**: *terno azul-marinho* – *ternos* ***azul-marinho***; *vestido azul-celeste* – *vestidos* ***azul-celeste***; *menino surdo-mudo* – meninos ***surdos-mudos***.

2. Se o adjetivo composto é formado por adjetivo e substantivo que se referem a cores, permanece invariável.
   tapete ***cinza-chumbo*** – *tapetes* ***cinza-chumbo***
   colcha ***amarelo-ouro*** – *colchas* ***amarelo-ouro***
   casaco ***azul-turquesa*** – *casacos* ***azul-turquesa***
3. Nas locuções adjetivas formadas pelas expressões *cor de* e *da cor de*, os elementos ficam invariáveis.
   sandália ***cor-de-rosa*** – *sandálias* ***cor-de-rosa***
   almofada ***da cor de morango*** – *almofadas* ***da cor de morango***

Flexão de grau

No texto

Leia esta tira do Calvin:

CALVIN | Bill Watterson

1. Apesar da excessiva e fantasiosa autoestima de Calvin, Susie não se deixa enganar. Explique a reação dele após as palavras de Susie?
2. Na fala de Calvin no segundo quadrinho, há uma frase com adjetivo, construída de modo a estabelecer uma comparação de igualdade. Transcreva essa frase e identifique o adjetivo e os outros termos de comparação.
3. Que outros adjetivos da tira intensificam, sozinhos ou com outros termos, as características de um ser, com ou sem relação com outros seres? Destaque os trechos e sublinhe as ocorrências.

Em contexto

A variação de intensidade da característica de um ser, com ou sem relação a outros seres, é chamada de **grau do adjetivo**. Os adjetivos apresentam duas variações de grau: o **grau comparativo** e o **grau superlativo**.

Grau comparativo

O **grau comparativo** ocorre quando se compara a mesma característica entre dois ou mais seres ou se atribuem duas ou mais características ao mesmo ser. O comparativo pode ser **de igualdade**, **de superioridade** ou **de inferioridade**.

1. **Comparativo de igualdade** – acrescentam-se ao adjetivo os advérbios *tão* e *quanto* (ou *como*).

   *O quadro de Caravaggio é **tão belo quanto (como)** o de Rubens.*

   *"[...] em conhecer alguém **tão** fabuloso **como** eu!"*

2. **Comparativo de superioridade** – acrescentam-se ao adjetivo o advérbio *mais* e a conjunção (*do*) *que*.

   *O quadro de Caravaggio é **mais belo (do) que** o de Rubens.*

3. **Comparativo de inferioridade** – acrescentam-se ao adjetivo o advérbio *menos* e a conjunção (*do*) *que*.

   *O quadro de Caravaggio é **menos belo (do) que** o de Rubens.*

Observação

- Os advérbios de intensidade *muito*, *pouco*, *bem*, etc., além de alguns advérbios de modo, podem ser usados para reforçar (ou dosar) a ideia de superioridade ou de inferioridade.

  *A música clássica é **muito mais relaxante (do) que** a bossa-nova.*
  *João é **pouco mais alto (do) que** Pedro.*
  *Sua candidatura continua **bem menos aceita (do) que** a nossa.*
  *O peixe é **ligeiramente mais caro (do) que** a carne de boi.*

Grau superlativo

O **grau superlativo** ocorre quando se intensifica a qualidade de um elemento no grau mais elevado, chamado **superlativo absoluto**, ou quando, num conjunto de elementos, um deles tem uma característica comum em maior ou menor grau, denominado **superlativo relativo**.

O grau superlativo absoluto pode ser **sintético** ou **analítico**.

1. **Grau superlativo absoluto sintético** – acrescenta-se ao adjetivo o sufixo *-íssimo*, *-érrimo* ou *-ílimo*.

   *O assunto pareceu-me **gravíssimo**.*

   *Suas mãos estavam **aspérrimas**.*

2. **Superlativo absoluto analítico** – coloca-se um advérbio de intensidade (*muito*, *bastante*, *extremamente*, etc.) antes do adjetivo.

   *O chá de boldo é uma bebida **bastante amarga**.*

   *A casa tem um lavabo **muito bom**.*

   *O marceneiro mostrou-se **bem habilidoso**.*

   *"Eu sou **tão fantástico** em tantos aspectos."*

O grau superlativo relativo pode ser **de superioridade** ou **de inferioridade**.

1. **Superlativo relativo de superioridade** – intensifica a qualidade no maior grau superior. Colocam-se antes do adjetivo o artigo *o*(*a*) e o advérbio *mais* e, depois dele, a preposição *de* (+ *o*/*a*).

   O monte Everest é ***o mais alto do*** *mundo.*

   Você é ***o mais convencido de*** *todos.*

2. **Superlativo relativo de inferioridade** – intensifica a qualidade no maior grau inferior. Acrescenta-se ao adjetivo o artigo *o*(*a*), o advérbio *menos* e a preposição *de* (+ *o*/*a*).

   Este filme foi ***o menos elogiado do*** *Festival de Cannes.*

   A equipe de Camarões era ***a menos conhecida da*** *Copa.*

Particularidades da flexão de grau

1. Os adjetivos *bom*, *mau*, *grande* e *pequeno* apresentam uma forma especial no comparativo e no superlativo. Leia o quadro.

Adjetivo	Comparativo de superioridade	Superlativo	
		Absoluto	Relativo
bom	*melhor*	*ótimo*	*o(a) melhor*
mau	*pior*	*péssimo*	*o(a) pior*
grande	*maior*	*máximo*	*o(a) maior*
pequeno	*menor*	*mínimo*	*o(a) menor*

2. Para comparar a qualidade de elementos diferentes, usa-se a forma sintética (*melhor*, *pior*, *maior*, *menor*).

   Lennon era ***melhor cantor que*** *Paul McCartney.*

   O apartamento parecia ***menor que*** *o estúdio.*

3. Quando se comparam duas características de um mesmo elemento, empregam-se as formas analíticas.

   O rio Nilo é ***mais grande do que caudaloso****.*

   Este carro é ***mais bom do que barato****.*

4. Alguns adjetivos apresentam, no superlativo absoluto sintético, uma forma culta ou erudita, originada de um radical latino. O quadro a seguir traz alguns exemplos.

Adjetivo	Superlativo absoluto sintético	Adjetivo	Superlativo absoluto sintético
acre	*acérrimo*	*magnífico*	*magnificentíssimo*
agudo	*acutíssimo*	*magro*	*macérrimo*
amargo	*amaríssimo*	*maléfico*	*maleficentíssimo*
amigo	*amicíssimo*	*mísero*	*misérrimo*
antigo	*antiquíssimo*	*negro*	*nigérrimo*

5. Outras maneiras de formar o superlativo absoluto:

   a) com prefixos (*maxi-*, *hiper-*, *ultra-*, etc.) – *moeda* ***maxidesvalorizada****, pessoa* ***hipersensível****, suco* ***ultraconcentrado****.*

   b) com expressões fixas – *praia* ***suja à beça****, amigo* ***pra lá de sério****, bife* ***duro que nem sola****.*

   c) com adjetivos repetidos – *travesseiro* ***fofinho, fofinho****; saia* ***curta, curta****; música* ***suave, suave****.*

6. Na forma popular do superlativo absoluto sintético, usa-se normalmente o sufixo *-íssimo* e, na forma culta, os sufixos *-érrimo* e *-ílimo*.

   *magro – magr****íssimo*** *ou mac****érrimo***   *ágil – agil****íssimo*** *ou ag****ílimo***

APLICAÇÃO

1 Leia esta charge:

FRANK & ERNEST — Bob Thaves

2011 UNITED MEDIA/IPRESS

a) O que o chargista critica nessa tira?

b) "Ouvi dizer que este é o computador mais rápido já construído!". Nessa frase, em que grau está o adjetivo *rápido*?

c) Identifique outro adjetivo na charge e empregue-o numa frase no grau comparativo de igualdade.

2 Leia o anúncio publicitário a seguir. Ele divulga a produção de energia eólica no Ceará.

REPRODUÇÃO

a) Por que o incentivo à utilização da energia eólica é importante?
b) Observe a imagem no centro do anúncio. O que ela sugere?
c) Que dupla interpretação se pode dar ao enunciado na parte superior do anúncio?
d) Explique a mudança de sentido do adjetivo destacado nas frases.
   - "Nada mais natural que unir forças para realizar **grandes** projetos."
   - Nada mais natural que unir forças para realizar projetos **grandes**.
e) No trecho "a Cemig editou o Atlas Eólico do Estado", há um adjetivo e uma locução adjetiva. Reescreva o trecho, substituindo o adjetivo pela locução adjetiva equivalente e vice-versa.
f) O adjetivo *novo* foi empregado em duas passagens do texto. E, em cada uma delas, está flexionado de maneira diferente. Explique cada flexão.
g) Observe esta frase: *O potencial de produção de energia eólica é* ***mais expressivo*** *que toda a energia produzida em Belo Monte.*
   - Em que grau está empregado o adjetivo destacado?
   - Escreva frases com esse adjetivo nos outros dois graus do comparativo.
h) Identifique a frase em que a palavra *melhor* é adjetivo. Justifique.
   - Agora o planeta está **melhor** preservado com a produção de energia limpa.
   - "[...] a energia que constrói o mundo **melhor** de amanhã."

3 Leia esta tira do Recruta Zero:

RECRUTA ZERO — Mort Walker

a) Como se explicam a reação do sargento Tainha e a atitude do Recruta Zero no segundo quadrinho?
b) Indique em que grau foi utilizado o adjetivo nesta frase da tira: "O sargento Tainha quer o uniforme **muito engomado**?".
c) Como ficaria esse adjetivo empregado no mesmo grau, mas expresso por uma única palavra? Reescreva a frase.
d) De acordo com a resposta do Recruta Zero e o ocorrido em função dela, que sentido a repetição do advérbio *muito* confere ao adjetivo *engomado*?

4 Leia esta tira do Hagar:

HAGAR — Chris Browne

a) O que dá conotação humorística ao texto?
b) Qual é o adjetivo presente na tira? A que substantivo ele se refere? Em que grau foi empregado?

5 Leia a seguir um poema de José Paulo Paes, poeta paulista que se destacou pela concisão e pela escrita experimental de quem enxergava a poesia como a "metáfora do mundo".

Canção do adolescente

Se mais bem olhardes
notareis que as rugas
umas são postiças
outras literárias.
Notareis ainda
o que mais escondo:
a descontinuidade
do meu corpo híbrido.
Quando corto a rua
para me ocultar
as mulheres riem
(sempre tão agudas!)
do meu pobre corpo.
Que força macabra
misturou pedaços
de criança e homem
para me criar?
Se quereis salvar-me
desta anatomia,
batizai-me depressa
com as inefáveis
as assustadoras
águas do mundo.

Glossário

Híbrido: bastardo, composto de elementos diferentes.

Macabra: fúnebre, tétrica.

Inefáveis: indizíveis, indescritíveis.

PAES, José Paulo. *Prosas seguidas de odes mínimas*. São Paulo: Companhia das Letras, 2001. p. 15.

a) Observe, no primeiro verso, a forma verbal *olhardes*, na 2ª pessoa do plural (*vós*), hoje pouco usada. Quem seria o interlocutor do eu lírico, ou seja, do adolescente?

b) Por que o adolescente teria optado por esse tratamento tão formal (2ª pessoa do plural)?

c) O que o eu lírico quer dizer com "rugas postiças" e "rugas literárias"?

d) A partir do quinto verso, o eu lírico se queixa de sua aparência. Explique por que ele sente vergonha de seu corpo.

e) As mulheres parecem incomodar o eu lírico. Qual é o sentido do adjetivo *agudas*, utilizado em referência às mulheres?

f) Que sentimento parece invadir o coração do adolescente quando ele se imagina como "pedaços" de dois seres?

g) Releia estes versos: "as mulheres riem / [...] / do meu **pobre** corpo". Qual é o sentido do adjetivo *pobre* nesse trecho?

h) Se fosse colocado depois do substantivo (*do meu corpo* ***pobre***), que significado o adjetivo *pobre* teria?

i) Reescreva os versos a seguir, substituindo as locuções adjetivas pelos adjetivos correspondentes.

- "misturou pedaços / **de criança** e **[de] homem** / para me criar"

j) No verso "(sempre tão agudas!)", por quais palavras se pode substituir o termo *tão*, que intensifica o adjetivo *agudas*? Em que grau está o adjetivo?

6 Leia o anúncio publicitário a seguir, que apresenta a 14ª proposta de uma revista para melhorar o nosso país.

REPRODUÇÃO

a) Que problema relacionado à atividade agrícola é apontado na proposta?

b) Quais são as consequências causadas ao ambiente por não haver um zoneamento agroclimático?

c) Escreva no plural as seguintes frases do texto:

- "Criar um plano nacional de zoneamento econômico-ecológico."
- "O zoneamento agroclimático é ferramenta vital para planejar o desenvolvimento sustentável."

d) Forme adjetivos compostos com os adjetivos simples *brasileiro*, *econômico* e *ecológico* acompanhados de outros adjetivos de sua escolha. Depois, escreva frases empregando-os no plural.

7 Leia esta charge:

FRANK & ERNEST

Bob Thaves

a) Explique o que confere humor à tira.

b) Na frase "Você é defensivo demais", que ideia a palavra *demais* acrescenta ao adjetivo *defensivo*? Em que grau foi empregado esse adjetivo?

8 **Leia a seguir um poema de Adélia Prado, autora contemporânea que aborda em seus versos temas do cotidiano e do interior, que convidam à meditação e às lembranças.**

Momento

Enquanto eu fiquei alegre, permaneceram
um bule azul com um descascado no bico,
uma garrafa de pimenta pelo meio,
um latido e um céu limpidíssimo
com recém-feitas estrelas.
Resistiram nos seus lugares, em seus ofícios,
constituindo o mundo pra mim, anteparo
para o que foi um acometimento:
súbito é bom ter um corpo pra rir
e sacudir a cabeça. A vida é mais tempo
alegre do que triste. Melhor é ser.

PRADO, Adélia. *Poesia reunida*. São Paulo: Siciliano, 1991. p. 46. © by Adélia Prado.

Glossário

Anteparo: defesa, proteção.

Acometimento: manifestação repentina.

a) Observe as frases e explique a diferença de sentido entre elas.
- "eu fiquei alegre"
- Eu estou alegre.

b) Releia este verso: "um latido e um céu *limpidíssimo*".
- Em que grau está empregado o adjetivo *limpidíssimo*?
- Escreva uma frase com esse adjetivo nesse mesmo grau, mas utilizando outra forma.

c) No poema, o eu lírico fala de um momento alegre da vida dele. Segundo o texto, esse momento alegre foi passageiro ou se prolongou por algum tempo? Justifique.

d) Descubra no poema o que transmitiu alegria ao eu lírico. O que se pode concluir?

e) De que momento, possivelmente, o eu lírico se recorda?

f) O poema começa com "Enquanto eu fiquei alegre". Isso pode sugerir que hoje o eu lírico deixou de ser alegre? Esclareça sua resposta.

g) Observe o adjetivo composto neste verso: "com **recém-feitas** estrelas". Empregue, em frases, adjetivos compostos em que apenas o segundo elemento varia.

h) Reescreva o verso "súbito é **bom** ter um corpo pra rir", utilizando o adjetivo *bom* no superlativo absoluto sintético.

i) Releia estes versos: "A vida é mais tempo / alegre do que triste. Melhor é ser". Em que grau se apresenta o adjetivo *melhor*?

Lista de exercícios

RESUMO

Adjetivo e locução adjetiva

- **Adjetivo** – palavra variável que especifica e caracteriza o substantivo: *imprensa* ***livre***, *favela* ***ocupada***.
- **Locução adjetiva** – expressão composta por substantivo (ou advérbio) ligado a outro substantivo por preposição com o mesmo valor e a mesma função de um adjetivo: *golpe* ***de mestre*** (*golpe* ***magistral***), *jornal* ***da tarde*** (*jornal* ***vespertino***).

Classificação dos adjetivos

- **Simples** – formados por um só radical: *forte*, *saudoso*, *comunicativo*.
- **Compostos** – apresentam mais de um radical: *nipo-brasileiro*, *vermelho-claro*, *socioeconômico*, *social-econômico*.
- **Primitivos** – têm apenas um radical, sem o acréscimo de afixos (prefixos e/ou sufixos): *longo*, *fresco*, *limpo*.
- **Derivados** – originam-se de outros radicais: *medroso*, *solteiro*, *saudável*.
- **Pátrios** ou **gentílicos** – indicam nacionalidade ou procedência: *londrino*, *chileno*, *húngaro*.

Colocação do adjetivo

- A colocação do adjetivo na frase é importante, em razão dos diferentes sentidos que ele pode expressar no contexto: *homem* ***grande*** (homem corpulento ou de estatura elevada); ***grande*** *homem* (homem bom, sábio, competente).

Flexão dos adjetivos

- **Gênero**
  - **Uniformes** – apresentam uma só forma para o masculino e o feminino: *homem* ***feliz*** – *mulher* ***feliz***.
  - **Biformes** – apresentam uma forma para o masculino e outra para o feminino: *juiz* ***sábio*** – *juíza* ***sábia***; *aluno* ***namorador*** – *aluna* ***namoradeira***; *bairro* ***japonês*** – *indústria* ***japonesa***; *menino* ***chorão*** – *menina* ***chorona***.
- **Número**
  - Os **adjetivos simples** seguem as mesmas regras de flexão de número que os substantivos: *sábio* – *sábios*; *namorador* – *namoradores*; *japonês* – *japoneses*.
  - Os **adjetivos compostos** têm algumas peculiaridades: *maestros hispano-americanos*, *luvas branco-gelo*, *garrafas amarelo-claras*, *echarpes cor-de-rosa*, *cintos da cor de chumbo*.
- **Grau**
  - **Grau comparativo de superioridade**: *Meu time é* ***mais vitorioso (do) que*** *o seu*.
  - **Grau comparativo de inferioridade**: *Meu time é* ***menos vitorioso (do) que*** *o seu*.
  - **Grau comparativo de igualdade**: *Meu time é* ***tão vitorioso quanto*** *o seu*.
  - **Grau superlativo absoluto sintético**: *Meu time é* ***famosíssimo***.
  - **Grau superlativo absoluto analítico**: *Meu time é* ***muito famoso***.
  - **Grau superlativo relativo de superioridade**: *Meu time é* ***o mais famoso de*** *todos*.
  - **Grau superlativo relativo de inferioridade**: *Meu time é* ***o menos famoso de*** *todos*.

Capítulo 9

Artigo e numeral

Artigo

No texto

Leia esta tira da Mafalda:

MAFALDA

Quino

QUINO/EDICIONES DE LA FLOR

QUINO. *Toda Mafalda*. São Paulo: Martins Fontes, 1993. p. 67.

1. Mafalda está passando as férias na praia e conhece Miguelito. Quais são os planos da menina a respeito dessa nova amizade?
2. Como Miguelito interpreta as palavras de Mafalda no primeiro quadrinho?
3. Releia este trecho: "Pensei que eu fosse **o** amigo. Mas sou só **um** amigo a mais!". Como classificamos as palavras *o* e *um* nesse trecho? Explique o sentido de cada uma delas no contexto.
4. Quais foram as reações de Miguelito e de Mafalda no último quadrinho?

Em contexto

Definição

Como você observou, o emprego do artigo pode modificar o sentido do substantivo ao qual se refere. Na tira da Mafalda, o artigo *o* determina o substantivo *amigo* e, depois, na segunda frase, o artigo *um* torna o amigo indeterminado.

Artigo é a palavra variável em gênero e número que antecede o substantivo, determinando-o de modo particular ou genericamente.

Classificação e flexão dos artigos

Há dois tipos de artigos: **artigos definidos** e **artigos indefinidos**.

Artigos definidos

Os **artigos definidos** são os que determinam ou definem o substantivo de modo preciso, particular, ou porque se pode precisá-lo no contexto ou porque se pressupõe um conhecimento prévio sobre ele. Flexionam-se em **gênero** (masculino e feminino) e **número** (singular e plural). São artigos definidos: *o*, *a*, *os*, *as*.

O *guia levou-nos* ***ao*** [preposição *a* + artigo *o*] *museu de arte moderna.*

A *apresentadora entrevistou* ***o*** *ator australiano* ***no*** [*em* + *o*] *hotel.*

Os *carros poluem a atmosfera com a emissão de carbono.*

Grande parte ***das*** [*de* + *as*] *florestas brasileiras já foram destruídas.*

Artigos indefinidos

Os **artigos indefinidos** são os que determinam o substantivo de modo impreciso, genérico. Acompanham nomes aos quais não se fez referência anterior. Flexionam-se em **gênero** e **número**. São artigos indefinidos: *um*, *uma*, *uns* e *umas*.

Um *analista de sistemas produziu* ***um*** *game de sucesso.*

Encontrei ***uma*** *guitarra incrível em* ***uma*** *loja no centro da cidade.*

Aquela menina tinha ***uns*** *olhos verdes lindos.*

Menino, você tem ***umas*** *ideias muito malucas!*

Substantivação de adjetivos

No texto

Leia este texto do autor gaúcho Mario Quintana (1906-1994), cuja linguagem poética se caracteriza pelo humor irônico:

XXXIV. Da perfeição da vida

Por que prender a vida em conceitos e normas?
O Belo e o Feio... o Bom e o Mau... Dor e Prazer...
Tudo, afinal, são formas
E não degraus do Ser!

QUINTANA, Mario. In: CARVALHAL, Tania Franco (Org.). *Mario Quintana*: poesia completa. Rio de Janeiro: Nova Aguilar, 2005. p. 217. © by Elena Quintana.

1. Interprete as palavras do eu lírico, explicando o que ele questiona.
2. Compare os elementos destacados nas frases a seguir.
   - "O **Belo** e o **Feio**... o **Bom** e o **Mau**..."
   - Tinha um **belo** sorriso, mas um semblante **feio**. Sempre foi um **bom** amigo e um **mau** conselheiro.

   A que classe gramatical pertencem as palavras destacadas? Justifique.

Em contexto

Uma palavra pode mudar de classe gramatical, como você já viu nos casos de derivação imprópria. Qualquer palavra, expressão ou frase pode sofrer **substantivação**. Para isso, basta que se coloque um determinativo (artigo ou pronome adjetivo) antes dela.

Veja estes exemplos:

*É preciso que **o sonhar** se torne realidade.*

artigo + verbo com valor de substantivo (o sonho)

***Os poderosos** costumam nada temer.*

artigo + adjetivo com valor de substantivo

*Hoje **outro eu** vive em mim.*

pronome adjetivo + pronome com valor de substantivo

APLICAÇÃO

1 Leia esta nota jornalística:

GOLFE

Tacada quente

Jogar golfe é fogo. Um jogador americano (nome não revelado), num torneio na cidade californiana de Irvine, exagerou na força da tacada e mandou a bolinha contra uma rocha. O impacto gerou faísca, a faísca gerou fogo. Resultado: um incêndio em cerca de 1,2 mil metros quadrados. **Participaram da operação de socorro 150 bombeiros e helicópteros.**

IstoÉ, São Paulo, n. 2.130, p. 28, 3 set. 2010. © Três Editorial Ltda.

PHOTODISC/GETTY IMAGES

Jogador de golfe prepara-se para uma tacada.

a) Na primeira frase, "Jogar golfe é fogo", observa-se o emprego de uma metáfora. Explique seu sentido no contexto.

b) Em que outra parte do texto se usou também uma linguagem metafórica relacionada ao episódio?

c) Explique o emprego dos parênteses no texto e por que o nome do jogador não consta da nota.

d) Com que objetivo se colocou em destaque a última frase?

e) Observe o emprego do artigo indefinido na segunda frase do texto a seguir.

"**Um** jogador americano (nome não revelado), **num** [em + um] torneio na cidade californiana de Irvine, exagerou na força da tacada e mandou a bolinha contra **uma** rocha."

A que substantivo cada artigo destacado se refere e como isso acontece?

f) Leia as duas frases a seguir e explique a diferença de sentido entre elas, considerando o emprego do artigo destacado.

- "e mandou **a** bolinha contra uma rocha."
- E mandou **uma** bolinha contra uma rocha.

g) Na frase "**O** impacto gerou faísca", por que se usou o artigo definido e não o indefinido anteposto ao substantivo *impacto*?

2 Leia esta tira do Garfield:

GARFIELD Jim Davis

a) Ao lado de Garfield, Jon revê as fotos de seu álbum de formatura. Em sua opinião, o que a fala do gato sugere, tendo em vista o contexto?

b) Releia esta frase: "Eu tinha tanto medo de convidar uma colega para a festa que acabei levando uma pessoa da família".

- Que artigo expressa a indeterminação de substantivos nessa frase? Esclareça sua resposta.
- Nessa mesma frase, por que foi utilizado a artigo *a* acompanhando o substantivo *festa*?

c) Na frase "Bonito buquê o dele", a palavra *o* é artigo definido? Por quê?

3 Explique a diferença de sentido entre as frases de cada par a seguir, em função do emprego ou não do artigo diante do pronome ou do substantivo.

a) Este rapaz da foto é **seu** filho?
Este rapaz da foto é **o seu** filho?

b) A peça foi encenada **por** atores novatos.
A peça foi encenada **pelos** atores novatos.

4 Reescreva as frases, substituindo ★ por artigo definido ou indefinido.

a) Cada time deve escolher ★ mascote para o próximo campeonato.
b) ★ óculos já não corrigiam seu grau elevado de miopia.
c) A jovem usava ★ suéter azul-marinho com detalhes em vermelho.
d) É preciso organizar uma campanha contra ★ cólera.
e) A assistente social sentia ★ dó das crianças à espera de adoção!

5 O artigo é utilizado para distinguir determinados substantivos **homônimos**, isto é, que têm a mesma grafia ou a mesma pronúncia, mas significados diferentes. Exemplo: ***o** caixa* (indivíduo, funcionário) – ***a** caixa* (objeto).

- Pesquise e escreva o significado dos seguintes homônimos:

a) o coma – a coma
b) o foca – a foca
c) o guarda – a guarda
d) o moral – a moral
e) o grama – a grama
f) o cisma – a cisma

6 Um dos pesadelos de quem viaja é levar excesso de bagagem. Leia, no texto a seguir, algumas sugestões que ajudam quando se trata de arrumar a mala.

Mala

PHOTODISC/GETTY IMAGES

A melhor estratégia é carregar o mínimo necessário, pois, com carga mais leve, aviões poluem menos. Antes de embarcar, verifique se o hotel em que você vai ficar tem, por exemplo, secador de cabelos, o que já tira uns bons gramas da mala. Daí, antes de pensar nas roupas, faça a si próprio perguntas do tipo: "Como a viagem é de férias, será que eu preciso mesmo levar o *laptop*?", "Teria chegado a hora de eu comprar um *tablet*, em vez de carregar esses três livros de meio quilo cada um?" ou "Não seria mais racional comprar o xampu e o condicionador lá?". Pronto, agora é hora de pensar nas roupas. Se o destino não for frio demais, passa-se uma semana com apenas um casaco, um par de sapatos, outro de tênis, sete camisetas, duas calças (ou uma bermuda e uma saia). E, lembre-se: parte disso já vai no seu corpo durante a viagem.

IstoÉ, São Paulo, n. 2.118, p. 122, 11 jun. 2010. © Três Editorial Ltda.

a) Que vantagens você vê em levar pouca bagagem ao viajar?

b) Releia este trecho: "o que já tira **uns** bons gramas da mala". Qual é a classe gramatical da palavra destacada? Explique o sentido que ela apresenta.

c) Releia esta frase do texto: "será que eu preciso mesmo levar o *laptop*?". Agora, compare-a com frase a seguir.

- Será que eu preciso mesmo levar um *laptop*?

As duas frases têm o mesmo sentido? Justifique sua resposta.

d) Identifique a frase a seguir em que a(s) palavra(s) destacada(s) indetermina(m) o substantivo, generalizando seu sentido. Justifique.

- "passa-se **uma** semana com apenas **um** casaco, **um** par de sapatos"
- "Teria chegado a hora de eu comprar **um** *tablet*, em vez de carregar esses três livros?"

7 Leia esta tira do Minduim:

MINDUIM

Charles M. Schulz

PEANUTS WORLDWIDE LLC./DIST. BY UNIVERSAL UCLICK

a) Apesar de toda a argumentação do menino para convencer a menina a adotar um cachorro, ela não se deixa persuadir. O que dá conotação humorística à tira?

b) No primeiro quadrinho, o que sugere tratar-se de um cão qualquer, sem uma procedência determinada?

c) Explique o emprego do artigo indefinido nos demais quadrinhos.

d) Releia estas frases do texto:

- "Vim oferecer um cachorro."
- "Aqui está o cão perfeito pra você!"

Explique o emprego do artigo definido na segunda frase ("Aqui está **o** cão").

Numeral

No texto

Leia o texto a seguir.

Viagem ao centro da Terra

Uma equipe internacional quer abrir um poço de 6 km na crosta terrestre para estudar a lava do interior do planeta

Peter Moon

Em 1969, a nave Apollo 11 voou 380.000 quilômetros para coletar rochas da superfície da Lua. Em 2011, ainda não conseguimos furar um poço de 6 quilômetros na crosta da Terra para atingir o manto terrestre. Coletar amostras do manto (a enorme camada de lava que fica entre o núcleo do planeta e a crosta) significa conhecer a composição de dois terços do volume da Terra. A primeira tentativa de atingi-lo foi em 1961: americanos furaram 2,1 quilômetros na rocha duríssima da crosta perto da Califórnia. A tecnologia da época não foi mais fundo. Após 50 anos, a equipe de geólogos do navio *Chikyu* ("Terra", em japonês) tenta de novo. Expedições preliminares abriram e aprofundaram um poço de 1,5 quilômetro perto da Costa Rica. Em 13 de abril, a equipe do *Chikyu* começa a aprofundar o poço até 5,5 quilômetros – até 500 metros antes do manto. Não há tecnologia para ir além. Até 2018, os geólogos esperam criar novas brocas e lubrificantes para operar a 300 graus Celsius, ir ao manto e coletar lava. "Temos de saber sua composição", diz o líder da expedição, o geólogo francês Benoit Ildefonse. "Estudar o manto ajudará a entender melhor os terremotos e as erupções vulcânicas."

Época, São Paulo, n. 672, p. 26, 4 abr. 2011. (Fragmento).

KYODO/NEWSCOM/IMAGEPLUS

O *Chikyu* é um navio perfurador japonês que entrou em operação em 2005. Tem as dimensões de 210 m × 38 m × 9,20 m. Foto de 2006. Porto de Osaka, no Japão.

1. Esse texto é uma notícia, pois relata um fato com informações e dados precisos sem emitir opinião sobre ele. Por que se faz referência, no início, à ida do homem à Lua?
2. Após 50 anos da primeira tentativa de se atingir o manto terrestre, uma equipe de geólogos vai tentar uma perfuração até 5,5 quilômetros. Segundo o texto, por que esse projeto é tão importante?
3. Como você sabe, os numerais informam quantidade. Que numerais aparecem no texto, tanto expressos por palavras quanto por algarismos?
4. O que indica a expressão *dois terços* em "Coletar amostras do manto [...] significa conhecer a composição de **dois terços** do volume da Terra"?

Em contexto

Definição

Você observou, no texto "Viagem ao centro da Terra", que há numerais expressos por palavras (*dois terços*) e por algarismos (*1969, 50, 500*, etc.). As palavras que expressam **número** ou **quantidade** são chamadas **numerais**.

O numeral que acompanha um substantivo chama-se **numeral adjetivo**. Quando substitui o substantivo, chama-se **numeral substantivo**.

O piloto brasileiro largou em ***primeiro*** *lugar.*

numeral adjetivo — substantivo

Os ***quíntuplos*** *nasceram com saúde.*

numeral substantivo

Numeral é a palavra que indica uma quantidade definida de pessoas ou coisas ou o lugar que elas ocupam numa série.

Classificação dos numerais

Os numerais são classificados em **cardinais**, **ordinais**, **multiplicativos** ou **fracionários**.

1. Os **cardinais** indicam número ou quantidade: *um*, *dois*, *quatro*, *seis*, *dez*, etc.

   Na volta da praia, passamos por ***quatro*** *pedágios.*

2. Os **ordinais** indicam ordem ou posição numa sequência: *primeiro, segundo, quinto, décimo quinto, etc.*

   Elegeram o jogador brasileiro o ***segundo*** *melhor artilheiro do mundo.*

3. Os **multiplicativos** indicam o número de vezes pelo qual uma quantidade é multiplicada: *dobro*, *triplo*, *quádruplo*, etc.

   A piscina nova é o ***triplo*** *da antiga.*

4. Os ***fracionários*** indicam o número de vezes pelo qual uma quantidade é dividida: *um terço*, *dois terços*, *doze avos*, etc.

   O médico recomendou-lhe ***meia*** *colher do cereal ao dia.*

Há certos numerais que designam conjuntos, mas se referem a um número exato de seres ou coisas. Alguns gramáticos classificam essas palavras como **numerais coletivos**.

Eis uma lista deles:

- *bíduo* – período de dois dias;
- *bimestre* – período de dois meses;
- *decálogo* – conjunto de dez leis ou preceitos morais;
- *decênio* – período de dez anos;
- *dezena* – conjunto de dez coisas;
- *novena* – período de nove dias;
- *quarentena* – período de quarenta dias;
- *quarteto* – conjunto de quatro pessoas ou coisas;
- *quina* – série de cinco números;
- *quinquênio* – período de cinco anos;
- *semestre* – período de seis meses;
- *trimestre* – período de três meses.

Observações

1. Não se deve confundir o numeral cardinal *um* com o artigo indefinido *um*. O numeral expressa quantidade, não tem plural e varia somente em gênero (*um*, *uma*). O artigo determina o substantivo de modo genérico e flexiona-se em gênero (*um*, *uma*) e em número (*uns*, *umas*). Nesse caso, a identificação é feita pelo contexto. Observe:

   *Havia somente **um** gerente em cada setor.* (numeral)

   *A manifestação foi interrompida por **um** policial.* (artigo)

   Na primeira frase, *um* indica o número de gerentes de cada setor; na segunda, significa que um policial não identificado interrompeu a manifestação.

2. Não confunda algarismo com numeral. De acordo com o *Dicionário Houaiss*, **algarismo** é um sinal usado para a representação gráfica dos números (*2*, por exemplo), enquanto **numeral** é uma classe de palavras que também pode expressar um número (*dois*, por exemplo).

Veja, a seguir, um quadro de numerais e suas respectivas classificações.

Algarismos		Numerais			
Arábicos	**Romanos**	**Cardinais**	**Ordinais**	**Multiplicativos**	**Fracionários**
1	I	*um*	*primeiro*	—	—
2	II	*dois*	*segundo*	*dobro, duplo, dúplice*	*meio, metade*
3	III	*três*	*terceiro*	*triplo, tríplice*	*terço*
4	IV	*quatro*	*quarto*	*quádruplo*	*quarto*
5	V	*cinco*	*quinto*	*quíntuplo*	*quinto*
6	VI	*seis*	*sexto*	*sêxtuplo*	*sexto*
7	VII	*sete*	*sétimo*	*sétuplo*	*sétimo*
8	VIII	*oito*	*oitavo*	*óctuplo*	*oitavo*
9	IX	*nove*	*nono*	*nônuplo*	*nono*
10	X	*dez*	*décimo*	*décuplo*	*décimo*
11	XI	*onze*	*décimo primeiro*	*undécuplo*	*onze avos*
12	XII	*doze*	*décimo segundo*	*duodécuplo*	*doze avos*
13	XIII	*treze*	*décimo terceiro*	—	*treze avos*
14	XIV	*catorze*	*décimo quarto*	—	*catorze avos*
15	XV	*quinze*	*décimo quinto*	—	*quinze avos*
16	XVI	*dezesseis*	*décimo sexto*	—	*dezesseis avos*
17	XVII	*dezessete*	*décimo sétimo*	—	*dezessete avos*
18	XVIII	*dezoito*	*décimo oitavo*	—	*dezoito avos*
19	XIX	*dezenove*	*décimo nono*	—	*dezenove avos*
20	XX	*vinte*	*vigésimo*	—	*vigésimo*
21	XXI	*vinte e um*	*vigésimo primeiro*	—	*vinte e um avos*
30	XXX	*trinta*	*trigésimo*	—	*trigésimo*
40	XL	*quarenta*	*quadragésimo*	—	*quadragésimo*
50	L	*cinquenta*	*quinquagésimo*	—	*quinquagésimo*
60	LX	*sessenta*	*sexagésimo*	—	*sexagésimo*
70	LXX	*setenta*	*septuagésimo*	—	*septuagésimo*
80	LXXX	*oitenta*	*octogésimo*	—	*octogésimo*
90	XC	*noventa*	*nonagésimo*	—	*nonagésimo*

Algarismos		Numerais			
Arábicos	**Romanos**	**Cardinais**	**Ordinais**	**Multiplicativos**	**Fracionários**
100	C	*cem*	*centésimo*	*cêntuplo*	*centésimo*
200	CC	*duzentos*	*ducentésimo*	—	*ducentésimo*
300	CCC	*trezentos*	*trecentésimo*	—	*trecentésimo*
400	CD	*quatrocentos*	*quadringentésimo, quadrigentésimo*	—	*quadringentésimo, quadrigentésimo*
500	D	*quinhentos*	*quingentésimo*	—	*quingentésimo*
600	DC	*seiscentos*	*sexcentésimo, seiscentésimo*	—	*sexcentésimo, seiscentésimo*
700	DCC	*setecentos*	*septingentésimo, setingentésimo*	—	*septingentésimo, setingentésimo*
800	DCCC	*oitocentos*	*octingentésimo*	—	*octingentésimo*
900	CM	*novecentos*	*nongentésimo, noningentésimo*	—	*nongentésimo, noningentésimo*
1.000	M	*mil*	*milésimo*	—	*milésimo*
10.000	$\overline{X}$	*dez mil*	*décimo milésimo*	—	*dez mil avos*
100.000	$\overline{C}$	*cem mil*	*centésimo milésimo*	—	*cem mil avos*
1.000.000	$\overline{M}$	*um milhão*	*milionésimo*	—	*milionésimo*
1.000.000.000	$\overline{\overline{M}}$	*um bilhão*	*bilionésimo*	—	*bilionésimo*

Flexão dos numerais

1. Os **cardinais** *um*, *dois* e os que representam centenas a partir de *duzentos* variam em gênero; os terminados em *-ão* variam em número; os restantes são invariáveis.

   ***um** menino* — ***uma** menina* — ***duas** moedas* — ***duzentas** páginas*

   *seis milh**ões*** — *dez milh**ões*** — *quatro trilh**ões*** — ***duzentos** milhões*

2. Os **ordinais** variam em gênero e número.

   *O **quinto** candidato conquistou os **primeiros** prêmios de sua vida.*

   *A **quinta** candidata conquistou as **primeiras** medalhas olímpicas.*

3. Os **multiplicativos** flexionam-se em gênero e número quando usados como adjetivo; quando empregados como substantivos, não se flexionam.

   *As ginastas deram saltos **duplos** e **triplos** na competição.* (adjetivos)

   *Os bolos à venda tinham camadas **duplas** ou **triplas**.* (adjetivos)

   *O novo apartamento media o **quádruplo** do anterior.* (substantivo)

   *As novas salas mediam o **quádruplo** das anteriores.* (substantivo)

4. Os **fracionários** variam em número de acordo com os cardinais que expressam a quantidade de frações.

   *O jovem pagou **um terço** da passagem.*

   *As crianças passaram **dois terços** da aula brincando.*

   *A firma perdeu **cinco quartos** do investimento.*

Observações

1. O numeral fracionário *meio* concorda em gênero e número com o substantivo ao qual se refere.
   *O leilão começa **meio**-dia e **meia*** (hora).
   *Só comeu **meia** fatia do bolo.*
   *Sabiam apenas **meias** verdades sobre o fato.*
2. A palavra *meio* permanece invariável quando é advérbio modificando adjetivo.
   *A noite estava **meio** fria, por isso nos agasalhamos.*
   *As crianças pareciam **meio** assustadas com o filme.*
3. Há numerais que podem se flexionar em grau para se dar ênfase a uma ideia.
   *Divulgaram a notícia em **primeiríssima** mão.*
   *A atriz brasileira de que lhe falei já é **trintona**.*

Emprego dos numerais

1. Na leitura dos algarismos romanos que vêm após substantivos e indicam séculos, nomes de papas ou reis e partes de uma obra, empregam-se numerais ordinais até o décimo e, depois, cardinais.
   *No século **IX*** (nono), *o cristianismo predominou na Europa.*
   *Henrique **VIII*** (oitavo), *rei da Inglaterra, foi casado com Ana Bolena.*
   *No capítulo **II*** (segundo), *há anotações sobre esse assunto.*
   *O parágrafo **XII*** (doze) *apresenta bons argumentos.*

Observação

- Quando vem antes do substantivo, o algarismo romano é lido sempre como numeral ordinal.
  *O **V*** (quinto) *episódio do romance é surpreendente.*
  *No **XI*** (décimo primeiro) *capítulo acontece algo inesperado.*

2. Na enumeração de leis, decretos, artigos, avisos, circulares, portarias e outros textos oficiais com algarismos arábicos, eles são lidos como numerais ordinais até o nono e como cardinais a partir de dez.
   *No jornal foi publicada a portaria **6ª*** (sexta).
   *O artigo **17*** (dezessete) *do estatuto da escola foi alterado.*
3. Na enumeração de páginas, folhas, textos, casas, apartamentos e similares com algarismos arábicos, eles são lidos como numerais cardinais.
   *Releiam, na página **215*** (duzentos e quinze), *o texto **8*** (oito).
   *Ele mora no apartamento **503*** (quinhentos e três).

Observação

- Se vier anteposto ao substantivo, o algarismo será lido como numeral ordinal.
  *O **17º*** (décimo sétimo) *andar estava vazio àquela hora.*

4. Os numerais multiplicativos são pouco usados, com exceção de *dobro*, *triplo* e *duplo*. As demais formas são substituídas pelo cardinal acompanhado da palavra *vezes*: *nove vezes* (nônuplo); *sete vezes* (sétuplo).
5. Para indicar o primeiro dia de cada mês, emprega-se o ordinal *primeiro*, e não o cardinal *um*.
   *Em **primeiro** de maio comemora-se o Dia do Trabalhador.*

6. Consideram-se numerais as formas *zero*, *ambos* e *ambas*.

   *O botão **zero** desliga o aparelho.*

   ***Ambos** virão à minha festa de aniversário.*

Observação

- Existe a forma enfática para *ambos*: *Deixou **ambos os dois** ansiosos pela resposta.*

7. As formas corretas dos numerais cardinais correspondentes aos algarismos 50, 3 e 1 são *cinquenta*, *três* e *um*. Não existe a forma *cincoenta*. As formas *treis* e *hum* são admitidas apenas no preenchimento de cheques para evitar falsificações.

APLICAÇÃO

1 Leia o texto a seguir.

Por que a aliança de casamento é colocada na mão esquerda?

PHOTODISC/GETTY IMAGES

Os primeiros a adotar esse costume foram os hindus. Por volta de 2.800 a.C., o hábito já havia alcançado a parte de cá do mundo, sendo adotado primeiro pelos egípcios. Alexandre conquistou o Egito no século 3 a.C. e trouxe o costume para a Grécia. Os romanos, posteriormente, fizeram o mesmo quando conquistaram a Grécia. Entre os gregos, o anel usado para garantir uma união matrimonial ganhou o nome de *diatheke* (que, traduzido ao pé da letra, significa "relação mútua"). Foram eles que escolheram usá-lo na mão esquerda. A explicação era poética: acreditavam que dali saía uma veia que ia direto ao coração. Com a conversão do mundo greco-romano ao cristianismo, o símbolo da troca de anéis entre noivos veio junto. E com o papa Nicolau I, em 860, tornou-se obrigatória para todos os que se casavam na Igreja.

Galileu, São Paulo, n. 212, p. 33, mar. 2009.

a) Como o texto explica a origem da aliança de casamento entre os povos antigos?

b) Que característica dos gregos se observa em função da explicação dada por eles sobre o uso da aliança na mão esquerda?

c) Releia esta frase do texto: "**Os primeiros** a adotar esse costume foram os hindus".
   - Qual é a classe gramatical das palavras destacadas? Justifique sua resposta.
   - Explique por que na expressão "os primeiros" a palavra *primeiros* exemplifica um caso de substantivação.

d) Que algarismos no texto informam quantidade? Escreva-os por extenso e identifique o tipo de numeral expresso.

e) Escreva por extenso os algarismos presentes nas expressões a seguir.
   - "século 3 a.C."
   - "papa Nicolau I"

f) Que palavra no texto designa um conjunto exato de coisas? O que ela significa e, segundo alguns gramáticos, como se classifica?

2 Leia este poema do curitibano Paulo Leminski (1944-1989), poeta polêmico e inovador na linguagem, muitas vezes crítica e bem-humorada:

minhas 7 quedas

minha primeira queda
não abriu o paraquedas

daí passei feito uma pedra
pra minha segunda queda

da segunda à terceira queda
foi um pulo que é uma seda

nisso uma quinta queda
pega a quarta e arremeda

na sexta continuei caindo
agora com licença
mais um abismo vem vindo

LEMINSKI, Paulo. In: GÓES, Fred; MARINS, Álvaro (Sel.). *Paulo Leminski*: os melhores poemas. São Paulo: Global, 2006. p. 40.

a) Segundo o contexto poético, o que simbolizam as "7 quedas" do eu lírico?
b) Por que ele nomeou de "7 quedas" as etapas de sua existência?
c) Interprete a linguagem subjetiva da primeira e da segunda estrofes.
d) A partir das duas quedas iniciais, como as outras aconteceram? Explique.
e) O que o eu lírico anuncia no último verso? Como ele encara isso?
f) Quais são os numerais encontrados no texto e que sentido eles expressam?
g) Explique a diferença de valor dos numerais utilizados nas frases a seguir.
- "minha **primeira** queda / não abriu o paraquedas"
- "Os **primeiros** a adotar esse costume foram os hindus."

3 Explique o sentido expresso pelos numerais nas frases a seguir.
a) A moça não percebeu, mas trocou **seis** por **meia dúzia**.
b) O cantor ganhou **zero** pela interpretação e **dez** pela voz.
c) O time permaneceu novamente na **segundona**.
d) Telefonei **milhões** de vezes para a agência de viagem.
e) O rapaz colaborou apenas com **duzentinhos** naquele momento.
f) O *self-service* daquele restaurante é, sem dúvida, de **primeira**.

4 Complete as frases com o numeral coletivo correspondente à expressão entre parênteses.
a) Grandes terremotos podem acontecer em um ★. (período de mil anos)
b) Os pacientes com gripe suína ficaram de ★. (período de quarenta dias)
c) O secretário ficou no cargo por um ★. (período de cinco anos)
d) Havia cerca de uma ★ no pacote. (quinhentas folhas de papel)

5 Transcreva as frases, colocando por extenso os números entre parênteses.
a) Aquele livro relata fatos do século (IV) ainda desconhecidos no século (XIX).
b) O cônsul francês está hospedado no (86º) quarto deste hotel.
c) Antes de iniciar a reunião, a coordenadora leu o poema da página (XLV).
d) Mário mora no (27º) andar do edifício Campos Elíseos, que fica no número (617) desta rua.

6 Leia esta charge com as personagens Frank & Ernest:

FRANK & ERNEST — Bob Thaves

a) A charge apresenta uma crítica ou sátira que pode ser política ou social. O que o personagem ironiza no texto?

b) Que sentido expressam os numerais presentes na charge?

c) Que numeral coletivo equivale à expressão 6 *meses*?

7 Leia esta nota jornalística:

AUSTRÁLIA

O censo do mar

As águas marinhas da Austrália e do Japão são as campeãs mundiais de biodiversidade, ambas com 33 mil espécies catalogadas. É o que afirma uma compilação de dez estudos publicados na semana passada pela revista científica *PLoS One*, sob a supervisão da Universidade de Auckland, Nova Zelândia. Considerado o primeiro grande censo da vida marinha, o levantamento colocou o Brasil em 13º (9 mil espécies) numa lista de 25 regiões pesquisadas. Os dados consolidados deverão sair em outubro.

Época, São Paulo, n. 638, p. 16, 9 ago. 2010.

Peixes e outras espécies de vida marinha australiana.

a) O recenseamento marítimo torna possível conhecer a vida marinha existente no mar de cada país. Em sua opinião, que outras razões justificariam a identificação das espécies marítimas?

b) Identifique todos os numerais presentes no texto, escrevendo por extenso aqueles expressos por algarismos.

c) O numeral *ambas*, que aparece na primeira frase do texto, se refere a quê?

8 Leia o texto a seguir e saiba por que o avanço da tecnologia vem mudando cada vez mais o comportamento das pessoas.

SOCIEDADE • COMPORTAMENTO

Sob o olhar do Twitter

Um serviço global de mensagens rápidas desafia os hábitos de comunicação e reinventa o conceito de privacidade

Ivan Martins e Renata Leal

Vivemos a era da exposição e do compartilhamento. Público e privado começam a se confundir. A ideia de privacidade vai mudar ou desaparecer.

O trecho acima tem 140 caracteres exatos. É uma mensagem curta que tenta encapsular uma ideia complexa. Não é fácil esse tipo de síntese, mas dezenas de milhões de pessoas o praticam diariamente. No mundo todo são disparados 2,4 trilhões de SMS por mês, e neles cabem 140 toques ou pouco mais. Também é comum enviar *e-mails*, deixar recados no Orkut, falar com as pessoas pelo MSN, tagarelar no celular, receber chamados em qualquer parte, a qualquer hora. Estamos conectados. Superconectados, na verdade, de várias formas. Há 1,57 bilhão de pessoas que usam a internet e 3,3 bilhões com celulares – e as duas redes estão se fundindo. Há uma nova sintaxe em construção, a das mensagens. Práticas da internet migraram para o mundo do celular e coisas do mundo do celular invadiram a rede de computadores. A difusão de informação digital iniciada pela *web* em 1995 está se aprofundando e traz com ela mudanças radicais de costumes. As pessoas não param de falar e não querem parar de receber. Elas querem se exibir e querem ver. Tudo.

O mais recente exemplo da demanda total por conexão e de uma nova sintaxe social é o Twitter, o novo serviço de troca de mensagens pela internet. Criado em 2006, decolou no ano passado e já tem 6 milhões de usuários no mundo. O Twitter pode ser entendido como uma mistura de *blog* e celular. As mensagens são de 140 toques, como os torpedos dos celulares, mas circulam pela internet como os textos de *blogs*. [...]

HOWARD KINGSNORTH/CULTURA/GETTY IMAGES

Outro aspecto do Twitter que provoca controvérsia é a invasão da privacidade. As conversas que se travam no serviço são públicas. Basta se registrar como seguidor de alguém (não é preciso autorização) para acompanhar as conversas. Mas qualquer pessoa pode ler a página de alguém no Twitter sem ter uma conta. [...]

Época, São Paulo, n. 565, p. 96-98, 16 mar. 2009. (Fragmento).

a) Em sua opinião, de que modo o Twitter vem alterando a privacidade das pessoas?

b) No título "Sob **o** olhar do Twitter", o que provoca o uso do artigo definido *o* junto ao verbo *olhar*?

c) Escreva por extenso os numerais cardinais presentes nas frases a seguir.

- "No mundo todo são disparados 2,4 trilhões de SMS por mês".
- "Há 1,57 bilhão de pessoas que usam a internet e 3,3 bilhões com celulares".

9 Leia esta tira do Hagar:

HAGAR Chris Browne

a) No texto, o quadrinista explora o exagero para mostrar que Hagar era um glutão ou comilão. Observe o uso do artigo definido na tira ("**o** Hagar" e "**o** almoço do Hagar") e justifique seu emprego.

b) No primeiro quadrinho, a personagem Eddie Sortudo emprega o artigo indefinido *um* ao referir-se ao carregador: "**um** carregador". Explique o uso desse artigo no contexto da tira.

10 Leia esta tira do Minduim:

MINDUIM Charles M. Schulz

a) Observe o local onde se encontram as personagens e explique o contexto da tira.

b) A palavra *um*, no contexto da tira, é artigo indefinido ou numeral? Justifique sua resposta.

Lista de exercícios

RESUMO

Artigo

- **Artigo** – palavra variável em gênero e número que antecede o substantivo, determinando-o de modo particular ou genérico.

  ***O** relógio **da** estação ferroviária parou de funcionar.*

  ***A** jovem procurou **um** abrigo para se proteger **da** chuva.*

Classificação e flexão dos artigos

- **Definidos**: *o*, *a*, *os*, *as*.

  ***O** menino carregava **o** brinquedo em suas costas.*

  ***As** meninas brincavam com **as** bonecas.*

- **Indefinidos**: *um, uma, uns, umas.*

  ***Um** menino carregava **um** brinquedo.*

  ***Umas** meninas brincavam com **umas** bonecas.*

Substantivação de adjetivos

- A colocação do artigo antes de qualquer palavra de outra classe gramatical torna-a substantivada.

  ***Os bons** e **os justos** merecem a paz.* (adjetivos substantivados)

  ***O falar** agitado do motorista me incomodava.* (verbo substantivado)

Numeral

- **Numeral** – palavra que indica uma quantidade definida de pessoas ou coisas, ou o lugar que elas ocupam numa série.

  *Havia **cento e cinquenta** pessoas na festa.*

  *Moramos na **terceira** casa.*

Classificação dos numerais

- **Cardinais** – indicam número ou quantidade: ***trezentos e vinte** moradores.*
- **Ordinais** – indicam ordem ou posição numa sequência: ***quinto** ano.*
- **Multiplicativos** – indicam o número de vezes pelo qual uma quantidade é multiplicada: *o **quíntuplo** do preço.*
- **Fracionários** – indicam o número de vezes pelo qual uma quantidade é dividida: *dois **oitavos** do valor.*

Flexão dos numerais

- **Cardinais**: ***um** livro, **uma** bolsa, **duas** casas, **dois** carros, **duzentas** revistas, vinte **milhões**.*
- **Ordinais**: ***segunda** esquina, **terceiros** lugares, **vigésima** página.*
- **Multiplicativos**: *porta **dupla**, portas **duplas*** (valor de adjetivo); *o **dobro** do meu peso* (valor de substantivo).
- **Fracionários**: *um **quinto**, dois **terços**, três **sextos**, quatro **dezesseis avos**.*

Emprego dos numerais

- Leitura dos algarismos romanos: *século **X*** (décimo), *século **XI*** (onze); ***X*** (décimo) *século*, ***V*** (quinto) *século.*
- Enumeração de leis, decretos, artigos, avisos, circulares, portarias e outros textos oficiais: *decreto **7º*** (sétimo); *artigo **11*** (onze).
- Enumeração de páginas, folhas, textos, casas, apartamentos: *folha **35*** (trinta e cinco), *casa **23*** (vinte e três); ***35ª*** (trigésima quinta) *folha*, ***23ª*** (vigésima terceira) *casa.*
- Usam-se *dobro, triplo* e *duplo*; as demais formas são substituídas pelo cardinal e a palavra vezes: ***seis vezes*** (o sêxtuplo).
- Primeiro dia do mês (ordinal): *O* show *será em **1º*** (primeiro) *de dezembro.*
- Numerais *zero, ambos* e *ambas*: *Encontrou **ambas** na festa.*

Capítulo 10

Pronome

Definição e classificação

No texto

Leia um poema da autora goiana Cora Coralina (1889-1985), que revelou em sua obra fatos sensíveis de sua vida e da cultura nordestina.

A procura

Andei pelos caminhos da Vida.
Caminhei pelas ruas do Destino –
procurando meu signo.
Bati na porta da Fortuna,
mandou dizer que não estava.
Bati na porta da Fama,
falou que não podia atender.
Procurei a casa da Felicidade,
a vizinha da frente me informou
que ela tinha se mudado
sem deixar novo endereço.
Procurei a morada da Fortaleza.
Ela me fez entrar: deu-me veste nova,
perfumou-me os cabelos,
fez-me beber de seu vinho.
Acertei o meu caminho.

CORALINA, Cora. *Meu livro de cordel*. 10. ed.
São Paulo: Global, 2002. p. 91.

1. Releia os três primeiros versos do poema. Tendo em vista o título do texto e esses versos, pode-se concluir que o eu lírico não se acomodou diante das situações da vida.
   a) Interprete o sentido da palavra *signo* no contexto e explique o que o eu lírico buscava.
   b) De acordo com o primeiro e o segundo versos, de que modo o eu lírico agiu em sua busca? Justifique sua resposta.
2. A partir do quarto verso, o eu lírico relata sua luta em busca da realização de seus sonhos. Como se percebe que, durante certo tempo, a vida foi adversa ao eu lírico?
3. Explique por que os substantivos simples e abstratos *vida*, *destino*, *fortuna*, *fama*, *felicidade* e *fortaleza* foram empregados no poema com a letra inicial maiúscula.
4. Observe o emprego, no texto, das formas verbais *andei*, *caminhei*, *bati* e *procurei*. Que efeito esses verbos acrescentam à ideia de busca?
5. Em determinada fase de sua vida, o eu lírico cessa finalmente sua busca.
   a) Em sua opinião, o que significa ele ter sido recebido apenas pela Fortaleza e rejeitado pela Fortuna e pela Felicidade?
   b) O que acontece com o eu lírico depois que ele é acolhido pela Fortaleza?

6. No texto existe uma palavra que, em dois casos, substitui um substantivo personificado, evitando, assim, sua repetição. Qual é essa palavra e que substantivo ela substitui em cada caso?

7. Destaque dos versos a seguir as palavras que indicam a quem pertence aquilo determinado por elas.
   - "fez-me beber de seu vinho."
   - "Acertei o meu caminho."

8. Observe que, no poema, ocorre o emprego da palavra *me* várias vezes.
   a) Em que verso a palavra *me* está sendo usada com valor possessivo e pode ser substituída por *meus*?
   b) Nos outros versos, a palavra *me* é complemento de um verbo transitivo e está relacionada à 1ª pessoa do discurso (aquela que fala). A quem, portanto, essa palavra se refere no poema?

9. Explique a diferença de sentido entre as frases, observando as palavras destacadas. Justifique sua resposta.
   - "ela tinha **se** mudado"
   - ela tinha **me** mudado

Em contexto

Observamos, no poema "A procura", que existem palavras que substituem outras ("**Ela me** fez entrar") ou que acompanham um substantivo, determinando a extensão de seu significado ("Acertei o **meu** caminho"). As palavras *ela*, *me* e *meu* são exemplos de **pronomes**.

Os pronomes que, no texto, substituem um substantivo recebem o nome de **pronomes substantivos**.

__Alguém__ acabou dizendo a verdade a __ele__.

pronome substantivo — pronome substantivo

__Você__ vai trabalhar de metrô ou de ônibus?

pronome substantivo

Quando acompanham um substantivo, determinando a extensão de seu significado, são chamados de **pronomes adjetivos**.

Os médicos precisam ler __este__ artigo sobre células-tronco.

pronome adjetivo

A __todo__ momento ele olhava pela janela.

pronome adjetivo

Observação

- Dependendo do contexto, um mesmo pronome pode funcionar como pronome adjetivo ou pronome substantivo.

  __Esta__ blusa é minha. → Minha blusa é __esta__.

  pronome adjetivo — pronome substantivo

Os pronomes classificam-se em **pessoais** (*eu*, *tu*, *nós*, etc.), **de tratamento** (*você*, *o senhor*, *Vossa Excelência*, etc.), **possessivos** (*meu*, *teu*, *nosso*, etc.), **demonstrativos** (*este*, *aquele*, *isso*, etc.), **indefinidos** (*algum*, *alguém*, *tudo*, etc.), **interrogativos** (*quem*, *qual*, *quanto*, etc.) e **relativos** (*que*, *quem*, *onde*, *quando*, etc.).

Pronomes são palavras que substituem ou acompanham outras palavras, quase sempre substantivos. Classificam-se em **pessoais, de tratamento, possessivos, demonstrativos, indefinidos, interrogativos** e **relativos**.

Pronomes pessoais

No texto

Leia esta tira do Garfield:

GARFIELD Jim Davis

1. Com base nas palavras de Garfield, o que é possível imaginar que ocorreu com o cachorro Odie?
2. Observe no texto os pronomes usados para substituir os nomes das personagens.
   a) Destaque os pronomes utilizados em substituição ao nome de cada uma das personagens (Garfield, Jon e Odie).
   b) Esses pronomes pertencem às três pessoas do discurso: 1ª (quem fala), 2ª (com quem se fala) e 3ª (de quem se fala). A que pessoa pertence cada pronome que você destacou?
   c) Então, na tira, que personagem representa a 1ª, a 2ª e a 3ª pessoa?

Em contexto

Observe, a seguir, como se apresentam e quais são os **pronomes pessoais**.

1. **1ª pessoa** – quem fala (o emissor ou locutor): *eu* (singular); *nós* (plural).
   ***Eu** sou vegetariano.* ***Nós** apreciamos arte moderna.*
2. **2ª pessoa** – com quem se fala (o receptor ou interlocutor): *tu* (singular); *vós* (plural).
   ***Tu** permaneces calado.* ***Vós** permaneceis calados.*
3. **3ª pessoa** – do que ou de quem se fala (o assunto ou referente): *ele*, *ela* (singular); *eles*, *elas* (plural).
   *De fato, **ela** ainda estava preocupada.* ***Eles** desmentiram a notícia.*

Os **pronomes pessoais** são os que se referem às três pessoas do discurso (**quem fala** – 1ª pessoa; **com quem se fala** – 2ª pessoa; **do que** ou **de quem se fala** – 3ª pessoa).

Os pronomes pessoais classificam-se em **pronomes pessoais retos** e **pronomes pessoais oblíquos.**

Pronomes pessoais retos e oblíquos				
Número	**Pessoa**	**Pronomes retos**	**Pronomes oblíquos**	
			Átonos	**Tônicos**
Singular	1ª	*eu*	*me*	*mim, comigo*
	2ª	*tu*	*te*	*ti, contigo*
	3ª	*ele, ela*	*o, a, lhe, se*	*si, consigo, ele, ela*
Plural	1ª	*nós*	*nos*	*nós, conosco*
	2ª	*vós*	*vos*	*vós, convosco*
	3ª	*eles, elas*	*os, as, lhes, se*	*si, consigo, eles, elas*

Os **pronomes pessoais retos** podem exercer a função de sujeito da oração, predicativo do sujeito ou vocativo.

Ela *vai viajar com os amigos no final de semana.*
pronome reto (sujeito)

Eu *entreguei ao porteiro o cartão de acesso à garagem.*
pronome reto (sujeito)

Os **pronomes pessoais oblíquos** podem exercer a função de objeto direto, objeto indireto, complemento nominal, adjunto adverbial ou agente da passiva.

Ela viaja hoje ***conosco*** *para o Japão.*
pronome oblíquo (adjunto adverbial)

Entreguei a ***ele*** *o cartão de acesso à garagem do prédio.*
pronome oblíquo (objeto indireto)

Observação

- Os pronomes de tratamento (*você*, *o senhor*, *a senhora*, *Vossa Excelência*, etc.) valem por pronomes pessoais. Referem-se à 2ª pessoa do discurso, mas levam os verbos e os pronomes oblíquos para a 3ª pessoa.

Você *merece uma nova oportunidade.*
verbo na 3ª pessoa (do singular)

O senhor *prefere água ou suco de laranja?*
verbo na 3ª pessoa (do singular)

A senhora *foi aprovada no concurso para agente federal.*
verbo na 3ª pessoa (do singular)

Vossas Excelências *ficaram satisfeitos(as) com a premiação?*
verbo na 3ª pessoa (do plural)

Ponto de vista

O pronome de tratamento *você(s)* é empregado em várias regiões do Brasil em lugar de *tu* e *vós*. Também a expressão *a gente* muitas vezes substitui o pronome *nós* quando há referência à própria pessoa ou a pessoas diferentes. Por isso, estudiosos da língua julgam necessário acrescentar *você*, *vocês* e *a gente* entre os pronomes pessoais retos.

Discuta com os colegas e o professor essa posição de estudiosos da língua.

Emprego dos pronomes pessoais

1. Conforme o grau de formalidade da situação, pode-se empregar o pronome pessoal *tu* ou os pronomes de tratamento *você*, *o(a) senhor(a)* e *Vossa Excelência* como 2ª pessoa do discurso.
2. Em situações informais, nota-se uma preferência pelo emprego de *tu* em algumas regiões do país. Em outras regiões, a preferência é o emprego de *você*. A gramática normativa recomenda não misturar as formas de tratamento: se usarmos *tu*, a concordância será feita na 2ª pessoa; se empregarmos *você*, a concordância será na 3ª pessoa.

Observação

- Na linguagem coloquial é comum ocorrer usos misturados. Veja:

Preciso ***te*** *ver, assim posso* ***lhe*** *explicar tudo.*

2ª pessoa (*tu*) — concordância na 3ª pessoa (*você*)

Nesse caso, o recomendável pela gramática normativa é:

Preciso ***te*** *ver, assim posso* ***te*** *explicar tudo.*

2ª pessoa (*tu*) — concordância na 2ª pessoa (*tu*)

Ou ainda:

*Preciso vê-****lo****, vou* ***lhe*** *explicar tudo.*

3ª pessoa (*você*) — concordância na 3ª pessoa (*você*)

3. Os pronomes pessoais *eu* e *tu* não podem vir antecedidos de preposição, devendo ser substituídos pelos pronomes oblíquos *mim* e *ti*.

As ordens foram dadas a ***mim*** *e a* ***ti****.* (a, a: preposição)

Nada acabou entre ***mim*** *e* ***ti****.* (entre: preposição)

4. É recomendável o emprego de *eu* e *tu* (*você*, *o senhor*) quando o pronome estiver antecedido de preposição e funcionar como sujeito da oração, pois somente os pronomes retos podem ser sujeitos. Nesse caso, o pronome reto é seguido de um verbo no infinitivo.

O guarda pediu para ***eu*** *retirar o veículo.*

(eu: pronome; retirar: verbo no infinitivo)

5. Os pronomes *ele(s)*, *ela(s)*, *nós* e *vós* serão oblíquos quando empregados como complementos de um verbo e vierem precedidos de preposição.

A planta da casa foi feita por ***ele****.* (por: preposição)

A família festejou a vitória com ***ela****.* (com: preposição)

Observação

- Os pronomes pessoais retos *ele(s)* e *ela(s)* podem se contrair com as preposições *de* e *em*.

O terno ficou bem ***nele****.*
em + ele

Eu continuo amiga ***dela****.*
de + ela

Se esses pronomes funcionarem como sujeito e houver uma preposição antes deles, não ocorrerá a contração.

Chegou o dia de ***ele*** *voltar às atividades.*
preposição — pronome

Esta é a vez de ***elas*** *pagarem o aluguel.*
preposição — pronome

6. Chamam-se **pronomes reflexivos** os pronomes pessoais oblíquos átonos que se referem ao sujeito da oração.

Ela ***se*** *levantou do sofá.*
sujeito — pronome reflexivo

Eu ***me*** *machuquei na piscina.*
sujeito — pronome reflexivo

Observações

1. Os pronomes pessoais oblíquos tônicos *si* e *consigo* também são empregados como reflexivos e funcionam como complementos de um verbo na 3ª pessoa.

sujeito — complemento de *trouxe*

O vendedor aproximou-se e trouxe ***consigo*** *as caixas de sapatos.*

verbos na 3ª pessoa — pronome pessoal reflexivo

2. Se não se referir ao sujeito, o pronome pessoal oblíquo não funciona como reflexivo.

sujeito (1ª pessoa)
Eu ***te*** *acompanharei até o ponto de táxi.*
(2ª pessoa) complemento de *acompanharei*

sujeito (3ª pessoa)
Ele ***me*** *segurou com firmeza para eu não cair.*
(1ª pessoa) complemento de *segurou*

3. O pronome oblíquo *se* pode fazer parte integrante de certos verbos, chamados de **verbos pronominais**, como *arrepender-se*, *importar-se* e *indignar-se*. Nesse caso, o pronome não tem classificação especial.

Os estudantes ***se*** *indignaram com a suspensão das bolsas.*

Eles não ***se*** *importam com a própria saúde.*

7. Os pronomes oblíquos *nos*, *vos* e *se* recebem o nome de **pronomes recíprocos** quando expressam ação mútua ou recíproca.

*Nós **nos** ajudamos quando necessário.*

pronome recíproco (nós ajudamos uns aos outros)

*Os atletas **se** cumprimentaram no final da competição.*

pronome recíproco (os atletas cumprimentaram uns aos outros)

8. Os pronomes oblíquos *o*, *a*, *os*, *as* são substituídos pelas formas pronominais *lo*, *la*, *los*, *las*, respectivamente, quando vêm depois de formas verbais terminadas em *-r*, *-s* e *-z*, que perdem essas terminações.

*Decidiu esperá-**lo** mais um pouco.*

esperar + **o**

*O curso fê-**las** mais preparadas.*

fez + **as**

9. Os pronomes oblíquos *o*, *a*, *os*, *as* são substituídos pelas formas pronominais *no*, *na*, *nos*, *nas*, respectivamente, quando vêm após formas verbais terminadas em *-m*, *-ão* e *-õe*, que não perdem essas terminações.

*Reencontraram-**nas** em casa.*

reencontraram + **as**

*Os pais dão-**no** como aprovado.*

dão + **o**

Observações

1. Os pronomes pessoais oblíquos *lhe*, *lhes*, quando colocados depois de formas verbais terminadas em *-s*, não modificam essas formas.

*Nós enviamos-**lhe** a proposta por Sedex.*

a ele (a ela)

2. Na 1ª pessoa do plural, o verbo perde a terminação *-s* quando é seguido do pronome pessoal oblíquo *os*, que é substituído pela forma pronominal *nos*.

*Eu e você tornamo-**nos** bons amigos.*

tornamos + **os**

3. Quando empregados como objetos indiretos, os pronomes pessoais oblíquos átonos (*me*, *te*, *lhe*, *nos*, *vos*, *lhes*) podem ser utilizados com sentido possessivo.

*Os óculos escuros protegiam-**lhe** os olhos.*

objeto indireto
(protegiam os *seus* olhos – os olhos de alguém)

4. As formas pronominais oblíquas *comigo*, *contigo*, *conosco* e *convosco* trazem a preposição *com* em sua composição, funcionando como adjunto adverbial em certos casos.

*Os documentos estavam **comigo**.*

adjunto adverbial

*As crianças ficarão **conosco**.*

adjunto adverbial

5. As expressões *com nós* e *com vós* podem ser usadas quando acompanhadas de uma palavra de reforço (*ambos*, *mesmos*, *dois*, *todos*, etc.).

O grupo viajará ***com nós dois****.*

Vou sair ***com vós mesmos****.*

6. Os pronomes oblíquos tônicos (*mim*, *ti*, *ele/ela*, *nós*, *vós*, *eles/elas*) vêm sempre antecedidos de preposição.

O passeio foi feito sem ***mim****.* (sem: preposição)

Não coube em ***si*** *de tanta alegria.* (em: preposição)

7. Os pronomes pessoais oblíquos *me*, *te*, *o*, *a*, *nos*, *vos*, *os* e *as* funcionam como sujeito de verbo no infinitivo quando seguirem a um dos seguintes verbos: *deixar*, *fazer*, *ouvir*, *mandar*, *sentir* e *ver*.

*Deixe-****me*** *falar com calma.* (me: sujeito de *falar*)

*Mandou-****nos*** *sentar.* (nos: sujeito de *sentar*)

Pronomes de tratamento

No texto

Leia esta tira do Recruta Zero:

RECRUTA ZERO — Mort Walker

2011 KING FEATURES SYNDICATE/IPRESS

1. No texto, o quadrinista criou humor com base em um fato comum. De que modo ele trabalhou o aspecto cômico?
2. Observe, a seguir, o emprego da palavra destacada nas frases da tira.
   - "**Você** olha demais para a sua secretária!"
   - "Papéis para assinar, **sr**.!"

   a) As palavras *você* e *sr.* indicam um tratamento familiar ou cerimonioso? Por quê?

   b) Observe que, na primeira frase, o termo *Você* é sujeito da forma verbal *olha* (do verbo *olhar*). Em que pessoa e número se encontra essa forma verbal? Explique por quê.

   c) O termo *sr.* é a abreviatura do pronome de tratamento *senhor*. Como se abrevia o pronome *você*?

   Você e *senhor* são exemplos de **pronomes de tratamento**.

Em contexto

De acordo com a(s) pessoa(s) a quem nos dirigimos, devemos utilizar um tratamento específico: *você(s)*, *(o) senhor*, *(a) senhora*, etc. As palavras empregadas em tratamento familiar ou em tratamento cerimonioso chamam-se **pronomes de tratamento.**

As palavras destacadas nas frases a seguir são exemplos de pronomes de tratamento. Embora esses pronomes se refiram à 2ª pessoa do discurso, os verbos relacionados a eles devem ficar na 3ª pessoa (do singular ou do plural, conforme o caso).

Vossa Excelência *permanecerá no mesmo partido?*

pronome de tratamento — verbo na 3ª pessoa do singular

As senhoras *concordam com a reeleição em nosso país?*

pronome de tratamento — verbo na 3ª pessoa do plural

Suas Reverendíssimas *preparam-se para uma campanha pública.*

pronome de tratamento — verbo na 3ª pessoa do plural

Pronomes de tratamento			
Pronome	**Abreviatura**		**Emprego**
	Singular	**Plural**	
senhor	*sr.*	*srs.*	trato respeitoso
senhora	*sr.*^{a}	*sr.*^{as}	trato respeitoso
senhorita	*sr.*^{ta}	*sr.*^{tas}	trato respeitoso (para mulheres solteiras)
você(s)	*v.*	—	trato familiar
Vossa Alteza	*V. A.*	*VV. AA.*	príncipes, duques e arquiduques
Vossa Eminência	*V. Em.*^{a}	*V. Em.*^{as}	cardeais
Vossa Excelência	*V. Ex.*^{a}	*V. Ex.*^{as}	autoridades governamentais (presidentes, ministros, deputados, etc.)
Vossa Magnificência	*V. Mag.*^{a}	*V. Mag.*^{as}	reitores de universidades
Vossa Majestade	*V. M.*	*VV. MM.*	reis e imperadores
Vossa Reverendíssima	*V. Rev.*^{ma}	*V. Rev.*^{mas}	sacerdotes e bispos
Vossa Paternidade	*V. P.*	*VV. PP.*	superiores de ordem religiosa
Vossa Santidade	*V. S.*	—	papas
Vossa Senhoria	*V. S.*^{a}	*V. S.*^{as}	pessoas que exercem cargos importantes (cônsules, oficiais, chefes de seção, comerciantes, etc.)

Observações

1. Se estivermos falando diretamente com a(s) pessoa(s), usamos *vossa(s)*.

   Vossa Majestade *desfilará em carro aberto?*

   Vossas Senhorias *se hospedaram em que hotel?*

2. Se estivermos falando sobre a(s) pessoa(s), empregamos *sua(s)*.

   Sua Santidade *rezou pela paz em todo o mundo.*

   Suas Magnificências*, os reitores, receberam os alunos.*

Pronomes de tratamento são palavras e expressões empregadas para denominar o interlocutor; podem também marcar níveis de familiaridade entre as pessoas do discurso.

Pronomes possessivos

No texto

Leia esta tira do Calvin:

CALVIN — Bill Watterson

1. O humor dos quadrinhos está no fato de que Calvin não esperava a surpresa que o tigre Haroldo lhe havia preparado. Observe as falas e a expressão de Calvin. Como o quadrinista sugere que o menino é uma criança egocêntrica (voltada para si mesma)?

2. Que palavras Calvin emprega para destacar de quem é a bola d'água de cada personagem para estabelecer a comparação entre elas?

3. De acordo com o contexto dos quadrinhos, o que definem as palavras *minha* e *sua* utilizadas por Calvin em referência à bola? Identifique a alternativa adequada.

a) Indefinição em relação a algo.

b) Posição ocupada por algo no espaço.

c) Ideia de posse de um objeto.

4. As palavras *minha* ("A **minha** bola d'água é redondinha", "A vantagem é nitidamente **minha**!") e *sua* ("A **sua** bola d'água é comprida e murcha") são pronomes possessivos. Classifique-os em pronomes adjetivos ou pronomes substantivos, observando sua função na frase. Justifique.

Em contexto

Os **pronomes possessivos** estabelecem uma ideia de posse de algo em referência às pessoas gramaticais. São classificados também como pronomes adjetivos ou pronomes substantivos, se estiverem acompanhando um substantivo ou substituindo-o.

Nossa *visita alegrou muito os velhinhos da casa de repouso.*
(**Nossa**: pronome adjetivo)

A próxima vaga de emprego nesta empresa é ***tua***.
(**tua**: pronome substantivo)

Pronomes possessivos são aqueles que indicam ideia de posse em relação às três pessoas do discurso, ou seja, indicam o que cabe ou pertence a elas.

Observe o quadro dos pronomes possessivos e as correspondentes pessoas do discurso a que se relacionam.

Pronomes possessivos		
Número	**Pessoa**	**Pronomes**
Singular	1ª	*meu, meus, minha, minhas*
	2ª	*teu, teus, tua, tuas*
	3ª	*seu, seus, sua, suas*
Plural	1ª	*nosso, nossos, nossa, nossas*
	2ª	*vosso, vossos, vossa, vossas*
	3ª	*seu, seus, sua, suas*

Emprego dos pronomes possessivos

1. Não se deve confundir o pronome possessivo *seu* com o pronome de tratamento *seu*, uma redução da forma *senhor*.

Mariana gostaria de conhecer o ***seu*** *pai.*
pronome possessivo

Seu *Camilo prefere a vida na fazenda.*
pronome de tratamento

2. Não se recomenda o emprego do pronome possessivo para fazer referência a partes do corpo ou a faculdades do espírito. Esse uso torna redundante o seu sentido.

Andei o dia todo, por isso estou com dor nas ~~**minhas**~~ *pernas.*

3. Pode ocorrer ambiguidade no emprego dos pronomes possessivos de 3ª pessoa (*seu, sua, seus, suas*), pois eles podem se referir à 3ª pessoa do singular, à 3ª pessoa do plural ou, ainda, ao pronome de 2ª pessoa (ou de tratamento) *você*.

Agora, observe esta frase:

Márcia encontrou-se com João, e ele falou dos ***seus*** *problemas.*

Ela pode ser interpretada de três formas: João pode ter falado dos problemas dele (3ª pessoa do singular), dos problemas de Márcia (3ª pessoa do singular) ou, ainda, dos problemas de ambos (3ª pessoa do plural).

Para evitar a ambiguidade, podemos substituir os pronomes *seu*, *sua*, *seus*, *suas* por *dele*, *dela*, *deles*, *delas* (3ª pessoa):

Márcia encontrou-se com João, e ele falou dos problemas ***dele****.*

Márcia encontrou-se com João, e ele falou dos problemas ***dela****.*

Márcia encontrou-se com João, e ele falou dos problemas ***deles****.*

Pronomes demonstrativos

No texto

Leia o anúncio a seguir.

REPRODUÇÃO

Por isso, a Sanofi Pasteur oferece a você um guia de cuidados e vacinas especiais personalizado de acordo com o seu destino. Antes de embarcar no próximo voo, pegue o seu e descubra diversas dicas e maneiras de se cuidar enquanto estiver viajando. Traga só boas histórias na bagagem, acesse www.viagemcomsaude.com.br

1. Observe a imagem da mala, os adesivos fixados nela, o texto e os logotipos na parte inferior do anúncio.
   a) Quais são os produtos anunciados nessa peça publicitária?
   b) Tendo em vista o contexto, explique o que os adesivos destacam.
   c) Relacione a imagem da mala com os adesivos ao texto na parte inferior do anúncio, apontando o que eles têm em comum.
2. Releia a frase em destaque no anúncio: "Não é bem essa lembrança que você quer trazer de suas viagens".
   a) Que expressão dessa frase retoma o que os adesivos afixados na mala representam? Explique.
   b) Uma das palavras dessa expressão situa a coisa mencionada em relação à pessoa do discurso. Qual é a coisa mencionada e qual é a palavra que situa essa coisa no discurso?
3. Observe este trecho: "Por **isso**, a Sanofi Pasteur oferece a você um guia de cuidados". A que ideia anterior a palavra *isso* se refere, retomando-a e sintetizando-a?
4. As palavras *essa* e *isso* referem-se a algo mencionado no anúncio, respectivamente, situando-o em relação ao espaço ou para trazê-lo à lembrança. São exemplos de pronomes demonstrativos. Classifique cada um deles em pronome demonstrativo substantivo ou pronome demonstrativo adjetivo, observando sua função na frase.

Em contexto

Como você viu, as palavras *essa* e *isso* presentes no anúncio analisado são pronomes demonstrativos. No caso, *essa* classifica-se como pronome demonstrativo adjetivo e *isso* como pronome demonstrativo substantivo.

Os **pronomes demonstrativos** podem situar, no espaço e no tempo, a pessoa ou a coisa a que se está referindo em relação às pessoas do discurso. Observe o quadro dos pronomes demonstrativos e sua correspondência em relação às pessoas gramaticais.

Pronomes demonstrativos					
Pessoa	Formas			Posição	
	Masculinas	Femininas	Neutras	Espacial	Temporal
1ª	*este, estes*	*esta, estas*	*isto*	próximo da pessoa que fala	presente
2ª	*esse, esses*	*essa, essas*	*isso*	próximo da pessoa com quem se fala	passado recente e futuro próximo
3ª	*aquele, aqueles*	*aquela, aquelas*	*aquilo*	próximo da pessoa de quem se fala	passado distante

Pronomes demonstrativos são os que situam, no tempo e no espaço, a pessoa ou coisa referida em relação às três pessoas do discurso.

Emprego dos pronomes demonstrativos

Os pronomes demonstrativos são empregados de acordo com a **posição da pessoa** do discurso em relação ao **espaço** e ao **tempo**.

Em relação ao espaço

1. Os pronomes *este(s)*, *esta(s)* e *isto* são usados quando se quer indicar o ser (ou objeto) que está próximo da pessoa que fala (1ª pessoa).

   ***Estes** óculos me incomodam.*

   ***Esta** mochila está pesada para mim.*

2. Os pronomes *esse(s)*, *essa(s)* e *isso* são usados quando se quer indicar o ser (ou objeto) que está próximo da pessoa com quem se fala (2ª pessoa).

   ***Esse** livro te pertence?*

   *Você me empresta **essa** revista?*

3. Os pronomes *aquele(s)*, *aquela(s)* e *aquilo* são usados quando se quer indicar o ser ou a coisa que está distante da pessoa que fala e da pessoa com quem se fala.

   *Traga **aquele** CD do meu carro.*

Em relação ao tempo

1. Os pronomes *este(s)*, *esta(s)* e *isto* são usados quando se quer indicar o tempo presente em relação ao momento em que se fala.

   ***Neste** mês venta muito.* — no mês presente

   ***Esta** tarde vou ao* shopping. — a tarde presente

2. Os pronomes *esse(s)*, *essa(s)* e *isso* são usados quando se quer indicar o tempo passado há pouco ou o futuro em relação ao momento em que se fala.

__Esse__ aumento do desemprego ocorreu em todos os países.

indica um fato do passado recente

__Nessa__ reunião escolheremos o novo presidente.

indica uma reunião futura

3. Os pronomes *aquele(s)*, *aquela(s)* e *aquilo* são usados quando se quer indicar um passado distante em relação ao momento em que se fala.

__Aqueles__ parques eram lugares seguros.

refere-se a parques em tempos distantes

__Naquela__ época ainda havia bondes.

refere-se a uma época remota

Observações

1. Os pronomes *esse(s)*, *essa(s)* e *isso* podem ser empregados em referência a algo já dito ou a uma pessoa já mencionada num texto.
   Um rio largo passa pela minha cidade. __Esse__ rio está bastante poluído, o que impede o uso de suas águas para a irrigação de lavouras.
2. Emprega-se *este(s)*, *esta(s)* e *isto* em referência ao que vai ser dito.
   Na porta da loja, lia-se __esta__ mensagem: "Fechado para balanço".
3. Em referência a dois elementos (ou pessoas) citados anteriormente na frase, usa-se *este(s)*, *esta(s)* e *isto* para indicar o elemento mais próximo; para indicar o mais distante, *aquele(s)*, *aquela(s)* e *aquilo*.
   Pedi pizza e doces; __estes__ estavam deliciosos, mas __aquela__, nem tanto.
4. As palavras *mesmo*, *próprio*, *semelhante*, *tal*, *o*, *a*, *os* e *as* podem funcionar como pronomes demonstrativos.
   O pai deu a __mesma__ resposta. (sentido de "idêntico, idêntica")
   Observei __semelhante__ descaso. (refere-se a algo expresso antes)
   A __própria__ gerente nos atendeu. (sentido de "em pessoa")
   Ela trouxe __o__ que cabia na mala. (substitui *aquilo*)

APLICAÇÃO

1 Leia esta tira do Minduim:

MINDUIM — Charles M. Schulz

PEANUTS WORLDWIDE LLC. / DIST. BY UNIVERSAL UCLICK
© 1996 United Feature Syndicate, Inc.

a) No último quadrinho encontra-se a conclusão do diálogo que dá caráter humorístico ao texto. Explique por quê.

b) Na frase a seguir, que pronome pessoal se usa, na linguagem coloquial, em lugar do pronome destacado? Reescreva a frase utilizando esse outro pronome.

- "Alguém ligou pra **mim**?"

c) Que sentido tem, no contexto, o emprego do pronome pessoal reto *eles* nesta frase do terceiro quadrinho: "**Eles** disseram que não era urgente"?

2 Leia esta tira dos Piratas do Tietê:

PIRATAS DO TIETÊ

Laerte

a) De que forma o quadrinista produz humor nos quadrinhos?

b) Observe a linguagem empregada pelo quadrinista na tira.

- De acordo com a gramática normativa, está adequado o emprego do verbo na 2ª pessoa do plural na fala do rei no primeiro quadrinho e na fala da rainha no último quadrinho? Por quê?
- Nesse caso, por que o quadrinista usou o verbo na 2ª pessoa do plural?
- Reescreva as falas de acordo com a gramática normativa.

c) No segundo quadrinho, ao empregar o pronome *vosso(a)*, respondendo à pergunta do rei, a rainha usou o tratamento adequado? Esclareça sua resposta.

d) No último quadrinho, a que pronome equivale a palavra *o*? Por quê?

3 **Leia a seguir os versos de dois poetas, o brasileiro Álvares de Azevedo (1831-1852) e a portuguesa Florbela Espanca (1894-1930), ambos com características românticas.**

Que não mente o amor que um anjo inspira,
Que eu posso na tu'alma ser ditoso,
Beijar-**te** nos cabelos soluçando
E no teu seio ser feliz morrendo!

AZEVEDO, Álvares de. A T... In: BUENO, Alexei (Org.). *Álvares de Azevedo*: obra completa. Rio de Janeiro: Nova Aguilar, 2000. p. 147. (Fragmento).

O nosso amor morreu... Quem **o** diria!
Quem o pensara mesmo ao ver-me tonta,
Ceguinha de te ver, sem ver a conta
Do tempo que passava, que fugia!

ESPANCA, Florbela. Amor que morre. *Sonetos*. Rio de Janeiro: Bertrand Brasil, 1998. p. 194. (Fragmento).

a) Em sua opinião, qual é a visão amorosa de cada autor?

b) Releia o terceiro verso de Álvares de Azevedo: "Beijar-**te** nos cabelos soluçando". Que sentido apresenta o pronome *te*? Esclareça sua resposta.

c) Observe o primeiro verso de Florbela Espanca: "Quem **o** diria!". Que outro pronome demonstrativo pode substituir o pronome *o* nessa frase? Como ficaria o verso com essa mudança?

4 Leia o anúncio publicitário a seguir.

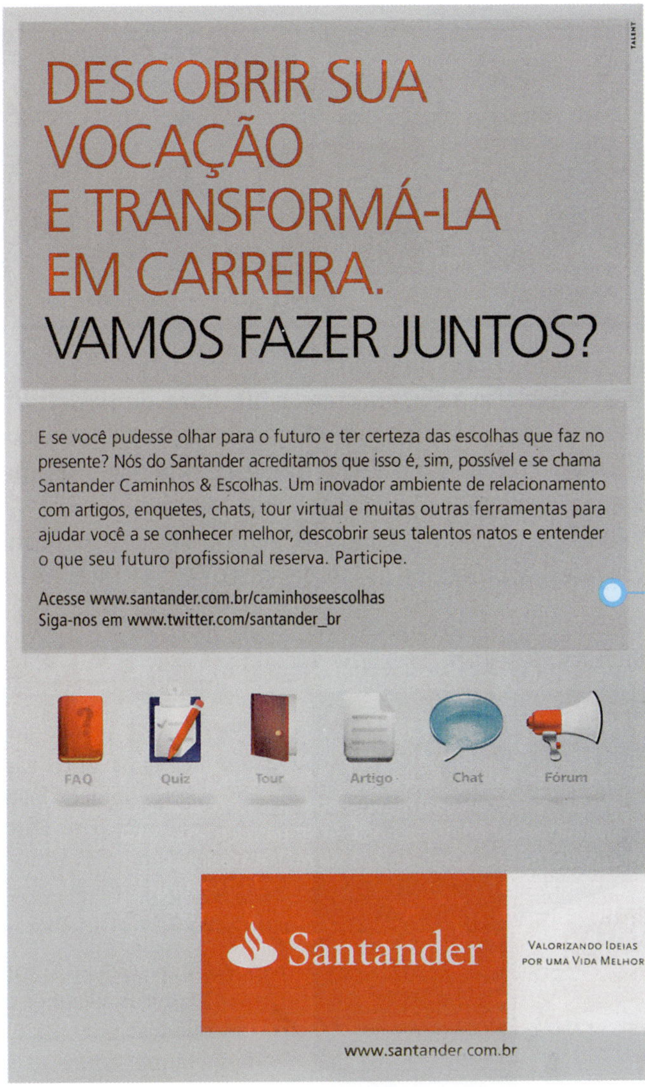

REPRODUÇÃO

E se você pudesse olhar para o futuro e ter certeza das escolhas que faz no presente? Nós do Santander acreditamos que isso é, sim, possível e se chama Santander Caminhos & Escolhas. Um inovador ambiente de relacionamento com artigos, enquetes, *chats*, *tour* virtual e muitas outras ferramentas para ajudar você a se conhecer melhor, descobrir seus talentos natos e entender o que seu futuro profissional reserva. Participe.

a) A que público leitor esse anúncio é dirigido? Qual é o objetivo do anúncio?

b) Observe, no texto inicial, o emprego de verbos no infinitivo (*descobrir* e *transformar*) que equivalem ao imperativo (*descubra*, *transforme*).
   - Por que é frequente o uso do imperativo em propagandas?
   - Que outras formas verbais do texto estão no imperativo e expressam também essa ideia?

c) Observe estes trechos: “descobrir sua vocação”, “descobrir seus talentos” e “seu futuro profissional”. Explique esse uso enfático do pronome possessivo na 3ª pessoa do singular.

d) No trecho “e transformá-**la** em carreira”, que palavra o pronome pessoal destacado retoma, estabelecendo a coesão textual?

e) Observe o uso do pronome de tratamento neste trecho: “E se **você** pudesse olhar para o futuro?”. Explique por que se optou por essa forma de tratamento.

f) Releia este trecho: “Nós do Santander acreditamos que isso é, sim, possível”.
   - Se, em lugar de *nós*, fosse empregado *a gente* (uso comum na linguagem oral), que diferença haveria entre os dois empregos?
   - Nesse trecho, o que o pronome demonstrativo *isso* retoma?

g) Observe este outro trecho: “ferramentas para ajudar você a se conhecer melhor”.
   - Reescreva-o na 1ª pessoa do plural.
   - Qual dos dois pronomes do trecho tem valor reflexivo?

5 Leia esta tira do Hagar:

HAGAR

Chris Browne

a) Com receio de que a personagem de gravata-borboleta pegue o enorme sanduíche, Hagar apanha-o e, ao referir-se a ele, emprega o pronome demonstrativo *este*. O que o uso dessa forma pronominal indica em relação às pessoas do discurso?

b) Se o sanduíche estivesse com Helga e Hagar quisesse saber se o sanduíche era dela, que pergunta Hagar faria à esposa? Justifique sua resposta.

c) Se o sanduíche estivesse com o Recruta Zero, como seria a pergunta de Hagar à personagem de gravata-borboleta se quisesse saber se o sanduíche era do Recruta Zero? Justifique.

6 Leia o anúncio publicitário a seguir.

Chegou o Guia da Saúde Familiar. Uma obra elaborada pelo mais renomado instituto europeu de medicina, The British Medical Association.

Uma coleção imperdível, com 17 livros ricamente ilustrados, que traz para você informações importantes sobre as doenças que mais afetam o dia a dia da sua família. Em cada volume você vai saber como reconhecer as doenças, os principais sintomas, formas de prevenir ou tratar, além de como seu estilo de vida pode influenciar sua saúde.

Receba em sua casa, com todo o conforto, mais este benefício da Editora Três aos seus assinantes.

a) O produto divulgado no anúncio é uma coleção de livros sobre a saúde familiar. Identifique os recursos persuasivos usados pelo anunciante.

b) O que a frase em destaque sugere ao público-alvo, tendo em vista os outros elementos do anúncio?

c) Observe que, na frase em destaque, a forma verbal *leve* está na 3ª pessoa do singular (imperativo afirmativo) e o pronome pessoal oblíquo *te*, na 2ª. Houve, portanto, uma mistura de tratamentos.

- Tendo em vista a gramática normativa, como essa frase ficaria segundo a norma culta da língua?
- Por que a frase deveria ser escrita dessa forma?

d) Releia: "Receba em sua casa, com todo o conforto, mais **este** benefício da Editora Três aos seus assinantes".

- A que benefício se faz referência nessa frase?
- Nesse caso, o emprego do pronome demonstrativo *este* segue a gramática normativa? Por quê?
- A que substantivo se refere o pronome possessivo *seus* nessa frase? O que ele indica em relação a esse substantivo? O que sugere o uso desse pronome?

7 Leia esta do Calvin:

CALVIN — Bill Watterson

a) A personagem Calvin resolve irritar a babá e conta com a ajuda de Haroldo. Explique a reação de Rosalyn.

b) Observe esta frase proferida pela babá: "Calvin, **me** deixe entrar neste instante!".

- Explique por que se empregou o pronome pessoal oblíquo *me* e não o pronome pessoal reto *eu*.
- Ainda nessa frase, de acordo com o contexto, pode-se usar o pronome *nesse* em lugar de *neste*? Por quê?

c) No terceiro quadrinho, Calvin diz: "Eu **as** tranquei". Se o pronome pessoal *as* viesse depois do verbo, como ficaria a frase?

d) Reescreva a frase "Ela está tentando abrir **as janelas**", substituindo os termos destacados por um pronome pessoal.

e) Releia o último quadrinho da tira.

- Observe a frase: "Ei, abra aquela porta!". Segundo a gramática normativa, o emprego do pronome *aquela* está correto? Por quê?
- Classifique o pronome *se* presente nesta frase da tira: "**Se** importa se olharmos?".

8 Leia esta tira do Hagar:

HAGAR — Chris Browne

a) Em que se baseou o quadrinista para a criação do humor nessa tira?

b) Explique o emprego do pronome demonstrativo *este* no primeiro quadrinho: "Ele pegou este vaso quando saqueou".

c) Explique por que se usou o pronome pessoal *dele* e não o possessivo *sua* na frase do segundo quadrinho.

9 Leia o anúncio a seguir.

REPRODUÇÃO

a) O pronome demonstrativo *isso*, na frase "Isso que é troca de carinho", foi empregado de acordo com a gramática normativa? No contexto do anúncio, a que fato ele se refere? Explique.

b) Em que situação a gramática normativa recomenda o uso do pronome demonstrativo *isso* em lugar de *isto*?

c) Observe este trecho do anúncio: "a gente leva alegria para sua mesa".
- Reescreva-o conforme a variedade padrão da língua.
- De que forma o tratamento entre os interlocutores (anunciante e leitores) se tornou mais informal e próximo?

d) Identifique a frase em que o pronome pessoal destacado é reflexivo. Justifique sua resposta.
- "e você **nos** enche de orgulho."
- e você **se** enche de orgulho.

10 Leia esta tira do Recruta Zero:

RECRUTA ZERO — Mort Walker

2011 KING FEATURES SYNDICATE/IPRESS

a) Como se pode perceber, o Recruta Zero não é disciplinado como seus colegas. Na sua opinião, que outra leitura se pode fazer desse texto, além do humor?

b) Observe esta frase do texto: "O Zero disse que era a única forma de ele não perder a hora!". Explique por que não se fez a contração da preposição *de* com o pronome *ele*.

c) Compare o sentido das frases, observando o emprego dos pronomes pessoais.
- **Eu me** convenci facilmente.
- **Eu te** convenci facilmente.

11 Leia esta tira do Garfield:

a) Explique em que consiste o humor do texto, observando o que Garfield está pensando.

b) Releia esta frase: "**Eu me** sinto tão bem ajudando a comunidade!".
- Reescreva a frase utilizando os pronomes pessoais na 2ª pessoa do singular.
- Há diferença entre as duas frases quanto à uniformidade no uso dos pronomes? Explique.

c) Na frase "E ainda deu pra **eu** ir no balanço!", explique por que se empregou o pronome pessoal reto *eu* e não o pronome oblíquo *mim*.

Pronomes indefinidos

No texto

A estrofe a seguir foi retirada de um poema do escritor Murilo Mendes (1901-1975). A poesia desse autor caracteriza-se por uma linguagem marcada pela religiosidade e pelo questionamento diante da vida.

Nós todos estamos na beira da agonia
caminhando sobre pedras angulosas e abismos.
Ninguém ouve o barulho da banda de música
que está ali firme do outro lado do século.
[...]

MENDES, Murilo. Reflexão e convite. In: PICCHIO, Luciana Stegagno (Org.). *Murilo Mendes*: poesia completa e prosa. Rio de Janeiro: Nova Aguilar, 1994. p. 118. (Fragmento).

1. Nesses versos, o eu lírico reflete sobre a vida dos seres humanos.

a) Segundo o texto, como a humanidade tem vivido?

b) Que convite o eu lírico parece nos fazer para melhorarmos nosso modo de vida?

c) Na sua opinião, o que o eu lírico quis dizer com *a banda de música está "do outro lado do século"*?

2. Releia este verso: "Nós todos estamos na beira da agonia".

a) A palavra *todos* apresenta sentido preciso, definido, sobre quem são as pessoas à beira da agonia? Justifique sua resposta.

b) Explique por que o termo *todos* está flexionado no masculino plural.

3. No terceiro e no quarto versos do poema há outras duas palavras que também apresentam sentido impreciso ou genérico.

a) Identifique-as e justifique sua resposta.

b) Essas palavras concordam com algum substantivo?

As palavras que se referem a substantivos de forma genérica ou imprecisa chamam-se **pronomes indefinidos**.

Em contexto

Os **pronomes indefinidos** apresentam sentido vago e indeterminado e se referem à 3ª pessoa do discurso. Podem ser **variáveis** (*algum, alguns*) ou **invariáveis** (*ninguém, nada*).

Pronomes indefinidos	
Variáveis	**Invariáveis**
algum, alguma, alguns, algumas	*algo*
nenhum, nenhuma, nenhuns, nenhumas	*alguém*
certo, certa, certos, certas	*ninguém*
muito, muita, muitos, muitas	*tudo*
todo, toda, todos, todas	*nada*
outro, outra, outros, outras	*cada*
pouco, pouca, poucos, poucas	*outrem*
tanto, tanta, tantos, tantas	*que*
vário, vária, vários, várias	*quem*
qualquer, quaisquer	*mais*
bastante, bastantes	*menos*
quanto, quanta, quantos, quantas	*sicrano*
tal, tais	*fulano*
qual, quais	*beltrano*
diverso, diversa, diversos, diversas	

Os pronomes indefinidos também podem ser classificados em pronomes substantivos ou pronomes adjetivos. Alguns dos pronomes indefinidos somente se empregam como pronomes substantivos (alguém, ninguém, algo, etc.).

Alguém *estará à sua espera no jardim.*

pronome substantivo

Em ***cada*** *entrada do palácio havia um segurança.*

pronome adjetivo

Muitas *pessoas estão preocupadas em preservar as florestas.*

pronome adjetivo

Observações

1. O pronome indefinido *qualquer* flexiona-se apenas em número: ***qualquer*** *notícia*, ***quaisquer*** *notícias*.
2. O pronome indefinido *vários* flexiona-se em gênero: ***vários*** *países*, ***várias*** *comunidades*.

O grupo de palavras que tem valor de pronome indefinido chama-se **locução pronominal indefinida**: *cada um, cada qual, todo aquele que, seja quem for*, etc.

Cada um *deve avaliar seus atos.*

Quem quer que *veja o filme saberá apreciá-lo.*

Todo aquele que *quiser poderá ver a exposição.*

Emprego dos pronomes indefinidos

1. O pronome indefinido *algum* expressa sentido positivo se colocado antes do substantivo; se vier depois dele, passa a ter sentido negativo.

substantivo

***Algum** taxista poderá buscá-lo na fazenda.*

sentido positivo (um taxista)

substantivo

*Taxista **algum** poderá buscá-lo nesse fim de mundo.*

sentido negativo (nenhum taxista)

2. A palavra *certo* só funciona como pronome indefinido quando vem antes do substantivo; se vier depois, será adjetivo.

substantivo

***Certas** medidas deram um bom resultado.*

pronome indefinido (algumas)

substantivo

*As medidas **certas** deram um bom resultado.*

adjetivo (corretas, exatas)

substantivo — substantivo

***Certos** amigos não agem como amigos **certos**.*

pronome indefinido (alguns) — adjetivo (verdadeiros)

3. O pronome indefinido *todo* pode significar "completamente, inteiramente"; nesse caso, tem valor de advérbio.

*O roteiro de viagem foi **todo** modificado.*

valor de advérbio

*Meu irmão chegou **todo** molhado.*

valor de advérbio

Observação

- Os pronomes indefinidos *todo* e *toda*, no singular, têm o sentido de:
  a) *qualquer*, quando não forem seguidos de artigo.
  ***Todo** candidato deve ter domínio da língua inglesa.*
  ***Toda** semana haverá fiscalização na área.*
  b) *inteiro*, se forem acompanhados de artigo.
  ***Todo** o setor passará por reformas.*
  ***Toda** a cidade foi invadida pela enchente.*

Pronomes interrogativos

No texto

O texto a seguir é um trecho de uma crônica do escritor mineiro Fernando Sabino, um dos mais prestigiados prosadores da literatura contemporânea. Na crônica, dois vizinhos desentendem-se por causa de uma porta de banheiro que está emperrada. Nas diversas tentativas de consertá-la, um pedreiro abre um buraco na parede que dá para o banheiro de um dos vizinhos. No trecho reproduzido, o vizinho que teve a parede arrebentada tenta dialogar com a vizinha.

– Ó madame!

Madame gritou lá de dentro que se ele insistisse ela chamaria imediatamente a polícia. Mas, ao perceber que ele já se vestira, tornou a chegar-se, mais cordata:

– O que é que o senhor quer desta vez?

– Quero ver se pelo menos chegamos a um acordo. Por quanto tempo a senhora pretende deixar esse buraco aberto?

– Não sei. Isso depende do pedreiro.

– E por quanto tempo a senhora pretende ficar sem tomar banho?

– Sou brasileira, meu senhor. Tomo banho todos os dias.

– A que horas?

Isso a brasileira achou que também era demais:

– Pergunte a meu marido, se o senhor quer saber.

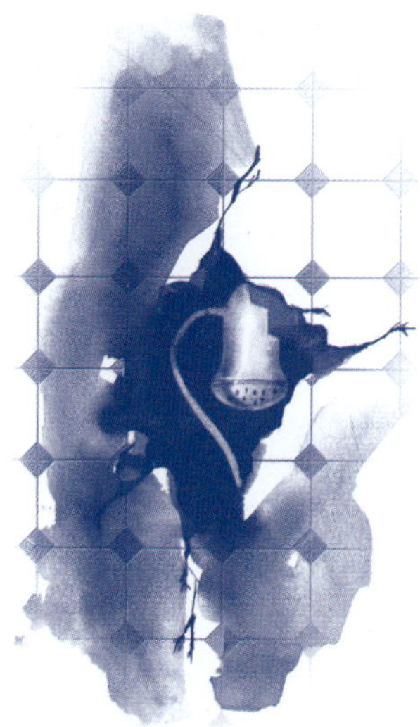

SABINO, Fernando. A vingança da porta. In: *Obra reunida*. Rio de Janeiro: Nova Aguilar, 1996. p. 293. (Fragmento).

1. Segundo o texto, o vizinho parece mais propenso a negociar do que a vizinha que contratou o pedreiro.
   a) Ao ler o início do fragmento, o que se pode deduzir sobre os fatos ocorridos?
   b) Apesar do tratamento respeitoso usado (*senhor*, *madame* e *senhora*), a mulher sentiu-se ofendida com o interrogatório do vizinho. Que motivos ele tinha para tal interrogatório?
2. Nesse trecho ocorre um diálogo (discurso direto) entre as personagens. Observe que, na fala do narrador, empregam-se os dois-pontos no final e, antes da fala de cada personagem, o travessão. Observe também que há frases interrogativas:

- – O que é que o senhor quer desta vez?
- – [...] Por quanto tempo a senhora pretende deixar esse buraco aberto?
- – E por quanto tempo a senhora pretende ficar sem tomar banho?
- – A que horas?

Nessas frases, que palavras são empregadas para formular uma pergunta? Que outras palavras as precedem?

Em contexto

A frase do texto de Fernando Sabino "– O **que** é que o senhor quer desta vez?" está na interrogativa direta. Na forma de interrogativa indireta, poderia ficar assim: *A vizinha perguntou ao senhor o* ***que*** *é que ele queria desta vez*. Os pronomes destacados nas duas frases são **interrogativos**.

Veja outros exemplos:

Que *filme ela escolheu?* → *Perguntei* ***que*** *filme ela escolheu.*

Quem *te levou à festa?* → *Desejo saber* ***quem*** *te levou à festa.*

As palavras *que*, *quem*, *qual* e *quanto* e suas flexões, quando utilizadas para formular perguntas, diretas ou indiretas, são chamadas de **pronomes interrogativos**.

Os pronomes interrogativos *que* e *quem* são invariáveis. Os pronomes *qual* e *quanto* são variáveis: *qual*, *quais*, *quanto*, *quantos*, *quanta*, *quantas*.

Os pronomes interrogativos podem ser empregados como pronomes substantivos e como pronomes adjetivos. Observe estes exemplos:

Quem *escreveu este artigo sobre os indígenas brasileiros?*
pronome interrogativo substantivo

Que *curso você fez para poder trabalhar nessa atividade?*
pronome interrogativo adjetivo

Quantos *alunos foram à excursão ao Jardim Botânico?*
pronome interrogativo adjetivo

Desejo saber ***quais*** *livros foram lidos por vocês.*
pronome interrogativo adjetivo

Observações

1. A expressão *é que*, às vezes empregada junto ao pronome interrogativo, apenas enfatiza o que se fala, sendo dispensável para a compreensão do texto.

   Quem ***(é que)*** *disse isso?*

2. As palavras *quando* (indicando tempo), *como* (modo) e *onde* (lugar) são advérbios que podem formar frases interrogativas.

   Quando *seu amigo vai chegar?*
   Como *você está?*
   Onde *fica o Museu de Arte Moderna?*

3. Os pronomes interrogativos também podem ser usados em exclamações.

   Que *bela paisagem!* ***Quem*** *iria pensar isso!*
   Quantas *motos!* ***Qual*** *nada!*

As palavras *que*, *quem*, *qual* e *quanto* (de significação indeterminada), empregadas em frases interrogativas diretas ou indiretas, são chamadas de **pronomes interrogativos**.

Pronomes relativos

No texto

Leia o texto a seguir. Ele trata de uma descoberta arqueológica realizada por pesquisadores britânicos.

A estatueta mais antiga do mundo

Ela tem apenas seis centímetros de altura, mas estima-se que guarde 35 mil anos de história. Pesquisadores britânicos anunciaram a descoberta da estatueta que é considerada a mais antiga do mundo. Batizada de *Vênus de Hohle Fels* (homenagem à caverna onde foi encontrada, na Alemanha), ela representa uma mulher com coxas, seios e órgãos genitais proeminentes.

IstoÉ, São Paulo, n. 2.004, 2 abr. 2008.
© Três Editorial Ltda.

THE NEW YORK TIMES/LATINSTOCK - TUBINGEN UNIVERSITY, ALEMANHA

Vênus de Hohle Fels. Foto de maio de 2009.

1. Em sua opinião, por que fatos como esse são importantes do ponto de vista histórico-cultural?
2. Releia este período do texto: "Pesquisadores britânicos anunciaram a descoberta da estatueta que é considerada a mais antiga do mundo".

   Esse período poderia ser dividido em duas frases independentes. Veja:

   - Pesquisadores britânicos anunciaram a descoberta da estatueta.
   - A estatueta é considerada a mais antiga do mundo.

   - Observando essas frases, indique a função da palavra *que* no período construído pelo jornalista.

A palavra *que*, presente no período construído pelo jornalista nesse texto informativo sobre uma importante descoberta histórico-cultural, é um exemplo de **pronome relativo**. Observe que, na frase, esse pronome se refere ao substantivo *estatueta*, considerado seu antecedente.

Em contexto

Leia estas duas frases:

Médicos defendem pesquisas com células-tronco.

As pesquisas com células-tronco poderão melhorar nossa vida.

Essas duas frases podem ser unidas, transformando-se numa só frase. Observe:

Médicos defendem pesquisas com células-tronco, ***as quais*** *poderão melhorar nossa vida.*

Nessa frase, o termo *as quais* é um pronome relativo e substitui a expressão *as pesquisas com células-tronco*, que é seu antecedente. Isso evita a repetição.

Observe o quadro:

Pronomes relativos	
Variáveis	**Invariáveis**
o qual, a qual, os quais, as quais *cujo, cuja, cujos, cujas* *quanto, quanta, quantos, quantas*	*que, quem,* *onde, como*

Observe exemplos de frases com pronomes relativos:

Quem *canta espanta suas tristezas.*
aquele que

Este é o lugar em ***que*** *se realizará o* show.
este lugar

O motorista ***cuja*** *carteira estiver vencida será multado.*
do motorista

Todos ***quantos*** *vieram aprovaram as mudanças.*
todos

O bairro ***onde*** *você mora é tranquilo?*
no bairro

A peça teatral a ***que*** *assistimos era de Shakespeare.*
peça teatral

Como você pôde perceber, os pronomes relativos podem vir antecedidos de preposição (*a peça teatral* ***a que*** *assistimos, o lugar* ***em que*** *se realizará*). Isso depende da regência do verbo ou do nome ao qual eles se referem.

As palavras *que, o(s) qual(is), a(s) qual(is), cujo(s), cuja(s), quanto(s), quanta(s), que, quem, onde* e *como*, empregadas para retomar e/ou substituir uma palavra ou uma oração, recebem o nome de **pronomes relativos**.

Emprego dos pronomes relativos

1. O pronome relativo *que* pode vir antecedido dos pronomes demonstrativos *o(s)*, *a(s)*.

Contou tudo o ***que*** *viveu na casa de seu avô.*
(que: aquilo)

Mamãe escolheu a ***que*** *lhe serviu melhor.*
(que: aquela)

2. O pronome relativo *que* é usado em referência a pessoa ou coisa.

O repórter ***que*** *o entrevistou era conhecido.*
(que: refere-se ao repórter)

O carro ***que*** *ele comprou é vermelho.*
(que: refere-se ao carro)

3. O pronome relativo *o qual* e suas flexões são usados depois das preposições com mais de uma sílaba e das locuções prepositivas.

O jornal para ***o qual*** *escrevia tinha bons colunistas.*
(para: preposição)

Observou as pessoas perto ***das quais*** *teria de ficar.*
(perto: locução prepositiva (perto de))

4. O pronome relativo *o qual* e suas flexões também podem substituir o pronome *que*, para evitar construções ambíguas.

Premiaram o ator da novela, ***o qual*** *se tornou uma nova atração.*

Nessa frase, se usássemos *que*, o leitor não saberia se a nova atração seria a novela ou o ator.

5. O pronome relativo *quem* é empregado com referência a pessoa ou coisa personificada. Vem sempre preposicionado, tendo um substantivo como antecedente.

A jovem à ***quem*** *me dirigi foi gentil.*
(à: preposição; jovem: antecedente (substantivo))

6. Quando não tem antecedente, *quem* recebe o nome de pronome relativo indefinido, por expressar o significado de "alguém", "aquele que".

O porteiro não viu ***quem*** *havia saído.*
(quem: aquele que)

7. O pronome relativo *cujo*, equivalente pelo sentido a *do qual*, *de quem* ou *de que*, concorda em gênero e número com o termo que vem depois, e ao qual se refere. Não se emprega artigo após esse pronome, que funciona como adjetivo.

Os quadros ***cujas*** *molduras foram trocadas estão na sala.*
(cujas: as molduras dos quadros)

8. Os pronomes relativos *onde* e *aonde* indicam lugar e referem-se a coisas; podem ser substituídos pelas expressões *em que*, *a que*, *no qual*, *ao qual* e suas flexões.

*O hotel **onde** se hospedou fica no centro.*

em que, no qual

*O cinema **aonde** fomos estava lotado.*

a que, ao qual

Observação

- Emprega-se *onde* para indicar permanência num lugar e *aonde* para indicar movimento a determinado lugar.

9. Usa-se o pronome relativo *quanto* (e suas flexões) precedido dos pronomes indefinidos *tudo*, *todos*, *tanto(s)* e *tanta(s)* com referência a pessoa ou coisa.

pronome indefinido

*Meu telefone era tudo **quanto** precisava agora.*

pronome relativo

pronome indefinido

*Nem todos **quantos** têm título de eleitor votam.*

pronome relativo

APLICAÇÃO

1 Leia esta nota jornalística:

AUSTRÁLIA

Está chovendo peixe

Em vez de água, o que caiu sobre as 650 cabeças que habitam Lajamanu, no *outback* (sertão) australiano, foram centenas de peixes vivos. Segundo os meteorologistas, o fenômeno, apesar de raro, não é impossível. Um tornado vindo do oceano, ou de algum rio, teria levado os peixes pela atmosfera por milhares de quilômetros até o deserto. Lajamanu já testemunhara o mesmo em 1974 e 2004. No filme *Magnólia*, de Paul Thomas Anderson, há algo parecido: uma precipitação de sapos.

Época, São Paulo, 23 fev. 2009.

a) As mudanças climáticas vêm ocasionando os mais diferentes fenômenos. O que lhe parece mais original nesse acontecimento?

b) O pronome relativo *que* foi empregado em dois momentos da primeira frase do texto. Qual é o antecedente do pronome *que* em cada caso?

c) Releia esta frase: "Um tornado vindo do oceano, ou de algum rio, teria levado os peixes pela atmosfera".
   - Que sentido a palavra algum atribui ao substantivo a que se refere? Explique.
   - Como se chama a palavra que se refere a um substantivo de forma vaga ou imprecisa?

2 Leia este poema do alemão Bertolt Brecht (1898-1956):

Para ler de manhã e à noite

Aquele que amo
Disse-me
Que precisa de mim.

Por isso
Cuido de mim
Olho meu caminho
E receio ser morta
Por uma só gota de chuva.

BRECHT, Bertolt. *Poemas 1913-1956*. São Paulo: Editora 34, 2000.

a) Explique o título do poema tendo em vista o conteúdo dos versos.
b) Como o eu lírico demonstra sua preocupação excessiva em estar sempre presente ao lado do ser amado?
c) Que locução pronominal, no poema, substitui o nome do ser amado, a quem o eu lírico se refere? Como classificamos essa locução?
d) Considerando a resposta anterior, como a pessoa amada é mencionada no poema?
e) O poema sugere que o eu lírico é um homem ou uma mulher? Justifique.
f) Releia estes versos: "Disse-**me** / Que precisa de **mim**". Classifique os dois pronomes destacados e explique a diferença de uso dos dois.
g) Na segunda estrofe, o pronome demonstrativo *isso*, na locução *por isso*, funciona como elemento de coesão. Explique por quê.
h) No verso "Olho meu caminho", que sentido expressa o pronome possessivo no contexto do poema?

3 Leia esta tira do Calvin:

CALVIN
Bill Watterson

a) Na tira, o pai de Calvin se queixa do desmazelo do filho. Explique a que "trabalho" o menino se refere ("Ainda me dou ao trabalho").
b) Observe o emprego do pronome indefinido *todo* no segundo quadrinho ("está todo marcado"). Que sentido ele apresenta e qual é seu valor semântico?
c) Releia esta frase: "É *o* que eu tenho tentado lhe dizer!". Das alternativas a seguir, identifique as que se referem adequadamente ao pronome *o*.
- Trata-se de um pronome pessoal.
- O pronome *o* substitui *aquilo*.
- É um pronome demonstrativo.
- Antecedente do pronome relativo *que*.
- Equivale ao pronome *isso*.

d) Explique o emprego do pronome demonstrativo *este* na tira.

4 Leia o anúncio publicitário a seguir.

REPRODUÇÃO

Café pode prevenir crise de asma. Isso sim é super.

Há muitos séculos, o café é conhecido pela humanidade. O que muita gente não sabe é que ele está pronto para ajudar. É isso mesmo. O café pode prevenir várias doenças, como depressão e obesidade, além de melhorar a concentração e o desempenho de atletas. É ou não é um verdadeiro herói? Sempre que precisar, conte com ele. **Beba café**.

Para um consumo saudável, beba até 4 xícaras de café por dia.

a) O texto visa à divulgação de um produto brasileiro – o café. Além da linguagem verbal, o anunciante explorou a linguagem não verbal. Como essas duas linguagens dialogam no anúncio?

b) Segundo o anúncio, o café pode prevenir doenças e estimular a disposição das pessoas. Há, no entanto, no texto inferior uma recomendação ao consumidor. O que você sabe sobre isso?

c) Identifique as frases em que os pronomes destacados expressam indefinição, por se referirem ao substantivo de forma vaga.
- "**Vários** superpoderes de tirar o fôlego."
- "**Isso** sim é super."
- "Há **muitos** séculos, o café é conhecido pela humanidade."

d) Explique a diferença de sentido entre as palavras destacadas nas frases a seguir.
- "O que **muita** gente não sabe é que ele está pronto para ajudar."
- O café é uma bebida **muito** saudável.

e) Em que frases do anúncio o substantivo *café* é substituído por um pronome pessoal? Em qual frase o pronome é oblíquo?

5 Leia o anúncio publicitário a seguir.

REPRODUÇÃO

Saboreie a vida
Para pessoas que tomam sorvete todo dia, que tomam de vez em quando, que são loucamente viciados ou que simplesmente querem experimentar uma novidade irresistível.

Este adjetivo deveria estar flexionado no feminino (*viciadas*), para concordar com o substantivo ao qual se refere (*pessoas*).

a) Na sua opinião, como o anúncio estimula a venda do produto?

b) No texto, que pronome aparece repetido em quase todas as frases? Que substantivo ele substituiu?

c) Releia esta frase: "Para pessoas que tomam sorvete **todo** dia".
- Como se classifica o pronome destacado? Por quê?
- Que sentido apresenta a palavra todo nessa frase?

6 Leia esta tira do Recruta Zero:

RECRUTA ZERO

Mort Walker

2011 KING FEATURES SYNDICATE/IPRESS

a) De acordo com a fala da primeira personagem, o que se pode inferir ou pressupor a respeito da tropa?

b) Tendo em vista o contexto, por que essa personagem teria feito tal afirmação?

c) Explique a diferença de sentido que a colocação do pronome *algum* estabelece nas frases a seguir.
- "O sargento vai achar **algum** defeito neles."
- O sargento não vai achar defeito **algum** neles.

Conteúdo multimídia: trecho de *São Bernardo*, de Leon Hirszman

7 O trecho a seguir foi extraído do romance regionalista *São Bernardo*, do escritor alagoano Graciliano Ramos (1892-1953). Nele, a personagem Paulo Honório é dominada pelo ciúme depois de ler uma carta, escrita pela esposa, que ele julga endereçada a um homem. Desconfiado, sai enfurecido à procura de Madalena.

Ia tão cego que bati com as ventas em Madalena, que saía da igreja.

– Meia-volta, gritei segurando-lhe um braço. Temos negócio.

– Ainda? perguntou Madalena.

E deixou-se levar para a escuridão da sacristia.

Acendi uma vela e, encostando-me à mesa carregada de santos, sobre o estrado onde padre Silvestre se paramenta em dias de missa:

– Que estava fazendo aqui? Rezando? É capaz de dizer que estava rezando.

– Ainda? repetiu Madalena.

Esperei que ela me sacudisse desaforos, mas enganei-me: pôs-se a observar-me como se me quisesse comer com os olhos muito abertos. Ferviam dentro de mim violências desmedidas. As minhas mãos tremiam, agitavam-se em direção a Madalena. Apertei-as para conter os movimentos e, com os queixos contraídos:

– A senhora escreveu uma carta.

O vento frio da serra entrava pela janela, mordia-me as orelhas, e eu sentia calor. A porta gemia, de quando em quando dava no batente pancadas coléricas, depois continuava a gemer. Aquilo me irritava, mas não me veio a ideia de fechá-la. Madalena estava como se não ouvisse nada. E eu, dirigindo-me a ela e a uma litografia pendurada à parede:

– Cuidam que isto vai ficar assim?

O pequeno mais velho do Marciano entrou nas pontas dos pés. Sem me voltar para ele, bradei:

– Vai-te embora.

O menino aproximou-se da janela.

– Vai-te embora, berrei de novo.

Provavelmente o meu aspecto lhe causou estranheza. Balbuciou:

– Fechar a igreja, seu Paulo.

Percebi que os meus modos eram desarrazoados e respondi com simulada brandura:

– Perfeitamente. Volta mais tarde, ainda é cedo.

RAMOS, Graciliano. *São Bernardo*.
Rio de Janeiro: Record, 1999. p. 160-161. (Fragmento).

a) O fragmento mostra a desconfiança de Paulo Honório em relação a Madalena. Em sua opinião, o que sugere a frase "– Ainda?", repetida por ela?

b) Com base nesse trecho do romance, como você caracteriza o relacionamento entre Madalena e Paulo Honório?

c) Reescreva estas frases do texto, substituindo as expressões destacadas por outro tipo de linguagem.

- "**Ia tão cego que bati com as ventas** em Madalena, que saía da igreja."
- "Esperei que ela me **sacudisse desaforos**".

d) Observe os pronomes pessoais oblíquos destacados nestas frases.

- "– Meia-volta, gritei segurando-**lhe** um braço."
- "O vento frio da serra entrava pela janela, mordia-**me** as orelhas, e eu sentia calor."

Que valor semântico expressam os pronomes pessoais oblíquos *lhe* e *me* nessas frases? Por qual outro tipo de pronome eles podem ser substituídos?

e) Identifique o(s) pronome(s) pessoal(is) presente(s) nas frases a seguir e o substantivo que cada um deles substitui.

- "Aquilo me irritava, mas não me veio a ideia de fechá-la."
- "E eu, dirigindo-me a ela e a uma litografia."
- "Sem me voltar para ele, bradei."

f) Na frase "– Fechar a igreja, seu Paulo", *seu* é pronome possessivo ou pronome de tratamento? Por quê?

8 Leia esta tira do Mundo Monstro:

MUNDO MONSTRO Adão

a) Que crítica o quadrinista desenvolve nessa tira com base numa pesquisa sobre eleição?

b) Qual é a relação da legenda ("Chato de galochas") com o contexto da tira?

c) O que o uso dos pronomes indefinidos *fulano*, *sicrano* e *beltrano* pela eleitora sugere em relação a ela no contexto da entrevista?

9 Leia estes versos do poeta gaúcho Mario Quintana (1906-1994):

XXIII

Cidadezinha cheia de graça...
Tão pequenina que até causa dó!
Com seus burricos a pastar na praça...
Sua igrejinha de uma torre só...

Nuvens que venham, nuvens e asas,
Não param nunca nem um segundo...
E fica a torre, sobre as velhas casas,
Fica cismando como é vasto o mundo!...

Eu que de longe venho perdido,
Sem pouso fixo (a triste sina!)
Ah, quem me dera ter lá nascido

Lá toda a vida poder morar!
Cidadezinha... Tão pequenina
Que toda cabe num só olhar...

QUINTANA, Mario. In: CARVALHAL, Tania Franco (Org.). *Mario Quintana*: poesia completa. Rio de Janeiro: Nova Aguilar, 2005. p. 107. (Fragmento). © by Elena Quintana.

a) Em sua opinião, o emprego dos pronomes possessivos produz diferença ou não de sentido na primeira estrofe?

b) Na última estrofe, o pronome indefinido *toda* é utilizado duas vezes. Que sentido ele expressa em cada caso e qual é a diferença entre um uso e outro?

10 Leia esta nota jornalística:

... E a absolvição do ovo

[...] o ovo, que já foi banido do cardápio, acusado de aumentar o colesterol ruim, foi reabilitado. Um trabalho da Universidade de Surrey, na Inglaterra, mostrou que o consumo diário de dois ovos por dia não eleva o nível da gordura no sangue. Os cientistas compararam as taxas de colesterol em dois grupos de pacientes que estavam em dieta e que foram acompanhados por 12 semanas. Um ingeriu dois ovos diariamente e o outro, não. Ao final, todos perderam peso e apresentaram queda na quantidade da gordura.

PHOTODISC/GETTY IMAGES

IstoÉ, São Paulo, n. 2.050, p. 75, 25 fev. 2009. (Fragmento). © Três Editorial Ltda.

a) Há polêmica quanto à ingestão de ovo diariamente. O texto informa que o ovo foi reabilitado. Que argumento foi utilizado a favor dessa reabilitação?

b) Destaque do texto os trechos em que a palavra *que* é pronome relativo. Justifique.

c) Na frase "Um ingeriu dois ovos diariamente e o **outro**, não", o termo destacado é pronome indefinido adjetivo ou pronome indefinido substantivo? Por quê?

d) Em que outro trecho do texto ocorre um pronome desse mesmo tipo? Destaque qual é o pronome.

11 Leia esta tira do Hagar:

HAGAR — Chris Browne

2011 KING FEATURES SYNDICATE/IPRESS

a) Qual foi a reação de Hagar diante da comida oferecida pela esposa? Por quê?

b) No primeiro quadrinho, Hagar faz uma pergunta direta a Helga, por isso usa o pronome interrogativo *que* no início da frase. Transforme essa frase interrogativa direta em interrogativa indireta.

c) Destaque o pronome que aparece na fala de Helga. Classifique esse pronome, esclarecendo sua resposta.

12 Leia o texto a seguir, do escritor Bruno Zeni (1975).

Tudo escapa aqui dentro

Não sei se há remédio para esses dias em que tudo escapa. Dias assim, o peito é como um buraco negro que tudo atrai, com força descomunal. Um peito que dói, quente e pulsante. A garganta obstruída de expectativa frustrada. Não sei se há remendo, conserto, ajuste – se há o que dê jeito. Se. Não são dias de choro ou desespero, antes fossem. São de tensionamento e ansiedade. Experiência fendida – eu a vejo em sua conformação de fiapos de osso de fratura exposta.

ZENI, Bruno. *Boa companhia*: poesia. São Paulo: Companhia das Letras, 2005. p. 75.

a) Como você observa, o texto apresenta parágrafo e linhas contínuas, mas seu conteúdo é lírico, já que fala de sentimentos. Como se chama um texto com essas características?

b) De acordo com as ideias contidas no texto, responda.
- A que dias o eu lírico se refere no início do parágrafo?
- O que sugere o título "Tudo escapa aqui dentro"?

c) Utilizando uma linguagem figurada, o eu lírico tenta explicar sua reação nesses dias. Interprete esta comparação: "o peito é como um buraco negro".

d) Ao falar de sua reação diante da desilusão sofrida, o eu lírico apresenta uma opinião.
- Por que o eu lírico prefere extravasar sua dor a manter-se tenso e ansioso?
- Comente a imagem empregada pelo eu lírico no final do texto, ao referir-se à experiência vivida.

e) Releia a frase: "Não sei se há remédio para **esses** dias em que **tudo** escapa".
- Como se explica o emprego do pronome demonstrativo *esses*?
- Observe o sentido do pronome *tudo* nessa frase. Por que ele é chamado de pronome indefinido?

f) Identifique os pronomes relativos e as palavras ou expressões que eles retomam, evitando a repetição. Observe como o texto fica mais coeso.

g) Em qual destas frases o termo destacado é um pronome demonstrativo? Por quê?
- "se há **o** que dê jeito."
- "eu **a** vejo em sua conformação de fiapos de osso"

h) Observe que esse texto poético foi escrito em 1ª pessoa, visto que o eu lírico fala de si mesmo. Além da forma verbal *sei*, que outra palavra confirma isso? Por quê?

i) Explique por que, no final do texto, empregou-se o pronome possessivo na 3ª pessoa do singular (*sua*).

13 Leia esta tira do Garfield:

GARFIELD — Jim Davis

a) Por que o anúncio não seduz Garfield?

b) Que significado o pronome indefinido *outra* expressa na tira? Nesse caso, que valor ele apresenta ao caracterizar o substantivo *pessoa*?

14 Leia este poema do escritor paulista José Paulo Paes (1926-1998):

Ceia

Pesca no fundo de ti mesmo o peixe mais luzente.
Raspa-lhe as escamas com cuidado: ainda sangram.
Põe-lhe uns grãos do sal que trouxeste das viagens
e umas gotas de todo o vinagre que tiveste de beber na vida.
Assa-o depois nas brasas que restem em meio a tanta cinza.

Serve-o aos teus convivas, mas com pão e vinho
do trigo que não segaste, da uva que não colheste
mas que de alguma forma foram pagos
em tempo ainda hábil
pelo teu muito suor e por um pouco do teu sangue.

Não te desculpes da modéstia da comida.
Ofereceste o que tinhas de melhor.
Podes agora dizer boa-noite, fechar a porta, apagar a luz
e ir dormir profundamente. Estamos quites
tu e eu, teu mais hipócrita leitor.

PAES, José Paulo. *Poesia completa.*
São Paulo: Companhia das Letras, 2008. p. 388.

Glossário
Segaste: cortaste com a foice; ceifaste.

a) No texto, o eu lírico parece dialogar com o leitor, orientando-o no preparo de uma ceia. Observe a linguagem subjetiva e interprete a primeira estrofe.
   - Em sua opinião, o que simbolizam "o peixe mais luzente", "as escamas", "os grãos do sal", "o vinagre" e as "brasas em meio a tanta cinza"?

b) Na segunda estrofe, depois de "pescar e assar o peixe", de que modo o leitor deve prosseguir com a ceia?

c) Após a "ceia", na última estrofe, por que o eu lírico procura valorizar a "refeição servida" (o sonho realizado)?

d) Identifique o sentido expresso pelos pronomes pessoais destacados.
   - "Raspa-**lhe** as escamas com cuidado: ainda sangram."
   - "Põe-**lhe** uns grãos do sal que trouxeste das viagens."

e) Releia este verso: "e **umas** gotas de **todo** o vinagre **que** tiveste de beber na vida". Identifique as afirmações corretas sobre as palavras destacadas.
   - O termo *umas* é artigo indefinido.
   - O termo *umas* equivale a "algumas" e é pronome indefinido.
   - A palavra *todo* significa "qualquer" e funciona como pronome indefinido.
   - Seguido do artigo *o*, *todo* significa "inteiro" ou "completo".
   - A palavra *que* é pronome relativo e substitui o antecedente.

f) Em "Assa-o" (primeira estrofe) e "Serve-o" (segunda estrofe), que palavra o pronome pessoal *o* substitui para evitar repetição?

g) O pronome relativo *que* foi empregado em vários versos como elemento de coesão. No oitavo verso, que substantivos ele retoma, substituindo-os?

h) Releia este verso: "pelo teu **muito** suor e por um **pouco** do teu sangue".
   - De que forma as palavras *muito* e *pouco* se referem aos substantivos?
   - Nesse caso, como classificamos essas palavras?

i) Em sua opinião, por que o eu lírico usa o tratamento na 2ª pessoa do singular para dialogar com o leitor?

Lista de exercícios

RESUMO

Definição de pronome

- **Pronomes** – palavras que substituem ou acompanham outras, quase sempre substantivos.

  *Havia **muitos** motivos para **eu** amá-**lo**.*

  - **Pronomes substantivos** – substituem o substantivo.

    ***Nós** decidimos ajudá-**la nessa** tarefa.*

    ***Eles se** interessam por **tudo**.*

  - **Pronomes adjetivos** – acompanham o substantivo.

    ***Certa** cautela é necessária em tudo.*

    ***Cada** jogador deve fazer **sua** parte na partida.*

Classificação dos pronomes

- **Pronomes pessoais** – referem-se às três pessoas do discurso. Podem ser **retos** ou **oblíquos**.

  - **Pronomes pessoais retos** – exercem a função de sujeito da oração.

    ***Eu** fui ao cinema neste final de semana.*

    ***Vós** escolhestes as melhores frutas da banca.*

  - **Pronomes pessoais oblíquos** – podem exercer na oração a função de objeto direto, objeto indireto, complemento nominal, adjunto adverbial ou agente da passiva.

    *Pedi-**lhe** (a **ela**) que ficasse mais um pouco. (lhe:* objeto indireto*)*

    *A porta foi aberta por **mim**. (por mim:* agente da passiva*)*

  - Há **pronomes pessoais oblíquos átonos** (*me, te, se, o, a, lhe, nos, vos, se, os, as, lhes*) e **tônicos** (*mim, comigo, ti, contigo, si, consigo, nós, conosco, vós, convosco*).

    Observe o emprego de pronomes pessoais em algumas frases.

    ***Tu me** fazes feliz e **eu te** agradeço por isso.*

    *Há um acordo entre **mim** e **ti** com relação às despesas.*

    *Hoje é dia de **ela** dar plantão no hospital público.*

    *A ceia de Natal foi preparada por **ele**.*

    ***Ela se** queimou um pouco ao fazer a comida.*

    ***Vocês se** entendem bem em quase tudo.*

    *A diretora decidiu convidá-**lo** para a reunião de sexta-feira.*

    *Todos os alunos receberam-**na** com muito carinho.*

    *Os pais consideram-**no** aprovado na prova de hoje.*

    *Trouxemos-**lhes** os documentos necessários.*

    *A tinta fresca do portão sujou-**me** as mãos.*

    *Nossa tia viajou **conosco** para a praia.*

    *Na excursão, o guia **se** aborreceu com **nós** dois.*

    *Os sonhos vivem em **ti** e em todos **nós**.*

    *Mamãe deixou-**me** viajar sozinho este final de semana.*

- **Pronomes de tratamento** – usados, em geral, no tratamento mais formal, respeitoso.

  Vossa Excelência *retorna amanhã?*

  Sua Santidade *não quis dar entrevista.*

  Observação: O pronome de tratamento *você* indica familiaridade (***Você*** *jogou muito bem hoje*).

- **Pronomes possessivos** – indicam posse em relação às pessoas do discurso.

  Esqueci ***minha*** *carteira no carro.*

  Eu trouxe ***teu*** laptop *para a escola.*

  Júlio quer ***seu*** *endereço para lhe fazer uma visita.*

  Nosso *coordenador voltou das férias bem contente.*

- **Pronomes demonstrativos** – situam no tempo e no espaço a pessoa ou coisa em relação às pessoas do discurso.

  Este *ano haverá eleições para presidente.* (tempo presente)

  Isto *deve ser colocado no porta-malas.* (próximo de quem fala)

  Essa *passagem aérea é tua?* (próximo da pessoa com quem se fala)

  Isso *aconteceu na tarde de ontem.* (passado recente)

  Aquela *viagem deixou boas lembranças.* (passado distante)

  Aquilo *foi um ato muito corajoso.* (passado distante)

- **Pronomes indefinidos** – referem-se a substantivos de forma genérica ou imprecisa.

  Finalmente, terei ***algum*** *descanso.* (sentido positivo)

  Terei descanso ***algum*** *este ano.* (sentido negativo)

  Certo *morador fez à síndica uma queixa.* (referência imprecisa)

  Todo *o prédio foi cercado pelos bombeiros.* (o prédio inteiro)

  Toda *pessoa tem direito à educação.* (qualquer pessoa)

  Esperei o momento ***certo*** *para agir.* (função de adjetivo)

  A moça ficou ***toda*** *confusa diante do juiz.* (função de advérbio = completamente)

- **Pronomes interrogativos** – utilizados em frases interrogativas diretas ou indiretas.

  Que *medidas você tomou?* (interrogativa direta)

  Ignoro ***que*** *medidas você tomou.* (interrogativa indireta)

- **Pronomes relativos** – substituem uma palavra anteriormente mencionada.

  O filme a ***que*** *assistimos nos agradou.* (antecedente: *filme*)

  Recebi a oferta pela ***qual*** *esperava.* (antecedente: *oferta*)

  Este é o gerente de ***quem*** *lhe falei.* (antecedente: *gerente*)

  Ele é o repórter ***cujo*** *trabalho foi premiado.* (antecedente: *repórter*)

  A praia ***onde*** *estivemos fica no Nordeste.* (antecedente: *praia*)

  Fui ***aonde*** *poderia usar a internet.* (referente a um antecedente interno – *fui* ***a um lugar*** *onde*)

  Ensinou-lhe tudo ***quanto*** *sabia.* (antecedente: *tudo*)

Capítulo 11

Verbo (I)

Definição de verbo e conjugações verbais

No texto

Leia o texto a seguir.

Casas multigeracionais

Crianças nascem, crescem, viram adultos e deixam a casa da família para ganhar o mundo sozinhas. Os pais ficam de um lado, os filhos de outro. Costumava ser assim. Na próxima década, vai ser comum a família toda – pais, filhos, avós, até bisavós – morar junta na mesma casa. Já está acontecendo nos EUA. O número de domicílios americanos com 3 ou mais gerações disparou 67% entre 2000 e 2007. O impulso para esse crescimento vem de dois lados. O primeiro é o dos filhos: pressionados pelo alto custo dos aluguéis, eles saem mais tarde de casa. O segundo é o dos pais: eles estão vivendo por mais tempo, e muitos vão morar com os filhos quando precisam de cuidados médicos.

Superinteressante, São Paulo, n. 374, p. 59, jan. 2010.

YURI ARCURS/SHUTTERSTOCK

Cena familiar com avós, pais e neto.

1. O texto informa sobre certas mudanças que vêm ocorrendo no comportamento de grande número de famílias. Em relação a isso, o que o título do texto sugere?
2. Em termos econômicos, por que as casas multigeracionais estão se tornando comuns nos EUA?
3. Além dos aspectos econômicos, o fato de muitos pais necessitarem da assistência dos filhos tem contribuído para esse comportamento familiar. Como você analisa essas transformações?
4. Observe que há no texto palavras que expressam **ações**.
   a) Quais delas ocorrem na primeira frase?
   b) A maioria dessas palavras identificadas na frase situa os fatos em um tempo. Que tempo é esse: passado, presente ou futuro?
5. No texto também existe uma palavra que expressa **mudança de estado**. Identifique essa palavra e transcreva o trecho em que ela se encontra.
6. Nas frases a seguir, identifique o que expressa cada um dos verbos destacados: **ação**, **estado**, **mudança de estado** ou **fenômeno meteorológico**.
   - No futuro, os pais e os filhos **viverão** juntos.
   - Nos Estados Unidos, as casas **se tornam** multigeracionais.
   - Antigamente, os pais **ficavam** sozinhos com a saída dos filhos.
   - Hoje, os filhos **são** companheiros dos pais por mais tempo.
   - Neste ano, **nevou** algumas vezes na região Sul do Brasil.

Em contexto

As palavras que expressam um fato ou acontecimento e o situam no tempo – presente, passado ou futuro –, apresentando flexões ou variações, são chamadas de **verbos**.

Os verbos expressam uma "visão dinâmica" dos seres, situando-os no **tempo**, ao contrário dos substantivos, que apresentam uma "visão estática".

Observe estas frases do texto que você acabou de ler:

*"O impulso para esse crescimento **vem** de dois lados."*

*"O primeiro é dos filhos [...] eles **saem** mais tarde de casa."*

Os verbos *vem* e *saem* exprimem uma **ação** atribuída ao sujeito da oração, expresso pelo substantivo *impulso*, na primeira frase, e pelo pronome *eles*, na segunda frase.

Os **verbos** podem exprimir ação, estado, mudança de estado ou fenômeno meteorológico (fenômenos da natureza).

Os verbos estão agrupados, de acordo com a vogal temática, em **três conjugações**:

1. **Primeira conjugação** – verbos com infinitivo terminado em *-ar* (vogal temática *-a*): *desvi**ar***, *cerc**ar***, *suspir**ar***, *engan**ar***.
2. **Segunda conjugação** – verbos com infinitivo terminado em *-er* (vogal temática *-e*): *diz**er***, *t**er***, *corr**er***, *estremec**er***.
3. **Terceira conjugação** – verbos com infinitivo terminado em *-ir* (vogal temática *-i*): *fug**ir***, *ca**ir***, *dorm**ir***, *ped**ir***.

Observação

- O verbo *pôr* e seus compostos (*repor*, *depor*, *compor*, *impor*, etc.) pertencem à 2ª conjugação, porque *pôr* origina-se da forma latina *ponere*.

Elementos estruturais do verbo

No texto

Leia este anúncio publicitário:

REPRODUÇÃO

Este produto pode ser encontrado nos principais supermercados e também em: www.kitemcasa.com.br

1. Nessa propaganda, que produto o anunciante visa promover?
2. Quais são as qualidades desse produto destacadas no anúncio e que o põem em vantagem em relação à toalha de papel?
3. De que maneira a frase da parte superior da propaganda dialoga com a imagem?
4. Observe, nessa frase da parte superior do anúncio, as formas verbais *utilize*, *reutilize* e *utilizar*. O que você percebe quanto à estrutura ou à formação delas?

Em contexto

O verbo apresenta diferentes elementos em sua estrutura ou formação. Esses elementos de composição são: **radical**, **vogal temática**, **tema** e **desinência**.

Radical

Você viu que as três formas do verbo *utilizar* – ***utiliz**e*, *re**utiliz**e*, ***utiliz**ar* – têm um elemento comum imutável em sua estrutura: *utiliz-*. Esse elemento comum, que contém a significação do verbo, chama-se **radical**.

Observações

1. Há formas verbais cujo acento tônico cai no radical: *l**a**vo*, *v**o**lte*, *c**o**mpro*, *v**e**nce*. São chamadas **formas rizotônicas**.
2. Existem formas verbais cujo acento tônico não está no radical: *pass**a**mos*, *vend**ei**s*, *sorr**i**mos*. São chamadas **formas arrizotônicas**.

Vogal temática

Tirando a terminação do infinitivo (*-ar*, *-er*, *-ir*), temos o radical dos verbos: ***lut**-ar* (*lutar*), ***diz**-er* (*dizer*), ***med**-ir* (*medir*).

Cada verbo no infinitivo apresenta uma vogal depois do radical, para indicar a que conjugação pertence. É a chamada **vogal temática**. A vogal temática da 1ª conjugação é *-a-* (*chorar*), a da segunda é *-e-* (*dizer*) e a da terceira é *-i-* (*medir*).

Observação

- A vogal temática não aparece em todas as formas verbais. Algumas delas podem ter apenas radical e desinência: *eu **chamei*** (cham + ei), *ele **amou*** (am + ou), *eu **parto*** (part + o), *que ela **vença*** (venç + a).

Tema

A união do radical e da vogal temática forma o **tema** (radical + vogal temática): ***ama**r*, ***corre**r*, ***senti**r*.

Observação

- O tema verbal pode ser mais facilmente notado na forma do infinitivo: ***conta**r*, ***vive**r*, ***pedi**r*. Se não houver a vogal temática na forma verbal, o tema será apenas o radical: ***cont**ei*, ***viv**o*, ***ped**es*.

Desinências

Os elementos finais que designam o modo, o tempo, o número e a pessoa em que o verbo está flexionado chamam-se **desinências**.

Referindo-se ao modo e ao tempo, a desinência é **modo-temporal**: *conta**va**m* (pretérito imperfeito do modo indicativo), *vi**via**s* (pretérito imperfeito do modo indicativo), *pedí**ra**mos* (pretérito mais-que-perfeito do modo indicativo). Se indicar o número e a pessoa, ela é **número-pessoal**: *contava**m*** (3ª pessoa do plural), *vivia**s*** (2ª pessoa do singular), *pedíra**mos*** (1ª pessoa do plural) .

Observe os quadros a seguir, com as desinências modo-temporais e as desinências número-pessoais.

Desinências modo-temporais				
Modo	**Tempo**	**Conjugação(ões)**	**Desinência(s)**	**Exemplos**
Indicativo	Pretérito perfeito	1ª, 2ª, 3ª	-ra	*falaram, comeram, dividiram*
	Pretérito imperfeito	1ª	-va, -ve	*falavas, faláveis*
		2ª, 3ª	-ia, -ie	*comias, comíeis, dividias, dividíeis*
	Pretérito mais-que-perfeito	1ª, 2ª, 3ª	-ra, -re (átonas)	*falara, comêreis, dividiram*
	Futuro do presente	1ª, 2ª, 3ª	-ra, -re (tônicas)	*falarás, comeremos, dividireis*
	Futuro do pretérito	1ª, 2ª, 3ª	-ria, -rie	*falaria, comeríamos, dividiríeis*
Subjuntivo	Presente	1ª	-e	*falemos, faleis, falem*
		2ª, 3ª	-a	*comas, comais, dividamos*
	Pretérito imperfeito	1ª, 2ª, 3ª	-sse	*falasses, comêsseis, dividissem*
	Futuro	1ª, 2ª, 3ª	-r	*falares, comermos, dividirdes*
Imperativo	Afirmativo	1ª	-e	*fale, falemos, falem*
		2ª, 3ª	-a	*coma, comamos, dividam*
	Negativo	1ª	-e	*não faleis, não falem*
		2ª, 3ª	-a	*não comas, não dividamos*
Infinitivo pessoal		1ª, 2ª, 3ª	-r	*falarmos, comerdes, dividirem*
Gerúndio		1ª, 2ª, 3ª	-nd	*falando, comendo, dividindo*
Particípio		1ª, 2ª, 3ª	-d	*falado, comido, dividido*

Desinências número-pessoais				
Modo	**Tempo**	**Conjugação(ões)**	**Desinência(s)**	**Exemplo(s)**
Indicativo	Presente	1ª, 2ª, 3ª	-o	*falo, como, divido*
			-s	*falas, comes, divides*
			-mos	*falamos, comemos, dividimos*
			-is	*falais, comeis, dividis*
			-des	*tendes, pondes, ides, vindes, rides*
			-m	*falam, comem, dividem*
	Pretérito perfeito	1ª, 2ª, 3ª	-i	*falei, comi, dividi*
			-ste	*falaste, comeste, dividiste*
			-u	*falou, comeu, dividiu*
			-mos	*falamos, comemos, dividimos*
			-stes	*falastes, comestes, dividistes*
			-ram	*falaram, comeram, dividiram*
Subjuntivo	Futuro do presente	1ª, 2ª, 3ª	-i	*falarei, comerei, dividirei*
			-rão	*falarão, comerão, dividirão*
	Futuro	1ª, 2ª, 3ª	-des	*falardes, comerdes, dividirdes*
			-m	*falarem, comerem, dividirem*
Imperativo afirmativo		1ª, 2ª, 3ª	-i	*falai, comei, dividi*
Infinitivo pessoal		1ª, 2ª, 3ª	-es	*falares, comeres, dividires*
			-mos	*falarmos, comermos, dividirmos*
			-des	*falardes, comerdes, dividirdes*
			-em	*falarem, comerem, dividirem*

Radical é a parte do verbo que contém sua significação.

Vogal temática é o elemento que designa a conjugação a que o verbo pertence.

Tema é o elemento constituído pelo radical do verbo mais a vogal temática.

Desinências são os elementos finais que designam o modo e o tempo, o número e a pessoa em que o verbo está flexionado.

Locuções verbais

No texto

Leia esta tira do Calvin:

CALVIN

Bill Watterson

1995 WATTERSON / DIST. BY UNIVERSAL UCLICK

1. Calvin mostra-se irritado e nega-se a ajudar nos serviços domésticos. Compare o primeiro e o segundo quadrinhos e explique como o quadrinista sugere a mudança de atitude da personagem.
2. No último quadrinho, Calvin retoma seu argumento fundamentado em seus direitos. Por que, nesse momento, ele empregou o pronome demonstrativo *esse*?
3. Releia estas frases da tira:
   - "Bem, eu **deveria ter** esse direito."
   - "Eu me **recuso a levar** o lixo!"

   a) Como são formadas as locuções destacadas?

   b) Reescreva as frases, substituindo as locuções por um só verbo.

Em contexto

A expressão formada por mais de um verbo recebe o nome de **locução verbal**. Na locução verbal, o verbo **principal** ou **regente** (o último verbo da locução) vem sempre no infinitivo (terminação em *-r*), no gerúndio (terminação em *-ndo*) ou no particípio (terminação em *-do*), que constituem as três **formas nominais** dos verbos.

Na locução verbal, apenas o verbo **auxiliar** (o primeiro da locução) se flexiona em tempo, modo e pessoa:

*eu <u>vou</u> **estudar** – nós <u>vamos</u> **estudar**;*

*a criança <u>está</u> **pensando** – as crianças <u>estão</u> **pensando**.*

Há verbos que são empregados sozinhos na oração e expressam sentido próprio. São chamados **verbos principais**. Observe estes exemplos:

*Eu **tenho** esse direito.*

*Como te **enganas**!*

Outras vezes, há verbos que vêm junto a outros verbos, formando um tempo composto ou uma locução verbal, com o valor de um só verbo, e perdem seu sentido próprio. Observe estas frases:

*Eu <u>tenho</u> **lido** muito.* (tempo composto)

*Como <u>vamos</u> **estudar**?* (locução verbal)

Nessas frases, os verbos *ter* (*tenho*) e *ir* (*vamos*) funcionam como **verbos auxiliares**, e os verbos *ler* e *estudar* (respectivamente na forma nominal de gerúndio e infinitivo) constituem **verbos principais**, uma vez que expressam a ideia central da frase.

*Eu **tenho lido** muito.* (tempo composto – verbo principal: *ler*)

*Como **vamos estudar**?* (locução verbal – verbo principal: *estudar*)

Locução verbal é a expressão composta de dois ou mais verbos, ligados ou não por preposição. Toda locução verbal apresenta verbo principal e verbo auxiliar.

Verbo principal é aquele que expressa a ideia central da frase; pode estar sozinho ou acompanhado, num tempo composto ou numa locução verbal.

Verbo auxiliar é o que não tem sentido próprio e auxilia uma das formas nominais do verbo principal; só ele é flexionado.

Observação

- Em geral, são auxiliares os verbos *ter*, *haver*, *ser* e *estar*; mas há outros que podem desempenhar esse papel: *ir*, *dever*, *poder*, *andar*, *precisar*, etc.

Flexões verbais

No texto

Leia este texto:

Vida artificial

BEN HIDER/GETTY IMAGES

Supercomputador Watson. Watson Research Center, Nova York, Estados Unidos. Foto de 2011.

Nos anos 10, vamos inventar criaturas artificiais de duas maneiras. Uma, criando cromossomos sintéticos, montados quimicamente no laboratório, que darão origem a seres vivos novos. A outra é programando computadores tão sofisticados que imitam pensamentos inteligentes. (Não é brincadeira, as duas coisas já foram feitas na década passada.) A parte boa é que poderemos moldar nossas pequenas criaturas a bel-prazer, para que elas ajudem a curar doenças, trabalhem para nós ou até mesmo nos façam companhia.

Superinteressante, São Paulo, n. 274, p. 57, jan. 2010.

1. Segundo o texto, a tecnologia permitirá, na década de 2010, a produção de vida artificial de maneira revolucionária. Como esses estudos poderão beneficiar os seres humanos?
2. Com o que você já conhece sobre verbos, identifique as formas verbais destacadas nas frases do texto a seguir, de acordo com o que se pede.
   - "[...] que **darão** origem a seres vivos novos."
   - "[...] que **imitam** pensamentos inteligentes."
   - "Não **é** brincadeira, as duas coisas já **foram feitas** [...]."

   a) Forma(s) verbal(ais) na 3ª pessoa do singular.
   b) Forma(s) verbal(ais) na 3ª pessoa do plural.
   c) Forma(s) verbal(ais) no presente.
   d) Forma(s) verbal(ais) no passado.
   e) Forma(s) verbal(ais) no futuro.
3. Com base no que você já sabe, identifique os verbos que estão no modo indicativo (fato certo) e no modo subjuntivo (fato incerto).
   - "A parte boa é que **poderemos moldar** [...]."
   - "[...] para que elas **ajudem a curar** doenças [...]."
   - "[...] **trabalhem** para nós ou até mesmo nos **façam** companhia."

Como você pôde observar nas frases analisadas nas questões acima, os verbos apresentam **flexões** ou **variações**. Vejamos agora quais são essas flexões.

Em contexto

Na língua portuguesa, os verbos apresentam **flexões de pessoa** (1ª, 2ª, 3ª), **de número** (singular e plural), **de modo** (indicativo, subjuntivo e imperativo), **de tempo** (presente, passado e futuro) e **de voz** (ativa, passiva e reflexiva).

Pessoa e número

O verbo pode ser conjugado nas três pessoas do discurso, no singular e no plural.

1. **Primeira pessoa** – a pessoa que fala (o emissor): *eu* ***sonho*** (singular); *nós* ***sonhamos*** (plural).
2. **Segunda pessoa** – a pessoa com quem se fala (o receptor): *tu* ***sonhas*** (singular); *vós* ***sonhais*** (plural).
3. **Terceira pessoa** – a pessoa ou a coisa da qual se fala: *ele* ***sonha*** (singular); *eles* ***sonham*** (plural).

Modos verbais

São três os modos verbais: **indicativo**, **subjuntivo** e **imperativo**.

1. **Indicativo** – chamado modo da realidade, exprime um fato certo, seguro.

   O aquecimento global ***piora*** *a vida no planeta.* (presente)

   O documentário ***mostrou*** *a poluição dos oceanos.* (pretérito perfeito)
2. **Subjuntivo** – expressa um fato incerto, duvidoso, por isso é conhecido como modo de âmbito hipotético.

   Talvez um dia o homem ***conviva*** *melhor com a natureza.* (presente)

   Se a devastação ***continuar****, a floresta desaparecerá.* (futuro)

3. **Imperativo** – indica ordem, pedido ou conselho.

   ***Venha** rápido, **não se atrase**!* (ordem)

   *Em casa, **reflitam** bem sobre o assunto!* (pedido)

   ***Caminhe** todos os dias, você se sentirá melhor!* (conselho)

Tempos verbais

Observe as formas verbais destacadas nestas frases:

*Ali **vivem** mais de 12 mil espécies de peixe.*

*O homem já **afetou** 41% dos oceanos.*

*Os detritos poluidores **chegarão** sem tratamento aos oceanos.*

Na primeira frase, a ação verbal ocorre no momento atual, **presente** (*vivem*). Na segunda, observe que a ação já aconteceu, é **passada** (*afetou*). Já a forma verbal da terceira frase expressa uma ação que ainda vai acontecer, no **futuro** (*chegará*).

Essas variações ou flexões na indicação do momento em que ocorre a ação verbal constituem os **tempos verbais**. Vejamos as flexões dos tempos verbais em cada um dos três modos.

Flexões de tempo no modo indicativo

Como vimos, o modo indicativo expressa a realidade, exprime um fato certo, seguro. Estudaremos os tempos **presente**, **pretérito** e **futuro** do indicativo.

1. **Presente** – pode expressar:

   a) um fato ou acontecimento corriqueiro, algo que ocorre sempre.

   *Eu **escovo** os dentes após cada uma das refeições.*

   b) uma verdade absoluta.

   *O Sol **é** uma estrela de quinta grandeza.*

   c) um fato ou acontecimento futuro.

   ***Viajo** amanhã cedo para Niterói.*

2. **Pretérito** – subdivide-se em pretérito perfeito, pretérito imperfeito e pretérito mais-que-perfeito.

   a) **Pretérito perfeito** – exprime um fato ou acontecimento completamente concluído, acabado.

   *O jogo **terminou** mais cedo.*

   b) **Pretérito imperfeito** – o fato ou acontecimento expresso é habitual ou ainda está inacabado quando ocorre outro fato ou acontecimento no passado.

   *A aula de natação **era** às 7 horas da manhã.* (fato habitual)

   *O jogo **terminava** quando a torcida invadiu o campo.* (fato inacabado)

   c) **Pretérito mais-que-perfeito** – expressa um fato findo no passado, que ocorre antes de outro, também passado e acabado.

   *O jogo já **terminara** quando a torcida invadiu o campo.* (fato acabado antes de outro também concluído)

3. **Futuro** – subdivide-se em futuro do presente e futuro do pretérito.

   a) **Futuro do presente** – indica um fato a se realizar num momento futuro em relação ao tempo atual.

   *O jogo **terminará** daqui a pouco.*

   b) **Futuro do pretérito** – expressa um fato que se realizaria, no passado, presente ou futuro, dependendo de uma condição.

   *O jogo **terminaria** bem se a torcida não invadisse o campo.*

Observação

- O futuro do pretérito pode ser empregado para exprimir incerteza em relação a fatos anteriores.

  A greve dos motoristas ***poderia provocar*** *uma revolta na população.*

  Naquela época, eu ***teria*** *uns dezoito anos, era bem jovem.*

Flexões de tempo no modo subjuntivo

Como vimos, o modo subjuntivo expressa incerteza, dúvida ou hipótese: *Quero que você* ***fique*** (Meu querer é fato, mas se você vai ficar ou não é incerto). Estudaremos os tempos **presente**, **pretérito imperfeito** e **futuro** do subjuntivo.

1. **Presente** – indica um fato incerto ou duvidoso no presente, ou expressa um desejo. Quase sempre se emprega:

   a) após locuções ou expressões que expressam desejo.

   Espero que tudo ***dê*** *certo.*

   b) após locuções ou expressões que expressam dúvida.

   Duvido que ele ***venha****.*

   Talvez eu ***compre*** *uma tevê nova.*

   c) em expressões impessoais.

   É bom que você ***vença*** *este desafio.*

   É necessário que ele ***conclua*** *o curso.*

   Que os anos te ***tragam*** *mais equilíbrio!*

2. **Pretérito imperfeito** – expressa um fato incerto, duvidoso ou hipotético sob determinada condição.

   Se ela ***encontrasse*** *o livro indicado, traria para você.*

3. **Futuro** – indica um fato possível de ocorrer no futuro, porém condicionado a outra ação também futura.

   Quando ele ***voltar****, resolveremos o problema.*

Vozes verbais

As **vozes verbais** são as formas como o verbo se apresenta em relação ao sujeito, que funcionará como agente, paciente ou agente e paciente ao mesmo tempo. O verbo pode apresentar-se em três vozes: **ativa**, **passiva** e **reflexiva**.

Voz ativa

Na **voz ativa**, o sujeito é agente, isto é, pratica a ação verbal.

O povo ***elegeu*** *o presidente.*

sujeito agente (O povo) — verbo principal (transitivo direto) (elegeu)

A maioria dos rios ***carrega*** *muitos poluentes.*

sujeito agente (A maioria dos rios) — verbo principal (transitivo direto) (carrega)

O governo ***organizou*** *várias campanhas contra a dengue.*

sujeito agente (O governo) — verbo principal (transitivo direto) (organizou)

Voz passiva

Na **voz passiva**, o sujeito é paciente, isto é, sofre a ação verbal. Há dois tipos de voz passiva: a **analítica** e a **sintética** ou **pronominal**.

1. **Voz passiva analítica** – é formada, em geral, pelos verbos *ser* ou *estar* e pelo particípio do verbo principal.

*O presidente **foi eleito** pelo povo.*

sujeito paciente — *O presidente*

verbo *ser* + particípio do verbo principal (*eleger*) — *foi eleito*

*Muitos poluentes **são carregados** pela maioria dos rios.*

sujeito paciente — *Muitos poluentes*

verbo *ser* + particípio do verbo principal (*carregar*) — *são carregados*

*Campanhas contra a dengue **foram organizadas** pelo governo.*

sujeito paciente — *Campanhas contra a dengue*

verbo *ser* + particípio do verbo principal (*organizar*) — *foram organizadas*

Note que, na passagem da voz ativa para a passiva analítica, o **sujeito** da voz ativa torna-se o **agente da passiva**, e o **objeto direto** torna-se o **sujeito** da voz passiva.

Observação

- Os verbos *ficar*, *ir* e *vir* podem funcionar como verbos auxiliares na voz passiva analítica: *O vento **veio seguido** de uma forte chuva.*

2. **Voz passiva sintética** ou **pronominal** – é formada por um verbo principal na 3ª pessoa (do singular ou do plural) e pelo pronome apassivador *se*.

*Hoje se **realizam** pesquisas bem avançadas.*

pronome apassivador — *se*

verbo transitivo direto — *realizam*

sujeito paciente — *pesquisas bem avançadas*

Na forma da voz passiva analítica, essa frase fica assim:

*Hoje **são realizadas** pesquisas bem avançadas.*

Observações

1. Somente os verbos **transitivos diretos** ou **transitivos diretos e indiretos** aceitam a conversão da voz ativa para a voz passiva.

- Voz ativa: *Meu pai **compra** carro usado.*

sujeito paciente — *Meu pai*

verbo transitivo direto (verbo principal) — *compra*

Voz passiva sintética: ***Compra-se** carro usado.*

verbo principal + pronome apassivador — *Compra-se*

sujeito paciente — *carro usado*

Voz passiva analítica: *Carro usado **é comprado**.*

sujeito paciente — *Carro usado*

verbo *ser* + particípio do verbo principal — *é comprado*

- Voz ativa: *A prefeitura* ***ofereceu*** *novas moradias aos desabrigados.*

sujeito — verbo transitivo direto e indireto (verbo principal)

Voz passiva sintética: ***Ofereceram-se*** *novas moradias aos desabrigados.*

verbo + pronome apassivador — sujeito

Voz passiva analítica: *Novas moradias* ***foram oferecidas*** *aos desabrigados.*

sujeito — verbo ser + particípio do verbo principal

2. No caso de verbo **intransitivo**, **transitivo indireto** ou de verbo **de ligação** seguido da palavra *se*, que indetermina o sujeito, não é possível a conversão de vozes, e o verbo fica sempre na 3ª pessoa do singular. A palavra *se* é chamada, nesse caso, **índice de indeterminação do sujeito**. Nesse contexto, o verbo encontra-se na voz ativa.

índice de indeterminação do sujeito

Brincava-se *nestes parques.*

verbo intransitivo (voz ativa)

índice de indeterminação do sujeito

Fica-se *iludido apenas.*

verbo de ligação (voz ativa)

índice de indeterminação do sujeito

Precisa-se *de vendedoras.*

verbo transitivo indireto (voz ativa)

3. Há casos em que o verbo na voz ativa tem significado passivo. Diz-se, então, que a ação verbal expressa **passividade**. Não se deve, portanto, confundir passividade com voz passiva.
Os alunos ***receberam*** *de prêmio livros muito interessantes.*
As crianças ***sofreram*** *muitas escoriações no acidente com o ônibus escolar.*

Voz reflexiva

Na **voz reflexiva**, o sujeito é agente e paciente, isto é, pratica e sofre a ação verbal ao mesmo tempo. Constrói-se com os verbos na voz ativa mais os pronomes oblíquos *me*, *te*, *nos*, *vos* e *se* (singular e plural), na mesma pessoa do sujeito.

pronome oblíquo (3ª pessoa do singular)

O candidato ***prejudicou***-se *com a saída do secretário.*

sujeito agente e paciente
(o candidato prejudicou a si próprio)
(3ª pessoa do singular)

pronome oblíquo (1ª pessoa do plural)

Nós nos ***respeitamos*** *apesar dos desacordos.*

sujeito agente e paciente
(respeitamos mutuamente um ao outro)
(1ª pessoa do plural)

Observações

1. Na voz reflexiva, deve haver sempre um pronome pessoal oblíquo átono na mesma pessoa do sujeito. Essa voz pode exprimir **reciprocidade** quando o verbo estiver no plural.

pronome oblíquo (3ª pessoa do plural)

Eles *se* ***olharam*** *com interesse.* (voz reflexiva recíproca)

sujeito (3ª pessoa do plural) — verbo (3ª pessoa do plural)

2. Se o pronome pessoal oblíquo não estiver na mesma pessoa do sujeito, não ocorrerá a voz reflexiva.

pronome oblíquo (1ª pessoa do plural)

O garçom *nos* ***serviu*** *mariscos.* (voz ativa)

sujeito (3ª pessoa do singular) — verbo (3ª pessoa do singular)

Há verbos que se conjugam com os pronomes oblíquos átonos na voz ativa. Esses verbos, que em geral expressam sentimentos, são chamados **verbos pronominais**: *eu me* ***sinto****, ele se* ***queixa****, nós nos* ***lamentamos***.

Tais verbos classificam-se em:

a) **essencialmente pronominais** – quando são usados sempre com o pronome oblíquo: *apiedar-se*, *arrepender-se*, *queixar-se*, etc.

Ela ***se queixou*** *da falta de carinho do namorado.*

Os doentes ***se queixam*** *dos tratamentos médicos neste hospital.*

Nós ***nos arrependemos*** *das fofocas que fizemos.*

b) **acidentalmente pronominais** – quando são originalmente verbos simples, isto é, sem o pronome oblíquo, e passam a ser usados com o pronome oblíquo: *debater*(*-se*), *envolver*(*-se*), etc.

Os alunos ***debateram*** *a questão com muito interesse.* (verbo simples)

O doente ***debatia-se*** *muito antes de tomar a injeção.* (verbo pronominal)

A mãe ***envolveu*** *o bebê com uma manta.* (verbo simples)

Os jovens ***envolveram-se*** *na campanha do agasalho.* (verbo pronominal)

Concluindo, temos:

Verbo pronominal é aquele que se conjuga com um pronome oblíquo átono sempre referente ao sujeito.

Voz verbal é a forma pela qual o verbo se relaciona com o sujeito da oração, designando-o como **agente, paciente** ou **agente e paciente** da ação verbal.

Classificação dos verbos

No texto

Leia esta tira do Hagar:

HAGAR   Chris Browne

1. Em sua opinião, o que cria humor no diálogo entre Hagar e Sortudo?
2. Releia estas frases da tira:
   - "Não **pode** se **esconder** a vida toda, Sortudo!"
   - "Não **posso fazer** nada..."
   - "Eu **estava nadando**, **deixei** minhas roupas na margem..."
   - "... e um dragão **comeu** as roupas!"

   a) Quais dos verbos presentes nas frases conservam o mesmo radical em todas as pessoas, quando conjugados no presente do indicativo?

   b) Quais desses verbos apresentam modificações no radical ou nas desinências, quando conjugados no presente do indicativo?

Em contexto

Entre os verbos destacados na tira do Hagar, há os que conservam o mesmo radical em todas as pessoas, mas outros têm o radical e/ou as desinências modificados.

De acordo com as flexões que apresentam ao serem conjugados, os verbos são classificados em: **regulares**, **irregulares**, **anômalos**, **defectivos** e **abundantes**.

Verbos regulares

Os **verbos regulares** apresentam modificações no radical ao serem conjugados e todas as desinências obedecem a um modelo de conjugação: *dançar*, *contar*, *trabalhar*, *ceder*, *comer*, *decidir*, *assistir*, *partir*, etc.

Modo indicativo – Verbos TRABALHAR, COMER e PARTIR					
Presente			**Pretérito perfeito**		
trabalh-o	*com-o*	*part-o*	*trabalh-ei*	*com-i*	*part-i*
trabalh-as	*com-es*	*part-es*	*trabalh-aste*	*com-este*	*part-iste*
trabalh-a	*com-e*	*part-e*	*trabalh-ou*	*com-eu*	*part-iu*
trabalh-amos	*com-emos*	*part-imos*	*trabalh-amos*	*com-emos*	*part-imos*
trabalh-ais	*com-eis*	*part-is*	*trabalh-astes*	*com-estes*	*part-istes*
trabalh-am	*com-em*	*part-em*	*trabalh-aram*	*com-eram*	*part-iram*

Modo indicativo – Verbos TRABALHAR, COMER e PARTIR		
Futuro do presente		
trabalh-arei	*com-erei*	*part-irei*
trabalh-arás	*com-erás*	*part-irás*
trabalh-ará	*com-erá*	*part-irá*
trabalh-aremos	*com-eremos*	*part-iremos*
trabalh-areis	*com-ereis*	*part-ireis*
trabalh-arão	*com-erão*	*part-irão*

Verbos irregulares

Os **verbos irregulares** apresentam alterações no radical e/ou nas desinências quando conjugados e não seguem um modelo de conjugação. São exemplos de verbos irregulares: *dar*, *saber*, *perder*, *ler*, *valer*, *dizer*, *fazer*, *fugir*, *pedir*, *sair*, *cair*, *poder*, *pôr*, etc.

Modo indicativo		
Verbo DAR		
Presente	**Pretérito perfeito**	**Futuro do presente**
d-ou	*d-ei*	*d-arei*
d-ás	*d-este*	*d-arás*
d-á	*d-eu*	*d-ará*
d-amos	*d-emos*	*d-aremos*
d-ais	*d-estes*	*d-areis*
d-ão	*d-eram*	*d-arão*
Verbo PODER		
Presente	**Pretérito perfeito**	**Futuro do presente**
poss-o	*pud-e*	*pod-erei*
pod-es	*pud-este*	*pod-erás*
pod-e	*pôd-e*	*pod-erá*
pod-emos	*pud-emos*	*pod-eremos*
pod-eis	*pud-estes*	*pod-ereis*
pod-em	*pud-eram*	*pod-erão*
Verbo FUGIR		
Presente	**Pretérito perfeito**	**Futuro do presente**
fuj-o	*fug-i*	*fug-irei*
fog-es	*fug-iste*	*fug-irás*
fog-e	*fug-iu*	*fug-irá*
fug-imos	*fug-imos*	*fug-iremos*
fug-is	*fug-istes*	*fug-ireis*
fog-em	*fug-iram*	*fug-irão*

Observação

- Também são considerados regulares os verbos em que há modificações na grafia para manter uniformidade na pronúncia: *diri**j**o*, *diri**g**es*; *ven**ç**o*, *ven**c**es*; *jo**gu**ei*, *jo**g**aste*.

Verbos anômalos

Os **verbos anômalos** apresentam modificações significativas no radical e nas desinências. São anômalos os verbos *ir* e *ser*.

Modo indicativo – Verbos IR e SER					
Presente		**Pretérito perfeito**		**Futuro do presente**	
vou	*sou*	*fui*	*fui*	*irei*	*serei*
vais	*és*	*foste*	*foste*	*irás*	*serás*
vai	*é*	*foi*	*foi*	*irá*	*será*
vamos	*somos*	*fomos*	*fomos*	*iremos*	*seremos*
ides	*sois*	*fostes*	*fostes*	*ireis*	*sereis*
vão	*são*	*foram*	*foram*	*irão*	*serão*

Há autores que incluem como anômalos também os verbos *ter*, *vir*, *estar*, *pôr* e outros.

Verbos defectivos

Os **verbos defectivos** não são conjugados em todos os tempos, modos ou pessoas. A maioria deles pertence à 3ª conjugação, como *abolir*, *banir*, *colorir*, *explodir*, *demolir*, *falir*, etc. Emprega-se um verbo sinônimo ou uma expressão para substituir as flexões inexistentes.

Observe a conjugação de *banir* e *falir* nas pessoas que existem no presente do indicativo:

– , *banes*, *bane*, *banimos*, *banis*, *banem*

– , – , – , *falimos*, *falis*, –

São também considerados defectivos os verbos que exprimem vozes de animais (unipessoais), conjugados apenas na 3ª pessoa do singular e do plural, bem como aqueles que exprimem fenômenos meteorológicos (impessoais), conjugados somente na 3ª pessoa do singular.

O cão ***late****, o lobo* ***uiva****, os pombos* ***arrulham****.* (verbos unipessoais)

Nevava *no alto da montanha.* (verbo impessoal)

Choveu *torrencialmente nestes últimos dias.* (verbo impessoal)

Observações

1. Os verbos unipessoais e impessoais são conjugados em todas as pessoas quando usados em sentido figurado (metaforicamente).

   Grasnei *umas palavras de agradecimento para a loura antipática.*

   Chovi *no molhado alguns minutos para ver se ele me entendia.*

2. Os verbos *reaver* e *precaver(-se)* apresentam certas particularidades.
   a) No presente do indicativo, são conjugados apenas na 1ª e na 2ª pessoas do plural: *nós* ***reavemos****, vós* ***reaveis****; nós (nos)* ***precavemos****, vós (vos)* ***precaveis***.
   b) No imperativo afirmativo, são conjugados só na 2ª pessoa do plural: ***reavei*** *vós (-vos),* ***precavei*** *vós (-vos).*
   c) Esses verbos não apresentam as formas do imperativo negativo e do presente do subjuntivo. Nos demais tempos verbais são conjugados normalmente: eu ***reavia***, eu ***reouve***, eu ***reouvera***, eu ***reouvirei***, etc.

Verbos abundantes

Os **verbos abundantes** apresentam mais de uma forma para a mesma pessoa e, em geral, para o particípio: *havemos* ou *hemos*, *haveis* ou *heis*, *entopem* ou *entupem*, *enxugado* ou *enxuto*, *apiedo-me* ou *apiado-me* (segundo uso atual), etc.

No particípio, há quase sempre uma forma **regular**, terminada em *-ado* ou *-ido*, e outra **irregular** e reduzida, às vezes originária do latim e terminada em *-to* ou *-so* ou sem terminação definida.

Exemplos: *benzer – benz**ido**, ben**to**; encher – ench**ido**, chei**o**; ganhar – ganh**ado**, ganh**o**; imergir – imerg**ido**, imer**so***.

Emprego do particípio dos verbos abundantes

1. As **formas regulares do particípio** são usadas normalmente com os verbos auxiliares *ter* ou *haver*.

   *O porteiro **tinha** <u>**entregado**</u> a correspondência.*

2. As **formas irregulares do particípio** são empregadas com os verbos auxiliares *ser* ou *estar*.

   *A correspondência **foi** <u>**entregue**</u> pelo porteiro.*

3. As **formas irregulares do particípio** podem ser empregadas como adjetivos; nesse caso, caracterizam um substantivo.

   *cidadão **omisso***   *corpo **ereto***   *pessoa **corrupta***

4. O **particípio irregular** dos verbos *ganhar*, *gastar* e *pagar* é empregado com os verbos auxiliares *ser*, *estar*, *ter* ou *haver*.

   *O prêmio **foi ganho** por Felipe.*

   *O morador já **havia pago** o aluguel.*

   O **particípio regular** desses verbos é empregado, na maioria das vezes, com os auxiliares *ter* ou *haver*.

   *Joana **tinha gastado** todo o salário.*

Biblioteca do estudante
Apêndice "Conjugação de verbos"

Atenção

O apêndice "Conjugação de verbos", no DVD, traz a relação dos principais verbos abundantes e também a conjugação de alguns verbos regulares, irregulares e auxiliares.

Ponto de vista

Atualmente, os verbos defectivos *explodir* e *adequar-se* apresentam as formas *explodo* (ô) e *me adéquo* ou *adequo* (ú). Antes, a gramática normativa não admitia esse emprego, porque tais formas são **rizotônicas** (o acento tônico cai em sílaba do radical) e eram usadas apenas as **arrizotônicas** (o acento tônico cai em sílaba fora do radical).

Permanece, no entanto, certa polêmica sobre esse assunto. O *Dicionário Aurélio*, por exemplo, não aceita essas formas na norma culta, ao passo que o *Houaiss* registra seu uso. Assim, é recomendável o emprego somente das formas arrizotônicas tradicionais conforme a norma culta. Em substituição às formas rizotônicas *explodo* e *adéquo* (ou *adequo*), podem ser usadas expressões como *me irrito* (ou *enfureço*), *me adapto* (ou *entroso*), etc.

Qual é sua opinião sobre esse assunto? Apresente sua posição para os colegas.

APLICAÇÃO

1 Leia a tira a seguir.

CALVIN — Bill Watterson

WATTERSON, Bill. *Felino, selvagem, psicopata, homicida*: um livro de Calvin e Haroldo. v. 1. São Paulo: Best News, 1996. p. 53.

a) Na tira, Calvin tenta explicar ao Haroldo o que significa "verbificar" palavras. Por que ele diz que "'acesso' era uma coisa" e "agora é algo que você **faz**"?

b) Na frase "Verbificar esquisita a língua", como Calvin "verbificou" a palavra *esquisita*?

c) De que forma Haroldo critica a linguagem inventada por Calvin?

d) No segundo quadrinho, que formas verbais expressam ação? Qual delas indica estado?

e) Que verbos, na tira, mantêm o mesmo radical quando conjugados no presente do indicativo? Nesse caso, como são classificados?

f) No texto da tira, quais são os verbos cujos radicais sofrem alterações no presente do indicativo? Como são classificados?

g) Há um verbo na tira que apresenta profundas modificações no radical e nas desinências, por isso é classificado como anômalo. Identifique-o.

h) Reescreva esta frase usando um só verbo flexionado em lugar da locução verbal: "Talvez nós **possamos acabar tornando** a linguagem um impedimento completo à compreensão".

2 Leia a tira de Níquel Náusea a seguir.

NÍQUEL NÁUSEA — Fernando Gonsales

a) Em sua opinião, o que o quadrinista sugere com a criação dessa tira?

b) Explique a diferença de sentido entre os verbos destacados nas frases a seguir, extraídas da tira.

- "Meu filho até **ficou** doente"
- "O menino já **estava** doente antes!"

c) Releia a frase do balão do último quadrinho, observando os verbos destacados: "E eu **fugi tentando escapar** dessa maldita doença!".
- Os verbos destacados expressam estado, mudança de estado ou ação?
- A que conjugação pertencem esses verbos?
- Qual deles é um verbo irregular? Por quê?
- Destaque a locução verbal encontrada nessa frase, identificando o verbo auxiliar e o principal.

d) Em que tempo (presente, pretérito, futuro) estão flexionados os verbos que foram utilizados na tira? Explique esse emprego.

e) No texto, os verbos *ficar* e *estar* são auxiliares ou principais? Por quê?

3 Leia o poema a seguir, da escritora mineira Adélia Prado.

Trégua

Hoje estou velha como quero ficar.
Sem nenhuma estridência.
Dei os desejos todos por memória
E rasa xícara de chá.

PRADO, Adélia. *Poesia reunida*.
São Paulo: Siciliano, 1991. p. 30. © by Adélia Prado.

WILTON JR/AGÊNCIA ESTADO

Adélia Prado (1935-) estreou com o livro de poemas *Bagagem*, em 1976.

a) Nesse poema, o eu lírico (feminino) fala de sua velhice de forma leve e sem queixas. Explique por que se percebe ocorrer um sentimento de satisfação por parte dele ao envelhecer.

b) Na sua opinião, o que representa a "trégua" que dá título ao poema?

c) Interprete estes versos: "Dei os desejos todos por memória / E rasa xícara de chá".

d) Com base na forma de construção do poema, como o eu lírico sugere seu desejo de descansar, agora que está velho?

e) Releia este verso: "Hoje **estou** velha como quero ficar".
- O verbo *estar* (*estou*) expressa ação ou estado? Qual é o seu sentido?
- Se essa frase fosse *Hoje* **sou** *velha*, o que expressaria o verbo *ser*? E qual seria seu sentido?
- Na locução verbal *quero ficar*, qual é o verbo principal? Que sentido ele tem no contexto do poema?
- Nessa frase, o termo *estou* constitui um verbo auxiliar ou principal? Justifique.

f) Como são classificados os verbos utilizados no poema (*estar*, *querer*, *ficar* e *dar*)? Conjugue-os oralmente no modo indicativo e observe se ocorre alteração no radical e/ou nas desinências, ou se seguem o modelo da conjugação a que pertencem.

g) Em que tempo e modo estão flexionadas as formas verbais do poema? O que esses tempos e modo expressam no contexto?

4 Leia este poema de Vinicius de Moraes (1913-1980). Além de poeta, Vinicius foi músico e compositor, tendo participado do movimento da bossa-nova.

A um passarinho

Para que vieste
Na minha janela
Meter o nariz?
Se foi por um verso
Não sou mais poeta
Ando tão feliz!
Se é para uma prosa
Não sou Anchieta
Nem venho de Assis.

Deixa-te de histórias
Some-te daqui!

MORAES, Vinicius de. *Antologia poética*. São Paulo: Companhia das Letras, 2009. p. 147.
Os direitos relativos ao uso do poema de autoria de Vinicius de Moraes foram autorizados pela VM Empreendimentos artísticos e culturais Ltda., além de: © VM e © Cia. das Letras (Editora Schwarcz).

a) No poema, o eu lírico fala com um passarinho que pousa em sua janela. Por que o eu lírico se mostra incomodado com essa visita inesperada?

b) No poema, o eu lírico afirma que não é mais poeta e está feliz. Em sua opinião, haveria alguma razão para ele deixar de ser poeta?

c) No poema há referência ao padre José de Anchieta e a São Francisco de Assis. Por que o eu lírico diz ser diferente deles? O que o leva a dizer isso?

d) Observe o tratamento em 2ª pessoa do singular utilizado pelo eu lírico ao falar com o passarinho: "Para que **vieste**?".
- Que efeito produz o emprego desse tratamento no poema?
- Em que tempo e modo está flexionada a forma verbal *vieste*? O que ela expressa?
- O verbo *vir* é irregular ou anômalo? Justifique sua resposta.
- Que outro verbo no poema tem a mesma classificação?

e) Releia estes versos: "Se **foi** por um verso / Não **sou** mais poeta". Em que pessoa, número, tempo e modo está flexionada cada uma das formas do verbo *ser* utilizada nesses versos?

f) Destaque os versos em que os verbos estão flexionados no modo imperativo e explique esse emprego.

5 Leia a tira do Garfield a seguir.

GARFIELD   Jim Davis

a) Apesar da insistência, Jon não consegue convencer Garfield a levantar-se. Em sua opinião, o que o quadrinista enfatiza com esse comportamento do gato?

b) Observe este trecho: "Se você **continuar** aí por mais tempo". Em que tempo e modo está a forma verbal *continuar*? O que ela expressa?

c) Reescreva os trechos a seguir, substituindo as locuções verbais destacadas por uma única forma verbal.

- "**vai acabar** coberto de poeira"
- "E então ninguém **vai** mais **conseguir**"

d) No último quadrinho, em que tempo e modo está flexionado o verbo *ter* ("aí talvez eu **tenha**")? Que sentido esse modo expressa no contexto?

e) Releia a fala de Jon dirigida a Garfield no primeiro quadrinho: "Se **você** continuar aí por mais tempo, vai acabar coberto de poeira...".

- Embora Jon utilize, nessa fala, um pronome de tratamento que se refere à 2ª pessoa do discurso (*você*), em que pessoa e número estão os verbos? Por quê?
- Observe o emprego do pronome oblíquo *te* junto ao verbo *ver* no segundo quadrinho. Houve uniformidade de tratamento com o primeiro quadrinho? Justifique.

6 **Reescreva as frases a seguir, completando as lacunas com os verbos entre parênteses flexionados no tempo futuro do subjuntivo.**

a) Quando lhe ★, estaremos abertos a uma nova conversa. (convir)
b) Se nós ★ o anúncio, teremos mais chances de divulgar o jogo. (pôr)
c) Assim que me ★ teu *e-mail*, passarei para nossos colegas. (dizer)
d) Logo que ★ o endereço, enviaremos a encomenda. (saber)
e) Se ela ★ o trabalho pronto, nós iremos achar muito bom. (trazer)
f) Quando vocês ★ conhecer a cidade, poderei acompanhá-los. (querer)
g) Se tu ★ a viagem, conseguirás descansar um pouco. (fazer)

7 **Leia o texto a seguir.**

MEIO AMBIENTE

PLANO 7 Redução populacional

O ambientalista inglês *sir* Jonathon Porrit, um dos principais conselheiros do primeiro-ministro britânico Gordon Brown, é uma das mais ativas vozes a defender o controle populacional em países desenvolvidos. Nações ricas, como os EUA, estão entre as que mais emitem gases do efeito estufa. Seus habitantes consomem mais, têm mais carros, usam mais energia, produzem mais lixo.

Em um artigo, Porrit afirma que se o Reino Unido pretende alcançar sua meta de reduzir em 80% as emissões de gases de efeito estufa até 2050, cada um dos 61 milhões de cidadãos que vivem na Inglaterra terá que reduzir sua pegada anual de carbono das atuais 12 toneladas para 2,5 toneladas. "Isso supondo que a população seja a mesma em 2050. Mas não será! Já há projeções sugerindo que chegaremos a 77 milhões em 2050."

O ambientalista sugere que o patamar ideal de habitantes para o Reino Unido, levando-se em conta os atuais níveis de consumo e de produção de lixo, deveria ser de 17 milhões de pessoas. E mesmo reduzindo o consumo e a produção de lixo inglesa em um terço, o índice seria 100% maior do que o dos chineses.

Assim, o ambientalista diz que a Inglaterra poderia abrigar, de maneira sustentável, 30 milhões de pessoas – ou seja, menos da metade da população atual.

Galileu, São Paulo, n. 214, p. 55, maio 2009.

STEVE LOVEGROVE/SHUTTERSTOCK

Congestionamento em cidade dos Estados Unidos. Foto de 2009.

a) Em sua opinião, que problemas podem ocorrer em razão do aumento no número de habitantes no mundo?

b) Países como a Inglaterra tentam reduzir o nível populacional para melhorar a qualidade do meio ambiente. Que outros países vivem esse mesmo problema atualmente? Por quê? Pesquise, se necessário.

c) Releia a última frase do primeiro parágrafo: "Seus habitantes **consomem** mais, **têm** mais carros, **usam** mais energia, **produzem** mais lixo".
- Em que tempo e modo estão flexionados os verbos nessa frase?
- Por que se empregou esse modo verbal?
- A que conjugação pertence cada um desses verbos?

d) Releia: "Isso **supondo** que a população seja a mesma em 2050".
- O termo *supondo* é a forma do gerúndio de que verbo? De que outro verbo esse verbo deriva e a que conjugação pertence?
- Em que tempo e modo está o termo *seja*, uma das formas verbais do verbo *ser*? O que o verbo *ser* expressa nesse contexto?

e) Observe as formas verbais destacadas nesta frase: "Já **há** projeções **sugerindo** que **chegaremos** a 77 milhões em 2050".
- Se o verbo *haver* (*há*) fosse substituído por *existir*, como ficaria a frase? Justifique.
- Que elementos estruturais compõem as formas verbais *sugerindo* e *chegaremos*?
- Na forma verbal *chegaremos*, em que pessoa, tempo e modo o verbo *chegar* está conjugado?

f) Explique a diferença de sentido entre as ações expressas pelos verbos destacados nos trechos a seguir. Depois, indique em que tempo se encontra cada uma das formas verbais.
- "**terá** que reduzir sua pegada anual de carbono"
- "a Inglaterra **poderia** abrigar, de maneira sustentável"

g) Em que voz está flexionado o verbo neste trecho: "400 mil pessoas **são acrescentadas** à população do Reino Unido anualmente"? Justifique.

8 Leia esta tira do Calvin, em que ele parece preocupado com a mãe:

CALVIN — Bill Watterson

a) Explique como se deu a construção do humor no terceiro e quarto quadrinhos.

b) Compare as frases a seguir, observando em que pessoa estão o pronome pessoal oblíquo e o sujeito.
- **Calvin** deitou-**se** no chão para escrever.
- "**A mamãe** não está **se** sentindo bem"
- Em que frase ocorre a voz reflexiva? Por quê?
- Em que frase o verbo é pronominal e a voz é ativa? Por quê?

c) Na frase "**Fique** boa logo", em que modo está a forma verbal *fique*? Justifique sua resposta.

d) Em que frases da tira o verbo expressa estado?

e) No terceiro quadrinho, que frase está na voz passiva analítica? Esclareça sua resposta.

9 Reescreva as frases, empregando os verbos entre parênteses no pretérito imperfeito do subjuntivo e no futuro do pretérito do indicativo. Veja este exemplo: Se ele **mantivesse** a palavra, **teríamos** mais segurança.

a) Caso o estagiário ★ mais cedo, nós ★ toda a revisão. (vir, fazer)
b) Se o técnico ★ as consequências, não ★ na polêmica. (supor, intervir)
c) Se eles ★, ★ à praia todo verão. (poder, ir)
d) Caso ★ prioridades, a educação ★ entre elas. (haver, estar)
e) Se tu ★ contra a decisão, nós ★ de contestar. (ser, haver)
f) Caso nós ★ no processo, que mudanças ★? (depor, propor)

10 Leia o texto a seguir.

O que aconteceria se a Terra parasse de girar

Sem a rotação, responsável pelos dias e pelas noites, a incidência de luz na superfície seria determinada pelo movimento da Terra em torno do Sol. O dia terreno passaria a ter a duração de um ano, metade dele com luz solar e a outra metade no escuro. O longo dia seria tórrido como Vênus (400 graus), enquanto a noite seria gelada como Júpiter (100 graus negativos). Há dois cenários teóricos possíveis. No primeiro, os oceanos se congelariam durante a longa noite de um dos lados do planeta e a Terra mergulharia numa era glacial. No segundo, a evaporação intensa das águas dos oceanos durante o dia criaria um efeito estufa de grandes proporções. O resultado seria um calor brutal. Em qualquer das hipóteses, a vida seria praticamente impossível.

Veja, São Paulo, n. 2.066, p. 119, 25 jun. 2008.

STOCKTREK/GETTY IMAGES

Imagem do planeta Júpiter, s.d.

a) Expresse sua opinião sobre o assunto tratado nesse texto.
b) No texto, empregou-se preferencialmente determinado tempo verbal. Qual é e por que foi utilizado?
c) Identifique os elementos estruturais dos verbos destacados nas duas frases a seguir.
   - "[...] se a Terra **parasse** de girar?"
   - "No primeiro, os oceanos se **congelariam** durante a longa noite [...]".
d) Observe o verbo desta frase: "No primeiro, os oceanos **se congelariam** durante a longa noite [...]". Em que voz está esse verbo? Explique.
e) Em que frase do texto o sujeito sofre a ação verbal e, portanto, ocorre a voz passiva?
f) Observe a forma verbal destacada: "O que aconteceria se a Terra **parasse** de girar?". Em que tempo e modo está flexionado o verbo *parar*? O que esse tempo e modo expressam?

11 Substitua o sinal gráfico pelos verbos dos parênteses no imperativo.

a) ★ as leis de trânsito, ★-te atento e não ★ depois de beber. (seguir, manter, dirigir)
b) Não ★ por impulso, ★ antes e ★ você a decisão. (agir, refletir, tomar)
c) ★ os argumentos, ★ uma análise e ★ suas ideias. (ouvir, fazer, expor)
d) Não te ★ com o resultado, não ★ o ânimo e ★-te ainda mais. (afligir, perder, preparar)
e) ★ os amigos, ★ com eles a vitória; ★ partilhar. (trazer, festejar, saber)

12 Leia esta nota jornalística:

ALEMANHA

Knut escapa da castração

MARKUS SCHREIBER/AP/IMAGEPLUS

Knut (*à esq.*) e Giovanna.

Knut, o urso-polar que desde o nascimento se tornou a estrela do zoológico de Berlim, quase foi castrado. Curiosamente, quem queria isso era uma reconhecida ONG de defesa dos animais, a Peta (sigla em inglês para "Gente pelo Tratamento Ético dos Animais"). A castração seria necessária para impedir um cruzamento entre ele e sua nova companheira, Giovanna, uma prima de primeiro grau. O cruzamento poderia resultar em filhos com problemas genéticos. Para a felicidade de Knut, os tratadores rejeitaram o pedido de castração, pois ele ainda não atingiu a maturidade sexual. Giovanna voltou para o zoo de Munique, de onde viera. Procura-se nova parceira para Knut.

Época, São Paulo, p. 16, 8 mar. 2010.

Knut morreu em 19 de março de 2011. De acordo com a autópsia, a causa foi afogamento, mas neurologistas disseram que ele morreria de qualquer maneira em razão de uma encefalite.

a) O urso-polar Knut foi motivo de polêmica enquanto esteve vivo. Nessa notícia, em que ele se saiu bem mais uma vez, que fato parece estranho? Por quê?

b) Como você analisa a atitude da ONG Peta? Você acha que a solução proposta era a melhor?

c) Em qual dos trechos a seguir o verbo destacado não expressa uma incerteza em relação a fatos anteriores? Por quê?
- "A castração **seria** necessária para impedir um cruzamento [...]"
- "[...] quem **queria** isso era uma reconhecida ONG [...]"
- "O cruzamento **poderia** resultar em filhotes com problemas [...]"

d) Identifique no texto a frase em que o verbo está na voz passiva analítica e aquela em que o verbo está na voz passiva sintética.

e) Qual palavra do trecho a seguir derivou de outra devido à mudança de classe gramatical? Explique.
- "os tratadores rejeitaram o pedido de castração"

f) Na primeira frase do texto, a forma verbal *se tornou* expressa estado ou mudança de estado?

g) Releia esta frase: "Giovanna **voltou** para o zoo de Munique, de onde **viera**". Explique o que as formas verbais destacadas expressam, identificando o tempo e o modo de cada uma.

Lista de exercícios

RESUMO

Definição de verbo e conjugações verbais

- **Verbo** – palavra que exprime ação, estado, mudança de estado e fenômenos meteorológicos, situando-os no tempo.

  O motorista ***estacionou*** *o carro em lugar proibido.* (ação)

  Esse motorista de táxi ***é*** *muito educado.* (estado)

  Aquele empresário ***ficou*** *rico após muito trabalho.* (mudança de estado)

  Ventou *muito na madrugada desta segunda-feira.* (fenômeno meteorológico)

- **Conjugações verbais**. Os verbos agrupam-se em três conjugações.
  - **1ª conjugação** – vogal temática *-a-*: *lut**a**r*.
  - **2ª conjugação** – vogal temática *-e-*: *ergu**e**r*.
  - **3ª conjugação** – vogal temática *-i-*: *sent**i**r*.

  Observação: O verbo *pôr* e seus compostos pertencem à 2ª conjugação.

Elementos estruturais do verbo

- **Radical** – contém a significação do verbo: ***lut**am*, ***sent**es*.
- **Vogal temática** – indica a conjugação: *-a-* (1ª); *-e-* (2ª); *-i-* (3ª): *fal**a**s*, *colh**e***, *dorm**i**a*.
- **Tema** – radical + vogal temática: ***ama**is*, ***colhe**mos*.
- **Desinências** – indicam tempo, modo, número e pessoa verbais: *gosta**ríamos*** (*-ria-* = tempo e modo; *-mos* = número e pessoa).

Observação: As formas verbais podem ser **rizotônicas** e **arrizotônicas**.

- **Rizotônicas** – quando o acento tônico ocorre no radical: ***compr**es*, ***pens**em*.
- **Arrizotônicas** – quando o acento tônico ocorre fora do radical: ***compr**ava*, ***pens**ei*.

Locuções verbais

- **Locução verbal** – formada por dois ou mais verbos: *O chefe* ***deve chegar*** *mais tarde.*
- **Verbo principal** – expressa a ideia principal da locução: ***Está fazendo*** *muito calor hoje.*
- **Verbo auxiliar** – não tem sentido próprio na locução: *O repórter* ***vai começar*** *a entrevista.*

Flexões verbais

- **Pessoa e número**.
  - **1ª pessoa**: ***eu olho*** (singular), ***nós olhamos*** (plural).
  - **2ª pessoa**: ***tu olhas*** (singular), ***vós olhais*** (plural).
  - **3ª pessoa**: ***ele(a) olha*** (singular), ***eles(as) olham*** (plural).

- Modos verbais.
  - **Indicativo**: *Ele **trabalha** em casa.*
  - **Subjuntivo**: *É possível que o voo **saia** na hora.*
  - **Imperativo – Afirmativo**: ***Conheça** melhor o Brasil.*

    Negativo: ***Não percas** esta oportunidade!*
- Tempos verbais.
  - **Presente:** *O som **vem** do vizinho.*
  - **Pretérito imperfeito:** *A informação **estava** errada.*
  - **Pretérito perfeito:** *Pedro **caiu** doente.*
  - **Pretérito mais-que-perfeito:** *Lia **ficara** em casa a tarde toda.*
  - **Futuro do presente:** *Você **conseguirá** os ingressos.*
  - **Futuro do pretérito:** *Eu não **faria** isso!*

Vozes verbais

- **Voz ativa** – o sujeito pratica a ação verbal: *O governo **construiu** novas estradas.*
- **Voz passiva** – o sujeito sofre a ação verbal. Pode ser analítica ou sintética.
  - **Analítica** – verbo auxiliar (*ser*, *estar* ou *outros*) + verbo principal no particípio: *Novas estradas **foram construídas** pelo governo.*
  - **Sintética** (ou **pronominal**) – verbo principal na 3ª pessoa + pronome apassivador *se*: ***Constroem-se** novas estradas.*
- **Voz reflexiva** – o sujeito pratica e sofre a ação verbal: *O povo **enfeitou-se** para o carnaval.*

Classificação dos verbos

- **Regulares** – seguem um modelo de conjugação: ***canto**, **cant**ei, **cant**ava.*
- **Irregulares** – não seguem um modelo de conjugação: ***d**ou, **d**ei, **d**ava.*
- **Anômalos** – apresentam alterações profundas no radical: *vou, fui; sou, era.*
- **Defectivos** – têm conjugação incompleta: *reouve, aboles, demolimos, choveu.*
- **Abundantes** – apresentam duas ou mais formas equivalentes, sobretudo no particípio: *matado – morto; absorvido – absorto; nascido – nato.*
- **Pronominais** – conjugados com pronome oblíquo. Podem ser essencialmente ou acidentalmente pronominais.
  - **Essencialmente pronominais**: *digno-me, atreves-te, alista-se.*
  - **Acidentalmente pronominais**: *lavamo-nos, ferem-se.*

Capítulo 12 Verbo (II)

Formação dos tempos verbais

No texto

Leia esta tira do Garfield:

GARFIELD — Jim Davis

1. Na tira, Garfield demonstra estar bem feliz e o seu dono o ouve, a princípio sem entendê-lo. No final, Jon encontra uma explicação para compreender o comportamento do gato. Qual foi?
2. O que comprova que Jon tem razão?
3. Observe a forma verbal destacada nesta frase: "Minha vida **tem** um novo sentido!". Que tipo de fato o presente do indicativo (*tem*) expressa?
4. Releia a frase do primeiro quadrinho: "É como se um véu negro **tivesse sido levantado** da minha alma...".
   a) Em que voz o verbo *levantar* está sendo usado na frase? Justifique sua resposta.
   b) A forma verbal *tivesse sido levantado* é um tempo composto na voz passiva. Pesquise o nome desse tempo.
   c) Considere esta outra frase: *É como se um véu negro* ***fosse levantado*** *da minha alma*. Em que modo, tempo e voz está a forma verbal *fosse levantado*?

Vamos ver, a seguir, a formação dos **tempos simples** e dos **tempos compostos** dos verbos das diferentes conjugações.

Em contexto

Formação dos tempos simples

O **presente do indicativo**, o **pretérito perfeito do indicativo** e o **infinitivo impessoal**, denominados **tempos primitivos**, dão origem aos demais tempos, chamados de **tempos derivados**.

Tempos derivados do presente do indicativo

O presente do indicativo dá origem a três tempos: **presente do subjuntivo**, **imperativo afirmativo** e **imperativo negativo**.

1. **Presente do subjuntivo**. Forma-se da seguinte maneira, de acordo com a conjugação a que o verbo pertence.

a) **1ª conjugação** (*-ar*): troca-se a vogal final do presente do indicativo por *-e*.

b) **2ª** (*-er*) **e 3ª** (*-ir*) **conjugações**: troca-se a vogal final do presente do indicativo por *-a*.

1ª conjugação		2ª conjugação		3ª conjugação	
Indicativo	**Subjuntivo**	**Indicativo**	**Subjuntivo**	**Indicativo**	**Subjuntivo**
eu falo	*que eu fale*	*eu como*	*que eu coma*	*eu decido*	*que eu decida*
tu falas	*que tu fales*	*tu comes*	*que tu comas*	*tu decides*	*que tu decidas*
ele fala	*que ele fale*	*ele come*	*que ele coma*	*ele decide*	*que ele decida*
nós falamos	*que nós falemos*	*nós comemos*	*que nós comamos*	*nós decidimos*	*que nós decidamos*
vós falais	*que vós faleis*	*vós comeis*	*que vós comais*	*vós decidis*	*que vós decidais*
eles falam	*que eles falem*	*eles comem*	*que eles comam*	*eles decidem*	*que eles decidam*

Observação

- Há verbos em que essa regularidade não se mantém. Exemplos de 1ª pessoa: *sou – seja*; *dou – dê*; *estou – esteja*; *hei – haja*; *vou – vá*; *quero – queira*; *sei – saiba*.

2. **Imperativo afirmativo**. Esse tempo verbal não tem a 1ª pessoa do singular. A 2ª do singular (tu) e a 2ª do plural (vós) originam-se do presente do indicativo sem o *-s* final; as demais pessoas são as mesmas do presente do subjuntivo.

Presente do indicativo	Imperativo afirmativo	Presente do subjuntivo
eu falo	—	*que eu fale*
tu falas menos s →	*fala tu*	*que tu fales*
ele fala	*fale você* ←	*que ele fale*
nós falamos	*falemos nós* ←	*que nós falemos*
vós falais menos s →	*falai vós*	*que vós faleis*
eles falam	*falem vocês* ←	*que eles falem*

Observação

- O verbo *ser* apresenta, no imperativo, as formas *sê* (tu) e *sede* (vós); nas demais pessoas, segue a mesma formação dos outros verbos.

3. **Imperativo negativo**. Esse tempo também não tem a 1ª pessoa do singular, e todas as outras pessoas são as mesmas do presente do subjuntivo.

Presente do subjuntivo	Imperativo negativo
que eu olhe	—
que tu olhes →	*não olhes tu*
que ele olhe →	*não olhe você*
que nós olhemos →	*não olhemos nós*
que vós olheis →	*não olheis vós*
que eles olhem →	*não olhem vocês*

Tempos derivados do pretérito perfeito do indicativo

A partir do tema (radical + vogal temática) da 2ª pessoa do singular do pretérito perfeito do indicativo, formam-se três tempos verbais: **pretérito mais-que-perfeito do indicativo**, **pretérito imperfeito do subjuntivo** e **futuro do subjuntivo**.

1. **Pretérito mais-que-perfeito do indicativo**. Acrescentam-se ao tema as desinências *-ra*, *-ras*, *-ra*, *-ramos*, *-reis* e *-ram*.
2. **Pretérito imperfeito do subjuntivo**. Acrescentam-se ao tema as desinências *-sse*, *-sses*, *-sse*, *-ssemos*, *-sseis* e *-ssem*.
3. **Futuro do subjuntivo**. Acrescentam-se ao tema as desinências *-r*, *-res*, *-r*, *-rmos*, *-rdes* e *-rem*.

Indicativo		Subjuntivo	
Pretério perfeito	**Pretérito mais-que-perfeito**	**Pretérito imperfeito**	**Futuro**
eu soube	*eu soube**ra***	*se eu soube**sse***	*quando eu soube**r***
tu soubeste	*tu soube**ras***	*se tu soube**sses***	*quando tu soube**res***
ele soube	*ele soube**ra***	*se ele soube**sse***	*quando ele soube**r***
nós soubemos	*nós soubé**ramos***	*se nós soubé**ssemos***	*quando nós soube**rmos***
vós soubestes	*vós soubé**reis***	*se vós soubé**sseis***	*quando vós soube**rdes***
eles souberam	*eles soube**ram***	*se eles soube**ssem***	*quando eles soube**rem***

Tempos derivados do infinitivo impessoal

Do infinitivo impessoal derivam três tempos verbais do modo indicativo: **futuro do presente**, **futuro do pretérito** e **pretérito imperfeito do indicativo**; dele também derivam as formas nominais do **infinitivo pessoal**, **gerúndio** e **particípio**.

1. **Futuro do presente do indicativo**. Acrescentam-se ao tema as desinências *-rei*, *-rás*, *-rá*, *-remos*, *-reis* e *-rão*.
2. **Futuro do pretérito do indicativo**. Acrescentam-se ao tema as desinências *-ria*, *-rias*, *-ria*, *-ríamos*, *-ríeis* e *-riam*.
3. **Pretérito imperfeito do indicativo**.
   a) Se o verbo for da 1ª conjugação, acrescentam-se ao tema as desinências *-va*, *-vas*, *-va*, *-vamos*, *-veis* e *-vam*.
   b) Se for da 2ª ou da 3ª conjugação, acrescentam-se ao tema as desinências *-ia*, *-ias*, *-ia*, *-íamos*, *-íeis* e *-iam*.

Modo indicativo				
Futuro do presente	**Futuro do pretérito**	**Pretérito imperfeito**		
		1ª conjugação	**2ª conjugação**	**3ª conjugação**
*eu nada**rei***	*eu nada**ria***	*eu nada**va***	*eu corr**ia***	*eu part**ia***
*tu nada**rás***	*tu nada**rias***	*tu nada**vas***	*tu corr**ias***	*tu part**ias***
*ele nada**rá***	*ele nada**ria***	*ele nada**va***	*ele corr**ia***	*ele part**ia***
*nós nada**remos***	*nós nada**ríamos***	*nós nadá**vamos***	*nós corr**íamos***	*nós part**íamos***
*vós nada**reis***	*vós nada**ríeis***	*vós nadá**veis***	*vós corr**íeis***	*vós part**íeis***
*eles nada**rão***	*eles nada**riam***	*eles nada**vam***	*eles corr**iam***	*eles part**iam***

4. **Infinitivo pessoal**. Acrescentam-se ao tema do infinitivo impessoal as desinências *-r*, *-res*, *-r*, *-rmos*, *-rdes*, *-rem*.
   *nada**r**, nada**res**, nada**r**, nada**rmos**, nada**rdes**, nada**rem***
   *vende**r**, vende**res**, vende**r**, vende**rmos**, vende**rdes**, vende**rem***
   *parti**r**, parti**res**, parti**r**, parti**rmos**, parti**rdes**, parti**rem***
5. **Gerúndio**. Acrescenta-se o sufixo *-ndo* ao tema do infinitivo impessoal.
   *nada**ndo**, vende**ndo**, parti**ndo***
6. **Particípio**. Acrescenta-se o sufixo *-do* ao tema do infinitivo impessoal.
   *nada**do**, vendi**do**, parti**do***

Observação

- Na 2ª conjugação, a vogal temática -e- do particípio passa a *-i-*: *vendido*.

Formação dos tempos compostos

Nem todos os tempos verbais apresentam formas compostas. Os que apresentam são formados pelos verbos auxiliares *ter* ou *haver* flexionados seguidos do particípio do verbo principal (isto é, aquele que expressa a ideia central).

*A imprensa **tem** (ou **há**) **noticiado** o acordo político brasileiro.*

pretérito perfeito composto do indicativo

Veja, a seguir, quais são os tempos compostos do indicativo, do subjuntivo, do infinitivo (pessoal e impessoal) e do gerúndio, com a respectiva formação.

Tempos compostos do indicativo

1. **Pretérito perfeito composto**. Forma-se com o presente do indicativo dos verbos *ter* ou *haver* + o particípio do verbo principal.
   *Os alimentos transgênicos **têm (hão) causado** muita polêmica.*
2. **Pretérito mais-que-perfeito composto**. Forma-se com o pretérito imperfeito do indicativo de *ter* ou *haver* + o particípio do verbo principal.
   *Os atletas **tinham (haviam) treinado** durante meses.*
3. **Futuro do presente composto**. Forma-se com o futuro do presente do indicativo de *ter* ou *haver* + o particípio do verbo principal.
   *Logo ela **terá (haverá) concluído** o curso universitário.*
4. **Futuro do pretérito composto**. Forma-se com o futuro do pretérito do indicativo de *ter* ou *haver* + o particípio do verbo principal.
   *O diretor já **teria (haveria) chegado** à escola, se ele viesse de metrô.*

Tempos compostos do subjuntivo

1. **Pretérito perfeito composto**. Forma-se com o presente do subjuntivo de *ter* ou *haver* + o particípio do verbo principal.
   *Talvez eles ainda não **tenham (hajam) recebido** meu e-mail.*
2. **Pretérito mais-que-perfeito composto**. Forma-se com o pretérito imperfeito do subjuntivo de *ter* ou *haver* + o particípio do verbo principal.
   *Pensei que você **tivesse (houvesse) mudado** de cidade.*

3. **Futuro composto**. Forma-se com o futuro do subjuntivo de *ter* ou *haver* + o particípio do verbo principal.

   *Avise-me quando **tiver (houver) feito** o projeto de minha casa.*

Formas nominais compostas

1. **Infinitivo pessoal composto**. Forma-se com o infinitivo pessoal de *ter* ou *haver* + o particípio do verbo principal.

   *Receberam o prêmio por **terem (haverem) vencido** o concurso.*

2. **Infinitivo impessoal composto**. Forma-se com o infinitivo impessoal de *ter* ou *haver* + o particípio do verbo principal.

   ***Ter (haver) estudado** favoreceu sua aprovação.*

3. **Gerúndio composto**. Forma-se com o gerúndio de *ter* ou *haver* + o particípio do verbo principal.

   ***Tendo (havendo) acordado** cedo, fez uma caminhada.*

Formas nominais dos verbos

No texto

Leia o texto a seguir; ele trata do uso das células-tronco.

Por dentro dos novos tratamentos com células-tronco

Elas estão mudando a vida dos primeiros brasileiros tratados. Mas os efeitos observados desafiam os cientistas. Serão duradouros?

Células-tronco, segundo a definição científica, são aquelas que têm o potencial de se transformar em diferentes tecidos do corpo humano. [...] Para os primeiros pacientes tratados em experiências realizadas no Brasil, as novas pesquisas são a materialização de uma segunda chance de vida.

Na maioria dos casos, essas pessoas não tinham outro recurso terapêutico. Sofriam de doenças graves, enfrentaram inúmeros tratamentos sem sucesso, tinham perdido a capacidade de planejar o futuro. [...] Muitos pacientes voltaram à vida normal e recuperaram a esperança. Nem todos tiveram a mesma sorte.

Época, São Paulo, n. 475, p. 80, 25 jun. 2007. (Fragmento).

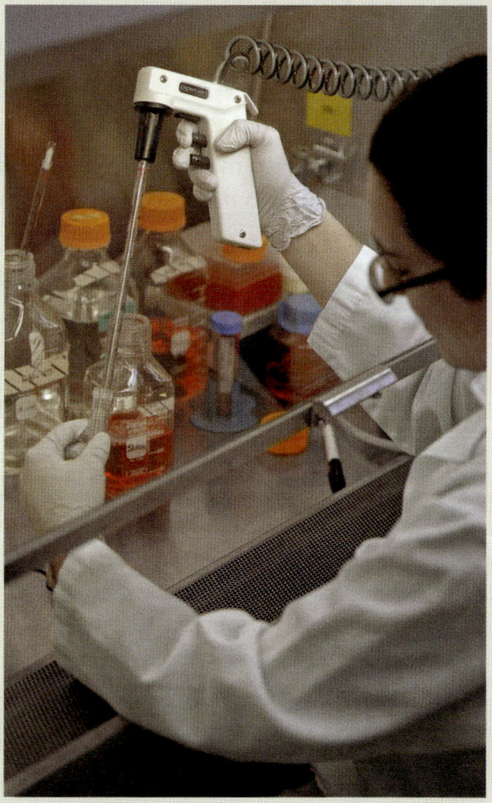

DARREN HAUCK/GETTY IMAGES

Pesquisadora prepara-se para realizar cultura de células-tronco no Wisconsin National Primate Research Center da Universidade de Wisconsin. Madison, Wisconsin, EUA, março de 2009.

1. Atualmente, há uma maior aceitação do uso de células-tronco para o tratamento das pessoas. Na sua opinião, por que isso ocorre?
2. Pesquise sobre o assunto e procure descobrir o que tem limitado o uso dessa terapia em alguns países.
3. Releia estes trechos do texto:
   - "Elas estão mudando a vida dos primeiros brasileiros tratados"
   - "aquelas que têm o potencial de se transformar em diferentes tecidos"
   - "Para os primeiros pacientes tratados em experiências realizadas"
   - "tinham perdido a capacidade de planejar o futuro"

   a) Identifique as formas nominais presentes nos trechos, nomeando-as.
   b) Quais dos particípios que você identificou têm valor de adjetivo? Justifique.
   c) No último trecho se identifica o uso do infinitivo impessoal (infinitivo não flexionado) ou do infinitivo pessoal (infinitivo flexionado)?
4. Leia esta frase: *Planejar o futuro é uma esperança para muitos pacientes*. O infinitivo *planejar* está sendo utilizado como pessoal ou impessoal? Explique.

Em contexto

As **formas nominais** dos verbos – o **gerúndio** (*-ndo*), o **infinitivo** (*-r*) e o **particípio** (*-do*) – têm valor de nomes, isto é, de substantivos, adjetivos ou advérbios.

Observe estes exemplos:

Ler *é uma viagem.*

O infinitivo *ler* equivale ao substantivo (a) *leitura*.

O apartamento ***decorado*** *também está à venda.*

O particípio caracteriza o substantivo *apartamento*, por isso tem valor de adjetivo.

O turista conheceu o projeto ***visitando*** *a favela.*

O gerúndio tem valor de advérbio ao indicar quando ocorreu a ação verbal.

Gerúndio

1. Pode expressar uma ação em curso, que se realiza imediatamente antes ou depois da ação do verbo principal ou concomitante a ela.

   Caminhando *pela praça, os jovens gritavam palavras de ordem.*

   verbo principal

2. Pode equivaler a um adjetivo.

   Vi seus olhos ***brilhando*** *diante da vitrine.*

   = brilhantes

3. Pode ter valor de um advérbio.

   Amanhecendo*, tudo ficou mais tranquilo.*

   = de manhã

4. Pode expressar uma ideia imperativa, substituindo o imperativo.

   Marchando!

   Marche!

5. Pode juntar-se a um verbo auxiliar, formando uma locução verbal e exprimindo uma ação continuada, durativa.

   Às nove horas da noite, todas as crianças já estavam ***dormindo****.*

   (estavam dormindo: locução verbal)

Particípio

1. Pode indicar uma ação completamente acabada ou concluída.

   Escolhido *o presidente, o povo saiu às ruas para comemorar.*

2. Pode ter valor de adjetivo; nesse caso, concorda com o substantivo ou pronome a que se refere.

   A água ***parada*** *pode causar dengue.*

3. Pode formar os tempos compostos de voz ativa com os verbos *ter* ou *haver*.

   O tsunami ***tinha (havia) devastado*** *toda a ilha.*

Infinitivo

1. O infinitivo indica a ação verbal propriamente dita, nomeia os verbos e pode ter valor de substantivo.

   Estudar *abre caminhos.* (estudar = o estudo)

2. O infinitivo pode ser **impessoal** (não flexionado) ou **pessoal** (flexionado). Alguns usos do infinitivo impessoal e pessoal estudaremos a seguir.

Emprego dos infinitivos impessoal e pessoal

No texto

Leia esta tira do Calvin:

CALVIN — Bill Watterson

1. Em sua opinião, o que confere humor à tira?

2. Que verbos Calvin empregou no infinitivo?

3. Qual desses infinitivos não está flexionado? Justifique sua resposta.

4. Considerando que a primeira parte da frase seja *Você podia nos dar uma anestesia geral*, como fica o restante dela? Por quê?

Em contexto

Emprego do infinitivo impessoal ou não flexionado

1. Quando faz parte de uma locução verbal, situando-se próximo ao auxiliar.

   *O motorista precisou **diminuir** a velocidade devido a problemas na rodovia.*
   (precisou = verbo auxiliar)

2. Quando não se refere a nenhum sujeito e tem valor de substantivo.

   ***Falar** em público o constrangia bastante.*
   (Falar = a fala)

3. Em substituição a uma forma imperativa.

   ***Desligar** o celular antes de entrar.*
   (Desligar = desligue)

4. Como complemento de adjetivos e substantivos, e precedido, em geral, da preposição *a* ou *de*.

   *Este problema está muito difícil de **resolver**.*
   (difícil = adjetivo)

5. Nas construções com os verbos *mandar*, *fazer*, *deixar*, *ouvir*, *ver*, *sentir* e sinônimos acompanhados de pronome oblíquo que funciona como objeto direto desses verbos e sujeito do infinitivo.

   *Deixei-os **admirar** a paisagem tranquilamente.*
   (os = pronome oblíquo)

   *Um pequeno gesto de carinho os faz **sentir**-se felizes.*
   (os = pronome oblíquo)

Observação

- Na voz reflexiva, usa-se o infinitivo pessoal (infinitivo flexionado): *Vi-as **desentenderem-se** antes da saída da escola.*

Emprego do infinitivo pessoal ou flexionado

1. Quando o sujeito do verbo no infinitivo está claramente expresso.

   *Flávia observava as crianças **correrem** no pátio.*
   (crianças = sujeito)

2. Quando o infinitivo se refere a um sujeito não expresso na frase, mas que se quer deixar claro qual é.

   *Seria bom nos **entendermos** logo.*
   (nos entendermos = sujeito claro, mas não expresso = *nós*)

3. Se o infinitivo, antecedido de preposição, vier no início da frase, referindo-se a um sujeito plural.

*Por **questionarem** o fato, os alunos foram repreendidos.*

os alunos: sujeito plural

4. Quando o verbo no infinitivo estiver na voz reflexiva recíproca ou na voz passiva.

*Esperou os amigos **se despedirem**, depois entrou.*

se despedirem: voz reflexiva recíproca

*O tumulto começou ao **serem abertas** as portas do estádio.*

serem abertas: voz passiva

5. Quando o infinitivo estiver distante de seu sujeito.

*A excursão mal começava, e eles já se queixavam da falta de conforto e dos preços, ao **analisarem** os gastos.*

ao analisarem: sujeito do infinitivo = *eles*

6. Quando o infinitivo formar locução com os verbos *ver* ou *parecer*. Nesse caso, são possíveis duas construções – ou se flexiona o auxiliar, ou se flexiona o infinitivo.

*As gaivotas pareciam **dançar** no céu.*

pareciam: auxiliar

*As gaivotas parecia **dançarem** no céu.*

parecia: auxiliar

Emprego dos tempos e modos

No texto

Leia o poema a seguir, de Fernando Pessoa (1888-1935), um dos maiores poetas do Modernismo português. Pessoa utilizou vários heterônimos na produção de sua obra, entre eles Álvaro de Campos, Ricardo Reis e Alberto Caeiro, que assina o texto a seguir.

X

"Olá, guardador de rebanhos,
Aí à beira da estrada,
Que te diz o vento que passa?"

"Que é vento, e que passa,
E que já passou antes,
E que passará depois.
E a ti o que te diz?"

"Muita cousa mais do que isso.
Fala-me de muitas outras cousas.
De memórias e de saudades
E de cousas que nunca foram."

"Nunca ouviste passar o vento.
O vento só fala do vento.
O que lhe ouviste foi mentira,
E a mentira está em ti."

PESSOA, Fernando. O guardador de rebanhos. Poemas completos de Alberto Caeiro. In: GALHOZ, Maria Aliete. *Fernando Pessoa*: obra poética. Rio de Janeiro: Nova Aguilar, 1999. p. 213. (Fragmento).

1. O poema é um diálogo entre o eu lírico e um guardador de rebanhos a respeito do que o vento diz para cada um. O que o guardador de rebanhos diz sobre o vento?
2. Na última estrofe, o guardador de rebanhos afirma que "a mentira está em ti", ou seja, no eu lírico. Em sua opinião, por que o guardador de rebanhos faria essa afirmação?
3. Identifique, no poema, os verbos empregados no presente e no pretérito perfeito do indicativo e informe o sentido que cada um dos tempos expressa.
4. Releia este verso: "E que passará depois".
   a) Em que tempo e modo está a forma verbal *passará*? O que esse tempo exprime?
   b) Reescreva o verso substituindo a forma *passará* pelo futuro do pretérito do indicativo e explique a mudança de sentido.
5. Qual é a forma nominal encontrada no poema? Que valor ou função ela apresenta? Esclareça sua resposta.

Em contexto

Os tempos e os modos verbais apresentam sentidos diferentes quando empregados em um contexto. Vejamos esse assunto.

Emprego do modo indicativo

Presente

O **presente do indicativo** pode ser utilizado para exprimir as situações a seguir, entre outras.

1. Um fato que ocorre no momento em que se fala (presente atual).
   ***Leio** um livro de poemas de Fernando Pessoa.*
   *O ônibus **passa** lotado, por isso ainda **estou** aqui no ponto.*
2. Um fato habitual ou rotineiro (presente habitual ou frequentativo).
   *Sempre **viajamos** com nossos pais durante as férias.*
   *Júlia **faz** ioga todos os dias, e isso a **ajuda** a equilibrar a mente.*
   *Todo dia, o ônibus **passa** lotado nesse horário.*
3. Um fato ou verdade indiscutível, universal (presente universal ou durativo).
   *O café **é** uma bebida energética, mas não pode ser tomado em exagero.*
   *A Terra **gira** em torno do Sol e de seu próprio eixo.*
4. Pode ser usado para substituir:
   a) o futuro do presente.

   *Paulo **comemora** seu aniversário amanhã.*
   = comemorará

   b) o pretérito perfeito em narrações (presente histórico ou narrativo).

   *O homem **chega** à Lua em 20 de julho de 1969.*
   = chegou

Pretérito imperfeito

O **pretérito imperfeito** pode ser utilizado para exprimir as situações expostas a seguir, entre outras.

1. Exprimir um fato passado e inacabado em referência a outro fato que também se processava.

   O palestrante ***falava*** *sobre violência quando* <u>*foi interrompido*</u> *por uma explosão.*

2. Exprimir um fato habitual ou frequente no passado (pretérito imperfeito habitual ou frequentativo).

   Enquanto <u>*existiu*</u>*, o único* shopping *da cidade* ***abria*** *as portas às 12 horas.*

3. Em narrativas, exprimir um fato vago, impreciso (nesse caso, usa-se o verbo *ser*).

   Era *no tempo das cruzadas... Os soldados* ***lutavam*** *bravamente...*

4. Esse tempo verbal pode substituir:

   a) o futuro do pretérito.

   É certo que ele <u>***ajudava***</u> *a todos.*

   = ajudaria ou teria ajudado

   b) o presente, como forma de polidez ou delicadeza.

   <u>***Queria***</u> *sua participação neste evento.*

   = quero

Pretérito perfeito (simples e composto)

1. O **pretérito perfeito simples** exprime um fato concluído em relação ao momento em que se fala.

   O fogo ***queimou*** *parte da serra da Canastra, causando a morte de animais.*

2. O **pretérito perfeito composto** (*ter* + particípio do verbo principal) exprime um fato passado que continua a se repetir no presente.

   O filme Thor ***tem agradado*** *bastante ao público juvenil.*

Pretérito mais-que-perfeito (simples e composto)

1. O **pretérito mais-que-perfeito simples** e o **composto** são formas equivalentes. Exprimem um fato passado, anterior a outro também passado.

   O jornalista já ***publicara*** *o resultado da pesquisa quando o cientista* <u>*informou*</u> *que os dados estavam incorretos. (publicara: forma simples)*

   O jornalista já ***tinha (havia) publicado*** *a pesquisa quando* <u>*chegou*</u> *a informação de que os dados estavam incorretos. (tinha publicado: forma composta)*

2. O **pretérito mais-que-perfeito simples** pode substituir (um uso hoje mais em contexto literário):

   a) o futuro do pretérito simples e o composto.

   O calor <u>***aumentara***</u> *ainda mais se não tivesse chovido.*

   = aumentaria ou teria aumentado

b) o pretérito imperfeito e o pretérito mais-que-perfeito composto do subjuntivo.

*Se comunicativo **fora**, conquistaria muitos amigos.*

= fosse ou tivesse sido

Observação

- O pretérito mais-que-perfeito simples pode ser empregado para expressar desejo: ***Quisera** continuar com vocês!*

Futuro do presente (simples e composto)

1. O **futuro do presente simples** pode exprimir:

   a) um fato certo que ocorrerá posteriormente ao momento em que se fala.

   *Estes remédios **estarão** à venda no final do próximo ano.*

   b) um fato presente incerto ou hipotético.

   ***Conseguirá** este atleta a medalha de ouro, desta vez?* (= consegue)

   c) um valor imperativo, com tom de ênfase.

   *Você **fará** a revisão de todos os materiais.*

2. O **futuro do presente composto** exprime um fato que estará concluído antes de outro.

   *Dentro de dois anos, você **terá terminado** seus estudos e, então, poderá trabalhar.*

Futuro do pretérito (simples e composto)

1. O **futuro do pretérito simples** pode exprimir:

   a) um fato futuro incerto ou hipotético, dependente de outro acontecimento.

   *O jogo **terminaria** logo se não houvesse prorrogação.*

   b) um fato incerto ocorrido no passado.

   *Se os cientistas conseguissem financiamento, **continuariam** os estudos genéticos?*

   c) a substituição do presente, como forma de respeito ou delicadeza.

   *Meu amigo, você **permitiria** uma sugestão?* (= permite)

2. O **futuro do pretérito composto** exprime um fato que poderia ter acontecido após outro fato passado.

   *A enchente **teria destruído** a cidade se a chuva não tivesse diminuído.*

Emprego do modo subjuntivo

Presente

1. Pode exprimir um fato incerto ou duvidoso em orações dependentes (subordinadas)

   *Espera-se que os responsáveis **corrijam** o erro.*

   Espera-se: oração principal; que os responsáveis corrijam o erro: oração subordinada

2. Pode exprimir uma dúvida, um desejo.

   *Talvez **descubram** a cura da Aids.* (dúvida)

   *Que **vençam** os melhores!* (desejo)

Pretérito imperfeito

Exprime uma condição ou hipótese.

*Os bombeiros apagariam o incêndio se **houvesse** recursos suficientes.*

*Se os motoristas **respeitassem** mais as leis de trânsito, haveria menos acidentes.*

Pretérito perfeito

1. Pode exprimir um fato supostamente concluído no passado.

   *É conveniente que **tenham pensado** em outras soluções.*

2. Pode exprimir um fato a ser concluído no futuro em relação a outro fato também futuro.

   *Convém que **já tenham enviado** as malas quando chegarmos.*

Pretérito mais-que-perfeito

Exprime um fato que ocorreria no passado, antes de outro fato também no passado.

*Se você **tivesse lido** o manual, teria feito a ligação certa.*

Futuro (simples e composto)

1. O **futuro do subjuntivo simples** exprime um fato hipotético, isto é, um fato que pode acontecer ou não.

   *A exposição será aberta ao público quando **vierem** todas as peças.*

2. O futuro do subjuntivo composto exprime um fato futuro terminado em relação a outro fato também no futuro.

   *Faremos a reforma da casa logo que **tivermos recebido** a indenização.*

Emprego do modo imperativo

O imperativo pode ser ***afirmativo*** ou ***negativo*** e exprime ordem, pedido, conselho ou proibição.

***Venha** imediatamente! (ordem)*

***Acomoda**-te aqui! (pedido)*

***Atravesse** a rua com cuidado! (conselho)*

*Não **fale** ao celular ao dirigir. (proibição)*

Observações

1. O imperativo pode ser substituído por uma frase nominal: ***Silêncio***! ***Fora***!
2. O imperativo também pode ser trocado pelo infinitivo ou pelo gerúndio para expressar uma ordem.

   ***Escrever** o nome com letra de imprensa.* (= escreva)

   ***Respirando**, lentamente!* (= respire)

3. O tom de voz empregado numa frase imperativa pode variar o seu sentido de pedido para ordem, dependendo da entonação. Expressões que revelam cortesia, como *por favor*, *por gentileza*, *por obséquio*, *tenha a bondade de*, são comuns em frases desse tipo.

APLICAÇÃO

1 Leia este texto:

Cataratas do Iguaçu
Aventura molhada com muita adrenalina

São cerca de 250 quedas-d'água, as mais altas com até 80 metros de altura! Na estação úmida (de janeiro a março), 12 milhões de litros caem a cada segundo. Portanto, é inevitável caminhar pelas passarelas construídas pertinho das quedas do rio Iguaçu sem levar umas gotas de lembrança. Para os pequenos, emoção maior é chegar perto das cataratas menores de bote e sentir a força e o barulho das águas.

Cláudia, São Paulo, p. 188, jul. 2009.

ANDRE SEALE/PULSAR IMAGENS

Quedas do Iguaçu: 12 milhões de litros d'água por segundo.

a) As cataratas do Iguaçu constituem uma das grandes belezas naturais do Brasil. O título do texto define bem a experiência de quem conhece esse local turístico. Qual é a função do particípio *molhada* na frase que compõe esse título?

b) Em que outra frase do texto se identifica um particípio com esse mesmo emprego?

c) Escreva o seguinte trecho, colocando o verbo *cair* no pretérito imperfeito do indicativo em lugar do presente do indicativo: "12 milhões de litros **caem** a cada segundo". Explique a diferença de sentido entre os dois tempos verbais.

d) Identifique o emprego do infinitivo no texto. Trata-se de infinitivo impessoal ou pessoal? Esclareça sua resposta.

e) Releia a frase e reescreva-a, empregando a forma verbal que expressa um fato incerto no passado. Indique qual é o tempo verbal de cada caso.

- "**São** cerca de 250 quedas-d'água, as mais altas com até 80 metros de altura!"

2 Leia o texto a seguir, que trata da descoberta de espécies animais.

Os dez mais

Uma lista com dez das principais descobertas de espécies animais ao longo de 2009 foi divulgada nos EUA. Constam dela: o peixe-sapo *histiophryne psychedelica*, localizado na Indonésia e raro por sua pintura "psicodélica" e face plana; e o peixe "drácula", achado em Mianmar e que possui longos dentes utilizados para defesa na briga contra predadores. O rol é feito anualmente pelo Instituto Internacional para Exploração das Espécies, da Universidade do Arizona.

IstoÉ, São Paulo, p. 26, 2 jun. 2010. © Três Editorial Ltda.

BIRGITTE WILMS/MINDEN/LATINSTOCK

Peixe-sapo.

RALF BRITZ/NATURAL HISTORY MUSEUM

Peixe "drácula".

a) A lista mencionada no texto parece bem curiosa. Em sua opinião, com que objetivo se procuram novas espécies animais? Se necessário, pesquise a respeito.

b) Em que frases do texto o verbo está na voz passiva? Justifique sua resposta.

c) Reescreva as frases que você destacou na questão anterior, passando-as para a voz ativa.

d) Nas frases a seguir, identifique o tempo e o modo das formas verbais destacadas e esclareça a ação expressa por elas.
- **Constam** dela o peixe-sapo e o peixe "drácula".
- **Constarão** dela o peixe-sapo e o peixe "drácula"?

e) Destaque os particípios utilizados no texto, identificando sua função em cada caso.

f) Releia este trecho: "[o peixe 'drácula'] que possui longos dentes". O verbo *possuir*, como se observa, está flexionado no presente do indicativo (3ª pessoa do singular: *possui*). Complete as frases a seguir com o presente, o pretérito imperfeito e o futuro do subjuntivo desse verbo.
- Os donos do frigorífico esperam que o pecuarista ★ muitas cabeças de gado para vender.
- O que aconteceria se todo mundo ★ carro?
- O país terá vencido um pouco de sua luta contra a pobreza quando todos os cidadãos ★ uma casa para morar.

g) Que sentido expressam as formas verbais do subjuntivo?

3 Leia esta tira da Aline:

ALINE

Adão Iturrusgarai

ADÃO ITURRUSGARAI

www.adaoonline.com.br

a) Qual é a crítica feita pelo quadrinista nessa tira, observando o diálogo entre Aline e o pai? Essa crítica atinge Aline? Por quê?

b) Releia esta frase: "Filha! Você não pode ficar o dia inteiro brincando!".
- Reescreva essa frase utilizando no imperativo negativo o verbo *brincar*.
- Em qual das duas frases o tom da fala é mais imperioso? Na original ou na reescrita? Por quê?
- Que ação expressa o verbo no gerúndio (*brincando*)?

c) Releia esta frase proferida pelo pai: "Vai trabalhar!!".
- O que a locução *vai trabalhar* expressa nessa frase? Por quê?
- Em que pessoa e número está o verbo *ir* na locução? Como ele ficaria na 3ª pessoa do singular do imperativo?
- Reescreva a frase colocando a locução verbal na 2ª pessoa do singular do imperativo negativo.
- Reescreva a frase substituindo a locução verbal por um só verbo.

d) Que ação expressa a forma verbal *leu*, utilizada pela filha? Por quê?

e) Que tipo de fato exprime o verbo *ser* no presente do indicativo (*é*)?

4 Observe a peça publicitária a seguir. Trata-se de uma campanha para coleta de sangue feita por um grande complexo hospitalar da cidade de São Paulo.

REPRODUÇÃO

Uma bolsa de sangue doada pode salvar até três vidas. Com 450 ml desse líquido tão precioso, o qual nosso organismo repõe em apenas alguns dias, é possível renovar a esperança de vida de muitos pacientes. O Beneficência Portuguesa de São Paulo possui o maior banco privado da América Latina. Só em 2008, teve mais de 30 mil bolsas coletadas, que atenderam a cerca de 51 mil transfusões. Uma média de 80 doações por dia, com a presença de aproximadamente 40 mil candidatos ao longo do ano. Números que nos enchem de orgulho. AFINAL, NADA É MAIS RESPONSÁVEL DO QUE SALVAR VIDAS.

a) Que entidade hospitalar é responsável por essa campanha e qual é o objetivo da campanha?

b) Quais argumentos foram usados para estimular as pessoas a colaborar com a campanha de doação de sangue?

c) Em sua opinião, que relação há entre o texto verbal e a imagem?

d) Explique o duplo sentido expresso no título da campanha.

e) No título, o verbo *salvar* está no infinitivo impessoal. Por que essa forma verbal é chamada de forma nominal? Justifique sua resposta com base no texto.

f) Quais formas nominais do texto são empregadas com valor de adjetivo? Explique.

g) Observe no texto as formas verbais que se encontram no presente do indicativo: *está*, *pode*, *repõe*, *é*, *possui*, *enchem*. O que esse tempo e modo verbal expressam?

h) Releia este trecho: "desse líquido, o qual nosso organismo repõe em apenas alguns dias".
- A que conjugação pertence o verbo *repor*, que aparece nesse trecho? Por quê?
- Escreva uma frase com esse verbo, flexionando-o na 1ª pessoa do plural do pretérito perfeito do indicativo.
- Considerando a flexão, o que se pode concluir quanto à classificação desse verbo? Justifique.

i) No texto, que verbos estão flexionados no pretérito perfeito do indicativo? Que sentido essas formas verbais expressam no contexto?

j) Que tempos são derivados do pretérito perfeito do indicativo? Flexione na 1ª pessoa do plural desses tempos os verbos que você citou na questão anterior.

k) Reescreva o trecho "é possível renovar a esperança de vida de muitos pacientes", substituindo a forma nominal do verbo pelo substantivo equivalente.

5 **Leia o texto a seguir, que apresenta orientações aos pais para cultivar nos filhos, desde cedo, o amor pela natureza.**

Para amar a natureza

"O respeito ao meio ambiente é um aprendizado que passa mais pela emoção do que pelos ensinamentos recebidos na escola", constata a ambientalista Gabriela Priolli, coordenadora da pós-graduação em educação ambiental do Senac-SP. Por isso, a postura dos pais é superimportante quando se trata de despertar o amor da criança pela natureza. Passear em parques, cultivar uma horta doméstica, chamar a atenção para a diversidade de cores e cheiros das plantas são atividades simples para colocar em prática com sua criança de qualquer idade. Separar o lixo reciclável é outra atividade educativa que também vira diversão se vocês construírem juntos brinquedos de sucata.

Cláudia, São Paulo, p. 116, set. 2009.

SHUTTERSTOCK

Amar a natureza é um aprendizado.

a) Além das atitudes sugeridas no texto, o que você acrescentaria na educação ambiental das pessoas de modo geral?

b) Releia esta frase: "O respeito ao meio ambiente **é** um aprendizado que **passa** mais pela emoção do que pelos ensinamentos recebidos na escola".

- Reescreva a frase, iniciando-a com o advérbio *talvez* e modificando o tempo dos verbos *ser* e *passar*.
- Compare as formas verbais das duas frases: a do texto e a que você reescreveu. Em que tempo e modo estão os verbos *ser* e *passar* em cada uma delas e que sentido exprimem esses tempos e modos verbais no contexto das frases?

c) Observe o tempo e o modo dos verbos *ser* e *tratar* na frase a seguir.

- "Por isso, a postura dos pais **é** superimportante quando se **trata** de despertar o amor da criança pela natureza".

Agora, complete a frase a seguir com o verbo *tratar* na flexão adequada de acordo com a forma do primeiro verbo (*seria*).

- Por isso, a postura dos pais **seria** superimportante quando ★ de despertar o amor da criança pela natureza.

d) Releia este período do texto cujas orações apresentam o emprego do infinitivo: "Passear em parques, cultivar uma horta doméstica, chamar a atenção para a diversidade de cores e cheiros das plantas são atividades simples".

- Os infinitivos *passear*, *cultivar* e *chamar* estão empregados como pessoais ou impessoais? Por quê?

- Nesse caso, os infinitivos têm valor de substantivo. Explique por quê.
- Em que outra frase do texto o infinitivo tem valor de substantivo? Justifique.

e) Releia este trecho: "que também vira diversão se vocês construírem juntos brinquedos de sucata".
- Em que tempo e modo está a forma verbal *construírem*? O que esse tempo e modo verbal exprimem?
- Reescreva o trecho substituindo a conjunção *se* por *caso*.
- Em que tempo e modo foi flexionado o verbo *construir* no trecho reescrito? A ação expressa pelo verbo mudou? Por quê?

6 Leia o texto a seguir. Ele divulga um recanto privilegiado do Brasil, a praia do Forte, onde se desenvolve o projeto Tamar, que visa à proteção das tartarugas marinhas.

PRAIA DO FORTE – Paraíso das tartarugas

O mar é deslumbrante; as piscinas naturais têm água morninha; a Vila de Pescadores, coração da praia do Forte, é uma graça. Mas nada faz os olhos das crianças brilharem tanto quanto a sede do projeto Tamar, que desde 1980 trabalha para preservar as tartarugas marinhas, que desovam na região. Os bichos, imensos, nadam felizes em tanques; e as arraias sem ferrão podem ser tocadas sem medo (www.projetotamar.org.br). Entre setembro e março, expedições noturnas conduzidas por biólogos acompanham a eclosão dos ovos, um espetáculo de celebração da vida. De julho a novembro, é tempo de observar baleias da espécie jubarte.

Cláudia, São Paulo, p. 187, jul. 2009.

IARA VENANZI/KINO.COM.BR

Na praia do Forte, município de São João da Mata (BA), a luta para preservar as tartarugas marinhas é incessante. Foto de 2002.

a) Observe o emprego do infinitivo nesta frase: "Mas nada faz os olhos das crianças **brilharem** tanto [...]". Explique por que se empregou o infinitivo pessoal (infinito flexionado) nesse caso.

b) Se a frase fosse "Mas nada os faz ★ tanto", como ficaria o verbo *brilhar*? Por quê?

c) Em que trechos do texto encontramos o emprego do infinitivo impessoal com o valor de substantivo?

d) Destaque do texto o trecho em que o verbo está empregado na voz passiva analítica.

e) Reescreva o trecho que você destacou na questão anterior, colocando o verbo na voz passiva analítica do presente do subjuntivo.

f) Reescreva o trecho abaixo, colocando o verbo *nadar* no pretérito imperfeito e no pretérito perfeito do indicativo.
- "Os bichos, imensos, **nadam** felizes em tanques"

g) Compare as três frases do exercício anterior. Como se apresenta a ação verbal em cada uma delas? Explique.

h) Leia esta frase elaborada com base em outra do texto: *Entre setembro e março, expedições noturnas que são conduzidas por biólogos acompanham a eclosão dos ovos.*
- Qual das formas verbais utilizadas na frase está na voz passiva? Justifique.
- Indique se essa forma verbal está na voz passiva analítica ou sintética, explicando por quê.

7 Leia esta tira do Calvin:

CALVIN — Bill Watterson

a) Calvin é um garoto polêmico criado pelo cartunista americano Bill Watterson. Nessa tira, a fala dele no primeiro quadrinho já sugere seu envolvimento em alguma confusão sobre a qual ele e a Suzi fazem comentários. No caso de Susi, qual teria sido a participação dela na história em sua opinião?

b) No terceiro quadrinho, embora não haja nenhuma fala, Calvin e Susi estabelecem uma expressiva comunicação entre si. Procure explicar o comportamento de cada uma das personagens.

c) Observe o verbo destacado nas frases a seguir.
- "Puxa, ela **está** pálida."
- "Ela **está** falando com a professora."

Em que frase *estar* funciona como verbo principal? Nessa frase, o que ele expressa: uma ação ou um estado?

d) Releia: "Ela **está falando** com a professora". Qual é o verbo principal e o auxiliar na locução verbal destacada? Em que forma está o verbo principal e o que expressa?

e) Destaque a frase do segundo quadrinho em que o verbo está na voz passiva analítica.

f) Em qual das frases abaixo o verbo é reflexivo? Explique por quê.
- "Você me entregou!"
- Você se entregou!

g) Em que frase da tira há um verbo no imperativo afirmativo? O que ele expressa?

8 Leia esta tira do Hagar:

HAGAR — Chris Browne

a) Como o quadrinista construiu o humor nessa tira?

b) No primeiro quadrinho, que verbo Hagar utilizou em uma das formas nominais? Em que forma nominal ele se encontra? Esclareça.

c) Explique o uso da forma nominal identificada na questão anterior.

d) Identifique na tira um verbo de cada conjugação e classifique-o quanto à sua formação ou estrutura.

e) Reescreva a frase "Ei, aonde você vai?" colocando o verbo na forma do pretérito perfeito do indicativo.

9 Leia este poema do paulistano Arnaldo Antunes, escritor contemporâneo que fez parte do grupo musical Titãs:

Um dia

1) sujar o pé de areia para depois lavar na água
2) esperar o vaga-lume piscar outra vez
3) ouvir a onda mais distante por trás da mais próxima
4) não esperar nada acontecer
5) se chover, tomar chuva
6) caminhar
7) sentir o sabor do que comer
8) ser gentil com qualquer pessoa
9) barbear-se no final da tarde
10) ao se deitar para dormir, dormir

ANTUNES, Arnaldo. *Boa companhia*: poesia. São Paulo: Companhia das Letras, 2003. p. 46.

a) No texto, o eu lírico nos faz uma série de recomendações. Ele nos dá conselhos ou nos transmite ordens? Esclareça sua resposta.
b) Em sua opinião, com que objetivo o eu lírico enumerou essas ações e empregou verbos no infinitivo em todas elas?
c) Reescreva os versos do poema, substituindo o infinitivo pelo imperativo.
d) Depois de reescrever os versos com o verbo no imperativo, o que você percebe quanto à real intenção do eu lírico nesse poema?
e) Considerando o verso 9, você acha que o eu lírico teria escrito esse poema dirigindo-se apenas aos homens? Justifique sua opinião.
f) Reescreva as frases, flexionando os verbos destacados na 2ª pessoa do singular do imperativo.
   - **Sinta** o sabor da comida.
   - **Barbeie-se** no final da tarde.
   - **Seja** gentil.
   - Ao se deitar para dormir, **durma**.

g) Transcreva o verso do poema em que há um verbo no futuro do subjuntivo. Destaque o verbo e explique seu emprego.

10 As frases a seguir devem ser preenchidas com verbos flexionados no presente do subjuntivo. Utilize os verbos indicados nos parênteses.

a) Espero que ela ★ o cargo e ★ sucesso. (conseguir, obter)
b) Talvez nós ★ mais tarde e ★ conversar. (vir, poder)
c) Tomara que eles ★ receptivos e ★ nos ouvir. (manter-se, querer)
d) É preciso que você ★ com prudência e ★ suas decisões. (agir, rever)
e) Convém que eles ★ uma solução e ★ na liderança. (propor, prosseguir)

11 Reescreva as frases, completando-as com os verbos entre parênteses no modo imperativo.

a) ★ sua ansiedade, não ★ a calma. (conter, perder)
b) ★ tu mais generoso e não ★ da sorte. (ser, queixar-se)
c) Não ★ isso ainda, ★ nós esperar o amanhã. (dizer, saber)
d) ★ teu sócio, mas não ★ nas negociações. (trazer, intervir)
e) ★ você mais cedo e não ★ com ele. (ir, indispor-se)

12 Leia o texto a seguir, que apresenta fatos relacionados aos *games*.

TECNOLOGIA

Jogando e aprendendo a viver

Game *para reagir a um atentado terrorista mostra evolução dos jogos sérios, em que o objetivo é ensinar*

"Se você não cuidar dessas vítimas rápido, elas vão morrer. Isso é muito assustador." A frase não é de um bombeiro ou de um paramédico com experiência em tragédias, mas de uma desenvolvedora de *software*. Mary Matthews trabalha na Blitz Truism, que acaba de lançar o *game* Triage Training (em português, Treinamento de Triagem), no qual as tais vítimas à beira da morte correm perigo.

REPRODUÇÃO/TRUSIM

Cena do *game* Triage Training.

Triage Training é o mais recente sucesso dos "*serious games*" (jogos sérios), gênero de jogo eletrônico cujo objetivo é ensinar a lidar com uma situação real enquanto diverte. Literalmente, não é brincadeira.

O conceito começou a ser forjado no início dos anos 1990, com *hits* como Mario Teaches Typing, em que o Super Mario dava aulas de datilografia. Mas os *serious games* explodiram com o America's Army, criado em 2002 pelo próprio exército dos Estados Unidos para incentivar o alistamento militar e que hoje é usado para preparar os soldados antes de missões reais.

Claro, são iniciativas louváveis, mas sabemos que nem todo HD está cheio de boas intenções. Na hora do vamos ver, *gamers* ainda preferem jogos nos quais não aprendem nada e, se possível, até esquecem alguma coisa.

URBIM, Emiliano. *Galileu*, São Paulo, p. 27, set. 2008.

a) O jogo mencionado no texto despertou muito a atenção dos usuários quando surgiu. Explique por quê.

b) Observe o título do texto: "Jogando e aprendendo a viver". Que tipo de ação expressam os verbos no gerúndio (*jogando* e *aprendendo*)?

c) Releia o subtítulo ou olho do texto, observando o emprego dos verbos no infinitivo (*reagir* e *ensinar*). Explique por que estão na forma do infinitivo impessoal.

d) Observe as formas verbais empregadas nesta frase: "Se você não cuidar dessas vítimas rápido, elas vão morrer".

- Em que tempo e modo está o verbo *cuidar*? Que ação ele expressa?
- Substitua a locução verbal *vão morrer* por um só verbo. Em que tempo e modo ficou esse verbo?
- Reescreva a frase, flexionando o verbo *cuidar* no pretérito imperfeito do subjuntivo.

Atenção

O tempo do verbo *morrer* também irá se alterar.

e) Leia as frases abaixo e compare as formas verbais destacadas. Qual é a diferença de sentido entre elas?

- Mary Matthews **acaba de lançar** o game Triage Training.
- Mary Matthews **lançou** o game Triage Training.

f) Considere este trecho: "O conceito começou a ser forjado no início dos anos 90 ".
- Reescreva o trecho, substituindo a locução verbal *começou a ser forjado* por apenas dois verbos (o auxiliar *ser* + o particípio do verbo principal).
- Em que voz o verbo foi utilizado nessas frases? Por quê?
- Em que tempo e modo ficou o verbo *ser* depois da substituição?

g) Identifique o tempo e o modo do verbo *dar* no trecho a seguir e explique seu sentido: "o Super Mario *dava* aulas de datilografia".

h) Esta frase está na voz passiva: *O America's Army foi criado em 2002 pelo próprio exército dos Estados Unidos*. Passe-a para a voz ativa.

i) Reescreva este trecho, passando a forma verbal passiva analítica *é usado* para a passiva sintética: "hoje **é usado** para preparar os soldados antes de missões reais".

j) Observe as formas verbais destacadas: "ainda **preferem** jogos nos quais não **aprendem** nada e, se possível, até **esquecem** alguma coisa".
- Reescreva o trecho, flexionando os verbos na 1ª pessoa do singular do presente do indicativo.
- Qual desses três verbos é irregular? Por quê?

13 **Reescreva os conjuntos de frases, empregando os verbos entre parênteses no tempo adequado do indicativo e do subjuntivo. Observe o modelo:**

I. *Espero que ele* ***vença*** *a eleição e* ***cumpra*** *o prometido.*
(vencer) → vença: presente do subjuntivo; (cumprir) → cumpra: presente do subjuntivo

II. *Se ele* ***vencesse*** *a eleição,* ***cumpriria*** *o prometido.*
vencesse: pretérito imperfeito do subjuntivo; cumpriria: futuro do pretérito do indicativo

III. *Quando ele* ***vencer*** *a eleição,* ***cumprirá*** *o prometido.*
vencer: futuro do subjuntivo; cumprirá: futuro do presente do indicativo

a) I. Quero que tu ★ à reunião e ★ a proposta. (vir, ver)
II. Se eles ★ à reunião, ★ a proposta. (vir, ver)
III. Quando você ★ à reunião, ★ a proposta. (vir, ver)

b) I. É preciso que eles ★ o preço e ★ um desconto. (dar, fazer)
II. Se nós ★ o preço, ★ um desconto. (dar, fazer)
III. Quando tu ★ o preço, ★ um desconto. (dar, fazer)

c) I. Talvez ela ★ a resposta e ★ para nós. (saber, dizer)
II. Se eles ★ a resposta, ★ para nós. (saber, dizer)
III. Quando tu ★ a resposta, ★ para nós. (saber, dizer)

14 **Reescreva as frases, passando os verbos do imperativo afirmativo para o imperativo negativo e vice-versa.**

a) **Não sejais** apressados, **permanecei** assentados.
b) **Põe** o bolo no forno e **assa**-o em fogo brando.
c) **Não jogue** a caixa fora, **mantenha**-a guardada.

Lista de exercícios

RESUMO

Formação dos tempos verbais simples

- **Tempos primitivos** – presente do indicativo, pretérito perfeito do indicativo e infinitivo pessoal.
- **Tempos derivados.**
  - **Do presente do indicativo** – presente do subjuntivo, imperativo afirmativo e imperativo negativo.
  - **Do pretérito perfeito do indicativo** – pretérito mais-que-perfeito do indicativo, pretérito imperfeito do subjuntivo e futuro do subjuntivo.
  - **Do infinitivo impessoal** – futuro do presente do indicativo, futuro do pretérito do indicativo, e pretérito imperfeito do indicativo.
- **Formas nominais derivadas do infinitivo impessoal** – infinitivo pessoal, gerúndio e particípio.

Formação dos tempos verbais compostos

- **Modo indicativo.**
  - **Pretérito perfeito composto** – presente do indicativo de *ter* ou *haver* + particípio do verbo conjugado: *tenho* (*hei*) *pensado*.
  - **Pretérito mais-que-perfeito composto** – pretérito imperfeito do indicativo de *ter* ou *haver* + particípio do verbo conjugado: *tinha* (*havia*) *pensado*.
  - **Futuro do presente composto** – futuro do presente do indicativo de *ter* ou *haver* + particípio do verbo conjugado: *terei* (*haverei*) *pensado*.
  - **Futuro do pretérito composto** – futuro do pretérito do indicativo de *ter* ou *haver* + particípio do verbo conjugado: *teria* (*haveria*) *pensado*.
- **Modo subjuntivo.**
  - **Pretérito perfeito composto** – presente do subjuntivo de *ter* ou *haver* + particípio do verbo conjugado: *tenha* (*haja*) *pensado*.
  - **Pretérito mais-que-perfeito composto** – pretérito imperfeito do subjuntivo de *ter* ou *haver* + particípio do verbo conjugado: *tivesse* (*houvesse*) *pensado*.
  - **Futuro composto** – futuro do subjuntivo de *ter* ou *haver* + particípio do verbo conjugado: *tiver* (*houver*) *pensado*.
- **Formas nominais.**
  - **Infinitivo pessoal composto** – infinitivo pessoal de *ter* ou *haver* + particípio do verbo conjugado: *teres* (*haveres*) *pensado*.
  - **Infinitivo impessoal composto** – infinitivo impessoal de *ter* ou *haver* + particípio do verbo conjugado: *ter* (*haver*) *pensado*.
  - **Gerúndio composto** – gerúndio de *ter* ou *haver* + particípio do verbo conjugado: *tendo* (*havendo*) *pensado*.

Emprego das formas nominais

- As formas nominais dos verbos podem ter valor de nomes – substantivo, adjetivo ou advérbio.
- **Emprego do infinitivo impessoal.**
  - Em locuções verbais: ***Devemos ficar*** *com ele.* ***Precisei viajar*** *ontem.*
  - Quando não se refere a nenhum sujeito: ***Trabalhar*** *é necessário.*
  - Substituindo o imperativo: ***Marchar!*** *(= Marche!)*
  - Como complemento de adjetivos e substantivos precedidos das preposições *a* ou *de*: *Demonstrou interesse de* ***ajudar****.*
  - Substituindo o gerúndio em locuções verbais com a preposição *a*: *A maré aumentou e continuou a* ***cobrir*** *(cobrindo) a areia.*
  - Com os verbos *deixar*, *mandar*, *fazer*, *ver*, *ouvir*, etc. acompanhados de pronome oblíquo: *Mandei-as* ***esperar*** *na porta. Ninguém os viu* ***sair*** *da sala.*
- **Emprego do infinitivo pessoal.**
  - Quando os sujeitos são diferentes: *Olhava os aviões* ***partirem****.*
  - Em início de frase e antecedido de preposição: *Para* ***caminharmos****, usamos tênis.*
  - Na voz reflexiva recíproca ou na passiva: *Ao* ***se abraçarem****, sentiram-se renovados. Entregou os originais para* ***serem lidos****.*
  - Distante de seu sujeito: *Aguardava a chegada dos meus filhos no aeroporto, mas eles se desencontraram, ao se* ***misturarem*** *com os milhares de outros passageiros.*
  - Em locução com *ver* ou *parecer*: *Os quadros* ***parecem ser*** *de Picasso. Os quadros* ***parece serem*** *de Picasso.*

Emprego dos tempos e modos verbais do indicativo

- **Presente.**

  a) Pode exprimir:
  - um fato no momento atual (presente atual): *O trânsito* ***está*** *caótico.*
  - um fato habitual (presente habitual ou frequentativo): ***Malho*** *pela manhã.*
  - um fato ou uma verdade indiscutível (presente universal ou durativo): *O dia de Marte* ***é*** *igual ao da Terra.*

  b) Pode substituir:
  - o futuro do presente: *Ele se* ***forma*** *no final do ano.* (formará)
  - o pretérito perfeito (presente histórico ou narrativo): *Copa do Mundo de 2010, a África do Sul* ***sedia*** *os jogos.* (sediou)
- **Pretérito imperfeito.**

  a) Pode exprimir:
  - o que era presente no passado: *Sempre* ***respondia*** *aos* e-mails.
  - um fato habitual no passado: *Papai* ***dormia*** *cedo nos dias de semana.*
  - um fato vago: ***Era*** *no tempo dos dinossauros.*

b) Pode substituir:
- o futuro do pretérito: *O gerente o **recebia** se ele esperasse*. (receberia)
- o presente: ***Preferia** o encontro hoje*. (prefiro)

- **Pretérito perfeito.**
  - **Simples** – exprime um fato concluído em relação ao momento em que se fala: *O professor **aprendeu** várias línguas indígenas*.
  - **Composto** – exprime um fato passado que continua até o presente: *O remédio **tem (há) dificultado** meu sono*.
- **Pretérito mais-que-perfeito (simples e composto)**

  a) Exprime um fato passado anterior a outro também passado: *O garçom **trouxera (tinha/houvera trazido)** as bebidas quando Rebeca chegou.*

  b) A forma simples pode expressar desejo: ***Pudera** fazer-te esta surpresa!*
- **Futuro do presente.**
  - **Simples.**

    a) Pode exprimir um fato futuro certo ou provável: *Em breve a **verei** de novo.*

    b) Pode exprimir um fato presente incerto, hipotético: ***Terá** ele responsabilidade para tal trabalho?*

    c) Pode indicar valor imperativo com tom de ênfase: *Não **farás** isto comigo!* (não faças)
  - **Composto** – indica uma ação futura que acabará antes de outra posterior: *Depois desta semana, todos **terão (haverão) renovados** os passaportes.*
- **Futuro do pretérito.**
  - **Simples.**

    a) Pode exprimir um fato futuro incerto, dependente de outro: *Ele **terminaria** a pesquisa se eu o ajudasse.*

    b) Pode exprimir um fato incerto no passado: *Cristina **seria**, nessa época, a mais nova.*

    c) Pode substituir o presente: ***Desejaria** sair esta noite.* (desejo)
  - **Composto** – exprime fato que poderia ter sido realizado após outro no passado: *O público **teria (haveria) continuado** de pé se a atriz voltasse ao palco.*

Emprego dos tempos e modos verbais do subjuntivo

- **Presente.**

  a) Pode exprimir um fato incerto: *É possível que **falem** a verdade.*

  b) Pode exprimir um desejo: *Que se **publiquem** boas notícias!*
- **Pretérito imperfeito** – exprime uma condição ou hipótese: *Se **pudesse**, ele te acompanharia.*
- **Pretérito perfeito** – exprime fato supostamente concluído no passado: *Espero que **tenhas (hajas) obtido** o emprego.*
  - Pode exprimir um fato que será concluído no futuro em relação a outro também futuro: *Quero que já **tenham (hajam) chegado** quando eu voltar do serviço.*
- **Pretérito mais-que-perfeito** – exprime ação que ocorreria no passado, antes de outro fato também passado: *Se **tivesse (houvesse) lido** a obra, teria (haveria) feito uma resenha melhor.*
- **Futuro (simples e composto)** – exprime fato futuro duvidoso: *Sairemos se eles **chegarem** em tempo. Assistirei ao filme se você **tiver (houver) trazido** o DVD.*

Capítulo 13

Advérbio

Advérbio e locução adverbial

No texto

Leia este anúncio:

REPRODUÇÃO

Todo o conteúdo da edição especial de *Veja Belo Horizonte – o melhor da cidade* está na internet, permanentemente atualizado e disponível para que a comunidade de usuários faça comentários e participe.

Agora quem tempera é você
Você pode encontrar os melhores restaurantes, bares e lanchonetes e também a programação cultural da cidade. E ainda pode convidar os amigos para um programa, montar suas listas de estabelecimentos favoritos e eleger os usuários que mais entendem de lazer, gastronomia e entretenimento.
Cadastre-se para receber, por *e-mail*, os boletins sobre a vida cultural de Belo Horizonte e convide seus amigos para participar.
www.vejabelohorizonte.com.br

O melhor *site* sobre o melhor da cidade.

1. O anúncio é um texto persuasivo, isto é, que visa convencer o leitor a adquirir algum produto, ou, ainda, chamar sua atenção na divulgação de uma marca, uma empresa, etc.

a) No caso dessa peça publicitária, quem é o anunciante e qual é seu objetivo?

b) No anúncio, que solicitações são feitas ao leitor como forma de levá-lo a aderir à campanha?

c) Ao serem feitas tais solicitações, como o publicitário empregou as formas verbais, a fim de convencer o público leitor? Observe os dois últimos parágrafos.

2. Observe a frase no centro do anúncio e a imagem na parte lateral. Que relação há entre a frase, a imagem e os demais textos verbais?

3. Releia esta frase do anúncio: "Agora quem tempera é você".
   a) Que palavra, nessa frase, expressa a circunstância em que se dá a ação verbal?
   b) Qual seria a ordem direta dessa frase? Que efeito se produziu com a inversão dos termos?

4. Leia estas duas frases, observando a diferença entre elas:
   - "Todo o conteúdo [...] está **na internet**, **permanentemente** atualizado".
   - Todo o conteúdo está atualizado.

   a) Observe que, na segunda frase, os termos *na internet* e *permanentemente* foram retirados. Explique a diferença de sentido entre as duas frases.
   b) Como se pode concluir, esses termos modificam o sentido de uma palavra quando estão presentes em uma frase. Que palavra os termos *na internet* modificam? E *permanentemente* altera o sentido de que palavra?
   c) Identifique o tipo de circunstância expressa no contexto pelos termos *na internet* e *permanentemente*.
      - modo
      - instrumento ou meio
      - finalidade
      - afirmação
      - dúvida
      - lugar

5. Releia este trecho final do anúncio: "Cadastre-se **para receber**, **por *e-mail***, os boletins sobre a vida cultural". Identifique o tipo de circunstância expresso pela oração para receber e pela expressão por *e-mail*.
   - lugar
   - afirmação
   - finalidade
   - modo
   - dúvida
   - instrumento ou meio

As palavras ou expressões que cumprem a função de modificar um verbo, um adjetivo, um outro advérbio e até mesmo toda uma frase, indicando uma certa circunstância (de intensidade, tempo, lugar, modo, instrumento, etc.), são chamadas, respectivamente, de **advérbios** e **locuções adverbiais**.

No anúncio, as palavras *ainda* e *permanentemente* são **advérbios**, enquanto as expressões *na internet*, *por e-mail* e a oração *para receber* funcionam como **locuções adverbiais**.

Em contexto

Como vimos, as palavras ou expressões que exprimem as circunstâncias em que ocorrem as ações verbais e modificam um **verbo**, um **adjetivo** ou outro **advérbio** são chamadas, respectivamente, de **advérbios** e de **locuções adverbiais**.

Advérbio é a palavra invariável que modifica um verbo, um adjetivo, outro advérbio ou até mesmo uma frase inteira, indicando uma certa circunstância.

Locução adverbial é o conjunto de palavras que exerce a função de advérbio.

Classificação dos advérbios e das locuções adverbiais

No texto

Mario Quintana (1906-1994), escritor gaúcho, representa um dos grandes nomes de nossa literatura contemporânea. Leia um de seus pequenos textos, chamados por ele de minimáximas.

A arte de ler

O leitor que mais admiro é aquele que não chegou até a presente linha. Neste momento já interrompeu a leitura e está continuando a viagem por conta própria.

QUINTANA, Mario. In: CARVALHAL, Tania Franco (Org.). *Mario Quintana*: poesia completa. Rio de Janeiro: Nova Aguilar, 2005. p. 353. © by Elena Quintana.

1. Explique a aparente incoerência do autor ao elogiar o leitor que abandona a leitura antes de terminá-la.
2. No texto há palavras e expressões que indicam certa circunstância em relação ao termo que modificam: intensidade, tempo, modo, lugar e negação. São **advérbios** e **locuções adverbiais**. Identifique essas palavras e expressões e a circunstância que cada uma delas indica.

Em contexto

Os advérbios e as locuções adverbiais são denominados de acordo com o tipo de circunstância ou valor semântico que expressam. Veja a seguir uma relação de determinadas circunstâncias e os principais advérbios e locuções adverbiais que as exemplificam.

1. **Tempo**: *ainda, cedo, hoje, agora, antes, depois, logo, já, amanhã, tarde, sempre, nunca, quando, jamais, ontem, anteontem, brevemente, atualmente, à noite, no meio da noite, antes do meio-dia, à tarde, de manhã, às vezes, de repente, hoje em dia, de vez em quando, em nenhum momento*, etc.
2. **Modo**: *assim, melhor, pior, bem, mal, devagar, depressa, rapidamente, lentamente, apressadamente, felizmente, às pressas, às ocultas, às claras, à toa, frente a frente, de cor, com calma, em silêncio, de cócoras*, etc.
3. **Lugar**: *aí, aqui, acima, abaixo, ali, cá, lá, acolá, além, aquém, perto, longe, dentro, fora, adiante, defronte, atrás, de cima, em cima, à direita, à esquerda, de fora, de dentro, por fora*, etc.
4. **Afirmação**: *sim, deveras, decerto, certamente, seguramente, efetivamente, realmente, sem dúvida, com certeza, por certo*, etc.
5. **Negação**: *não, absolutamente, tampouco, nem, de modo algum, de jeito nenhum, de forma alguma*, etc.
6. **Intensidade**: *muito, pouco, mais, menos, meio, bastante, assaz, demais, bem, mal, tanto, tão, quase, apenas, quanto, de pouco, de todo*, etc.
7. **Dúvida**: *talvez, quiçá, acaso, possivelmente, provavelmente, eventualmente, porventura*, etc.

Observação

- Há palavras que podem não se enquadrar em nenhuma classe gramatical. Muitas vezes, são confundidas com advérbios, mas, em determinados contextos, não modificam verbo, nem adjetivo, nem outro advérbio. Nesse caso, recebem o nome de **palavras ou locuções denotativas** e podem expressar diferentes valores semânticos.

  Veja a seguir os valores que tais palavras e locuções podem denotar, considerando o contexto em que são incluídas.

  1. **Designação**: *eis.*
     ***Eis** aqui o resultado de seus exames.*
  2. **Realce**: *é que, lá, só, apenas, mas, etc.*
     *A visita do diretor **é que** ficou para hoje.*
  3. **Situação**: *então, afinal, mas, agora, etc.*
     ***Então**, o negócio está fechado?*
  4. **Inclusão**: *também, até, mesmo, até mesmo, inclusive, além disso.*
     ***Até mesmo** os idosos enfrentavam fila.*
  5. **Exclusão**: *menos, exceto, salvo, fora, apenas, só, senão, sequer, nem sequer, etc.*
     *Ela **nem sequer** se dignou a olhar-me.*
  6. **Retificação**: *aliás, ou melhor, melhor dizendo, ou antes, etc.*
     *Concordo, **ou melhor**, ainda preciso pensar.*
  7. **Explicação**: *isto é, ou seja, a saber, etc.*
     *Todos os idosos, **ou melhor**, todas as pessoas acima de 65 anos, podem andar gratuitamente no metrô.*

A maioria das palavras ou locuções denotativas são consideradas hoje **modalizadoras do discurso** e, por isso, ganharam maior importância.

Particularidades dos advérbios e das locuções adverbiais

1. Os advérbios e as locuções adverbiais podem, ainda, exprimir circunstâncias de **causa**, **finalidade**, **companhia**, **instrumento** (ou **meio**), **assunto**, etc.

   *O alpinista morreu **de frio**.* (causa)

   *Trabalhava **com solda elétrica**.* (instrumento)

   *O sociólogo falou **sobre educação**.* (assunto)

   *Nos finais de semana, costumo sair **com meus amigos**.* (companhia)

2. As palavras *onde* (lugar), *quando* (tempo), *por que* (causa) e *como* (modo) são consideradas **advérbios interrogativos** quando empregadas em frases interrogativas diretas ou indiretas.

   ***Onde** há uma vaga para eu estacionar o carro?* (interrogativa direta)

   *Gostaria de saber **onde** há uma vaga para eu estacionar o carro.* (interrogativa indireta)

   ***Por que** você não foi ao cinema com seus amigos?* (interrogativa direta)

   *Seus amigos querem saber **por que** você não foi ao jogo com eles.* (interrogativa indireta)

3. Os advérbios e as locuções adverbiais não devem ser confundidos com adjetivos e locuções adjetivas, que expressam uma característica e não uma circunstância

   Observe a diferença entre um caso e outro:

   *Os novos aviões vêm **da França**.*

   verbo (vêm)

   locução adverbial (da França)
   (indica uma circunstância de **lugar** em relação ao verbo *vir*)

*Os novos aviões **da França** chegaram.*

substantivo (aviões) — locução adjetiva (= *franceses*) (indica uma característica relativa aos aviões: a procedência)

4. Em determinados contextos, há advérbios que são transformados em substantivos, deixando de ter a função de modificador, seja de um verbo, de um adjetivo ou de outro advérbio. Lembre-se de que para tornar uma palavra substantivo basta antepor a ela um artigo (definido ou indefinido).

   *Todos os funcionários receberam **um não** como resposta.*

   *Quero estudar **o suficiente** para passar em um concurso público.*

Graus dos advérbios

Os advérbios são palavras invariáveis, mas alguns deles, principalmente os de modo, admitem **flexão de grau**. E, assim como os adjetivos, podem se apresentar nos **graus comparativo** e **superlativo** (**absoluto**).

*Os alunos caminham **depressa**.* (grau normal)

*Os alunos caminham **tão depressa quanto** o guia.* (grau comparativo)

*Os alunos e o guia caminham **muito depressa**.* (grau superlativo)

*A secretária chegou **tarde**.* (grau normal)

*A secretária chegou **tão tarde quanto** o diretor.* (grau comparativo)

*A secretária chegou **bastante tarde**.* (grau superlativo)

Grau comparativo

O **grau comparativo** do advérbio pode ser **de superioridade**, **de igualdade** ou **de inferioridade**.

1. **Comparativo de superioridade:** usa-se o advérbio de intensidade *mais* antes do advérbio da comparação e *que* ou *do que* depois (*mais* ... [*do*] *que*).

   *Este restaurante fica **mais perto (do) que** o outro.*

2. **Comparativo de igualdade**: usam-se os advérbios *tão* e *quanto* junto ao advérbio da comparação (*tão*... *quanto*).

   *Este restaurante fica **tão perto quanto** o outro.*

3. **Comparativo de inferioridade**: usa-se o advérbio de intensidade *menos* antes do advérbio da comparação e *que* ou *do que* depois (*menos* ... [*do*] *que*).

   *Este restaurante fica **menos perto (do) que** o outro.*

Grau superlativo

O **grau superlativo absoluto** do advérbio pode ser **analítico** ou **sintético**.

1. **Superlativo absoluto analítico**: junta-se um advérbio de intensidade (*mais*, *menos*, *pouco*, *muito*, *muitíssimo*, *bastante*, *assaz*, *bem*, etc.) ao outro advérbio.

   *O táxi parou **muito longe** do prédio.*

   *Como você vai? Vou **muitíssimo bem**, obrigado!*

2. **Superlativo absoluto sintético**: acrescenta-se o sufixo *-íssimo* ao radical do advérbio.

   *O Sedex veio **rapidíssimo**.* (rápid + íssimo)

   *O escritório ficava **pertíssimo** daqui.* (pert + íssimo)

Observação

- No caso dos advérbios terminados em *-mente*, o sufixo *-íssimo* se junta ao superlativo feminino do adjetivo do qual o advérbio se deriva.

vagaroso → *vagarosíssima* → *vagarosamente* → ***vagarosissimamente***

vagaroso: adjetivo
vagarosíssima: adjetivo na forma superlativa feminina
vagarosamente: advérbio
vagarosissimamente: advérbio no grau superlativo absoluto sintético

Emprego dos advérbios

1. Existem adjetivos que passam a ter valor de advérbios, ou seja, modificam verbos, indicando uma determinada circunstância. Trata-se de um processo chamado de **adverbialização de adjetivos.**

O pai falou ***sério*** *com o filho.*

falou: verbo
sério: advérbio (adverbialização do adjetivo = *seriamente*)

O apartamento custou ***caro****.*

custou: verbo
caro: advérbio (adverbialização do adjetivo)

2. Em determinados contextos, principalmente informais, há advérbios que são transformados em substantivos ou adjetivos, deixando de ter a função de modificador. Lembre-se de que para tornar uma palavra substantivo basta antepor a ela um artigo (definido ou indefinido).

A estação de metrô fica ***perto*** *de minha casa.*

perto: advérbio (modifica o verbo *ficar*: indica lugar)

O metrô ***perto*** *facilita a vida do trabalhador.*

perto: adjetivo (caracteriza o substantivo *metrô*)

O ***pouco*** *feito com amor é muito.*

pouco: substantivo (nomeia algo)

Os funcionários ***não*** *receberam os salários atrasados.*

não: advérbio (modifica o verbo *receber*: indica negação)

Todos os funcionários receberam ***um não*** *como resposta.*

um não: substantivo (nomeia a atitude de dizer não)

3. As palavras *melhor* e *pior* podem ser empregadas como advérbios ou adjetivos. São **advérbios** quando constituem os comparativos de superioridade de *bem* e *mal*, respectivamente. São **adjetivos** quando utilizados como os comparativos de superioridade de *bom* e *mau*.

O tenista inglês saiu-se ***melhor*** *na competição de hoje.*

melhor: advérbio (mais + bem)

Este jornal é ***melhor*** *que os outros de minha cidade.*

melhor: adjetivo (mais + bom)

Observações

1. Quando houver uma sequência de dois ou mais advérbios de modo terminados em *-mente*, emprega-se o sufixo apenas no último.
   Os Estados Unidos asseguram-se ***econômica*** *e* ***politicamente****.*
2. Às vezes, na linguagem coloquial, empregam-se os advérbios no grau diminutivo com valor de superlativo.
   A seguradora atendeu-nos ***rapidinho****.* (= muito rápido)
   Levantamos ***cedinho*** *para ir para a praia.* (= muito cedo)
3. A repetição do advérbio tem o valor de superlativo na linguagem coloquial.
   O shopping *ficava* ***longe, longe****.*
4. Antes de particípio, usam-se as formas analíticas *mais bem* e *mais mal* em lugar de *melhor* e *pior*, respectivamente.
   Ele foi eleito o ***mais bem*** *vestido da festa.*
   Aquele país tem a renda ***mais mal*** *distribuída do mundo.*
5. As palavras *meio*, *bastante*, *pouco* e *muito* funcionam como advérbios quando são seguidas de adjetivos e, portanto, não se flexionam. Quando seguidas de substantivo, funcionam como adjetivos, pronomes ou numerais, conforme o contexto, ocorrendo, portanto, sua flexão.
   As crianças começaram a ficar ***meio*** *(advérbio)* ***agitadas*** *(adjetivo).*
   Os condôminos parecem ***bastante*** *(advérbio)* ***preocupados*** *(adjetivo) com a situação.*
   Escolheu ***meias*** *(numeral)* ***palavras*** *(substantivo) para o agradecimento.*
   Havia ainda ***bastantes*** *(pronome indefinido)* ***dúvidas*** *(substantivo) quanto ao caso.*
6. As palavras *mais* e *menos* podem funcionar como pronomes indefinidos, quando modificam substantivos, ou como advérbios, quando modificam verbos, adjetivos, outros advérbios e até frases.
   Os estudos com células-tronco estão ***mais*** *(advérbio)* ***avançados*** *(adjetivo).*
   No final do ano, as famílias têm ***mais*** *(pronome indefinido)* ***despesas*** *(substantivo).*
   As medidas do governo foram ***menos*** *(pronome indefinido)* ***drásticas*** *(substantivo).*
   Naquela hora havia ***menos*** *(pronome indefinido)* ***pessoas*** *(substantivo) na praça.*
7. Segundo a gramática normativa, *só* funciona como palavra denotativa, porém há dicionários que a classificam como advérbio. Quando equivale a *sozinho* ou *sozinha*, é adjetivo e varia de acordo com a palavra a que se refere.
   Só *após a sua chegada, fiquei tranquila.* (palavra denotativa = *somente*)
   Os meninos estavam ***sós*** *no barco.* (adjetivo = *sozinhos*)
   As jovens moram ***sós*** *no apartamento.* (adjetivo = *sozinhas*)

APLICAÇÃO

1 Leia a tira do Garfield a seguir.

GARFIELD — Jim Davis

a) Como foi construído o humor nessa tira?

b) Na tira, qual é o advérbio que modifica um verbo? Qual é a circunstância expressa por esse advérbio?

c) Que advérbio identificamos no último quadrinho? Que palavra ele modifica?

d) No último quadrinho, a palavra *rápido* é classificada como adjetivo. Explique.

2 Leia o poema de Vinicius de Moraes a seguir.

Poética (I)

De manhã escureço
De dia tardo
De tarde anoiteço
De noite ardo.

A oeste a morte
Contra quem vivo
Do sul cativo
O este é meu norte.

Outros que contem
Passo por passo:
Eu morro ontem

Nasço amanhã
Ando onde há espaço:
– Meu tempo é quando.

Nova York, 1950.

MORAES, Vinicius de. In: BUENO, Alexei (Org.). *Vinicius de* Moraes: poesia completa e prosa. Rio de Janeiro: Nova Aguilar, 1998. p. 394-395. Os direitos relativos ao uso do poema de autoria de Vinicius de Moraes foram autorizados pela VM Empreendimentos Artísticos e Culturais Ltda., além de: © VM e © Cia. das Letras (Editora Schwarcz).

a) O poema é formado por dois quartetos (estrofes de quatro versos) e dois tercetos (estrofes de três versos). No primeiro quarteto, como o eu lírico demonstra se sentir de manhã? E à noite? Justifique.

b) Explique por que o tempo do eu lírico é "quando"? Releia os versos.

c) Destaque as locuções adverbiais presentes na primeira estrofe e indique a circunstância que expressam. Na sua opinião, por que o eu lírico enfatizou essa circunstância?

d) Na segunda estrofe, que locução adverbial indica o lugar onde o eu lírico situa a morte? Por que ele escolheu essa localização?

e) Segundo o eu lírico, que locução adverbial expressa o modo como as pessoas encaram a vida, presas à ideia da morte? Explique.

f) Releia estes versos: "Eu morro **ontem** / Nasço **amanhã**". De acordo com o contexto, o que o eu lírico expressa nesses versos ao modificar os verbos com os advérbios *ontem* e *amanhã*?

g) Nos dois últimos versos, que circunstâncias exprimem os advérbios *onde* e *quando*?

3 Leia esta tira do Minduim:

MINDUIM — Charles M. Schulz

PEANUTS WORLDWIDE LLC. / DIST. BY UNIVERSAL UCLICK

a) Explique por que a fala da personagem Snoopy, no último balão, contribui para a construção do humor na tira.

b) Releia estas falas da colega do Snoopy.

"Fora! Caiu longe da quadra!"

"Muito longe. Foi fora! Fora! Fora!"

- Na segunda fala, que outro advérbio modifica o advérbio *longe*? O que ele expressa?
- Acompanhado desse outro advérbio, em que grau se empregou o advérbio *longe*?
- Como ficaria a segunda fala com o advérbio *longe* no superlativo absoluto sintético?
- Destaque das duas falas os advérbios e a locução adverbial, identificando os verbos que modificam e as circunstâncias que expressam no contexto.

c) Considerando a fala do Snoopy no último quadrinho, que outra palavra ele gostaria que a menina gritasse em vez da palavra *fora*? Como essa outra palavra seria classificada? Por quê?

4 Leia o texto a seguir; ele noticia uma estranha façanha de um cidadão suíço.

O homem-pássaro

Vai ser uma experiência no mínimo curiosa e que junta TV e internet. No começo, o telespectador vê um programa sobre o aventureiro suíço Yves Rossy, o criador das asas com motor a jato na foto ao lado. Com elas, vai saltar de um avião a 4.000 m de altitude. A meta é atravessar o canal da Mancha (entre França e Inglaterra) em 12 minutos e, com isso, entrar para a História como o primeiro homem a voar com asas de propulsão a jato. A atração do NatGeo começa com um documentário que registra a preparação do homem e os testes com a máquina. Terminado o programa, o telespectador deve correr para o computador, pois o *site* www.natgeo.com.br transmitirá ao vivo a aventura de Rossy.

Galileu, São Paulo, n. 256, p. 89, set. 2008.

FABRICE COFFRINI/AFP/GETTY IMAGES

Yves Rossy e a asa a jato que inventou.

a) Em sua opinião, por que essa experiência ganhou grande repercussão, inclusive na internet?

b) Que locuções adverbiais foram empregadas na segunda frase do texto? Identifique a circunstância que cada uma exprime.

c) Releia a frase: "Com elas, vai saltar de um avião a 4.000 m de altitude". Que locuções adverbiais modificam a locução verbal *vai saltar*? Identifique o tipo de circunstância que cada uma delas expressa.

d) Destaque do texto as locuções adverbiais que modificam as formas verbais a seguir e indique a circunstância que cada uma delas exprime.

atravessar *voar* *começa* *correr* *transmitirá*

5 Leia a peça publicitária a seguir, que é uma campanha de conscientização a respeito do desenvolvimento sustentável.

REPRODUÇÃO

a) A preocupação com o meio ambiente tornou-se uma questão de debate mundial. Que ideia se defende nessa campanha?
b) Que razões são mencionadas para que não se consumam sacolas plásticas?
c) No canto superior esquerdo do anúncio, vê-se o logotipo do movimento Planeta Sustentável. Em sua opinião, o que ele simboliza?
d) Identifique no anúncio advérbios ou locuções adverbiais que expressem circunstâncias de tempo, lugar, modo e negação.

6 Leia esta tira do Hagar:

HAGAR — Chris Browne

2011 KING FEATURES

a) Por que o diálogo entre Hagar e Eddie Sortudo confere humor à tira?
b) Que advérbio, na tira, expressa dúvida? Em que modo está o verbo da frase com esse advérbio? O que esse modo verbal expressa?
c) Releia a frase do terceiro balão: "Geralmente, não é tão fácil seguir a pista do inimigo".
   - Que circunstância expressa o advérbio *geralmente*? Ele modifica algum termo específico da frase? Explique.
   - Nessa frase, há um advérbio de intensidade modificando um adjetivo. Identifique o advérbio e o adjetivo cujo sentido ele modifica.
   - Que advérbio modifica o sentido da forma verbal *é* (do verbo *ser*)? Que tipo de circunstância ele expressa?

7 Leia esta tira do Calvin:

CALVIN — Bill Watterson

1995 WATTERSON / DIST. BY UNIVERSAL UCLICK

a) Como o quadrinista conferiu conotação humorística à tira?
b) Na tira, que expressão é classificada como denotativa? Por que ela funciona como elemento coesivo no texto?
c) Em qual das frases seguintes o termo destacado é uma locução adverbial? Por quê? E que circunstância ela expressa?
   - "Eu podia, agora, em vez de esperar o ônibus **da escola**, levantar o polegar [...]."
   - O ônibus saiu **da escola** um pouco atrasado.
d) No texto encontramos o emprego de uma locução adverbial de companhia. Qual é essa locução e que termo da frase ela modifica?
e) Observe o advérbio destacado nesta frase: "Você **nunca** iria arranjar uma carona até lá". Ele expressa negação ou tempo?

8 Leia estes versos da poetisa mineira Adélia Prado:

Impressionista

Uma ocasião,
meu pai pintou a casa toda
de alaranjado brilhante.
Por muito tempo moramos numa casa,
como ele mesmo dizia,
constantemente amanhecendo.

PRADO, Adélia. *Bagagem*. São Paulo: Siciliano, s. d. p. 36. © by Adélia Prado.

a) No poema, o eu lírico revive um fato de sua vida familiar. Em sua opinião, por que esse acontecimento, aparentemente simples, permaneceu vivo na lembrança dele?

b) O **Impressionismo** foi um movimento promovido na pintura europeia do final do século XIX que valorizou as cores vivas e os efeitos da luz natural. Observe o quadro a seguir, de Monet (1840-1926), um dos principais artistas desse movimento.

MUSEE MARMOTTAN, PARIS

MONET, Claude. *Impressão*: Sol nascente. 1872. Óleo sobre tela, 48 cm × 63 cm.

- Considerando essas ideias gerais sobre o Impressionismo, explique o título do poema.

c) Por que o eu lírico isolou, no primeiro verso, a locução adverbial *uma ocasião*? Que termo ela modifica e que circunstância expressa?

d) Identifique a locução adverbial de modo presente no poema e que palavra ela modifica.

e) Outras duas locuções adverbiais e um advérbio ocorrem no poema. Identifique essas locuções e o advérbio, as palavras que modificam e a circunstância que expressam.

9 Leia a nota jornalística a seguir, que trata dos alimentos transgênicos, um assunto que tem causado bastante polêmica.

Tem comida estranha na geladeira

Apesar dos inegáveis benefícios à produtividade das lavouras, brasileiros, europeus e americanos ainda não sabem quais os riscos, se é que existem, dos alimentos transgênicos.

A onda é irreversível. Por mais forte que seja a desconfiança em relação aos produtos geneticamente modificados, não há mais como fugir deles. O primeiro passo foi a criação de soja resistente a herbicidas, tomates longa vida e milho imune a insetos. Depois vieram grãos mais nutritivos, sementes estéreis que não se reproduzem no segundo plantio, alimentos recheados com remédios. As invenções saltaram dos laboratórios para as prateleiras dos supermercados com muito mais rapidez que a perplexidade humana é capaz de digeri-las. A biotecnologia rompe a barreira entre as espécies e provoca discussões ambientais, éticas e religiosas, que prosseguem, sempre polêmicas, enquanto as sementes se espalham.

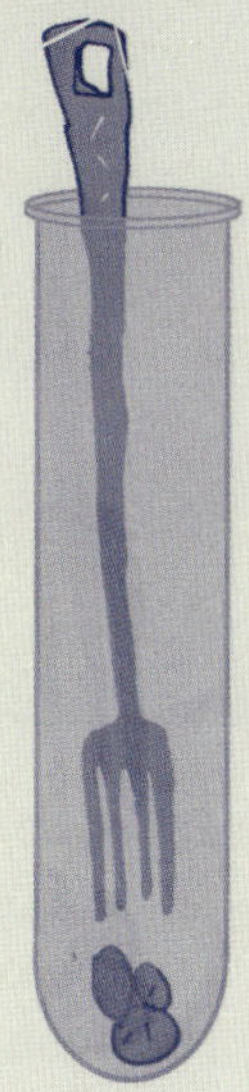

Época, São Paulo, n. 41, p. 57-61, 1º mar. 1999. (Fragmento).

a) Ainda hoje persistem dúvidas quanto à qualidade dos alimentos transgênicos. Por que esse tipo de produto desperta tanta discussão?

b) Mesmo preocupadas com os transgênicos, muitas pessoas continuam a comprá-los, mas algumas delas fazem isso com certo receio. Em sua opinião, por que o consumo desses alimentos vem aumentando?

c) Você acha que se deveria proibir a produção de alimentos transgênicos? Exponha seu ponto de vista, esclarecendo sua posição.

d) Releia este trecho: "a desconfiança em relação aos produtos geneticamente modificados".

- Qual é o advérbio presente nesse trecho? Que sentido ele expressa?
- Sem o advérbio, que sentido teria esse trecho?

e) Destaque do texto outros advérbios que modificam o sentido de um adjetivo, além de *geneticamente* ("**geneticamente** modificados").

f) Encontre no texto duas locuções adverbiais que expressam a mesma circunstância que a locução adverbial presente no título.

g) Identifique a locução adverbial de modo encontrada na penúltima frase do texto.

Selo de produto transgênico.

Todos os produtos fabricados com mais de 1% de organismos que passaram por modificação genética devem trazer essa informação no rótulo. Alimentos como a soja transgênica se encontram em muitos produtos: chocolates, biscoitos, margarinas, maioneses, etc.

10 Leia este anúncio publicitário:

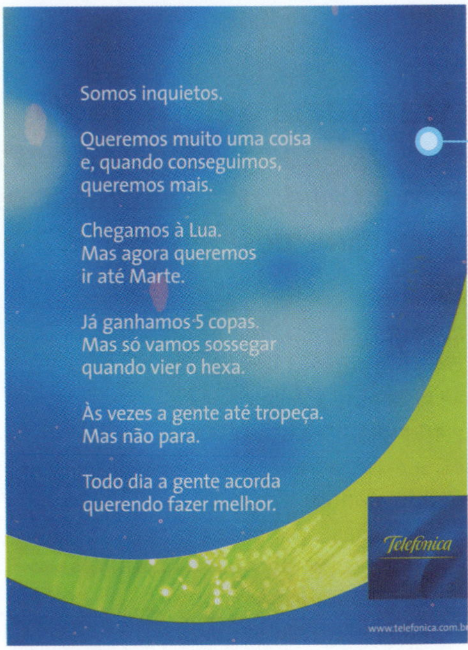

REPRODUÇÃO

Somos inquietos.

Queremos muito uma coisa
e, quando conseguimos,
queremos mais.

Chegamos à Lua.
Mas agora queremos
ir até Marte.

Já ganhamos 5 copas.
Mas só vamos sossegar
Quando vier o hexa.

À vezes a gente até tropeça.
Mas não para.

Todo dia a gente acorda
Querendo fazer melhor.

a) Explique o uso da primeira pessoa do plural no título e no corpo do poema.
b) Em sua opinião, de que modo o texto contribui para criar uma cumplicidade entre os interlocutores (o anunciante e nós, os leitores)?
c) Na segunda estrofe, que palavras são advérbios de intensidade e que termo da frase modificam?
d) Destaque do texto os advérbios e as locuções adverbiais de lugar e de tempo.
e) Releia este verso: "Mas só vamos sossegar / Quando vier o hexa".
   - Como você classifica a palavra *só*?
   - Na frase *Ele ficou* **só**, a palavra *só* tem esse mesmo sentido? Justifique.
f) Observe a palavra destacada neste verso: "Querendo fazer **melhor**". No contexto, *melhor* é o advérbio *bem* ou o adjetivo *bom* no grau comparativo? Justifique.

11 Leia a tira do Garfield a seguir.

GARFIELD — Jim Davis

a) Observe as falas e as expressões de Jon na tira e a fala de Garfield no último quadrinho. Em sua opinião, que tipo de pessoas o quadrinista ironiza?
b) No texto, os adjetivos *agradável* e *bom* aparecem modificados pelo advérbio *quase* ("*quase* agradável", "*quase* bom", "*quase* bom mesmo").
   - Que circunstância expressa esse advérbio nas três situações?
   - O que Jon quis dizer ao se expressar dessa maneira?
c) Nessa tira, que advérbio modifica o verbo? Que circunstâncias ou valor semântico ele expressa?

Lista de exercícios

RESUMO

Advérbio e locução adverbial

- **Advérbio** – palavra invariável que modifica um verbo, adjetivo, outro advérbio ou uma oração inteira, expressando uma determinada circunstância.

  *Meus pais viajaram **hoje**.*

  *Argumentar não é **tão** fácil.*

  *Minha antiga casa ficava **mais** perto da escola.*

  ***Felizmente**, muitas pessoas são solidárias ao sofrimento alheio.*

- **Locução adverbial** – conjunto de palavras que exerce a função de um advérbio: *Meus pais vivem **no sítio**.*

Classificação dos advérbios e das locuções adverbiais

- **Tempo**: *Quando vamos à praia, saímos **de manhã**.*
- **Modo**: *Papai dirigia o carro **com tranquilidade**.*
- **Lugar**: *A mãe encontrou os filhos reunidos **na sala**.*
- **Afirmação**: *Farei, **sim**, a entrevista que combinamos.*
- **Negação**: ***Não** assisti a nenhum dos filmes premiados.*
- **Intensidade**: *Aquele menino lê **bastante**. Que bom!*
- **Dúvida**: ***Talvez** a data de inscrição para o vestibular saia hoje.*
- **Palavras denotativas** – termos que não se enquadram em nenhuma classe gramatical e expressam designação, realce, situação, inclusão ou exclusão: *Ela **também** convidou o primo para o passeio* – nesse caso, denota inclusão.

Graus dos advérbios

- **Comparativo.**
  - **De superioridade** – *mais... (do) que*: *Você chegou à escola **mais cedo (do) que** nós.*
  - **De inferioridade** – *menos... (do) que*: *Você chegou à escola **menos cedo (do) que** nós.*
  - **De igualdade** – *tão... quanto*: *Você chegou à escola **tão cedo quanto** nós.*
- **Superlativo.**
  - **Absoluto analítico** – acrescenta-se um advérbio de intensidade (*muito*, *bastante*, etc.): *O estado de saúde do prefeito é **muito grave**.*
  - **Absoluto sintético** – acrescenta-se o sufixo *-íssimo*: *O estado de saúde do prefeito é **gravíssimo**.*

Emprego dos advérbios

- Adjetivos podem ser adverbializados: *Disse **baixo** o seu nome.*
- Advérbios podem ser transformados em adjetivo ou substantivo.

  *Ouvia-se uma voz **longe**.* (advérbio)

  ***Longe** tempo aquele das carruagens.* (adjetivo)

*Ele comeu **pouco** no almoço.* (advérbio)

*O **pouco** pode valer muito.* (substantivo)

- *Melhor* e *pior* podem ser empregados como advérbio ou adjetivo.

  *Hoje estou **melhor**.* (advérbio)

  *Estás com uma aparência **melhor**.* (adjetivo)

- *Meio*, *bastante*, *pouco* e *muito* são advérbios quando seguidos de adjetivos; podem funcionar como adjetivo, pronome ou numeral quando seguidos de substantivo.

  *A cidade estava **meio** abandonada.* (advérbio)

  *Nesta cidade há **bastantes** lojas.* (numeral)

- *Só*, equivalendo a *somente*, não se flexiona: ***Só** voltaremos à noite*.
- Numa sequência, emprega-se o sufixo *-mente* apenas no último advérbio: *Caminhava **calma** e **silenciosamente***.
- Advérbios no diminutivo têm valor de superlativo: *Serviram o almoço **rapidinho***.
- O advérbio pode ser repetido para expressar sentido superlativo: *Os sinos da igreja tocaram **cedo**, **cedo***.

Capítulo 14

Conjunção, preposição e interjeição

Conjunção

No texto

Leia, a seguir, trechos de um conto do escritor amazonense Milton Hatoum (1952-), vencedor de vários concursos literários.

A casa ilhada

Era junho, auge da enchente, por isso tivemos que embarcar na beira do igarapé do Poço Fundo e navegar até a casa no meio da ilhota.

Os moradores das palafitas nos olhavam com surpresa, como se fôssemos dois forasteiros perdidos num lugar de Manaus que podia ser tudo, menos uma atração turística. No entanto, o cientista Lavedan, antes de voltar para Zurique, insistiu para que o acompanhasse até a casa ilhada, teimando em navegar num rio margeado de casebres pobres.

[...]

Eu conhecia de vista a casa ilhada: um bangalô atraente e misterioso, que só parecia dar sinal de vida depois do anoitecer, quando as luzes iluminavam a fachada e o jardim. Sempre que atravessava a ponte sobre o igarapé, via uma ponta do telhado vermelho e, de um único ângulo, podia ver as portas e janelas fechadas, como se algo ou alguém no interior da casa fosse proibido à cidade ou ao olhar dos outros.

[...]

O catraieiro atracou ao lado de um barco abandonado, em cuja proa se podia ler *Terpsícore* em letras vermelhas e desbotadas. Lavedan soletrou o nome do barco, enganchou a alça da sacola no ombro e saltou na lama; sem olhar para trás, caminhou com firmeza na direção da casa. Entendi que devia esperá-lo na canoa.

Hoje, não saberia dizer quanto tempo Lavedan demorou dentro da casa. O catraieiro me emprestou um chapéu de palha; depois assobiei, cantarolei, observei detalhes da casa e do lugar; talvez tenha injuriado o suíço misterioso, de quem só sabia o nome e as qualidades de ictiólogo contadas por ele mesmo. Meses mais tarde conheceria algo do homem transtornado que ele foi ou que sempre será. No entanto, ao regressar da casa, Lavedan parecia sereno, reconfortado; murmurou palavras de agradecimento e pediu desculpas por ter ocupado uma parte da minha manhã.

[...]

Isso aconteceu em 1990. Ou, para ser preciso: 16 de junho de 1990. Não me lembro com nitidez do que me ocorreu há duas semanas, mas, se me lembro dessa data, é porque no dia 18 de junho daquele ano os jornais noticiaram a morte do único morador da casa ilhada. O corpo, sem sinal de violência, fora encontrado na tarde do dia anterior. A fotografia da casa me conduziu à notícia da morte. Encarei tudo isso como uma coincidência. Até que, dois meses depois, recebi uma carta de Lavedan. [...]

HATOUM, Milton. *A cidade ilhada*. São Paulo: Companhia das Letras, 2009. p. 69-72. (Fragmento).

Glossário

Catraieiro: condutor ou tripulante de catraia, uma embarcação pequena e resistente.

Ictiólogo: estudioso ou pesquisador de peixes.

1. Milton Hatoum caracteriza-se por apresentar uma linguagem enxuta, objetiva. Nesse conto, ele revive algumas lembranças de Manaus, cidade onde nasceu.
   a) Explique por que a presença dos dois forasteiros despertou tanto a atenção dos moradores.
   b) O que tornava a casa ilhada um lugar diferente?
2. Ao chegar à casa ilhada, o suíço Lavedan, pesquisador de peixes, desceu rapidamente da canoa e entrou na casa.
   a) Em sua opinião, por que ele conferiu o nome do barco ao lado da casa, antes de entrar nela sozinho?
   b) Segundo o que está narrado no texto, Lavedan se demorou muito na visita à casa ilhada? Justifique sua resposta.
   c) De acordo com o texto, o suíço parecia agitado e decidido ao dirigir-se à casa, mas voltou calmo. O que teria se passado nesse lugar?
3. Encontra-se uma explicação para a atitude tensa de Lavedan no último parágrafo.
   a) O que se poderia concluir quanto aos fatos ocorridos na casa ilhada?
   b) Na última frase, o que o emprego da locução *até que* nos sugere em relação à frase anterior?
4. Releia este trecho: "Lavedan soletrou o nome do barco, enganchou a alça da sacola no ombro e saltou na lama".
   a) Observe quais foram as ações praticadas por Levedan (o sujeito de cada uma das ações). Quantas e quais são as formas verbais que expressam essas ações?
   b) Considerando que cada um desses verbos flexionados constitui o núcleo de uma oração, quantas orações encontram-se nesse trecho? Separe-as e observe se, isoladas, elas têm um sentido completo.
   c) Quais dessas orações estão unidas por uma palavra? Que palavra é essa e que sentido ela expressa? Por quê?
   d) Observe que se empregou uma vírgula entre a primeira e a segunda orações, separando-as. Nesse caso, as ações ocorrem da mesma maneira que entre a segunda e a terceira orações? Por quê?
   e) A palavra e pode unir palavras de mesma natureza (substantivo e substantivo, adjetivo e adjetivo, etc.). Transcreva do texto duas passagens em que isso ocorre.
   f) A palavra que liga elementos de mesma natureza ou uma oração à outra recebe o nome de **conjunção**. Quando é um grupo de palavras que exerce essa função, chama-se **locução conjuntiva**. Transcreva do segundo parágrafo as conjunções ou locuções conjuntivas que unem orações expressando **comparação**, **oposição** ou **finalidade**.
   g) No terceiro parágrafo, há duas orações introduzidas por conjunções que situam o tempo em que os fatos ocorrem. Quais são elas?
   h) Como você já pôde observar, as orações são geralmente separadas por pontuação ou ligadas por conjunção. Explique a diferença de sentido quando isso acontece lendo estas frases:
      - "depois assobiei, cantarolei, observei detalhes da casa e do lugar."
      - Depois assobiei **e** cantarolei **e** observei detalhes da casa e do lugar.
   i) No quinto parágrafo, explique por que a conjunção *no entanto* introduz uma oração cuja ideia se opõe a um fato anterior.
   j) No último parágrafo, que conjunção também introduz uma oração que expressa uma ideia contrária a outra? Esclareça sua resposta.
   k) Que conjunção, nesse mesmo parágrafo, introduz a oração que explica o motivo de o narrador se lembrar da data de 16 de junho de 1990?

Conjunção é a palavra que liga dois elementos de mesma natureza ou une uma oração à outra.

Locução conjuntiva é o grupo de palavras que exerce a função de conjunção.

Em contexto

Conjunção coordenativa e conjunção subordinativa

Observe esta frase:

conjunção coordenativa

Lavedan parecia sereno ***e*** *pediu desculpas.*

1ª oração — 2ª oração

A primeira e a segunda oração da frase são independentes entre si, pois conservam seu sentido completo quando separadas. No caso acima, as duas orações estão ligadas pela conjunção *e*. A conjunção que liga orações sintaticamente independentes é chamada de **conjunção coordenativa**.

Repare que, no exemplo acima, os elementos unidos pela conjunção coordenativa *e* entram numa ordenação em sequência, sem que seja estabelecida uma relação hierárquica entre eles.

Veja esta outra frase:

conjunção subordinativa

Lavedan insistiu ***que*** *eu o acompanhasse até a casa ilhada.*

1ª oração — 2ª oração

Nesse caso, as duas orações são dependentes entre si, porque uma completa o sentido da outra. Aqui, a conjunção *que* liga as orações. A conjunção que liga orações com uma relação hierárquica na qual um elemento é determinante e o outro é determinado recebe o nome de **conjunção subordinativa**.

As **locuções conjuntivas** também são classificadas, conforme a relação que estabelecem, em **coordenativas** ou **subordinativas**.

Locuções conjuntivas

A maioria das locuções conjuntivas é formada pela palavra *que* antecedida de advérbio, preposição ou particípio: *para que*, *mesmo que*, *logo que*, *sem que*, *posto que*, *contanto que*, *mais que*, *visto que*, *depois que*, etc.

Nas frases a seguir, as locuções conjuntivas estabelecem relação de tempo e finalidade, respectivamente. Observe:

locução conjuntiva de tempo

*"**Sempre que** atravessava a ponte sobre o igarapé, via uma ponta do telhado [...]."*

1ª oração — 2ª oração

locução conjuntiva de finalidade

*"Insistiu **para que** o acompanhasse até a casa ilhada."*

1ª oração — 2ª oração

Classificação das conjunções e locuções conjuntivas coordenativas

Quanto ao sentido ou valor semântico, as conjunções e locuções conjuntivas coordenativas podem ser **aditivas**, **adversativas**, **alternativas**, **conclusivas** e **explicativas**.

1. **Aditivas** – ligam dois termos ou duas orações, expressando ideia de adição, soma ou acréscimo: *e*, *nem* (= e *não*), *mas ainda*, *mas também*, *como também* (as três últimas são empregadas depois de *não só*), etc.

   O suíço não só era misterioso, ***como também*** *estranho.*

   "[...] enganchou a alça da sacola no ombro ***e*** *saltou na lama."*

2. **Adversativas** – estabelecem relação de oposição, contraste ou sentido adverso entre dois termos ou duas orações: *mas*, *porém*, *todavia*, *contudo*, *e* (com valor de *mas*), *senão*, *entretanto*, *no entanto*, *não obstante*, etc.

   Observei detalhes da casa, ***mas*** *não havia nada errado.*

   O local não era turístico, ***contudo*** *Lavedan queria ir à ilha.*

3. **Alternativas** – ligam palavras ou orações, estabelecendo entre elas uma relação de alternância ou exclusão: *ou... ou*, *ora... ora*, *já... já*, *quer... quer*, *seja... seja*.

   Ou *o visitante estava transtornado,* ***ou*** *disfarçava bem suas reações.*

   Os moradores ***ora*** *nos olhavam,* ***ora*** *se escondiam.*

4. **Conclusivas** – iniciam orações que expressam conclusão ou ideia consequente do que se disse anteriormente: *logo*, *pois* (depois do verbo), *portanto*, *assim*, *por isso*, *por conseguinte*, etc.

   A repórter não tinha crachá, ***portanto*** *não poderia fazer a entrevista.*

   As notícias chegaram logo; estava, ***pois****, definida sua sorte.*

5. **Explicativas** – ocorre quando a segunda oração coordenada dá uma explicação sobre o motivo ou a razão do que se afirmou na primeira: *que* (=*porque*), *pois* (*antes do verbo*), *porque*, *porquanto*.

   Não me indagues sobre isso, ***porque*** *ainda é um grande mistério.*

   O catraieiro me emprestou um chapéu, ***pois*** *havia muito sol.*

Classificação das conjunções e locuções conjuntivas subordinativas

De acordo com o valor semântico ou ideia que expressam, as conjunções e locuções conjuntivas subordinativas podem ser **condicionais**, **causais**, **comparativas**, **conformativas**, **consecutivas**, **concessivas**, **finais**, **temporais**, **proporcionais** e **integrantes**.

1. **Condicionais** – iniciam orações que exprimem condição ou hipótese para que o fato da oração principal aconteça: *se*, *caso*, *contanto que*, *salvo*, *se*, *a menos que*, *a não ser que*, *desde que*, *dado que*, etc.

   O barqueiro não deveria esperar Lavedan ***se*** *ele demorasse.*

   Caso *se confirme essa notícia, haverá mudanças na economia.*

2. **Causais** – introduzem orações que indicam causa, motivo ou razão do fato expresso na oração principal: *porque*, *como* (= *porque*), *pois*, *que* (= *porque*), *porquanto*, *já que*, *visto que*, *desde que*, *uma vez que*, etc.

   Como *o fato ocorreu no ano passado, lembro-me bem da data.*

   O resultado ainda não saiu ***porque*** *a contagem dos votos não terminou.*

3. **Comparativas** – iniciam orações que estabelecem uma comparação com o elemento expresso na oração principal: *como*, *que*, *do que* (depois de *mais*, *menos*, *maior*, *menor*, *melhor*, *pior*), *qual* (depois de *tal*), *quanto* (depois de *tão* ou *tanto*), *bem como*, *assim como*, etc.

   A casa era ***como*** *(é) um oásis no meio do nada*

   (é) — verbo subentendido

   O vento na praia estava mais forte ***do que*** *(está) aqui.*

   (está) — verbo subentendido

4. **Conformativas** – introduzem orações que expressam ideia de conformidade ou acordo em relação a um fato expresso na oração principal: *conforme*, *como* (= *conforme*), *consoante*, *segundo*, etc.

   Os planos deram certo, ***conforme*** *haviam previsto os investidores.*

   Uma nova fase começou na economia, ***segundo*** *os analistas brasileiros.*

5. **Consecutivas** – iniciam orações que exprimem consequência ou efeito do fato expresso na oração principal: *que* (depois de *tal*, *tanto*, *tão* ou *tamanho*, presentes na oração principal), *de modo que*, *de forma que*, *de sorte que*, etc.

   Lavedan demorou tanto ***que*** *perdi a noção das horas.*

   O voo estava tão atrasado ***que*** *dormimos no saguão.*

6. **Concessivas** – introduzem orações que indicam concessão ou permissão, ou seja, exprimem um fato que contraria a ação principal, mas não é capaz de impedi-la: *embora*, *conquanto*, *ainda que*, *mesmo que*, *posto que*, *se bem que*, *por mais que*, *nem que*, etc.

   O barqueiro continuou ancorado, ***embora*** *o sol estivesse bem quente.*

   A boa surpresa aconteceu, ***ainda que*** *já não esperássemos.*

7. **Finais** – iniciam orações que indicam finalidade em relação ao fato expresso na oração principal: *que*, *para que*, *a fim de que*, *porque* (= *para que*), etc.

   Relembrei o ocorrido ***para que*** *pudesse entendê-lo melhor.*

   O governo enviou ajuda ***a fim de que*** *a população ficasse abrigada.*

8. **Temporais** – introduzem orações que indicam o tempo ou o momento em que determinado fato ocorreu: *quando*, *enquanto*, *depois que*, *logo que*, *assim que*, etc.

   Os pescadores surgiram surpresos ***logo que*** *ouviram o barulho da catraia.*

   A fala da candidata era bastante firme ***quando*** *começou o discurso.*

9. **Proporcionais** – iniciam orações que expressam proporção ou simultaneidade em relação a outro fato: *à proporção que*, *à medida que*, *quanto mais... mais*, *quanto menos... mais*, etc.

   Quanto mais *a noite avançava,* ***mais*** *a casa se enchia de luzes.*

   Os resultados eram divulgados ***à proporção que*** *saíam.*

10. **Integrantes** – introduzem orações que integram ou completam o sentido do que foi expresso na oração principal: *que*, *se*.

    O taxista me disse ***que*** *o hotel ficava distante.*

    Os jovens querem saber ***se*** *essa banda virá ao Brasil.*

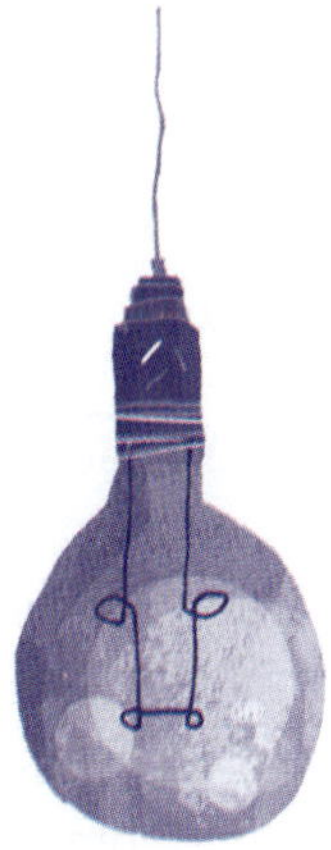

Observações

1. A palavra *que* é pronome relativo quando se refere a um termo (nome) da oração anterior, podendo ser substituído por outros pronomes relativos, como *o(s) qual(is)* e *a(s) qual(is)*.

A casa ilhada era um ***bangalô*** *atraente* ***que*** *só dava sinal de vida à noite.*

bangalô: antecedente — **que**: pronome relativo (= *o qual*)

Os ***desportistas que*** *ganharam medalha foram homenageados.*

desportistas: antecedente — **que**: pronome relativo (= *os quais*)

2. A conjunção *se*, como subordinativa condicional (isto é, quando expressa ideia de condição), pode ser substituída por *caso* ou *contanto que*. Como conjunção subordinativa integrante, o *se* inicia uma oração que completa o sentido do verbo da oração anterior e não admite substituição.

O candidato seria eleito ***se*** *tivesse ficha limpa.*

se: conjunção subordinativa condicional (= *caso*, *contanto que*)

Hoje penso ***se*** *você teria agido diferente.*

se: conjunção subordinativa integrante

APLICAÇÃO

1 Leia esta tira do Frank & Ernest:

FRANK & ERNEST — Bob Thaves

2011 UNITED MEDIA SYNDICATE/IPRESS

E-mail: ThavesOne@aol.com ©2009 Thaves / Dist. by NEA, Inc. INTERCONTINENTAL PRESS

a) No texto, o quadrinista faz uma sátira aos elevados impostos cobrados pelo governo. Explique o que a personagem quis dizer com o comentário que fez em relação a esse fato.

b) Na fala da personagem, que valor semântico expressa a locução conjuntiva subordinativa *desde que* no início da terceira oração?

c) A locução conjuntiva *desde que* pode expressar também sentido de tempo e de condição. Empregue-a em frases com esses valores semânticos.

d) Observe o trecho: "Já não quero nem saber **se** vou pagar mais ou menos impostos".
- Nesse trecho, a conjunção *se* expressa condição? Justifique.
- Transcreva a oração introduzida por essa conjunção e identifique a função dessa oração no trecho.

2 Leia o texto a seguir, que trata da possibilidade de ocorrências de terremotos no Brasil.

O Brasil nunca sofrerá um grande terremoto?

Não dá para descartar uma megatragédia desse tipo, mas a possibilidade é muito pequena. Pelo menos enquanto a gente estiver vivo. "Já devem ter ocorrido grandes terremotos no Brasil há centenas de milhões de anos. Mas, nos dados sismológicos coletados desde o século 18, não há registro de tremor forte em nosso território", afirma o geólogo João Carlos Dourado, especialista em sismologia da Unesp de Rio Claro (SP). A certeza de que o Brasil era uma terra abençoada por Deus e imune a terremotos, porém, foi abalada no início de dezembro, quando um tremor de 4,9 graus na escala Richter no vilarejo de Caraíbas (MG) causou a primeira morte no país. De fato, o Brasil tem pelo menos 48 falhas pequenas sob sua crosta – uma delas teria causado o chacoalhão fatal. Mas a imagem de um país remendado não é para assustar. Primeiro, porque o Brasil fica no meio de uma placa tectônica, a Sul-Americana, longe das instáveis regiões de contato entre placas. Segundo, porque as fraturas daqui geram no máximo terremotos médios como o de Caraíbas. Mesmo que um abalo atinja uma cidade grande, provavelmente os efeitos não serão devastadores. "As casas do vilarejo desabaram por serem construções muito simples, sem suporte estrutural. Em áreas urbanas, as estruturas são reforçadas e mais resistentes a tremores dessa intensidade", diz João Carlos.

DUDA SAMPAIO/AGÊNCIA ESTADO

Vista aérea do vilarejo rural de Caraíbas, Itacarambi (MG), atingido pelo terremoto de 9 de dezembro de 2007.

RATIER, Rodrigo. *Superinteressante*, São Paulo, n. 248, p. 42, jan. 2008. (Fragmento).

a) De acordo com o texto, por que grandes cataclismos como terremotos dificilmente ocorrerão no Brasil?

b) Que acontecimento motivou a publicação desse texto?

c) Como o redator busca minimizar a provável preocupação dos leitores com a ocorrência de terremotos no Brasil?

d) Em que orações do texto há conjunções que expressam ideias contrárias às da oração anterior? Como se classificam essas conjunções?

e) Releia este trecho: "Segundo, **porque** as fraturas daqui geram no máximo terremotos médios **como** [geram] o de Caraíbas. **Mesmo que** um abalo atinja uma cidade grande, provavelmente os efeitos não serão devastadores". Como se classificam as conjunções destacadas? Justifique.

3 **Nas frases a seguir, indique o valor semântico das conjunções e locuções conjuntivas coordenativas: adição, oposição, alternância ou exclusão, conclusão, explicação.**

a) A companhia aérea se desculpou pelos atrasos, **porém** os clientes não ficaram satisfeitos.

b) **Ora** ela caminhava apressada à frente, **ora** nos esperava ansiosa.

c) O mercado imobiliário cresceu bastante, **pois** há obras por toda a cidade.

d) A estiagem no sertão se prolongou, **por conseguinte** muita lavoura se perdeu.

e) O campeonato brasileiro começa esta semana **e** não iremos assistir aos jogos.

f) A polícia não só subiu o morro, **mas ainda** permaneceu ali em alerta.

4 **Identifique a frase em que o valor semântico da conjunção destacada está indicado de modo incorreto e faça a correção.**

a) As enchentes destruíram a cidade; era necessário, **pois**, reconstruí-la. (conclusão)

b) Na Europa houve alertas contra o terrorismo, **contudo** nada foi detectado. (oposição)

c) Espero o resultado somente até amanhã, **que** tenho urgência em recebê-lo. (explicação)

d) Os candidatos não só saíram em campanha, **como também** participaram de um debate. (ação contrária)

e) **Quer** os salários sejam reajustados, **quer** continuem defasados, devemos economizar. (alternância)

5 **Leia os versos de um poema lírico de Gonçalves Dias, poeta do Romantismo brasileiro.**

Recordação

[...]
Volvo aos instantes de ventura, e penso
Que a sós contigo, em prática serena,
Melhor futuro me augurava, as doces
Palavras tuas, sôfregos, atentos
Sorvendo meus ouvidos, – nos teus olhos
Lendo os meus olhos tanto amor, que a vida
Longa, bem longa, não bastara ainda
Porque de os ver me saciasse!... O pranto
Então dos olhos meus corre espontâneo,
Que não mais te verei. – Em tal pensando
De martírios calar sinto em meu peito
Tão grande plenitude, que a minha alma
Sente amargo prazer de quanto sofre.

DIAS, Gonçalves. In: BUENO, Alexei (Org.). *Gonçalves Dias*: poesia e prosa completas. Rio de Janeiro: Nova Aguilar, 1998. p. 138-139. (Fragmento).

Glossário

Volvo: volto, retorno.

Ventura: alegria, felicidade.

Augurava: previa, pressagiava.

Sôfregos: ávidos, ansiosos.

a) Nos primeiros versos, o eu lírico retorna às lembranças felizes do passado. Explique.

b) Interprete estes versos: "Sorvendo meus ouvidos, – nos teus olhos / Lendo os meus olhos tanto amor, que a vida / Longa, bem longa, não bastara ainda / Porque de os ver me saciasse!".

c) Nesses mesmos versos, que oração expressa uma ideia de consequência? Qual é a conjunção?

d) No verso "**Porque** de os ver me saciasse!", que sentido apresenta a conjunção destacada? Por quê?

e) As lembranças, antes tão queridas ao eu lírico, agora lhe provocam tristezas. Como ele reage ao entender que está só?

f) Observe a conjunção destacada nestes versos: "Porque de os ver me saciasse!... O pranto / Então dos olhos meus corre espontâneo, / **Que** não mais te verei". Qual é seu valor semântico? Explique.

6 Leia esta tira do Calvin:

O MELHOR DE CALVIN — Bill Watterson

a) Calvin criou sósias imaginários para substituí-lo em determinadas atividades. Transcreva do texto a frase em que ele explica essa duplicação. Que conjunção subordinativa aparece nessa frase? Explique seu valor semântico.

b) Nesta fala de Susi, "Calvin, você é tão doido que eu nem vou te responder", qual é a conjunção subordinativa? Que valor semântico ela apresenta?

c) Em que frase da tira há uma conjunção coordenativa? Qual é a conjunção e que sentido ela expressa no contexto?

7 Una as duas frases em uma só, usando uma destas conjunções coordenativas: *e*, *mas*, *portanto*, *porém*, *porque*, *logo*, *pois*. Observe a relação semântica entre as frases para escolher a conjunção.

a) Sairemos de férias este mês. Não iremos viajar.

b) Verifiquem a documentação. O controle nos aeroportos aumentou.

c) Luís fez várias entrevistas. Não ficou satisfeito com os resultados.

d) Espere-me depois da aula. Preciso falar-lhe com urgência.

e) Pense bem nas consequências. Depois tome suas decisões.

f) Não há mais ingressos. Não veremos o *show*.

8 Leia o texto a seguir. Ele trata dos riscos que quem viaja geralmente enfrenta ao despachar a bagagem nos aeroportos.

Como as malas se perdem nos aeroportos?

Pelas estatísticas, não parece um grande problema: 99% da bagagem aérea do mundo chega ao destino. Acontece que o 1% restante representa uma pilha anual de 8 milhões de volumes, que somem por causa de procedimentos padrão ou por erros de percurso.

A maioria dos sumiços é uma questão de etiqueta – o adesivo identificador colado na hora do check-in é a única informação sobre o destino na mala. Se a etiqueta estiver errada ou se cair durante o embarque e o desembarque, a mala vai para um lado e o dono para outro. Mas às vezes o dono da bagagem também tem culpa: se a mala é despachada tarde demais, pode ficar pelo caminho por restrições de peso. Imagine que existem vários guichês recebendo malas acima do peso permitido. Conforme o *check-in* avança, os quilos a mais vão se acumulando e só mais tarde descobre-se que algumas bagagens não podem entrar porque o limite de carga do avião foi ultrapassado.

As malas desgarradas são normalmente reunidas em grandes depósitos bancados por muitas empresas. Por causa da quantidade de volumes, pode demorar semanas até que a mala volte de um desses lugares para o seu dono. Como cada devolução de mala perdida custa em média US$ 100 para as companhias – US$ 8 bilhões por ano –, elas estudam medidas para diminuir as perdas, como banco de dados global e trocar as etiquetas por *chips* com radiofrequência.

Superinteressante, São Paulo, n. 267, p. 52, jul. 2009. (Fragmento).

a) Segundo o texto, o volume de bagagens perdidas nos aeroportos ainda não é alarmante, mas não deixa de ser elevado. Como se explica o desvio de grande número de malas?

b) Releia esta frase: "Acontece **que** o 1% restante representa uma pilha anual de 8 milhões de volumes, **que** somem por causa de procedimentos-padrão ou por erros de percurso".
- Em que oração a palavra *que* é pronome relativo, podendo ser substituído por *os quais*? Qual é seu antecedente?
- Qual é a classe gramatical da palavra *que* na outra oração? O que ela introduz?
- Na terceira oração, "**ou** [somem] por erros de percurso", que sentido expressa a conjunção destacada?

c) Que orações do texto expressam uma condição? Que conjunção as introduz e como é classificada?

d) Releia este trecho: "Conforme o *check-in* avança, os quilos a mais vão se acumulando". Que outra(s) conjunção(ões) subordinativa(s) pode(m) substituir *conforme* na oração "Conforme o *check-in* avança", conservando o mesmo sentido? Explique.

e) Observe o emprego da palavra *como* nas frases a seguir e classifique-a quanto à classe gramatical a que pertence em cada caso.
- "**Como** cada devolução de mala perdida custa em média [...], elas estudam medidas [...]."
- "**Como** as malas se perdem nos aeroportos?"
- **Como** comprovam as estatísticas, não parece um grande problema.
- O depósito de malas era **como** um grande celeiro.

f) Transcreva do final do segundo parágrafo a oração introduzida pela conjunção *porque*. Essa conjunção exprime sentido de causa ou explicação? Por quê?

9 **Identifique a frase que apresenta incorreção na definição do valor semântico da conjunção subordinativa destacada e faça a correção.**

a) O governo vai construir mais aeroportos **a fim de que** a população fique bem atendida. (finalidade)

b) **Como** o dólar vem caindo, o governo tomou medidas **para que** a entrada dessa moeda diminua. (causa, finalidade)

c) **Quanto mais** a tecnologia avança, **mais** novidades são lançadas no mercado. (conformidade)

d) Com o aquecimento global, os dias estão cada vez **mais** quentes **do que** anos atrás. (comparação)

e) **Por mais que** mudasse o time, o técnico não conseguia vitórias. (concessão)

10 Leia o anúncio a seguir. Trata-se de uma peça publicitária relacionada à sustentabilidade feita pelo Ministério de Minas e Energia.

REPRODUÇÃO

a) Qual é o objetivo do Ministério de Minas e Energia com esse anúncio?

b) Observe a frase no alto do anúncio: "Se você trabalha pensando em sustentabilidade, este é o seu prêmio". Em sua opinião, o que significa "pensar em sustentabilidade"? Dê exemplos.

c) Que recursos apresentados no texto visam a envolver os leitores nessa campanha?

d) Em sua opinião, de que forma a imagem do anúncio e a frase que se encontra na parte superior dialogam?

e) Que conjunção foi empregada na frase que aparece no alto do anúncio e que sentido ela exprime?

f) Leia o texto abaixo da imagem e identifique as conjunções que ligam palavras e não orações, indicando o sentido que expressam.

g) Destaque do texto a oração em que foi empregada uma conjunção subordinativa temporal. Identifique qual é a conjunção.

11 Conforme a relação semântica que se pode observar entre as orações a seguir, una-as em uma só frase, usando uma destas conjunções subordinativas: *embora*, *desde que*, *como*, *(tão...) que*, *logo que*, *até que*, *que*.

a) O rapaz dirigia o carro em velocidade muito alta. Ele não conseguiu parar no sinal.
b) Alguns mineiros chilenos ficaram presos no fundo de uma mina. A equipe de socorro os resgatou.
c) O novo funcionário já foi promovido. Sua admissão ocorreu este ano.
d) Os jornais divulgaram a substituição do ministro. O povo já esperava.
e) Poderemos ir ao teatro amanhã. Não te atrases novamente.

12 Leia esta tira do Frank & Ernest:

FRANK & ERNEST — Bob Thaves

2011 UNITED MEDIA SYNDICATE/IPRESS

a) Em sua opinião, o que a personagem quis dizer com o comentário que fez sobre a roupa do amigo?
b) Que conjunção liga as orações da segunda frase da fala da personagem e que valor semântico ela apresenta no contexto? Explique.

Preposição

No texto

O fragmento a seguir foi tirado do livro de contos *O fio das missangas*, do escritor moçambicano Mia Couto (1955-). Observe o emprego de algumas palavras e construções e a linguagem do autor.

Missangas
Contas coloridas; no Brasil, miçangas.

Inundação

Há um rio que atravessa a casa. Esse rio, dizem, é o tempo. E as lembranças são peixes nadando ao invés da corrente. Acredito, sim, por educação. Mas não creio. Minhas lembranças são aves. A haver inundação é de céu, repleção de nuvem. Vos guio por essa nuvem, minha lembrança.

A casa, aquela casa nossa, era morada mais da noite do que do dia. Estranho, dirão. Noite e dia não são metades, folha e verso? Como podiam o claro e o escuro repartir-se em desigual? Explico. Bastava que a voz de minha mãe em canto se escutasse para que, no mais lúcido meio-dia, se fechasse a noite. Lá fora, a chuva sonhava, tamborileira. E nós éramos meninos para sempre.

Certa vez, porém, de nossa mãe escutámos o pranto. Era um choro delgadinho, um fio de água, um chilrear de morcego. Mão em mão, ficámos à porta do quarto dela. Nossos olhos boquiabertos. Ela só suspirou:

– *Vosso pai já não é meu. [...]*

COUTO, Mia. *O fio das missangas:* contos. São Paulo: Companhia das Letras, 2009. p. 25. (Fragmento).

Glossário

Ao invés da: contra a.

Repleção: estado ou condição do que está repleto.

Tamborileira: que fazia sons ou ruídos lembrando um tamboril (ou tamborim).

1. Que tipo de linguagem se observa no texto? Justifique sua resposta.
2. Segundo o texto, o narrador "acredita" por educação, mas não "crê". Em sua opinião, que diferença de sentido há entre os verbos *crer* e *acreditar* nesse contexto?
3. Para o narrador, as lembranças eram aves, e não peixes, como afirmavam alguns. Por quê? O que representavam as nuvens?
4. O que se pode concluir sobre o relacionamento entre a mãe e os filhos a partir do segundo parágrafo? Esclareça sua resposta.
5. No último parágrafo, em vez da "voz em canto", os filhos ouviram o choro da mãe. Explique a reação deles diante desse fato.
6. No terceiro parágrafo, observe o acento gráfico na primeira pessoa do plural do pretérito perfeito do indicativo das formas verbais *escutámos* e *ficámos*. Nesse caso, de que maneira elas são pronunciadas?
7. Escreva o sentido dos adjetivos destacados nas frases a seguir.
   - "Era um choro **delgadinho**."
   - "Nossos olhos **boquiabertos**."
8. Qual é a função das palavras destacadas nas expressões e frases a seguir? Que sentido cada uma delas expressa?
   a) "a voz **de** minha mãe"
   b) "Mão **em** mão"
   c) Vivo em um rio **sem** fundo.
   d) Preparo-me **para** ir ao cinema.
9. Qual é a função e o sentido das palavras destacadas nas frases a seguir?
   - "Vos guio **por** essa nuvem, minha lembrança."
   - "Como podiam o claro e o escuro repartir-se **em** desigual?"

Em contexto

Preposição e locução prepositiva

Existe uma relação de dependência entre palavras ligadas umas às outras por meio de outras palavras. Essas palavras podem relacionar um complemento a um verbo ou um nome a outro nome (*repartia **para** os filhos*, *brincadeira **de** criança*). As palavras com essa função são chamadas de **preposições**, e seu emprego adequado possibilita a construção de textos coesos e coerentes.

Principais preposições: *a*, *ante*, *após*, *até*, *com*, *contra*, *de*, *desde*, *em*, *entre*, *para*, *perante*, *por* (*per*), *sem*, *sob*, *sobre*, *trás*.

Quando um grupo de palavras tem o valor de uma preposição, temos uma **locução prepositiva**: ***Antes de** voltar para Zurique, o suíço foi **até a** casa ilhada.*

Exemplos de locuções prepositivas (terminadas geralmente com uma preposição, como a ou de): *a fim de*, *ao lado de*, *de acordo com*, *em lugar de*, *abaixo de*, *a par de*, *defronte de*, *em redor de*, *acerca de*, *a partir de*, *dentro de*, *em vez de*, *além de*, *apesar de*, *em favor de*, *para com*, *antes de*, *através de*, *em frente de*, *perto de*, *junto a*, *graças a*, *em frente a*, *por detrás de*, etc.

Observação

- Não se deve confundir **locução prepositiva** com **locução adverbial**. Neste último caso, nunca há uma preposição compondo a locução no final, mas sim no início da locução. Veja:

Viam ***de perto*** *o fenômeno da pororoca.* (**de perto**: locução adverbial)

O fato ocorreu ***perto de*** *sua casa.* (**perto de**: locução prepositiva)

Preposição é a palavra que liga duas outras palavras entre si, de modo que o sentido da primeira é completado pelo da segunda.

Locução prepositiva é o conjunto de palavras que representa o valor ou o emprego de uma preposição.

Combinação e contração de preposições

Há situações em que a preposição se une a outras palavras sem sofrer redução; nesses casos, ela dá origem a uma **combinação**. E, quando sofre redução pela fusão de duas vogais idênticas, origina uma **contração**.

Observe os exemplos que ocorrem nestas frases:

Mesmo com desconfiança em relação ***aos*** *produtos geneticamente modificados, não há mais como fugir* ***deles****.*

- **aos**: **a** + os (combinação)
- **deles**: **de** + eles (contração)

As malas ***dos*** *passageiros podem ficar* ***pelo*** *caminho ou* ***nos*** *depósitos.*

- **dos**: **de** + os (contração)
- **pelo**: **per** + o (contração)
- **nos**: **em** + os (contração)

O menino obedeceu ***às*** *ordens do pai e foi* ***à*** *escola.*

- **às**: **a** + as (contração)
- **à**: **a** + a (contração)

Sentidos das preposições

As preposições apresentam sentido próprio nas frases em que são utilizadas. Veja:

O documento está ***com*** *rasuras.* (sentido ou valor semântico: modo)

A chuva foi ***para*** *o sul.* (sentido ou valor semântico: direção)

Veja a seguir os principais sentidos ou valores semânticos expressos pelas preposições.

1. **Lugar** ou **origem**: *O escritor veio* ***de*** *Praga. O trem passava* ***por*** *Paranaguá. Estive* ***em*** *Manaus.*
2. **Especificação**: *Capitu tinha olhos* ***de*** *ressaca. Tenho um faro* ***de*** *cão.*
3. **Direção**: *O jornalista foi* ***a*** *Moscou. Fomos juntos* ***para*** *a praça.*
4. **Modo**: *A mulher andava* ***a*** *passos lentos. Olhou-me* ***com*** *surpresa.*
5. **Posse**: *Dei banho nos gatos* ***de*** *Maria. Devolvi as apostilas* ***de*** *Renato.*
6. **Tempo**: *O ônibus chegou* ***de*** *madrugada.* ***Em*** *meia hora, a chuva passou. Esperei-a* ***por*** *dois meses.*
7. **Distância**: *O aeroporto fica* ***a*** *cinco quilômetros daqui. Existe um posto policial* ***a*** *duas horas daqui.*

8. **Instrumento**: *O lavrador trabalha a terra* ***com*** *a enxada. A gaveta está trancada* ***a*** *chave.*
9. **Causa**: ***Com*** *a chuva, o calor diminuiu. Conseguiu a bolsa* ***por*** *ser estudioso. O carregador suava* ***de*** *calor.*
10. **Companhia**: *Festejou o aniversário* ***com*** *os colegas.*
11. **Finalidade**: *Trabalhava* ***para*** *o sustento da família.*
12. **Assunto**: *Gostamos de conversar* ***sobre*** *futebol e cinema.*

Preposições acidentais

Há palavras de outras classes gramaticais que, às vezes, funcionam como preposições, por isso são chamadas de **preposições acidentais**. Podem ser preposições acidentais as palavras *como*, *conforme*, *consoante*, *segundo*, *mediante*, *durante*, *visto*, etc. Observe estes exemplos:

Agia ***conforme*** *sua vontade dominadora.*

Fez as apresentações ***consoante*** *o costume.*

APLICAÇÃO

1 Leia uma estrofe de "Ideias íntimas", de Álvares de Azevedo, poeta do Romantismo brasileiro. O poema integra a segunda parte da obra *Lira dos vinte anos*, que em geral descreve a mulher como um ser comum, real. No fragmento a seguir, contudo, a mulher ainda apresenta certas características vistas na primeira parte da *Lira*.

VII

Em frente do meu leito, em negro quadro,
A minha amante dorme. É uma estampa
De bela adormecida. A rósea face
Parece em visos de um amor lascivo
De fogos vagabundos acender-se...
E com a nívea mão recata o seio...
Oh! quantas vezes, ideal mimoso,
Não encheste minh'alma de ventura,
Quando louco, sedento e arquejante,
Meus tristes lábios imprimi ardentes
No poento vidro que te guarda o sono!

AZEVEDO, Álvares de. Lira dos vinte anos. In: BUENO, Alexei (Org.). *Álvares de Azevedo*: obra completa. Rio de Janeiro: Nova Aguilar, 2000. p. 206. (Fragmento).

Glossário

Visos: vestígios, vislumbres.

Poento: poeirento, empoeirado.

a) Como o eu lírico apresenta sua visão da mulher nesses versos?

b) Apesar da idealização feminina, o amor no poema não expressa o lirismo romântico e o sentimentalismo característicos da primeira parte da *Lira dos vinte anos*. Esclareça essa afirmação, destacando passagens do texto.

c) Releia estes versos:

- "Em frente do meu leito, **em** negro quadro"
- "Parece **em** visos de um amor lascivo"

- Escreva o sentido da preposição *em* expresso em cada frase.
- Encontramos uma locução em um dos dois versos. Qual é ela?

d) Há diferença de sentido entre as ocorrências da preposição destacada nos versos a seguir? Explique.
- "É uma estampa / **De** bela adormecida"
- "Parece em visos **de** um amor lascivo"
- "**De** fogos vagabundos acender-se..."
- "Não encheste minh'alma **de** ventura"

e) No último verso do poema ocorre um caso de contração ou combinação? Explique.

f) Em que verso a preposição exprime o instrumento que a amada do eu lírico usa para proteger uma parte do corpo?

2 Leia as tiras do Hagar e do Garfield a seguir.

HAGAR — Chris Browne

2011 KING FEATURES SYNDICATE/IPRESS

GARFIELD — Jim Davis

GARFIELD, JIM DAVIS 2010 PAWS, INC. ALL RIGHTS RESERVED / DIST. UNIVERSAL UCLICK

a) Na primeira tira, como Hagar entende as palavras de Helga? Observe o sentido da preposição que ela utiliza em sua fala e interprete o que ela disse.

b) Por que não houve entendimento no diálogo entre Helga e Hagar? Como ela deveria se expressar?

c) Na segunda tira, como o quadrinista produziu humor?

d) O emprego de que preposição, na segunda tira, contribuiu para a construção do humor? Por quê?

3 Leia esta tira do Níquel Náusea:

NÍQUEL NÁUSEA — Fernando Gonsales

FERNANDO GONSALES

a) Explique a diferença de sentido no emprego da preposição *de* e da contração *do*, conforme a explicação de Níquel Náusea?

b) Considerando a resposta da questão anterior, com quem o rato estaria falando no primeiro quadrinho? Explique.

c) Como o quadrinista produziu humor na tira?

4 Leia a propaganda a seguir.

REPRODUÇÃO

a) Esse anúncio publicitário é uma homenagem ao Dia Mundial da Propaganda. O que a imagem representa e o que o texto em letras maiores destaca?

b) Que preposição empregada no anúncio expressa ideia de ausência ou de falta?

c) Nos trechos seguintes de frases do texto, identifique as preposições e o valor semântico de cada uma delas.
- "o suporte necessário para chegar a todos os segmentos"
- "que resultam em qualidade melhor"

d) Identifique no texto uma locução prepositiva e informe a ideia que ela expressa.

e) Releia este trecho: "**a** homenagem do Grupo Abril **a** todos que fazem **a** propaganda [...] brasileira". Distinga a preposição *a* do artigo definido *a*. Justifique.

5 Relacione as expressões aos sentidos da preposição *de* indicados.

• matéria • posse • delimitação • origem ou procedência • meio

a) cão **de** guarda
b) viagem **de** trem
c) mochila **de** Carlos
d) colher **de** alumínio
e) bacalhau **de** Portugal

6 **Leia esta tira do Garfield:**

GARFIELD — Jim Davis

a) Que recurso gráfico o quadrinista utilizou para sugerir o efeito causado pelo hálito de Garfield e de Oddie?
b) Identifique as preposições empregadas na tira e o valor semântico de cada uma.

7 **Leia o início de um conto do escritor amazonense Milton Hatoum, que narra a vida em um balneário de Manaus.**

A cidade ilhada

[...] Desprezávamos a velhice, ou a ideia de envelhecer; vivíamos perdidos no tempo, as tardes nos sufocavam, lentas: tardes paradas no mormaço. Já conhecíamos a noite: festas no Fast Clube e no antigo Barés, bailes a bordo dos navios da Booth Line, serenatas para a namorada de um inimigo e brigas na madrugada, lá na calçada do bar do Sujo, na praça da Saudade. Às vezes entrávamos pelos fundos do teatro Amazonas e espiávamos atores e cantores nos camarins, exibindo-se nervosamente diante do espelho, antes da primeira cena. [...]

HATOUM, Milton. *A cidade ilhada*. São Paulo: Companhia das Letras, 2009. p. 7. (Fragmento).

a) Por que as pessoas não se preocupavam com a velhice nesse lugar mencionado no texto?
b) Que referências no texto nos permitem destacar, nesse lugar, características próprias de uma cidadezinha?
c) Releia este trecho: "Já conhecíamos **a** noite: festas no Fast Clube e no antigo Barés, bailes **a** bordo dos navios da Booth Line, serenatas para **a** namorada de um inimigo e brigas na madrugada".
   - Em qual ocorrência *a* palavra *a* é preposição? Justifique sua resposta.
   - Com exceção de *dos*, que valor semântico expressam as demais contrações presentes no texto?
   - Que sentido apresenta a preposição *para* nesse trecho?
d) Quais são as duas locuções prepositivas que encontramos no texto? Que sentido elas exprimem?
e) Transcreva do texto as expressões em que ocorrem as contrações que correspondem à união dos elementos *a* + *as* e *per* + *os*.

8 O trecho a seguir foi extraído de uma crônica do escritor mineiro Carlos Drummond de Andrade e adaptado para esta atividade. A crônica narra a história de uma mulher que gosta de ajudar pessoas e animais.

Iniciativa

É sina ★ minha amiga penar ★ sorte ★ próximo, se bem que seja um penar jubiloso. Explico-me. Todo sofrimento alheio a preocupa, e acende ★ o facho ★ ação, que a torna feliz. Não distingue ★ gente e bicho quando tem ★ agir, mas como há inúmeras sociedades (★ verbas) ★ o bem dos homens, e uma só, ★ recursos, ★ o bem dos animais, é ★ última que gosta de militar. Os problemas aparecem-lhe ★ cardume, e parece que a escolhem ★ preferência ★ outras criaturas ★ menor sensibilidade e iniciativa.

ANDRADE, Carlos Drummond de. *Fala amendoeira*. Rio de Janeiro: Record, 1997. p. 175. (Fragmento adaptado). Carlos Drummond de Andrade © Grana Drummond – www.carlosdrummond.com.br.

a) Reescreva o texto, substituindo o sinal ★ pela preposição, combinação ou contração adequada.
b) Leia o texto reescrito e explique por que o narrador considera a atitude da amiga um "penar jubiloso".
c) Que tipo de atividade você consideraria "um penar jubiloso"? Por quê?
d) Segundo o texto, que características se observam, quase sempre, nas pessoas engajadas com o bem-estar alheio? Justifique sua resposta.

Interjeição

No texto

Leia este poema do poeta simbolista brasileiro Cruz e Sousa (1861-1893):

Tortura eterna

Impotência cruel, ó vã tortura!
Ó Força inútil, ansiedade humana!
Ó círculos dantescos da loucura!
Ó luta, ó luta secular, insana!

Que tu não possas, Alma soberana,
perpetuamente refulgir na Altura,
na Aleluia da Luz, na clara Hosana
do Sol, cantar, imortalmente pura.

Que tu não possas, Sentimento ardente,
viver, vibrar nos brilhos do ar fremente
por entre as chamas, os clarões supernos.

Ó Sons intraduzíveis, Formas, Cores!...
Ah! que eu não possa eternizar as dores
nos bronzes e nos mármores eternos!

SOUSA, João da Cruz e. *Broquéis*. Belo Horizonte: Horta Grande, 2002. p. 70.

Glossário

Insana: louca.
Refulgir: brilhar.
Aleluia: cântico da alegria.
Hosana: canto de ação de graças.
Fremente: agitado, trêmulo.
Supernos: superiores, supremos, soberanos.

1. A que "tortura" e "luta secular" o eu lírico se refere nesse soneto?
2. De acordo com o poema, como o eu lírico desejaria revelar sua dor em versos?
3. Nos versos há alusões à liturgia e à espiritualidade que dão conotação mística ao poema simbolista. Nesse caso, existe uma expressão de fé em Deus? Por quê?
4. Observe estes versos do poema:
   - "Que tu não possas, Alma soberana"
   - "Ah! que eu não possa eternizar as dores"

   a) Em que tempo e modo estão as formas verbais *possas* e *possa*? Explique seu emprego no texto.

   b) Explique a mudança do verbo da segunda pessoa do singular (segunda e terceira estrofes) para a primeira pessoa do singular (quarta estrofe).
5. De que maneira o eu lírico consegue transmitir sua carga emotiva e ansiedade no poema?

Em contexto

Interjeição e locução interjetiva

Você observou que, nos versos do poema com exclamações, ocorre o emprego de palavras que expressam apelos ou chamamentos e dor: "**Ó** Força inútil, ansiedade humana!"; "**Ó** círculos dantescos da loucura!"; "**Ó** luta, **ó** luta secular, insana!"; "**Ó** Sons intraduzíveis, Formas, Cores!..." (apelos); "**Ah**! que eu possa eternizar as dores nos bronzes e nos mármores eternos!" (dor). Essas palavras são chamadas de **interjeições**, e o conjunto de palavras que cumpre essa mesma função recebe o nome de **locução interjetiva**.

Classificação das interjeições

As interjeições e as locuções interjetivas são classificadas de acordo com o sentido que expressam em determinado contexto. Assim, a mesma palavra ou expressão pode exprimir emoções variadas. Veja a lista a seguir.

1. **Admiração ou espanto**: *Oh! Caramba! Opa! Nossa! Vixe! Meu Deus! Céus!*
2. **Advertência**: *Cuidado! Atenção! Alerta! Calma! Devagar! Alto!*
3. **Alegria**: *Viva! Oba! Eh! Que bom! Oh!*
4. **Ânimo**: *Avante! Ânimo! Vamos! Força! Irra!*
5. **Apelo ou chamamento**: *Alô! Hei! Ô! Ó! Psiu!*
6. **Aplauso**: *Viva! Bravo! Parabéns! Muito bem!*
7. **Aversão ou contrariedade**: *Droga! Raios! Xi! Ih! Essa não! O quê!*
8. **Concordância**: *Claro! Certo! Sim! Sem dúvida! Ok!*
9. **Desejo**: *Oxalá! Tomara! Pudera! Oh!*
10. **Dor**: *Ai! Ui! Ah! Oh!*
11. **Dúvida ou incredulidade**: *Hum! Pois sim! Qual o quê!*
12. **Medo**: *Cruzes! Credo! Ui! Ah!*
13. **Piedade ou lamento**: *Ai! Pobre de mim! Coitado! Que pena!*
14. **Reprovação ou desacordo**: *Ora! Francamente! Arre! Fora!*
15. **Saudação**: *Oi! Olá! Adeus! Tchau!*
16. **Silêncio**: *Silêncio! Basta! Chega! Psit!*
17. **Surpresa**: *Oh! Nossa! Credo!*

Observação

- Como você viu na relação, as interjeições são, muitas vezes, formadas por palavras de outras classes gramaticais.

Cuidado! *Não deixe o prato cair!* — substantivo transformado em interjeição

Ótimo! *Jantaremos juntos.* — adjetivo transformado em interjeição

Interjeição é a palavra invariável que exprime sensações, emoções, apelos, sentimentos e estados de espírito, traduzindo as reações das pessoas.

Locução interjetiva é o conjunto de duas ou mais palavras que exerce a função de interjeição: *Ora bolas! Macacos me mordam! Valha-me Deus!*

APLICAÇÃO

1 Leia esta tira do Hagar:

HAGAR — Chris Browne

a) O que caracteriza o humor na tira?

b) Que palavras, no texto, exprimem sentimentos, apelos, emoções, sensações ou estados de espírito?

2 Leia esta tira do Calvin:

O MELHOR DE CALVIN — Bill Watterson

a) Tendo em vista a reação da mãe de Calvin, quem seria o interlocutor dela ao telefone?

b) Observe a mudança gradativa no comportamento da mulher. Por que ela altera completamente sua atitude?

c) Que recursos o quadrinista usou para mostrar a alteração na atitude da mãe de Calvin?

d) Quais palavras na tira funcionam como interjeições? Que valor semântico elas exprimem?

3 O grupo musical brasiliense Legião Urbana fez muito sucesso na década de 1980. Leia a letra desta canção escrita por Renato Russo (1960-1996):

Vento no litoral

De tarde quero descansar
Chegar até a praia e ver
Se o vento ainda está forte
Vai ser bom subir nas pedras

Sei que faço isso pra esquecer
Eu deixo a onda me acertar
E o vento vai levando
Tudo embora...

Agora está tão longe
Ver a linha do horizonte me distrai
Dos nossos planos é que tenho mais saudade
Quando olhávamos juntos
Na mesma direção
Aonde está você agora
Além de aqui dentro de mim...

Agimos certo sem querer
Foi só o tempo que errou
Vai ser difícil sem você
Porque você está comigo
O tempo todo
E quando vejo o mar
Existe algo que diz
Que a vida continua
E se entregar é uma bobagem...

Já que você não está aqui!
O que posso fazer
É cuidar de mim
Quero ser feliz ao menos,
Lembra que o plano
Era ficarmos bem...

Eieieieiei!
Olha só o que eu achei
Humrun
Cavalos-marinhos...

RUSSO, Renato. Vento no litoral. Intérprete: Legião Urbana. In: Legião Urbana. *Legião Urbana V*. Brasil: EMI Music, 1991. 1 CD. Faixa 7.

a) Ao buscar um lugar tranquilo, o eu lírico encontra na praia seu refúgio. De que, na verdade, ele deseja descansar?

b) Como ele tenta apagar as possíveis lembranças que o fazem sofrer?

c) Que advérbio ou locuções adverbiais, na primeira estrofe, indicam circunstâncias de lugar?

d) Explique por que o eu lírico diz, na segunda estrofe, que "o vento vai levando tudo embora".

e) Releia a primeira estrofe. Em sua opinião, por que o eu lírico quer ir à praia? Justifique sua resposta com passagens do texto.

f) Que advérbio, nessa mesma estrofe, funciona como um pressuposto, sugerindo que o vento já esteve mais forte antes? Explique.

g) Na segunda estrofe, que palavra retoma e resume todo o conteúdo da primeira?

h) Aos poucos, o eu lírico vai falando de seu desencanto e revela o que o deixou meio perdido. Releia a terceira estrofe.
- Interprete o verso "Agora está tão longe". O que se distanciou do eu lírico?
- O que se pode concluir quanto ao motivo da separação?
- Que advérbio altera o sentido de outro advérbio? O que ele expressa?
- Que locução prepositiva une versos que apresentam advérbios de tempo e lugar? Qual é o seu sentido?

i) No verso "Dos nossos planos **é que** tenho mais saudade", da terceira estrofe, os termos destacados constituem uma locução expletiva ou de realce, pois podemos retirá-la do verso sem alterar-lhe o sentido.
- Com que objetivo essa locução foi empregada no verso?
- Que outro recurso estilístico se empregou nesse mesmo verso para realçar a expressão dos *nossos planos*?

j) Que palavras, na terceira estrofe, determinam ideia de tempo?

k) No último verso da terceira estrofe ocorre uma elipse, ou seja, a omissão de um termo. Explique-a.

l) De acordo com esse último verso, o eu lírico ainda não havia esquecido a pessoa amada, e esse fato se confirma na quarta estrofe.
- Por que ele prefere culpar o tempo pelo fracasso de seus planos?
- No verso "Agimos **certo** sem querer", a palavra destacada é adjetivo ou advérbio? Por quê?

m) Releia estes versos: "Vai ser difícil **sem** você" (quarta estrofe); "Era ficarmos **bem**..." (quinta estrofe). O que são e que sentido expressam as palavras destacadas?

n) Apesar da saudade, o eu lírico reage e procura novos caminhos. Releia a quinta e a sexta estrofes.
- Interprete o sentido deste verso: "Quero ser feliz ao menos".
- Na quinta estrofe, que sentido apresenta a locução conjuntiva subordinativa *já que*?
- Observe o emprego das interjeições na última estrofe. Em sua opinião, o que elas expressam?
- Que relação poderia haver entre o fato de o eu lírico ter achado cavalos-marinhos e a decisão que ele tomou?

o) Observe o emprego das reticências no final de todas as estrofes, com exceção da primeira. Que sentido elas apresentam no contexto?

4 Leia esta tira, em que Calvin e Haroldo dialogam sobre astrologia:

O MELHOR DE CALVIN

Bill Watterson

a) Explique por que Calvin acaba se contradizendo no último quadrinho.

b) O que exprimem as interjeições ditas por Calvin?

5 No poema "Esperanças", Álvares de Azevedo fala de seu amor infinito por alguém que só lhe trouxe desilusões. Leia, a seguir, algumas estrofes desse poema.

As esperanças que sonhei contigo,
Perdoa-me, que minto!

Oh! não me odeies, não! eu te amo ainda,
Como do peito a aspiração infinda
Que me influi o viver,
E como a nuvem de azulado incenso;
Como eu amo esse afeto único, imenso
Que me fará morrer!

Rompeste a alva túnica luzente
Que eu doirava por ti de amor demente
E aromei de abusões...
Deste-me em troca lágrimas acérrimas...
Ah! que morreram a sangrar misérrimas
As minhas ilusões!

AZEVEDO, Álvares de. Esperanças. In: BUENO, Alexei (Org.). *Álvares de Azevedo*: obra completa. Rio de Janeiro: Nova Aguilar, 2000. p. 174. (Fragmento).

Glossário

Influi: anima.

Aromei: perfumei, aromatizei.

Abusões: enganos, ilusões.

Acérrimas: muito acres, azedíssimas.

Misérrimas: extremamente miseráveis.

a) Como o eu lírico se sente em relação ao ser amado?

b) O que desfez as esperanças do eu lírico de ser amado e realizar seu sonho?

c) Em que versos o eu lírico expressa seu sofrimento com maior emoção? Que recursos linguísticos enfatizam sua dor?

d) Nesses mesmos versos, que valor semântico têm as interjeições?

6 Reescreva as frases, substituindo o símbolo (★) pela interjeição ou locução interjetiva adequada ao contexto.

a) ★ Que lugar estranho, escuro e deserto!

b) ★ Precisamos escutar as orientações do coordenador!

c) ★ A peça foi premiada no festival! ★ Vamos reapresentá-la!

d) ★ Não precisa falar alto! ★ Só quero entender os fatos!

e) ★ Foi uma grande vitória!

7 Leia esta tira do Hagar:

HAGAR — Chris Browne

2011 KING FEATURES SYNDICATE/IPRESS

a) Hagar e seus guerreiros hesitam diante de um aviso à porta de um bar. Será uma armadilha? O que você acha?

b) Quais termos presentes na fala do Hagar e do guerreiro são interjeições? Que sentido expressa cada uma delas?

8 Leia esta outra tira do Calvin:

O MELHOR DE CALVIN

Bill Watterson

a) Como Susi descobre que Calvin, mais uma vez, pretende enganá-la?

b) Que palavras ou expressões do texto exprimem reações, sensações, apelos ou estados de espírito?

Lista de exercícios | Visão do especialista | Questões do Enem e de vestibulares comentadas

RESUMO

Conjunção

- **Conjunção** – palavra que liga dois elementos de mesma natureza ou une orações: *O escritor deu a entrevista* ***e*** *autografou seus livros. O café* ***e*** *o bolo estavam deliciosos.*
- **Locução conjuntiva** – grupo de palavras que exerce a função de uma conjunção: *Irei ao clube,* ***contanto que*** *voltemos cedo.*
- As conjunções e as locuções conjuntivas classificam-se em:
  - **coordenativas** – ligam orações de sentido completo e independentes sintaticamente.
  - **subordinativas** – ligam orações de sentido incompleto e dependentes semântica e sintaticamente.
- As conjunções e as locuções conjuntivas coordenativas podem ser:
  - **aditivas** – ideia de adição: *e*, *nem*, *mas também*, etc.
  - **adversativas** – relação de oposição ou contraste: *mas*, *porém*, *todavia*, etc.
  - **alternativas** – relação de alternância ou exclusão: *ou... ou*, *ora... ora*, *quer... quer*, etc.
  - **conclusivas** – ideia de conclusão: *logo*, *por isso*, *portanto*, etc.
  - **explicativas** – introduzem explicação: *porque*, *pois*, *porquanto*, etc.
- As conjunções e as locuções conjuntivas subordinativas podem ser:
  - **condicionais** – indicam condição: *se*, *contanto que*, *caso*, *a menos que*, etc.
  - **causais** – exprimem causa: *porque*, *como*, *visto que*, etc.
  - **comparativas** – estabelecem comparação: *como*, *qual* (depois de *tal*), *quanto* (depois de *tão* ou *tanto*), etc.
  - **conformativas** – ideia de conformidade: *conforme*, *consoante*, *segundo*, etc.
  - **consecutivas** – indicam consequência: *que* (depois de *tal*, *tanto*, *tão* e *tamanho*), *de forma que*, *de modo que*, etc.

- **concessivas** – indicam concessão ou permissão: *embora*, *conquanto*, *mesmo que*, etc.
- **finais** – indicam finalidade: *para que*, *a fim de que*, *que*, etc.
- **temporais** – indicam tempo: *quando*, *assim que*, *depois que*, etc.
- **proporcionais** – indicam proporção: *à medida que*, *à proporção que*, etc.
- **integrantes** – completam o sentido da oração principal: *que*, *se*.

Preposição

- **Preposição** – palavra que liga dois termos, de forma que o segundo complete o sentido do primeiro: *Ele tem admiração **por** você.*
- **Locução prepositiva** – grupo de palavras que exerce a função de preposição: *O carteiro trabalha **debaixo de** chuva.*
- **Combinação** – ocorre quando a preposição se liga a outra palavra sem sofrer redução: *O tornado chegou **ao** Rio Grande do Sul* (ao = a + o).
- **Contração** – ocorre quando a preposição se une a outra palavra e sofre redução: ***Neste** mês há boas promoções* (neste = em + este).
- As preposições podem ter o sentido de **lugar** ou **origem**, **direção**, **modo**, **posse**, **tempo**, **distância**, **instrumento**, **causa**, **companhia** e **finalidade**, entre outros.
- **Preposições acidentais** – palavras de outras classes gramaticais que podem funcionar como preposições: *Conversamos muito **durante** o jantar.*

Interjeição

- **Interjeição** – palavra invariável que expressa emoções, sensações, estados de espírito ou apelos: ***Puxa!** Que maravilha, este lugar!*
- **Locução interjetiva** – grupo de palavras que exerce a função de uma interjeição. Exemplo: ***Sem dúvida!** Podemos ir juntos.*

  As interjeições podem expressar **admiração** ou **espanto**, **advertência**, **alegria**, **ânimo**, **apelo** ou **chamamento**, **aplauso**, **aversão** ou **contrariedade**, **concordância**, **desejo**, **dor**, **dúvida** ou **incredulidade**, **medo**, **piedade** ou **lamento**, **reprovação**, **saudação**, **silêncio**, **surpresa**, etc.

Parte 4

Morfossintaxe

Capítulo 15

Seleção e combinação das palavras

Morfossintaxe

No texto

Releia estes dois textos, que você já viu no estudo "Coesão textual", no capítulo 3:

Texto 1

Dia incandescente de sol. Ruas expostas ao calor. Corpos largados, sangue escuro, zumbido de insetos. Desolação.

Texto 2

O motorista parou o ônibus, pois o passageiro desceu. Além disso, ele andou e fez um cumprimento.

1. Existe relação de sentido entre as frases do texto 1? Qual é a ideia expressa nesse texto?
2. E no texto 2, há relação de sentido entre as orações e as frases? O que você entende dele?
3. De acordo com o que você já aprendeu, o que causa estranheza ao nomearmos como texto 1 e texto 2 os trechos apresentados?

Em contexto

Você já pôde observar que, nas frases, como também nas orações, as palavras se interligam ou se completam para dar um sentido aos enunciados. Há, portanto, uma **seleção** das palavras, de acordo com as classes gramaticais a que pertencem (substantivo, adjetivo, pronome, verbo, etc.) e uma **combinação** entre elas. Se essa seleção ou combinação não for adequada, acabará por comprometer a continuidade de sentido, como aconteceu com o texto 2 acima.

A **morfologia** estuda as classes gramaticais, enquanto a **sintaxe** ocupa-se da combinação das palavras. Mas não se pode separar uma da outra, pois a produção de enunciados é feita com base na forma das palavras (morfologia) e na função que elas exercem no contexto (sintaxe). Portanto, a construção de frases constitui um processo relacionado à **morfossintaxe**.

Frase, oração e período

No texto

Leia estes versos da poetisa goiana Cora Coralina (1889-1985):

A escola da Mestra Silvina

Minha escola primária...
Escola antiga de antiga mestra.
Repartida em dois períodos
para a mesma meninada,
das 8 às 11, da 1 às 4.
Nem recreio, nem exames.
Nem notas, nem férias.
Sem cânticos, sem merenda...
Digo mal – sempre havia
distribuídos
alguns bolos de palmatória...
A granel?
Não, que a Mestra
era boa, velha, cansada, aposentada.
Tinha já ensinado a uma geração
antes da minha.

A gente chegava "– Bença, Mestra."
Sentava em bancos compridos,
escorridos, sem encosto.
Lia alto lições de rotina:
o velho abecedário,
lição salteada.
Aprendia a soletrar.

[...]

Banco dos meninos,
Banco das meninas.
Tudo muito sério.
Não se brincava.
Muito respeito.
Leitura alta.
Soletrava-se.
Cobria-se o debuxo.
Dava-se a lição.
Tinha dia certo de argumento
com a palmatória pedagógica
em cena.
Cantava-se em coro a velha tabuada.

Velhos colegas daquele tempo...
Onde andam vocês?

[...]

E a Mestra?...
Está no Céu.
Tem nas mãos um grande livro de ouro
e ensina a soletrar
aos anjos.

Glossário

A granel: em grande quantidade; a rodo.

Debuxo: esboço, rascunho.

CORALINA, Cora. *Poemas dos becos de Goiás e estórias mais*. São Paulo: Global, 1985. p. 75-76, 78. (Fragmento).

1. Como ocorre nesse poema, grande parte da obra de Cora Coralina se baseia em lembranças pessoais e fatos de sua terra natal.
   a) Observe o emprego das reticências no primeiro verso. Que efeito essa pontuação confere ao verso?
   b) Explique o sentido que as repetições produzem nos versos a seguir.
   - "Escola **antiga** de **antiga** mestra."
   - "**Nem** recreio, **nem** exames."
   - "**Nem** notas, **nem** férias."
   - "**Sem** cânticos, **sem** merenda..."
2. Antigamente, os alunos eram punidos com a palmatória, peça de madeira circular usada como instrumento de castigo. Com base nessa informação, explique o que o eu lírico quis dizer ao utilizar a expressão *bolos de palmatória*.
3. Segundo o texto, a mestra era tratada com respeito pelos alunos.
   a) Comprove essa afirmativa com base na segunda e na terceira estrofes.
   b) Explique o significado destes versos na primeira estrofe: "Tinha dia certo de argumento / com a palmatória pedagógica / em cena".

4. Releia esta estrofe final do poema: "E a Mestra?... / Está no Céu. / Tem nas mãos um grande livro de ouro / e ensina a soletrar / aos anjos".
   a) As três frases apresentam sentido completo. Por quê?
   b) Qual frase apresenta uma estrutura diferente das outras duas? Explique a diferença.

5. Um enunciado em que não há verbo é chamado de **frase nominal**. Transcreva alguns exemplos de frases nominais do poema.

6. Um enunciado que está estruturado com base em um verbo ou locução verbal é chamado de **oração**. Há, portanto, enunciados com uma ou mais orações. Transcreva da primeira estrofe as frases com uma ou mais orações.

Em contexto

A frase organizada em uma ou mais orações constitui um **período**. No poema lido, portanto, as frases com verbos identificadas na primeira estrofe formam três períodos.

O primeiro apresenta duas orações: "**Digo** mal –" e "sempre **havia** distribuídos alguns bolos de palmatória...". No segundo e terceiro períodos, há apenas uma oração em cada um: "Não, que a Mestra **era**, boa, velha, cansada, aposentada" e "**Tinha** já **ensinado** a uma geração antes da minha".

De acordo com o número de orações, o período pode ser **simples**, quando há somente uma oração, ou **composto**, quando apresenta duas ou mais orações. Observe:

*"**Cantava-se** em coro a velha tabuada."* (período simples – uma só oração)

*"**Tem** nas mãos um grande livro de ouro / e **ensina** a **soletrar** / aos anjos."* (período composto – três orações)

> **Frase** é o enunciado que estabelece uma comunicação de sentido completo.
> **Oração** é o enunciado que apresenta verbo ou locução verbal.
> **Período** é enunciado formado por uma ou mais orações. É **simples** quando apresenta uma só oração e **composto** quando se constitui de duas ou mais orações.

Sujeito e predicado

No texto

Leia esta tira do Hagar:

HAGAR Chris Browne

1. Pode-se dizer que a intenção de Hagar foi boa, mas por que parece não ter agradado a Helga?

2. A quem Hagar possivelmente se referia ao dizer que o chamariam de molenga?

3. Em "mas decidi dizer algo gentil pra quebrar o gelo!", há uma expressão metafórica. Qual é? Reescreva a frase em seu sentido literal ou objetivo.

4. Divida esta oração em dois termos: "Helga e eu não nos falamos". Em seguida, responda: A quem se refere a ação verbal? Qual é a informação obtida? Por que o verbo está no plural?

Em contexto

Geralmente, uma oração apresenta dois termos essenciais: o **sujeito**, que é o termo (ser ou seres) sobre o qual se declara alguma coisa; e o **predicado**, que é o que se declara do sujeito. Todo predicado tem um verbo, que, salvo casos especiais, deve concordar com o sujeito.

Retome a oração que você analisou acima: "Helga e eu não nos falamos". O verbo *falar* está flexionado na primeira pessoa do plural, concordando com o sujeito, que é constituído de duas pessoas (*Helga* e o pronome *eu*, que substitui *Hagar*). Observe:

*"**Helga e eu** não nos **falamos**"*

sujeito (plural) — predicado (com o verbo no plural, concordando com o sujeito)

Quando a oração está organizada na ordem direta (sujeito + verbo + complementos + adjuntos), fica mais fácil a identificação do sujeito e do predicado.

Observe, por exemplo, esta oração: *Quando sai o jantar?*

Ela se apresenta com seus termos colocados em ordem indireta.

Na ordem direta, teríamos: *Quando o jantar sai?* Desse modo, fica mais fácil identificar o sujeito (*o jantar*) e o predicado (*quando sai?*)

Sujeito é o elemento (ser ou seres) de quem se declara alguma coisa.

Predicado é tudo o que se diz sobre o sujeito. Todo predicado apresenta um verbo, que geralmente concorda em número e pessoa com o sujeito.

Tipos de sujeito

Como foi dito, o sujeito é o elemento da oração (ser ou seres) de quem se declara alguma coisa. A palavra mais significativa do sujeito é chamada de **núcleo do sujeito**, que pode vir acompanhado de outros termos. Há sujeitos com um ou mais núcleos.

Observe esta oração do poema de Cora Coralina:

*"A **gente** chegava '– Bença, Mestra'."*

sujeito (núcleo: gente)

Considerando essa e outras situações, existem quatro tipos de sujeito: **simples**, **composto**, **oculto** e **indeterminado**. Há também **oração sem sujeito**. Vamos ver, a seguir, caso a caso.

Sujeito simples

Observe estas orações extraídas de versos do poema "A escola da Mestra Silvina", de Cora Coralina:

*"**A casa da escola** inda é a mesma."*

*"**Quantos de vocês** respondem esta chamada de saudades?"*

Na primeira oração, o sujeito é *a casa da escola* e seu núcleo é ***casa***; na segunda, o sujeito é *quantos de vocês* e o núcleo é ***quantos***. Nos dois casos, o sujeito da oração é constituído por um só núcleo, por isso é chamado de **sujeito simples**.

> **Sujeito simples** é aquele que apresenta um só núcleo.

Sujeito composto

Observe os sujeitos destas orações (uma delas extraída da tira do Hagar analisada anteriormente):

*"**Helga e eu** não nos falamos"*

***Minha escola primária e antiga mestra** me dão saudades.*

Há mais de um núcleo no sujeito de cada oração. Na primeira, os núcleos são ***Helga*** e ***eu***; na segunda, ***escola*** e ***mestra***. Nos dois casos, o sujeito da oração apresenta dois núcleos, por isso é chamado de **sujeito composto**.

> **Sujeito composto** é aquele que apresenta mais de um núcleo.

Observação

- O sujeito simples e o sujeito composto também são denominados **sujeitos determinados**, por se acharem expressos na oração.

Sujeito oculto

Há orações em que o sujeito não está expresso (escrito), mas é possível identificá-lo pela desinência verbal ou pela sua existência em oração anterior. Nesse caso é chamado de **sujeito oculto**, **implícito** ou **desinencial**.

Observe estas duas orações, extraídas da tira do Hagar e do poema de Cora Coralina:

*"Mas decid**i** dizer algo gentil"* – sujeito oculto: *eu* (***eu** decidi*)

*"Tinh**a** já ensinado a uma geração antes da minha."* – sujeito oculto: *ela*, a Mestra (***ela** já tinha ensinado*), que ocorreu em oração anterior no contexto.

> **Sujeito oculto** (**implícito** ou **desinencial**) é aquele que está subentendido na desinência ou terminação verbal.

Observação

- Há gramáticos que também consideram o sujeito oculto um **sujeito determinado**, tendo em vista o fato de ele ser facilmente identificável na oração.

Sujeito indeterminado

Às vezes não é possível identificar o sujeito da oração ou não se quer expressá-lo claramente. Nesse caso, temos um **sujeito indeterminado**.

Observe, por exemplo, esta oração da tira do Hagar:

*"**Podem** me chamar de molenga"*

O verbo *poder* está flexionado na terceira pessoa do plural (*podem*), mas não se refere a nenhum sujeito nem expresso nem oculto na oração, e nem mesmo identificado anteriormente em outra oração. Trata-se, portanto, de uma oração com sujeito indeterminado.

Compare o caso anterior com o que ocorre nesta frase:

Eles soletravam e ***liam** alto.*

1ª oração — 2ª oração

O sujeito da segunda oração (*e liam alto*) é *eles*, que aparece expresso na primeira oração (*Eles soletravam*) mas se apresenta oculto na segunda. Não se trata, portanto, de um caso de sujeito indeterminado.

O sujeito indeterminado pode ser indicado de duas formas:

a) Com o verbo na terceira pessoa do plural, sem que se possa ou se queira expressar o sujeito.

***Vinham** cedo para a escola.*

***Faziam** planos para o futuro.*

b) Com o verbo flexionado na terceira pessoa do singular acompanhado pelo pronome *se*, que funciona como **índice de indeterminação do sujeito**. Essa forma somente se aplica quando o verbo for **transitivo indireto**, **intransitivo** ou **de ligação**.

***Acredita-se** em sua recuperação.* (*acreditar*: verbo transitivo indireto)

***Brinca-se** durante o recreio.* (*brincar*: verbo intransitivo)

*Neste lugar se **fica** incomunicável.* (*ficar*: verbo de ligação)

Sujeito indeterminado é aquele que não está explícito na oração, não sendo possível identificá-lo pela desinência verbal.

Observação

- Quando o verbo for **transitivo direto** ou **transitivo direto e indireto**, a palavra *se* funciona como **pronome apassivador**, e o sujeito é determinado (simples ou composto). O verbo, nesse caso, apresenta-se na voz passiva sintética. Veja:

Atribuem-se ***as mudanças*** *ao efeito estufa.*

verbo na voz passiva (sintética) — sujeito simples (determinado)

Observe como ficaria na voz passiva analítica:

As mudanças *são atribuídas ao efeito estufa.*

sujeito simples (determinado)

Veja este outro exemplo:

Não se usava ***quadro-negro****.*

verbo na voz passiva (sintética) — sujeito simples (determinado)

Observe como ficaria na voz passiva analítica:

Quadro-negro *não era usado.*

sujeito simples (determinado)

Oração sem sujeito

Há orações em que não se atribui a nenhum ser o que se está afirmando. Isso ocorre nos casos em que o verbo da oração é **impessoal**, apresentando-se conjugado na terceira pessoa do singular. Diz-se, então, que temos uma **oração sem sujeito**.

É o que ocorre, por exemplo, nas orações a seguir (uma delas extraída do poema "A escola da Mestra Silvina", de Cora Coralina), em que o verbo *haver* é impessoal (*haver* = = *existir*). Observe que o verbo *haver* está conjugado na terceira pessoa do singular:

*Não **houve** chamada no dia de hoje.*

*"sempre **havia** distribuídos alguns bolos de palmatória..."*

A oração sem sujeito ocorre nos seguintes casos:

a) Com o verbo *haver* no sentido de "existir".

__Há__ lugares interessantes nesta cidadezinha.

b) Com os verbos *fazer*, *haver* e *ir* referindo-se a tempo decorrido.

__Faz__ meses que estive com ela.

__Há__ dias o Cláudio não liga para mim.

__Ia__ o período da primeira safra de feijão.

c) Com o verbo *ser* indicando tempo em geral.

__Era__ uma época de verões intensos.

d) Com os verbos que denotam fenômenos da natureza: *chover*, *ventar*, *nevar*, *trovejar*, *relampejar*, etc.

*Ontem, no final da tarde, **ventou** muito.*

__Choveu__ muito forte hoje pela manhã.

Observação

- Quando o verbo que exprime fenômeno da natureza está empregado em sentido figurado, o sujeito é determinado, classificando-se como simples ou composto.

__Os campos__ amanheceram cobertos de girassóis.

sujeito determinado (simples)

Oração sem sujeito é aquela formada apenas pelo predicado, cuja declaração não se refere a nenhum ser.

APLICAÇÃO

1 Leia esta nota jornalística:

A gripe... canina

Assim como os seres humanos, os animais domésticos têm mais chances de ficar gripados no inverno – e essa gripe pode se transformar numa pneumonia e pôr em risco a vida deles. Tosses, espirros, secreção nasal e febre são alguns dos sintomas das doenças respiratórias em cães e gatos. *Época* ouviu veterinários que dão dicas para prevenir e identificar as infecções nos animais.

Época, São Paulo, p. 26, 10 ago. 2009.

a) Essa nota resume o conteúdo da reportagem publicada no interior da revista. Qual é o assunto abordado?

b) Em sua opinião, o que o autor do texto quis sugerir, no título, com o uso das reticências após o substantivo *gripe*?

c) No primeiro período do texto, qual é o sujeito da forma verbal *têm*? Como ele se classifica? Por quê?

d) Observe que o segundo período do texto é simples. Transcreva-o e identifique o sujeito da oração que o constitui. Depois, classifique o sujeito, justificando sua resposta.

e) Releia o último período: "*Época* ouviu veterinários que dão dicas para prevenir e identificar as infecções nos animais".

- Identifique o sujeito da forma verbal *dão* e classifique-o, destacando a classe gramatical a que pertence.

2 Leia os textos a seguir, do poeta gaúcho Mario Quintana.

Texto 1

LXVI. Dos defeitos e das qualidades

Diz o Elefante às Rãs que em torno dele saltam:
"Mais compostura! Ó Céus! Que piruetas incríveis!"
Pois são sempre, nos outros, desprezíveis
As qualidades que nos faltam...

QUINTANA, Mario. In: CARVALHAL, Tânia Franco (Org.). *Mario Quintana*: poesia completa. Rio de Janeiro: Nova Aguilar, 2008. p. 223. © by Elena Quintana.

a) Em sua opinião, qual é a crítica feita pelo eu lírico nesses versos?

b) No poema, os animais são personificados e transmitem-nos um ensinamento moral. Que gênero narrativo apresenta essas características?

c) Observe a construção dos versos e a disposição das palavras no contexto. Por que há várias inversões na ordem dos termos? Como se chama essa figura de estilo?

d) Identifique o sujeito das formas verbais *diz*, *saltam*, *são* e *faltam*.

e) Em que verso há somente frases nominais? Transcreva-as e esclareça o que elas expressam.

Texto 2

XCVI. Dos hóspedes

Esta vida é uma estranha hospedaria,
De onde se parte quase sempre às tontas,
Pois nunca as nossas malas estão prontas,
E a nossa conta nunca está em dia...

QUINTANA, Mario. In: CARVALHAL, Tânia Franco (Org.). *Mario Quintana*: poesia completa. Rio de Janeiro: Nova Aguilar, 2008. p. 229. © by Elena Quintana.

a) Que interpretação se pode dar à linguagem figurada empregada nesses versos?

b) A **metáfora** é uma figura de linguagem em que se emprega uma palavra fora de seu sentido próprio com base numa comparação subentendida. Qual é a metáfora encontrada no primeiro verso? Interprete-a.

c) Qual é o sujeito da oração "De onde se parte quase sempre às tontas"? Justifique sua resposta.

d) Identifique o sujeito das orações que formam os outros versos, destaque o núcleo de cada um desses sujeitos e classifique o sujeito.

3 Em geral, os anúncios publicitários divulgam no mercado o lançamento de novos produtos, novas marcas e campanhas realizadas por empresas. Leia o anúncio a seguir.

REPRODUÇÃO

a) No anúncio em estudo, qual é o objetivo do anunciante?
b) No texto verbal, na parte inferior do anúncio, que argumentos o anunciante destacou para influenciar o público-alvo?
c) Explique a relação entre o título do anúncio, na parte superior, e a imagem ao centro.
d) No título do anúncio, os dois enunciados são frases ou orações? Esclareça sua resposta.
e) Que frases nominais podem ser observadas nesse anúncio?
f) Os períodos formados pelas orações que aparecem na capa do livro são simples ou compostos? Quais são eles?
g) Quantos são os períodos compostos encontrados no texto abaixo da imagem? Quantas orações apresentam os dois primeiros?
h) Transcreva do anúncio uma oração com sujeito simples, outra com sujeito composto e outra com sujeito oculto. Identifique os sujeitos.

4 Leia o texto a seguir, que é um trecho de uma crônica de Lya Luft, autora de obras consagradas pela opinião pública, como *Perdas e ganhos*, publicada em 2003. Além do engajamento com questões sociais, a temática da escritora revela uma inquietação diante dos mistérios da existência humana.

Somos gente

Decretaram que pessoas com mais de sessenta anos merecem alguns benefícios.

Há mais tempo decretaram que negro era gente. Há menos tempo que isso decretaram que mulher também era gente, pois podia votar.

Mas voltando aos com mais de sessenta: decretaram coisas que deveriam ser naturais numa sociedade razoável. Não as vejo como benefícios mas como condições mínimas de dignidade e respeito. Benefício tem jeito de concessão, caridade. Coisas como não lhes cobrarem mais pelo seguro saúde porque estão mais velhos, na idade em que possivelmente vão de verdade começar a precisar de médico, remédio, hospital, não deveriam ser impostas por decreto.

Decretaram também que depois dos sessenta as pessoas podem andar de graça no ônibus e pagar meia entrada no cinema. Perceberam, pois, que após os sessenta as pessoas ainda se locomovem e se divertem. Pensei que achassem que nessa altura a gente ficasse inexoravelmente meio inválido e... invalidado.

Que sociedade esquisita esta nossa, em que é preciso decretar que em qualquer idade a gente é gente.

[...]

LUFT, Lya. *Pensar é transgredir.* Rio de Janeiro: Record, 2005. p. 137. (Fragmento).

a) A crônica é um gênero de texto que apresenta fatos do cotidiano para a reflexão do leitor. Há vários tipos de crônica: narrativa, de humor, dissertativa, etc. A crônica acima é do tipo dissertativo: que fato da nossa realidade é mencionado no texto?

b) No texto, a autora da crônica expressa opiniões pessoais sobre o assunto tratado. O que ele acha da concessão de benefícios aos que têm mais de sessenta?

c) Em que parágrafo do texto se percebe certa ironia em relação a outras concessões aos idosos? Justifique.

d) Quando usamos um adjetivo, a característica atribuída ao ser parece natural, inerente a ele. Já o uso do particípio denota a voz passiva, isto é, a característica parece ter sido dada, gerada ou causada por outrem. Considerando essa informação, explique o jogo de palavras em "Pensei que achassem que nessa altura a gente ficasse inexoravelmente meio **inválido** e... **invalidado**".

e) Destaque as orações em que os sujeitos são indeterminados. Em sua opinião, por que se empregou esse tipo de sujeito?

f) Identifique no texto as orações sem sujeito.

g) No terceiro parágrafo, qual é o sujeito da locução verbal *não deveriam ser impostas*? Qual é seu núcleo e como ele se classifica?

Predicado

No texto

Leia este trecho de uma crônica de Vinicius de Moraes:

Menino de ilha

Às vezes, no calor mais forte, eu pulava de noite a janela com pés de gato e ia deitar-me junto ao mar. Acomodava-me na areia como uma cama fofa e abria as pernas aos alíseos e ao luar; e em breve as frescas mãos da maré-cheia vinham coçar meus pés com seus dedos de água.

Era indizivelmente bom. Com um simples olhar podia vigiar a casa, cuja janela deixava apenas encostada; mas por mero escrúpulo. Ninguém nos viria nunca fazer mal. Éramos gente querida na ilha, e a afeição daquela comunidade pobre manifestava-se constantemente em peixe fresco, cestas de caju, sacos de manga-espada. E em breve perdia-me naquela doce confusão de ruídos...

[...]

MORAES, Vinicius de. In: BUENO, Alexei (Org.). *Vinicius de Moraes*: poesia completa e prosa. Rio de Janeiro: Nova Aguilar, 1998. p. 914. (Fragmento). Os direitos relativos ao uso da crônica de autoria de Vinicius de Moraes foram autorizados pela VM Empreendimentos artísticos e culturais Ltda., além de: © VM e © Cia. das Letras (Editora Schwarcz).

Glossário

Alíseos: ventos que sopram em certas partes do planeta.

Escrúpulo: atitude cuidadosa, zelo.

1. Observe o lirismo e a subjetividade da linguagem. Identifique, no primeiro parágrafo, o emprego de uma comparação, uma personificação e uma metáfora, interpretando cada uma dessas figuras.
2. De acordo com o segundo parágrafo, a ilha era um lugar tranquilo e acolhedor. Em sua opinião, quais comportamentos das personagens seriam incomuns nos dias de hoje, principalmente nos grandes centros urbanos? Por quê?
3. Releia este período: "Éramos gente querida na ilha, e a afeição daquela comunidade pobre manifestava-se constantemente em peixe fresco, cestas de caju, sacos de manga-espada". Agora, observe a separação das orações que formam esse período:
   - primeira oração: "Éramos gente querida na ilha,";
   - segunda oração: "e a afeição daquela comunidade pobre manifestava-se constantemente em peixe fresco, cestas de caju, sacos de manga-espada."
   - Já vimos que, excluindo o sujeito, o restante da oração é o predicado, e que este contém o que se afirma sobre aquele. Qual é, então, o sujeito e o predicado de cada uma das orações?

Predicado é a parte da oração que encerra a declaração ou a informação sobre o sujeito. Nele se encontra a ação e/ou o estado referente ao sujeito.

Em contexto

Predicação verbal

Observe estas duas orações extraídas da crônica de Vinicius de Moraes:

"***Éramos*** *gente querida na ilha.*"

"*eu* ***pulava*** *de noite a janela*"

Na primeira oração, o verbo *ser* (*éramos*) liga a característica *gente querida da ilha* ao sujeito *nós* (oculto). E, na segunda, o verbo *pular* (*pulava*) expressa uma ação do sujeito *eu*.

Os verbos que ligam o sujeito a sua(s) característica(s) ou a seu estado são chamados **verbos de ligação** ou **de estado**. Veja:

"*[Nós]* → ***éramos*** → *gente querida na ilha.*"

[Nós]	***éramos***	*gente querida na ilha.*
sujeito oculto	verbo de ligação	característica do sujeito

O menino → ***estava*** → *feliz.*

O menino	***estava***	*feliz.*
sujeito	verbo de ligação	estado do sujeito

Os verbos que expressam uma ação do sujeito (eu *pulava*) ou um fenômeno meteorológico (*choveu*) recebem o nome de verbos **significativos** ou **nocionais**.

Predicação é a forma como o verbo se relaciona com seu sujeito. Há dois grupos de verbos: **de ligação** ou **de estado** e **significativos** ou **nocionais**.

Verbos de ligação ou de estado

Observe os verbos destacados nestas orações:

O banho de mar ***era*** *indizivelmente bom.*

Nessa idade, a gente não ***fica*** *inválido ou invalidado.*

Na primeira oração, o verbo *ser* (*era*) liga a qualidade (*bom*) ao sujeito da oração (*o banho de mar*). Na segunda, o verbo *ficar* (*fica*) liga o sujeito (*a gente*) a seu estado (*inválido ou invalidado*). No contexto das orações analisadas, os verbos *ser* e *ficar* são verbos de ligação.

Verbo de ligação é aquele que liga o sujeito a suas qualidades e características ou a seu estado.

Verbos significativos

Releia estas orações da crônica "Menino de ilha" e observe os verbos:

"***Acomodava****-me na areia como uma cama fofa*"

"*Com um simples olhar* ***podia vigiar*** *a casa*"

Os verbos *acomodar* (*acomodava-me*), na primeira oração, e *vigiar* (da locução verbal *podia vigiar,* em que *vigiar* é o verbo principal), na segunda oração, expressam a ação do sujeito *eu*. Esses verbos são, portanto, verbos significativos.

Verbo significativo é aquele que expressa ações do sujeito ou fenômenos meteorológicos (fenômenos da natureza).

Transitividade verbal

No texto

Leia a seguir um poema da autora carioca Roseana Murray (1950-), que já recebeu diversos prêmios por sua obra poética.

Receita de olhar

nas primeiras horas da manhã
desamarre o olhar
deixe que se derrame
sobre todas as coisas belas
o mundo é sempre novo
e a terra dança e acorda
em acordes de sol

faça do seu olhar imensa caravela

MURRAY, Roseana. *Receita de olhar*. São Paulo: FTD, 1997. p. 44.

1. Podem-se observar, no poema, características textuais de uma receita culinária, como o emprego de verbos no imperativo e frases que visam instruir o leitor.
   a) Segundo o eu lírico, como deve ser nosso olhar pela manhã, quando iniciamos o dia?
   b) Com base no poema, explique por que é sempre possível ver o mundo com alegria.
   c) Interprete o último verso: "faça do seu olhar imensa caravela".
2. Observe a construção do poema. Em sua opinião, que efeito produz a ausência de pontuação nos versos? Considere o conteúdo do texto para responder.
3. Releia estes versos: "nas primeiras horas da manhã / **desamarre** o olhar".
   a) Qual é o sujeito dessa oração? Como ele se classifica? Observe o sentido e a flexão do verbo.
   b) Leia a oração até a forma verbal *desamarre*, sem o termo o *olhar*. O que você observa quanto ao sentido da oração? Explique.
4. Observe as orações "e a terra **dança** e **acorda** / em acordes de sol". A ideia (ação) expressa pelos verbos *dançar* e *acordar* em referência ao sujeito (*a terra*) está completa ou não? Explique por quê.

Em contexto

Como você observou em "desamarre o olhar", o verbo *desamarrar* exige um complemento (*o olhar*) para expressar uma ideia (ação) de sentido completo. Nesse caso, o verbo é chamado de **transitivo**.

Em "e a terra dança e acorda", os verbos *dançar* e *acordar* não exigem complemento, isto é, eles expressam uma ideia (ação) completa. Nesse caso, o verbo é chamado de **intransitivo**.

Transitividade verbal é a propriedade de os verbos terem ou não um termo como complemento.

Transitivo é o verbo que necessita de complemento, e **intransitivo** é aquele que não precisa de complemento, isto é, expressa uma ideia completa.

Releia, agora, estes versos do poema de Roseana Murray e observe como o complemento dos verbos destacados vem ligado a eles:

- "***desamarre*** *o olhar*"
  complemento do verbo *derramar*

- "***deixe*** *que se derrame / sobre todas as coisas belas*"
  complemento do verbo *deixar*

Em "desamarre o olhar", observe que o complemento *o olhar* vem ligado diretamente ao verbo *desamarrar*, isto é, sem preposição. Nesse caso, chamamos o verbo de **transitivo direto**. O mesmo ocorre em "deixe que se derrame sobre todas as coisas belas": o complemento *que se derrame sobre todas as coisas* vem ligado ao verbo *deixar* sem preposição.

Observe, agora, os verbos destacados nestas orações:

preposição

Eu ***pensei*** *em coisas belas esta manhã.*

complemento do verbo *pensar*

preposição (*de* + *o*)

A felicidade ***depende*** *do olhar de cada pessoa.*

complemento do verbo *depender*

Nesses dois casos, os complementos *em coisas belas* e *do olhar de cada pessoa* vêm ligados ao verbo por meio de preposição (*em* e *de*, respectivamente). Dizemos, então, que o verbo é **transitivo indireto**.

Veja, agora, o que ocorre neste outro verso do poema de Roseana Murray:

preposição (*de* + *o*)

"***faça*** *do seu olhar imensa caravela*"

complemento do verbo *fazer* — complemento do verbo *fazer*

O verbo *fazer* precisa de dois complementos para ter sentido completo: *do seu olhar* e *imensa caravela*, o primeiro deles ligado ao verbo por meio de preposição (*de* + *o*) e o outro, sem preposição.

Quando requer dois termos para completar seu sentido, um deles ligado por meio de preposição e o outro sem o auxílio dela, o verbo é chamado de **transitivo direto e indireto**.

Transitivo direto é o verbo que necessita de complemento ligado a ele sem auxílio de preposição.

Transitivo indireto é o verbo que precisa de complemento ligado a ele por meio de preposição.

Transitivo direto e indireto é o verbo que exige dois complementos: um deles sem preposição e o outro, com preposição.

Tipos de predicado

No texto

Leia a seguir um poema do paulista Ulisses Tavares (1950-), que já escreveu obras de diferentes gêneros. Seu estilo é conciso e ele aborda, em geral, temas sociais.

Saudade

releio seu bilhete
beijo sua foto
e ando assim sozinho
um jeito meio perdido
e meio tonto
de quem vai encontrar
você ali,
naquela rua que nem percebi
que já passei.

TAVARES, Ulisses. *Viva a poesia viva*. 4. ed. São Paulo: Saraiva, 1997. p. 32.

1. Observe que o poema quase não tem pontuação, a extensão dos versos é irregular e não há rima. Nesse poema, o eu lírico fala de saudade.

a) Em sua opinião, de quem o eu lírico sente saudade? Por quê?

b) Pode-se dizer que o eu lírico está inteiramente preso a esse sentimento? Esclareça sua resposta.

2. Releia os versos a seguir. O primeiro é do poema "Receita de olhar", de Roseana Murray, e os outros dois são do poema acima, de Ulisses Tavares. Observe que cada um dos versos constitui uma oração:

- "o mundo **é** sempre novo"
- "**releio** seu bilhete"
- "e **ando** assim sozinho"

a) Em que verso do poema o verbo liga uma característica a seu sujeito? Como se chama esse verbo?

b) Identifique o predicado do primeiro verso: "o mundo é sempre novo". Que termo desse predicado expressa a informação principal sobre o sujeito, ou seja, qual termo constitui o núcleo desse predicado?

c) Qual é a transitividade dos verbos *reler* (*releio*) e *andar* (*ando*) no segundo e terceiro versos? Explique.

d) Os verbos *reler* e *andar* são de ligação ou significativos? Por quê?

e) Destaque o predicado das orações em que foram utilizados esses verbos *reler* (*releio*) e *andar* (*ando*).

f) Sabendo-se que o núcleo ou os núcleos de um predicado são as palavras que expressam as informações principais sobre o sujeito, identifique os núcleos dos predicados das orações que formam o segundo e o terceiro versos.

Observando os núcleos dos predicados que você analisou, podemos classificar o predicado em **nominal**, **verbal** ou **verbo-nominal**.

- **Predicado nominal**: "***é** sempre **novo***" – é formado por um **verbo de ligação** (*é*) e um **núcleo nominal** (*novo*) que caracteriza o sujeito, além dos outros termos.

- **Predicado verbal**: "*releio o bilhete*" – tem um **núcleo verbal** constituído por um **verbo significativo** (transitivo ou intransitivo).
- **Predicado verbo-nominal**: "e ***ando*** *assim* ***sozinho***" – tem como núcleos um **verbo significativo** (núcleo verbal: *ando*) e um **nome** (núcleo nominal: *sozinho*). No exemplo destacado, o núcleo nominal se relaciona ao sujeito, mas ele também pode se relacionar ao complemento do verbo, como veremos adiante.

Em contexto

Predicado nominal

Leia estes versos de um poema de Jorge de Lima (1893-1953), poeta da segunda geração modernista – os versos curtos com rimas encadeadas dão ritmo e leveza ao texto, que celebra a chegada do descanso dominical:

Domingo

Amanhã é domingo pede cachimbo.
O galo monteiro pisou na areia
A areia é fina deu no sino
O sino é de prata deu na mata
A mata é valente deu no tenente
[...]

LIMA, Jorge de. In: BUENO, Alexei (Org.). *Jorge de Lima*: poesia completa. Rio de Janeiro: Nova Aguilar, 1997. p. 268. (Fragmento).

Observe que há orações em que se empregou o verbo *ser* como verbo de ligação, isto é, ligando uma qualidade ou característica ao sujeito. Nesse caso, não é o verbo que transmite informações sobre o sujeito. A informação que temos sobre o sujeito advém somente do termo que o qualifica (**predicativo do sujeito**). Como o núcleo desse predicado é um **nome**, o predicado é chamado de **predicado nominal**. Observe:

predicativo do sujeito
"Amanhã ***é domingo****"*
sujeito — predicado nominal

predicativo do sujeito
"A areia ***é fina****"*
sujeito — predicado nominal

predicativo do sujeito
"O sino ***é de prata****"*
sujeito — predicado nominal

predicativo do sujeito
"A mata ***é valente****"*
sujeito — predicado nominal

Veja outros exemplos de orações com verbos de ligação:

A viagem ***continuava*** *tranquila.*

A venda do imóvel ***tornou-se*** *um problema judicial.*

O expositor ***pareceu****-me um pouco nervoso.*

Um trecho da rodovia ***ficou*** *interditado.*

Observação

- Nem sempre os verbos de ligação funcionam como um elo entre a qualidade (ou estado) e o sujeito. Podem exprimir uma circunstância de tempo, lugar, modo, etc., e, portanto, são **verbos significativos** e o **predicado é verbal**. Observe:

  *O elevador **estava** no terceiro andar.*

  *O meu avô **anda** com dificuldade.*

  *A entrevista **continua** hoje à tarde.*

Predicado verbal

Observe estas orações, extraídas do fragmento da crônica "Menino de ilha", de Vinicius de Moraes, que você leu neste capítulo:

*"E em breve **perdia**-me naquela doce confusão de ruídos..."*

predicado verbal (o sujeito está oculto: *eu*)

*"as frescas mãos da maré-cheia **vinham coçar** meus pés"*

sujeito (simples) — predicado verbal

*"e **abria** as pernas aos alíseos e ao luar"*

predicado verbal (o sujeito está oculto: *eu*)

Nessas orações, os verbos são significativos, pois expressam ações relativas ao sujeito. Na primeira oração, o núcleo do predicado é o verbo *perder* (transitivo direto); na segunda, há uma locução verbal como núcleo: *vinham coçar*, em que o verbo principal da locução (*coçar*) é transitivo direto. Na terceira oração, o núcleo do predicado é o verbo *abrir* (transitivo direto e indireto). Portanto, nas três orações, temos **predicado verbal**.

Predicado verbo-nominal

Observe estas orações:

*A noite aí **vem cheia** de sonhos fantásticos.*

sujeito — predicado verbal-nominal

***Chorei sozinha** minhas amargas lembranças.*

predicado verbal-nominal

***Encontrarás adormecidos** teus velhos pais.*

predicado verbal-nominal

Essas três orações apresentam como núcleos do predicado um **verbo significativo** e um **nome**. Na primeira oração, o verbo é *vem* (intransitivo) e o nome é *cheia*. Na segunda e na terceira orações, os verbos são, respectivamente, *chorei* e *encontrarás* (transitivos diretos), e os nomes são *sozinha* e *adormecidos*.

Portanto, há sempre dois núcleos nesse tipo de predicado. O **núcleo nominal** é chamado de **predicativo**, como veremos adiante.

APLICAÇÃO

1 Leia estes versos de Mario Quintana:

Envelhecer

Antes, todos os caminhos iam.
Agora todos os caminhos vêm.
A casa é acolhedora, os livros poucos.
E eu mesmo preparo o chá para os fantasmas.

QUINTANA, Mario. In: CARVALHAL, Tânia Franco (Org.). *Mario Quintana*: poesia completa. Rio de Janeiro: Nova Aguilar, 2008. p. 174. © by Elena Quintana

a) Com base nos dois primeiros versos, explique o que significa *envelhecer* para o eu lírico.

b) É possível notar um certo pessimismo no modo como o eu lírico encara a velhice. O que sugere essa afirmativa no poema?

c) Qual é a predicação dos verbos utilizados nos dois primeiros versos? Destaque os predicados das orações que formam esses versos e classifique-os.

d) No terceiro verso, o verbo *ser* não está repetido na segunda oração. Como se chama essa figura de estilo? Consulte sobre esse assunto no capítulo 27, se necessário.

e) Portanto, nesse verso, como se chama o predicado das duas orações? Qual é o núcleo do predicado?

f) No quarto verso, qual é a transitividade do verbo? O predicado é verbal ou verbo-nominal? Por quê?

2 Leia esta tira do Frank & Ernest:

FRANK & ERNEST Bob Thaves

a) Como o autor produziu o humor nessa tira?

b) Com que sentido as personagens empregaram o verbo *perder*?

c) Em que oração do texto há um predicado verbo-nominal? Identifique os núcleos.

d) Nas demais orações, como se chama o predicado? Transcreva-os.

3 Leia o trecho inicial de uma crônica de Lya Luft, autora do texto "Somos gente", que você já leu neste capítulo. Na crônica, a autora narra a quebra de várias ilusões da infância. O trecho selecionado trata de uma dessas ilusões.

Aquelas ilusões

Achar que os pais eram todos perfeitos: eles fortes e infalíveis, as mães incondicionalmente amorosas.

Mas meu pai chorou quando sua mãe morreu, e certa vez me botou de castigo sem que eu tivesse culpa. Fiquei inquieta: se ele podia ser fraco ou errar, quem iria para sempre cuidar de mim?

Escutei, mais de uma vez, minha mãe se queixar: "Essa menina me leva à loucura... por que não é parecida com o irmão, tão bonzinho?" (ela devia ter dito algo parecido com "ela é um saco", só que naquele tempo a expressão não se usava).

Fiquei perturbada imaginando que ela jamais gostaria de mim tanto quanto visivelmente gostava dele.

[...]

LUFT, Lya. *Pensar é transgredir.*
Rio de Janeiro: Record, 2005. p. 83. (Fragmento).

a) A que ilusão a narradora se refere nesse trecho?

b) Como a narradora deixou de ter essa ilusão?

c) Os trechos a seguir são constituídos de orações com predicados verbais. Reescreva-os, transformando-os em orações em que os predicados sejam verbo-nominais.
- "**Escutei**, mais de uma vez, minha mãe **se queixar**"
- "Mas meu pai **chorou** quando sua mãe **morreu**"

d) Transcreva os predicados nominais que ocorrem no texto e destaque seus respectivos núcleos, chamados de predicativos.

e) Construa uma oração com predicado verbo-nominal, empregando o verbo *achar*. Sublinhe os núcleos do predicado.

f) Transcreva as respostas corretas a respeito deste período: "quem iria para sempre cuidar de mim?".
- Há duas orações.
- Há uma locução verbal.
- O predicado é verbal.
- O predicado é verbo-nominal.
- O verbo principal é transitivo direto.
- O verbo principal é transitivo indireto.
- O sujeito *você* está oculto.
- O sujeito simples é o pronome *quem*.

4 Leia o texto a seguir, em que são dadas diferentes explicações para o fato de uma pessoa ser canhota.

Por que existem canhotos?

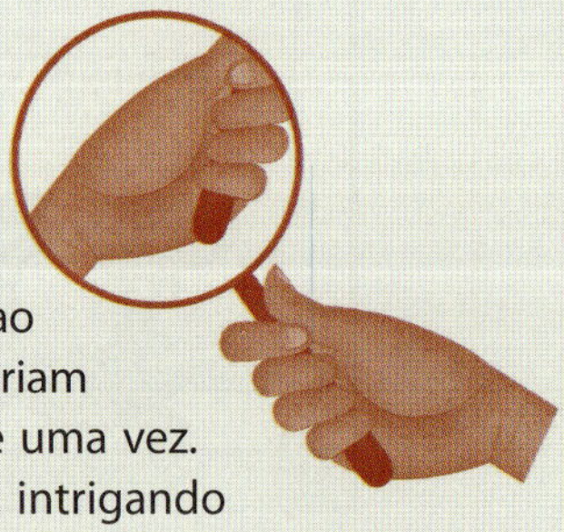

A razão de algumas pessoas preferirem a mão direita e outros a esquerda é um dos mistérios da ciência. Sério, está ali, ali com "de onde viemos" e "para onde vamos". Ninguém sabe ao certo por que não somos todos ambidestros (as vantagens seriam óbvias) ou, se era para escolher um lado, todos destros de uma vez. O fato é que 10% da humanidade teima em ser canhota, intrigando geneticistas, neurologistas e antropólogos.

Em 2004, um estudo dos franceses Charlotte Faurie e Michel Raymond defendeu que os canhotos conquistaram a sua cota na marra: por surpreender no combate corpo a corpo, o uso da mão esquerda era favorecido pela seleção natural.

> Já na seleção artificial, só desvantagem – até a metade do século 20, por exemplo, só se ensinava a escrever com a mão direita. Volta e meia ainda saem pesquisas dizendo que os canhotos morrem antes, porque a porcentagem deles diminui conforme aumenta a faixa etária. Na verdade, isso é reflexo do antigo preconceito: há menos canhotos entre os idosos porque muitos foram obrigados a ser destros.
>
> URBIM, Emiliano. *Superinteressante*, São Paulo, n. 268, p. 42, ago. 2009. (Fragmento).

a) Segundo o texto, a ciência ainda não conseguiu explicar a existência de pessoas canhotas. Qual é sua opinião quanto a forçar um canhoto a ser destro?

b) Nas lendas ocidentais há o relato de que tudo que se relacionava com o lado esquerdo tinha conotação negativa. Isso explica o emprego da palavra latina *sinistro* como sinônimo de canhoto. Que fato citado no texto demonstra ou sugere esse negativismo ainda hoje?

c) Segundo o texto, qual a explicação para o fato de existirem menos idosos canhotos?

d) Observe este período do texto: "A razão de algumas pessoas preferirem a mão direita e outros a esquerda é um dos mistérios da ciência".
- Qual é o sujeito do verbo *ser* (*é*)? Como ele se classifica?
- Esse sujeito é também o sujeito oculto de que outro predicado adiante no texto?

e) Qual é o núcleo do sujeito do verbo *defender* (*defendeu*) no início do segundo parágrafo? Esclareça sua resposta.

f) Observe esta oração: "Volta e meia ainda saem pesquisas".
- Qual é o predicado e como ele se classifica? Identifique a transitividade do verbo.
- Reescreva essa oração, transformando seu predicado em verbo-nominal.

5 Leia esta tira do Calvin:

CALVIN — Bill Watterson

1995 WATTERSON / DIST. BY UNIVERSAL UCLICK

a) No início do texto, Calvin faz um pedido ao pai, que se recusa a atendê-lo. Em sua opinião, o que dá conotação humorística à tira?

b) Observe o emprego do verbo *esquecer* no primeiro quadrinho (*esquecemos*) e no terceiro quadrinho (*acabou esquecendo*), aqui constituindo uma locução verbal com o verbo *acabar*. O que você percebe quanto à transitividade desse verbo?

c) Em que oração o núcleo do predicado nominal é um pronome?

d) Identifique a alternativa em que o verbo destacado não é classificado como intransitivo. Justifique.
- "Não dá pra **voltar**, Calvin."
- "Precisava criar caso pra **sair** de casa."
- "Ela é a única que sabe como **chegar** nesse lugar"
- "Mas não. Precisava **criar** caso"

6 Leia o fragmento a seguir de um poema de Jorge de Lima (1893-1953), poeta da segunda geração modernista. Observe o uso de versos livres e estrofes irregulares.

Volta à casa paterna

É tarde e eu quero entrar em casa,
que a noite vem aí, cheia dos seus espantos.
A luz foi intensa, o dia foi cálido,
o ritmo das horas é monótono e irreal.
As danças do pátio, as paisagens de fora,
os caminhantes são falsos.
Os caminhos são errados.
Os ritmos são errados.
Os poemas são outros.
A noite aí vem cheia dos seus espantos.
Há uma rede aqui dentro que me embalou.
Há na parede da sala uma estampa sagrada
que por mim chorou.
Há um raio de lua no corredor.
Será a alma de meu pai que Deus mandou?

Casa, doce casa sem elevador,
cadê o *Ford* que me levou?

Há sombras que passam, fantasmas que vão,
que vêm, que choram, que riem, que me beijam...
Há um livro aberto
na minha mesa:

Padre Nosso que estás no céu, santificado,
vem a nós... assim na terra...

Glossário

Cálido: quente, ardente.

LIMA, Jorge de. In: BUENO, Alexei (Org.). *Jorge de Lima*: poesia completa. Rio de Janeiro: Nova Aguilar, 1997. p. 291.

a) Releia os dois primeiros versos do texto e explique por que o eu lírico deseja voltar à casa paterna.

b) Em sua opinião, como foram as experiências do eu lírico durante o tempo em que viveu distante da casa paterna? Explique.

c) No poema há um verso que repete um verso anterior, com pequenas alterações, dividindo o texto em dois momentos: o da ida e o da volta da casa paterna.

- Qual é esse verso? Explique o sentido que ele expressa, comparando-o ao verso anterior que lhe é similar.
- Na segunda parte do poema, o eu lírico parece buscar um refúgio para reencontrar-se. Como acontece, então, sua volta à casa paterna?

d) Observe o emprego de advérbios e locuções adverbiais de sentidos contrários. Por exemplo, quando o eu lírico fala de sua vida longe de casa e, depois, vivendo nela.

- Identifique os versos a que se relacionam esses advérbios e as locuções adverbiais. Explique a diferença de emprego no contexto.
- Na segunda estrofe formada apenas por dois versos, chamada dístico, que ideia parece sugerir o primeiro verso?
- Ainda na segunda estrofe, que figura de estilo foi empregada?

e) Na casa, o eu lírico já não se sente mais sozinho, pois retornam as lembranças e as visões da infância.

- Na terceira estrofe, que efeito produz a repetição do pronome relativo *que*?
- Em sua opinião, o que poderia simbolizar o livro aberto sobre a mesa e qual seria sua relação com a oração que se inicia a seguir, na quarta estrofe?

f) Releia estes versos: “É tarde e eu quero entrar em casa, / que a noite vem aí, cheia dos seus espantos. / A luz foi intensa, o dia foi cálido, / o ritmo das horas é monótono e irreal”.
   - Destaque a oração sem sujeito que encontramos em um desses versos.
   - Há uma ocorrência de predicado verbo-nominal. Qual é?
   - Identifique os predicados nominais que ocorrem nesses versos e destaque o núcleo de cada um.
   - Qual é o sujeito da oração que forma o quarto verso? Qual é seu núcleo e como se classifica?
   - Há predicado verbal apenas em que verso?

g) Observe os verbos destacados nas orações a seguir.
   - “Padre Nosso que **estás** no céu, santificado,”
   - Padre Nosso que **estás** no céu santificado
   - Que alteração de sentido ocorre na segunda oração em relação à primeira ao se retirar a vírgula?
   - Portanto, qual é a diferença na predicação dos verbos e em relação aos predicados?

h) No poema, observa-se o emprego do verbo *haver* em algumas orações.
   - Que sentido esse verbo apresenta nessas orações e com que finalidade o eu lírico faz esse uso repetitivo do verbo?
   - Quanto ao sujeito, como são chamadas essas orações com o verbo *haver*?

Lista de exercícios

RESUMO

Frase, oração e período

- **Frase** – enunciado que estabelece uma comunicação de sentido completo.

  Era uma escola antiga com uma antiga mestra.

  Os jornais publicaram a notícia.

- **Frase nominal** – frase sem verbo.

  Quanta energia e perseverança!

  Jogada notável essa!

- **Oração** – enunciado que se forma com um verbo ou com uma locução verbal.

  *Este filme **causou** grande impacto entre o público.*

  *A inflação **deve continuar** sob controle.*

- **Período** – frase formada por uma ou mais orações.
  - **Simples** – formado por uma única oração.

    O clima se alterou muito nos últimos anos.
  - **Composto** – formado por mais de uma oração.

    O governo prometeu / que serão criados novos empregos.

Sujeito e predicado

- **Sujeito** – termo da oração do qual se declara alguma coisa.
  O problema da violência *preocupa os cidadãos.*
  - **Simples** – quando tem um só núcleo.
    A <u>noite</u> fria cobre o deserto.
  - **Composto** – quando tem mais de um núcleo.
    A <u>vida</u> e a <u>música</u> de Renato Russo foram lembradas no festival.
  - **Oculto** – quando é identificado pela desinência verbal ou pela sua existência em oração anterior.
    (***Nós***) *Já lemos o romance dessa autora.*
  - **Indeterminado** – quando não aparece identificado na oração nem pode ser identificado.
    Notificaram a saída do gerente. Fala-se em mudanças radicais.
  - **Oração sem sujeito** – formada somente pelo predicado, cuja declaração não se refere a nenhum ser.
    Houve manifestações na praça. Era no carnaval. Faz calor aqui.
- **Predicado** – tudo o que se declara sobre o sujeito.
  A tecnologia ***permitiu o resgate dos operários****.*

Transitividade verbal

- **Verbo significativo** – expressa ação. Pode ser intransitivo, transitivo direto, transitivo indireto e transitivo direto e indireto.
  - **Intransitivo** – não precisa de complemento.
    O estagiário ***chegou*** *bem cedo.*
  - **Transitivo direto** – pede complemento sem preposição.
    A esposa ***abraçou*** *<u>o marido</u> aos prantos.*
  - **Transitivo indireto** – pede complemento com preposição.
    Aquele estudante ***participou*** *<u>do concurso</u>.*
  - **Transitivo direto e indireto** – pede um complemento com preposição e outro sem.
    A empresa ***enviou*** *<u>e-mail</u> <u>aos clientes</u>.*
- **Verbo de ligação** – serve de elo entre o sujeito e suas características ou qualidades.
  Nossa família ***permaneceu*** *unida.*

Tipos de predicado

- **Predicado nominal** – quando apresenta verbo de ligação e seu núcleo é um nome.
  A clientela ***ficou <u>satisfeita</u>****.*
- **Predicado verbal** – quando apresenta verbo significativo (transitivo ou intransitivo), que é seu núcleo.
  Os maratonistas ***<u>vieram</u> de vários países****.*
- **Predicado verbo-nominal** – quando apresenta dois núcleos, um verbal (com verbo significativo) e um nominal (predicativo).
  O nadador ***<u>recebeu</u> <u>emocionado</u> a medalha de ouro****.*

Capítulo 16

Termos da oração relacionados ao verbo

Introdução

No texto

Leia a seguir um trecho da prosa poética do mineiro Bartolomeu Campos de Queirós (1944-). Ele reside em Belo Horizonte e, desde 1974, escreve para o público infantojuvenil, tendo recebido os mais importantes prêmios concedidos a autores cuja produção literária se destina a jovens. Sua poesia parece música pelo ritmo das palavras. Em suas obras, o poeta celebra a natureza, o homem e seus anseios diante da vida.

Para bem criar passarinho é proveitoso ignorar as grades, as prisões, as teias. É bom se desfazer das paredes, cercas, muros e soltar-se, deixar-se vagar entre perfume e brisa. É melhor ainda não dispor de trilhas ou veredas e ter o ar inteiro como um espaço pequeno para a ligeireza das asas.

Para bem criar passarinho é bom construir uma gaiola, mais ampla que a terra, de janelas abertas para o universo com seus planetas e constelações. E, depois, há que vigiar o sabor das frutas maduras nas árvores e provar do conteúdo das sementes.

QUEIRÓS, Bartolomeu Campos de. *Para criar passarinho*. Belo Horizonte: Miguilim, 2000. p. 11-12. (Fragmento).

1. O texto em prosa poética é escrito em linhas contínuas quanto à forma e apresenta linguagem subjetiva em relação ao conteúdo, expressando sentimentos ou emoções por meio dos chamados recursos estilísticos (figuras de linguagem).
   a) Explique por que esse texto desenvolve um conteúdo poético.
   b) Segundo o texto, como se deve criar passarinhos? Por quê?
   c) Pode-se dizer que há uma crítica em relação à convivência do homem com os animais? Esclareça sua resposta.
   d) No segundo parágrafo, o que simboliza a "gaiola, mais ampla que a terra, de janelas abertas para o universo com seus planetas e constelações"?
2. No texto, há palavras ou expressões que se ligam a verbos, completando seu sentido ou acrescentando a eles uma determinada circunstância. Os complementos dos verbos podem vir ligados a eles **diretamente** (ou seja, sem preposição) ou **indiretamente** (isto é, com preposição).
   a) No primeiro parágrafo, que palavras ou expressões completam o sentido dos verbos *criar* e *ignorar*? Como esses complementos estão ligadas aos verbos?
   b) Nesse mesmo parágrafo, também os verbos *desfazer-se* e *dispor* não têm sentido completo, precisando, portanto, de complemento.
      - Que expressão completa o sentido de cada um desses verbos?
      - De que forma cada uma dessas expressões se liga ao verbo?

c) Identifique as palavras e expressões do texto que se ligam a verbos, exprimindo circunstâncias de lugar, modo, finalidade, negação e tempo.

Como já vimos, as palavras são organizadas em frases, chamadas de **frases nominais**, quando não têm verbo, e de **orações**, quando apresentam verbo.

As palavras que formam as orações relacionam-se entre si de acordo com a sintaxe da língua portuguesa. A palavra *passarinho*, por exemplo, na oração "Para bem criar passarinho", no texto que você acabou de ler, liga-se ao verbo *criar* para completar-lhe o sentido.

Nas orações, há termos (palavras ou expressões) que se ligam a **verbos** ou a **nomes**. Relacionam-se aos verbos os seguintes termos: **objeto direto**, **objeto indireto**, **adjunto adverbial** e **agente da passiva**. Vejamos, agora, cada um desses termos.

Objeto direto

No texto

Você vai ler a seguir um poema de Roseana Murray, autora do poema "Receita de olhar", explorado no capítulo anterior. Ela revela a mesma sensibilidade e harmonia na escolha das palavras para a composição dos versos.

Peixes azuis

Varrer a casa,
varrer o pátio,
a calçada,
arrancar do jardim
as ervas daninhas,
abrir espaço,
limpar as águas
por onde irão passar
os peixes azuis da vida.

MURRAY, Roseana. *Rios de alegria*. São Paulo: Moderna, 2005. p. 9.

1. Observe que os verbos estão empregados, em sua maioria, no infinitivo. Que sentido eles apresentam, já que podem ser substituídos pelo imperativo?
2. No poema, onde aparece a linguagem figurada? O que o eu lírico sugere ao nos aconselhar uma boa organização e limpeza de cada lugar em que vivemos?
3. Destaque do poema os verbos que apresentam complementos, identifique esses complementos e esclareça se eles se ligam ao verbo direta ou indiretamente (ou seja, sem ou com preposição).
4. Quanto à transitividade, como se chamam os verbos que exigem complemento sem preposição para ter sentido completo?

Em contexto

O termo da oração que completa o sentido de um verbo transitivo direto é chamado de **objeto direto** ou **complemento direto**. Esse tipo de complemento verbal, que pode se constituído de uma ou mais palavras, liga-se normalmente ao verbo sem preposição.

É o que ocorre, como vimos, nos casos dos verbos *varrer* (*varrer* ***a casa***, *varrer* ***o pátio***), *arrancar* (*arrancar* ***as ervas daninhas***) e *abrir* (*abrir* ***espaço***), por exemplo, no poema "Peixes azuis", de Roseana Murray.

Objeto direto é o complemento que se liga ao verbo transitivo direto ou ao verbo transitivo direto e indireto sem o auxílio de preposição.

Há casos especiais de objeto direto: **o objeto direto preposicionado** e o **objeto direto pleonástico**, que veremos a seguir.

Objeto direto preposicionado

Às vezes, o objeto direto pode vir acompanhado de preposição: é o chamado **objeto direto preposicionado**. Nesses casos, o verbo é transitivo direto, mas a preposição passa a ser usada por necessidade expressiva ou por outras razões, e não porque o verbo a exija.

Observe alguns exemplos de objeto direto preposicionado:

Eu considerava ***a ti*** *meu melhor amigo.*

objeto direto preposicionado, com pronome pessoal oblíquo tônico (*ti*)

O guia ***a quem*** *você contratou é experiente.*

objeto direto preposicionado, com o pronome relativo *quem*

A aluna pegou ***da caneta*** *e redigiu o texto.*

objeto direto preposicionado, com valor partitivo

Recebeu a família ***a você****.*

objeto direto preposicionado, para evitar ambiguidade (no caso, para esclarecer que o sujeito da oração é *a família* e *a você*, o complemento do verbo)

Os filhos amam ***a seus pais****?*

objeto direto preposicionado, com verbo que expressa sentimento (*amar*)

Objeto direto pleonástico

O objeto direto pode vir repetido numa oração por um pronome pessoal oblíquo átono, com o objetivo de realçar uma ideia já expressa, recebendo o nome de **objeto direto pleonástico**.

objeto direto pleonástico

*Após a enchente, os moradores ajudavam-****se uns aos outros****.*

objeto direto (expressão com sentido recíproco)

Meus pais*, amo-****os*** *de uma forma especial.*

objeto direto — objeto direto pleonástico

A canção*, a dupla apresentou-****a*** *no festival.*

objeto direto — objeto direto pleonástico

Observação

- Os pronomes pessoais oblíquos *o*, *a*, *os* e *as* funcionam sempre como objeto direto: *Nossa resposta deixou-****o*** *constrangido. Vou recebê-****los*** *amanhã.*

Objeto indireto

No texto

Leia a seguir um poema de Ulisses Tavares, o mesmo autor do poema "Saudade", visto anteriormente. Nele, Ulisses Tavares aborda uma questão social bastante grave: as crianças abandonadas.

Menor abandonado

são tantos menores
abandonados pelas calçadas
que um dia os maiores
acabam tropeçando neles
e param de fingir
que ainda não notaram.

TAVARES, Ulisses. *Viva a poesia viva*. São Paulo: Saraiva, 1997. p. 59.

1. Apesar da pequena extensão do poema, nele se encontra uma séria crítica a problemas sociais bem presentes.
   a) O que você sabe dizer sobre o problema exposto nos dois primeiros versos?
   b) Segundo o texto, os menores abandonados vivem à margem da sociedade, e os adultos não se preocupam com eles. Você concorda com isso?
2. Releia estes versos: "que um dia os maiores / acabam tropeçando neles / e param de fingir".
   a) Quais são os complementos dos verbos *tropeçar* (verbo principal da locução verbal *acabam tropeçando*) e *parar* (*param*)?
   b) Esses complementos estão ligados aos verbos de forma direta ou indireta? Como eles se classificam?

Em contexto

O termo da oração que completa o sentido de um verbo transitivo indireto é chamado de **objeto indireto** ou **complemento indireto**. Esse tipo de complemento verbal, que pode ser constituído de uma ou mais palavras, liga-se ao verbo por meio de preposição.

É o que ocorre, como vimos na análise do poema "Menor abandonado", de Ulisses Tavares, nos casos dos verbos *tropeçar* (os *maiores acabam tropeçando* ***neles***) e *parar* (*param* ***de fingir***).

Objeto indireto é o complemento que se liga ao verbo transitivo indireto ou ao verbo transitivo direto e indireto por meio de preposição.

Quando é constituído pelos pronomes pessoais oblíquos *me*, *te*, *lhe*, *nos*, *vos*, *lhes* e pelo reflexivo *se*, o objeto indireto não vem ligado ao verbo com preposição.

verbo transitivo direto e indireto

*Você confiou-**me** teus segredos.*

objeto indireto (*me*) — objeto direto (*teus segredos*)

Objeto indireto pleonástico

O objeto indireto pode ser repetido em uma oração por meio de um pronome pessoal oblíquo átono, com o intuito de realçar uma ideia expressa antes. Nesse caso, chama-se **objeto indireto pleonástico**.

***A ti**, confiei-**te** meus segredos.*

A ti: objeto indireto; te: objeto indireto pleonástico

***Aos amigos**, enviei-**lhes** um convite.*

Aos amigos: objeto indireto; lhes: objeto indireto pleonástico

Os pronomes *lhe* e *lhes* são os indicados para substituir um objeto indireto em terceira pessoa.

Adjunto adverbial

No texto

Leia a tira do Calvin a seguir.

CALVIN

Bill Watterson

1. Na tira, Calvin imagina-se um inseto e sobe na máquina de escrever para deixar um pedido de socorro à família. Em que característica do universo infantil o cartunista teria buscado inspiração para produzir essa tira?
2. No texto da tira, encontramos termos que modificam verbos, exprimindo uma determinada circunstância, como lugar, modo, etc. Identifique os verbos a que as circunstâncias destacadas a seguir se ligam e indique a circunstância expressa.
   a) "com grande esforço"
   b) "até cada tecla"
   c) "na carta para a mamãe"
   d) "evidentemente"
3. Releia este período do texto: "Com grande esforço, Calvin, o inseto humano, avança o papel na máquina de escrever".
   a) Que termo completa o sentido do verbo *avançar* (*avança*)?
   b) Como se classifica esse verbo quanto à transitividade? Por quê?
   c) Que nome recebe o complemento desse verbo?
   d) Que termo dessa oração exprime uma circunstância? De quê? A que outro termo da oração ele se relaciona?

Em contexto

Há termos que se ligam a verbos, adjetivos e advérbios, indicando-lhes uma relação de circunstância ou de intensidade. Esses termos são chamados de **adjuntos adverbiais**.

Eis alguns exemplos:

a) **Tempo** (quando?): *A televisão mostrou o* show ***no dia seguinte***.
b) **Lugar** (onde?): *Estive* ***no shopping*** *ontem à tarde*.
c) **Modo** (como?): *Viajou* ***de avião*** *para Brasília*.
d) **Negação**: *A emenda* ***não*** *foi aprovada no Senado*.
e) **Afirmação**: *Virei,* ***sim***, *com meus pais*.
f) **Intensidade**: *O novo celular será* ***bastante*** *versátil*.
g) **Dúvida**: *O programa* ***talvez*** *seja reapresentado hoje*.
h) **Causa** (por quê?): *A criança emagreceu* ***de inanição***.
i) **Finalidade** (para quê?): *Trabalhou muito* ***para o conforto da família***.
j) **Companhia** (com quem?): *O rapaz veio* ***com uma moça***.
k) **Meio ou instrumento** (com quê?): *Abriu a caixa* ***com um canivete***.
l) **Assunto** (sobre o quê?): *O americano falou* ***sobre meio ambiente***.

Observação

- O advérbio e a locução adverbial são, sintaticamente, adjuntos adverbiais. Observe estes versos de Mario Quintana:

advérbio (tão, tão) — locução adverbial (às vezes)

Ah, essas pequenas coisas, **tão** quotidianas, **tão** prosaicas, **às vezes**,
de que se compõe **meticulosamente** a tessitura de um poema...

advérbio (meticulosamente)

QUINTANA, Mario. In: CARVALHAL, Tania Franco (Org.). *Mario Quintana*: poesia completa. Rio de Janeiro: Nova Aguilar, 2005. p. 336. (Fragmento). © by Elena Quintana.

O advérbio *tão* funciona como **adjunto adverbial de intensidade**. A locução adverbial *às vezes*, como **adjunto adverbial de tempo**. O advérbio *meticulosamente*, como **adjunto adverbial de modo**.

Adjunto adverbial é um termo que se relaciona a um verbo, a um adjetivo ou a um advérbio, exprimindo circunstância ou intensidade.

Agente da passiva

No texto

Leia a seguir uma estrofe de Manoel de Barros. Esse escritor nasceu em Cuiabá (MT), em 1916, e vive hoje em Campo Grande (MS). Publicou seu primeiro poema aos 19 anos. Alguns o comparam a Guimarães Rosa pelo trabalho que realiza com as palavras.

XIII

As coisas não querem mais ser vistas por pessoas
razoáveis:
Elas desejam ser olhadas de azul –
Que nem uma criança que você olha de ave.

BARROS, Manoel de. *O livro das ignorãças*. Rio de Janeiro: Record, 2000. p. 21.

1. Como você percebeu, a linguagem de Manoel de Barros apresenta lirismo, e as palavras ganham novas construções e sentidos.

a) Que interpretação se pode dar aos dois primeiros versos?

b) Observe, no terceiro verso, a expressão *olhadas de azul*. Em sua opinião, o que seria "olhar as coisas de azul"?

c) No último verso, há uma comparação entre o modo de olhar as coisas e o modo de olhar uma criança ("que você olha de ave"). O que há em comum nesse olhar?

2. Releia estes versos: "As coisas não querem mais **ser vistas por pessoas razoáveis**". A oração destacada é reduzida de infinitivo. Se fosse desenvolvida, ficaria desta forma: *que sejam vistas por pessoas razoáveis*.

a) Qual seria, então, o sujeito dessa oração? Ele pratica ou sofre a ação expressa pelo verbo?

b) Portanto, em que voz está flexionado o verbo *ver* nesses versos?

c) Nessa oração, que termo indica quem pratica ou exerce a ação expressa pelo verbo na voz passiva?

d) Como ficaria a oração na voz ativa?

Em contexto

O termo que pratica a ação verbal na voz passiva analítica chama-se **agente da passiva**. Como já vimos, essa voz é formada por um verbo auxiliar (*ser* ou *estar*) e o verbo principal (transitivo direto ou transitivo direto e indireto): "As coisas não querem mais ser vistas **por pessoas razoáveis**".

Observação

- Os verbos transitivos indiretos, intransitivos e de ligação não admitem a voz passiva. O verbo *obedecer* é uma exceção: *As regras foram obedecidas* ***por todos***.

Agente da passiva é o termo da oração que pratica a ação expressa pelo verbo na voz passiva.

APLICAÇÃO

1 Leia a tira do Garfield a seguir.

GARFIELD — Jim Davis

a) Como você explica a atitude agressiva de Garfield no segundo quadrinho?

b) No segundo quadrinho foi utilizada uma figura de linguagem em que se usa uma palavra para expressar um som, um ruído. Qual é o nome dessa figura? Que significado pode ter esse som no contexto da tira?

c) No último quadrinho, que efeito de sentido produz a repetição da letra *e* da forma verbal *era*?

d) Releia esta oração do primeiro quadrinho: "Eu **sou considerado** atraente pelas outras aranhas". Em que voz está o verbo dessa oração? Observe se o sujeito pratica ou sofre a ação expressa pelo verbo.

e) Portanto, qual é a função sintática do complemento da forma verbal *sou considerado*? Qual é esse complemento?

2 Leia o anúncio publicitário a seguir.

REPRODUÇÃO

O vento também deixa uma sensação de frescor.
Mas não tira a oleosidade da pele.

Para limpar a pele profundamente, conheça a inovadora Espuma de Limpeza Deep Clean Energizing. A solução líquida que se transforma em espuma e penetra com muito mais facilidade nos poros. Remove a oleosidade e as impurezas da pele, deixando uma incrível sensação de frescor energizante. Espuma de Limpeza Deep Clean Energizing. Sua pele energizada e mais bonita.

a) O anunciante utilizou as linguagens verbal e visual (não verbal) para a divulgação de um novo produto no mercado. Que qualidade desse produto ele destaca no primeiro texto ao lado da imagem?

b) Compare estas duas frases:
- "O vento também deixa uma sensação de frescor."
- O vento deixa uma sensação de frescor.
   - Qual é a diferença de sentido entre elas de acordo com o contexto?
   - Portanto, que palavra o anunciante empregou para dizer que seu produto tem frescor?

c) Ainda nesse texto, explique o sentido da conjunção coordenativa *mas* e sua função em relação à oração anterior.

d) Quase todos os verbos do texto são transitivos diretos. Identifique os dois que apresentam transitividade diferente e justifique sua resposta.

e) Quais são os termos (objetos diretos) que completam o sentido dos verbos transitivos diretos no texto do anúncio?

f) Na oração "Sua pele energizada e você **mais** bonita", qual é a classe gramatical da palavra destacada? Que sentido acrescenta ao adjetivo?

g) Que advérbio e locução adverbial nos informam sobre o modo como a espuma de limpeza facial age na pele?

h) Releia esta oração: "e penetra com **muito** mais facilidade nos poros". Por que a palavra *muito* permanece invariável e não concorda com o substantivo *facilidade*?

3 Leia a seguir o trecho inicial de um conto do escritor amazonense contemporâneo Milton Hatoum.

O adeus do comandante

Posso entrar?

A voz conhecida veio da porta da sala: o rosto vermelho, em brasa, o cabelo branco molhado de suor, a rede enrolada debaixo do braço.

Na tarde daquele domingo de junho, muita gente na cidade esperava a primeira imagem na TV. Os papagaios e as maçarocas de linha com cerol tinham sido abandonados no quintal, mas o céu ainda estava salpicado de papel colorido. Um grupo de jovens formava um meio círculo na sala; outros, ansiosos, espreitavam a tela através de tijolos vazados.

O velho largou a rede no chão:

Vão ficar olhando essa tela piscar ou querem ouvir uma história?

Os netos e seus amigos pediram a bênção, ele estendeu a mão amorenada e sentou num banco. O corpo do velho cobriu a tela. Ele acabara de chegar do Médio Amazonas e trazia o cheiro do barco, da viagem e da caçada. [...]

HATOUM, Milton. *A cidade ilhada*. São Paulo: Companhia das Letras, 2009. p. 45. (Fragmento).

Glossário

Maçarocas: rolos.

a) O conto é um gênero do tipo narrativo que apresenta enredo, narrador e um único conflito, do qual participam poucas personagens. Que tipo de narrador se pode identificar no trecho lido: narrador personagem ou narrador observador? Dê um exemplo de frase do texto que comprove sua resposta.

b) De acordo com a descrição no primeiro parágrafo, quem seria o velho contador de histórias?

c) O que se pode concluir quanto ao interesse das pessoas pelas narrativas do velho? Por quê?

d) Releia esta oração: "Os papagaios e as maçarocas de linha com cerol **tinham sido abandonados** no quintal".

- Qual é o sujeito da oração e como ele é classificado? Ele exerce ou sofre a ação expressa pelo verbo? Em que voz, portanto, está o verbo?
- Nesse caso, poderia haver um agente da passiva. Com base no texto, reescreva a oração incluindo esse termo.

e) Vários adjuntos adverbiais do texto apresentam circunstância de lugar. Identifique dois ou três exemplos.

f) Identifique o adjunto adverbial no início do segundo parágrafo e informe a circunstância que ele expressa. Explique por que ele foi utilizado.

g) Observe esta frase: "O corpo do velho cobriu a tela".
- Tendo em vista o contexto, que interpretação pode se dar a essa frase?
- O verbo *cobrir* apresenta sentido completo? Por quê?

h) Releia esta oração: "mas o céu ainda estava salpicado de **papel colorido**".
- Que função sintática exerce o termo destacado? Esclareça sua resposta.
- Reescreva essa oração, com o termo *papel colorido* na função de sujeito.

i) Releia a oração: "Ele acabara de chegar do Médio Amazonas e trazia **o cheiro do barco, da viagem e da caçada.**". Que função sintática o trecho em destaque exerce no contexto?

j) Em qual das frases seguintes não ocorre objeto direto pleonástico? Explique por quê.
- O interesse pelo emprego, o rapaz demonstrou-o logo de início.
- Nossa amizade, sempre a colocamos acima de qualquer desacordo.
- Em alguns segundos, o atleta se recuperou da queda e saltou.
- As primas de Renata, nós ainda não as conhecemos bem.
- O novo técnico contratado, consideramo-lo receptivo e experiente.

4 Leia esta estrofe do poeta Mario Quintana:

XXIII. Dos nossos males

A nós nos bastem nossos próprios ais,
Que a ninguém sua cruz é pequenina.
Por pior que seja a situação da China,
Os nossos calos doem muito mais...

QUINTANA, Mario. In: CARVALHAL, Tânia Franco (Org.). *Mario Quintana*: poesia completa. São Paulo: Nova Aguilar, 2005. p. 215. © by Elena Quintana.

a) Os termos das orações que formam os versos estão escritos na ordem inversa, com exceção do último. Essa figura de linguagem chama-se **hipérbato**. Reescreva os versos na ordem direta, fazendo pequenas alterações, tendo em vista o sentido.

b) O que você observou nos versos depois de colocar os termos na ordem direta?

c) No poema, há palavras empregadas em sentido metafórico ou figurado. Em sua opinião, o que simbolizam os termos destacados nestas expressões: "nossos próprios **ais**", a "**cruz**" e "nossos **calos**"?

d) Releia o poema na ordem direta. No primeiro verso, que termos completam o sentido do verbo *bastar*?

e) No verso "Por **pior** que seja a situação da China", a palavra destacada é comparativo de superioridade de *mau/má* ou de *mal*? Por quê?

f) Na oração "Os nossos calos doem muito mais...", há dois adjuntos adverbiais. Quais são eles, que circunstâncias expressam e que termos modificam?

g) Identifique a frase em que há um adjunto adverbial que expressa o valor semântico de instrumento. Qual é o adjunto adverbial?
- As estradas ficam bem congestionadas durante longos feriados.

- O pai saiu cedo de moto em direção ao trabalho.
- Os portões do estádio foram se abrindo pouco a pouco.
- Certamente o candidato falará sobre política.
- O grupo resgatou os mineiros com uma cápsula.

5 Leia o anúncio a seguir.

REPRODUÇÃO

a) Que recursos foram empregados no trecho em letras maiores, na parte superior, para o anúncio se tornar mais próximo do público-alvo?

b) Com a leitura do texto que aparece logo abaixo do trecho em letras maiores, fica claro o motivo da torcida. Qual é o objetivo do anunciante?

c) O anúncio publicitário é um texto persuasivo que objetiva influenciar o consumidor, por isso há o emprego do imperativo. Transcreva duas orações em que se usou esse modo verbal.

d) Observe o emprego da palavra *só* nas duas frases a seguir e explique como funciona esse termo em cada uma.
- "Você torce tanto pela gente que **só** existe uma forma de agradecer."
- Você não está **só** ao participar.

e) No trecho em letras maiores, qual verbo é transitivo? Ele é transitivo direto ou indireto? Qual é seu complemento?

f) No texto logo abaixo do trecho em letras maiores, que termos das orações se relacionam a verbos? Que função sintática eles exercem?

g) Explique a diferença de transitividade do verbo destacado nas duas frases a seguir.
- "para você **concorrer** a um superprêmio mensal"
- "e você já estará **concorrendo**"

h) Releia este período: "Confira quem já **foi premiado** no bb.com.br".
- Qual é o sujeito da segunda oração desse período e como se classifica? Ele exerce ou sofre a ação expressa pelo verbo?
- Em que voz está utilizado o verbo *premiar* nessa oração? Observe que não há complemento depois da forma verbal.
- Reescreva o período acrescentando um complemento, considerando o contexto do anúncio. Como se chama esse complemento?

i) Releia este trecho: "Se você **ainda** não tem um Ourocard, peça **já** o seu". Reescreva-o sem os adjuntos adverbiais de tempo e, depois, compare-o com a forma original, explicando a mudança de sentido.

Lista de exercícios

RESUMO

Termos da oração relacionados ao verbo

- **Objeto direto** – complemento que se liga ao verbo transitivo direto ou ao verbo transitivo direto e indireto sem o auxílio de preposição.

  A tecnologia tem possibilitado ***avanços notáveis****.*

  Os pais ofereceram ***ajuda financeira*** *ao filho.*

- **Objeto indireto** – complemento que se liga ao verbo transitivo indireto ou ao verbo transitivo direto e indireto por meio de preposição.

  Os Estados Unidos resistem ***à crise econômica****.*

  A empresa enviou uma mensagem ***aos clientes****.*

- **Adjunto adverbial** – termo modificador do verbo que exprime determinada circunstância ou intensifica um verbo, adjetivo ou advérbio.

  O ônibus saiu ***à noite quase cheio****, com destino a Salvador.*

  Ocorreu um acidente ***muito perto*** *daqui.*

- **Agente da passiva** – termo da oração que exprime quem pratica a ação verbal quando o verbo está na voz passiva.

  Raquel foi pedida em casamento ***por seu melhor amigo****.*

Capítulo 17

Termos da oração relacionados aos nomes

Introdução

No texto

Leia a tira da Mafalda a seguir.

MAFALDA | Quino

JOAQUÍN SALVADOR LAVADO (QUINO)

1. No texto, o pai de Mafalda diz à esposa que não vai ao trabalho por estar sem vontade. Qual foi a reação dela?
2. No último quadrinho, o marido se arruma, certamente para ir ao trabalho. O que justifica seu pensamento e confere humor à tira?
3. No primeiro e no terceiro quadrinho, que palavras ou expressões completam nomes? Qual é a classe gramatical desses nomes?
4. No segundo quadrinho, a que palavra do texto se refere o termo *atrasado*? Qual é a classe gramatical dessa palavra?

Em contexto

Assim como há termos que se ligam a verbos, existem também os que se ligam a nomes, determinando-os, caracterizando-os, completando seu sentido, etc. Releia estas frases da tira:

"Não estou com vontade de trabalhar."

"[...] para você não chegar atrasado no escritório."

"O casamento está cheio de pequenos subentendidos."

Na primeira frase, o termo *de trabalhar* liga-se ao substantivo *vontade*, completando seu sentido. Na segunda, *atrasado* se liga ao pronome *você*, definindo um estado. Na terceira, o termo *o* liga-se ao substantivo *casamento*, determinando-o; *cheio* liga-se a *casamento*, qualificando-o; o adjetivo *pequenos* liga-se ao substantivo *subentendidos*, caracterizando-o; e *de pequenos subentendidos* se liga a *cheio*, completando seu sentido.

O termo que se relaciona a um nome é chamado de **adjunto adnominal** (*o*, *pequenos*), **complemento nominal** (*de trabalhar*, *de pequenos subentendidos*), **predicativo do sujeito** (*atrasado*, *cheio*) ou **predicativo do objeto**, **aposto** e **vocativo**, de acordo com sua função. Vamos ver, a seguir, cada um deles.

Adjunto adnominal

No texto

Leia a seguir um dos belos sonetos do poeta simbolista brasileiro Cruz e Sousa, um poeta que sofreu preconceitos, apesar de sua cultura e de seu talento poético.

Sorriso interior

O ser que é ser e que jamais vacila
Nas guerras imortais entra sem susto,
Leva consigo este brasão augusto
Do grande amor, da grande fé tranquila.

Os abismos carnais da triste argila
Ele os vence sem ânsias e sem custo...
Fica sereno, num sorriso justo,
Enquanto tudo em derredor oscila.

Ondas interiores de grandeza
Dão-lhe esta glória em frente à Natureza,
Esse esplendor, todo esse largo eflúvio.

O ser que é ser transforma tudo em flores...
E para ironizar as próprias dores
Canta por entre as águas do Dilúvio!

SOUSA, João da Cruz e. *Poesias completas de Cruz e Sousa*. Rio de Janeiro: Ediouro, s. d. p. 110.

Glossário

Brasão: escudo, insígnia.
Augusto: grandioso.
Eflúvio: aroma, perfume.
Em derredor: em (à) volta, em torno.

1. Cruz e Sousa buscou os recônditos da alma humana, tentando expressá-la em sua poesia, que tem um grande apelo espiritual e místico.
   a) Na primeira estrofe, o que representa o "brasão augusto" que o ser carrega como se fosse uma proteção ou um escudo?
   b) Interprete a linguagem figurada da segunda estrofe e explique que outros empecilhos esse ser precisa enfrentar e de que modo.
   c) Com base nos dois tercetos, descreva como é esse ser que mantém um "sorriso justo" diante das dores.
2. Nesse soneto há várias palavras que modificam substantivos, atribuindo-lhes características ou determinando-os.
   a) Indique as palavras da primeira estrofe que se referem aos substantivos *ser*, *guerras*, *brasão*, *amor* e *fé*.
   b) Identifique os substantivos que aparecem na terceira estrofe e classifique as palavras que os modificam.

Em contexto

As palavras que modificam um substantivo, caracterizando-o ou determinando-o, são chamadas **adjuntos adnominais**. Podem exercer essa função sintática não só os artigos e os adjetivos, mas também os pronomes adjetivos, os numerais e as locuções adjetivas.

"E para ironizar ***as próprias*** *dores"*
as – artigo; **próprias** – pronome; dores – substantivo

"Canta por entre ***as*** *águas* ***do Dilúvio****!"*
as – artigo; águas – substantivo; **do Dilúvio** – locução adjetiva

Observação

- Há casos em que o adjunto adnominal pode ser expresso por um pronome pessoal oblíquo com valor de possessivo.

(seu = adjunto adnominal)
*Afagou-**lhe** o rosto.*
verbo transitivo direto

(meus = adjunto adnominal)
*As pedras machucaram-**me** os pés.*
verbo transitivo direto

Adjunto adnominal é o termo da oração que modifica um substantivo, caracterizando-o ou determinando-o.

Complemento nominal

No texto

Leia esta tira do Hagar:

HAGAR — Chris Browne

2011 KING FEATURES SYNDICATE/IPRESS

1. Ao ser atacado por uma "saraivada" de flechas, Hagar se lembra de seu amigo Eddie Sortudo. O que explica, de fato, a ausência de Eddie?
2. Releia esta frase: "Ele é alérgico a quê?".
   a) Você observou que, no primeiro quadrinho, a personagem não diz a Hagar que tipo de alergia Eddie Sortudo tem. Por isso, Hagar faz essa pergunta a ele. O que falta à frase?
   b) Com a frase completa, temos: *Ele tem alergia a flechas*.
      - O complemento da palavra *alergia* se liga a ela direta ou indiretamente? Como isso ocorre?
      - Qual é a classe gramatical da palavra *alergia*?
3. Que outro termo, na tira, também completa um nome e se liga a ele com o auxílio de preposição? Justifique sua resposta.
4. Na tira, que oração iniciada por preposição completa um substantivo?

Em contexto

O termo que completa o sentido de um nome, seja substantivo, adjetivo ou advérbio, ligando-se a ele por meio de preposição, chama-se **complemento nominal**. Portanto, nas expressões *alergia **a flechas***, *por causa **da alergia*** e *hora **de invadir o castelo***, na tira do Hagar, os termos *a flechas*, *da alergia* e *de invadir o castelo* são complementos nominais.

Observe os exemplos encontrados nos versos a seguir, do poema indianista "I-Juca--Pirama", de Gonçalves Dias, poeta romântico da primeira geração. Nele, o velho pai e chefe da tribo Tupi amaldiçoa o filho ao saber que ele agiu como covarde quando se tornou prisioneiro da tribo Timbira e, por isso, foi libertado. São versos do canto VIII.

VIII

Possas tu, isolado na terra,
Sem arrimo e sem pátria vagando,
Rejeitado **da morte** na guerra,
Rejeitado **dos homens** na paz,
Ser das gentes o espectro execrado;
[...]
Não encontres um tronco, uma pedra,
Posta **ao sol**, posta **às chuvas** e **aos ventos**,
Padecendo os maiores tormentos,
Onde possas a fronte pousar.

DIAS, Gonçalves. I-Juca-Pirama. In: BUENO, Alexei (Org.). *Gonçalves Dias*: poesia e prosa completas. Rio de Janeiro: Nova Aguilar, 1998. p. 389. (Fragmento).

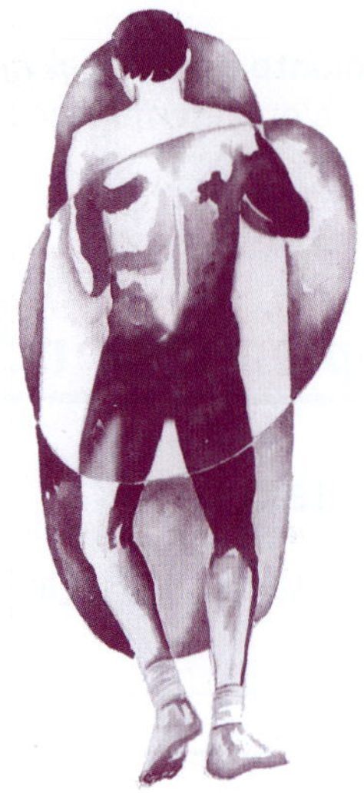

Glossário

Arrimo: apoio, proteção.
Espectro: fantasma.
Execrado: desprezado, odiado.
Fronte: cabeça.

Observe que os complementos nominais destacados completam o sentido de nomes aos quais se ligam por preposição (*rejeitado* ***da morte***, *rejeitado* ***dos homens***, *posta* ***ao sol***, *posta* ***às chuvas*** *e* ***aos ventos***).

Complemento nominal é o termo da oração que completa nomes, isto é, substantivos, adjetivos e advérbios, e vem preposicionado.

Complemento nominal e adjunto adnominal

O **complemento nominal** completa o sentido de um nome transitivo (substantivo, adjetivo ou advérbio), vem sempre precedido de preposição e nunca indica posse. Ele **indica o alvo** da noção expressa pelo substantivo. Se o termo preposicionado completar um adjetivo ou um advérbio, será sempre complemento nominal. Observe:

A moça tinha pavor ***de lugares altos.***
pavor: substantivo — de lugares altos: complemento nominal

O estagiário estava satisfeito ***com o serviço.***
satisfeito: adjetivo — com o serviço: complemento nominal

A fábrica ficava longe ***do centro.***
longe: advérbio — do centro: complemento nominal

O **adjunto adnominal** determina, especifica ou qualifica somente substantivos (concretos ou abstratos), nem sempre vem precedido de preposição e **pode indicar posse**.

__Nossa__ amizade __de infância__ durou __longos__ anos.

(amizade, anos: substantivo; Nossa, de infância, longos: adjunto adnominal)

__Os dois__ filmes já estavam __nos__ cinemas. (*nos* = em + os)

(filmes, cinemas: substantivo; Os dois: adjuntos adnominais; nos: adjunto adnominal)

Caso haja um termo preposicionado ligado a um substantivo, esse termo pode ser complemento nominal ou adjunto adnominal. Se o substantivo tem sentido transitivo (incompleto) e o termo com preposição é o **paciente**, ocorre o **complemento nominal**. Mas quando esse termo é o **agente**, ele funciona como **adjunto adnominal**.

Observe estes exemplos:

O __benefício__ __ao idoso__ é necessário.

(benefício: substantivo transitivo; ao idoso: complemento nominal (paciente))

O __benefício__ __do idoso__ é necessário.

(benefício: substantivo intransitivo; do idoso: adjunto adnominal (agente))

Predicativo do sujeito

No texto

Leia a seguir um dos poemas do mineiro Sérgio Capparelli (1947-). Ele começou a escrever em 1979, mas seus primeiros poemas foram publicados mais tarde.

Menina na janela

A lua é uma gata branca,
mansa,
que descansa entre as nuvens.

O sol é um leão sedento,
mulambento,
que ruge na minha rua.

Eu sou uma menina bela,
na janela,
de um olhar sempre à procura.

CAPPARELLI, Sérgio. *Restos de arco-íris.* Porto Alegre: L&PM, 2005. p. 35.

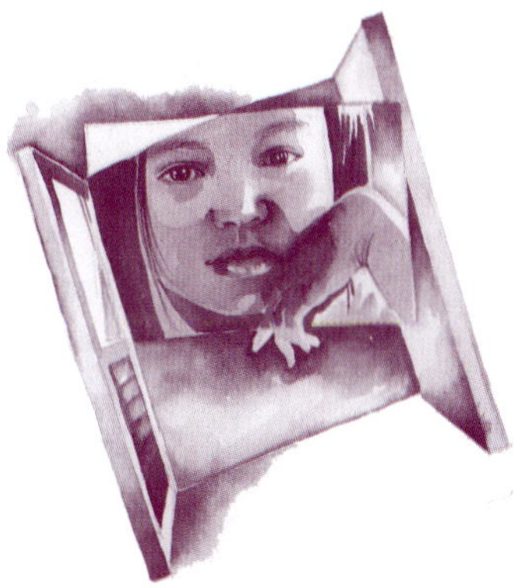

1. Observe no poema o subjetivismo da linguagem, uma das características do autor.
   a) Identifique e interprete as metáforas presentes no poema.
   b) Qual pode ser o sentido da expressão "um olhar sempre à procura"?
2. Releia estes versos:
   - "A lua **é** uma gata branca, mansa,"
   - "O sol **é** um leão sedento, mulambento,"

   a) Qual é a transitividade dos verbos destacados? Como se chamam os predicados?
   b) Identifique o núcleo de cada predicado.
   c) A que termo de cada verso se referem esses núcleos?
   d) Que função sintática exercem as palavras que caracterizam ou determinam os substantivos presentes no sujeito e no predicado dessas duas orações? Destaque esses substantivos e as palavras que os modificam.
   e) Nessas duas orações, que expressões do predicado caracterizam os respectivos sujeitos?

Há palavras ou expressões, como *uma gata branca, mansa*, ou *um leão sedento, mulambento*, que caracterizam o sujeito (*a lua, o sol*). Esses termos que expressam características, qualidades ou estados do sujeito chamam-se **predicativos do sujeito**.

Em contexto

Releia este verso do poema "Menina na janela":

verbo de ligação | predicativo do sujeito

Eu sou ***uma menina bela****,*

sujeito | predicado nominal | núcleo do predicativo

Agora, observe estes versos de Cruz e Sousa:

verbo de ligação | predicativo do sujeito

(Ele) "Fica ***sereno, num sorriso justo****,"*

sujeito (oculto) | predicado nominal | núcleo do predicativo

sujeito (oculto) | verbo intransitivo | predicativo do sujeito

"Quando (eu) vou ***pela Luz arrebatado****."*

predicado verbo-nominal | núcleo do predicativo

Como podemos notar, o **predicativo do sujeito** pode ser encontrado no predicado nominal e no predicado verbo-nominal; em ambos, representa o núcleo nominal.

> **Predicativo do sujeito** é o termo presente no predicado que atribui características ao sujeito da oração.

Predicativo do objeto

No texto

Leia este poema de Mario Quintana:

Canção

Cheguei a concha da orelha
à concha do caracol.

Escutei
vozes amadas
que eu julgava
eternamente perdidas.

Uma havia
que dentre as outras mais graves
tão clara e alta se erguia...

que eu custei mas descobri
que era a minha própria voz:
sessenta anos havia
ou mais
que ali estava encerrada.

Meu Deus, as coisas que ela dizia!
as coisas que perguntava!

Eu deixei-as sem resposta.

QUINTANA, Mario. In: CARVALHAL, Tânia Franco (Org.). *Mario Quintana*: poesia completa. São Paulo: Nova Aguilar, 2005. p. 389-390. (Fragmento). © by Elena Quintana.

1. No poema, o eu lírico fala de vozes que pareciam esquecidas.
   a) De quem seriam as "vozes amadas" que voltam, de repente, para fazer com que ele recorde o passado?
   b) Explique por que foi difícil para o eu lírico reconhecer sua própria voz. Como ele reagiu?
2. Releia esta estrofe: "Escutei / vozes amadas / que eu julgava / eternamente perdidas".
   a) Na segunda oração, "que eu julgava eternamente perdidas", qual é a transitividade do verbo? Ele tem complemento? Como se chama esse complemento?
   b) Que outro termo do predicado se refere ao objeto direto, caracterizando-o?
   c) Nesse caso, quais são os núcleos do predicado e como se chama esse predicado?
   d) Que nome recebe o núcleo nominal do predicado?
   e) Ele caracteriza o sujeito ou o objeto direto dessa oração?

Em contexto

Veja outro exemplo tirado do poema de Mario Quintana.

predicativo do objeto — objeto direto

*"Uma havia / que dentre as outras mais graves / **tão clara e alta** se erguia..."*

predicado verbo-nominal — verbo transitivo direto

Predicativo do objeto é o termo que atribui características ao objeto direto ou ao objeto indireto do predicado.

Aposto

No texto

Leia a tira do Hagar a seguir.

HAGAR

Chris Browne

1. Percebe-se, no texto, que Hagar é um guerreiro *viking* respeitado. Qual é o conteúdo humorístico da tira?
2. Releia a oração do primeiro quadrinho: "Aquele é o grande Hagar, **o terrível**!". O que expressa o termo destacado?

Em contexto

Há termos que são empregados para explicar outro termo, que pode ser um substantivo, um pronome ou uma oração. Esse tipo de termo recebe o nome de **aposto**.

Veja alguns exemplos:

*"Aquele é o grande Hagar, **o terrível**!"* (aposto: o terrível)

Dom Casmurro, ***obra-prima de Machado de Assis***, *apresenta uma análise do comportamento humano.* (aposto: obra-prima de Machado de Assis)

*Michael Jackson, **famoso cantor americano**, morreu aos 50 anos.* (aposto: famoso cantor americano)

O aposto pode vir separado do termo a que se relaciona por vírgula, dois-pontos, travessão ou parênteses. Observe:

*Voltou à casa da praia, **seu refúgio predileto**.* (aposto: seu refúgio predileto)

Às vezes, não existe pausa entre o aposto e o nome que ele especifica ou individualiza. Veja:

*A rua **do Ouvidor** guarda reminiscências do Rio de Janeiro.* (aposto: do Ouvidor)

*O rio **Amazonas** deságua no oceano **Atlântico**.* (aposto: Amazonas; aposto: Atlântico)

> **Aposto** é o termo da oração que explica, esclarece, resume ou identifica o nome ao qual ele se refere: substantivo, pronome ou equivalentes.

Vocativo

No texto

Leia estes versos de um poema de Cruz e Sousa:

Antífona

Ó Formas alvas, brancas, Formas claras
de luares, de neves, de neblinas!...
Ó Formas vagas, fluidas, cristalinas...
Incensos dos **turíbulos** das **aras**...

Formas do Amor, constelarmente puras,
de Virgens e de Santas vaporosas...
Brilhos errantes, **mádidas** frescuras
e **dolências** de lírios e de rosas...

Indefiníveis músicas supremas,
harmonias da Cor e do Perfume...
Horas do **Ocaso**, trêmulas, extremas,
Réquiem do Sol que a Dor da Luz resume...

SOUSA, João da Cruz e. In: AGUIAR, Flavio Wolf de (Sel.). *Os melhores poemas de Cruz e Sousa*. São Paulo: Global, 2001. p. 25. (Fragmento).

Glossário

Antífona: verso curto, recitado ou cantado pelo celebrante antes e depois de um salmo, ao qual respondem duas metades do coro, alternadamente.

Turíbulos: vasos onde se queima incenso nos templos.

Aras: altares.

Mádidas: umedecidas, orvalhadas.

Dolências: mágoas, dores.

Ocaso: pôr do sol.

Réquiem: música sobre o ofício dos mortos; repouso, descanso.

1. Cruz e Sousa explorou a cor branca em seus poemas de estilo simbolista. Identifique essa característica no texto.
2. Em que verso ocorre sinestesia, figura de linguagem que representa a mistura de sensações? Consulte o capítulo 27, se necessário.
3. Identifique no poema um verso que apresenta aliteração, figura que explora a repetição de fonemas idênticos ou parecidos. Consulte o capítulo 27, se necessário.
4. Que palavra do texto expressa apelo ou chamamento?
5. Se tirássemos esse chamamento do poema, seu sentido ficaria comprometido?

Em contexto

O termo da oração que se refere sintaticamente a um interlocutor é chamado de **vocativo**. Observe os exemplos destacados nestes textos:

Amada, não penses
escutemos a chuva que o inverno chegou.

LIMA, Jorge de. Poema à bem-amada. In: BUENO, Alexei (Org.). *Jorge de Lima*: poesia completa. Rio de Janeiro: Nova Aguilar, 2004. p. 289. (Fragmento). © by Maria Thereza Alves Jorge de Lima e Lia Corrêa Alves de Lima.

E o sino chora em lúgubres responsos:
"**Pobre Alphonsus! Pobre Alphonsus!**"

GUIMARAENS, Alphonsus de. A catedral. In: GUIMARAENS FILHO, Alphonsus de (Sel.). *Os melhores poemas de Alphonsus de Guimaraens*. 3. ed. São Paulo: Global, 1997. p. 120-121. (Fragmento).

O vocativo deve aparecer sempre separado por vírgulas, qualquer que seja sua posição na frase. Às vezes é precedido da interjeição *ó*, que indica apelo: *Deus! **ó Deus!** onde estás que não respondes?* (do poema "Vozes d'África", de Castro Alves).

Vocativo é o termo da oração que serve para invocar ou chamar um interlocutor. Não faz parte nem do sujeito nem do predicado.

APLICAÇÃO

1 Leia o anúncio a seguir.

REPRODUÇÃO

a) Eventos como esse do anúncio têm-se realizado em vários países. Pesquise e explique o que significa desenvolvimento sustentável.

b) Observe a imagem do anúncio. Em que aspectos ela retrata a relação do homem com a natureza? Em sua opinião, como reverter esse quadro?

c) Observe a primeira oração do texto: "O Desenvolvimento Sustentável é uma preocupação do presente como do futuro". Que termo é ligado ao sujeito pelo verbo *ser*? Que palavra nesse termo centraliza a ideia relacionada ao sujeito e que representa seu núcleo?

d) Que palavras, nessa primeira oração, caracterizam ou determinam substantivos? Qual é o nome que elas recebem sintaticamente?

e) Que termos estão relacionados aos substantivos *Fórum* e *busca*? Eles completam ou determinam esses nomes? Por quê?

f) Nesse anúncio, há uma oração que exerce a função de aposto, pois ela explica um termo antecedente. Qual é essa oração e que termo antecedente ela explica?

g) Identifique e classifique os termos que, na última oração do anúncio, se relacionam a nomes (substantivos).

2 Leia a tira do Garfield a seguir.

GARFIELD — Jim Davis

a) Na tira, o gato Garfield comemora mais um aniversário, mas não parece satisfeito. Explique por que há incoerência nas palavras dele.

b) A que classes gramaticais pertencem os adjuntos adnominais encontrados no texto? A que substantivos ou pronomes substantivos se relacionam?

3 Leia o trecho inicial de uma crônica do escritor mineiro Fernando Sabino (1923-2004), contemporâneo de outros escritores como Clarice Lispector, Carlos Drummond de Andrade e Vinicius de Moraes.

A invenção da laranja

Nem todos sabem que a laranja, fruta cítrica, suculenta e saborosa, foi inventada por um grande industrial americano, cujo nome prefiro calar, mas em circunstâncias que merecem ser contadas.

Começou sendo chupada às dúzias por este senhor, então um simples molecote de fazenda no interior da Califórnia. Com o correr dos anos o molecote virou moleque e o moleque virou homem, passando por todas as fases lírico-vegetativas a que se sujeita uma juventude transcorrida à sombra dos laranjais: apaixonou-se pela filha do dono da fazenda, meteu-se em peripécias amorosas que já inspiraram dois filmes em Hollywood e que culminaram nas indefectíveis flores de laranjeira, até que um dia, para encurtar, viu-se ele próprio casado, com uma filha que outros moleques cobiçavam, e dono absoluto da plantação.

[...]

Glossário

Indefectíveis: que não falham, que não deixam de nascer.

SABINO, Fernando. *Obra reunida*. Rio de Janeiro: Nova Aguilar, 1996. p. 244. (Fragmento).

a) Nessa crônica, o narrador conta, de forma humorística, como a laranja passou a ser consumida em larga escala. A que "circunstância" ele se refere no texto?

b) Interprete a ironia contida neste trecho: “virou homem, passando por todas as fases lírico-vegetativas”.

c) Identifique o aposto e os adjuntos adnominais presentes no primeiro parágrafo do texto e indique os nomes a que se referem na frase.

d) Explique a diferença de emprego das expressões destacadas nas frases a seguir, considerando sua função sintática.

- Veio **da Califórnia**.
- Veio do interior **da Califórnia**.

e) Observe estas duas orações: “o molecote **virou** moleque e o moleque **virou** homem”.

- Em ambos os casos, como se classifica o verbo *virar* quanto à transitividade? E como se chama, portanto, o predicado?
- Que função sintática exercem os substantivos *moleque* e *homem* em cada oração?

f) No início do segundo parágrafo, que termo explica ou esclarece quem era o “senhor”? Qual é o núcleo desse termo?

g) Releia esta oração: “viu-se ele próprio casado e dono absoluto da plantação”.

- Qual é o sujeito dessa oração? Como ele se classifica?
- Que transitividade apresenta o verbo *ver* nessa oração? Qual é o termo que completa seu sentido e como se chama?
- Quais são os termos relacionados ao pronome *se*? Que função sintática eles exercem?
- Como se classifica, então, o predicado dessa oração? Destaque o(s) núcleo(s) do predicado.

4 **Reescreva a expressão, transformando o verbo transitivo destacado em substantivo e sublinhe o complemento nominal. Observe o exemplo:**

Conferir o material. → A conferência do material.

a) **Preservar** o meio ambiente.

b) **Impor** limites.

c) **Cozer** os alimentos.

d) **Abrir** estradas.

e) **Ver** o eclipse lunar.

f) **Agravar** a situação.

5 **Reescreva as frases, transformando o verbo destacado em substantivo ou adjetivo. Faça as alterações necessárias e sublinhe o complemento nominal. Observe o exemplo:**

O presidente **discursou** para o povo.
↓
O presidente fez um discurso para o povo.

a) A jovem **optou** pela carreira jurídica.

b) Os parentes **encheram-se** de alegria com a notícia.

c) O pesquisador **registrou** as novas descobertas.

d) Os jornais **informam** a queda do dólar hoje.

e) A entrevistada **esclareceu** sua posição política.

6 **Leia a tira do Calvin a seguir.**

CALVIN — Bill Watterson

a) Os pais de Calvin contrataram Rosalyn para cuidar dele enquanto estivessem fora. Que fatos comprovam a dificuldade da babá em lidar com o menino?

b) Que palavras expressam chamamento ou apelo na tira? Que nomes elas recebem?

7 Machado de Assis produziu, inicialmente, obras em estilo romântico e, já na fase madura, em estilo realista. Nesse período, publicou o romance *Memórias póstumas de Brás Cubas* e mais quatro obras-primas. Nele, Brás Cubas herda a herança da família, é inconstante nas relações amorosas, como ocorre no seu envolvimento com Virgília, e, aos 64 anos, cria um "emplasto", mas morre antes de lançá-lo no mercado. Leia o capítulo final desse romance, cujo título é bem significativo.

MARC FERREZ

Machado de Assis.
Foto de Marc Ferrez, 1901.

Das negativas

Este último capítulo é todo de negativas. Não alcancei a celebridade do emplasto, não fui ministro, não fui califa, não conheci o casamento. Verdade é que, ao lado dessas faltas, coube-me a boa fortuna de não comprar o pão com o suor do meu rosto. Mais; não padeci a morte de D. Plácida, nem a semidemência do Quincas Borba. Somadas umas cousas e outras, qualquer pessoa imaginará que não houve míngua nem sobra, e conseguintemente que saí quite com a vida. E imaginará mal; porque ao chegar a este outro lado do mistério, achei-me com um pequeno saldo, que é a derradeira negativa deste capítulo de negativas: – Não tive filhos, não transmiti a nenhuma criatura o legado da nossa miséria.

ASSIS, Machado de. *Memórias póstumas de Brás Cubas*. In: COUTINHO, Afrânio (Org.). *Machado de Assis*: obra completa. Rio de Janeiro: Nova Aguilar, 1992. p. 639. (Fragmento).

a) O trecho sugere que a personagem Brás Cubas, autor da narrativa, está morta. O que representa esse último capítulo do romance?

b) Após analisar os fatos considerados negativos e positivos em sua vida, a que conclusão chega o narrador?

c) Considere a primeira oração do texto: "Este último capítulo é todo de negativas".
- Que sentido apresenta a palavra *todo* no contexto? Que valor morfológico ele apresenta e qual é sua função sintática?
- Qual é a função sintática do termo *todo de negativas*?
- Qual é a função sintática do termo *de negativas*?

d) Classifique, no contexto, a função sintática dos termos destacados nas orações a seguir.
- "não fui **ministro**"
- "ao lado dessas faltas, coube-me **a boa fortuna**"
- "e conseguintemente que saí quite **com a vida**"

e) Releia esta oração: "que é a derradeira negativa deste capítulo de negativas".
- Como se chama o predicado dessa oração?
- Qual é o núcleo do predicado?
- Como se chama o termo que o verbo de ligação (*ser*) relaciona ao sujeito? Qual é esse termo nessa oração?

8 Em quais frases a seguir as palavras ou expressões destacadas não são adjuntos adnominais? Justifique.

a) O guia mostrou-lhe **os** lugares **turísticos** da cidade.
b) **O** exercício como nadador fortaleceu-**lhe** os músculos.
c) A chegada **da polícia** tranquilizou as pessoas.
d) **Minha** mãe beijou-**me** a face e despediu-se de mim.
e) No **primeiro** momento impuseram-**lhe** suas ideias.

9 Leia o anúncio publicitário a seguir, uma campanha para incentivar as pessoas a respeitarem o meio ambiente.

a) Uma empresa multinacional, produtora de alimentos, é a responsável pela divulgação dessa campanha.

- Por que a preocupação com o fornecimento de alimentos se tornou uma questão cada vez mais séria?
- Segundo o texto, como podemos participar dessa campanha, contribuindo para que haja maiores recursos no planeta?

b) Releia esta oração: "crescem também as responsabilidades de cada um sobre o destino do planeta".

- Qual é o sujeito da forma verbal *crescem*? Observe a concordância do verbo.
- Identifique o núcleo desse sujeito e a função sintática dos seus demais termos, indicando os substantivos aos quais se referem.

c) Leia esta oração: O *fornecimento de alimentos à crescente população global é um dos principais objetivos do milênio*. Explique a diferença de emprego entre os termos *de alimentos* e *à crescente população global*.

d) Observe, no contexto, a que palavras se referem os termos *mais justo* e *moda*. Que função sintática eles exercem em relação a elas?

e) Explique o emprego da enumeração que segue o sujeito na frase "Todos nós – indivíduos, empresas, governos e sociedade civil – temos uma contribuição a dar [...]". Sintaticamente, como ela se chama?

10 Identifique a frase em que há um predicativo do objeto e destaque-o.

a) Naquela tarde, as crianças retornaram do passeio cansadas.
b) As pessoas continuavam ansiosas à espera de informação.
c) As pesquisas com células-tronco tornaram-no uma celebridade.
d) Neste mês, os campos de girassóis viram um tapete dourado.
e) Com a neve, as estradas tornaram-se escorregadias e perigosas.

11 Leia estes quadrinhos do Hagar:

HAGAR — Chris Browne

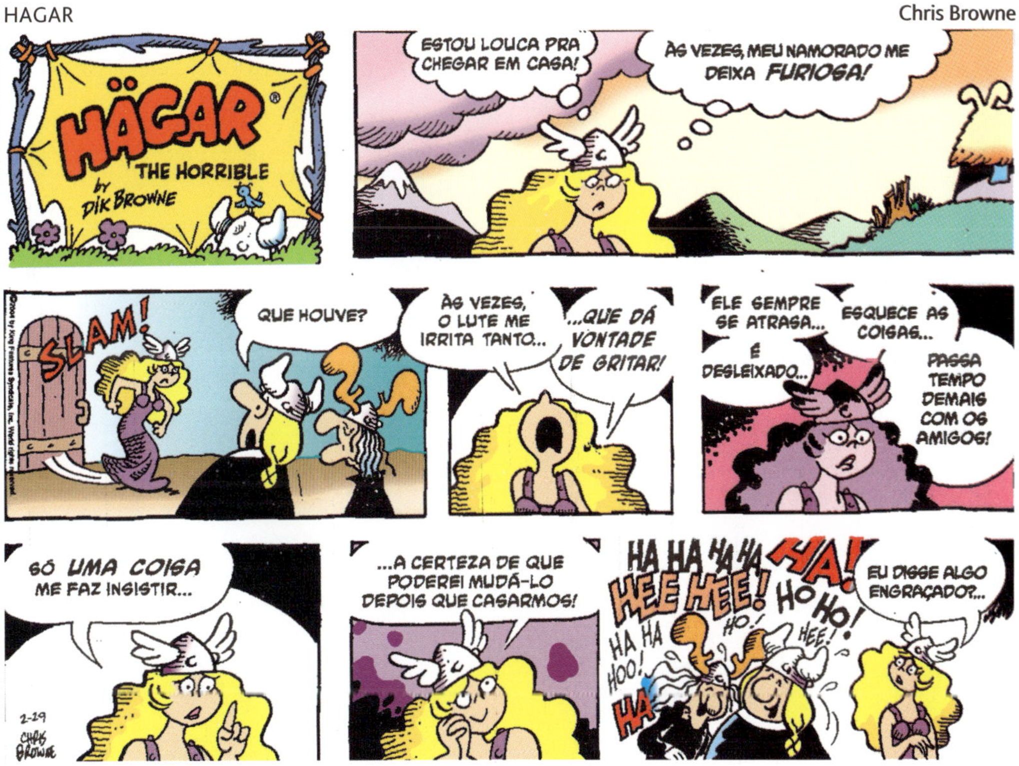

2011 KING FEATURES

a) A filha de Helga está irritada com o comportamento do noivo, Lute. Explique por que a mãe e a amiga riem das palavras de Honi.

b) Identifique um termo (uma palavra, uma expressão ou mesmo uma oração) do quadrinho que exerça uma destas funções sintáticas: predicativo do objeto, predicado verbo-nominal, complemento nominal e predicativo do sujeito.

Lista de exercícios

RESUMO

Termos da oração relacionados aos nomes

- **Adjunto adnominal** – termo da oração que modifica um substantivo, caracterizando-o ou determinando-o sem a intermediação de um verbo: *Um casal* ***de médicos*** *eram* ***os novos*** *moradores* ***do meu prédio****.*
- **Complemento nominal** – termo da oração que completa nomes, isto é, substantivos, adjetivos e advérbios, e vem preposicionado: *A realização* ***do torneio*** *teve a aprovação* ***de todos****.*
- **Predicativo do sujeito** – termo que atribui características ao sujeito da oração: *A especulação imobiliária me parece* ***um problema****.*
- **Predicativo do objeto** – termo que atribui características ao objeto direto ou ao objeto indireto: *O médico considerou o paciente* ***(como) hipertenso****.*
- **Aposto** – termo da oração que explica, esclarece, resume ou identifica o nome ao qual se refere (substantivo, pronome ou equivalentes): *A praia do Forte,* ***lugar paradisíaco****, atrai muitos turistas.*
- **Vocativo** – termo da oração que se refere a um interlocutor a quem se dirige a palavra: ***Senhora****, peço aguardar mais um pouco.*

Capítulo 18
Coordenação

Período composto por coordenação

No texto

Leia o poema a seguir, do autor maranhense Ferreira Gullar (1930-). Ele iniciou sua produção poética nos anos 1950, ao lado dos primeiros concretistas. Seus poemas demonstram um forte engajamento social.

Lampejo

O poema não voa de asa-delta
não mora na Barra
não frequenta o Maksoud.
Pra falar a verdade, o poema não voa:
anda a pé
e acaba de ser expulso da fazenda Itupu
pela polícia.

Come mal dorme mal cheira a suor,
parece demais com o povo:
é assaltante?
é posseiro?
é vagabundo?
frequentemente o detêm para averiguações
às vezes o espancam
às vezes o matam
às vezes o resgatam
da merda
por um dia
e o fazem sorrir diante das câmeras da TV
de banho tomado.

O poema se vende
se corrompe
confia no governo
desconfia
de repente se zanga
e quebra trezentos ônibus nas ruas de Salvador.

O poema é confuso
mas tem o rosto da história brasileira:
tisnado de sol
cavado de aflições
e no fundo do olhar, no mais fundo,
detrás de todo o amargor,
guarda um lampejo
um diamante
duro como um homem
e é isso que obriga o exército a se manter de prontidão.

GULLAR, Ferreira. *Toda poesia*. Rio de Janeiro: José Olympio, 2001. p. 356-357.

Glossário

Tisnado: queimado.

Lampejo: clarão ou brilho momentâneo; faísca, centelha; inspiração súbita.

1. A função da poesia varia de acordo com sua criação.
   a) Que função apresenta esse poema de Gullar, tendo em vista seu conteúdo?
   b) Segundo o texto, pode-se dizer que a poesia de Gullar tem comprometimento elitista? Esclareça sua resposta.
   c) O poema apresenta uma linguagem por vezes irreverente. Por que o autor pode ter optado por esse tipo de linguagem?

2. Ferreira Gullar inovou na criação de seus poemas. Que características comprovam essa inovação nos versos e nas estrofes?
3. Em situações de protesto, o povo é muitas vezes confundido com marginais, mesmo que esteja representado por cidadãos honestos.
   a) O que você pensa sobre isso?
   b) Você consegue transpor essa situação descrita no poema para sua realidade? Esclareça sua resposta.
4. Nos últimos versos, o eu lírico se mostra esperançoso em relação aos brasileiros. O que dá a ele a certeza de que o povo também mantém a confiança no futuro?
5. Leia estes versos do poema como se estivessem pontuados:
   - O poema não voa de asa-delta.
   - Não mora na Barra.
   - Não frequenta o Maksoud.

   Agora, leia-os conforme a disposição no poema:

   "O poema não voa de asa-delta
   não mora na Barra
   não frequenta o Maksoud."

   a) Nas duas formas de apresentação, temos orações dependentes entre si (ou seja, de sentido incompleto) ou independentes (ou seja, de sentido completo)?
   b) Você estudou, no capítulo 15, o período simples e composto. Lembre-se de que o período simples apresenta apenas uma oração, e o período composto duas ou mais orações.
      - Em cada caso ou texto apresentado, quantos são os períodos e como se chamam, considerando o número de orações que os formam? Esclareça sua resposta.
   c) O período composto por orações independentes chama-se **período composto por coordenação**. Portanto, qual dos casos acima exemplifica esse tipo de período? Por quê?
6. Em um período composto por coordenação, as orações independentes que não são introduzidas por conjunção e vêm justapostas ou separadas por vírgula são chamadas de **coordenadas assindéticas**. As orações independentes que se unem às outras por conjunções coordenativas ou locuções conjuntivas chamam-se **coordenadas sindéticas**.
   - No caso dos versos do poema analisados no exercício 5, as orações coordenadas são assindéticas ou sindéticas? Por quê?
7. Observe este período, que forma a terceira estrofe do poema:

   "O poema se vende
   se corrompe
   confia no governo
   desconfia
   de repente se zanga
   e quebra trezentos ônibus nas ruas de Salvador."

   a) Quantas são as orações do período? Elas são dependentes ou independentes? Por quê?

b) Nesse caso, como se classifica o período?

c) Quais orações são justapostas (isto é, não são introduzidas por conjunção)?

d) Qual oração se liga a outra por meio de uma conjunção? Qual é a conjunção coordenativa que a introduz?

e) Que valor semântico ou sentido exprime essa conjunção coordenativa?

f) Considerando o uso ou não de conjunção coordenativa, como se classificam as orações desse período?

8. Qual estrofe do poema constitui um período composto por coordenação, em que o sentido da segunda oração, introduzida por uma conjunção coordenativa, expressa uma ideia contrária à anterior?

- Identifique a segunda oração, a conjunção que a introduz e classifique a oração.

Neste capítulo, você verá como se constituem os **períodos compostos por coordenação**, isto é, aqueles formados por orações independentes — as **orações coordenadas** —, que são ligadas por conjunções coordenativas ou separadas por pontuação. Veja o quadro a seguir.

Período simples é aquele constituído de uma só oração.

Período composto é o que apresenta duas ou mais orações.

Período composto por coordenação é aquele formado por orações independentes, chamadas **orações coordenadas**.

Oração coordenada assindética é aquela não introduzida por conjunção, sendo justaposta a outra oração ou separada dela por vírgula.

Oração coordenada sindética é aquela ligada a outra oração por meio de conjunção coordenativa.

Em contexto

Classificação das orações coordenadas sindéticas

As **orações coordenadas sindéticas** são classificadas de acordo com a conjunção coordenativa que as introduz. Entretanto, é preciso considerar as relações de sentido que se estabelecem entre as orações, pois muitas vezes o uso de uma conjunção implica um sentido diferente do que normalmente está prescrito na classificação gramatical. Vejamos cada tipo.

Aditivas

Observe estes versos do poema "Lampejo", de Ferreira Gullar:

1ª oração

"de repente se zanga
***e** quebra trezentos ônibus nas ruas de Salvador."*

2ª oração

A segunda oração se liga à primeira pela conjunção coordenativa *e*, que, nesse caso, estabelece um sentido de acréscimo ou de adição da segunda oração em relação à primeira. A segunda oração se classifica, portanto, como **coordenada sintética aditiva**.

As **orações coordenadas sindéticas aditivas** são introduzidas pelas conjunções coordenativas aditivas *e*, *nem* (*e não*, *não só*), *mas ainda* (*não só*), *mas também* (*não só*), *como também*, etc.

Adversativas

Leia este trecho de *Vidas secas*, de Graciliano Ramos:

> O pequeno afastou-se um pouco, **mas** ficou por ali rondando e timidamente arriscou a pergunta.
>
> RAMOS, Graciliano. *Vidas secas*. Rio de Janeiro: Record, 2002. p. 54. (Fragmento).

A oração iniciada pela conjunção adversativa *mas* (***mas** ficou por ali...*) estabelece um sentido contrário, adverso ou oposto à oração anterior. Por isso, é chamada de **oração coordenada sindética adversativa**.

As **orações coordenadas sindéticas adversativas** são introduzidas pelas conjunções coordenativas adversativas *mas*, *porém*, *todavia*, *e* (com valor de *mas*), *contudo*, *entretanto*, *no entanto*, *no obstante*, *senão*, etc.

Alternativas

Observe outro trecho retirado de *Vidas secas*:

> Em casa sempre usavam camisinhas de riscado **ou** andavam nus.
>
> RAMOS, Graciliano. *Vidas secas*. Rio de Janeiro: Record, 2002. p. 71. (Fragmento).

Observe que a oração ***ou** andavam nus* apresenta um fato ou uma ideia que se alterna em relação à anterior. Por isso, orações como essa são chamadas **orações coordenadas sindéticas alternativas**.

As **orações coordenadas sindéticas alternativas** são introduzidas pelas conjunções coordenativas alternativas *ora... ora*, *ou... ou*, *quer... quer*, *seja... seja*, *já... já*, etc. Também podem expressar alternância ou exclusão.

Conclusivas

Leia este trecho de um conto de Autran Dourado:

> Vovô riu, achava muita graça nas bestagens de seu Bê P. Lima, nas histórias obscenas que ele contava, quando não tinha menino por perto, na presença de menino e de mulher ele fechava a cara, metia a viola no saco, se dava ao respeito. Bê é um artista do nada, **por isso** é um homem feliz, disse.
>
> DOURADO, Autran. Os mínimos carapinas do nada. *Os cem melhores contos brasileiros do século*. Rio de Janeiro: Objetiva, 2001. p. 516. (Fragmento).

A oração ***por isso** é um homem feliz*, introduzida pela conjunção coordenativa conclusiva *por isso*, é chamada **coordenada sindética conclusiva** em relação à oração anterior, *Bê é um artista do nada*. Ela expressa uma conclusão, exposta pelo narrador, a respeito do artista Bê.

As **orações coordenadas sindéticas conclusivas** são introduzidas pelas conjunções coordenativas conclusivas *portanto*, *pois* (após o verbo), *por isso*, *de modo que*, *logo*, etc.

Explicativas

Leia este trecho do conto "A casa das palavras", de Marina Colasanti:

> A caminho de Friburgo parei na farmácia **porque** a tosse estava me matando e queria um xarope. [...] A senhora toma isso, **que** melhora logo.
>
> COLASANTI, Marina. *A casa das palavras*. São Paulo: Ática, 2008. p. 37. (Coleção Para Gostar de Ler, v. 39) (Fragmento).

As orações ***porque** a tosse estava me matando* e ***que** melhora logo* são **coordenadas sindéticas explicativas**, pois expressam uma justificativa, uma explicação para a respectiva oração anterior.

As **orações coordenadas sindéticas explicativas** são introduzidas pelas conjunções coordenativas explicativas *porque*, *pois* (antes do verbo), *que*, *porquanto*, etc.

Observação

- Em geral, as orações coordenadas sindéticas explicativas são antecedidas por orações com verbos no imperativo ou de orações optativas (isto é, que exprimem desejo): *Pesquise no Google, **porque lá você encontrará esses dados**. Os céus te protejam, **porque ele é uma pessoa difícil**.*

APLICAÇÃO

1 Leia este texto:

É normal ser tão apegado a bichos de estimação?

Não há um limite que estabelece até quando o apego a bichos de estimação é normal ou não. Ter um animal de estimação, na maioria dos casos, é benéfico para a saúde física e mental por ser uma forma de ter companhia e um meio de expressar emoções. Quem tem um bichinho sabe muito bem disso. Essa relação só se torna prejudicial no momento em que interferir em outros relacionamentos, levando a pessoa a sofrer sanções sociais e gozações. Mas não pense você que está sozinho. O apego a animais de outras espécies ocorre não apenas com seres humanos, mas também entre outros bichos. Você já deve ter ouvido falar em cadelas que amamentam gatinhos ou macacas que adotam outros bichos, por exemplo. Esse sentimento não chega a ter todos os componentes de um amor de mãe para filho, mas há muitas características em comum, como o cuidado no dia a dia e o sofrimento na hora da perda.

Superinteressante, São Paulo, p. 15, 2007. (Edição especial).

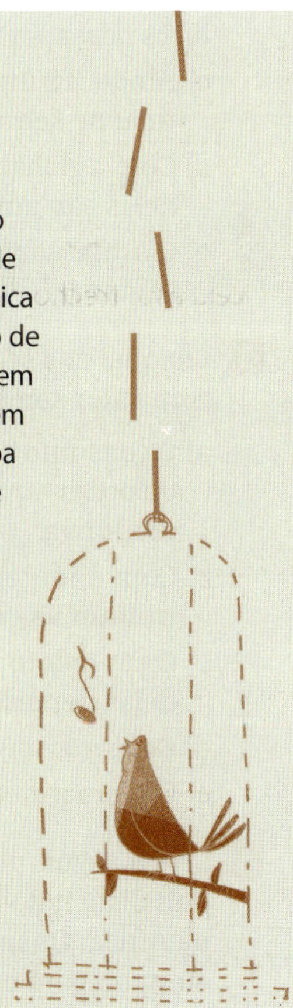

a) Nos dias de hoje, é bastante comum as pessoas terem bicho(s) de estimação em casa. Se essa atitude tornou-se frequente, por que alguns se preocupam com o fato?

b) Em geral, que pessoas costumam adotar bichos de estimação? Por quê?

c) A que "sanções sociais e gozações" se faz referência no texto?

d) O texto também fala do amor entre bichos de espécies diferentes; já tivemos a oportunidade de ver cenas de animais cuidando dos seus ou dos filhotes de outras espécies. O que se pode dizer quanto ao afeto e aos cuidados que determinados bichos demonstram em relação a outros?

e) Releia o primeiro período do texto: "Não há um limite que estabelece até quando o apego a bichos de estimação é normal ou não".

- Reescreva esse período, colocando, no final, o restante da oração que não foi expresso.
- Que sentido apresenta a oração iniciada pela conjunção *ou*?
- Como se classifica essa oração?

f) O desenvolvimento do texto apresenta duas partes essenciais: a primeira constitui a resposta à pergunta expressa no título; a segunda destaca que o apego a bichos também acontece entre os animais.

- Como foi feita a transposição de uma parte para outra, ou seja, que elemento de coesão (conjunção) foi empregado?
- Explique por que se usou essa conjunção e que sentido ela expressa.

g) Localize, no texto, o emprego da locução conjuntiva *mas também*. Que valor semântico ela apresenta? Esclareça.

2 **Una as orações com uma conjunção coordenativa, formando um período composto. Depois, dê o sentido ou o valor semântico da conjunção que você utilizou.**

a) O primeiro ministro chinês foi convidado para a convenção do clima. Ele não compareceu.

b) Os passaportes acabam de ser emitidos. Os estagiários já podem viajar amanhã.

c) Ainda há ingressos para a peça com Fernanda Montenegro. Podemos ir vê-la no final de semana.

d) Com a globalização, as notícias se espalham rapidamente por todo o mundo. Muitas delas são auspiciosas. Outras trazem grande preocupação.

e) O artigo sobre a Amazônia será publicado amanhã. O editor o publicará na próxima semana.

3 **Em qual dos seguintes períodos a oração destacada é introduzida por uma conjunção com valor semântico explicativo?**

a) O consumo de bens materiais pelos brasileiros aumentou bastante devido à melhoria do poder aquisitivo, **de modo que as indústrias tiveram de ampliar sua capacidade produtiva**.

b) Com o maremoto, as águas não só invadiram a orla marítima, **mas também destruíram as casas nela construídas**.

c) O candidato fez muitas promessas durante a campanha, **e não cumpriu a maioria delas depois de eleito**.

d) Deus nos ajude nessa tarefa, **porque o desafio é grande**.

e) Ora amanhecia um dia claro e ensolarado, **ora o tempo se fazia escuro e chuvoso.**

4 Leia a seguir os parágrafos iniciais de uma crônica de Marina Colasanti, escritora e jornalista ítalo-brasileira. Ela nasceu em 1937, em Eritreia, uma antiga colônia italiana na África. Quando ainda era criança, sua família voltou para a Itália, de onde, depois, emigrou para o Brasil. Hoje mora no Rio de Janeiro. O trecho que você vai ler faz parte do livro *A casa das palavras*.

De quem são os meninos de rua?

Eu, na rua, com pressa, e o menino segurou no meu braço, falou qualquer coisa que não entendi. Fui logo dizendo que não tinha, certa de que ele estava pedindo dinheiro. Não estava. Queria saber a hora.

Talvez não fosse um Menino De Família, mas também não era um Menino De Rua. É assim que a gente divide. Menino De Família é aquele bem-vestido com tênis da moda e camiseta de marca, que usa relógio e a mãe dá outro se o dele for roubado por um Menino De Rua. Menino De Rua é aquele que quando a gente passa perto segura a bolsa com força porque pensa que ele é pivete, trombadinha, ladrão.

Ouvindo essas expressões tem-se a impressão de que as coisas se passam muito naturalmente, uns nascendo De Família, outros nascendo De Rua. Como se a rua, e não uma família, não um pai e uma mãe, ou mesmo apenas uma mãe os tivesse gerado, sendo eles filhos diretos dos paralelepípedos e das calçadas, diferentes, portanto, das outras crianças, e excluídos das preocupações que temos com elas. É por isso, talvez, que, se vemos uma criança bem-vestida chorando sozinha num *shopping center* ou num supermercado, logo nos acercamos protetores, perguntando se está perdida, ou precisando de alguma coisa. Mas se vemos uma criança maltrapilha chorando num sinal com uma caixa de chicletes na mão, engrenamos a primeira no carro e nos afastamos pensando vagamente no seu abandono [...].

COLASANTI, Marina. *A casa das palavras*. São Paulo: Ática, 2006. p. 40. (Fragmento). © by Marina Colasanti.

MARCOS DE PAULA/AGÊNCIA ESTADO

Marina Colasanti (1937-) é autora de livros de contos, poesias, crônicas e histórias infantis.

a) No início do texto, a narradora conta como reagiu ao ser abordada por um menino na rua. O que a fez sentir-se constrangida e repensar seu gesto?

b) Em sua opinião, por que a narradora destacou com iniciais maiúsculas as expressões *Menino De Família* e *Menino De Rua*?

c) A narradora se inclui entre as pessoas cujo comportamento ela recrimina. Transcreva passagens do texto em que se pode comprovar esse fato.

d) O que mais surpreende a narradora quanto a essa divisão de classes entre os meninos?

e) Releia o primeiro período do texto: "Eu, na rua, com pressa, e o menino segurou no meu braço, falou qualquer coisa que não entendi".

- A que oração se liga a oração iniciada pela conjunção *e*? O que essa oração introduzida por *e* expressa?
- Que outras orações do texto expressam o mesmo sentido dessa segunda oração?

f) Observe o emprego das conjunções como elementos de coesão entre as orações neste trecho: "Como se a rua, **e** não uma família, não um pai e uma mãe, **ou** mesmo apenas uma mãe os tivesse gerado".

- Separe as orações desse trecho e inclua as formas verbais que não foram expressas para evitar a repetição.
- Que sentido apresenta a conjunção *e* em destaque nesse trecho? Justifique sua resposta.
- Explique por que a conjunção *ou* exprime alternância ou exclusão.

g) Releia este trecho do texto:

"ou mesmo apenas uma mãe os tivesse gerado, sendo eles filhos diretos dos paralelepípedos e das calçadas, diferentes, **portanto**, das outras crianças [...]. É **por isso**, talvez, que, se vemos uma criança bem-vestida chorando sozinha num *shopping center* ou num supermercado"

Que sentido ou valor semântico expressa cada uma das conjunções coordenativas destacadas?

Lista de exercícios

RESUMO

Coordenação

Período composto por coordenação

- **Período simples** – constitui-se de uma só oração: *O vento **soprou** toda a noite.*
- **Período composto** – constitui-se de duas ou mais orações: *O vento **soprou** toda a noite, / **derrubou** árvores / e **estragou** casas.*
- **Composto por coordenação** – constitui-se de orações sintaticamente independentes, coordenadas entre si com ou sem conjunção: *O aluno **foi** à biblioteca, / **pegou** um livro / e **fez** uma pesquisa.*

Classificação das orações coordenadas

- **Coordenadas assindéticas** – quando não vêm introduzidas por uma conjunção e são separadas por pontuação: *Vim, vi, venci.*
- **Coordenadas sindéticas** – quando vêm ligadas por uma conjunção coordenativa. De acordo com o valor semântico da conjunção, podem ser:
  - **Aditivas** – expressam ideia de adição ou acréscimo: *O garçom trouxe chá **e** eu também pedi café.*
  - **Adversativas** – expressam ideia de oposição: *Paulo não veio, **mas** me telefonou.*
  - **Alternativas** – apresentam fatos ou ideias que se excluem ou alternam: ***Ou** você faz o estágio este ano, **ou** adia para o próximo.*
  - **Conclusivas** – expressam a conclusão de um fato já mencionado: *A assinatura da revista terminou, **portanto** tenho de renová-la.*
  - **Explicativas** – expressam uma justificativa de um fato já mencionado: *Receba o recenseador, **porque** essa pesquisa é importante.*

Capítulo 19

Subordinação. Coordenação e subordinação. Subordinadas substantivas. Orações reduzidas. Substantivas reduzidas

Período composto por subordinação

No texto

Leia esta tira do Hagar:

HAGAR — Chris Browne

2011 KING FEATURES SYNDICATE/IPRESS

1. Explique como foi construído o humor no texto.
2. Observe as frases dos balões do primeiro quadrinho.
   a) Quantos verbos há na frase constituída pela fala de Hagar? Como se chama o período formado por essa frase?
   b) Quantos são os verbos presentes na fala de Helga? Como se chama esse período, considerando o número de orações?
3. Leia este período, observando as duas orações que o formam: "Detesto / que contem piadas sujas na minha frente!".
   a) Qual é o sujeito da primeira oração? Como ele se classifica?
   b) O verbo *detestar*, na primeira oração, tem sentido completo ou incompleto? Por quê?
   c) As duas orações têm sentido independente quando lidas separadamente? Justifique sua resposta.

Em contexto

O período composto por orações de sentido dependente entre si é chamado de **período composto por subordinação**. Observe:

"*Detesto* *que contem piadas sujas na minha frente!*"

- *Detesto* — 1ª oração: **principal**
- *que contem piadas sujas na minha frente!* — 2ª oração: **subordinada**

A **oração principal** é a que tem um termo desenvolvido na forma de uma oração subordinada. A **oração subordinada** é aquela que funciona como um termo de outra oração, a principal.

O **período composto por subordinação** é aquele formado por duas ou mais orações de sentido dependente, sendo uma delas a principal.

Período composto por coordenação e subordinação

No texto

Leia esta tira do Garfield:

GARFIELD　　　　　　　　　　　　　　　　　　　　　　　　　Jim Davis

1. Na tira, Jon parece frustrado com um encontro que não deu certo. Por isso busca o apoio de Garfield. Qual é a reação do gato?
2. Separe as três orações que constituem este período da tira: "Nós fomos a um restaurante francês e eu descobri que tinha pedido pra ela um suflê de chinelos".

Em contexto

No período da tira analisado, há uma oração não introduzida por qualquer conjunção, outra iniciada por uma conjunção coordenativa aditiva (*e*) e uma outra que começa por uma conjunção subordinativa integrante (*que*): "Nós fomos a um restaurante francês... e eu descobri que tinha pedido pra ela um suflê de chinelos". Esse período apresenta, portanto, duas orações coordenadas e uma subordinada. Observe:

"*Nós fomos a um restaurante francês...*

1ª oração: **coordenada assindética** (sem conjunção)

e eu descobri

2ª oração: **coordenada sindética aditiva** (introduzida pela conjunção coordenativa e) em relação à 1ª oração, e **oração principal** em relação à 3ª oração

que tinha pedido pra ela um suflê de chinelos."

3ª oração: **subordinada** (se inicia pela conjunção subordinativa integrante *que*) em relação à 2ª oração (principal)

Nesse caso, a oração *e eu descobri* é, a um só tempo, coordenada sindética aditiva em relação à oração anterior e principal em relação à oração subordinada posterior. O período em que há orações coordenadas e subordinadas se chama **período composto por coordenação e subordinação**.

Também em relação à oração *e eu descobri*, observa-se que a forma verbal *descobri* não tem sentido completo, pois o verbo *descobrir*, nesse contexto, é transitivo direto e necessita de um objeto direto para completar seu sentido. O objeto direto de *descobri* é a terceira oração, que funciona como complemento da segunda. Veja:

"*e eu descobri* *que tinha pedido pra ela um suflê de chinelos*."

oração principal — oração subordinada – objeto direto da forma verbal *descobri*

Quando uma oração funciona como um termo (sujeito, predicativo, objeto direto, objeto indireto, etc.) de outra, ela é chamada de **oração subordinada substantiva**. De acordo com a função exercida, ela recebe um nome, como veremos adiante.

As orações subordinadas podem ser **substantivas, adjetivas** e **adverbiais** e equivalem, respectivamente, a um substantivo, a um adjetivo e a um advérbio. Essa classificação também está ligada à função sintática que a oração subordinada exerce em relação à oração principal:

a) As **orações subordinadas substantivas** podem exercer a função de sujeito, objeto direto, objeto indireto, complemento nominal, predicativo ou aposto.

b) As **orações subordinadas adjetivas** sempre exercem a função de adjunto adnominal.

c) As **orações subordinadas adverbiais** sempre exercem a função de adjunto adverbial.

O **período composto por coordenação e subordinação** é aquele formado por orações coordenadas e subordinadas ao mesmo tempo.

As **orações subordinadas** podem ser **substantivas, adjetivas** e **adverbiais**.

Orações subordinadas substantivas

No texto

Leia o texto informativo a seguir; ele trata das mudanças climáticas, especialmente das eras de gelo que ocorrem no planeta Terra de tempos em tempos.

O que causa as eras de gelo?

Quando o filme *O dia depois de amanhã* foi lançado, em 2004, muita gente entrou em desespero. Pipocaram na imprensa e entre amigos discussões sobre a situação apresentada: o mundo sendo tomado por gelo, e tudo por causa do aquecimento global. Aquilo poderia mesmo acontecer? Em quanto tempo?

O que os cientistas sabem hoje é que eras de gelo de pequena escala ocorrem a cada 20 mil ou 40 mil anos, e que eras mais duradouras acontecem a cada 100 mil anos ou mais. O que falta saber é o porquê. Atualmente, os pesquisadores se debruçam sobre uma teoria, pensada inicialmente em 1920, que diz que irregularidades na órbita da Terra mudam o quanto de energia solar o planeta absorve, resultando em aquecimentos repentinos. Partindo dela, foram atrás de estudar o quanto essas flutuações orbitais afetam a energia solar. O resultado? Apenas 1% de influência, porcentagem insuficiente para gerar alguma variação climática. A nova dúvida dos pesquisadores, então, é qual o fator que leva uma pequena quantidade de energia solar a produzir uma glaciação em larga escala.

EVERETT COLLECTION/KEYSTONE

Cena do filme *O dia depois de amanhã*, direção de Roland Emmerich. Estados Unidos, 2004.

Estudos do gelo e de cores do solo oceânico mostram que a variação de temperatura tem profunda ligação com a concentração de gases do efeito estufa. Mas não se sabe se a variação no nível de CO_2 causa a mudança no clima ou se é apenas efeito dessa mudança. É a tal da história sobre quem veio primeiro, o ovo ou a galinha. Os geólogos acreditam que descobrir isso pode abrir novos caminhos para enfrentar o problema do aquecimento global, e o ponto de partida, segundo o geólogo Matthew Saltzman, é descobrir por que os gases do efeito estufa oscilavam em tempos pré-históricos.

Galileu, São Paulo, p. 38, 1º dez. 2007.

Conteúdo multimídia
Trecho de *O dia depois de amanhã*, de Roland Emmerich

1. De acordo com o texto, o filme *O dia depois de amanhã*, lançado em 2004, despertou grande preocupação em muita gente quanto ao futuro do nosso planeta. Qual é a razão dessa preocupação?
2. O que mais preocupa os pesquisadores nos últimos anos?
3. De acordo com os cientistas, por que o estudo da camada de gases do efeito estufa pode ajudar a enfrentar o problema do aquecimento global?
4. Releia este período do texto: "Estudos do gelo e de cores do solo oceânico mostram que a variação de temperatura tem profunda ligação com a concentração de gases do efeito estufa".
   a) Quais são as formas verbais do período e quantas são as orações? Identifique-as.
   b) Que tipo de conjunção ou elemento coesivo liga as orações?
   c) Como se chamam as orações e o período que elas formam?
   d) A primeira oração sozinha tem sentido completo, ou seja, é independente? Explique sua resposta.
   e) Qual é a transitividade do verbo *mostrar* nesse período? Que termo do período completa o sentido desse verbo?
   f) Que tipo de oração constitui esse termo que completa o sentido do verbo *mostrar* e que função sintática ela exerce em relação a esse verbo?
5. Suponha que o período analisado na questão anterior fosse escrito desta maneira: Estudos do gelo e de cores do solo oceânico mostram a profunda ligação entre a variação de temperatura e a concentração de gases do efeito estufa.
   a) Que termo completaria o sentido do verbo *mostrar*?
   b) Esse período seria simples ou composto? Por quê?

A segunda oração do período analisado na questão 4 – *que a variação de temperatura tem profunda ligação com a concentração de gases do efeito estufa* – tem o valor de um substantivo e funciona como objeto direto do verbo *mostrar* da primeira oração, a oração principal. Por isso, essa oração é chamada de **oração subordinada substantiva objetiva direta**.

Veja este outro exemplo:

objeto direto do verbo *constatar*

Os cientistas ***constataram*** ***alterações na energia solar devido a flutuações orbitais***.

uma oração (período simples)

conjunção subordinativa integrante

Os cientistas constataram ***que a energia solar se altera devido a flutuações orbitais***.

oração principal

oração subordinada substantiva objetiva direta

período composto por subordinação

Em contexto

Observe que, no período composto por subordinação, a segunda oração toda é um termo (objeto direto) da primeira oração (principal), por isso é considerada oração subordinada substantiva. E, no período simples, o termo *alterações* é objeto direto do verbo *constatar* (transitivo direto).

As **orações subordinadas substantivas** são introduzidas, em geral, pelas conjunções subordinativas integrantes *que* e *se*. Há também advérbios interrogativos e pronomes indefinidos ou interrogativos que podem iniciar esse tipo de oração.

Observe outros períodos com orações subordinadas substantivas:

Muita gente se indagava quando o gelo cobriria o mundo.

quando: advérbio interrogativo

Ninguém diz quem veio primeiro, o ovo ou a galinha.

quem: pronome interrogativo

O cientista quer saber quanto a energia solar é afetada.

quanto: pronome indefinido

> As **orações subordinadas substantivas** têm valor de substantivo e funcionam como um termo da oração principal, podendo ser sujeito, objeto direto, objeto indireto, predicativo, complemento nominal ou aposto.

Classificação das orações subordinadas substantivas

A **oração subordinada substantiva** é classificada de acordo com a função que exerce em relação à principal:

a) Se funciona como sujeito, é chamada de **subjetiva**.

b) Se é objeto direto, chama-se **objetiva direta**.

c) Se funciona como objeto indireto, é chamada **objetiva indireta**.

d) Se constitui um predicativo, é chamada **predicativa**.

e) Se é complemento nominal, chama-se **completiva nominal**.

f) Quando é aposto, chama-se **apositiva**.

Subordinada substantiva subjetiva

Observe estes exemplos:

Parece que o filme provocou reações diferentes.

- Parece: verbo impessoal — oração principal
- que: conjunção subordinativa integrante
- que o filme provocou reações diferentes: oração subordinada substantiva subjetiva: **sujeito** (de *parece*)

É possível que o aquecimento global diminua.

- É possível: verbo *ser* + predicativo — oração principal
- que: conjunção subordinativa integrante
- que o aquecimento global diminua: oração subordinada substantiva subjetiva: **sujeito** (de é)

verbo na voz passiva — conjunção subordinativa integrante

Espera-se que as crianças cresçam com saúde e alegria.

Espera-se: oração principal
que as crianças cresçam com saúde e alegria: oração subordinada substantiva subjetiva: **sujeito** (de *espera-se*)

Como se observa, a **oração subordinada substantiva subjetiva** é aquela que exerce a função de sujeito do verbo da oração principal. Esse tipo de oração pode ser antecedido, na oração principal, por:

a) um **verbo impessoal**, que é conjugado na terceira pessoa do singular (*constar*, *parecer*, *convir*, *admirar*, *preocupar*, *cumprir*, *importar*, *urgir*, etc.).

b) por um **verbo de ligação** acompanhado de predicativo (*é necessário*, *seria bom*, *parece aceitável*, *estava decidido*, etc.).

c) por um **verbo na voz passiva**, sintética ou analítica (*diz-se*, *conta-se*, *espera-se*, *considera-se*, *é sabido*, *foi comentado*, etc.).

Subordinada substantiva objetiva direta

Observe alguns exemplos:

verbo transitivo direto (*sabem*) — conjunção subordinativa integrante (*que*)

Os cientistas sabem hoje que eras de gelo ocorrem de tempos em tempos.

Os cientistas sabem hoje: oração principal
que eras de gelo ocorrem de tempos em tempos: oração subordinada substantiva objetiva direta: **objeto direto** (de *sabem*)

verbo transitivo direto (*acreditam*) — conjunção subordinativa integrante (*que*)

Os geólogos acreditam que essa descoberta abra novos caminhos.

Os geólogos acreditam: oração principal
que essa descoberta abra novos caminhos: oração subordinada substantiva objetiva direta: **objeto direto** (de *acreditam*)

verbo transitivo direto e indireto (*informa*) — objeto direto (*nos*) — conjunção subordinativa integrante (*que*)

Um estudo informa-nos que poderá haver aquecimentos repentinos.

Um estudo informa-nos: oração principal
que poderá haver aquecimentos repentinos: oração subordinada substantiva objetiva direta: **objeto direto** (de *informa*)

A **oração subordinada substantiva objetiva direta** é, portanto, aquela que, em um período composto por subordinação, exerce a função de objeto direto do verbo da oração principal.

As orações subordinadas substantivas objetivas diretas podem completar o sentido de um verbo transitivo direto ou transitivo direto e indireto e ser introduzidas pela conjunção subordinativa integrante *que* ou *se* (*Não sei* ***se faço engenharia ou medicina***).

Subordinada substantiva objetiva indireta

Observe estes exemplos:

verbo transitivo indireto — preposição (exigida pelo verbo *desconfiar*) — conjunção subordinativa integrante

Os pais desconfiam de que seus filhos não foram à escola.

oração principal — oração subordinada substantiva objetiva indireta: **objeto indireto** (de *desconfiam*)

verbo transitivo direto e indireto — objeto direto — preposição (exigida pelo verbo *alertar*) — conjunção subordinativa integrante

Campanhas alertam as pessoas a que economizem água.

oração principal — oração subordinada substantiva objetiva indireta: **objeto indireto** (de *alertam*)

verbo transitivo direto e indireto — objeto direto — preposição (exigida pelo verbo *lembrar*) — conjunção subordinativa integrante

O derretimento de geleiras lembra-nos de que o clima está mudando.

oração principal — oração subordinada substantiva objetiva indireta: **objeto indireto** (de *lembra*)

A **oração subordinada substantiva objetiva indireta** é, portanto, aquela que funciona como objeto indireto do verbo da oração principal. E, apenas para lembrar, o objeto indireto é aquele que vem ligado ao verbo transitivo indireto ou ao transitivo direto e indireto por meio de uma preposição.

Subordinada substantiva predicativa

Veja os seguintes exemplos:

verbo de ligação — conjunção subordinativa integrante

O melhor seria que houvesse um consumo equilibrado.

oração principal — oração subordinada substantiva predicativa: **predicativo**

verbo de ligação — conjunção subordinativa integrante

A surpresa foi que muitas obras de Rodin vieram ao Brasil.

oração principal — oração subordinada substantiva predicativa: **predicativo**

BETTMANN/CORBIS/LATINSTOCK

Escultura *O pensador*, do artista francês Auguste Rodin (1840-1917).

A oração **subordinada substantiva predicativa**, portanto, é aquela que exerce a função de predicativo. Vem depois de um verbo de ligação e se inicia pela conjunção subordinativa integrante.

Subordinada substantiva completiva nominal

No texto

Leia esta tira do Garfield:

GARFIELD Jim Davis

1. De acordo com os quadrinhos, o que não é verossímil, isto é, não parece verdadeiro em relação às duas personagens?
2. Releia este período do último quadrinho: "Eu tenho a sensação de que estou esquecendo de fazer alguma coisa".
   a) Separe as três orações que formam o período e classifique-o.
   b) Que termo da primeira oração tem seu sentido completado pela segunda oração? Qual é classe gramatical dessa palavra?
   c) Observe que a segunda oração está ligada ao termo da oração anterior por uma conjunção integrante acompanhada de preposição. Na terceira oração, o verbo (*fazer*) está na forma do infinitivo, por isso não ocorre o emprego da conjunção. Que palavra da oração anterior essa terceira oração completa e por quê?
   d) Qual é a diferença entre a segunda e a terceira orações quanto ao termo que as complementam?
   e) Como se chamam a segunda e a terceira orações, tendo em vista a função sintática que apresentam no contexto?

A oração que completa um nome de sentido transitivo (substantivo ou adjetivo) é chamada de **subordinada substantiva completiva nominal**, e funciona como **complemento nominal** da oração principal. Apresenta preposição antes da conjunção.

Em contexto

Leia outros exemplos de orações subordinadas substantivas completivas nominais:

substantivo (vontade) — preposição (de) — conjunção subordinativa integrante (que)

A mãe expressou sua vontade de que os filhos viessem no Natal.

oração principal: *A mãe expressou sua vontade*

oração subordinada substantiva completiva nominal: **complemento nominal** (de *vontade*): *de que os filhos viessem no Natal*

adjetivo (ansiosos) — preposição (por) — conjunção subordinativa integrante (que)

Os alunos estavam ansiosos por que divulgassem o resultado do Enem.

oração principal: *Os alunos estavam ansiosos*

oração subordinada substantiva completiva nominal: **complemento nominal** (de *ansiosos*): *por que divulgassem o resultado do Enem*

Subordinada substantiva apositiva

Observe os exemplos:

Meu pai sugeriu-me o seguinte: que eu fizesse o estágio no exterior.

oração principal — oração subordinada substantiva apositiva: **aposto** (de *o seguinte*)

O engenheiro comunicou-nos isto: (que) a entrega do prédio atrasaria.

oração principal — oração subordinada substantiva apositiva: **aposto** (de *isto*)

A **oração subordinada substantiva apositiva** é assim chamada porque funciona como aposto de um nome da oração principal. Pode vir antecedida de dois-pontos ou travessão, ou estar entre vírgulas.

Orações reduzidas

No texto

Na reportagem a seguir, chamada *57 grandes mitos*, foram desmentidos alguns já consagrados em nossa sociedade. Leia sobre o 14º deles.

Carboidratos e regime não combinam

Ok, esse tipo de alimento engorda mesmo. Mas você precisa dele para continuar vivo, mesmo estando de dieta.

Batata, arroz, pães, massas... Alimentos desse tipo, ricos em carboidratos, frequentemente são banidos das dietas de emagrecimento. É verdade, essas comidas realmente engordam. Mas você não pode eliminar carboidratos da sua vida assim, por completo. Eles são nutrientes indispensáveis – uma das principais fontes de energia para o corpo. Contribuem, por exemplo, com boa parte do combustível que alimenta nosso cérebro, a medula e os nervos periféricos. É por isso que dietas pobres em carboidratos podem trazer prejuízos ao sistema nervoso central, provocando cansaço, enjoos e fraqueza. Indispensáveis, sim, mas prejudiciais à saúde se consumidos em excesso. Cada grama de carboidrato fornece ao nosso organismo, em média, 4 calorias. Portanto, se você não regular a quantidade, pode ver seu índice de gordura corpórea crescer rapidamente. O ideal é adotar um plano alimentar balanceado e ser criterioso na hora de escolher alimentos ricos nesse tipo de nutriente [...]. Prefira os integrais, sempre. Eles aumentam a sensação de saciedade, fornecem fibras que melhoram o trânsito intestinal e reduzem os picos de secreção de insulina, prevenindo o organismo contra várias doenças.

BELOVA LARISSA/SHUTTERSTOCK

Pães e massas são ricos em carboidratos.

Superinteressante, São Paulo, nov. 2009. (Fragmento).

1. Segundo o texto, de que forma combinam regime e carboidratos?
2. Releia este período que se encontra no subtítulo do texto: "Mas você precisa dele para continuar vivo, mesmo estando de dieta".
   a) Nesse período há três orações, sendo duas delas não iniciadas por conjunção e com o verbo em forma nominal. Separe cada uma das orações, sublinhando o verbo.
   b) Destaque as formas nominais da segunda e da terceira oração e dê o nome de cada uma.
   c) As duas orações não iniciadas por conjunção e com o verbo em uma das formas nominais (infinitivo e gerúndio) são chamadas de **orações reduzidas**. Transcreva as outras duas orações reduzidas de gerúndio que aparecem no texto.
   d) A primeira oração (*Mas você **precisa** dele*) tem o verbo no presente do indicativo e é introduzida por conjunção. Quando traz o verbo flexionado em uma forma do indicativo, subjuntivo ou imperativo, a oração é considerada **desenvolvida**. Transcreva do último período do texto as orações consideradas desenvolvidas.

A **oração desenvolvida** apresenta o verbo flexionado no modo indicativo, subjuntivo ou imperativo; é introduzida por conjunção ou outro tipo de conectivo (pronome relativo, preposição, advérbio).

A **oração reduzida** apresenta o verbo em uma das formas nominais (infinitivo, gerúndio ou particípio) e não é introduzida por conjunção ou outro tipo de conectivo.

Em contexto

Observe como se transformam as orações reduzidas analisadas nas orações subordinadas desenvolvidas correspondentes:

- "*Mas você precisa dele* / *para continuar vivo*, / *mesmo estando de dieta*."
  - *Mas você precisa dele*: 1ª oração (principal)
  - *para continuar vivo*: 2ª oração (subordinada) reduzida de **infinitivo**
  - *mesmo estando de dieta*: 3ª oração (subordinada) reduzida de **gerúndio**

- ***Mas você precisa dele*** / ***para que continue vivo***, / ***mesmo que esteja de dieta***.
  - *Mas você precisa dele*: oração principal
  - *para que continue vivo*: oração subordinada **desenvolvida** (*para que*: locução conjuntiva)
  - *mesmo que esteja de dieta*: oração subordinada **desenvolvida** (*mesmo que*: locução conjuntiva)

Para desenvolver uma oração reduzida, flexione a forma verbal (infinitivo, gerúndio ou particípio) considerando o tempo do verbo da oração principal (no caso apresentado, o verbo está no presente). Observe o sentido do período, lendo-o desde o início, e coloque a conjunção, a locução conjuntiva, o pronome relativo ou outro elemento de coesão adequado para introduzir a oração desenvolvida.

Em geral, as orações reduzidas podem ser desenvolvidas em orações subordinadas (substantivas, adjetivas ou adverbiais) e, raramente, em orações coordenadas.

Veja um outro exemplo de transformação de reduzidas em desenvolvidas:

- ***É possível*** / ***você emagrecer***, / ***eliminando por completo os carboidratos de sua alimentação***, / ***mas você também corre o risco*** / ***de essa atitude comprometer sua saúde***.
- ***É possível*** / ***que você emagreça***, / ***desde que elimine por completo os carboidratos de sua alimentação***, / ***mas você também corre o risco*** / ***de que essa atitude comprometa sua saúde***.

Há orações subordinadas reduzidas **substantivas**, **adjetivas** e **adverbiais**, e elas apresentam as mesmas funções das subordinadas desenvolvidas. Neste capítulo, vamos ver as orações subordinadas substantivas reduzidas.

Orações substantivas reduzidas

No texto

Releia este período do texto "Carboidratos e regime não combinam":

> O ideal é adotar um plano alimentar balanceado e ser criterioso na hora de escolher alimentos ricos nesse tipo de nutriente.
>
> *Superinteressante*, São Paulo, nov. 2009. (Fragmento).

1. Quantas orações há nesse período e quais são? Quais dessas orações são reduzidas?
2. Desenvolva as orações reduzidas de infinitivo que ocorrem no período.
3. Identifique quais das orações reduzidas de infinito são substantivas, explicando por quê. Para isso, observe a função sintática que elas exercem em relação à oração principal: sujeito, objeto direto, objeto indireto, complemento nominal, predicativo ou aposto.

Observação

- Na versão reduzida das orações subordinadas substantivas, a forma nominal do verbo é sempre o infinitivo.

Em contexto

As **orações subordinadas substantivas reduzidas de infinitivo** são classificadas em **subjetivas**, **objetivas diretas**, **objetivas indiretas**, **predicativas**, **completivas nominais** e **apositivas**, de acordo com a função que exercem em relação à oração principal.

1. **Subjetiva** – exerce a função de sujeito.

Esperava-se concluírem as obras este mês.

oração principal (*Esperava-se*) — *concluírem as obras este mês* = *que concluíssem as obras este mês*
sujeito (de *esperava-se*)

2. **Objetiva direta** – exerce a função de objeto direto.

O segurança deixou entrarem os mais velhos.

oração principal (*O segurança deixou*) — *entrarem os mais velhos* = *que os mais velhos entrassem*
objeto direto (de *deixou*)

3. **Objetiva indireta** – exerce a função de objeto indireto.

A chuva obrigou-os a se protegerem sob a marquise.

oração principal (*A chuva obrigou-os*) — *a se protegerem sob a marquise* = *a que se protegessem sob a marquise*
objeto indireto (de *obrigou*)

4. **Completiva nominal** – exerce a função de complemento nominal.

Estava confiante de ser aprovada no concurso.

oração principal (*Estava confiante*) — *de ser aprovada no concurso* = *de que seria aprovada no concurso*
complemento nominal (do adjetivo *confiante*)

5. **Predicativa** – exerce a função de predicativo.

Meu receio era perder sua amizade.

oração principal (*Meu receio era*) — *perder sua amizade* = *que eu perdesse sua amizade*
predicativo (caracteriza o sujeito de *era*)

6. **Apositiva** – exerce a função de aposto.

Incluí esta cláusula no contrato: utilizar só a própria vaga na garagem.

oração principal (*Incluí esta cláusula no contrato:*) — *utilizar só a própria vaga na garagem* = *que se utilize só a própria vaga na garagem*
aposto (explica o termo *esta cláusula*)

APLICAÇÃO

1 Leia este texto sobre o aquecimento global:

Toda a Antártica está mais quente

O continente antártico está mais vulnerável às mudanças climáticas do que supunham os ambientalistas. Estudo de pesquisadores da Nasa revelou na quinta-feira 22 que as temperaturas na Antártica Ocidental subiram 0,85° C nos últimos 50 anos. Até então, acreditava-se que o continente apenas esfriava e que o aumento da temperatura era restrito à Península Antártica – região mais próxima à América do Sul.

IstoÉ, São Paulo, p. 25, 28 jan. 2009. © Três Editorial Ltda.

a) O aquecimento global aumentou de tal forma que até mesmo a região Antártica, antes extremamente gelada, vem agora mostrando os efeitos das mudanças climáticas. Explique por que a parte desse continente mais próxima da América do Sul é mais afetada pelo excesso de calor.

b) Em que período do texto se identifica uma oração subordinada substantiva objetiva direta? Ela funciona como objeto direto de que verbo?

c) Destaque as orações subordinadas substantivas que se encontram no último período do texto e classifique-as.

d) Portanto, que função exercem as orações subordinadas do último período e de que termo da oração principal?

2 Leia as duas tiras a seguir.

GARFIELD

Jim Davis

GARFIELD, JIM DAVIS 2006 PAWS, INC. ALL RIGHTS RESERVED / DIST. UNIVERSAL UCLICK

HAGAR

Chris Browne

2011 KING FEATURES SYNDICATE/IPRESS

a) Como se pode interpretar a reação da médica e o pensamento de Garfield, tendo em vista a cena do último quadrinho?

b) O que torna o texto humorístico?

c) Em que tira se encontra uma oração subordinada substantiva com a função de sujeito da oração principal? Justifique.

d) Como se chama a oração subordinada substantiva que há no segundo quadrinho da tira do Hagar? Esclareça sua resposta.

3 Leia este texto, que trata da falta de orientação das crianças no cuidado com os dentes:

Projeto cárie zero

Os números desanimam: 60% das crianças até 5 anos têm ao menos uma cárie. Os dados são do Ministério da Saúde, e a experiência de profissionais como a odontopediatra Denise Tanus, do Rio de Janeiro, reforça a percepção de que ainda há pouca prevenção. Ela diz que atende até casos de tratamento de canal em dentes de leite. Entre as causas, Denise aponta a falta de tempo dos pais para vigiar a escovação dos filhos, a não higienização após as mamadas e a desatenção de babás e professores com cuidados básicos. As recomendações são: evitar açúcar e carboidratos entre as refeições; caprichar na escovação noturna (de preferência, feita por um adulto até os 8 anos); e usar fio dental logo que surgirem os primeiros permanentes.

Cláudia, São Paulo, p. 116, ago. 2009.

LEVENT KONUK/SHUTTERSTOCK

A escovação dos dentes auxilia muito na prevenção de problemas odontológicos.

a) De que forma o texto nos transmite a gravidade dos fatos relatados?

b) Em sua opinião, quem seriam os verdadeiros responsáveis por essa situação? Esclareça sua resposta.

c) No texto, há duas orações subordinadas substantivas.
- Identifique-as e indique as palavras que elas completam.
- Como se chamam essas orações subordinadas substantivas?

4 Reescreva os períodos a seguir, transformando a expressão destacada em oração subordinada substantiva. Depois, identifique sua função.

a) É necessária **a escovação diária dos dentes desde a infância**.

b) A recomendação é esta: **uma melhor prevenção das pessoas contra os problemas dentários**.

c) Havia probabilidade **da suspensão do árbitro pela CBF**.

d) O gerente aconselhou ao estagiário **uma especialização em eletrônica**.

e) Os filhos precisam **da imposição de limites pelos pais**.

5 Leia esta tira do Hagar:

HAGAR Chris Browne

a) Hagar e Eddie Sortudo parecem incrédulos diante do ocorrido. O que você responderia a Hagar?

b) Qual é a oração reduzida encontrada na tira? Desenvolva-a e classifique-a.

6 Leia um trecho de uma crônica de Marina Colasanti.

Para vestir-me como uma rainha

Escrevi uma crônica uma vez, que, por nunca ter sido publicada, me ficou na memória como sendo bonita. Talvez não fosse, mas lembro que terminava assim: "... e eu brincava sem saber que a tínhamos perdido".

À distância, vejo a estranheza da frase. Eu me referia, assim no plural, à Segunda Guerra Mundial, aquela que, como italiana, perdi. E no entanto, de tantas guerras perdidas na minha vida, a que menos me ficou como uma derrota foi justamente esta oficial, ratificada por acordos e pactos. Eu era menina e, na infância, acho, as guerras não se perdem nem se ganham, simplesmente acabam.

[...] Não me lembro de ter visto bandeiras. Recordo apenas os negros, porque não havia negros na Itália e eram para mim visão exótica, talvez recordação longínqua e inconsciente dos que conhecera na África na primeira infância.

Sobretudo não havia som. Talvez não me chegasse por estar longe. Ou talvez fosse falta de entusiasmo. O fato é que não ouvia vivas e muito menos aquela música de fanfarras que na minha imaginação deveria acompanhar as marchas de conquista. Era, vista lá de cima, uma cena muda.

Mas porque eu queria que fosse festiva, como pensava que devesse ser festivo o fim de uma guerra tão longa, pedi emprestada à minha prima uma camisola, que me fosse vestido comprido. Assim, com a bainha batendo nos pés descalços, dancei sozinha sobre o gramado, entre os arbustos, numa festa que era só minha, que eu tinha inventado nem tanto pelo acontecimento quanto para aproveitar a oportunidade de vestir-me, como uma rainha.

Era a isso que me referia na outra crônica quando escrevi "... sem saber que a tínhamos perdido", porque na verdade, naquele dia, ninguém mais dançou.

COLASANTI, Marina. *A casa das palavras*. São Paulo: Ática, 2002. p. 78-79. (Coleção Para Gostar de Ler, v. 32). (Fragmento). © by Marina Colasanti.

a) Nessa crônica, a autora revive momentos vividos no fim da Segunda Guerra na Itália. Apesar de o conflito ter terminado, por que as pessoas não comemoraram?

b) A reação da cronista foi diferente daquela das outras pessoas. Ela recorda-se de seu desejo de se fantasiar e de dançar. Por quê?

c) Separe as orações deste trecho, classificando as subordinadas substantivas: "mas lembro que terminava assim: '... e eu brincava sem saber que a tínhamos perdido'".

d) Observe, no período a seguir, que a transitividade do verbo *lembrar* se modifica em relação a seu emprego no primeiro parágrafo (*mas lembro que termina assim*):

"Não me lembro de ter visto bandeiras."

- Desenvolva a oração reduzida que há nesse período e classifique-a.
- Nesse contexto, qual é a transitividade do verbo *lembrar*? Por quê?

e) No quarto parágrafo do texto, que oração subordinada substantiva funciona como predicativo da oração principal? Por quê?

f) Quais são as três orações subordinadas substantivas objetivas diretas encontradas nos dois últimos parágrafos?

7 Reescreva as frases a seguir sob a forma de período simples, substituindo a oração subordinada substantiva destacada pelo termo equivalente e classifique-o. Veja o exemplo:

O promotor insistiu **em que libertassem o acusado.**
O promotor insistiu **na libertação do acusado.**
Na libertação do acusado: objeto indireto.

a) Era provável **que manifestassem apoio a este candidato.**
b) O jogador demonstrou receio **de que perdesse a vaga de titular.**
c) O jornal trazia a notícia tão esperada: **que a crise econômica terminara.**
d) Nossa intenção era **que recebessem a documentação a tempo.**
e) A empresa decidiu **que abriria novas vagas de emprego.**

8 Leia esta tira do Minduim:

MINDUIM Charles M. Schulz

PEANUTS WORLDWIDE L.C. / DIST. BY UNIVERSAL UCLICK
© 1992 United Feature Syndicate, Inc.

a) Relacione a sequência das imagens ao texto verbal. O que confere humor à tira?
b) No primeiro quadrinho há três orações. Separe-as e classifique-as.
c) Releia este período: "Mas acho que os animais também têm direitos, certo?". Indique as alternativas corretas sobre o que ocorre nesse período.
- Uma oração substantiva subjetiva.
- Uma oração principal.
- Dois objetos diretos.
- Um verbo impessoal.
- Uma oração substantiva objetiva direta.
- Um período composto por coordenação e subordinação.

9 Leia este anúncio publicitário:

REPRODUÇÃO

Unindo talentos

A nova AkzoNobel

Frequentemente ouvimos dizer que é impossível. Que não pode ser feito. Que alguém já tentou antes. Na nova AkzoNobel, acreditamos que o futuro pertence àqueles que são perspicazes o bastante para desafiá-lo. É por isso que adoramos desenvolver novas ideias, como o emulsificador de microssuperfície fornecido para cidades asiáticas que crescem rapidamente, permitindo que estradas sejam repavimentadas na metade do tempo. Ou ao questionar se pintar um barco com uma tinta que deixasse a superfície do casco macia como a pele de uma baleia não economizaria combustível – e depois criar o produto para comprovar essa tese. Esse tipo de ambição nos define. É para isso que trabalhamos. Para dar Hoje as Respostas do Amanhã.

a) O anunciante é uma empresa sediada em Amsterdã, capital da Holanda.
   - Qual foi o objetivo da empresa ao produzir essa propaganda?
   - Que qualidade da empresa é mais ressaltada no texto do anúncio?

b) O que significa o "emulsificador de microssuperfície" mencionado no anúncio? Se necessário, pesquise.

c) Observe a imagem na parte superior do anúncio. Relacione-a às ideias do texto e, depois, ao título. O que ela parece sugerir?

d) No início do texto, há orações subordinadas substantivas que exercem a mesma função.
- Identifique essas orações e a palavra que elas completam.
- Qual é a oração principal e que função as substantivas exercem em relação a ela?

e) Observe o emprego da forma verbal destacada na terceira linha do texto: "Na nova AkzoNobel, **acreditamos** que o futuro pertence àqueles que são perspicazes o bastante para desafiá-lo".
- Nesse caso, o verbo *acreditar* tem o sentido de "crer" e apresenta mais de uma regência. Qual é a transitividade do verbo nesse período? Como se chama a oração que o completa?
- Reescreva esse período, empregando o verbo *acreditar* com uma transitividade diferente daquela encontrada no texto.
- Nesse caso, como se chama a oração e que termo ela constitui da principal?

f) Considere este trecho do texto: "É por isso que adoramos desenvolver novas ideias". Analise-o como se ele fosse um período.
- A locução *é que* pode ser retirada sem alterar-lhe o sentido no contexto? Justifique.
- Quantas orações há nesse período? Como ele se chama?
- Que período, no final do texto, apresenta a mesma classificação?

g) Não só a conjunção subordinativa integrante *que* inicia uma oração subordinada substantiva, mas também a conjunção integrante *se*.
- Identifique no texto a oração substantiva em que isso acontece e a palavra que ela completa.
- Portanto, que termo essa oração representa na principal?

10 Leia esta tira do Recruta Zero:

RECRUTA ZERO — Greg & Mort Walker

a) Explique o que o Recruta Zero quis dizer sobre o comportamento do sargento.

b) No último quadrinho, qual é a oração subordinada substantiva? Como ela se classifica?

Lista de exercícios

RESUMO

Período composto por subordinação

- **Período composto por subordinação** – aquele formado por duas ou mais orações dependentes.
- **Oração subordinada** – funciona como um termo da oração principal.

  *O povo espera **que haja bons políticos**.*
- A oração subordinada por ser:
  - **Substantiva** – tem valor de substantivo e exerce a função de sujeito, objeto direto, objeto indireto, complemento nominal, predicativo ou aposto.

    *Ignorava **se ela viria junto*** (função de objeto direto).
  - **Adjetiva** – tem valor de adjetivo e exerce a função de adjunto adnominal.

    *A criança olhava o sorvete **que derretia em sua mão**.*
  - **Adverbial** – tem valor de advérbio e exerce a função de adjunto adverbial.

    *Os clientes saíram **quando o incêndio começou**.*
- **Classificação das orações subordinadas substantivas.**
  - **Subjetiva** – exerce a função de sujeito.

    *Consta **que o viaduto será construído**.*
  - **Objetiva direta** – exerce a função de objeto direto.

    *A mãe deixou **que a filha viajasse**.*
  - **Objetiva indireta** – exerce a função de objeto indireto.

    *O vendedor insistiu **em que eu comprasse o tênis**.*
  - **Predicativa** – exerce a função de predicativo.

    *Nossa certeza era **que ele nos ajudaria**.*
  - **Completiva nominal** – exerce a função de complemento nominal.

    *O árbitro manteve a decisão **de que não houve pênalti**.*
  - **Apositiva** – exerce a função de aposto.

    *Creio neste fato: **que a educação é essencial**.*
- **Oração desenvolvida** – apresenta o verbo flexionado no modo indicativo, subjuntivo ou imperativo e é introduzida por conjunção ou outro conectivo. *Tinha esperança **de que reviveria o passado ali**.*
- **Oração reduzida** – apresenta o verbo numa das formas nominais (infinitivo, gerúndio ou particípio) e não é introduzida por conjunção ou outro conectivo. *Tinha esperança **de reviver o passado ali**.*
  - **Reduzida de infinitivo**

    *É natural **teres essa dúvida** (= que tenhas essa dúvida).*
  - **Reduzida de gerúndio**

    ***Viajando**, conheceu culturas diferentes (= quando viajou; porque viajou).*
  - **Reduzida de particípio**

    ***Passada a chuva**, voltou a estiar (= quando a chuva passou).*

Período composto por coordenação e subordinação

- **Período composto por coordenação e subordinação** – aquele formado, simultaneamente, por orações coordenadas e subordinadas.

Capítulo 20
Subordinadas adjetivas. Adjetivas reduzidas. Funções sintáticas dos pronomes relativos

Orações subordinadas adjetivas

No texto

Leia este breve comentário sobre o conteúdo de um livro sobre a juventude:

Fonte da juventude

Sempre existiram jovens e velhos. Mas a noção de juventude que a gente tem hoje é bem mais recente: começou nos EUA e na Europa dos anos 20. Foi quando as universidades se tornaram comuns e atrasaram a idade em que as pessoas casavam e tinham filhos. De uma hora para outra, cada vez mais gente passava a desfrutar esse intervalo que quase não existia antes: o limbo entre a infância e a vida adulta para valer. Um limbo, aliás, que fica cada vez mais longo. E divertido, como boa parte deste livro [refere-se à obra *A criação da juventude*, de John Savage, editora Rocco].

Superinteressante, São Paulo, n. 267, p. 92, jul. 2009.

ANDRESR/SHUTTERSTOCK

Jovens saindo de uma universidade.

1. De acordo com o texto, que características definem a juventude na época atual?
2. Releia este trecho do texto: "De uma hora para outra, cada vez mais gente passava a desfrutar esse intervalo que quase não existia antes".
   a) Separe as orações desse período e classifique-o, justificando sua resposta.
   b) A palavra *que* é **pronome relativo** quando equivale aos também pronomes relativos *o(a) qual*, *os(as) quais*; é **conjunção subordinativa integrante** quando não pode ser substituída por *o(a) qual*, *os(as) quais*. Nesse período, a palavra *que* é pronome relativo ou conjunção? Esclareça sua resposta.
   c) A oração subordinada iniciada por um pronome relativo (antecedido ou não por preposição) recebe o nome de **adjetiva** porque equivale a um adjetivo, pelo qual, às vezes, pode ser substituída. Observe:

Este é o livro (oração principal) *que premiaram no concurso* (oração subordinada adjetiva). (período composto por subordinação)

Este é o livro ***premiado*** (adjetivo) *no concurso.* (período simples – uma só oração)

Reescreva o período em análise na forma de período simples, substituindo a oração subordinada adjetiva pelo adjetivo equivalente.

3. As orações subordinadas adjetivas funcionam como **adjuntos adnominais**, já que equivalem a um adjetivo que caracteriza ou especifica um substantivo ou uma expressão (cujo núcleo seja um substantivo ou um pronome) presente na oração principal.
   a) Identifique as orações subordinadas adjetivas do texto, menos a que você já analisou na questão anterior.
   b) Que função sintática essas orações exercem em relação à oração principal? A que termo da oração principal cada uma dessas orações está ligada?

Oração subordinada adjetiva é aquela que exerce a função de adjunto adnominal de uma palavra ou expressão antecedente, presente na oração principal (substantivo ou pronome), e geralmente é introduzida por um pronome relativo, às vezes antecedido por preposição.

Em contexto

As **orações subordinadas adjetivas** são introduzidas por **pronomes relativos** (às vezes, antecedidos por preposição) e estabelecem uma relação de dependência ou de subordinação em relação à oração principal, ou seja, a um termo dessa oração.

Os **pronomes relativos** são *que*, *quem*, *onde*, *como*, *o(a) qual*, *os(as) quais*, *cujo(a)*, *cujos(as)*, *(tudo, todos) quanto(s)*, *quantas*.

Para saber se a palavra *que* é pronome relativo e não conjunção integrante, basta verificar se ele se refere a alguma palavra ou expressão antecedente. Nesse caso, ele pode ser substituído pelos também pronomes relativos *o qual*, *a qual*, *os quais* e *as quais*, diferentemente da conjunção subordinativa *que*.

Observe estes trechos extraídos do texto "Fonte da juventude":

*"Mas a **noção de juventude** **que a gente tem hoje** é bem mais recente"*

que → a qual

*"Foi quando as universidades se tornaram comuns e atrasaram **a idade** **em que as pessoas casavam**"*

em que → na qual

*"**Um limbo**, aliás, **que fica cada vez mais longo**."*

que → o qual

Agora observe os períodos a seguir, em que a palavra *que* é conjunção integrante. Nesse caso, a conjunção subordinativa *que* não se refere a uma palavra antecedente, não sendo possível substituí-la pelos pronomes *o(a) qual* ou *os(as)* quais.

Os cidadãos exigiam ***que o senador renunciasse ao cargo***.

Os cidadãos exigiam: oração principal
que o senador renunciasse ao cargo: oração subordinada substantiva objetiva direta — objeto direto de *exigiam* (verbo transitivo direto)

Ainda havia a dúvida ***de que o acordo climático pudesse ocorrer***.

Ainda havia a dúvida: oração principal
de que o acordo climático pudesse ocorrer: oração subordinada substantiva completiva nominal — complemento nominal de *dúvida*

Classificação das orações subordinadas adjetivas

No texto

Leia este texto, que faz parte de uma reportagem sobre produtos *diet*:

A ameaça dos refrigerantes "não diet"

TRAVIS MANLEY/SHUTTERSTOCK

Garrafas de refrigerantes.

Os refrigerantes não dietéticos e alguns sucos de frutas estão implicados no aumento dos casos de gota, doença inflamatória que atinge as articulações e que é desencadeada pelo excesso de ácido úrico no sangue. A conclusão é de um estudo de cientistas americanos e canadenses que acompanharam a evolução da saúde de 46 mil homens durante 12 anos. Segundo o trabalho, tomar cinco a seis copos de refrigerante por semana elevou em 30% as chances de ter a doença, enquanto beber dois ou mais copos por dia fez o risco subir em 85%. Entre os sucos, as suspeitas recaem sobre os que contêm muita frutose, um açúcar que aumenta os níveis de ácido úrico. Tradicionalmente, sua elevação ocorre por causa de alimentos ricos na proteína purina, como frutos do mar, miúdos e bebidas alcoólicas.

TARANTINO, Mônica. *IstoÉ*, São Paulo, n. 1.998, p. 66, 20 fev. 2008. (Fragmento adaptado). © Três Editorial Ltda.

1. Segundo os pesquisadores, por que os refrigerantes não dietéticos e alguns sucos de frutas comprometem a saúde?
2. Considerando as informações do texto, que relação há entre a quantidade de refrigerantes "não diet" consumidos e o risco de contrair a doença de gota? Por quê?
3. Releia o primeiro período do texto: "Os refrigerantes não dietéticos e alguns sucos de frutas estão implicados no aumento dos casos de gota, doença inflamatória que atinge as articulações e que é desencadeada pelo excesso de ácido úrico no sangue".
   a) Quantas e quais são as orações desse período?
   b) Que elementos coesivos unem as orações?
   c) Explique por que a palavra *que*, na segunda e na terceira orações, não é uma conjunção subordinada integrante. Como se chamam essas duas orações?
   d) Releia somente a primeira oração desse período. Ela apresenta sentido completo? Por quê? Como ela se chama?

Nesse caso, como o sentido do termo *doença inflamatória*, na primeira oração, fica incompleto, restrito ou limitado, a segunda e a terceira orações introduzem informações indispensáveis para a compreensão do enunciado anterior; a segunda e a terceira orações são classificadas, então, como **subordinadas adjetivas restritivas**.

4. Transcreva as outras orações subordinadas adjetivas restritivas presentes no texto, destacando o termo que as antecede.

Quando apenas acrescenta uma informação não necessária para a compreensão do termo antecedente a que se refere, a oração subordinada adjetiva recebe o nome de **subordinada adjetiva explicativa**. Nesse caso, a informação apresenta um sentido genérico, universal, e é separada, na escrita, por vírgulas. Observe este exemplo: *O petróleo, **que é um produto natural não renovável**, poderá acabar um dia.*

Em contexto

Como vimos, a **oração subordinada adjetiva** pode ser **restritiva** ou **explicativa**.

1. **Oração subordinada adjetiva restritiva** – é aquela que restringe ou particulariza o sentido de um nome antecedente (substantivo ou pronome). Não é separada por pontuação (vírgula) na escrita.

pronome relativo

Vendi a fazenda que recebi como herança de meu tio.

oração principal (*Vendi a fazenda*); oração subordinada adjetiva restritiva: adjunto adnominal de *a fazenda* (*que recebi como herança de meu tio*)

2. **Oração subordinada adjetiva explicativa** – é aquela que acrescenta uma informação complementar, acessória, ao nome antecedente. Na escrita, é separada por vírgula.

pronome relativo

O consumo de banana, que é rica em potássio, evita as cãibras.

oração subordinada adjetiva explicativa: adjunto adnominal de *banana* (*que é rica em potássio*)

oração principal (*O consumo de banana ... evita as cãibras*)

As **orações subordinadas adjetivas**, assim como as orações subordinadas substantivas, também podem ser **reduzidas de infinitivo**, **de gerúndio** e **de particípio**.

Orações subordinadas adjetivas reduzidas

No texto

Leia os versos de Fernando Pessoa (1888-1935) a seguir. Escritor do Modernismo português, Fernando Pessoa usou vários heterônimos, entre eles Alberto Caeiro, Ricardo Reis e Álvaro de Campos. O poema que você vai ler é do heterônimo Alberto Caeiro.

Assim como

Assim como falham as palavras quando querem exprimir qualquer pensamento,
Assim falham os pensamentos quando querem exprimir qualquer realidade.
Mas, como a realidade pensada não é a dita mas a pensada,
Assim a mesma dita realidade existe, não o ser pensada.
Assim tudo o que existe, simplesmente existe.
O resto é uma espécie de sono que temos, infância da doença
Uma velhice que nos acompanha desde a infância da doença.

PESSOA, Fernando. Poemas completos de Alberto Caeiro. In: GALHOZ, Maria Aliete (Org.). *Fernando Pessoa*: obra poética. Rio de Janeiro: Nova Aguilar, 1999. p. 238-239. (Fragmento).

ULLSTEIN BILD/OTHER IMAGES

Fernando Pessoa.

1. Explique a comparação feita pelo eu lírico nos dois primeiros versos.
2. Interprete o jogo de ideias entre as palavras do terceiro e do quarto versos.
3. Em sua opinião, que ideias os dois últimos versos sugerem?

4. Releia estes versos: "Mas, como a realidade **pensada** não é a **dita** mas a **pensada**, / Assim a mesma **dita** realidade existe, não o **ser** pensada".

a) Em que formas nominais estão os verbos destacados?

b) Desenvolva as orações reduzidas e classifique-as.

Em contexto

Observe, a seguir, outros exemplos de orações adjetivas reduzidas.

1. **Oração subordinada adjetiva reduzida de infinitivo.**

- **Restritiva.**

Os desabrigados ouviam os noticiários *divulgarem novas enchentes*.

oração principal — adjetiva restritiva reduzida de infinitivo (= que divulgavam novas enchentes)

- **Explicativa.**

O gerente supervisionava o novo funcionário, *a conversar com o cliente*.

oração principal — adjetiva explicativa reduzida de infinitivo (= que conversava com o cliente)

2. **Oração subordinada adjetiva reduzida de gerúndio.**

- **Restritiva.**

A mãe observava os filhos *brincando na areia*.

oração principal — adjetiva restritiva reduzida de gerúndio (= que brincavam na areia)

- **Explicativa.**

O motorista do ônibus, *preferindo dar passagem*, *saiu para o acostamento*.

adjetiva explicativa reduzida de gerúndio (= que preferiu dar passagem)

oração principal

3. **Oração subordinada adjetiva reduzida de particípio.**

- **Restritiva.**

A jovem *assediada pelos repórteres* *era uma atriz famosa*.

adjetiva restritiva reduzida de particípio (= que os repórteres assediaram)

oração principal

- **Explicativa.**

O réu, *condenado pela Justiça*, *pegará vinte anos de reclusão*.

adjetiva explicativa reduzida de particípio (= que a Justiça condenou)

oração principal

Funções sintáticas dos pronomes relativos

No texto

Leia o trecho a seguir extraído de uma reportagem. Foram reproduzidas as perguntas de números 33 e 35.

40 perguntas sobre o universo

33. O tempo passa de maneira diferente para os astronautas que orbitam a Terra a bordo da Estação Espacial Internacional?

A hora marcada por relógios atômicos colocados em órbita acusa diferenças sutis da ordem de nanossegundos. Esse fenômeno é chamado dilatação gravitacional do tempo. Para um astronauta na Estação Espacial Internacional, o tempo passa mais rapidamente do que para quem está na Terra, mas a diferença é imperceptível para os relógios comuns.

35. Por que não podemos viver sem gravidade?

O corpo humano reage de modo intenso a alterações na força gravitacional que age sobre ele. Os astronautas que passam longos períodos no espaço, onde a gravidade é quase nula, sofrem de enjoos, desorientação e insônia. A falta de gravidade também altera a circulação sanguínea, causa descalcificação dos ossos e atrofia dos músculos. Alguns micro-organismos, como a salmonela, tornam-se mais agressivos quando vivem em ambientes quase sem gravidade.

Veja, São Paulo, n. 2.066, p. 120, 25 jun. 2008. (Fragmento).

NASA

Estação Espacial Internacional, que se encontra em órbita em torno do planeta Terra a uma altitude de cerca de 360 quilômetros.

1. De acordo com o texto, a vida no espaço é bem diferente da que vivemos no planeta Terra. Em sua opinião, qual a maior dificuldade enfrentada por um astronauta no espaço? Por quê?
2. Releia este período em que foram empregados pronomes relativos: "Os astronautas **que** passam longos períodos no espaço, **onde** a gravidade é quase nula, sofrem de enjoos, desorientação e insônia".
   a) Separe as orações do período e classifique-as.
   b) Quais são os termos antecedentes a que os pronomes relativos *que* e *onde* se referem no período?

Agora, observe qual é a função sintática dos pronomes relativos *que* e *onde* na oração subordinada adjetiva que iniciam:

sujeito de *orbitam* (*que* = os astronautas)

"*O tempo passa de maneira diferente para os astronautas* *que orbitam a Terra*"

oração principal — oração subordinada adjetiva restritiva

sujeito de passam (*que* = os astronautas) — adjunto adverbial de lugar (*onde* = no espaço)

"*Os astronautas* *que passam longos períodos no espaço*, *onde a gravidade*

oração principal — oração subordinada adjetiva restritiva — oração subordinada →

é quase nula, *sofrem de enjoos, desorientação e insônia*."

→ adjetiva explicativa — oração principal

Em contexto

Os **pronomes relativos** podem exercer as funções de sujeito, objeto direto, objeto indireto, complemento nominal, predicativo, adjunto adverbial, adjunto adnominal e agente da passiva.

1. **Função de sujeito.**

que: sujeito de **construiu** (**que** = a empresa) — ***que***: sujeito de **perderam** (**que** = os proprietários)

A empresa *que construiu o metrô* *indenizou os proprietários* *que perderam suas moradias*.

1ª oração — 2ª oração (subordinada) — 1ª oração — 3ª oração (subordinada)

(1ª oração + 1ª oração: oração principal)

quantos: sujeito de *ficaram* (= todos)

A prefeitura arranjou abrigo para todos *quantos ficaram sem casas*.

1ª oração (principal) — 2ª oração (subordinada)

2. **Função de objeto direto.**

as quais: objeto direto de *contava* (= as histórias)

Tenho saudade das histórias *as quais você contava* *quando eu era criança*.

1ª oração (principal) — 2ª oração (subordinada) — 3ª oração (subordinada)

que: objeto direto de *cristalizaram* (= hábitos de consumo)

A crise econômica modificou hábitos de consumo *que os americanos cristalizaram*.

1ª oração (principal) — 2ª oração (subordinada)

3. **Função de objeto indireto.**

a quem: objeto indireto de *solicitei* (= à arquiteta)

A arquiteta ***a quem solicitei o projeto da loja*** *fez sugestões interessantes*.

1ª oração | 2ª oração (subordinada) | 1ª oração

oração principal

aos quais: objeto indireto de *dedicava* (= aos trabalhos sociais)

Os trabalhos sociais ***aos quais ela se dedicava*** *representam sua alegria*.

1ª oração | 2ª oração (subordinada) | 1ª oração

oração principal

4. **Função de complemento nominal.**

do qual: complemento nominal de *hotel* (= do hotel)

Meus amigos se hospedaram no hotel ***do qual já tinham uma boa referência***.

1ª oração (principal) | 2ª oração (subordinada)

de quem: complemento nominal de *educador* (= do educador)

Assistiu à palestra do educador ***de quem era admiradora***.

1ª oração (principal) | 2ª oração (subordinada)

5. **Função de predicativo.**

que: predicativo do sujeito *eu* (= aquilo)

Hoje sei o ***que eu sou para todos vocês***.

1ª oração (principal) | 2ª oração (subordinada)

que: predicativo do objeto direto (= cidadãos conscientes)

Vejam os cidadãos conscientes ***que eles se tornaram***.

1ª oração (principal) | 2ª oração (subordinada)

6. **Função de adjunto adverbial.**

em que: adjunto adverbial de lugar (= nos países subdesenvolvidos)

A fome aumenta nos países subdesenvolvidos ***em que não há uma boa política de produção de alimentos***.

1ª oração (principal) | 2ª oração (subordinada) → → 2ª oração

onde: adjunto adverbial de lugar (= perto da margem do rio)

Perto da margem do rio **onde ficam as casas** **havia extensos arrozais.**

1ª oração | 2ª oração (subordinada) | 1ª oração

oração principal

SAKHORN/SHUTTERSTOCK

Arrozal na Tailândia, um país asiático.

7. **Função de adjunto adnominal.**

cujo: adjunto adnominal de *consumo* (= da classe C)

A classe C **cujo consumo tem fortalecido a economia** **vive um bom momento.**

1ª oração | 2ª oração (subordinada) | 1ª oração

oração principal

adjunto adnominal (do Vale dos Vinhedos)

Conheci o Vale dos Vinhedos **em cuja região cresce a produção de vinho.**

1ª oração (principal) | 2ª oração (subordinada)

8. **Função de agente da passiva.**

por quem: agente da passiva de *foi interpelada* (= pelo promotor)

O promotor **por quem a testemunha foi interpelada** **manteve-se implacável.**

1ª oração | 2ª oração (subordinada) | 1ª oração

oração principal

Observação

- Os pronomes relativos *onde*, *como* e *cujo* exercem sempre a função sintática de adjunto adverbial de lugar, adjunto adverbial de modo e adjunto adnominal, respectivamente. Os demais pronomes relativos podem exercer várias funções, dependendo do emprego na oração.

APLICAÇÃO

1 **Reescreva as orações a seguir, formando um período composto com o emprego do pronome relativo *cujo(s)* ou *cuja(s)*, precedido ou não de preposição. Veja o exemplo:**

- A empresa preserva o meio ambiente. / Eu trabalho em sua equipe.
- A empresa **em cuja equipe eu trabalho** preserva o meio ambiente.

a) O rio Amazonas é uma hidrovia natural. / Há muitas espécies de peixes nas águas desse rio.

b) Minha irmã ficou ao meu lado em minha doença. / Precisei tanto da ajuda dela.

c) Na França, o governo reduziu a imigração. / O regime político desse país é a democracia.

d) O meteorologista previu tempo bom para hoje. / Confiamos na experiência dele.

e) As capitais brasileiras receberão investimentos do governo federal. / Os aeroportos dessas cidades precisam ser ampliados.

2 **Forme períodos compostos, substituindo a palavra repetida (que aparece destacada) por um pronome relativo, acompanhado de preposição quando necessário. Indique a função sintática do pronome relativo. Observe o exemplo.**

- O restaurante estava lotado. Almoçamos no **restaurante** todos os domingos.
- O restaurante em **que** almoçamos todos os domingos estava lotado.
  Função do pronome relativo: adjunto adverbial de lugar.

a) O funcionário era nosso amigo. Você desconfiava da lealdade do **funcionário**.

b) A gerente da loja recebeu-nos com simpatia. Nós nos dirigimos à **gerente da loja**.

c) Frederico já era então o líder. Ele é **líder** hoje.

d) Este promotor trabalhou no julgamento. O **promotor** era uma pessoa experiente.

e) Encontrei os documentos na gaveta da cômoda. Eu precisava **dos documentos**.

f) O governador foi reeleito. O povo tinha muita admiração pelo **governador.**

g) O público aplaudia muito a banda. A **banda** tocou a famosa ópera *O Guarani*.

3 **Leia estas estrofes de um poema de Fernando Pessoa, poeta do Modernismo português:**

Aniversário

No tempo em que festejavam o dia dos meus anos,
Eu era feliz e ninguém estava morto.
Na casa antiga, até eu fazer anos era uma tradição de há séculos.
E a alegria de todos, e a minha, estava certa com uma religião qualquer.

No tempo em que festejavam o dia dos meus anos,
Eu tinha a grande saúde de não perceber coisa nenhuma,
De ser inteligente para entre a família,
E de não ter as esperanças que os outros tinham por mim.
Quando vim a ter esperanças, já não sabia ter esperanças.
Quando vim a olhar para a vida, perdera o sentido da vida.

Sim, o que fui de suposto a mim-mesmo,
O que fui de coração e parentesco.
O que fui de serões de meia-província,
O que fui de amarem-me e eu ser menino,
O que fui – ai, meu Deus!, o que só hoje sei que fui...
A que distância...
(Nem o acho...)
O tempo em que festejavam o dia dos meus anos!

PESSOA, Fernando. Poesias de Álvaro de Campos. In: GALHOZ, Maria Aliete (Org.). *Fernando Pessoa*: obra poética. Rio de Janeiro: Nova Aguilar, 1999. p. 379. (Fragmento).

a) Esses versos exprimem a lembrança de um passado. Em sua opinião, como era a vida do eu lírico nessa época?

b) Com o passar dos anos, o que poderia ter tornado o eu lírico um adulto tão amargurado?

c) Os pronomes relativos, assim como as conjunções, preposições e certos advérbios, constituem elementos de coesão textual. Nesses versos, que palavras os pronomes relativos retomam ou substituem, funcionando como elementos de coesão?

d) Que funções sintáticas exercem os pronomes relativos que substituem os termos antecedentes?

4 Leia esta nota jornalística:

Que planetas giram em velocidade mais rápida?

NASA/ESA/STSCI/AURA

Netuno.

BETTMANN/CORBIS/LATINSTOCK

Júpiter

NASA/JPL IMAGE

Vênus.

NASA

Mercúrio.

O planeta que gira mais rápido em torno do próprio eixo é Júpiter. Apesar de ser o maior do sistema solar, leva apenas 9,8 horas para completar uma volta. O mais lento é Vênus, cuja rotação demora 243 dos nossos dias. Na translação, o recordista é Mercúrio, cujo ano dura apenas 88 dias. A velocidade decorre da proximidade com o Sol, que exerce sobre ele forte atração gravitacional. O mais lento é Netuno: demora 165 anos terrestres para dar uma volta em torno do Sol.

Veja, São Paulo, n. 2.066, p. 119, 25 jun. 2008.

a) Após a leitura do texto, que resposta você daria à pergunta expressa no título?

b) Transcreva do texto uma oração subordinada adjetiva restritiva.

c) Transcreva os termos antecedentes de pronomes relativos com função de sujeito.

d) Releia estes períodos:

- "O mais lento é Vênus, cuja rotação demora 243 dos nossos dias."
- "Na translação, o recordista é Mercúrio, cujo ano dura apenas 88 dias."

  - Que função sintática exercem os pronomes relativos *cuja* e *cujo*?
  - Como se chamam as orações introduzidas por esses pronomes?

5 Leia o anúncio publicitário a seguir. Lembre-se de que se trata de um gênero textual de conteúdo persuasivo que visa promover uma marca, uma ideia ou o nome de uma empresa.

REPRODUÇÃO

ESCOLHAS TRANSFORMAM O FUTURO.

Por isso, contamos com profissionais que, geração após geração, fazem toda diferença

Completar 60 anos como uma marca mundialmente reconhecida já teria sido motivo de orgulho para a Andrade Gutierrez. Mas ela escolheu ser mais do que isso. Escolheu executar projetos que contribuíram de maneira indiscutível para o desenvolvimento do Brasil e de outras 20 nações em 4 continentes. Escolheu ser parte de uma das maiores controladoras de concessionárias de rodovias da América Latina e um dos mais importantes nomes das nossas Telecomunicações, levando seu padrão de qualidade a áreas estratégicas para o nosso crescimento. Escolheu apostar em uma equipe incomparável de profissionais, porque são eles que, geração após geração, continuam fazendo a diferença. Escolheu, enfim, ultrapassar todas as fronteiras físicas e tecnológicas para assumir seu lugar na história. Porque são escolhas como essas que acabam transformando o futuro.

a) Além da divulgação da marca da empresa, o anunciante teve outro objetivo ao fazer esse anúncio. Qual foi?

b) O que o anúncio destacou como diferenciais na organização da empresa?

c) Qual é o enunciado principal desse anúncio?

d) Utilizando linguagem verbal e linguagem não verbal, o anúncio mostra, de forma persuasiva, o desempenho de sucesso da empresa em 60 anos de atividades em diferentes setores.

- Observe as imagens do anúncio e explique de que modo elas dialogam com o texto verbal.
- A imagem maior, na parte superior do texto, ocupa essa posição por quê?

e) Releia este período: "Por isso, contamos com profissionais que, geração após geração, fazem toda diferença".

- Transcreva a oração subordinada adjetiva, substituindo o pronome relativo pelo termo antecedente a que ele se refere.
- Observe o sentido da oração principal. Como se chama a oração subordinada que completa esse termo antecedente?
- Que outra oração do anúncio apresenta a mesma estrutura e classificação desta, mas o termo antecedente é um pronome?
- Nessa outra oração, que função sintática exerce esse pronome que antecede o pronome relativo *que*?

f) No período "Porque são escolhas como essas que acabam transformando o futuro", o termo antecedente do pronome relativo é o pronome *essas*? Esclareça sua resposta.

g) Escreva uma nova frase para o enunciado principal do anúncio, empregando *transformam o futuro* como oração subordinada adjetiva.

h) Qual é o adjetivo que se desdobra na oração subordinada adjetiva e que função sintática essa oração exerce na oração principal?

i) Tendo em vista o que você observou quanto ao emprego dos pronomes relativos, explique por que eles são importantes elementos de coesão no texto, como se pôde perceber no anúncio.

6 Leia esta tira de Bill Watterson, cartunista norte-americano que criou as personagens Calvin e seu tigre de brinquedo, Haroldo:

CALVIN | Bill Watterson

a) Calvin brinca com Haroldo enquanto fala como um filósofo. Em sua opinião, por que Calvin parece se preocupar com as mudanças?

b) Como o quadrinista produziu humor no texto?

c) Releia este período presente na fala de Calvin: "Esta é a única coisa de que temos certeza neste mundo".

- Identifique e nomeie as duas orações que formam esse período.
- Com que palavra antecedente a palavra *que* se relaciona nesse período? Que função esse termo exerce na segunda oração?

7 Leia esta nota jornalística:

O bezerro biônico

Foi-se o tempo em que bastava ter uma pata quebrada para que um animal fosse sacrificado. Na Universidade do estado do Colorado, EUA, um bezerro ganhou um par de próteses depois de ter sofrido um acidente em que perdeu as duas patas traseiras. Na semana passada, foram divulgadas as primeiras imagens do bezerro já em pé. A operação que reabilitou o animal é considerada inédita. Entre professores e alunos de veterinária, a cirurgia contou com 15 pessoas.

Veja, São Paulo, n. 2.066, 25 jun. 2008.

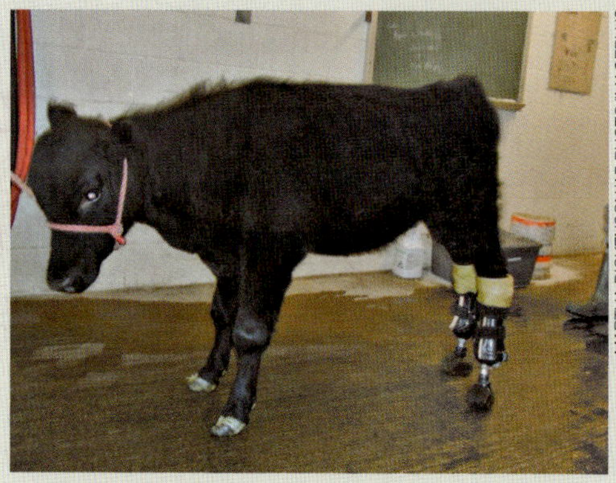

MARTHA DICKENSON/AP PHOTO/IMAGEPLUS

Primeiro bovino a ter próteses colocadas nos membros traseiros. Universidade do Colorado, EUA. Foto de novembro de 2009.

a) O texto registra mais um avanço na medicina veterinária proporcionado pela evolução tecnológica. Em sua opinião, de que modo e em que setores a tecnologia tornou possível um maior desenvolvimento social nos últimos tempos?
b) Quais são as orações subordinadas adjetivas encontradas no texto? Como se classificam?
c) Nessas orações, que palavra da oração anterior funciona como termo antecedente do pronome relativo?
d) Observe a relação dos pronomes relativos com os termos antecedentes e escreva a função sintática de cada um na oração de que faz parte.

8 Forme períodos compostos com as orações a seguir, empregando pronomes relativos precedidos ou não de preposição. Observe o exemplo:

- O filme foi *Tropa de Elite 2*. / Meus amigos assistiram a ele.
- O filme **a que meus amigos assistiram** foi *Tropa de Elite 2*.

a) Os jovens convivem melhor. / As famílias têm diálogo.
b) Aquela oficina tem bons preços. / Deixei o carro nela.
c) Eu me filiei à operadora. / Ela me oferece maiores vantagens.
d) Ele me olhou. / O jeito de ele me olhar deixou-me encabulada.
e) Os turistas foram às cidades barrocas. / Elas ficam em Minas Gerais.

9 Reescreva as frases a seguir, substituindo as orações subordinadas adjetivas por adjetivos equivalentes. Veja o exemplo:

- O diplomata **que intermediou** a libertação dos jornalistas foi entrevistado.
- O diplomata **intermediador** na libertação dos jornalistas foi entrevistado.

a) O motorista teve uma atitude **que não se pode conceber.**

b) Era uma história **que instigava e que não se podia imaginar.**

c) Monte Verde é uma cidade **que dá prazer e que surpreende.**

d) Esta é uma decisão **que não pode ser remediada.**

e) Certos torcedores diziam palavras **que não se podem publicar.**

10 **Leia o trecho de uma crônica de Rubem Braga (1913-1990), considerado um dos melhores cronistas brasileiros.**

Homem no mar

De minha varanda vejo, entre árvores e telhados, o mar. Não há ninguém na praia, que resplende ao sol. O vento é nordeste, e vai tangendo, aqui e ali, no belo azul das águas, pequenas espumas que marcham alguns segundos e morrem, como bichos alegres e humildes; perto da terra a onda é verde.

Mas percebo um movimento em um ponto do mar; é um homem nadando. Ele nada a uma certa distância da praia, em braçadas pausadas e fortes; nada a favor das águas e do vento, e as pequenas espumas que nascem e somem parecem ir mais depressa do que ele. Justo: espumas são leves, não são feitas de nada, toda sua substância é água e vento e luz, e o homem tem sua carne, seus ossos, seu coração, todo seu corpo a transportar na água.

BRAGA, Rubem. In: *Elenco de cronistas modernos*. 20. ed. Rio de Janeiro: José Olympio, 2003. p. 133. (Fragmento).

a) Em sua opinião, como o narrador parece se sentir ao chegar à varanda e contemplar o mar? Esclareça sua resposta.

b) O que chama a atenção do narrador? O olhar com que ele contempla o mar continua o mesmo? Por quê?

c) Que elemento de coesão (conector) expressa uma oposição entre os acontecimentos do primeiro e do segundo parágrafos? Explique.

d) No texto, há cinco orações iniciadas por pronomes relativos.

- Qual delas apenas acrescenta uma informação à palavra antecedente a que se relaciona? Como se chama essa oração?
- A que adjetivo essa oração equivale? Substitua-o na oração.

e) Nas outras quatro orações, o pronome relativo tem como termo antecedente o mesmo nome e exerce a mesma função sintática.

- Destaque essas orações e classifique-as.
- Identifique o termo antecedente do pronome relativo e informe sua função sintática.

11 Leia este texto informativo:

FICÇÃO CIENTÍFICA

Anomalia Magnética do Atlântico Sul

O Sol emite um fluxo contínuo de gás ionizado [CENA 1], constituído principalmente de prótons e elétrons, que forma o vento solar. A interação do vento solar com o campo magnético terrestre forma a magnetosfera, uma espécie de bolha no vento solar. Durante períodos de atividade solar máxima, ocorre um número maior de tempestades solares.

Essas perturbações podem afetar o espaço próximo da Terra de diversas maneiras. Os distúrbios são conhecidos como tempestades magnéticas ou espaciais. Na região do Atlântico Sul ocorre a Anomalia Magnética do Atlântico Sul [CENA 2], devido à redução da intensidade do campo magnético.

Diversos fenômenos que ocorrem na região da anomalia resultam na interferência da transmissão de ondas eletromagnéticas, afetando telecomunicações e sistemas de posicionamento global. Sistemas eletrônicos a bordo de satélites e veículos espaciais, bem como as tripulações, estão expostos a doses maiores de radiação quando passam por essa região [CENA 3].

Galileu, São Paulo, n. 200, p. 47, mar. 2008. (Fragmento).

a) De acordo com o texto, por que se forma uma bolha no vento solar quando ele entra no campo magnético?

b) Explique por que as "tempestades magnéticas ou espaciais" são objeto de intenso estudo.

c) Releia este período: "O Sol emite um fluxo contínuo de gás ionizado, constituído principalmente de prótons e elétrons, que forma o vento solar".

- Destaque a oração reduzida desse período. Depois, desenvolva-a e classifique-a.
- Transcreva a terceira oração do período. Como ele se chama? A que palavra antecedente o pronome relativo se refere e qual é sua função sintática na oração?

d) Considere este outro período presente no último parágrafo do texto: "Diversos fenômenos que ocorrem na região da anomalia resultam na interferência da transmissão de ondas eletromagnéticas, afetando telecomunicações e sistemas de posicionamento global".

- Que nome recebe a oração iniciada pela palavra *que* nesse período? Por quê?
- Identifique a oração reduzida nesse mesmo parágrafo. Desenvolva-a e classifique-a.

Lista de exercícios

RESUMO

Orações subordinadas adjetivas

- **Oração subordinada adjetiva** – exerce a função de adjunto adnominal de uma palavra antecedente (substantivo ou pronome) e é introduzida por um pronome relativo. Exemplo: *Comprei a mala **que estava em promoção**.*
- **Classificação das orações subordinadas adjetivas:**
  - **Restritivas** – orações subordinadas adjetivas que restringem, particularizam o sentido de um substantivo ou pronome antecedente. Na escrita, não é separada por pontuação. Exemplo: *A emissora de televisão contratou um ator **que trabalhava no teatro**.*
  - **Explicativas** – orações subordinadas adjetivas que acrescentam uma explicação acessória à palavra antecedente. Na escrita, geralmente, é separada por vírgula(s). Exemplo: *Este ativista chinês, **que ganhou o Prêmio Nobel da Paz**, lutou pela liberdade de expressão.*
- **Orações subordinadas adjetivas reduzidas** – as orações adjetivas podem se apresentar na forma reduzida, isto é, com o verbo em uma das três formas nominais (infinitivo, gerúndio e particípio). Não apresentam pronome relativo e, geralmente, podem ser transformadas em desenvolvidas.
  - **Reduzida de infinitivo**: *Olhávamos as ondas **a bater nas pedras**.* (a bater nas pedras = que batiam nas pedras)
  - **Reduzida de gerúndio**: *O porteiro observava o casal **chegando de carro**.* (chegando de carro = que chegava de carro)
  - **Reduzida de particípio**: *As flores **colhidas no campo** enfeitam a mesa da sala de jantar.* (colhidas no campo = que foram colhidas)

Funções sintáticas dos pronomes relativos

- Dependendo da oração, os **pronomes relativos** podem exercer as funções de sujeito, objeto direto, objeto indireto, complemento nominal, predicativo, adjunto adverbial, adjunto adnominal e agente da passiva.

Capítulo 21

Subordinadas adverbiais. Adverbiais reduzidas

Orações subordinadas adverbiais

No texto

Leia esta tira do Hagar:

HAGAR | Chris Browne

1. Hagar e Eddie Sortudo encontram-se em uma situação tão difícil que parece não haver mais possibilidade de se livrarem dela. Explique como o cartunista construiu humor nesse texto.
2. Releia o período composto que constitui o balão de fala: "Se eu não escapar desta, pode ficar com minha coleção de borboletas!".
   a) Identifique as duas orações que formam esse período.
   b) Que conjunção liga a primeira oração com a segunda? Classifique-a, indicando seu valor semântico.
   c) Nesse caso, as duas orações dependem uma da outra para terem sentido completo: temos, portanto, um período composto por subordinação, sendo uma das orações a principal e a outra, subordinada.
      - Qual é a oração principal desse período? Por quê?
      - Qual é a oração subordinada?

A oração subordinada que se inicia por uma conjunção subordinativa, com exceção das conjunções integrantes, é chamada **oração subordinada adverbial** e se classifica de acordo com a conjunção que a introduz: **oração subordinada adverbial condicional, oração adverbial temporal**, etc.

   d) Como se classifica, então, a oração subordinada desse período?

Toda oração subordinada adverbial tem valor de advérbio ou de locução adverbial e exerce a função de **adjunto adverbial** da oração principal, tornando-se um termo desta.

   e) Qual é, portanto, a função sintática da oração subordinada no período acima?

Oração subordinada adverbial é a que tem valor de advérbio ou de locução adverbial e funciona como **adjunto adverbial** da oração principal. Pode expressar o sentido ou valor semântico de condição, causa, consequência, comparação, concessão, conformidade, finalidade, tempo ou proporção.

Em contexto

Classificação das orações subordinadas adverbiais

A **oração subordinada adverbial** é classificada de acordo com o sentido ou valor semântico que expressa. Pode ser **comparativa**, **conformativa**, **causal**, **consecutiva**, **concessiva**, **condicional**, **final**, **temporal** ou **proporcional**.

Subordinada adverbial comparativa

Exprime uma comparação em relação à oração principal.

Leia estes versos de Fernando Pessoa:

E a nossa própria dor se torna
Uma vaga ânsia, um 'sperar vago,
Como a erma brisa que transtorna
Um ermo lago.

PESSOA, Fernando. À memória do presidente-rei Sidónio Pais. In: GALHOZ, Maria Aliete (Org.). *Fernando Pessoa*: obra poética. Rio de Janeiro: Nova Aguilar, 1999. p. 93. (Fragmento).

E este trecho de uma crônica de Lourenço Diaféria:

Na travessa onde estivera o coelho apetitoso, surge agora uma cartola preta, alta, solene. Com dois olhos esbugalhados, *como bolas de bilhar.*

DIAFÉRIA, Lourenço. *O imitador de gato*. São Paulo: Ática, 2009. p. 89. (Coleção Para Gostar de Ler). (Fragmento).

Observe:

"*E a nossa própria dor se torna uma vaga ânsia* [...] *como (se fosse) a erma brisa*"

E a nossa própria dor se torna uma vaga ânsia: oração principal
como (se fosse) a erma brisa: oração subordinada adverbial comparativa

"*(A cartola surge) Com dois olhos esbugalhados*, *como (se fossem) bolas de bilhar*."

(A cartola surge) Com dois olhos esbugalhados: oração principal
como (se fossem) bolas de bilhar: oração subordinada adverbial comparativa

As orações subordinadas adverbiais comparativas são introduzidas pelas **conjunções subordinativas comparativas**: *como*, *assim como*, *que*, *(mais) do que*, *(menos) do que*, *(tanto) quanto*, etc. É bastante comum não aparecer explicitamente o verbo na oração comparativa quando ele se repete em relação à oração principal.

Subordinada adverbial conformativa

Apresenta uma noção de conformidade ou correspondência em relação ao fato expresso na oração principal.

Veja o exemplo que ocorre neste trecho:

Como sempre ocorria, podíamos escolher entre três ou quatro temas de redação.

GAARDER, Jostein. *O vendedor de histórias*. São Paulo: Companhia das Letras, 2004. p. 34. (Fragmento).

Observe este outro exemplo:

As chuvas devem continuar, *segundo noticiaram este final de semana*.

oração principal — oração subordinada adverbial conformativa

As orações subordinadas adverbiais conformativas são introduzidas pelas **conjunções subordinativas conformativas**: *conforme*, *consoante*, *como*, *segundo*, etc.

Subordinada adverbial causal

Exprime a causa do fato mencionado na oração principal.

Leia este trecho de um conto de Marina Colasanti, observando as três orações subordinadas adverbiais causais destacadas em cor:

> A família não deu parte à polícia **porque não há família**. O porteiro ainda não está se dando conta do desaparecimento **porque nem sempre via o homem passar pela portaria** e **porque o criado continua saindo normalmente** para fazer as compras.
>
> COLASANTI, Marina. *Penélope manda lembranças*: contos. São Paulo: Ática, 2007. p. 31. (Fragmento). © by Marina Colasanti.

As orações adverbiais causais se iniciam pelas **conjunções subordinativas causais**: *porque*, *já que*, *visto que*, *como*, *posto que*, *uma vez que*, etc.

Coordenadas explicativas × subordinadas causais

Tanto as orações coordenadas sindéticas explicativas quanto as subordinadas adverbiais causais podem ser iniciadas pelas conjunções *porque*, *pois*, *porquanto* e *que*, exigindo, por vezes, a aplicação de certos recursos para distingui-las.

A **oração coordenada sindética explicativa** introduz uma explicação em relação à oração anterior. Ela ocorre comumente após orações com verbos no imperativo ou que expressam uma suposição.

Observe estes três exemplos:

Não se indisponha com ele, ***porque** todos o consideram um amigo leal.*

oração coordenada assindética — oração coordenada sindética explicativa

Deus os proteja nessa escalada, ***porque** o alpinismo oferece riscos.*

oração coordenada assindética — oração coordenada sindética explicativa

A madrugada seria de torcedores irritados, ***porque** o time perdeu.*

oração coordenada assindética — oração coordenada sindética explicativa

A **oração subordinada causal** expressa a causa da ação da oração principal. A coordenada explicativa expressa o motivo da elocução da outra oração.

Observe o valor semântico da oração subordinada neste período:

Ele ficou gripado *porque não se alimentou bem*.

oração principal — oração subordinada adverbial causal

A causa de a pessoa ter ficado gripada é ela não ter se alimentado bem.

Observe ainda:

Vem aqui, ***porque*** *quero te contar um segredo.*

coordenada assindética — oração coordenada sindética explicativa

O locutor apenas explica ao interlocutor por que deseja que o outro vá até ele. A oração seria subordinada adverbial causal se o período fosse este:

oração subordinada substantiva objetiva direta

Peço que venha aqui porque quero lhe contar um segredo.

oração principal — oração subordinada adverbial causal (querer contar um segredo é a causa do pedido)

Outros exemplos:

A torcida vibrou porque o time ganhou de goleada.

oração principal — oração subordinada adverbial causal

A causa da vibração da torcida foi o time ter ganhado de goleada.

A festa foi boa, ***porque*** *Pedro chegou tarde em casa.*

oração coordenada assindética (suposição) — oração coordenada explicativa

O fato de Pedro ter chegado em casa tarde levou à suposição de que a festa foi boa.

Subordinada adverbial consecutiva

Expressa uma consequência do fato referido na oração principal.

Veja o exemplo destacado em cor neste trecho:

> Não era loquaz. Disse pouco mais do que isso até chegarem à *villa*, e em voz tão baixa **que o companheiro não teve certeza** se falava para ele ou para si mesma.
>
> COLASANTI, Marina. *Penélope manda lembranças*: contos. São Paulo: Ática, 2007. p. 8. (Fragmento). © by Marina Colasanti.

Observe outro exemplo:

Abandonar um vício é muito difícil, de modo que poucos conseguem.

oração principal — oração subordinada adverbial consecutiva

As orações subordinadas adverbiais consecutivas são introduzidas pelas **conjunções subordinativas consecutivas**: *tão*, *tal*, *tanto*, *tamanho (que)*, *de modo que*, *de sorte que*, etc.

Subordinada adverbial concessiva

Estabelece uma concessão; ou seja, o fato expresso na oração subordinada não impede a realização do fato exposto na oração principal, embora aquele seja contrário a este.

Observe:

Embora fossem amigos, não se viam com frequência.

oração subordinada adverbial concessiva — oração principal

O blecaute assustou a população, *ainda que fosse por pouco tempo*.

oração principal — oração subordinada adverbial concessiva

As orações subordinadas adverbiais concessivas são iniciadas pelas **conjunções subordinativas concessivas**: *embora*, *ainda que*, *mesmo que*, *apesar de que*, *conquanto*, *que*, *por mais que*, *se bem que*, etc.

Subordinada adverbial condicional

Expressa uma condição ou hipótese para que ocorra o fato mencionado na oração principal.

Leia esta tira:

RECRUTA ZERO — Greg & Mort Walker

No primeiro quadrinho, temos um exemplo:

"*Se nos escondêssemos aqui*, *o sargento nos acharia*?"

oração subordinada adverbial condicional — oração principal

Veja outro exemplo:

Meu time chegará à final, *contanto que vença os dois últimos jogos*.

oração principal — oração subordinada adverbial condicional

As orações subordinadas adverbiais condicionais são introduzidas pelas **conjunções subordinativas condicionais**: *se*, *caso*, *contanto que*, *desde que*, *a menos que*, *sem que*, *salvo se*, etc.

Subordinada adverbial final

Estabelece uma finalidade para o fato expresso na oração principal.

Observe o exemplo que ocorre nestes versos:

Por te cruzarmos, quantas mães choraram,
Quantos filhos em vão rezaram!
Quantas noivas ficaram por casar
Para que fosses nosso, ó mar!

PESSOA, Fernando. Mar portuguez. In: GALHOZ, Maria Aliete (Org.). *Fernando Pessoa*: obra poética. Rio de Janeiro: Nova Aguilar, 1999. p. 82. (Fragmento).

Veja outro exemplo:

Haverá encontros mundiais, *a fim de que se discutam as questões ambientais*.

oração principal — oração subordinada adverbial final

As orações subordinadas adverbiais finais são introduzidas pelas **conjunções subordinativas finais**: *para que*, *a fim de que* e *por que* (com o sentido de *para que*).

Subordinada adverbial temporal

Indica o tempo ou o momento em que o fato expresso na oração principal acontece.

Leia esta tira:

MINDUIM — Charles M. Schulz

No período do primeiro quadrinho "Quando perdemos nosso último jogo, atirei minha luva no chão!", a primeira oração – *Quando perdemos nosso último jogo* – indica o tempo (ou momento) em que Minduim jogou a luva no chão. Temos, portanto, nesse caso, uma oração subordinada adverbial temporal.

Observe outro exemplo:

Os portões da faculdade foram fechados, *mal começaram as provas*.

oração principal — oração subordinada adverbial temporal

As orações subordinadas adverbiais temporais são introduzidas pelas **conjunções subordinativas temporais**: *quando, logo que, assim que, desde que, mal, enquanto,* etc.

Subordinada adverbial proporcional

Exprime proporcionalidade em relação ao fato mencionado na oração principal.

Leia estes exemplos:

À medida que a conhecia, *mais me surpreendia sua dedicação ao trabalho social*.

oração subordinada adverbial proporcional — oração principal

As geleiras derretem, *à proporção que a temperatura da Terra aumenta*.

oração principal — oração subordinada adverbial proporcional

As orações subordinadas adverbiais proporcionais são introduzidas pelas **conjunções subordinativas proporcionais**: *à proporção que*, *à medida que*, *quanto mais... mais*, etc.

Orações subordinadas adverbiais reduzidas

No texto

Leia a tira do Hagar a seguir.

HAGAR Chris Browne

2011 KING FEATURES SYNDICATE/IPRESS

1. Em sua opinião, o que torna esse texto humorístico?
2. Releia o período do balão de fala: "Acho que é tarde pra pedir um mediador". Quantas e quais são as orações desse período? Qual delas é uma oração reduzida? Classifique-a, considerando a forma nominal do verbo, e desenvolva-a.

As orações subordinadas adverbiais podem se apresentar na forma de reduzidas de **infinitivo**, **gerúndio** ou **particípio**, classificando-se de acordo com o sentido ou valor semântico que expressam.

Em contexto

Veja, a seguir, um exemplo de cada tipo de **oração reduzida adverbial**.

Orações subordinadas adverbiais reduzidas de infinitivo

1. **Causal.**

O casarão foi tombado por ser um patrimônio histórico.

= **porque é** um patrimônio histórico

2. **Temporal.**

Cumprimentei-o ao entregar-lhe o prêmio.

= **quando** lhe **entreguei** o prêmio

3. **Condicional.**

Você não levará o produto sem pagar antecipadamente.

= **sem que pague** antecipadamente

4. **Concessiva.**

Ajudei-a, apesar de ela ter me dito coisas horríveis.

= **apesar de que** ela me **tivesse dito** coisas horríveis

5. **Final.**

O dentista antes examinou meus dentes, para depois conversar sobre o tratamento.

= **para que** depois **conversasse** sobre o tratamento

6. **Consecutiva.**

Ele desejava tanto aquele emprego a ponto de trancar o curso na universidade.

= **que trancou** o curso na universidade

Orações subordinadas adverbiais reduzidas de particípio

1. **Causal.**

Incomodada pela minha presença, ela preferiu sair.

= **porque** a minha presença a **incomodava**

2. **Temporal.**

Depois de assinado o contrato, o inquilino ficou mais tranquilo.

= **depois que** o contrato **foi assinado**

3. **Condicional.**

Comprovado o recebimento de propina, o deputado perderá o mandato.

= **se** o recebimento de propina **for comprovado**

4. **Concessiva.**

Mesmo eliminadas pelo diretor as cenas fortes, o filme não agradaria ao júri.

= **mesmo que** o diretor **eliminasse** as cenas fortes

Orações subordinadas adverbiais reduzidas de gerúndio

1. **Causal.**

Não aceitando a proposta, os empresários encerraram a reunião.

= **como** não **aceitaram** a proposta

2. **Temporal.**

Chegando de viagem, a mãe abraçou o filho com muito carinho.

= **quando chegou** de viagem

3. **Condicional.**

Bebendo, você não poderá dirigir.

= **se beber**

4. **Concessiva.**

Mesmo contratando um bom advogado, não ganharia a causa.

= **mesmo que contratasse** um bom advogado

APLICAÇÃO

1 Leia o texto informativo a seguir, que explica por que pães e biscoitos perdem a crocância.

Por que, com o tempo, os pães endurecem e os biscoitos amolecem?

Alguns alimentos têm as características modificadas quando entram em contato com o ar porque ocorre uma troca de umidade. Os pães ficam duros porque têm muita água, e os biscoitos amolecem devido ao fato de quase não levarem água.

"Isso decorre da própria diferença na composição desses produtos", afirma a química Cláudia Moraes de Rezende, da Universidade Federal do Rio de Janeiro (UFRJ). O biscoito que fica exposto ao ar absorve a umidade e perde a crocância. Em comparação, o pão francês tende a perder água e ficar duro. A quantidade de açúcar, existente na composição de pães e biscoitos, também faz diferença. "Os biscoitos têm bastante, o que favorece a absorção de água. Já o pãozinho tem pouco açúcar e bastante amido. Este último sofre modificações na sua organização estrutural, que estimulam o endurecimento", diz. Para não perder o apetite na hora do lanche, nada melhor do que devorar o pão francês bem quentinho, assim que ele chegar da padaria. Quanto aos biscoitos, a dica é mantê-los guardados na embalagem, em pote de vidro ou dentro da geladeira.

Galileu, São Paulo, n. 214, p. 30, maio 2009.

RUDCHENKO LILIIA/SHUTTERSTOCK

a) De acordo com o texto, o que ocorre com os pães e os biscoitos quando entram em contato com o ar? Por quê?

b) Destaque as orações subordinadas adverbiais do primeiro período e identifique o valor semântico que cada uma delas expressa.

c) Observe este trecho: "Os pães ficam duros **porque têm muita água**". A oração destacada é coordenada sindética explicativa ou subordinada adverbial causal? Justifique sua resposta.

d) Releia este trecho: "e os biscoitos amolecem devido ao fato de quase não levarem água".

- Separe as duas orações que formam esse trecho. Depois, desenvolva a oração reduzida e dê a função sintática que ela exerce em relação à oração principal.
- Reescreva essas duas orações empregando como conector a conjunção *porque*. Que função sintática a segunda oração passa a desempenhar agora em relação à principal?

e) Encontre no texto o período com três orações que funcionam como adjuntos adverbiais em relação à oração principal. Identifique a oração principal e cada uma das orações com a função de adjunto adverbial, esclarecendo seu valor semântico.

f) Releia estes dois períodos do texto:

- "Quanto aos biscoitos, a dica é **mantê-los guardados na embalagem, em pote de vidro ou dentro da geladeira.**"
- Os pães ficam duros **mesmo tendo muita água**, pois sua composição estrutural se altera em contato com o ar.

- Qual das duas orações reduzidas destacadas pode ser desenvolvida em uma oração subordinada adverbial? Desenvolva-a e diga qual é seu sentido ou valor semântico. Depois, classifique-a.
- Como se desenvolve a outra oração reduzida? Que função ela exerce em relação à oração principal? Faça também sua classificação.

2 O texto a seguir é uma nota jornalística sobre uma invenção japonesa no campo da tecnologia.

O Google do Japão

O Google do Japão encontrou uma forma lúdica de mostrar como funciona o Street View, recurso disponível no Google Maps que permite "viajar" por várias cidades do mundo sem sair da frente do monitor. Uma animação mostra um carro munido de uma câmera fazendo fotos em sequência de vários pontos de uma cidade. Depois, as imagens são levadas ao laboratório e processadas eletronicamente para dar a sensação de que você está passeando por uma rua real. Ele já foi visto quase 300 mil vezes.

Época, São Paulo, p. 21, 21 set. 2009.

MATEUS BRUXEL/FOLHAPRESS

Carro com equipamento de captura de imagens para o Google Street View, na avenida Paulista, na cidade de São Paulo (SP). Foto de 2001.

a) O Street View foi lançado pelo Google do Japão em 2007 e já se expandiu para muitos países, entre eles o Brasil. Por meio desse recurso, o internauta, como diz o texto, pode "viajar" por muitas cidades do mundo, tendo a sensação de que está passeando pelos lugares reais.

- O que você acha desse tipo de recurso? Justifique sua opinião.
- Você já utilizou esse recurso? Gostou? Por quê?

b) No texto, há uma oração adverbial reduzida que expressa o sentido de condição. Qual é? Como ela ficaria na forma desenvolvida?

c) Releia este período: "Depois, as imagens são levadas ao laboratório e processadas eletronicamente para dar a sensação de que você está passeando por uma rua real".

- Destaque a oração adverbial reduzida que há nesse período, desenvolva-a e classifique-a de acordo com seu valor semântico e sua função.
- Que função tem a oração *de que você está passeando por uma rua real* em relação a essa oração adverbial? Explique.

3 Leia esta tira do Recruta Zero:

RECRUTA ZERO — Greg & Mort Walker

a) A desculpa do Recruta Zero convence facilmente o Capitão Tainha. O que você diria ao Recruta Zero? Você levaria em conta o que ele disse ao capitão?

b) Destaque da tira o período composto por subordinação. Identifique a oração principal e a subordinada desse período.

c) Que sentido expressa a oração subordinada que você destacou no item anterior? Como ela se chama?

4 Leia este texto argumentativo, que apresenta algumas opiniões de uma psicóloga sobre a criação de filhos:

Assim não dá!

Não vale a pena ignorar certas atitudes em nome da paz doméstica. "Desde cedo, a criança precisa ter clareza do que é socialmente aceitável", afirma a psicóloga Graziela Z. Chehaibar, de São Paulo. Se ela fala palavrão, proíba e explique que magoa as pessoas e é falta de educação. Se interromper a conversa dos adultos, peça que aguarde. Isso a fará perceber que não é o centro de tudo. Caso finja que não escuta o que você diz, pare o que estiver fazendo e vá até ela. Mostre que ignorar os outros é um desrespeito.

Cláudia, São Paulo, p. 116, ago. 2009.

a) Qual é a crítica sugerida pelo autor do texto ao escolher o título "Assim não dá!"?

b) No texto, como o autor reforça essa crítica?

c) No desenvolvimento do texto, o autor expõe alguns possíveis problemas de formação que a criança pode ter e orienta os pais em cada caso.

- Os elementos de coesão entre as orações subordinadas e as orações principais dos períodos que constituem as orientações dadas aos pais são conjunções subordinativas de mesmo sentido. Quais são essas conjunções e que sentido elas expressam?
- Explique o emprego desse tipo de conjunção na construção desses períodos.

5 Leia o texto a seguir. Trata-se de um trecho de um conto de Luiz Vilela (1942-), escritor mineiro natural de Ituiutaba (MG). Nesse conto, temos um narrador protagonista, isto é, o narrador é a personagem principal da narrativa, ele participa da história. Trata-se de um rapaz solitário cuja maior ambição é ser um datilógrafo perfeito. Em determinado momento, ele começa a se interessar por uma moça chamada Ana. O escritor Luiz Vilela se destaca pela diversidade psicológica das personagens.

MILTON MANSILHA/AGÊNCIA ESTADO

Luiz Vilela. Foto de 2006.

Uma namorada

Esqueci-me de dizer que nessa época eu já havia mudado para o apartamento. Antes eu morava numa pensão velha, de dois andares. O aluguel era barato, mas não é por isso que fui para lá: fui para lá porque foi a primeira pensão que encontrei. Eu morava no segundo andar, e para ir lá em cima havia uma escada de madeira que fazia muito barulho; foi por causa dela que mudei; não exatamente por causa do barulho, mas porque, deitado, eu ficava escutando as pessoas subindo os degraus e pensava que elas vinham bater em minha porta, embora eu não tivesse relações com ninguém na pensão e fora dela, a não ser o Doutor, mas já disse que ele nunca iria me visitar. Eu ficava num estado quase intolerável, meu coração batia muito e minhas mãos esfriavam. Só melhorava quando ouvia a pessoa entrando noutro quarto; mas logo outra aparecia, e tudo recomeçava. Eu só ia dormir pela madrugada. Resolvi então mudar-me para o apartamento, que é onde moro hoje. É um apartamento num edifício de dez andares; o meu fica exatamente no décimo. Não há escadas de madeira, os corredores são atapetados e a fechadura é muito mais segura que a da pensão, além de ter um pega-ladrão. Se, portanto, alguém vier ao meu quarto na hora em que estou aqui – mas não há esse perigo –, será de repente, não escutarei aqueles terríveis passos subindo a escada e caminhando pelo corredor.

VILELA, Luiz. *Tarde da noite*: contos. São Paulo: Ática, 1988. p. 18. (Fragmento).

a) Nesse trecho, a personagem (o narrador protagonista) demonstra ter um temperamento introvertido. Em sua opinião, que atitudes da personagem comprovam esse temperamento?

b) Quais são as características da narrativa quando o narrador faz parte dos acontecimentos, como nesse caso? Observe em que pessoa estão os verbos e os pronomes e em que tempo se encontram os verbos.

c) Transcreva do texto as orações que tenham um conector expresso por uma conjunção subordinativa cujo valor semântico seja de:

- causa
- concessão
- condição
- tempo

d) Considerando o tipo de conjunção subordinativa, como se chamam as orações que você destacou no exercício anterior?

e) Observe este trecho: "Eu morava no segundo andar, e **para ir lá em cima havia** uma escada de madeira".

- Desenvolva a oração reduzida destacada, identifique o sentido que ela expressa e diga como se chama.
- Classifique a oração *Eu morava no segundo andar*.
- Agora, classifique esta oração: *e havia uma escada de madeira*.
- Como se chama, então, o período formado por essas orações?

6 O emprego adequado de **conectores**, como as conjunções e os pronomes relativos, é importante para que a sequência de frases tenha uma unidade de sentido na construção de um texto. Reescreva os textos a seguir empregando os conectores dos quadros no lugar adequado.

a) **quando - por isso - que - Por isso - mas - que - e**

Por que o Sol é vermelho na aurora e no poente?

A luz do Sol é constituída pelas sete cores do arco-íris: violeta, anil, azul, verde, amarelo, laranja e vermelho. A luz normalmente se propaga em linha reta, ★ na atmosfera os raios solares colidem com moléculas dos gases ★ a compõem ★ se espalham. Os de menor comprimento de onda, como o azul, são os ★ mais se espalham. ★ o céu é azul. "No nascer e no fim do dia, ★ vemos o Sol no horizonte, os raios precisam atravessar um caminho muito mais longo na atmosfera", explica Mikiya Muramatsu, coordenador do Laboratório de Óptica do Instituto de Física da USP. Apenas o laranja e o vermelho, mais longos, alcançam a região visível aos nossos olhos. É ★ que vemos o céu avermelhado nesses períodos do dia.

Veja, São Paulo, n. 2.066, p. 118, 25 jun. 2008. (Texto adaptado).

COREL/STOCK PHOTOS

Pôr do sol no mar.

b) **enquanto - e - que - que - E - porque - e**

Macabéa

– Macabéa! Tenho grandes notícias para lhe dar! Preste atenção, minha flor, ★ é da maior importância o que vou lhe dizer. É coisa muito séria e muito alegre: sua vida vai mudar completamente! E digo mais: vai mudar a partir do momento em que você sair da minha casa! Você vai se sentir outra. Fique sabendo, minha florzinha, ★ até o seu namorado vai voltar ★ propor casamento, ele está arrependido! E seu chefe vai lhe avisar ★ pensou melhor ★ não vai mais lhe despedir!

Macabéa nunca tinha tido coragem de ter esperança.

Mas agora ouvia a madama como se ouvisse uma trombeta vindo dos céus – ★ suportava uma forte taquicardia. Madama tinha razão: Jesus enfim prestava atenção nela. Seus olhos estavam arregalados por uma súbita voracidade pelo futuro (explosão). ★ eu também estou com esperança enfim.

LISPECTOR, Clarice. *A hora da estrela*. Rio de Janeiro: Rocco, 1998. p. 76-77. (Fragmento adaptado).

c) **que - Todavia - Segundo - posto que - que - ainda que - que - que**

Papagaio de pirata

Permitam ★ lhe omita o nome, em respeito póstumo à sua memória, ★ esgarçada – não fossem estas fotos.

Basta dizer ★ foi deputado, modelo antigo, venerando, ★ relativamente malandro. ★ , gozou de fama e legenda. ★ consta, certa feita chegou a ser cogitado para um Ministério dos mais importantes, o ★ coincidiu com a época em ★ ele mais se destacava às costas do Poder.

DIAFÉRIA, Lourenço. *O imitador de gato.* São Paulo: Ática, 2009. p. 112. (Coleção Para Gostar de Ler). (Fragmento adaptado).

d) **se - que - que - e - como - que - e - que - e**

O que é uma tempestade solar?

Os gases próximos à superfície solar, mantidos a altíssimas temperaturas, liberam constantemente prótons e elétrons. Esses elementos permanecem num estado da matéria conhecido como plasma. De tempos em tempos, algumas regiões do Sol com campo magnético mais intenso atraem ★ acumulam esse plasma. Forma-se uma espécie de manto ★ impede a saída dos novos prótons e elétrons. As partículas acumuladas vão pressionando o manto de plasma, ★ se rompe, resultando em labaredas gigantes ★ liberam no sistema solar os prótons ★ elétrons ★ estavam retidos. Essas partículas viajam pelo espaço ★ chegam aos planetas. O campo magnético da Terra e a atmosfera funcionam ★ um escudo que blinda nosso planeta contra esse tipo de radiação. A vida seria impossível ★ ele chegasse à Terra com toda a sua intensidade.

Veja, São Paulo, n. 2.066, p. 118, 25 jun. 2008. (Adaptado).

NASA/AP

Erupção solar em imagem captada pela sonda *Soho*. Julho de 2002.

7 Leia este poema:

Um retrato

Eu mal o conheci
quando era vivo.
Mas o que sabe
um homem de outro homem?

Houve sempre entre nós certa distância,
um pouco maior que a desta mesa onde escrevo
até esse retrato na parede
de onde ele me olha o tempo todo. Para quê?

Não são muitas as lembranças
que dele guardo: a aspereza
da barba no seu rosto quando eu o beijava
ao chegar para as férias;
o cheiro de tabaco em suas roupas;
o perfil mais duro do queixo
quando estava preocupado;
o riso reprimido
até soltar-se (alívio!)
na risada.

Falava pouco comigo.
Estava sempre
noutra parte: ou trabalhando
ou lendo ou conversando
com alguém ou então saindo
(tantas vezes!) de viagem.

Só quando adoeceu e o fui buscar
em casa alheia
e o trouxe para a minha casa (que infinitos
os cuidados de Dora com ele!)
estivemos juntos por mais tempo.
Mesmo então dele eu só conheci
a luta pertinaz
contra a dor, o desconforto,
a inutilidade forçada, os negaceios
da morte já bem próxima.

Até o dia em que tive de ajudar
a descer-lhe o caixão à sepultura.
Aí então eu o soube mais que ausência.
Senti com minhas próprias mãos o peso
do seu corpo, que era o peso
imenso do mundo.
Então o conheci. E conheci-me.

Ergo os olhos para ele na parede.
Sei agora, pai,
o que é estar vivo.

Glossário

Pertinaz: persistente, tenaz.

Negaceios: atrações, seduções, provocações.

PAES, José Paulo. *Prosas seguidas de odes mínimas.* São Paulo: Companhia das Letras, 2002. p. 21-22.

a) Observe a construção das estrofes e dos versos do poema. Na primeira e na última estrofes, o eu lírico se mostra mais breve e contido.
   - Compare o número de versos em cada estrofe e a extensão deles. O que a estrutura do poema parece sugerir em relação ao conteúdo do poema?
   - Explique que efeito produz, no poema, o emprego da 1ª pessoa.

b) Releia a primeira estrofe do poema:

   "Eu mal o conheci
   quando era vivo.
   Mas o que sabe
   um homem de outro homem?"

   - O que o emprego da conjunção *quando* faz pressupor e se confirma na penúltima estrofe?
   - Segundo o eu lírico, um homem pouco sabe de outro homem. Explique por quê.
   - Que sentido a conjunção coordenada *mas* confere ao contexto?

c) Observe que só na última estrofe, o eu lírico menciona de quem é o retrato que ele compõe em versos. Nas estrofes anteriores, é possível identificar a figura do pai? Justifique.

d) Na segunda estrofe, há o emprego de um conector que indica o lugar em que se encontram certos objetos a que o eu lírico se refere.
   - Qual é esse conector e por que ele foi usado nessa estrofe?
   - Em sua opinião, por que o eu lírico compara a distância entre ele e o pai com a de sua mesa de trabalho ao retrato na parede?
   - Ao referir-se ao retrato do pai na parede, o que o eu lírico questiona realmente?

e) Na terceira estrofe, o eu lírico fala das lembranças que guardara do pai.
   - De que época, provavelmente, seriam essas lembranças? Justifique sua resposta.
   - Explique por que a conjunção *quando* é usada novamente como elemento de coesão entre orações (***quando** eu o beijava*, ***quando** estava preocupado*).

f) Releia estes versos:

   "Até o dia em que tive de ajudar
   a descer-lhe o caixão à sepultura."

   - No primeiro verso, por que foi empregado o pronome relativo preposicionado como elemento de coesão?
   - Que função a oração formada pelo segundo verso exerce em relação à oração constituída pelo primeiro verso? Por quê? Como ela se classifica?
   - Transforme esses dois versos em um período simples, substituindo o pronome relativo e a segunda oração pelos termos equivalentes.

g) Leia novamente a quarta estrofe.
   - Que conjunção funciona como elemento de coesão entre as orações? Que sentido ela expressa?
   - Como se justifica o emprego dessa conjunção nesses versos?

h) A partir da quinta estrofe, o eu lírico passa a falar de lembranças de uma outra época do passado que não a relembrada nas estrofes anteriores.
   - De que etapa se trata e que acontecimentos a marcaram?
   - Nessa fase, o pai tornou-se uma pessoa mais próxima e convivente? Justifique sua resposta com base em palavras presentes no texto.
   - Na quinta estrofe, que conjunção une orações dando a ideia de ações que se adicionam ou se acrescentam?

i) De acordo com a sexta estrofe, o eu lírico, ao ajudar a carregar o caixão do pai, descobriu que ele era muito mais que ausência. A partir desse momento, passou a conhecê-lo e pôde se conhecer também.
   - Em sua opinião, o eu lírico conseguiu realmente entender o jeito de ser do pai e passou a vê-lo com admiração?
   - Explique o sentido deste verso: "Então o conheci. E conheci-me.".

8 Leia a tira do Hagar a seguir.

HAGAR

Chris Browne

a) Explique que recurso o quadrinista empregou para criar humor na tira.

b) Observe o período presente na tira: "Ela disse que podemos entrar com as tochas, **desde que não fiquemos na ala dos não fumantes**".

- Que sentido expressa a oração destacada? É possível chegar a essa conclusão com base em qual termo da oração?
- Portanto, como se chama essa oração?

9 **Reúna as frases em um só período por meio de conjunções e pronomes relativos. Faça as alterações estruturais que forem necessárias.**

a) Meu irmão conheceu uma jovem na faculdade. Ele deseja se casar com ela. Meus pais não concordam com a ideia.

b) Juliana é uma profissional competente. Seu chefe confia muito nela. Ela espera uma promoção.

c) Paulo era um instrutor enérgico. Ninguém questionava suas ordens. Nem sempre elas agradavam a todos.

d) Muitas pessoas andam de bicicleta nessa cidade. A cidade é toda plana. Ela tem ruas espaçosas. Os ciclistas podem pedalar juntos.

e) Felipe domina a área de informática. Ele precisa desse conhecimento em sua empresa. Nessa empresa, ele investiu todas as suas economias.

10 Escreva as frases a seguir, completando-as de acordo com o sentido da conjunção presente.

a) O Brasil é um dos países que mais reciclam alumínio, no entanto...

b) Enchentes no Sul e secas no Nordeste são problemas frequentes, por isso...

c) O homem continua agredindo o meio ambiente, embora...

d) A violência urbana compromete a liberdade das pessoas, porque...

e) O aeroporto será reaberto esta manhã e todos os voos serão liberados, contanto que...

Lista de exercícios

RESUMO

Orações subordinadas adverbiais

- **Oração subordinada adverbial** – aquela que tem o valor de advérbio ou de locução adverbial e funciona como **adjunto adverbial** em relação à oração principal.

  *Judite não me telefonou, **ainda que eu lhe pedisse**.*

- **Classificação das orações subordinadas adverbiais.**
  - **Comparativa** (expressa comparação): *O segundo seriado foi tão bom **quanto o primeiro (foi)**.*
  - **Conformativa** (expressa conformidade): *Iremos de avião, **como combinamos**.*
  - **Causal** (expressa causa): *O funcionário trocou o aparelho, **porque estava com defeito**.*
  - **Consecutiva** (expressa consequência): *Eram tantos carros a caminho da praia, **que houve um grande engarrafamento**.*
  - **Concessiva** (expressa fato contrário): ***Mesmo que quisesse**, não poderia viajar.*
  - **Condicional** (expressa hipótese ou condição): *Votarei nesse candidato, **caso ele assuma estas reformas**.*
  - **Final** (expressa finalidade): *Ficamos juntas, **para que não nos perdêssemos**.*
  - **Temporal** (expressa tempo): *O time empatou, **logo que começou o segundo tempo**.*
  - **Proporcional** (expressa proporcionalidade): *O frio aumentava, **à medida que subíamos a serra**.*

Orações subordinadas adverbiais reduzidas

- **Subordinadas adverbiais reduzidas** – podem se apresentar com o verbo nas formas de **infinitivo**, **gerúndio** e **particípio**. São classificadas de acordo com o valor semântico que expressam: causal, temporal, condicional, concessiva, final, etc.
- **Subordinadas adverbiais reduzidas de infinitivo.**
  - **Exemplo:**

    *Foi a São Paulo **para renovar o passaporte**.*

    (= para que renovasse o passaporte)
    oração subordinada adverbial **final**
    reduzida de infinitivo

- **Subordinadas adverbiais reduzidas de gerúndio.**
  - **Exemplo:**

    ***Fazendo a revisão do carro**, ficarei mais tranquila.*

    (= Se eu fizer a revisão)
    oração subordinada adverbial
    condicional reduzida de gerúndio

- **Subordinadas adverbiais reduzidas de particípio.**
  - **Exemplo:**

    ***Garantidos os bilhetes para o* show**, *eles comemoraram.*

    (= quando garantiram os bilhetes para o *show*)
    oração subordinada adverbial **temporal**
    reduzida de particípio

Capítulo 22

Pontuação

Introdução

No texto

Leia este anúncio publicitário:

REPRODUÇÃO

1. Como na maioria dos casos, esse anúncio relaciona o texto verbal e as imagens.
   a) Explique o que significam as placas amarelas de trânsito semelhantes à que aparece no anúncio.
   b) Observe onde a placa que aparece no anúncio foi colocada. Em sua opinião, o que o anunciante parece sugerir?
2. Como geralmente ocorre, a linguagem persuasiva do anúncio visa influenciar o comportamento do público consumidor.
   a) No caso desse anúncio, qual é o público-alvo a que ele se destina? Justifique sua resposta.
   b) Um dos recursos da linguagem persuasiva é o emprego do verbo no imperativo. Destaque os trechos do anúncio em que esse tipo de recurso foi empregado.
3. Releia as frases que aparecem escritas na placa, observando o sentido das orações que as formam:

   USE SAIA.
   SAIA DE DIA,
   SAIA DE NOITE,
   SAIA DE SI.

   a) Nesse caso, o que faz a linguagem ser considerada criativa?
   b) A primeira e a segunda orações da segunda frase apresentam duplo sentido. Esclareça essa afirmação.
   c) Em qual frase a palavra *saia* funciona somente como substantivo? Que função sintática ela exerce nesse caso? Por quê?
   d) Se a frase "Use saia" fosse escrita com uma vírgula separando as duas palavras – *Use, saia* –, ela continuaria a ter o mesmo sentido? Esclareça sua resposta.
   e) Na oração "Saia de si", qual é a classificação gramatical da palavra *saia*? Por quê? Que sentido essa oração expressa no contexto?
4. Explique a mudança de sentido provocada pela mudança de pontuação nas frases do anúncio feita a seguir.

Use saia!	Use saia.
Saia de dia,	Saia de dia,
Saia de noite,	Saia de noite,
Saia de si!	Saia de si...

Em contexto

Como você observou, a mudança de pontuação dá um novo sentido às frases do anúncio, mas a ausência dela ou seu emprego incorreto podem comprometer o entendimento do texto. Por meio da pontuação, é possível determinar as pausas, expressar a entonação e certas reações. Com ela, a escrita tende a se aproximar mais da fala e torna possível uma assimilação mais clara e correta na leitura de um texto.

A **pontuação** indica, na escrita, as várias possibilidades de entonação da fala, além de ajudar na expressão de pensamentos, sentidos e emoções, possibilitando uma compreensão mais clara e precisa da lógica de construção do texto.

São **sinais de pontuação**: vírgula, ponto e vírgula, dois-pontos, reticências, ponto de interrogação, ponto de exclamação, ponto-final, aspas, parênteses, colchetes, travessão.

Emprego dos sinais de pontuação

O **uso dos sinais de pontuação** exige obediência a determinadas normas. Veja a seguir algumas orientações.

Vírgula

A vírgula no interior das orações

Emprega-se **a vírgula** no interior da oração:

a) para separar, numa enumeração, os termos com a mesma função sintática.

*O rapaz levava no carro **malas**, **caixas**, **sacolas**, **cobertores**.*

b) para isolar determinados elementos, como aposto, vocativo, termos repetidos, adjunto adverbial deslocado de sua posição habitual.

*Conheci Roberta, **moça simpática e educada**.*

aposto

*Assente-se um instante, **Sr. Rafael**!*

vocativo

***Nada**, **nada** vai nos separar!*

termos repetidos

***Na descida até a casa**, caminhamos em silêncio.*

adjunto adverbial deslocado da posição habitual
(Caminhamos em silêncio na descida até a casa.)

c) para separar nomes de lugar, em datas e endereços.

***Porto Alegre**, 12 de julho de 2005.*

***Avenida Brasil**, 1.062.*

d) para indicar a supressão do verbo (zeugma).

No anúncio, um convite: não se reprima.

(No anúncio **havia** um convite)

e) para separar palavras ou expressões explicativas.

*Decidi ter mais qualidade de vida, **ou seja**, vou parar de fumar.*

Não se emprega a vírgula no interior das orações:

a) se houver a conjunção aditiva e antes do último termo da enumeração.

*O pai entregou-lhe **a encomenda**, **as chaves** e **o dinheiro**.*

b) entre o sujeito e o predicado.

***A entrevista** **não durou muito tempo**.*

sujeito — predicado

c) entre o verbo e seus complementos (predicativo, objeto direto e objeto indireto).

*A colocação dos semáforos **melhorou** **o trânsito**.*

verbo — complemento (objeto direto)

d) entre o nome (substantivo, adjetivo, pronome ou advérbio) e seus adjuntos adnominais e complementos nominais.

A decisão do síndico agradou aos condôminos.

decisão: nome (substantivo); do síndico: adjunto adnominal

O fiscal da alfândega foi gentil com os turistas.

gentil: nome (adjetivo); com os turistas: complemento nominal

e) Entre dois termos ligados por *nem*, *ou* ou *e*.

*A filha **nem** a mãe retrucaram ao guarda de trânsito.*

A vírgula entre orações

Entre orações, emprega-se a vírgula:

a) para separar orações coordenadas assindéticas e orações coordenadas sindéticas não ligadas pela conjunção aditiva *e*.

O cliente pagou a conta, levantou-se, dirigiu-se ao estacionamento.

O cliente pagou a conta: oração coordenada assindética; levantou-se: oração coordenada assindética; dirigiu-se ao estacionamento: oração coordenada assindética

*Ele ama aquela menina, **mas** não é correspondido.*

Ele ama aquela menina: oração coordenada assindética; mas não é correspondido: oração coordenada sindética adversativa

b) para separar orações coordenadas sindéticas ligadas pela conjunção aditiva *e* quando apresentam sujeitos diferentes.

*Minha irmã desfez suas malas, **e** meu irmão arrumou as dele.*

Minha irmã desfez suas malas: oração coordenada assindética; e meu irmão arrumou as dele: oração coordenada sindética aditiva

c) para separar orações subordinadas adjetivas explicativas.

O irmão de Vitória, que vive no exterior, regressará esta semana.

que vive no exterior: oração subordinada adjetiva explicativa

d) para separar orações subordinadas adverbiais, desenvolvidas ou reduzidas, quando vêm antes da principal.

Como recebeu indenização, pôde refazer a vida.

Como recebeu indenização: oração subordinada adverbial (causal); pôde refazer a vida: oração principal

Caminhando no parque, ela faz muitas amizades.

Caminhando no parque: oração subordinada adverbial (causal) reduzida de gerúndio; ela faz muitas amizades: oração principal

Observação

- O emprego da vírgula é opcional quando a subordinada adverbial vem após a principal.

  O motorista do ônibus fugiu, depois que atropelou o ciclista.

  O motorista do ônibus fugiu depois que atropelou o ciclista.

e) para separar orações intercaladas ou interferentes (orações independentes sintaticamente que expressam uma ressalva, uma observação ou uma opinião).

Estas informações, ***disse ele****, não são verdadeiras.*

Entre orações, **não** se emprega a vírgula:

a) para separar a oração principal e a oração subordinada substantiva.

A família decidiu que se mudaria para alguma cidade do Sul.

oração principal — oração subordinada substantiva (objetiva direta)

b) para separar a oração subordinada adjetiva restritiva intercalada na oração principal.

O estágio que fiz nesta empresa foi bastante proveitoso.

oração subordinada adjetiva restritiva

oração principal

c) para separar duas coordenadas sindéticas ligadas pela conjunção aditiva e quando têm o mesmo sujeito.

O diretor aprovou o projeto **e** *(o diretor) solicitou sua realização imediata.*

oração coordenada assindética — oração coordenada sindética aditiva

Ponto e vírgula

O **ponto e vírgula** é empregado:

a) para separar, em um período extenso, as partes que já tenham orações separadas por vírgulas.

Por anos, desejei comprar um guarda-chuva e um chapéu, pois me pareciam objetos elegantes; ***ao possuí-los, porém, não me senti mais feliz****.*

b) para separar, em enunciados enumerativos, os diversos itens.

Entre as normas do condomínio em relação ao uso da garagem, vigoram as seguintes: ***utilizar somente a vaga do respectivo apartamento****;* ***fechar a porta da garagem ao sair ou entrar****;* ***não deixar objetos nas vagas****;* ***não lavar carro na garagem****.*

Dois-pontos

Empregam-se os **dois-pontos**:

a) para introduzir uma fala.

A estreante exclamou: ***"Falta-me coragem para segui-lo, apesar de amá-lo tanto"****.*

b) para introduzir uma citação.

No anúncio constava o seguinte: ***"Se for dirigir, não beba"****.*

c) para introduzir uma enumeração.

No cardápio havia muitas opções: ***grande variedade de carnes, guarnições com peixes e mariscos, massas e também saladas****.*

d) para introduzir uma explicação, um resumo ou uma consequência do que foi dito antes.

Na semana seguinte aconteceu algo inesperado: ***ele conseguiu um trabalho em uma grande empresa****.*

Reticências

Empregam-se as **reticências**:

a) para indicar suspensão de pensamento.

Essa incapacidade de atingir, de entender, é que faz com que eu, por instinto de**...** de quê? procure um modo de falar que me leve mais depressa ao entendimento.

LISPECTOR, Clarice. Humildade e técnica. *A descoberta do mundo*. Rio de Janeiro: Rocco, 1999. p. 237. (Fragmento).

b) para indicar dúvida, surpresa ou hesitação.

– E as obras de Tormes? A igreja**...** já haverá igreja nova?

QUEIROZ, Eça de. A cidade e as serras. In: BERRINI, Beatriz (Org.). *Eça de Queiroz*: obra completa. v. II. Rio de Janeiro: Nova Aguilar, 1997. (Fragmento).

c) para indicar ironia.

*– O Gomes virá mesmo desta vez? Até parece***...**

Ponto de interrogação

Emprega-se o **ponto de interrogação** nas frases interrogativas diretas.

– Os homens de barco estão armados**?** Têm armas de fogo**?** – perguntei.

DEFOE, Daniel. *Robinson Crusoé*. Rio de Janeiro: Ediouro, 1996. (Fragmento).

Ponto de exclamação

O **ponto de exclamação** é usado após uma interjeição ou frase exclamativa para expressar um chamamento, uma emoção, uma ordem ou um pedido.

– Está ali a senhora D. Leopoldina – veio dizer Juliana.
Luísa ergueu-se surpreendida.
– Hem? A senhora D. Leopoldina? Para que mandou entrar?
Pôs-se a abotoar à pressa o roupão. Jesus! Olha se Jorge soubesse!
Ele que lhe tinha dito tantas vezes "que a não queria em casa!" Mas se já estava na sala, agora, coitada!
– Está bom, diga-lhe que já vou.

QUEIROZ, Eça de. O primo Basílio. In: BERRINI, Beatriz (Org.). *Eça de Queiroz*: obra completa. v. I. Rio de Janeiro: Nova Aguilar, 1997. (Fragmento).

Ponto-final

O **ponto-final** é empregado no final de um período simples (oração absoluta) ou de um período composto.

Corria o mês de março de 1603. Era portanto um ano antes do dia em que se abriu esta história.

ALENCAR, José de. *Obras completas*. Rio de Janeiro: Aguilar, 1985. (Fragmento).

Aspas

Empregam-se as **aspas**:

a) para indicar o início e o fim de uma citação.

Dizem as escrituras sagradas: "Para tudo há o seu tempo. Há tempo para nascer e tempo para morrer".

ALVES, Rubem. Sobre a morte e o morrer. *Folha de S.Paulo*, São Paulo, 12 out. 2003. © Folhapress. (Fragmento).

b) para destacar uma palavra (ou expressão).

O verbo "ficar" vem adquirindo novos significados.

c) para dar outra conotação a determinada palavra ou expressão.

– Os "anjinhos" já estão prontos? – O ônibus escolar chegou.

d) para marcar o diálogo, em substituição ao travessão.

"Aquela moça da rua Larga?", perguntou Marialva.
"Aquela."

FONSECA, Rubem. *Pequenas criaturas*. São Paulo: Companhia das Letras, 2002. p. 39. (Fragmento).

Parênteses

Empregam-se os **parênteses**:

a) para intercalar uma ideia ou uma oração acessória num texto.

Macabéa começou (explosão) a tremelicar toda por causa do lado penoso que há na excessiva felicidade.

LISPECTOR, Clarice. *A hora da estrela*. Rio de Janeiro: Rocco, 1998. p. 77. (Fragmento).

Houve um discurso; o prefeito (que naquele mesmo ano seria derrubado e preso) disse algumas palavras.

BRAGA, Rubem. *As boas coisas da vida*. Rio de Janeiro: Record, 1989. p. 74. (Fragmento).

b) nas referências bibliográficas.

Mas quando olhar a mancha viva na minha camisa, talvez faça uma careta e me deixe passar. (Chico Buarque de Hollanda)

c) nas indicações cênicas (rubricas) das peças de teatro. Nas rubricas, marcam-se os movimentos, gestos e expressões que o ator deve fazer.

TOMÁS – É meu, tenho dito.
SAMPAIO – Pois não é, não senhor... *(Agarram ambos no leitão e puxam cada um para seu lado.)*

PENA, Martins. *O teatro de Martins Pena*. Rio de Janeiro: Ediouro, 1998. (Fragmento).

Travessão

Emprega-se o **travessão**:

a) para indicar a fala (começo ou fim) e a mudança de interlocutor nos diálogos.

– Você não precisa de pílulas?
– Que pílulas?
– Essas para acalmar.
– Eu sou calma – disse Luciana com um meio sorriso.

TELLES, Lygia Fagundes. *Ciranda de pedra*. Rio de Janeiro: Nova Fronteira, 2000. (Fragmento).

b) Para enfatizar expressões ou frases.

Foi poeta – sonhou – e amou na vida.

AZEVEDO, Álvares de. Lembrança de morrer. In: BUENO, Alexei (Org.). *Álvares de Azevedo*: obra completa. Rio de Janeiro: Nova Aguilar, 2000. p. 189. (Fragmento).

APLICAÇÃO

1 Leia esta tira do Hagar:

HAGAR — Chris Browne

2011 KING FEATURES SYNDICATE/IPRESS

a) A tira mostra Hagar e seu amigo Eddie Sortudo em apuros. De que maneira é construído o humor nessa tira?

b) Observe o emprego da vírgula no primeiro quadrinho. O que explica o uso da vírgula em cada caso?

c) Explique o uso das reticências no primeiro quadrinho.

d) Por que foram empregadas as aspas no segundo balão do primeiro quadrinho?

2 O texto a seguir conta como às vezes é difícil realizar um projeto.

O isopor dela foi parar no "lixão"

Depois de liderar uma campanha para que seus 116 vizinhos passassem a reciclar o lixo, num prédio de São Paulo, a economista Liz Pontes Moreira, 45 anos, sofreu duas decepções. Primeiro, ela e os outros viram os restos se acumular duas semanas a fio na lixeira, sem que a cooperativa de catadores cumprisse o combinado: removê-los. Depois, foi a vez de a empresa particular que havia sido acionada pelo síndico falhar. Ao ligar para a firma, Liz foi informada pelo gerente: "Enviamos uma parte do lixo da senhora para o lixão". A razão? "Isopor e caixas longa vida não valem nada neste mercado." Desiludida, a economista resolveu deixar o lixo num posto de coleta.

Veja, São Paulo, n. 2.024, p. 119, 5 set. 2007.

ULISSES JOB/RBS/FOLHAPRESS

Triagem de lixo para reciclagem. Foto de 2006.

a) Em sua opinião, por que há pessoas que não se interessam por problemas que exigem uma solução coletiva, como a reciclagem do lixo em um prédio ou comunidade?

b) O que deixou a economista desiludida em sua campanha para reciclar o lixo no prédio em que morava? Isso a levou a desistir da campanha? Justifique sua resposta.

c) No título, a palavra *lixão* está entre aspas. Por quê?

d) Explique por que o termo 45 *anos* está entre vírgulas ("a economista Liz Pontes Moreira, 45 anos, sofreu duas decepções").

e) Observe este trecho: "ela e os outros viram os restos se acumular duas semanas a fio na lixeira, sem que a cooperativa de catadores cumprisse o combinado". Por que se empregou a vírgula antes da oração iniciada pela locução conjuntiva *sem que*?

f) A oração "Ao ligar para a firma" está separada da oração seguinte por meio de vírgula. Por quê?

g) Observe, no texto, as duas ocorrências em que há o emprego de dois-pontos. Justifique cada uma delas.

h) Como se justifica o emprego das aspas no caso ocorrido no texto?

i) A palavra *desiludida*, no início do último período, vem separada por vírgula. Esse emprego da vírgula é necessário? Esclareça sua resposta.

j) Releia o trecho: "Primeiro, ela e os outros viram os restos se acumular duas semanas a fio na lixeira, sem que a cooperativa de catadores cumprisse o combinado: removê-los". Por que a palavra *primeiro* é separada por vírgula?

3 Leia esta nota jornalística sobre a pesca de uma enorme quantidade de peixes na região sul do Brasil:

SEMANA

Milagre dos peixes

ULISSES JOB/RBS/FOLHAPRESS

Entre vinte e cinco e trinta toneladas de corvina foram pescadas numa rede no Balneário Rincão em Içara, SC. Foto de outubro de 2008.

Na quarta-feira 15, pescadores de Balneário Rincão, em Içara, sul de Santa Catarina, lançaram a rede como faziam de costume. No dia anterior, a pesca havia sido fraca.

Na hora de recolher, sentiram o peso: a rede pegou, de uma vez, quase 40 toneladas de corvina. A quantidade é histórica. Os pescadores precisaram da ajuda de parentes, amigos e turistas para retirar os peixes do mar. O valor da pescaria, estimado em R$ 200 mil, será dividido entre as famílias.

Pesca polêmica

Em Içara, junto com a corvina, foi recolhido um filhote de golfinho.

Defensores do meio ambiente condenam a pesca por arrastão, que captura várias espécies da fauna marinha.

IstoÉ, São Paulo, 22 out. 2008, p. 25. © Três Editorial Ltda.

a) A imagem da enorme quantidade de peixes recolhidos na praia impressiona. Qual é a sua opinião sobre esse fato?

b) Com base em estudos realizados por biólogos marinhos, sabe-se hoje que o volume de peixes nos oceanos vem diminuindo. Além da pesca predatória, você conhece outros fatores que contribuem para essa redução dos peixes? Pesquise sobre o assunto para dar sua resposta.

c) Observe, na imagem, que várias pessoas se encontram próximas aos peixes espalhados na areia. Em sua opinião, qual pode ter sido a reação dessas pessoas diante dessa pesca extraordinária?

d) No texto do boxe, faz-se uma referência aos danos causados pela pesca por arrastão. Que sugestões você apresentaria para conciliar as necessidades dos pescadores e a preservação do meio ambiente?

e) Explique o emprego da vírgula após os termos *Na quarta-feira 15*, *No dia anterior* e *Na hora de recolher*. Que efeito produz a colocação desses termos no início?

f) Quais são as outras locuções adverbiais que aparecem no texto separadas por vírgula? Explique o emprego da vírgula nesses casos.

g) Por que se empregou a vírgula antes da palavra *parentes* nesta frase do texto: "Os pescadores precisaram da ajuda de parentes, amigos e turistas para retirar os peixes do mar"?

h) No texto, a oração "estimado em R$ 200 mil" vem entre vírgulas. Como se justifica o emprego da vírgula nesse caso?

i) Observe o emprego dos dois-pontos no texto. Qual das palavras abaixo completa adequadamente a frase que justifica esse emprego? Por quê?

citação enumeração explicação

• *Os dois-pontos foram empregados no texto para introduzir uma...*

j) Observe este período do boxe "Pesca polêmica": "Defensores do meio ambiente condenam a pesca por arrastão, que captura várias espécies da fauna marinha". Por que a última oração está separada por vírgula?

4 Observe este cartum de Caulos:

CAULOS. *Só dói quando eu respiro*. Porto Alegre: L&PM, 2001. p. 66.

a) No retângulo superior, o cartunista utilizou o ponto de interrogação na composição da cena. Em sua opinião, que sentido esse sinal de pontuação apresenta no contexto?

b) Em sua opinião, o que a imagem no retângulo inferior sugere em relação à imagem do retângulo superior?

5 **O texto a seguir é um trecho da obra *Infância*, do alagoano Graciliano Ramos (1892-1953). Esse autor fez parte do grupo de prosadores da geração de 1930 e foi considerado o melhor escritor do regionalismo nordestino. *Infância* representa seu livro de memórias, em que narra a criação severa e os castigos impostos pelo pai. No trecho reproduzido, as vírgulas foram retiradas propositalmente, para atender o objetivo do exercício.**

Achava-me empoleirado no balcão abrindo caixas e pacotes examinando as miudezas da prateleira. Meu pai de bom humor apontava-me objetos singulares e explicava o préstimo deles.

Demorei a atenção nuns cadernos de capa enfeitada por três faixas verticais borrões nódoas cobertas de riscos semelhantes aos dos jornais e dos livros. Tive a ideia infeliz de abrir um desses folhetos percorri as páginas amarelas de papel ordinário. Meu pai tentou avivar-me a curiosidade valorizando com energia as linhas mal impressas falhadas antipáticas. Afirmou que as pessoas familiarizadas com elas dispunham de armas terríveis. Isto me pareceu absurdo: os traços insignificantes não tinham feição perigosa de armas. Ouvi os louvores incrédulo.

Aí meu pai me perguntou se eu não desejava inteirar-me daquelas maravilhas tornar-me um sujeito sabido como Padre João Inácio e o advogado Bento Américo. Respondi que não. Padre João Inácio me fazia medo e o advogado Bento Américo notável na opinião do júri residia longe da vila e não me interessava. Meu pai insistiu em considerar esses dois homens como padrões e relacionou-os com as cartilhas da prateleira.

RAMOS, Graciliano. *Infância*. Rio de Janeiro: Record, 1993. p. 95. (Fragmento adaptado).

a) Reescreva o texto colocando a vírgula onde for adequado. Depois, justifique o emprego da vírgula em cada situação.
b) De acordo com o texto, o pai tentava convencer o filho a aprender a ler. Que argumentos empregou para convencer o filho de que isso seria uma boa ideia?
c) Por que esses argumentos não surtiram o efeito esperado?

6 **Leia os pares de frases a seguir e explique o sentido de cada frase, observando o emprego ou não da vírgula.**

a) A palestrante, estarrecida, deixou a plateia.
A palestrante deixou a plateia estarrecida.
b) A enfermeira deu a notícia, feliz, ao pai do bebê.
A enfermeira deu a notícia feliz ao pai do bebê.
c) A moça, nervosa, não aceitou as desculpas do namorado.
A moça nervosa não aceitou as desculpas do namorado.

7 **Leia este anúncio publicitário:**

REPRODUÇÃO

a) O anúncio deu mais destaque à imagem que ao texto verbal. Explique o efeito desse recurso.
b) Releia a frase na parte superior do anúncio. A que entendimento entre cachorros e donos o anúncio se refere?
c) Ao lado do logotipo da marca dos produtos anunciados, encontramos uma imagem e o *slogan*: "Adotar é tudo de bom". O que a imagem simboliza?
d) O *slogan* "Adotar é tudo de bom" é um incentivo para que as pessoas se interessem mais pela adoção de cachorros. Que recursos empregados no anúncio sugerem ao leitor que a adoção de cachorros é uma boa atitude?
e) Releia a frase na parte superior do anúncio: "Cachorros, boa notícia: seus donos entendem vocês".
- Por que se emprega a vírgula após a palavra *cachorros*?
- Como se explica o emprego dos dois-pontos?

f) Retome o *slogan*: "Adotar é tudo de bom". Por que não se usou vírgula depois da palavra *adotar*?

Lista de exercícios

RESUMO

Emprego dos sinais de pontuação

Vírgula

- **No interior da oração**, a vírgula é empregada para:
  - separar termos de mesma função sintática: *O crítico considerou o filme cansativo, exagerado, incoerente.*
  - isolar o aposto: *Patrimônio histórico, Parati tornou-se cidade turística.*
  - separar o vocativo: *Não fique na chuva, menino!*
  - separar o predicativo: *Decepcionados, os estudantes prorrogaram a greve.*
  - isolar elementos repetidos: *Nem você, nem ela poderiam ter concordado com essa atitude.*
  - separar o adjunto adverbial antecipado: *No verão, iremos a Itajaí.*
  - separar nomes de lugares em datas e endereços: *Natal, 23 de maio de 2009.*
  - intercalar expressões explicativas: *Volto mais cedo, ou melhor, após o almoço.*
  - indicar a supressão do verbo: *Rebeca preparou a carne, e eu, o tempero.*
- **Entre orações**, a vírgula é empregada para separar:
  - orações coordenadas assindéticas e sindéticas não ligadas por e: *A chuva desabou, tudo escureceu de repente. / Ela economizava dinheiro, porém não conseguia comprar o carro.*
  - orações coordenadas ligadas por e com sujeitos diferentes: *Minha amiga mandou-me um* e-mail*, e eu respondi prontamente.*
  - orações subordinadas adjetivas explicativas: *A pesca da baleia, que é proibida, continua a ser praticada no Japão.*
  - orações subordinadas adverbiais deslocadas ou intercaladas: *À proporção que lê, mais ele aprende.*
  - orações intercaladas ou interferentes: *Não fiz caminhada porque estava chovendo, comentou Júlia.*

Ponto e vírgula

- Usa-se para separar partes com orações que já contenham vírgulas: *O* shopping *estava lotado, havia uma apresentação de balé e muitas lojas estavam liquidando; divertimo-nos bastante e fizemos boas compras.*
- Emprega-se para separar itens enumerativos: *Algumas orientações para os pedestres: utilizar sempre a faixa de segurança ao atravessar a rua; olhar para os dois lados antes de iniciar a travessia; respeitar a sinalização do semáforo para atravessar a rua, etc.*

Dois-pontos

- Introduzem fala ou citação: *Mandei-lhe esta mensagem: "Não deixe de visitar seus avós e faça belos passeios". / Na placa, lia-se: "Trecho em declive, reduza a velocidade".*
- Empregam-se para introduzir explicação, resumo ou consequência do que se disse antes: *No aeroporto, procurei passar o tempo: enviei mensagens no* laptop*, li jornal, tomei café e conversei fiado.*

Reticências

- Indicam suspensão de pensamento, dúvida, surpresa, hesitação ou ironia: *A que injustiça você se refere? Não entendo... / Que estranho... ele sempre foi gentil conosco...*

Ponto de interrogação

- Emprega-se no final das frases interrogativas diretas: *Vamos a algum restaurante novo? Qual você sugere?*

Ponto de exclamação

- Emprega-se no final das frases exclamativas para expressar emoção, espanto, chamamento, ordem: *Fulgêncio! Venha logo! / Que horror! Como ele grita!*

Ponto-final

- Sinaliza o final de um período (simples ou composto): *As promoções deste mês estão imperdíveis.* *Visitem as nossas lojas e confiram os preços.*

Aspas

- Indicam o início e o fim de citações; destacam palavras ou expressões; substituem o travessão em diálogos: *"Não deixarei que me comprem", disse a deputada aos repórteres. / Verifique, em sigilo, quem "coleciona" nossos ovinhos de chocolate.*

Parênteses

- Separam ideias ou orações acessórias: *A porta da sala estava encostada, entrei cauteloso* (*haveria alguém?*), *de repente um barulho.*
- Empregam-se em referências bibliográficas: *Em vão me tento explicar, os muros são surdos.* (ANDRADE, Carlos Drummond de. A flor e a náusea. *Reunião*. Rio de Janeiro: José Olympio, 1973).
- Empregam-se nas rubricas de peças de teatro:

> Chico Bento — Estou às suas ordens. (Entra um negro e põe as duas cadeiras em cena.) Tem a palavra o suplicante. (Sentam.)
>
> FRANÇA JÚNIOR, Joaquim José da. In: CAFEZEIRO, Edwaldo (Ed.). *Teatro de França Júnior*. Rio de Janeiro: SNT/Funarte, 1980. 2 v.

Travessão

- Indica a fala e a mudança de interlocutor nos diálogos:
  – A família já sabe da sua decisão?
  – Sim, todos já sabem. Inclusive preciso vê-lo ainda hoje.
- Isola ou enfatiza palavras ou expressões nas frases: *Afastou-se por um momento – ouvi, então, o som da guitarra.*

Capítulo 23

Funções das palavras *que* e *se*

Funções da palavra *que*

No texto

Leia a tira do Frank & Ernest a seguir.

FRANK & ERNEST Bob Thaves

1. Explique como o autor da tira produziu humor a partir das letras *q* e *u* transformadas em personagens.
2. De que maneira o quadrinista explorou os recursos gráficos para transmitir suas ideias?
3. Releia este período do texto: "Você tem um quê que me fascina!".
   a) Quantas orações formam esse período? Separe-as.
   b) No contexto, qual é o sentido do *quê* precedido do artigo *um*?
   c) Nesse caso, a que classe gramatical essa palavra pertence? Justifique.
   d) O segundo *que* do período liga a segunda oração à primeira. Nesse caso, a que classe gramatical ele pertence? Por quê?
   e) Qual é a função sintática da palavra *que* na segunda oração?

A palavra *que* pode exercer diferentes funções morfológicas e sintáticas. Neste capítulo, vamos ver as **funções morfológicas**.

Em contexto

Funções morfológicas

Quanto à classificação morfológica, a palavra *que*, dependendo do contexto, pode ser **advérbio**, **substantivo**, **preposição**, **interjeição**, **conjunção**, **pronome interrogativo adjetivo**, **pronome interrogativo substantivo**, **pronome relativo**, **pronome indefinido** e **partícula expletiva** ou **de realce**. Vejamos, a seguir, caso a caso.

1. **Advérbio** – quando intensifica a ideia expressa por um adjetivo ou por um advérbio; equivale a *quão* ou *quanto*.

O fato mostrou ***que*** *vulnerável é a defesa americana.*

que: advérbio (= *quão*) — vulnerável: adjetivo

Não imaginava ***que*** *perto você mora.*

que: advérbio (= *quão*) — perto: advérbio

2. **Substantivo** – quando vem precedido de um artigo (definido ou indefinido), pronome adjetivo ou numeral, aparecendo sempre acentuado. Nesse caso, flexiona-se no singular e plural.

*Sua resposta deixou um **quê** de dúvida entre nós.*
artigo (um) – substantivo (quê)

*Tentam explicar aquele **quê** misterioso no sorriso da Monalisa.*
pronome adjetivo (aquele) – substantivo (quê)

*Seria bom eliminar três **quês** neste parágrafo.*
numeral (três) – substantivo (quês)

3. **Preposição** – quando equivale à preposição *de*. Normalmente é utilizado para ligar os verbos nas locuções verbais formadas pelos auxiliares *ter* ou *haver*.

*Vocês têm **que** justificar o atraso e a saída mais cedo.*
(= *de*)

*Sem dúvida, há **que** se estruturar nosso sistema de saúde.*
(= *de*)

4. **Interjeição** – quando expressa sentimento ou emoção. Nesse caso, vem sempre acentuado e seguido de um ponto de exclamação.

Quê! *Não sabíamos destes detalhes!*

Quê! *A greve se estendeu ao setor de transporte?*

5. **Conjunção** – quando liga orações (coordenadas ou subordinadas), sendo classificado de acordo com seu valor semântico.

conjunção subordinativa consecutiva
*A inflação está tão elevada **que** o governo aumentou os juros.*
oração subordinada adverbial consecutiva

(= *porque* / *pois*) conjunção coordenativa explicativa
*Levou o agasalho, **que** podia esfriar de madrugada.*
oração coordenada sindética explicativa

(= *porque* / *pois*) conjunção coordenativa explicativa
*Adiante o relógio uma hora, **que** começou o horário de verão.*
oração coordenada sindética explicativa

(= *e*) conjunção coordenativa aditiva
*A criança chorou **que** chorou com a saída dos pais.*
oração coordenativa sindética aditiva

conjunção subordinativa integrante
*Pedi-lhe **que** não fizesse a queixa.*
oração subordinada substantiva objetiva direta

6. **Pronome interrogativo adjetivo** – quando ocorre em orações interrogativas diretas ou indiretas, modificando um substantivo e equivalendo a *qual*, *quais*.

Que chance ele tem de passar no vestibular?
(= *qual*) – substantivo

Que medidas o diretor tomou para ajudar as escolas?
(= *quais*) – substantivo

7. **Pronome interrogativo substantivo** – quando, em orações interrogativas diretas ou indiretas, antecede um verbo e equivale a *que coisa*.

Que fizeram com as chaves do carro?
(= *que coisa*) – verbo

Que disse o chefe para que ficassem quietos?
(= *que coisa*) – verbo

8. **Pronome relativo** – quando inicia uma oração subordinada e se refere a um termo antecedente, ao qual substitui. Nesse caso, pode ser substituído por *o qual*, *os quais*, *a qual*, *as quais*.

*O romance **que acabei de ler** narra uma história surpreendente.*
(= *o qual*)

*As lojas a **que fomos no shopping** não aceitavam cheque.*
(= [às] *quais*)

*Ele não explicou o **que o trouxe de volta**.*
(o = *aquilo*) (= *o qual*)

9. **Pronome indefinido** – quando antecede um substantivo e equivale a *quanto*, *quantos*, *quanta*, *quantas*.

Que calor faz nesta cidade!
(= *quanto*) – substantivo

Que vontade ela tem de ajudar!
(= *quanta*) – substantivo

10. **Partícula expletiva** ou **de realce** – emprega-se como ênfase ou realce, podendo ser dispensada, sem alterar o sentido da frase; geralmente, vem associada à forma verbal *é* (*é que*).

*O advogado **é que** deu entrevista na televisão.*
= *O advogado deu entrevista na televisão.*

*O segundo colocado **é que** deveria ter ganho o prêmio.*
= O segundo colocado deveria ter ganho o prêmio.

Observação

- Na função morfológica de pronome relativo, a palavra *que* pode exercer **várias funções sintáticas**. Esse assunto já foi tratado no capítulo 20, quando foram estudadas as orações subordinadas adjetivas. Reveja.

Funções da palavra *se*

No texto

Leia a tira do Hagar a seguir.

HAGAR — Chris Browne

2011 KING FEATURES SYNDICATE/IPRESS

1. No contexto da tira, a sugestão dada pelo Hagar não significa apenas uma dica ou ideia. Diante da situação, o que realmente quer dizer a sugestão do Hagar? Explique sua resposta.
2. Observe a frase do Hagar no segundo balão: "**Se** pescarmos algo, vamos dar pra eles!".
   a) A palavra *se* funciona como pronome ou conjunção nessa frase? Justifique sua resposta.
   b) Nesse caso, que valor semântico ou sentido a palavra *se* apresenta?
   c) Que função morfológica apresenta, portanto, a palavra *se* nessa frase?

A palavra *se* pode ter várias **funções morfológicas** e **sintáticas**. Vejamos, primeiramente, as morfológicas e, depois, as sintáticas.

Em contexto

Funções morfológicas

A palavra *se* morfologicamente pode exercer as funções de **substantivo**, **conjunção subordinativa**, **partícula integrante do verbo**, **partícula expletiva** ou **de realce**, **partícula apassivadora** ou **pronome apassivador** e **pronome reflexivo**.

1. **Substantivo** – quando vem determinado por um artigo ou pronome.

   Eliminei o ***se*** *da frase, pois ele era desnecessário.*
   (o: artigo)

   Nesse caso, este ***se*** *deve ser colocado depois do verbo.*
   (este: pronome)

2. **Conjunção subordinativa** – quando introduz orações subordinadas, como conjunção subordinativa integrante ou condicional.

   Glória perguntou-me ***se*** *eu poderia substituí-la no plantão.*
   (se: conjunção subordinativa integrante; se eu poderia substituí-la no plantão: oração subordinada substantiva objetiva direta)

   Se *a proposta se repetir, aceitarei o desafio.*
   (Se: conjunção subordinativa condicional; Se a proposta se repetir: oração subordinada adverbial condicional)

3. **Partícula integrante do verbo** – quando se une a verbos essencialmente pronominais, que em geral exprimem sentimento ou mudança de estado (*queixar-se*, *lamentar-se*, *arrepender-se*, etc.).

*O contribuinte arrependeu-**se** da sonegação ao imposto de renda.*

*Meu avô nunca **se** lamentou por trabalhar muito.*

4. **Partícula expletiva** ou **de realce** – quando se liga, em geral, a verbos intransitivos para realçar o sujeito, sem ter nenhuma função sintática. Nesse caso, o *se* pode ser omitido sem que haja alteração no sentido da frase.

*"Vão-**se** os anéis, ficam os dedos."* (= *Vão os anéis, ficam os dedos.*)

*A garota sorria-**se** de tudo.* (= *A garota sorria de tudo.*)

5. **Partícula apassivadora** ou **pronome apassivador** – quando forma a voz passiva sintética ou pronominal, que é composta por verbo transitivo direto ou transitivo direto e indireto na 3ª pessoa (singular ou plural).

*Aqui **se mantinham** os documentos mais importantes.*

= *Aqui **eram mantidos** os documentos mais importantes.*

*Concede-**se** muito asilo político no Brasil.*

= ***É concedido** muito asilo político no Brasil.*

6. **Pronome reflexivo** e **pronome reflexivo recíproco**.

a) Como **pronome reflexivo**, forma com o verbo a voz reflexiva, em que o sujeito pratica e sofre a ação verbal ao mesmo tempo.

*O visitante acomodou-**se** na poltrona à espera do dono da casa.*

(o visitante) acomodou a si próprio

b) Como **pronome reflexivo recíproco**, forma a voz reflexiva recíproca, indicando que os elementos constituintes do sujeito praticam e sofrem a ação mutuamente.

*Os fregueses acotovelavam-**se** na disputa pelas verduras.*

(os fregueses) acotovelavam uns aos outros

*Paulo e Ana estimam-**se** muito desde que eram crianças.*

(Paulo e Ana) estimam muito um ao outro (ou mutuamente)

Funções sintáticas

Na função morfológica de pronome, a palavra *se* pode exercer as funções sintáticas de **objeto direto**, **objeto indireto**, **índice de indeterminação do sujeito** e **sujeito de infinitivo**.

1. **Objeto direto** – ocorre com um verbo transitivo direto ou transitivo direto e indireto.

*As crianças **se** lavaram no pequeno riacho.*

objeto direto de *lavaram* (verbo transitivo direto)

*Na entrada do edifício, o visitante **se** apresentou ao porteiro.*

objeto direto de *apresentou* (verbo transitivo direto e indireto)

2. **Objeto indireto** – ocorre com um verbo transitivo direto e indireto.

*Nas férias, papai dava-**se** o prazer da pesca.*

objeto indireto de *dava* (verbo transitivo direto e indireto)

*O mais velho dos filhos atribuiu-**se** a função de tutor.*

objeto indireto de *atribuiu* (verbo transitivo direto e indireto)

3. **Índice de indeterminação do sujeito** – quando acompanha um verbo intransitivo ou transitivo indireto cujo sujeito não vem expresso nem pode ser identificado. Nesse caso, o verbo apresenta-se na terceira pessoa do singular.

*Neste lugar, vive-**se** muito e com alegria.*

verbo intransitivo

*Após tantas decepções, não **se** crê mais em promessas.*

verbo transitivo indireto

4. **Sujeito de infinitivo** – quando o verbo está no infinitivo em orações subordinadas reduzidas de infinitivo.

*O técnico da equipe sentiu-**se** impor-se diante dos jogadores.*

(sentiu que **ele** se impunha)

*Muitas vezes os adultos deixam-**se** convencer facilmente.*

(= deixam que **eles** sejam convencidos)

Observação

- Quando acompanha um verbo pronominal, a palavra *se* **não** exerce nenhuma função sintática; ela é considerada parte integrante do verbo.
  *O prisioneiro **arrependeu-se** de seus atos criminosos.*
  *Muitos cidadãos **se queixam** da atuação do presidente.*

APLICAÇÃO

1 Leia a tira do Recruta Zero a seguir.

RECRUTA ZERO

Mort Walker

a) Explique qual situação marca o humor na tira.
b) Observe que, na fala da secretária no primeiro balão, a palavra *que* funciona como conjunção. Explique por que e identifique o tipo de conjunção.
c) E no segundo balão do primeiro quadrinho, que função morfológica tem a palavra *que*? Por quê? Que sentido ou valor semântico apresenta?

2 O texto a seguir é um trecho da reportagem "6 razões para acreditar que estatística é a profissão do futuro", publicada em uma das edições da *Superinteressante* em 2009. O trecho refere-se à razão de **número 5**.

5. [Estatística] Sobrevive a crises

Quando o cenário econômico vai mal, contratam-se ainda mais estatísticos. Em 2008, a procura por estatística subiu 8 vezes em relação a 2007. "Eles entram com a missão de remapear o cenário das empresas, ajudar a planejar os remanejamentos, detectar onde se podem cortar custos, etc.", diz Danilo Castro, da PagePersonnel.

Muitos estatísticos cobram suas consultorias por hora. A remuneração média, nesse caso, varia de R$ 50 a R$ 400. Mas, quando a empresa está desesperada, o cachê sobe. "Uma consulta médica pode ser cara. Mas, se você estiver com câncer, paga o preço que for", diz Abraham Laredo Sicsú. Por câncer entenda-se crise. A empresa que quiser recuperar o fôlego a todo custo, acredite, não vai economizar no médico-estatístico.

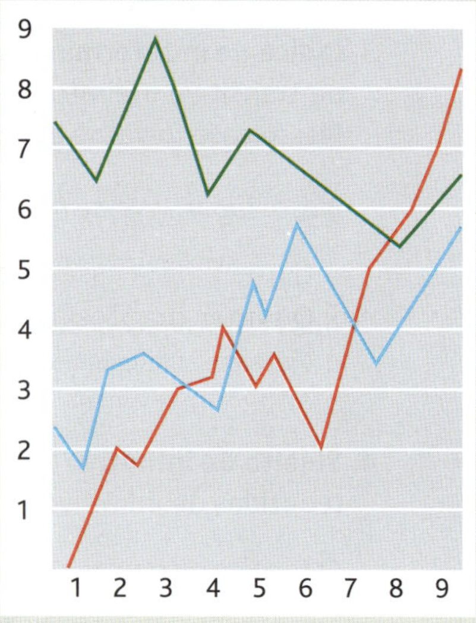

VIEIRA, Patrícia. 6 razões para acreditar que estatística é a profissão do futuro. *Superinteressante*, São Paulo, nov. 2009, p. 87.

a) Interprete o sentido do trecho, tendo em vista o título da reportagem "6 razões para acreditar que estatística é a profissão do futuro".

b) O texto utiliza comparações para mostrar a importância do trabalho dos estatísticos. Quais são elas? Explique.

c) Na oração "contratam-**se** ainda mais estatísticos", que função morfológica apresenta a palavra *se*? Justifique sua resposta.

d) Em que outras orações do texto a palavra *se* exerce a mesma função morfológica que a identificada em "contratam-se ainda mais estatísticos"?

e) Considere esta oração do texto: "se você estiver com câncer".
- Que valor semântico apresenta a palavra *se*?
- Que função morfológica ela exerce? Explique.

f) Observe o emprego da palavra *que* no texto: "paga o preço **que** for" e "A empresa **que** quiser recuperar o fôlego a todo custo". Nas duas ocorrências, o *que* exerce a função morfológica de pronome relativo. Explique por quê.

3 Identifique a função morfológica da palavra *que* nas frases a seguir.

a) Um relatório mundial destaca **que** é necessária uma urgente proteção ao meio ambiente.

b) **Que** imagens surpreendentes se observam nestas fotografias!

c) **Quê**! Haverá novo aumento de impostos? **Que** desagradável é essa notícia!

d) O concerto na praça atraiu tantas pessoas **que** será reapresentado.

e) Na exposição havia trabalhos **que** eram realistas e outros, surrealistas.

f) Os maratonistas corriam **que** corriam enfrentando subidas acentuadas.

g) Mariana tentou disfarçar um **quê** de melancolia quando me despedi.

h) O motorista decidiu descansar um pouco, **que** estava cansado de dirigir.

i) A falta de saneamento básico é **que**, na verdade, facilita a propagação de doenças.

4 Leia esta tira em que Jon presenteia sua namorada, que é médica:

GARFIELD — Jim Davis

a) O que se pode pressupor pela ironia do Garfield no último quadrinho?

b) Observe o emprego do verbo *ter* no texto. Em qual frase ele não está de acordo com a variedade padrão da língua, mas é usual, dependendo da situação?

c) Como ficaria essa frase na variedade padrão? Por quê?

d) Quantas orações há no período do último balão e quais são? Explique sua resposta.

e) Na expressão *tenho que admitir*, por qual palavra pode ser substituído o *que*? Nesse caso, a que classe gramatical essa palavra pertence?

f) No período do último balão, qual palavra liga uma oração a outra? Qual é sua função morfológica? Como se classifica a oração que é introduzida por essa palavra?

5 Identifique a frase em que a palavra *que* destacada é um pronome indefinido. Depois, explique por quê.

- Não o recrimine **que** ele não é o culpado.
- **Que** criativa é aquela sua amiga, apreciadora de arte!
- Não aceitei a proposta, ainda **que** fosse interessante.
- **Que** necessidade que tens em julgar os atos alheios!

6 Identifique a frase em que a palavra *se* é índice de indeterminação do sujeito. Explique.

- A jovem apressou-**se** quando viu o metrô chegando à estação.
- Os grevistas **se** convenceram de que o acordo era satisfatório.
- Com a valorização da Petrobras, investiu-**se** muito no país em ações dessa empresa.
- Esta semana **se** iniciaram, na Europa, protestos contra certas reformas.

7 Leia esta tira do Macanudo:

MACANUDO — Liniers

a) De que modo o quadrinista conferiu humor à tira?

b) Reveja o segundo quadrinho. Que função morfológica apresenta a palavra *que* na legenda do quadrinho? No contexto, como se classifica a oração que essa palavra introduz?

c) Releia a legenda do terceiro quadrinho: "E sabe que o melhor que lhe pode acontecer é que a inspiração o encontre trabalhando".

- Em que oração dessa legenda a palavra *que* tem a função de pronome relativo? Por quê?
- Nesse caso, que função sintática exerce a palavra *que*?

d) No quarto quadrinho, qual é a função morfológica da expressão *assim que*? Que valor semântico apresenta e como se classifica?

8 Relembre o que você viu no capítulo 20 sobre as funções da palavra *que*. Identifique a função sintática do pronome relativo *que* nas frases a seguir.

a) O livro a **que** você fez tantos elogios é de autoria de um escritor moçambicano.
b) O tumulto **que** houve no comício provocou a evasão do público.
c) Estudantes e sindicalistas **que** estão em greve na França pressionam o governo.
d) A massagista **que** você escolheu é, sem dúvida, a mais experiente.
e) Durante a viagem, jantamos em um restaurante em **que** serviam mariscos.
f) As melhorias no prédio com **que** todos concordaram vão onerar os condôminos.
g) O jovem sonhador **que** fui ainda persiste em mim, apesar dos anos.

9 Identifique a frase em que a palavra *se* tem a função de objeto indireto.

- Fala-**se** novamente em uma possível epidemia de dengue este ano.
- A atleta impunha-**se** um treinamento diário bem rígido.
- Cansada da viagem, Laura **se** ajeitou no banco traseiro do carro para dormir.
- Reduziu-**se** o número de imigrantes na Inglaterra.

10 O período não é simples, porque o *é que* não é expletivo em:

- Após os entendimentos **é que** decidimos apoiá-lo em sua decisão.
- **É** com perseverança **que** se pode construir um futuro para todos.
- O excesso de antibióticos **é que** causou consequências graves à sua saúde.
- **É** inegável **que** houve descaso na apuração dos fatos reais.

11 Classifique a palavra *se* morfológica e sintaticamente nas frases a seguir.

a) O nadador projetou-**se** rápido em direção ao ponto de chegada.
b) Você empregou o **se** de forma correta nestas frases.
c) O réu deu-**se** o direito de ficar em silêncio naquele instante.
d) Aquele último **se** tinha o sentido de condição ou era expletivo?

12 Leia o texto a seguir; ele traz dados interessantes sobre a aplicação da pena de morte.

TENDÊNCIAS

Pena de morte em queda

A pena de morte está menos popular no mundo. Desde 1990, mais de 50 países aboliram a punição para qualquer tipo de crime. E mesmo aqueles que ainda preveem a pena têm evitado decretá-la. Como o Quênia. Em 2009, o país anunciou que mais de 4 mil condenados à morte terão a pena transformada em prisão perpétua.

Os dados são da Anistia Internacional, que não contabilizou as execuções da China – o país se recusa a divulgar seus números. Segundo a organização, o maior aplicador da pena de morte em 2009 foi o Irã, com 388 execuções. A Anistia Internacional acredita que a pena de morte enfrentará no futuro a mesma oposição que despertam hoje práticas largamente empregadas no passado, como a escravidão e o *apartheid*.

DALTRO, Ana Luiza; SANTANA, Larissa.
Superinteressante, São Paulo, jun. 2010, p. 95.

a) Em sua opinião, por que há atualmente a tendência em evitar a punição por meio da pena de morte?
b) Segundo o texto, a China não informa o número de execuções ocorridas no país e o Irã é o país que mais tem aplicado a pena de morte. Em sua opinião, o que poderia explicar tais fatos em relação aos países citados?
c) Em que orações do texto ocorre o emprego do pronome relativo *que*?
d) Qual é a função sintática desses pronomes relativos?
e) Que função morfológica apresenta a palavra *que* em outras orações do texto?

Lista de exercícios

RESUMO

Funções morfológicas da palavra *que*

- **Advérbio** – intensifica um adjetivo ou advérbio: ***Que** enorme ficou a fila!*
- **Substantivo** – vem precedido de artigo: *Percebi um **quê** de diferente nela.*
- **Preposição** – equivale a *de*: *A atleta tinha **que** tentar de novo.*
- **Interjeição** – expressa sentimento ou emoção: ***Quê**! O voo está atrasado?*
- **Conjunção** – liga orações: *Imaginei **que** você estaria aqui.*
- **Pronome interrogativo adjetivo** – modifica um substantivo, equivalendo a *qual*, *quais*: ***Que** compromisso você tem hoje?*
- **Pronome interrogativo substantivo** – equivale a *que coisa*: ***Que** houve na festa?*
- **Pronome relativo** – refere-se a um antecedente, podendo ser substituído por *o qual*, *os quais*, *a qual*, *as quais*: *O computador **que** ela comprou é ótimo.*
- **Pronome indefinido** – acompanha um substantivo, equivalendo a *quanto*, *quanta*, *quantos*, *quantas*: ***Que** sucesso esse jovem ator conquistou!*
- **Partícula expletiva** ou **de realce** – pode ser dispensada, sem mudar o sentido da frase: *Que jeito **que** você tem de falar!*

Funções morfológicas da palavra *se*

- **Substantivo** – vem determinado por um artigo ou pronome: *Identifique a função do **se** nesta questão.*
- **Conjunção subordinativa** – introduz oração subordinada: *Ainda não decidiu **se** falaria com ele sobre o casamento.*
- **Partícula integrante do verbo** – une-se a verbo pronominal: *O cliente queixou-**se** ao gerente.*
- **Partícula expletiva** ou **de realce** – sem função sintática, podendo ser omitida: *Ela sorriu-**se** da brincadeira.*
- **Partícula apassivadora** ou **pronome apassivador** – forma a voz passiva sintética ou pronominal: *Reciclam-**se** produtos descartáveis.*
- **Pronome reflexivo** e **pronome reflexivo recíproco** – formam a voz reflexiva: *O jovem **se** trancou no quarto o dia todo. Pai e filho **se** abraçaram, felizes.*

Funções sintáticas da palavra *se*

- **Objeto direto** – com verbo transitivo direto ou transitivo direto e indireto: *O mecânico abaixou-**se** para olhar embaixo do carro.*
- **Objeto indireto** – com um verbo transitivo direto e indireto: *Ele **se** deu um tempo para pensar.*
- **Índice de indeterminação do sujeito** – com verbo intransitivo ou transitivo indireto sem sujeito expresso ou identificável: *Fala-**se** nesse recinto.*
- **Sujeito de infinitivo** – em oração subordinada reduzida de infinitivo: *A criança imaginou-**se** flutuar no espaço* (A criança imaginou que **ela** flutuava no espaço).

Capítulo 24 Ordem dos termos nos enunciados linguísticos

Ordem direta e ordem indireta

No texto

Leia o poema a seguir, de João Cabral de Melo Neto, autor pernambucano que começou a produzir sua obra poética nos anos 1940. Observe que os versos são livres, sem rima ou metrificação.

Cartão de Natal

Pois que reinaugurando essa criança
pensam os homens
reinaugurar a sua vida
e começar novo caderno,
fresco como o pão do dia;
pois que nestes dias a aventura
parece em ponto de voo, e parece
que vão enfim poder
explodir suas sementes:

que desta vez não perca esse caderno
sua atração núbil para o dente;
que o entusiasmo conserve vivas
suas molas,
e possa enfim o ferro
comer a ferrugem,
o sim comer o não.

MELO NETO, João Cabral de.
In: OLIVEIRA, Marly de (Org.).
João Cabral de Melo Neto: obra completa.
Rio de Janeiro: Nova Aguilar, 1999. p. 412-413.

Glossário

Núbil: pronta para casar.

1. No poema, o eu lírico analisa o comportamento das pessoas no período natalino e expressa um desejo. Qual é esse desejo?
2. Que elementos presentes na primeira estrofe demonstram o entusiasmo das pessoas em iniciar uma nova época a partir do Natal?
3. Na segunda estrofe, que recado o eu lírico parece transmitir para aqueles que pensam em renovação de vida somente no Natal?

4. Interprete a linguagem figurada dos três últimos versos, considerando o contexto. O emprego de linguagem figurada permite ao escritor explorar recursos linguísticos que ultrapassam a linguagem convencional, dando maior força e expressividade a um texto.

5. Os termos das orações que compõem os versos do poema estão colocados em **ordem indireta** ou **inversa**. Observe a ordem dos termos nos três versos iniciais:

"*Pois que* (conjunção) *reinaugurando* (verbo) *essa criança* (complemento) *pensam* (verbo) *os homens* (sujeito) *reinaugurar* (verbo) *a sua vida* (complemento)"

- *reinaugurando essa criança*: oração subordinada reduzida de gerúndio
- *Pois que* … *pensam os homens reinaugurar a sua vida*: oração principal

Na **ordem direta**, os termos de uma oração apresentam a seguinte colocação básica: **sujeito + verbo + complemento(s) + adjunto adverbial**. Veja, então, como os versos acima ficariam colocados na ordem direta:

Pois que (conjunção) *os homens* (sujeito) *pensam reinaugurar* (verbo (locução verbal)) *a sua vida* (complemento), *reinaugurando* (verbo) *essa criança* (complemento)

- *Pois que os homens pensam reinaugurar a sua vida*: oração principal
- *reinaugurando essa criança*: oração subordinada

- Escreva na ordem direta os versos restantes da primeira estrofe:

> e começar novo caderno,
> fresco como o pão do dia;
> pois que nestes dias a aventura
> parece em ponto de voo, e parece
> que vão enfim poder
> explodir suas sementes:

Ponto de vista

Alguns linguistas e gramáticos afirmam que a ordem indireta é a mais utilizada no Brasil. No entanto, não é possível garantir tal afirmação.

Pesquise sobre o assunto, observando e comparando, na região onde você mora, a língua falada com a escrita. Depois, com os colegas e o professor, concluam qual é a ordem mais empregada em sua região.

Em contexto

A colocação dos termos da oração na **ordem direta**, em alguns contextos – textos de natureza expositiva e injuntiva –, em geral é necessária para tornar a leitura mais clara. No entanto, a inversão de termos em textos de natureza conotativa – narrativos e poéticos – pode ser altamente expressiva.

Conteúdo multimídia: Animação "Disposição das palavras"

Ordem direta é a colocação dos termos da oração na sequência **sujeito + verbo + complementos + adjuntos adverbiais**: *e o ferro possa comer a ferrugem enfim.*

Ordem indireta é a colocação dos termos da oração numa sequência diferente da ordem direta: *"que desta vez não perca esse caderno / sua atração núbil para o dente"*.

Colocação dos pronomes pessoais oblíquos átonos

No texto

Leia esta tira do Hagar:

HAGAR — Chris Browne

- Como o quadrinista deu conotação humorística à tira?

Observe que, na frase do primeiro balão, Hagar diz: "Sigam-me!". O pronome pessoal oblíquo átono *me* está colocado **depois** do verbo e não no início da oração. Há casos em que esse tipo de pronome é colocado **antes** do verbo ou no **meio** dele. Veja:

*Não **me** sigam.*

*Vocês seguir-**me**-iam nessa caminhada?*

Recorde quais são os pronomes pessoais oblíquos átonos: *me*, *te*, *se*, *o*, *os*, *a*, *as*, *lhe*, *lhes*, *nos* e *vos*.

Em contexto

Há três tipos de colocação pronominal:

a) a **próclise** – o pronome é colocado antes do verbo: *Não **me** **sigam***;

b) a **ênclise** – o pronome é colocado depois do verbo: *"**Sigam**-me"*;

c) a **mesóclise** – o pronome é colocado no meio do verbo, entre o radical e a desinência verbal: *Vocês **seguir**-**me**-**iam** nessa caminhada?*

A gramática normativa recomenda a colocação do pronome de acordo com certos contextos, alguns dos quais vamos ver a seguir.

Colocação pronominal com verbos simples

Emprego da próclise

A gramática normativa recomenda o emprego do **pronome pessoal proclítico** em casos como os seguintes:

a) Quando estiver precedido por uma partícula negativa – *não*, *nunca*, *nunca mais*, *jamais*, *nada*, *nem*, etc.

*Depois da discussão, ele **nunca mais** **me** cumprimentou.*

***Não** **se** permite a entrada de menores nos bares.*

b) Quando estiver precedido por um pronome indefinido – *alguém*, *ninguém*, *algo*, *algum*, *nenhum*, *todos*, etc. – ou um pronome demonstrativo – *este*, *esse*, *isto*, *aquele*, *aquilo*, etc.

***Ninguém** **nos** revelou a verdade sobre o caso.*

***Alguns** **me** ajudaram a trocar o pneu do carro.*

***Isto** **me** fará bastante feliz, pode acreditar.*

c) Quando estiver precedido por advérbios ou locuções adverbiais, sem vírgula separando-os.

Aqui ***se*** *trabalha sem muita pressão.*

Talvez ***o*** *hospede em minha casa por uns dias.*

Observação

- Quando houver vírgula separando o advérbio ou locução adverbial, utiliza-se a ênclise: *Aqui, trabalha-**se** sem muita pressão.*

d) Quando estiver precedido pela preposição *em* e o verbo estiver no gerúndio.

Em ***se*** *exercitando, você irá melhorar de suas dores nas costas.*

Em ***se*** *erguendo, despediu-se de todos os presentes.*

e) Quando estiver precedido por um pronome interrogativo – *que, quem, qual, quanto*, etc.

Quem ***lhe*** *prometeu que viria à festa?*

Quanto ***lhe*** *devo pela compra desses livros?*

f) Quando estiver precedido por uma conjunção subordinativa ou pronome relativo, introduzindo orações subordinadas.

Espero você para ir ao cinema, contanto que ***se*** *arrume rápido.*

O favor que ***me*** *fará será enorme.*

g) Quando estiver precedido por conjunções ou locuções conjuntivas coordenativas que introduzem orações coordenadas sindéticas alternativas.

Ora ***me*** *preocupo, ora* ***me*** *esqueço do assunto.*

Ou ***o*** *levas, ou* ***o*** *deixas comigo.*

h) Nas orações optativas (orações que exprimem desejo).

Deus ***nos*** *perdoe!*

Que ela ***te*** *ouça!*

Emprego da ênclise

A gramática normativa recomenda o uso do **pronome pessoal enclítico** em casos como estes:

a) Em frase iniciada por verbo seguido pelo pronome oblíquo átono.

*Entregou-**nos** o relatório ontem.*

*Enviei-**lhe** o convite.*

b) Quando o verbo estiver no imperativo afirmativo.

*Afaste-**te** destas amizades!*

*Traga-**me** a mala, por favor.*

c) Quando o verbo no gerúndio não vier precedido da preposição *em*.

*Os meninos brincavam, molhando-**se** na fonte.*

*Vendendo-**se** a loja, poderão se aposentar.*

d) Quando o infinitivo vier solto, ou seja, sem compor uma locução verbal, há tendência para a ênclise, mesmo que haja uma negação modificando o verbo.

As crianças, todos nós temos o dever de ***amá-las***. (amar + as = amá-las)

Olha este livro. O professor mandou-nos ***comprá-lo***. (comprar + o = comprá-lo)

Saímos em silêncio para não ***assustá-lo***. (assustar + o = assustá-lo)

Convém ***lembrá-los*** *dos perigos do fumo.* (lembrar + os = lembrá-los)

Observação

- No caso de infinitivo solto, também pode ser aplicada a próclise.
  *Mamãe cantava cantigas para **me embalar**.*

Ponto de vista

Há linguistas que não consideram obrigatório o uso do pronome enclítico ao verbo em início de frase. Por exemplo: *Sigam-**me**!*

O que você acha? Troque ideias com seu professor e os colegas.

Emprego da mesóclise

A gramática normativa recomenda o uso do pronome mesoclítico quando o verbo estiver no futuro do presente ou do pretérito do indicativo e não houver situação de próclise.

***Acompanhar-te-ei** até a porta do clube.*

***Pagar-se-iam** as dívidas em pouco tempo.*

***Conquistá-la-ás**, aos poucos, se tiveres paciência.*

A mesóclise quase não é empregada, restringindo-se seu uso a algumas situações formais de escrita.

Observações

1. Nos casos já vistos em que a próclise é recomendada, o pronome fica proclítico, mesmo diante de verbo no futuro.
   ***Nada o** impedirá de voltar.*
   *No momento certo **não me** esquecerei disso.*
2. Em casos como estes a seguir, em que não se aplica nenhuma das normas apresentadas, podemos utilizar a próclise ou a ênclise.
   - *Os alunos **se apresentaram** muito bem no desfile.*
     *Os alunos **apresentaram-se** muito bem no desfile.*
   - *Ela **se feriu** na cerca de arame farpado.*
     *Ela **feriu-se** na cerca de arame farpado.*

Colocação pronominal nas locuções verbais

Nas locuções verbais, pode ocorrer a próclise ou a ênclise em relação ao verbo auxiliar ou ao verbo principal (expresso nas formas nominais), se não houver exigência de próclise. Em geral, são admitidos três tipos de colocação.

a) **Verbo auxiliar + gerúndio** – usa-se a ênclise ao verbo auxiliar ou ao verbo principal.
   *O barco **vai se afastando** do cais.*
   *O grupo **ia aglomerando-se** na praia.*

b) **Verbo auxiliar + infinitivo** – em geral, o pronome átono vem após o infinitivo (verbo principal) ou após o verbo flexionado (auxiliar). Vale também para o caso de o infinitivo estar ligado ao verbo principal por meio da preposição *a*.
   *A direção do jornal **preferiu calar-se**.*
   *O cliente **conseguiu assentar-se**.*
   *O cão **passou a acompanhar-me** todas as manhãs.*
   ***Preciso lhe contar** muitas coisas.*

c) **Verbo auxiliar + particípio** – em geral, o pronome átono é empregado no meio da locução verbal (ênclise ao verbo auxiliar). É raro aparecer antes ou depois da locução.

*Roberto **havia se levantado** cedo para a entrevista.*

*O casal **tinha se protegido** da chuva.*

Observação

- Nas locuções verbais formadas por **verbo auxiliar + forma nominal** (gerúndio, infinitivo ou particípio), quando se verificar alguma das condições que determinam a próclise, o pronome ficará antes do verbo auxiliar.

  *Essa medida **não nos está agradando**.* (**palavra negativa**)

  ***Logo nos fez** entrar para um café.* (**advérbio**)

  ***Todos o tinham** prevenido do perigo.* (**pronome indefinido**)

APLICAÇÃO

1 Leia a tira do Hagar a seguir.

HAGAR — Chris Browne

a) Releia a tira observando a expressão das personagens. Explique por que o quadrinista destacou (em negrito) as palavras *voltar* e *alguém* na fala do rapaz que conversa com Honi, a filha do Hagar.

b) Qual foi o objetivo da personagem ao fazer isso?

c) Observe a colocação dos pronomes pessoais átonos neste período: "Deixe-**me** levá--**la** para longe de tudo isto!".

- Por que se empregou o pronome *me* depois do verbo *deixe*?
- Explique o uso da forma *-la* depois do verbo *levar*. Depois explique a ênclise do pronome nesse caso.

d) Releia esta oração: "A menos que alguém compre uma casa **pra nós**!".

- Reescreva essa oração, substituindo o termo *pra nós* pelo pronome pessoal *nos*. Fique atento para a colocação adequada do pronome oblíquo átono.
- Explique por que você colocou o pronome pessoal *nos* nessa posição.

2 Reescreva as frases a seguir, empregando os pronomes átonos entre parênteses no lugar adequado.

a) Ninguém aproximou do homem que assustou com sua voz rouca. (se, nos)

b) No aniversário de Miguel, daremos um iPhone como prometemos. (lhe, lhe)

c) Em apresentando a oportunidade, não deixaremos sem uma resposta. (se, o)

d) Faça o favor de receber bem, ainda que custe bastante. (me, o, lhe).

e) Cada vez mais empenhamos, para que possa construir um futuro melhor. (nos, se)

3 O texto a seguir faz parte de um artigo de revista que traz o seguinte título: "40 perguntas sobre o universo". A pergunta reproduzida é a de **número 2**.

Por que a noite é escura se há tantas estrelas no céu?

A teoria mais aceita postula que, como o universo está se expandindo, as outras galáxias se afastam velozmente da Terra. Esse movimento relativo produz um fenômeno conhecido em inglês como *redshift*, em que a luz visível das estrelas passa a ser percebida na Terra apenas em suas frequências menos energizadas. Outra razão é que a luz emitida por estrelas mais distantes ainda não chegou à Terra.

Veja, São Paulo, n. 2.066, p. 114, 25 jun. 2008.

MUSÉE D'ORSAY, PARIS

VAN GOGH, Vincent. *Noite estrelada à beira do Ródano*, 1888. Óleo sobre tela, 72, 5 × 92 cm. Museu de Orsay, Paris, França.

a) Segundo o texto, quais são as respostas consideradas mais adequadas para a pergunta do título?

b) Releia este período: "A teoria mais aceita postula que, como o universo está **se** expandindo, as outras galáxias **se** afastam velozmente da Terra".
- Explique a colocação do pronome *se* nas duas ocorrências.
- No caso de "está ***se*** expandindo", que outras colocações o pronome pode ter?

c) No título "Por que a noite é escura **se** há tantas estrelas no céu?", a palavra *se* funciona como pronome pessoal? Esclareça sua resposta.

4 **Reescreva as frases cuja colocação pronominal não está de acordo com a gramática normativa, fazendo a adequação.**

a) A recepcionista havia esquecido-**se** de entregar o recibo.
b) **Nos** avistou de longe e logo aproximou-**se** sorrindo.
c) O jogo ora **se** anima, ora **se** mantém enfadonho.
d) Nunca negar-**lhe**-ia o meu apoio; já havia **lhe** dito isso.
e) Afastamo-**nos** do local quando **nos** sentimos inseguros.
f) Informamos-**lhes** que **nos** convocaram para a reunião.

5 Leia o trecho inicial de uma reportagem que trata da importância do incentivo dos pais para o apreço dos filhos pelo estudo.

EDUCAÇÃO

Lição de casa para os pais

Pesquisas mostram que nada é tão decisivo para um bom desempenho escolar quanto o incentivo dos pais para os estudos. Já se sabe até como eles podem dar esse empurrão.

MONICA WEINBERG E MARANA BORGES

A volta às aulas traz à tona uma das questões mais incômodas para pais de estudantes em todos os níveis de ensino: como ajudar a despertar nos filhos a curiosidade intelectual e fazê-los cultivar o apreço pelo estudo? Para tarefa tão complexa, não existe uma fórmula mágica que, aplicada à risca pela família, resultará num aluno exemplar. A excelência, afinal, é produto de muitas variáveis, tais como o talento individual e os estímulos providos pela própria escola – e não apenas de um ambiente favorável ao aprendizado em casa. O que já se sabe, no entanto, é que a participação dos pais é fundamental, se não decisiva, para um bom rendimento escolar. "Nenhum outro fator tem tanto impacto para o progresso de um aluno quanto a interferência adequada da família. E isso se faz sentir, positivamente, por toda a vida adulta", diz o economista Naércio Menezes, coordenador do Centro de Políticas Públicas do Instituto de Ensino e Pesquisa (Insper) e autor de um recente trabalho sobre o assunto no Brasil. O conjunto de medidas que surtem resultado, uma vez adotadas com persistência em casa, chama atenção pela simplicidade. Apenas incentivar o filho a fazer a lição de casa e a ir à escola todos os dias, providenciar um lugar tranquilo onde ele possa estudar e comparecer às reuniões de pais tem o efeito de elevar as notas em torno de 15%, segundo a pesquisa do Insper.

As boas práticas que se originam desse e de outros estudos não fogem muito do que sugere o senso comum. Tome-se o exemplo da lição de casa. [...].

Veja, São Paulo, n. 2.124, p. 123, 5 ago. 2009. (Fragmento).

GOODLUZ/SHUTTERSTOCK

Os pais devem ajudar os filhos a cultivar o apreço pelo estudo.

a) Apesar dos diversos fatores que podem ou não contribuir para o bom desempenho escolar dos filhos, as pesquisas sobre o assunto comprovam que a família é uma influência bastante significativa ao incentivá-los nos estudos. Explique por quê.

b) Por que as boas práticas dos pais mencionadas no texto são importantes para o bom desempenho escolar dos filhos?

c) Nas frases do olho da reportagem, que resumem as ideias principais do texto, encontra-se este período: "Já **se** sabe até como eles podem dar esse empurrão".

- Por que se usa a próclise do pronome destacado?
- Se o verbo *saber* estivesse no futuro, seria empregada a mesóclise? Justifique sua resposta.

d) No trecho "e fazê-**los** cultivar o apreço pelo estudo", por que se mudou a forma do pronome *os* em *los*?

e) Releia o último parágrafo do texto: "As boas práticas que se originam desse e de outros estudos não fogem muito do que sugere o senso comum. Tome-se o exemplo da lição de casa".

- Por que se empregou o pronome *se* proclítico no primeiro período desse parágrafo?
- Em "Tome-**se** o exemplo da lição de casa", que tipo de colocação pronominal ocorre? Justifique essa colocação.

6 Leia este soneto de Luís de Camões:

Soneto 66

Pensamentos, que agora novamente
Cuidados vãos em mi[m] ressu[s]citais,
Dizei-me: ainda não vos contentais
De terdes, quem vos tem, tão descontente?

Que fantasia é esta, que presente
Cada hora ante meus olhos me mostrais?
Com sonhos e com sombras atentais
Quem nem por sonhos pode ser contente?

Vejo-vos, pensamentos, alterados,
E não quereis, de esquivo[s], declarar-me
Que é isto que vos traz tão enleados?

Não me negueis, se andais para negar-me;
Que, se contra mi[m] estais alevantados,
Eu vos ajudarei mesmo a matar-me.

Glossário

Esquivo: arredio, insaciável, intratável.

Enleados: enredados, confusos, assustados.

CAMÕES, Luís de. In: SALGADO JÚNIOR, Antônio (Org.). *Luís de Camões*: obra completa. Rio de Janeiro: Nova Aguilar, 2008. p. 291.

a) Nesse soneto, o eu lírico parece dialogar com seus pensamentos.

- O que eu lírico lamenta nos quatro primeiros versos?
- Ainda nesses versos, como o eu lírico reage ao sentir-se novamente envolvido por seus pensamentos?

b) Na segunda e terceira estrofes, por que o eu lírico parece temer seus pensamentos?

c) Na última estrofe, encontra-se a "chave de ouro" do soneto. A que conclusão o eu lírico chega em relação a seus pensamentos?

d) Você observou que o eu lírico personificou os próprios pensamentos, aos quais culpa por sua dor e por seus atos. Em sua opinião, por que ele transfere para os pensamentos os fracassos de sua vida?

e) Explique a colocação dos pronomes pessoais átonos na primeira estrofe.

f) Observe a colocação dos pronomes pessoais átonos na segunda e terceira estrofes. A qual caso atende cada uma das colocações? Esclareça sua resposta.

g) Na última estrofe, que colocações pronominais poderiam ser alteradas de acordo com a gramática normativa? Justifique.

h) Releia o último verso do poema: "Eu **vos** ajudarei mesmo a matar-me". Observe que o pronome *vos* está proclítico ao verbo no futuro do presente do indicativo. Em sua opinião, por que foi empregada a próclise e não a mesóclise, nesse caso?

i) Em "Não **me** negueis" (verso 12) e "ajudarei mesmo a matar-**me**", a colocação pronominal seguiu as recomendações da norma gramatical? Por quê?

7 Leia este conhecido poema de Carlos Drummond de Andrade:

O lutador

Lutar com palavras
é a luta mais vã.
Entanto lutamos
mal rompe a manhã.
São muitas, eu pouco.
Algumas, tão fortes
como o javali.
Não me julgo louco.
Se o fosse, teria
poder de encantá-las.
Mas lúcido e frio,
apareço e tento
apanhar algumas
para meu sustento
num dia de vida.
Deixam-se enlaçar,
tontas à carícia
e súbito fogem
e não há ameaça
e nem há sevícia
que as traga de novo
ao centro da praça.

Insisto, solerte.
Busco persuadi-las.
Ser-lhes-ei escravo
de rara humildade.
Guardarei sigilo
de nosso comércio.
Na voz, nenhum travo
de zanga ou desgosto,
Sem me ouvir deslizam,
perpassam levíssimas
e viram-me o rosto.

Lutar com palavras
parece sem fruto.
Não têm carne e sangue...
Entretanto, luto.

Palavra, palavra
(digo exasperado),
se me desafias,
aceito o combate.
Quisera possuir-te
neste descampado,
sem roteiro de unha
ou marca de dente
nessa pele clara.
Preferes o amor
de uma posse impura
e que venha o gozo
da maior tortura.

Luto corpo a corpo,
luto todo o tempo,
sem maior proveito
que o da caça ao vento.
Não encontro vestes,
não seguro formas,
é fluido inimigo
que me dobra os músculos
e ri-se das normas
da boa peleja.

Iludo-me às vezes,
pressinto que a entrega
se consumará.
Já vejo palavras
em coro submisso,
esta me ofertando
seu velho calor,
outra sua glória
feita de mistério,
outra seu desdém,
outra seu ciúme,
e um sapiente amor
me ensina a fruir
de cada palavra
a essência captada,
o sutil queixume.
Mas ai! é o instante
de entreabrir os olhos:
entre beijo e boca,
tudo se evapora.

O ciclo do dia
ora se conclui
e o inútil duelo
jamais se resolve.
O teu rosto belo,
ó palavra, esplende
na curva da noite
que toda me envolve.
Tamanha paixão
e nenhum pecúlio.
Cerradas as portas,
a luta prossegue
nas ruas do sono.

ANDRADE, Carlos Drummond de. In: TELES, Gilberto Mendonça (Org.). *Carlos Drummond de Andrade*: poesia completa. Rio de Janeiro: Nova Aguilar, 2002. p. 99-101. Carlos Drummond de Andrade © Graña Drummond (www.carlosdrummond.com.br).

Glossário

Sevícia: maus-tratos, tortura.

Solerte: esperto, sagaz.

Travo: amargura.

Pecúlio: benefício, recompensa.

a) Nesse poema, o eu lírico fala de sua luta com as palavras.
   - Por que ele se sente em desvantagem ao enfrentá-las?
   - A que o eu lírico se refere quando diz que há momentos em que as palavras são apanhadas, mas logo fogem?

b) Da segunda à quinta estrofe, o eu lírico persiste em sua luta e tenta convencer as palavras a não fugirem.
   - Como o eu lírico se comporta ao ver que as palavras não lhe atendem?
   - De que modo o eu lírico descreve seu combate com as palavras?

c) Na sexta estrofe, o eu lírico se imagina vitorioso. Como o eu lírico supõe que as palavras se deixarão enlaçar? Mas, enfim, o que acontece?

d) De que o eu lírico se queixa nos versos finais?

e) Observe o emprego dos pronomes pessoais átonos no poema.
   - Qual é a colocação pronominal mais usada nesse poema? Destaque exemplos.
   - Destaque os casos em que foi empregada a ênclise, explicando cada um deles.

f) A mesóclise é a colocação pronominal menos empregada nesse poema.
   - Em que verso foi utilizado um pronome pessoal átono mesoclítico? Por que foi empregada essa colocação?
   - Identifique o verso em que o verbo está no futuro do presente do indicativo, mas não se usou a mesóclise. Explique por quê.

8 Leia a tira do Garfield a seguir.

GARFIELD — Jim Davis

a) Garfield parece não entender as palavras de Jon, seu dono. Explique qual é o entendimento que o gato finge fazer do pedido do Jon. Por quê?

b) Explique a colocação do pronome pessoal no último quadrinho.

Lista de exercícios

RESUMO

Ordem dos termos nos enunciados linguísticos

- **Ordem direta** – sujeito + verbo + complementos + adjuntos adverbiais: *O meu filme ganhou vários prêmios no festival deste ano.*
- **Ordem indireta** – em sequência diferente da ordem direta: *No final deste ano vários prêmios ganhou o meu filme.*

Colocação pronominal com verbos simples

Emprego da próclise

- Precedido por partícula negativa: *Nada* ***o*** *deteve.*
- Precedido por pronome indefinido ou demonstrativo: *Poucos* ***o*** *ouviam.*
- Precedido de advérbio ou locução adverbial: *Hoje* ***me*** *cuido mais.*
- Precedido pela preposição *em* e com o verbo no gerúndio: *Em* ***se*** *apressando, saiu.*
- Precedido de pronome interrogativo: *Quem* ***a*** *trouxe de carro?*
- Precedido por conjunção subordinativa ou pronome relativo: *Penso que* ***a*** *verei de novo. O taxista que* ***me*** *trouxe foi atencioso.*
- Precedido de conjunção coordenativa alternativa: *Ou você* ***se*** *esforça, ou* ***se*** *dará mal.*
- Nas orações optativas: *A paz* ***te*** *siga sempre!*

Emprego da ênclise

- Em frase iniciada por verbo: *Intensificou-**se** o controle nos aeroportos.*
- Com o imperativo afirmativo: *Aquieta-**te** um pouco!*
- Com o gerúndio sem a preposição *em*: *Endireitando-**se** na poltrona, adormeceu.*
- Com infinitivo impessoal: *Antes de afastar-**se**, despediu-**se** de todos.*

Emprego da mesóclise

- Com o futuro do presente ou do pretérito, quando não for recomendada a próclise: *Aproximar-**me**-ei depois. Conhecer-**nos**-iam durante o curso.*

Colocação pronominal nas locuções verbais

- Com **verbo auxiliar + gerúndio** – ênclise ao verbo auxiliar ou ao verbo principal: *Os dias iam* ***se*** *passando. Os dias iam passando-**se**.*
- Com **verbo auxiliar + infinitivo** – ênclise ao verbo auxiliar ou ao verbo principal: *A notícia vai* ***se*** *espalhar. A notícia vai espalhar-**se**.*
- Com **verbo auxiliar + particípio** – ênclise ao verbo auxiliar: *O menino tinha* ***se*** *escondido em meio às caixas de laranja.*

Concordância nominal e concordância verbal

Concordância nominal

No texto

Leia este anúncio de uma campanha publicitária:

REPRODUÇÃO

1. O anúncio faz parte de uma campanha em defesa do meio ambiente.
   a) Explique o que as imagens que aparecem no anúncio sugerem.
   b) A linguagem verbal combina-se com essas imagens, reforçando o apelo à população. O texto do anúncio refere-se, em especial, a que situação?
2. Releia este trecho: "Nós podemos mudar essa situação. O primeiro passo é depositar o lixo no lugar certo".
   a) Quem seria o *nós* a quem o anunciante se dirige?
   b) Por que os adjetivos *primeiro* e *certo* estão no masculino singular?

c) Na segunda frase desse trecho, há três ocorrências do artigo definido *o*: "**O** passo", "**o** lixo" e "**no** [em + o] lugar certo". Por que foi empregado o artigo masculino singular definido nos três casos?

d) Na primeira frase, por que foi empregado o pronome demonstrativo *essa* no feminino e no singular?

3. Leia estas frases, observando os termos destacados:

- **Um terço** da poluição do rio tem origem no lixo jogado nas ruas.
- **Dois terços** da poluição do rio têm origem no lixo jogado nas ruas.
- **A terça parte** da poluição do rio tem origem no lixo jogado nas ruas.

▪ Por que o numeral fracionário *terço* passou a *terços* na segunda frase e a *terça* na terceira?

4. Releia estas frases do anúncio: "Um terço da poluição do rio Tietê, em São Paulo, tem origem no lixo jogado nas ruas" e "Sujeira e água não combinam".

▪ Explique por que o verbo *ter* está conjugado na terceira pessoa do singular e o verbo *combinar* está conjugado na terceira pessoa do plural.

O adjetivo, o pronome adjetivo, o artigo e o numeral concordam em gênero e número com o substantivo a que se referem. A isso denominamos **concordância nominal**.

O verbo concorda com seu sujeito em número e pessoa. A isso denominamos **concordância verbal**.

Vamos ver a seguir os principais casos de concordância nominal.

Em contexto

Como **regra geral**, os adjetivos, os pronomes adjetivos, os artigos e os numerais concordam com os substantivos que acompanham, flexionando-se no mesmo gênero e número. Há, no entanto, **casos especiais** de concordância e alguns deles veremos a seguir.

Um adjetivo referente a vários substantivos

1. Quando o adjetivo vem **antes** dos substantivos, há duas formas:

a) na função de **adjunto adnominal**, concorda com o substantivo mais próximo.

*Na cidade havia **velhas** **igrejas** e **prédios**.*

velhas: feminino plural — igrejas: feminino plural (+ próximo)

b) na função de **predicativo do objeto**, concorda com o substantivo mais próximo ou fica no plural (se a preferência for pelo plural, o adjetivo deve ser colocado no masculino plural quando os gêneros dos substantivos forem diferentes).

*O vento constante tornou **fria** a **noite** e o **dia**.*

fria: predicativo (do objeto), feminino singular — a noite e o dia: objeto; noite: feminino singular

*Ele encontrou **fechados** a **drogaria** e o **supermercado**.*

fechados: predicativo (do objeto), masculino plural — a drogaria e o supermercado: objeto; drogaria: feminino singular; supermercado: masculino singular

2. Quando o **predicativo** se refere a um sujeito composto por substantivos de gêneros diferentes:

a) para que o adjetivo concorde com o substantivo mais próximo é preciso que esteja anteposto aos substantivos e o verbo de ligação esteja no singular (concordando com o sujeito mais próximo).

verbo de ligação | predicativo do sujeito | sujeito composto

*Ainda permanecia **alugada** a **casa** e o **sítio**.*

3ª pessoa do singular | feminino singular | feminino singular

b) se os termos vierem na ordem direta, isto é, sujeito + predicado + complemento (predicativo), o adjetivo fica no masculino plural. Nesse caso, o verbo de ligação fica no plural, concordando com o sujeito composto.

sujeito composto | verbo de ligação | predicativo do sujeito

*A **casa** e o **sítio** ainda permaneciam **alugados**.*

masculino plural

3. Quando o adjetivo vem **depois** dos substantivos, pode haver duas formas de concordância:

a) se os substantivos têm o **mesmo gênero**, o adjetivo concorda em gênero com os substantivos, podendo ir para o plural ou ficar no singular.

*A secretária entregou aos funcionários **bloco** e **calendário** **novos** (ou **novo**).*

substantivos masculinos no singular | adjetivo no masculino plural (ou singular)

*Na sala, a **mãe** e a **filha** **aflitas** (ou **aflita**) aguardavam o médico.*

substantivos femininos no singular | adjetivo no feminino plural (ou singular)

b) se os substantivos têm **gêneros diferentes**, o adjetivo vai para o masculino plural ou concorda com o mais próximo em gênero e número.

*O vendedor trouxe **sandália** e **chinelo** **brancos** (ou **branco**).*

substantivo feminino no singular | substantivo masculino no singular | adjetivo no masculino plural (ou no masculino singular subs. + próximo)

*Os turistas beberam **açaí** e **água de coco** bem **gelados** (ou **gelada**).*

substantivo masculino no singular | substantivo feminino no singular | adjetivo no masculino plural (ou no feminino singular subs. + próximo)

Observação

- Como já vimos, as linguagens regional e coloquial, próprias da fala popular, são formas adequadas de expressão de acordo com a situação de uso. Nessas linguagens, a concordância nominal nem sempre segue a língua considerada padrão. Veja o exemplo: *Ela contou **muitas história engraçada**.*

Ponto de vista

Segundo a sociolinguista Stella Maris Bortoni Ricardo "no português oral, nos estilos não monitorados, há uma tendência a evitar a redundância, flexionando-se só o primeiro elemento do sintagma nominal" (*Educação em língua materna, a sociolinguística na sala de aula*, São Paulo: Parábola Editorial, 2009, p. 58).

Pesquise, em livros e na internet, exemplos de concordância verbal e nominal nas linguagens regional e coloquial que ilustrem essa tendência da língua de que fala a autora acima. Depois troque ideias com seus colegas e o professor.

Dois ou mais adjetivos referentes a um só substantivo

1. Nos casos em que o substantivo se encontra **antes** dos adjetivos e está determinado por artigo, pode haver duas concordâncias:
   a) o substantivo fica no singular e coloca-se o artigo também antes do segundo adjetivo.
   *O jovem aprendeu **a língua inglesa** e **a alemã**.*
   b) o substantivo vai para o plural e omite-se o artigo antes do segundo adjetivo.
   *O jovem aprendeu **as línguas inglesa** e **alemã**.*
2. Nos casos em que o substantivo se encontra **depois** de adjetivos ou de numerais, duas concordâncias também são possíveis, contudo o artigo fica sempre no singular:
   a) o substantivo fica no singular e coloca-se o artigo anteposto a cada um dos adjetivos ou numerais.
   ***O clássico** e **o moderno balé** agradam.*
   ***O primeiro** e **o quarto andar** estão em reforma.*
   ***A quarta** e **a quinta avenida** foram asfaltadas.*
   b) o substantivo fica no plural e coloca-se o artigo anteposto apenas ao primeiro adjetivo ou numeral.
   ***O clássico** e **moderno balés** agradam.*
   ***O primeiro** e **quarto andares** estão em reforma.*
   ***A quarta** e **quinta avenidas** foram asfaltadas.*

Menos e alerta

As palavras *menos* e *alerta* geralmente são utilizadas como advérbios; nesse caso, portanto, são invariáveis.

*À noite há, em geral, **menos** pessoas nas ruas.*

*Os moradores permaneciam **alerta** devido ao perigo de enchente.*

Observação

- Há gramáticas que aceitam a flexão de número para a palavra *alerta*, considerando-a um adjetivo equivalente a *atentos*: *Os **soldados** estavam **alertas** na praça. As **pessoas** devem ficar **alertas** ao atravessar as ruas.*

Pseudo e todo

Quando utilizados na formação de palavras, *pseudo* ("falso") e *todo* permanecem invariáveis.

*O delegado prendeu a **pseudoenfermeira**.*

*O delegado prendeu as **pseudoenfermeiras**.*

A maçã, o morango e o abacaxi são classificados como ***pseudofrutos****.*

Ela é uma pessoa ***todo-poderosa*** *na empresa.*

Eles são empresários ***todo-poderosos****.*

Mesmo, próprio, anexo, incluso, quite e obrigado

Os adjetivos *mesmo*, *próprio*, *anexo*, *incluso*, *quite* e *obrigado* concordam em gênero e número com o substantivo ou o pronome a que se referem.

Elas próprias *costuravam suas roupas.*

Eles próprios *anunciaram o corte nas despesas.*

As notas fiscais estão com os ***documentos anexos****.*

Enviei-lhe as ***folhas inclusas*** *no contrato.*

Os ***cidadãos*** *estão* ***quites*** *com o Imposto de Renda.*

A ***senhora*** *disse muito* ***obrigada*** *ao motorista.*

Observação

- Quando antecedida da preposição *em*, a palavra *anexo* passa a ser advérbio, ficando invariável: *As revistas trouxeram* ***em anexo*** *encartes sobre o novo* shopping.

Muito, pouco, bastante, meio, caro e barato

As palavras *muito*, *pouco*, *bastante*, *meio*, *caro* e *barato* variam quando são pronomes indefinidos, adjetivos ou numerais, concordando em gênero e número com o termo (expresso ou oculto) a que se referem. Ficam invariáveis quando são advérbios.

Conhecia ***muitas cidades*** *brasileiras.*

pronome indefinido – refere-se ao substantivo *cidades*

Os meninos continuam ***muito quietos****.*

advérbio – modifica o sentido do adjetivo *quietos*

Este político realizou ***poucas obras****.*

pronome indefinido – refere-se ao substantivo *obras*

A salada está ***pouco temperada****.*

advérbio – modifica o sentido do adjetivo *temperada*

Fez ***bastantes caminhadas****.*

pronome indefinido – refere-se ao substantivo *caminhadas* (significa "muitas")

Os debates foram ***bastante acalorados****.*

advérbio – modifica o sentido do adjetivo *acalorados*

Dei-lhe ***meia colher de mel*** *para suavizar a tosse.*

numeral – refere-se ao substantivo *colher* (indica "a metade de um todo")

*Minha casa não é mais que um **meio apartamento**.*

adjetivo – caracteriza o substantivo *apartamento* (significa "parcial")

*Seus olhos estavam **meio fechados**.*

advérbio – modifica o sentido do adjetivo *fechados* (significa "um pouco")

*Os quadros de Pablo Picasso são bem **caros**.*

adjetivo – caracteriza o substantivo *quadros* (de Pablo Picasso)

*As viagens ao espaço custam **caro**.*

advérbio – modifica o sentido do verbo *custar* (custam)

*As frutas de estação costumam ser mais **baratas**.*

adjetivo – caracteriza o substantivo *frutas* (de estação)

*A consulta me saiu **barato**. Que bom!*

advérbio – modifica o sentido do verbo *sair* (saiu)

Observação

- Preste atenção no uso da palavra *meio* quando o substantivo a que ela se refere é omitido. Veja um exemplo:

  *Quando saí de casa, já era meio-dia e **meia**.*

  numeral – refere-se ao substantivo *hora*, omitido, e significa "metade de"

Só

A palavra *só* varia quando empregada como adjetivo, isto é, quando caracteriza um substantivo; nesse caso, equivale a *sozinho(s)*, *sozinha(s)*. Como advérbio, equivale a *somente*, *apenas* e não varia.

*As meninas estavam **sós** no quarto.* (adjetivo)

*Haverá mudanças **só** no setor de saúde.* (advérbio)

Observação

- A locução adverbial *a sós* é invariável: *Presidente e diretores discutiam **a sós** as mudanças na empresa.*

É bom, é necessário, é proibido, é preciso, etc.

As expressões *é bom*, *é necessário*, *é proibido*, *é preciso*, etc. variam quando o substantivo a elas relacionado vem determinado por um artigo ou outro determinativo; nesse caso, concordam em gênero e número com o substantivo. Permanecem invariáveis se o substantivo não estiver determinado por artigo ou outro determinativo.

A leitura é necessária. → *Leitura **é necessário**.*

Seria boa a natação diária. → ***Seria bom** natação diária.*

É proibida a pichação de locais públicos. → ***É proibido** pichação de locais públicos.*

Eram precisas novas investigações. → ***Era preciso** investigações.*

APLICAÇÃO

1 Leia o texto a seguir; ele toca na questão inquietante do abandono de cães e gatos pelas pessoas.

Cães e gatos em $$$

Quanto custa manter um animal de estimação? Por mês, cerca de 100 reais para um gato e de 300 reais para um cão, segundo a pesquisa Radar Pet 2009, do Sindicato Nacional da Indústria de Produtos para Saúde Animal (Sidan), que avaliou mais de 2,1 mil domicílios brasileiros. "Esse valor médio inclui itens essenciais, como ração de qualidade, banho e cuidados médicos, e varia muito segundo o tamanho e o tipo de pelo do bicho: quanto maior e mais peludo, mais caro", explica o veterinário Marcos Fernandes, de São Paulo. "Avaliar se o gasto cabe no orçamento familiar antes de levar o animal para casa é uma atitude responsável e fundamental para reduzir as tristes estatísticas de abandono", completa.

GK HART/VIKKI HART/GETTY IMAGES

O custo de manutenção de um gato por mês é de cerca de 100 reais e o de um cachorro é de 300 reais. Foto de 2007.

Cláudia, São Paulo, p. 156, nov. 2009.

a) O abandono de animais de estimação pelos donos é, sem dúvida, uma questão preocupante. Em sua opinião, que outros motivos além dos mencionados no texto poderiam gerar esse comportamento nas pessoas?

b) Releia este trecho do texto: "Esse valor médio inclui itens essenciais".
- Que palavras concordam em gênero e número com o substantivo a que se referem? Explique.
- Que palavra concorda somente em número com o substantivo? Justifique sua resposta.

c) Na expressão "banho e cuidados **médicos**", o adjetivo destacado está concordando com os dois substantivos? Por quê?

d) Releia este trecho: "quanto **maior** e mais **peludo**, mais **caro**".
- Com qual substantivo as palavras destacadas concordam no texto? Explique a concordância.
- Reescreva o trecho, considerando que o substantivo a que as palavras destacadas se referem também esteja no plural.
- Explique por que a palavra *caro* é variável nesse contexto.
- E na frase *Os bichos custam* ***caro***, por que a palavra *caro* não varia?

e) Se a frase fosse *Os animais têm tipos e tamanho* ***diferenciado***, seria possível outra concordância do adjetivo *diferenciado*? Explique sua resposta.

2 Leia os textos a seguir. São versos de dois poemas do autor simbolista brasileiro Cruz e Sousa. Observe que o poeta explora elementos de musicalidade e de misticismo.

Texto 1

Grinaldas e véus brancos, véus de neve,
véus e grinaldas purificadores,
vão as Flores carnais, as alvas Flores
do Sentimento delicado e leve.

SOUSA, João da Cruz e. Primeira comunhão. *Broquéis*. Belo Horizonte: Edições HG, 2002. p. 38. (Fragmento).

Texto 2

E as ânsias e os desejos infinitos
vão com os arcanjos formulando ritos
a Eternidade que nos Astros canta..."

SOUSA, João da Cruz e. Siderações. *Broquéis*. Belo Horizonte: Edições HG, 2002. p. 14. (Fragmento).

a) Cruz e Sousa tinha obsessão pela cor branca. Que expressões, nessas estrofes, permitem observar essa característica do poeta?
b) Que termos dos versos expressam elementos de musicalidade e de misticismo?
c) No texto 1, observe a expressão "grinaldas e véus brancos".
- O adjetivo *brancos* concorda com qual substantivo?
- Se os substantivos fossem colocados em outra ordem, *véus e grinaldas*, como poderia ser a concordância do adjetivo?

d) Na expressão "véus e grinaldas **purificadores**", que outra concordância do adjetivo é possível?
e) No texto 2, observe a expressão "as ânsias e os desejos infinitos".
- Justifique a concordância do adjetivo *infinitos* na expressão.
- Se o adjetivo estivesse antes dos substantivos, qual seria a concordância?

3 Estabeleça a concordância nominal adequada da palavra ou expressão entre parênteses.

a) É (permitido) a liberdade condicional no Brasil.
b) A volta do atleta tornou-se (meio) complicada.
c) Os pais tinham (bastante) preocupações com o filho.
d) Meu irmão aprendeu (a literatura) alemã e italiana.
e) No sul do país ocorreram (menos) chuvas neste final de ano.
f) A vendedora agradeceu-nos: "Muito (obrigado)!"
g) As notas de compra (anexo) devem constar da documentação.
h) Este repórter fala (o idioma) francês e o espanhol.
i) O porteiro disse-me (meio) verdades sobre o ocorrido.

4 Escreva as frases, completando-as com uma das formas indicadas entre parênteses.

a) Há pouco o relógio da sala bateu meio-dia e ★. (meio, meia)
b) O gerente enviou ★ os preços dos aparelhos solicitados. (em anexo, em anexos)
c) Será ★ interferência de pessoas estranhas no debate. (proibida, proibido)
d) Esta semana havia ★ pessoas na fila. (menos, menas)
e) O jornal publicou ★ reportagens sobre o tráfico. (bastante, bastantes).
f) Hoje ficaremos ★ com a empresa, ao entregar este trabalho. (quite, quites)

5 Leia esta tira do Hagar:

HAGAR

Chris Browne

2005 KING FEATURES SYNDICATE/IPRESS

a) Na tira, o que dá sentido humorístico ao contexto?

b) Explique por que a palavra *bastante* está flexionada no plural.

c) Se a frase fosse *Só quando posso contar com fregueses bastante interessados*, a palavra *bastante* não seria flexionada. Por quê?

6 Indique a frase cuja concordância está adequada às normas e explique por quê.

a) É bom a ginástica diária na academia.
É boa a ginástica diária na academia.

b) O síndico apresentou nova proposta e preços.
O síndico apresentou novas proposta e preços.

c) A entrada do aeroporto ficou meio congestionada.
A entrada do aeroporto ficou meia congestionada.

7 Leia estes dois trechos de um conto do escritor amazonense Milton Hatoum:

Fragmento 1

Um grupo de turistas, com um guia à frente, ocupou as mesas vizinhas. Carregavam cocares, máscaras mortuárias, cuias, arcos e flechas; tinham a pele do rosto e dos ombros queimada pelo sol. [...]

Fragmento 2

Outros imitaram o bufão e o barulho ficou insuportável. Albano afastou o prato, pediu um café e a conta. Os risos aumentavam, as brincadeiras tornavam-se estocadas grotescas: máscaras, cocares e colares eram lançados para o alto e caíam no chão. [...]

HATOUM, Milton. Dois poetas da província. *A cidade ilhada*. São Paulo: Companhia das Letras, 2009. p. 40-41. (Fragmentos).

a) Releia este trecho do Fragmento 1: "Carregavam cocares, máscaras mortuárias, cuias, arcos e flechas". Pode-se fazer a concordância do adjetivo *mortuárias* de outra forma? Justifique.

b) Reescreva a frase a seguir, concordando o adjetivo entre parênteses nas formas consideradas adequadas: *Carregavam arco e flecha (pesado)*.

c) Observe a palavra destacada neste trecho do Fragmento 2: "máscaras, cocares e colares eram **lançados** para o alto". Se colocássemos os substantivos que constituem o sujeito composto nesta ordem: *cocares*, *colares* e *máscaras*, o adjetivo destacado poderia ficar no feminino plural? Por quê?

Concordância verbal

No texto

Leia estes dois fragmentos do poema "Procura da poesia", de Carlos Drummond de Andrade:

Fragmento 1

Não faças versos sobre acontecimentos.
Não há criação nem morte perante a poesia.
Diante dela, a vida é um sol estático,
não aquece nem ilumina.
As afinidades, os aniversários, os incidentes pessoais não contam.
Não faças poesia com o corpo,
esse excelente, completo e confortável corpo, tão infenso à efusão lírica.

Fragmento 2

Penetra surdamente no reino das palavras.
Lá estão os poemas que esperam ser escritos.
Estão paralisados, mas não há desespero,
há calma e frescura na superfície intata.
Ei-los sós e mudos, em estado de dicionário.

ANDRADE, Carlos Drummond de. Procura da poesia.
In: TELES, Gilberto Mendonça (Org.). *Carlos Drummond de Andrade*: poesia completa.
Rio de Janeiro: Nova Aguilar, 2002. p. 117-118. (Fragmentos).
Carlos Drummond de Andrade © Graña Drummond (www.carlosdrummond.com.br).

1. Compare o conteúdo desses dois fragmentos e explique o que representa a poesia para o autor.
2. De acordo com o primeiro fragmento, por que não se encontra poesia nos fatos do cotidiano?
3. Releia este verso do Fragmento 2: "Penetra surdamente no reino das palavras". Explique o sentido do advérbio *surdamente* no contexto.
4. Segundo o Fragmento 2, por que "os poemas que esperam ser escritos" estão "paralisados", "em estado de dicionário", e têm a "superfície intata"?
5. Releia estes três versos, observando as formas verbais destacadas.
   - "Não **faças** versos sobre acontecimentos."
   - "Lá **estão** os poemas que **esperam** ser escritos."
   - "As afinidades, os aniversários, os incidentes pessoais não **contam**."

   Explique a concordância dos verbos nesses casos.

Em contexto

A **regra geral** da concordância verbal é essa que você identificou no exercício anterior: o verbo concorda em número e pessoa com seu sujeito (expresso ou oculto).

(Tu) ***Estás*** *contente com os políticos brasileiros?*

A criança ***precisa*** *de proteção, carinho e respeito.*

As crianças ***precisam*** *de proteção, carinho e respeito.*

O homem e a mulher ***têm*** *direitos iguais.*

Há **casos especiais** de concordância verbal, e alguns deles veremos a seguir.

Com sujeito simples

1. Sujeito constituído de **substantivo coletivo** – o verbo fica no singular.

   O enxame ***atacou*** *o agricultor.*

2. Sujeito formado pela locução *mais de um* – o verbo fica no singular.

   Mais de um transeunte ***ficou*** *machucado.*

Observação

- Se o verbo expressar reciprocidade, irá para o plural: *Mais de um participante* ***agrediram-se***.

3. Sujeito formado pela locução *um ou outro* – o verbo vai para o singular.

   Um ou outro ***receberá*** *a medalha de melhor atleta.*

4. Sujeito constituído de uma locução partitiva, como *a maioria de*, *a maior parte de*, *o menor número de*, *grande parte de*, etc., seguida de substantivo ou pronome no plural – o verbo pode ficar no singular ou ir para o plural.

   Grande parte dos clientes ***reclamam*** *das operadoras.* (ou **reclama**)

   A maior parte deles já ***partiram*** *esta manhã.* (ou **partiu**)

   A tendência atual é colocar o verbo no singular, concordando com o núcleo da locução (a expressão partitiva).

5. Sujeito formado pela expressão *um dos que* + substantivo no plural – o verbo vai para o plural.

   A Cultura foi uma das emissoras que ***cobriram*** *o evento.*

Observação

- Quando se quer destacar o indivíduo dentro do grupo, emprega-se o verbo no singular: *Mário foi um dos estagiários que* ***permaneceu*** *na empresa.*

6. Sujeito constituído de **nome próprio no plural** acompanhado de artigo – o verbo fica no plural.

   Os Andes ***enfeitam*** *a paisagem chilena.*

   Os Estados Unidos ***combatem*** *o terrorismo dentro e fora do país.*

Observação

- Quando o nome próprio no plural não vem acompanhado de artigo, o verbo fica no singular: *Minas Gerais* ***possui*** *regiões com belas montanhas.*

7. Sujeito constituído de **pronome interrogativo** ou **indefinido** no plural seguido dos pronomes pessoais *nós* ou *vós* – a concordância se faz com os pronomes interrogativos ou com os pronomes pessoais.

   Quantos de nós ***partilhamos*** *com o outro?* (ou **partilham**)

   Poucos de vós ***perceberam*** *a troca.* (ou **percebestes**)

Observação

- O verbo fica no singular se o pronome interrogativo ou indefinido se encontra no singular: *Qual de nós* ***ficará*** *com a chave? Algum de vós* ***termina*** *a pesquisa.*

8. Sujeito constituído de **pronome de tratamento** – o verbo fica na 3ª pessoa (do singular ou do plural, conforme o caso), embora todos os pronomes desse tipo se refiram à 2ª pessoa do discurso.

   Você ***reergueu*** *esta empresa muito rápido.*

   As senhoritas ***podem*** *aguardar na sala ao lado.*

Com sujeito composto

1. Quando o sujeito estiver **antes do verbo**, este irá para o plural.

   O calor e a caminhada nos ***cansaram*** *muito.*

2. Quando o sujeito vier **depois do verbo** e for constituído de núcleos no singular, o verbo irá para o plural, concordando com os todos os núcleos, ou ficará no singular, concordando com o núcleo mais próximo.

   Virão *à festa Lucas e minha prima. /* ***Virá*** *à festa Lucas e minha prima.*

3. Quando o sujeito for constituído por **pessoas gramaticais diferentes**, o verbo ficará no plural. Se houver 1ª pessoa (*eu / nós*), ela prevalecerá sobre as outras; havendo 2ª (*tu / vós*) e 3ª (*ele / eles*) pessoas, o verbo fica na 2ª ou na 3ª pessoa (do plural).

   Eu, tu e ele ***viajaremos*** *juntos neste final de semana.*

   Tu e ela ***conheceis*** *o escritor?* (ou **conhecem**)

4. Quando os núcleos do sujeito forem ligados pela conjunção *ou* e não houver ideia de exclusão de nenhum dos núcleos, o verbo irá para o plural.

   Ou eu ou você ***faremos*** *a reportagem sobre as creches.* (prevalece a 1ª pessoa)

   Ou ela ou você ***irão*** *a Manaus no próximo mês.*

Observação

- Se houver ideia de exclusão de um dos núcleos, o verbo concordará com o sujeito mais próximo: *O pai ou o filho* ***dirigirá*** *o carro. Ele ou tu* ***pagarás*** *a conta.*

5. Quando os núcleos do sujeito vierem ligados pela conjunção *nem* e não houver ideia de exclusão, o verbo irá para o plural.

   Nem eu nem você ***acertamos*** *na loteria.* (prevalece a 1ª pessoa)

   Nem Caetano nem Gil ***deixaram*** *a música.*

Observação

- Se a ideia expressa indica alternância e a ação é atribuída a um único núcleo, coloca-se o verbo no singular: *Nem um nem outro* ***é*** *pai de Júlia. Nem um nem outro* ***apagou*** *a luz.*

6. Quando os núcleos dos sujeitos são ligados pelas conjunções *não só... mas também, tanto... como, tanto... quanto,* etc., é mais comum colocar o verbo no plural.

   Não só a mídia mas também o público ***elogiaram*** *o filme.*

   Tanto ele como eu ***aproveitamo-nos*** *da oportunidade.* (prevalece a 1ª pessoa)

7. Sujeito formado por núcleos ligados pela preposição *com* – o verbo é colocado no plural.

   O candidato com os aliados ***discursaram*** *no palanque.*

Observação

- O verbo fica no singular quando se quer realçar o primeiro elemento do sujeito: *O técnico com os jogadores* ***saiu*** *depressa do campo.*

8. Se o sujeito for resumido por um **pronome indefinido** (*tudo*, *nada*, *ninguém*, etc.), o verbo irá para singular, concordando com o pronome.

   Colo, chupeta, balanço, nada ***fez*** *o bebê calar-se.*

   Carteira, agenda, estojo, pente, tesoura, tudo ***cabia*** *na bolsa da menina.*

9. Se o sujeito for formado por **palavras sinônimas** ou **de sentido semelhante**, o verbo irá para o singular.

   Dedicação e abnegação ***caracterizava*** *aquela mulher.*

Outros casos

1. O sujeito é o **pronome relativo *que*** – o verbo concorda com o antecedente desse pronome relativo.

   Fui ***eu que*** *a* ***levei*** *à escola esta semana.*

   És ***tu que moras*** *aqui?*

   Foram ***as crianças que fizeram*** *este castelo na areia?*

2. O sujeito é o **pronome relativo *quem*** – o verbo fica na 3ª pessoa do singular ou concorda com o antecedente desse pronome relativo.

   Fomos *nós quem trabalhou* no domingo. (ou ***trabalhamos***)

   Seríamos ***nós quem trabalharíamos*** *no domingo.* (ou ***trabalharia***)

3. Quando é utilizada a locução expletiva invariável *é que* na frase – o verbo concorda com o sujeito que antecede a locução.

   Nós é que devemos *escolher nossos amigos.*

   Os americanos é que invadiram *o Iraque.*

Observação

- Quando não se trata da locução invariável e o verbo *ser* antecede o sujeito, o verbo *ser* concorda com seu sujeito: ***Foi Pedro que*** *fez essa brincadeira.* ***São as mulheres que*** *se mantêm indecisas na escolha do candidato.*

4. O sujeito é **um numeral fracionário**, acompanhado ou não de complemento – o verbo concorda com o numerador.

   Apenas um terço dos trabalhadores ***tem*** *seguro-saúde.*

   Três quartos da população ***possuem*** *um carro novo.*

5. O sujeito é constituído por **uma expressão numérica de porcentagem** seguida de uma referência – em geral, concorda-se o verbo com a referência que especifica a porcentagem.

   a) Se a referência estiver no singular, o verbo será colocado no singular.

   Cinquenta por cento do petróleo ***é*** *exportado.*

   b) Se a referência estiver no plural, o verbo irá para o plural.

   Trinta por cento dos empregados ***tiveram*** *aumento de salário.*

Observação

- No caso de *um por cento* (1%), o verbo fica sempre no singular: *Só* ***um por cento das caixas de leite estava*** *com validade vencida.*

6. O sujeito é constituído por **uma expressão indicativa de quantidade aproximada** (*cerca de*, *perto de*, *em torno de*, etc.) acompanhada de numeral e de seu referente – geralmente, o verbo vai para o plural em concordância com o referente.

   Cerca de mil pessoas fizeram *a passeata da paz.*

   Cerca de um milhão de brasileiros *ainda* ***são*** *analfabetos.*

   Perto de dois candidatos concorrem *a cada uma das vagas.*

7. Verbo ***parecer*** seguido de infinitivo – admite duas concordâncias: podemos flexioná-lo ou flexionar o infinitivo em concordância com o sujeito.

   Os atletas pareciam correr *mais que o vento.*

   No mar, ***os barcos parecia flutuarem*** *como brinquedos.*

8. Verbo na **voz passiva** – na voz passiva sintética ou pronominal (isto é, formada com o pronome apassivador *se*), o verbo concorda com o sujeito.

   Publicou-se o edital do concurso *no Diário Oficial.*

   Este ano ***abriram-se*** *duas vezes* ***as comportas da represa****.*

Ponto de vista

Alguns linguistas desconsideram a ocorrência da voz passiva sintética. Para eles, nesse caso, o pronome *se* é índice de indeterminação do sujeito, o que modifica a concordância verbal (o verbo ficaria sempre no singular: ***vende****-se casas* e não ***vendem****-se casas*, por exemplo). Vale ressaltar que, em situações formais e exames, convém seguir o que ditam as gramáticas normativas, isto é, trata-se de um verbo na voz passiva sintética.

Discuta esse assunto com colegas e o professor. Expresse sua opinião, expondo de maneira clara o que pensa.

9. **Locução verbal** – nas locuções verbais, o verbo auxiliar é que flexiona, concordando com o sujeito.

   Este político *não* ***conseguiu*** *cumprir suas promessas de campanha.*
   (Este político: sujeito; conseguiu cumprir: locução verbal)

   As crianças podem *brincar com segurança neste parque.*
   (As crianças: sujeito; podem brincar: locução verbal)

10. Verbo ***haver*** – apresenta os seguintes casos de concordância:

    a) Com o sentido de "existir" é impessoal (isto é, não se refere a nenhum sujeito) e conjuga-se somente na terceira pessoa do singular.

    Há *muitos imigrantes turcos na Alemanha.*

    Havia *menos desemprego e violência antigamente.*

b) Com o sentido de "existir" e formando uma locução verbal, transmite sua impessoalidade ao verbo auxiliar, ficando este na 3ª pessoa do singular e o verbo *haver* no infinitivo não flexionado.

***Pode haver** boas surpresas nesta fase da campanha.*

***Deve haver** produtos mais baratos neste supermercado.*

*Disseram que **vai haver** grandes mudanças nos serviços de saúde.*

Observação

- O verbo *existir* é pessoal e, portanto, tem sujeito e concorda com ele: *Neste bairro ainda **existem** algumas casas*. Em locução verbal, o verbo auxiliar é que concorda com o sujeito: ***Podem existir** cidades mais bem arborizadas.*

c) Quando indica tempo decorrido, o verbo *haver* também é impessoal (isto é, não tem sujeito) e flexiona sempre na 3ª pessoa do singular.

*Não ia à aula **havia** semanas.* (havia = fazia)

d) No sentido de "ter" e na função de verbo auxiliar em locução verbal, o verbo *haver* concorda com o sujeito em número e pessoa.

*A fã **havia dormido** no portão do estádio para comprar ingresso.*

*Os jovens **haviam dormido** na fila para comprar ingresso.*

Observação

- Na linguagem popular, é comum a substituição do verbo *haver* pelo verbo *ter*. Nesse caso, o verbo *ter* é considerado impessoal, flexionando-se na 3ª pessoa do singular: ***Tem** (**Há**) torcedores ainda do lado de fora do estádio.*

11. Verbo ***fazer*** – ocorrem casos como estes:

a) com o sentido de "executar algo", "praticar algo" é pessoal, concordando com o sujeito em número e pessoa.

*Os professores **fazem** muito pela formação das pessoas.*

*O ex-presidente **fez** muitas coisas pelo país.*

b) expressando tempo decorrido, é impessoal, isto é, não tem sujeito, e fica na terceira pessoa do singular.

***Faz** dias o vento sopra de madrugada.* (faz = há)

***Fazia** anos que não se via uma tempestade dessa proporção.* (fazia = havia)

12. Os verbos que exprimem **fenômenos da natureza** são sempre impessoais e se flexionam na 3ª pessoa do singular. Nesse caso, dizemos que o verbo é utilizado em sentido literal.

***Choveu** durante semanas no sul do Brasil.*

*No inverno, **neva** em lugares do sul do Brasil.*

*Em certo período do ano, **anoitece** mais cedo.*

Observação

- Quando empregados em sentido figurado, esses verbos tornam-se pessoais e concordam com o sujeito: ***Chovem** promessas dos políticos nas campanhas.*

Veja mais sobre o assunto no tópico "Oração sem sujeito", no capítulo 15.

13. As orações com **sujeito indeterminado** formadas por verbo de ligação, verbo intransitivo ou verbo transitivo indireto mais o pronome *se* trazem o verbo sempre no singular.

__Era-se__ mais convincente em outros tempos.

__Investe-se__ muito em imóveis por ser mais seguro.

Observação

- Não devemos confundir o sujeito indeterminado com o sujeito de verbo na voz passiva sintética. No primeiro caso, o *se* é índice de indeterminação do sujeito, no segundo, partícula apassivadora: ***Precisa-se*** *de advogados neste escritório* (índice de indeterminação do sujeito); ***Passam-se*** *esses pontos* (partícula apassivadora).

Concordância do verbo *ser*

1. Como **verbo de ligação**, o verbo *ser* concorda em geral com o sujeito.

*João **é** um estudante muito solidário com os colegas.*
(João: sujeito)

*Os alunos desta escola **são** muito solidários.*
(Os alunos desta escola: sujeito)

*Nós **somos** os mais indicados para ganhar o prêmio.*
(Nós: sujeito)

2. Se o sujeito for constituído pelos pronomes *tudo*, *isso*, *isto*, *aquilo* ou *o* (= aquilo) e o predicativo estiver no plural, o verbo *ser* concordará normalmente com o predicativo.

*Tudo **eram** invenções de criança.*
(Tudo: sujeito; invenções de criança: predicativo)

*Aquilo **seriam** imagens surrealistas?*
(Aquilo: sujeito; imagens surrealistas: predicativo)

3. Quando o sujeito for um **nome próprio no plural** acompanhado de artigo, o verbo *ser* flexiona-se no plural, concordando com o sujeito.

Os Maias ***são*** *um famoso romance de Eça de Queirós.*

4. Quando o sujeito se referir a **coisas** ou **objetos** no singular e o predicativo estiver no plural, o verbo *ser* concordará, de preferência, com o predicativo.

*A vida **são** alegrias e tristezas.*
(A vida: sujeito; alegrias e tristezas: predicativo)

*O campo **eram** plantações por todos os lados.*
(O campo: sujeito; plantações: predicativo)

5. O verbo *ser* concorda com os **pronomes pessoais do caso reto** – *eu*, *tu*, *ele*(*a*), *nós*, *vós*, *eles*(*as*) –, sejam eles sujeito ou predicativo.

*Meu amigo **és** tu.*
(Meu amigo: sujeito; tu: predicativo)

O encarregado de organizar os jogos ***sou*** *eu.*
sujeito — predicativo

Ela ***era*** *as esperanças da mãe.*
sujeito

Observação

- Quando há dois pronomes pessoais do caso reto na frase, o verbo *ser* concorda com o primeiro: ***Eles*** *não* ***são*** *nós, e* ***nós*** *não* ***somos*** *eles.*

6. Quando o sujeito é constituído por **expressão numérica** considerada em sua totalidade, o verbo *ser* vai para o singular.

   Trezentos gramas de presunto ***será*** *pouco para nós.*

   Duas horas de espera no médico ***é*** *bastante tempo.*

   Cinco reais ***foi*** *insuficiente para o flanelinha.*

7. Na indicação de horas, datas e distâncias, o verbo *ser* concorda com o numeral; nesses casos, o verbo *ser* é impessoal.

   Nossa, já ***é*** *uma hora da madrugada.*

   Amanhã ***são*** *vinte e quatro de outubro.*

   Eram *quase sete horas da manhã quando saímos de casa.*

Observação

- Quando a indicação do dia do mês vem acompanhada da palavra *dia*, o verbo *ser* fica no singular, concordando com *dia*: *Hoje* ***é*** *dia três de março.*

Concordância ideológica ou silepse

A **concordância ideológica** ou **silepse** é a concordância feita com a ideia que está subentendida no contexto. A silepse pode ser de **gênero**, de **número** ou de **pessoa**.

Silepse de gênero

Trata-se da concordância feita com o **gênero gramatical** (masculino ou feminino) que está subentendido no contexto.

Vossa Excelência parece ***satisfeito*** *com as pesquisas.*
pronome de tratamento (referindo-se ao presidente) — adjetivo masculino

Blumenau estava ***repleta*** *de turistas.*
substantivo feminino (cidade) — adjetivo feminino

Nesses dois casos, a concordância dos adjetivos *satisfeito* e *repleta* se faz, respectivamente, com *presidente* e *cidade*, ideias que estão subentendidas em *Vossa Excelência* (pronome de tratamento aplicado tanto a homem quanto a mulher) e *Blumenau* (cidade do estado de Santa Catarina).

Silepse de número

Trata-se da concordância feita com o **número gramatical** (singular ou plural) que está subentendido no contexto.

*O elenco voltou ao palco e [os atores] **agradeceram** os aplausos.*

conjunto de atores (ideia de plural)

Nessa frase, o sujeito do verbo *agradecer* é o substantivo *elenco*, que levaria o verbo para o singular; empregou-se, no entanto, o verbo no plural para realçar as pessoas que formavam o elenco.

Silepse de pessoa

Trata-se da concordância feita com a **pessoa gramatical** que está subentendida no contexto.

*O povo **temos** memória curta em relação às promessas dos políticos.*

nós (a pessoa que fala se inclui no sujeito)

*A gente **somos** muito úteis.*

nós (a pessoa que fala se inclui no sujeito)

Nesses casos, os verbos não concordam com o sujeito explícito (*povo* e *gente*) e sim com o que está subentendido (*nós*).

APLICAÇÃO

1 Leia esta tira em que as personagens são Calvin e sua família:

CALVIN

Bill Watterson

a) No primeiro quadrinho, que crítica é feita pelo quadrinista por meio da fala do pai de Calvin?

b) Explique a reação da personagem que fala em deixar o emprego para conhecer melhor os produtos, nesse caso, a manteiga de amendoim.

c) No último quadrinho, considerando o diálogo das personagens, o que teria acontecido no supermercado?

d) Na frase "Deve haver três tamanhos de cinco marcas com diferentes consistências!", qual é o sujeito? Justifique sua resposta.

2 O texto a seguir apresenta informações sobre os efeitos do sol na visão. Leia-o com atenção.

MEDICINA & BEM-ESTAR

Sol, inimigo da visão

A exposição excessiva aos raios solares aumenta o risco de problemas nos olhos. Mas a maioria dos brasileiros desconhece o poder dessa ameaça

Greice Rodrigues

Uma pesquisa divulgada na última semana mostrou que nove em cada dez brasileiros não têm conhecimento dos prejuízos que o sol pode causar à saúde dos olhos. O trabalho, realizado pelo Ibope e patrocinado pela empresa Transitions Optical do Brasil, ouviu duas mil pessoas no País. Quando perguntadas sobre os efeitos nocivos da exposição prolongada ao sol, elas citaram o risco aumentado para câncer de pele, a ocorrência de queimaduras e o surgimento de rugas. Os danos à visão nem apareceram na lista.

O problema é que o sol pode também se tornar um inimigo dos olhos. Além de causar irritação, os raios ultravioleta podem provocar queimaduras na córnea e até mesmo tumores. Seus estragos serão proporcionais ao início da exposição – se desde criança, por exemplo – e do quanto ela foi demasiada. "Os raios solares têm efeito cumulativo nos olhos", explica o oftalmologista Newton Kara José Júnior, chefe do setor de catarata do Hospital das Clínicas de São Paulo. "E a maior parte desse acúmulo ocorre antes dos 18 anos de idade", completa. Isso ocorre porque até essa faixa etária a córnea e o cristalino permitem a entrada de muita radiação, ao contrário do que ocorre na idade adulta. Nesse caso, as duas estruturas conseguem oferecer alguma proteção, embora ela não seja total.

[...]

EUGENIA-PETRENKO/SHUTTERSTOCK

Não só a pele, mas também os olhos precisam de proteção contra os raios solares.

PREJUÍZOS À VISTA
Quais os danos aos olhos causados pelo excesso de radiação ultravioleta
Retina – Provoca atrofia das células da superfície da estrutura responsável pela formação das imagens. Isso prejudica a visão periférica.
Conjuntiva – Pode levar ao ressecamento dessa membrana transparente que cobre a parte branca do olho. A alteração contribui para o surgimento do pterígio (espessamento da membrana) e até de tumores.
Córnea – Pode causar queimaduras, resultando em irritação e muita dor.
Cristalino – Acelera o envelhecimento da lente. Essa condição favorece o surgimento precoce da catarata.

IstoÉ, São Paulo, n. 2.056, p. 77, 8 abr. 2009. © Três Editorial Ltda. (Fragmento).

a) Como afirma o texto, grande parte dos brasileiros desconhece os danos que os raios solares podem causar aos olhos. Em sua opinião, o que pode comprovar esse fato?

b) De acordo com o texto, por que o "efeito cumulativo" dos raios solares nos olhos é preocupante?

c) Na linha fina, ou seja, nas frases que estão abaixo do título, por que os verbos estão no singular?

d) Explique a concordância do verbo nestes casos em que o sujeito é o pronome relativo *que*:

- "ao contrário do **que** ocorre na idade adulta."
- "Pode levar ao ressecamento dessa membrana transparente **que** cobre a parte branca do olho."

e) Em que oração, no texto, o verbo está no plural porque o sujeito é composto? Destaque o sujeito da oração.

f) Na oração "elas citaram o risco aumentado para câncer de pele, a ocorrência de queimaduras e o surgimento de rugas", o pronome pessoal *elas*, que é sujeito do verbo *citaram* e com o qual o verbo concorda, funciona como elemento de coesão.

- Que termo do texto esse pronome retoma e que poderia ser o sujeito, se fosse colocado nessa frase?

3 **Reescreva as frases, substituindo a ★ pelos verbos entre parênteses no presente do indicativo. Observe a concordância.**

a) Sessenta por cento dos concursados não ★ colocação imediata. (obter).
b) Isto ★ medidas tardias e insuficientes. (ser)
c) Quais de nós ★ contra a desigualdade social? (lutar)
d) Somos nós quem ★ uma nova era em defesa do meio ambiente. (construir)
e) ★ haver mais candidatos para o cargo de promotor. (poder)
f) Eu, tu e ele ★ a organização do evento amanhã. (continuar)
g) Quem de vós ★ de um intérprete? (necessitar)
h) Este policial é um dos que ★ como segurança do governador. (trabalhar)

4 **Leia este anúncio publicitário:**

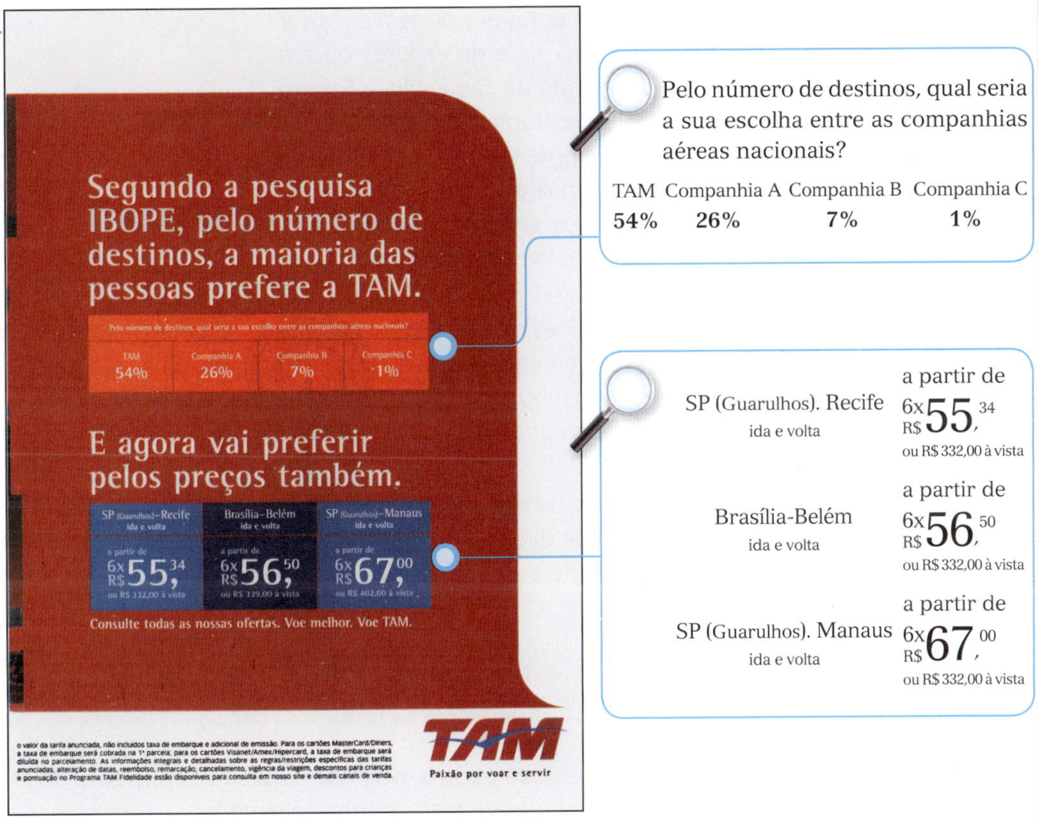

a) Observe que o anúncio trabalha, sobretudo, com a linguagem verbal interagindo com elementos da linguagem matemática. De que modo ele enfatizou as qualidades do anunciante, empregando essa mistura de linguagens?

b) Observe este período do anúncio: "Segundo a pesquisa IBOPE, pelo número de destinos, a maioria das pessoas prefere [...]".

- Qual é o sujeito dessa oração? Destaque-o e classifique-o.
- Explique por que o verbo *preferir* (*prefere*) está no singular.

c) Observe este outro período do anúncio: "E agora vai preferir pelos preços também". Qual é o sujeito da locução verbal *vai preferir*? Explique a concordância verbal que ocorre nesse caso.

5 Leia o fragmento de texto a seguir. Ele destaca alguns comportamentos pessoais que prejudicam o meio ambiente.

SUPERNOVAS

E o ralo levou

A infinidade de coisas jogadas no ralo é um problema sério — e um dos maiores vilões é o fio dental.

André Mugiatti

A falta de cuidados com o ambiente pode se voltar contra você. Essa afirmação pode parecer meio batida, mas é ainda mais verdadeira quando consideramos a infinidade de coisas que são jogadas no ralo das pias. Tem gente que não pensa duas vezes antes de atirar no ralo cotonetes, restos de comida ou a poeira varrida da casa.

D. HURST/ALAMY/OTHER IMAGES

É preciso cuidado com o que é dispensado pelo ralo da cozinha. Foto de 2007.

Com o tempo, essas coisas se transformam em obstruções nos encanamentos que podem provocar graves entupimentos na rede de esgotos ou em casa. No centro expandido de São Paulo, a Sabesp realiza cerca de 2 mil desentupimentos por mês. Isso acontece porque as redes de coleta e tratamento de esgoto têm tubulações mais estreitas que as galerias pluviais, nas ruas. Por isso, entopem com mais facilidade quando se acumulam restos de comida ou objetos no seu interior.

Um dos principais vilões que descem pelos ralos é o fio dental. Fabricado com materiais cada vez mais resistentes, seu acúmulo acaba formando uma rede que prende outros materiais, obstruindo as tubulações. O excesso de produtos químicos de limpeza é outro problema frequente, pois pode prejudicar o próprio sistema de tratamento dos esgotos, tornando-o ineficiente.

Nos locais onde não há tratamento de esgoto o descarte inadequado de produtos pelo ralo costuma agredir diretamente o ambiente. Isso porque os dejetos acabam sendo lançados nos rios, córregos e no mar, na maioria das vezes causando mau cheiro e a morte de animais e plantas.

Superinteressante, São Paulo, n. 246, p. 28, dez. 2007. (Fragmento).

a) De acordo com o texto, o que pode contribuir para o entupimento de encanamentos e galerias das redes de coleta e tratamento de esgoto?

b) Em sua opinião, uma das causas dos alagamentos e enchentes em grandes cidades, como São Paulo, seriam os entupimentos das galerias pluviais? Esclareça sua resposta.

c) Por que o fio dental jogado nos ralos se torna um dos grandes vilões do entupimento das tubulações?

d) Os produtos de limpeza também constituem outro "vilão" para o meio ambiente, assim como a falta de saneamento básico em certas áreas. Segundo o texto, de que modo esses problemas afetam o meio ambiente?

e) Na frase "Essa afirmação pode parecer **meio** batida", por que *meio* é invariável?

f) Releia este trecho do texto: "Com o tempo, essas coisas se transformam em obstruções nos encanamentos **que podem provocar graves entupimentos**".

- O sujeito da oração destacada é o pronome relativo *que* e o verbo auxiliar da locução verbal está na terceira pessoa do plural. Explique essa concordância verbal.

g) Explique a concordância do verbo *ter* no seguinte período: "Isso acontece porque as redes de coleta e tratamento de esgoto **têm** tubulações mais estreitas que as galerias pluviais, nas ruas".

h) Indique o termo com que o verbo *ser* concorda nesta oração: "O excesso de produtos químicos de limpeza **é** outro problema frequente".

6 Leia este pequeno conto de Marina Colasanti:

Apto. 904

Diante da nova geladeira extasiam-se os familiares. Moderna mais do que qualquer outra esta que, na assepsia branca das entranhas, de quinze em quinze minutos desova gelo.

Durante a primeira semana esforçam-se todos no consumo de bebidas geladas, esmera-se a cozinheira no fabrico de sorvetes. Não resistindo porém à precisão que a cada quinze minutos lhes solicita a sede e a gula, estocam a produção em caixas de isopor, logo em baldes, bacias, panelas, no tanque, na banheira, por fim na pia.

O frio se alastra. Cristalizam-se os móveis. Mostrando a nona parte da sua força, o *iceberg* se avoluma na cozinha.

Saúda-se com alegria a ideia do filho menor de construir um iglu em substituição à cama-beliche. Desenham-se planos para a estrutura do primeiro *kayak*. E todos vestem os *parkas* trazidos pelo pai. Que em tarde de domingo abre um buraco no gelo da sala, e com gesto antigo arpoa a foca que desponta.

Quatro vezes por hora aproxima-se o inverno. Encurtam-se as tardes, a longa noite se aproxima. Mas a família não verá a aurora boreal. No vento da banquisa rangem umbrais e caixilhos, lamentam-se as paredes. Há em tudo um estremecimento de gemido. E o dia se finda estilhaçando espelhos e madeiras. Lentamente, no abraço da calota que se fecha, afunda o apartamento.

COLASANTI, Marina.
A morada do ser: contos.
Rio de Janeiro: Record, 2004.
p. 110-111. © by Marina Colasanti.

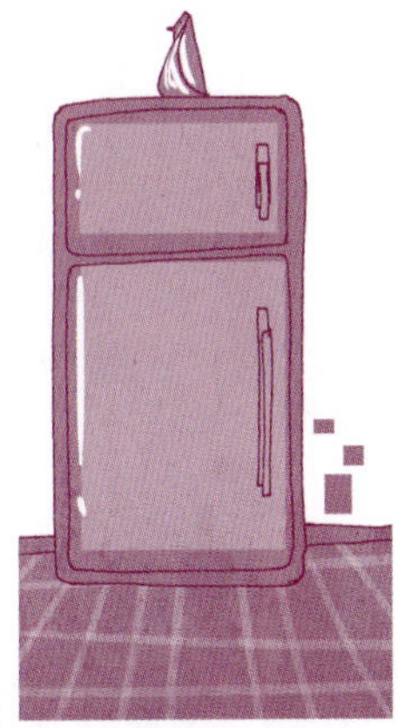

Glossário

Banquisa: camada superficial de gelo, campo ou banco de gelo.

Umbrais: soleiras das portas.

Caixilhos: armações de metal ou de madeira.

a) Nesse conto, a autora constrói sua narrativa a partir de um fato ocorrido com os moradores do Apto. 904. Que fato foi esse e como as pessoas reagem a ele?

b) Esse conto explora muito a imaginação, criando uma situação inusitada na vida de uma família. Em sua opinião, qual seria o objetivo da autora ao escrever esse conto?

c) Releia este trecho do texto: "Não resistindo porém à precisão **que a cada quinze minutos lhes solicita a sede e a gula**".
- Qual é o sujeito da oração destacada? Classifique-o
- Qual foi a concordância do verbo com esse sujeito?
- Justifique essa concordância.

d) Observe os verbos destas frases:
- "**Cristalizam**-se os móveis."
- **Investe**-se em ações.
- Compare e explique a flexão desses verbos nas frases.
- Destaque do texto os casos em que ocorre o mesmo tipo de concordância verbal da primeira frase.

e) Releia este trecho do último parágrafo do texto: "No vento da banquisa rangem umbrais e caixilhos". Por que o verbo *ranger* está no plural (*rangem*)?

7 Reescreva as frases, substituindo a ★ pelos verbos entre parênteses no pretérito imperfeito do indicativo. Observe a concordância.

a) Alguns de nós ★ na redução do aquecimento global. (acreditar)
b) ★ haver novos filmes na locadora do meu bairro. (dever)
c) Na oficina, ★-se de torneiros mecânicos com experiência. (precisar)
d) ★ os problemas relacionados às mudanças climáticas. (discutir)
e) Tu e ela ★ o motivo da reunião? (saber)
f) ★ semanas que minha família não viajava de carro. (fazer)
g) Naquela época ★ jogos e sorteios no auditório da escola. (haver)

8 Reescreva as frases a seguir, empregando uma das formas do verbo *ser* indicada entre parênteses.

a) Trezentos gramas de presunto ★ suficiente. (é, são)
b) Amanhã ★ o dia dezessete de dezembro. (será, serão)
c) Até a praça central da cidade ★ dez quilômetros. (seria, seriam)
d) ★ meia-noite quando o último metrô chegou. (era, eram)
e) Aquilo ★ apenas lembranças de um passado feliz. (é, são)

Lista de exercícios

RESUMO

Concordância nominal

- **Regra geral** – os adjetivos, os pronomes adjetivos, os numerais e os artigos concordam em gênero e número com os substantivos ao quais se referem: ***Os nossos primeiros contatos*** *começaram de* ***maneira amistosa***.

Casos especiais de concordância nominal

- Adjetivo anteposto a vários substantivos: ***Nova frente e traseira*** *diferenciam o último modelo do carro.*
- Adjetivo posposto a vários substantivos: ***Frente e traseira novas*** *diferenciam o último modelo do carro.*
- Adjetivo na função de predicativo de sujeito composto: *O apartamento e a casa ficavam* ***próximos***.
- Adjetivo na função de predicativo do objeto referente a vários substantivos: *Considerou a hora e o lugar* ***satisfatórios***. *A família achou* ***precipitada*** *a decisão e a viagem (ou* ***precipitadas****).*
- Dois adjetivos e um substantivo: *Comprei* ***a gravata listrada e a lisa***. *Comprei* ***as gravatas listrada e lisa***.
- *Menos* e *alerta* são invariáveis na função de advérbios: *Colocou* ***menos*** *roupas na mala. Os seguranças continuam* ***alerta***.
- *Pseudo* e *todo* são invariáveis quando empregados na formação de palavras compostas: *Cuidado com os* ***pseudoamigos***. *Ele é o* ***chefe todo-poderoso***.
- *Mesmo*, *próprio*, *anexo*, *incluso*, *quite* e *obrigado* variam de acordo com o substantivo a que se referem: *Elas* ***mesmas*** *cozinhavam. Guardou as cópias* ***anexas***.

- *Muito, pouco, bastante, meio, caro* e *barato* variam quando pronomes indefinidos adjetivos ou numerais e são invariáveis quando advérbios: ***Muitas*** *vezes comemos* ***muito***. *Chegou* ***meio*** *atrasada. Usou* ***meia*** *dúzia de ovos.*
- *Só* varia quando adjetivo e não varia quando advérbio: *Os dois andavam* ***sós***. *A resposta* ***só*** *eles sabem.*
- *É bom, é necessário, é preciso, é proibido*, etc. variam quando o substantivo estiver determinado por artigo: ***É permitida a*** *coleta de dados.* ***É permitido*** *coleta de dados.*

Concordância verbal

- **Regra geral** – o verbo concorda com seu sujeito em número e pessoa: ***O público aplaudiu*** *o ator de pé.* ***A sala e o quarto eram*** *enormes.*

Casos especiais de concordância verbal

- **Sujeito simples:**
  - Coletivo: *O bando* ***ameaçou*** o motoboy.
  - *Mais de*: *Mais de um* ***mentiu***. *Mais de um* ***acusaram-se.***
  - *Um ou outro*: *Um ou outro* ***enviou*** *a carta.*
  - Locução partitiva: *A maior parte dos operários* ***está*** (ou ***estão***) *de greve.*
  - *Um dos que* + substantivo no plural: *Raquel foi uma das candidatas que* ***conseguiram*** (ou ***conseguiu***) *emprego.*
  - Nome próprio no plural com artigo: *Os Emirados Árabes* ***são*** *muito ricos.*
  - Pronome interrogativo ou indefinido + *nós* ou *vós*: *Qual de vós* ***é*** *solteiro? Quais de vós* ***assistiram*** (ou ***assististes***) *ao jogo?*
  - Sujeito formado por núcleos ligados por com: *A mãe com a criança* ***foram*** (ou ***foi***) *ao* shopping).
- **Sujeito composto:**
  - Sujeito antes do verbo: *O passageiro e a aeromoça* ***conversam***.
  - Sujeito depois do verbo: ***Conversam*** (ou ***conversa***) *o passageiro e a aeromoça.*
  - Pessoas gramaticais diferentes: *Eu e você* ***iremos*** *ao cinema. Ele e tu* ***vivem*** (ou ***viveis***) *bem. Eu ou ele* ***trabalharemos*** *à noite.*
  - *Nem... nem*: *Nem você nem ele* ***conseguiram*** *o cargo.*
  - Sujeito resumido por pronome indefinido: *Criança, jovem e velho, ninguém* ***saiu*** *de casa.*
  - Sinônimos ou de sentido semelhante: *Fé e confiança nos* ***guia***. *Um murmúrio, um lamento* ***deixava-o*** *ansioso* (ou ***deixavam-no***).
- **Outros casos:**
  - Sujeito pronome de tratamento (o verbo fica na 3ª pessoa): *Vossa Senhoria* ***está*** *de saída?*
  - Sujeito pronome relativo *que*: *Fui eu que* ***coei*** *o café. Seremos nós que o* ***ajudaremos***.
  - Sujeito pronome relativo *quem*: *Fomos nós quem* ***comprou*** (ou ***compramos***) *as passagens.*

- Numeral fracionário: ***Um terço*** *das pessoas* **vacinou-se**. ***Três*** *quintos da caixa-d'água* **estão** *ocupados.*
- Expressão numérica de porcentagem: *Apenas dez por cento da* **área ficou** *livre da dengue. Vinte por cento dos* **cangurus morreram**.
- Verbo *parecer* + infinitivo: *As crianças* **pareciam gostar** (ou **parecia gostarem**) *do sanduíche.*
- Verbo na voz passiva: ***Reformou-se*** *o móvel.* ***Reformaram-se*** *os móveis.*
- Verbo *haver* (sentido de "existir"): ***Há*** *boas propostas de emprego;* (sentido de "existir" em locução verbal): ***Devia haver*** *lugares nas arquibancadas;* (indicação de tempo decorrido): ***Havia*** *dias que viajara;* (sentido de "ter" em locução verbal): *Os jogadores* **haviam ganho** *o campeonato.*
- Verbo *fazer* (tempo decorrido): ***Faz*** *semanas que ela não aparece;* (sentido de "executar algo"): *Os operários* **fazem** *seu trabalho.*
- Verbos que exprimem fenômenos da natureza: ***Chove*** *torrencialmente.*

- **Concordância do verbo *ser*:**
  - Como verbo de ligação – concorda com o sujeito: *Os seres humanos* **são** *inteligentes?*
  - Sujeito constituído pelos pronomes *tudo*, *isso*, *isto*, *aquilo* ou *o* – concorda com o predicativo: *Aquilo* **eram** *mágicas.*
  - Sujeito nome próprio no plural – vai para o plural: *Os Alpes* **estão** *cobertos de neve.*
  - Sujeito se refere a coisas ou objetos e o predicativo está no plural – concorda com o predicativo: *A roupa* **eram** *uns trapos.*
  - Pronomes pessoais do caso reto como sujeito ou como predicativo – o verbo concorda com os pronomes: *O negociador* **sou** *eu.*
  - Sujeito constituído de expressão numérica – o verbo vai para o singular: *Cem gramas de queijo* **é** *bastante.*
  - Indicação de horas, datas e distâncias – o verbo concorda com o numeral: *Ontem* **foram** *dez de setembro.*
  - Indicação de dia acompanhada da palavra *dia* – fica no singular, concordando com a palavra *dia*: *Ontem* **foi** *dia dez de setembro.*

Concordância ideológica ou silepse

- Silepse de gênero: *Vossa Alteza continua* **preocupado**.
- Silepse de número: *O batalhão marchava e quando* **paravam faziam** *apresentações.*
- Silepse de pessoa: *Os repórteres* **fizemos** *a cobertura do acidente com os mineiros.*

Capítulo 26

Regências nominal e verbal. Estudo da crase

Regências nominal e verbal

No texto

Leia o anúncio a seguir.

REPRODUÇÃO

Sempre comprometida com o desenvolvimento do país, a **Editora Três** elaborou um projeto inovador, de alcance nacional: o **Acredite no Brasil**. Com o apoio da **Petrobras** e da **Volkswagen**, nossas revistas apresentam ideias e ações de empresas, ONGs, entidades de classe, formadores de opinião, personalidades e outros cidadãos que contribuem efetivamente para um Brasil mais sólido e justo, inspirando confiança aqui e no exterior – além de mostrar o impacto desse esforço no dia a dia do país e dos brasileiros. Nas páginas seguintes, você vai conhecer um desses casos especiais. E entender por que acreditar no Brasil é fundamental para um país mais forte.

1. O anúncio publicitário é um texto persuasivo que tem, em geral, como objetivo promover o nome de uma empresa, de um produto ou de uma ideia. Qual é a finalidade desse anúncio?

2. O emprego do imperativo (*acredite*), presente na frase "Acredite no Brasil", sintetiza em linguagem persuasiva o objetivo do projeto. Em sua opinião, de que forma essa frase se relaciona com a imagem?

Entre as palavras de um enunciado há, em geral, uma relação de interdependência, ou seja, elas estabelecem uma relação entre si. Essa relação pode ser indicada pela posição das palavras na oração (ligação direta) ou por meio de preposição (ligação indireta).

Observe, por exemplo, esta oração extraída do anúncio:

sujeito | verbo transitivo direto | complemento (objeto direto) | adjunto adnominal

"*nossas revistas apresentam ideias e ações de empresas*"

ligação direta (indicada pela posição) | ligação direta (indicada pela posição e ausência de preposição) | ligação direta (indicada pela preposição *de*)

A interdependência entre o sujeito e o verbo é marcada pela posição dos termos (sujeito + verbo); entre o verbo e seu complemento, pela posição dos termos (verbo + complemento) e ausência de preposição (objeto direto); e entre a palavra *ações* e *empresas*, pela preposição *de*, que transforma o termo em adjunto adnominal (*ações* ***de empresas***).

3. Explique a relação de interdependência entre os termos deste trecho do anúncio: "a Editora Três elaborou um projeto inovador, de alcance nacional: o Acredite no Brasil".

Chama-se **regência** a relação de dependência estabelecida entre os termos das frases, que ocorre ora de forma direta (sem preposição) e ora de forma indireta (por meio de preposição).

Em contexto

Há substantivos, adjetivos e advérbios que precisam ser acompanhados de outras palavras para expressar um sentido completo; essa relação de dependência chama-se **regência nominal**.

Como vimos, também existem termos que completam o sentido de verbos; nesse caso, a relação de dependência denomina-se **regência verbal**.

O termo que tem seu sentido completado por outro é chamado de **regente** ou **subordinante**; o termo que completa a significação de outro denomina-se **regido** ou **subordinado**.

Em determinados contextos, um termo da frase pode ser, ao mesmo tempo, regido e regente. Observe:

regência nominal | regência nominal | regência nominal

"*a força* **de** *um país é igual* **à** *sua capacidade* **de** *acreditar*"

termo regente | termo regido | termo regente | termo regido e regente | termo regido

regência verbal | regência nominal

Acreditar **no** *Brasil é fundamental* **para** *nosso desenvolvimento.*

termo regente | termo regido | termo regente | termo regido

A relação de dependência entre o nome e o termo regido por ele chama-se **regência nominal**. A relação de dependência entre o verbo e o termo regido por ele denomina-se **regência verbal**.

Regência nominal

Há nomes que admitem apenas uma preposição em sua regência; outros, mais de uma. Confira, a seguir, alguns nomes e sua(s) regência(s). O termo **regente** foi destacado em **laranja** e o termo **regido**, em **azul**.

Nomes	Preposições	Exemplos
acessível	a	*O estudo deveria ser **acessível a todos**.*
acesso	a / para	*A estagiária teve **acesso aos documentos**.* (**a** + os = aos) *Esta extensa ponte dá **acesso para** (ou **a**) **Niterói**.*
acostumado	a / com	*O professor está **acostumado a ler** muito.* *A criança já está **acostumada com a babá**.*
adaptado	a	*A cadeira foi **adaptada à altura do menino**.* (**a** + a = à)
afável	com / para com	*O professor era **afável com** (ou **para com**) **todos**.*
aflito	com / por	*Mamãe ficou **aflita com a notícia**.* *O casal estava **aflito pela chegada do filho**.* (**por** + a = pela)
agradável	a / de	*O clima estava **agradável aos turistas**.* (**a** + os = aos) *A cena foi **agradável de ver**.*
alusão	a	*O repórter fez **alusão ao caso**.* (**a** + o = ao)
amor	a / de / para com / por	*Ela demonstrou **amor a** (ou **por**) **você**.* *Nem sempre o **amor de mãe** é valorizado.* *É admirável o **amor para com os pais**.* *A moça tinha **amor por gatos**.*
ânsia	de / por	*O jovem sentiu **ânsia de gritar**.* *Os torcedores tinham **ânsia por entrar no estádio**.*
antipatia	a / contra / por / entre	*Entendi sua **antipatia à vizinha**.* (**a** + a = à) *Sua **antipatia contra os atos do prefeito** é inexplicável.* *A jovem tem **antipatia por pessoas prepotentes**.* *Não dá para entender essa **antipatia entre os condôminos**.*
apto	a / para	*Você está **apto à** (ou **para a**) **função**.*
atenção	a / para com	*Tenha muita **atenção ao dirigir**.* *É preciso maior **atenção para com os idosos**.*
atencioso	com / para com	*Ela é muito **atenciosa com** (**para com**) **as visitas**.*
atento	a / em / para	*O pedestre está **atento ao sinal**.* (**a** + o = ao) *Ele estava **atento em relação a você**.* *Fique **atento para não ser enganado**.*
aversão	a / por	*Há pessoas que têm **aversão a camarão**.* *Quem tem **aversão por futebol**?*
benéfico	a / para	*Este remédio seria **benéfico para** (ou **a**) **você**.*
capacidade	de / para	*Ele não tinha **capacidade de** (ou **para**) **perdoar**.*
certeza	de / sobre	*O atleta tinha **certeza de que venceria**.* *O repórter disse ter **certeza sobre o fato noticiado**.*
constituído	de / por	*A equipe era **constituída de** (ou **por**) **jovens**.*
curioso	de / por / para	*Todos estavam **curiosos de** (ou **por / para**) **saber a resposta**.* *Ele mostra-se **curioso para** (ou **por**) **conhecê-la**.*
devoto	a / de	*Todos eram **devotos à** (ou **da**) **santa padroeira**.* (**a** + a = à) *Tornou-se **devoto de Santo Antônio de Pádua**.*
dúvida	em / sobre	*Manteve-se a **dúvida em relação ao prefeito**.* *Ainda permanece a **dúvida sobre aquela empresa**.*
empecilho	a / para	*A greve era um **empecilho para a** (ou **à**) **negociação**.*

Nomes	Preposições	Exemplos
generoso	com / para com	*O pai mostrou-se generoso* **com** (ou **para com**) *o filho*. *A vida foi generosa* **para com** (ou **com**) *meus pais*.
gosto	de, em	*Tenho gosto* **de** (ou **em**) *ajudá-lo*.
grato	a	*Sempre seremos gratos* **à** *sua família*. (**a** + a = à)
guerra	a / com / contra / entre	*Teme-se a guerra* **ao** (ou **com** *o*, ou **contra** *o*) *Irã*. (**a** + o = ao) *Cessou o perigo de uma guerra* **entre** *as duas Coreias*.
horror	a / de / por	*Confessou seu horror* **a** *filmes sobre vampiros*. *Tinha horror* **de** (ou **por**) *viajar de avião*.
igual	a	*Marina é igual* **a** *você*.
imbuído	de / em	*O moço estava imbuído* **de** *boas intenções*. *Ela ficou imbuída* **em** *lembranças*.
impróprio	para	*O jogo era impróprio* **para** *crianças*.
junto	a / com / de	*O recibo está junto* **ao** (ou **com** *o*, ou **do**) *cartão*. (**a** + o = ao) (**de** + o = do)
necessário	a / para	*A carteira de identidade é necessária* **à** (ou **para** *a*) *viagem*.
passível	de	*O projeto é passível* **de** *algumas alterações*.
preferível	a	*Um acordo é preferível* **à** *abertura de um processo*. (**a** + a = à)
propenso	a	*Todos os alunos estavam propensos* **a** *mudar de curso*.
próprio	de / para	*Esta atitude amável é própria* **de** *você*. *Esta roupa não é própria* **para** *a ocasião*.
respeito	a / para / com / para com / entre	*Tenho respeito* **a** (ou **com**, ou **para com**) *meus pais*. *Havia respeito* **entre** *os alunos e as alunas*.
rigoroso	com / em	*Esse patrão sempre foi rigoroso* **com** *os funcionários*. *Mamãe é bastante rigorosa* **em** *questões de saúde*.
saudade	de / por	*Ainda sinto saudade* **de** (ou **por**) *minha terra*.
segurança	de / em	*Não temos segurança* **de** (ou **em**) *sair à noite*.
sito	a / em	*Ela mora em um edifício sito* **à** *Praça da Sé*. (**a** + a = à) *O museu sito* **na** *praça recebe muitos turistas*. (**em** + a = na)
situado	em	*Minha casa está situada* **em** *local seguro*.
temor	a / de	*O temor* **aos** *assaltos é muito grande*. (**a** + os = aos) *A criança expressou seu temor* **de** *ficar naquele lugar*.
vizinho	a / de	*Cláudio mora vizinho* **à** (ou **de**) *minha casa*. (**a** + a = à)

Regência verbal

Um verbo pode apresentar diferentes regências de acordo com seu significado. Observe, por exemplo, as várias regências do verbo *ensinar*.

a) Como **verbo transitivo direto e indireto** – VTDI (com objeto direto e objeto indireto) – no sentido de "repassar, transmitir ensinamentos".

ao: preposição *a* + artigo *o*

O maestro ***ensinava*** ***música*** ***ao jovem****.*

ensinava: VTDI; **música**: objeto direto; **ao jovem**: objeto indireto

b) Como **verbo transitivo direto** – VTD (apenas com objeto direto) – também no sentido de "repassar, transmitir ensinamentos".

Nesta academia, bons professores ***ensinam*** ***ioga****.*

ensinam: VTD; **ioga**: objeto direto

c) Como **verbo transitivo indireto** – VTI (apenas com objeto indireto) – no sentido de "apresentar ensinamentos", "fornecer conhecimentos".

às: preposição *a* + artigo *as*

Os bons livros **ensinam** **às pessoas**.

VTI — objeto indireto

d) Como **verbo intransitivo** – VI (sem complemento) – no sentido de "ministrar aulas, dar aulas", "ser professor".

Meu professor de inglês ***ensina*** *muito bem.*

VI

Em cada uma das situações destacadas, o verbo *ensinar* apresenta um tipo de regência, ligando-se a seus complementos com ou sem preposição. Na última frase, por ser intransitivo, ele não tem complemento; há apenas um adjunto adverbial de modo modificando seu sentido.

Confira, a seguir, algumas regências de uma lista de verbos. O objeto direto (ligação direta, sem preposição) vem destacado na cor azul, e o objeto indireto (ligação por meio de preposição ou locução prepositiva), na **cor vermelha**.

Verbos	Regência	Exemplos
agradar	• **transitivo direto** sentido de "contentar, mimar, acariciar"	*A mãe* ***agradou o filho*** *com um sorvete.*
	• **transitivo indireto** sentido de "satisfazer"	*Não foi fácil* ***agradar ao convidado****.* (**ao**: preposição *a* + artigo *o*)
aspirar	• **transitivo direto** sentido de "sover, inalar, absorver"	*Sentiu a necessidade de viajar para o campo a fim de descansar e* ***aspirar ar puro****.*
	• **transitivo indireto** sentido de "desejar, almejar, ambicionar"	*O gerente* ***aspirava ao cargo de diretor****.* (**ao**: preposição *a* + artigo *o*)
Atenção • Quando é transitivo indireto, o verbo *aspirar* não aceita o pronome *lhe*(s), mas apenas os pronomes do caso reto *ele*(s), *ela*(s), regidos de preposição: *O poder, certas pessoas* ***aspiram a*** *ele.*		
assistir	• **transitivo direto** sentido de "socorrer, ajudar, prestar assistência"	*O policial* ***assistiu o deficiente visual*** *na hora de atravessar a faixa.*
	• **transitivo indireto** sentido de "caber, competir, ver, presenciar"	***Assiste aos pais*** *a educação dos filhos.* *Alguns moradores* ***assistiram à discussão do casal****.* (**à**: preposição *a* + artigo *a*)

Verbos	Regência	Exemplos
assistir	• **intransitivo** sentido de "morar, residir"	*Grande número de políticos **assiste** em Brasília.*

Atenção

1. Quando é transitivo indireto e significa "ver, presenciar", o verbo *assistir* não aceita o pronome *lhe*(*s*), mas apenas as formas do caso reto *ele*(s), *ela*(s) regidas de preposição: *O* show *foi excelente*; *muitos **assistiram a ele***.
2. Embora a gramática normativa estabeleça o contrário, a norma culta brasileira já admite o uso do verbo *assistir* como transitivo direto, mesmo quando o sentido pretendido seja o de "ver, presenciar": ***Assisti um belo filme** neste final de semana*.

Verbos	Regência	Exemplos
atender	• **transitivo direto** sentido de "acolher com atenção, acatar"	*O porteiro **atendeu os repórteres**.*
	• **transitivo indireto** sentido de "dar solução a, realizar"	*A secretária **atendeu às solicitações do chefe**.* (**às**: preposição *a* + artigo *as*)
chamar	• **transitivo direto** sentido de "convocar"	*O técnico **chamou o jogador** para uma conversa.*
	• **transitivo direto** ou **transitivo indireto** sentido de "denominar, apelidar" (geralmente vem acompanhado de predicativo do objeto, preposicionado ou não)	***Chamou-o** (de) traidor.* (transitivo direto) ***Chamou-lhe** (de) traidor.* (transitivo indireto)
	• **transitivo indireto** sentido de "invocar", seguido da preposição *por*	***Chamava pela mãe** a todo instante.* (**pela**: preposição *por* + artigo *a*)
chegar	• **intransitivo e transitivo indireto** sentido de "atingir data ou local"; sentido de "alcançar, atingir"	***Chegou** ao cinema acompanhado.* (intransitivo) *A conta não **chega a esse valor**.*
	• **transitivo direto e indireto** sentido de "aproximar" (em geral, como verbo reflexivo)	***Cheguei-me a ele** meio sem graça.* *Ela **chegou-se à vendedora**.* (**à**: preposição *a* + artigo *a*)
custar	• **transitivo direto** sentido de "ser obtido pelo preço de"	*Os móveis **custaram o seu salário**.* *Esta ponte **custou milhões de reais**.*
	• **transitivo indireto** sentido de "ser difícil" (é conjugado como verbo reflexivo, na 3ª pessoa do singular, e o seu sujeito é uma oração reduzida de infinitivo)	***Custou-lhe** reconhecer a culpa.* (o pronome funciona como objeto indireto)

Atenção

• Na construção ***Custei** a reconhecer a culpa*, o verbo *custar* tem o significado de "demorar, tardar" e é intransitivo.

Verbos	Regência	Exemplos
ensinar	• **intransitivo** sentido de "doutrinar, lecionar, dar aulas"	*Minha filha **ensina** em vários colégios.*
	• **transitivo direto** sentido de "educar, transmitir ensinamentos"	*É necessário **ensinar** os jovens.*
	• **transitivo direto e indireto** sentido de "fazer conhecer, dar instrução sobre"	*O guarda **ensinou** o trajeto **ao turista**.* (**ao**: preposição *a* + artigo *o*)
esquecer	• **transitivo direto** (não pronominal) ou **transitivo indireto** (pronominal) sentido de "não ter lembrança ou memória" (admite as duas regências)	***Esqueceu** o passaporte.* transitivo direto (não pronominal) ***Esqueceu-se** **do passaporte**.* transitivo indireto (pronominal) (**do**: preposição *de* + artigo *o*)

Atenção

- Nesse caso, o pronome pessoal átono *se* conjugado com o verbo não tem função de complemento (objeto).

Verbos	Regência	Exemplos
implicar	• **transitivo direto e indireto** sentido de "embaraçar, comprometer"	*O depoimento do porteiro **implicou** o zelador **no ocorrido**.*
	• **transitivo direto** ou **transitivo indireto** sentido de "causar, envolver, resultar"	*Fazer mais convites **implica** maiores gastos.* *Fazer mais convites **implica** **em maiores gastos**.*
	• **transitivo indireto** sentido de "antipatizar, mostrar antipatia"	*A dona da casa **implicou** **com um dos pedreiros**.*
informar	• **transitivo direto e indireto** sentido de "dar esclarecimentos" (pode ser transitivo direto para pessoa e transitivo indireto para coisa, ou vice-versa)	***Informei** o chefe **sobre minha viagem**.* (**objeto direto**: pessoa; **objeto indireto**: coisa) ***Informei** **ao chefe** minha viagem.* (**objeto indireto**: pessoa; **objeto direto**: coisa)
	• **transitivo indireto** (pronominal) sentido de "inteirar-se, pôr-se a par"	*Os operários **informaram-se** **de seus direitos**.*
investir	• **transitivo indireto** sentido de "atacar, arremeter, atirar-se (com ímpeto)"	*A baleia **investiu** **contra a treinadora**.*
	• **transitivo direto e indireto** sentido de "empossar, dar posse"	***Investiram** o experiente advogado **na direção da empresa**.*

Verbos	Regência	Exemplos
lembrar	• **transitivo direto** (não pronominal) ou **transitivo indireto** (pronominal) sentido de "ter lembrança ou memória" (admite as duas regências)	*Lembrou o endereço do prédio.* (transitivo direto) *Lembrou-se do endereço do prédio.* (transitivo indireto) (**do**: preposição *de* + artigo *o*)
	• **transitivo direto e indireto** sentido de "fazer recordar, advertir"	*Lembrou ao garçom o pedido.* (**ao**: preposição *a* + artigo *o*)
necessitar	• **transitivo direto** ou **transitivo indireto** sentido de "carecer, precisar"	*Ela necessitava seu consentimento.* (transitivo direto) *Ela necessitava de seu consentimento.* (transitivo indireto)
obedecer *desobedecer*	• **transitivo indireto** sentido de "submeter-se, cumprir ordens" / sentido de "não se submeter, não cumprir ordens"	*Os músicos obedeciam à batuca do maestro.* (**à**: preposição *a* + artigo *a*) *O filho desobedeceu às ordens do pai.* (**às**: preposição *a* + artigo *as*)
pagar	• **transitivo direto** sentido de "saldar compromisso" (referindo-se a coisas)	*A pensionista pagou o aluguel em dia.*
	• **transitivo indireto** sentido de "remunerar" (referindo-se a pessoas)	*O gerente pagou aos vendedores hoje.* (**aos**: preposição *a* + artigo *os*)
perdoar	• **transitivo direto** sentido de "desculpar" (referindo-se a coisas)	*Os amigos perdoaram as ofensas de Rafael.*
	• **transitivo indireto** sentido de "conceder perdão" (referindo-se a pessoas)	*Eu perdoei ao garoto.* (**ao**: preposição *a* + artigo *o*)
	• **transitivo direto e indireto** sentido de "desculpar algo a alguém"	*O rei perdoou a falsa acusação da testemunha.* (**da**: preposição *de* + artigo *a*)
precisar	• **transitivo direto** sentido de "determinar, indicar com precisão"	*O assaltante preso precisou o local do esconderijo.*
	• **transitivo indireto** sentido de "ter necessidade"	*Os cidadãos precisam de um melhor sistema de saúde.*
preferir	• **transitivo direto** sentido de "ter preferência, sem sugerir a escolha"	*Nós sempre preferimos este restaurante.*
	• **transitivo direto e indireto** sentido de "ter preferência, sugerindo a escolha"	*Fábio prefere carne de boi a mariscos.*

Atenção

De acordo com a gramática normativa, não são aceitas construções em que o verbo *preferir* venha seguido de *mais... do que*, pois esse verbo já traz implícito em seu sentido que se trata de uma preferência maior; não se prefere mais ou menos uma coisa, prefere-se uma coisa a outra (o objeto indireto é introduzido pela preposição *a*).

Verbos	Regência	Exemplos
querer	• **transitivo direto** sentido de "desejar"	*O cliente **quer um prazo** para pagar sua conta.*
	• **transitivo indireto** sentido de "gostar, ter afeto"	*A madrinha **queria** muito **ao afilhado**.* (**ao**: preposição *a* + artigo *o*)
responder	• **transitivo direto** ou **transitivo indireto** sentido de "dizer ou escrever em resposta"	*O médico **respondeu a pergunta**.* *O médico **respondeu à pergunta**.*
	• **transitivo indireto** sentido de "agir, reagir"	*Os bombeiros **responderam ao chamado** prontamente.* (**ao**: preposição *a* + artigo *o*)
visar	• **transitivo direto** sentido de "pôr o visto em" e "olhar para, mirar"	*A embaixada **visou poucos passaportes** hoje.* *O garoto **visava a elegante menina**.*
	• **transitivo indireto** sentido de "desejar, pretender"	*Os estudantes **visam à aprovação no Enem**.* (**à**: preposição *a* + artigo *a*)

Atenção

- Como transitivo indireto, no sentido de "desejar, pretender", o verbo *visar*:
  a) não aceita o pronome *lhe*(*s*), mas apenas as formas pronominais do caso reto *ele*(*s*), *ela*(*s*), regidas de preposição: *O concurso público dá segurança, por isso muitos **visam a ele***;
  b) quando seguido de verbo no infinitivo, pode ser empregado sem preposição: *Os jornais **visam** informar os fatos com veracidade*.

Observações

1. Há orações em que aparecem verbos com regências diferentes juntos. Segundo a norma padrão, nesses casos, a regência de cada um deve ser mantida; não se deve atribuir o mesmo complemento a verbos de regências diferentes. Veja este exemplo:

   *O rapaz ouviu e agradeceu **ao motorista***. (em desacordo com a norma culta)

   *O rapaz **ouviu o motorista** e **agradeceu-lhe***. (de acordo com a norma culta)

   Nesse caso, o verbo *ouvir* é transitivo direto (pede objeto direto) e *agradecer*, transitivo indireto (pede objeto indireto). Na primeira forma, não foram consideradas essas diferentes transitividades, atribuindo-se o mesmo complemento para os dois verbos. Na segunda forma, escrita conforme a gramática normativa, os complementos estão de acordo com a transitividade verbal.

2. A gramática normativa estabelece o emprego dos verbos *assistir*, *visar* e *aspirar* como transitivos indiretos no sentido de "ver", "pretender" e "almejar", respectivamente. Já há, no entanto, o registro do emprego desses verbos como transitivos diretos na língua padrão e pela imprensa: *assisti **o** jogo*, *visou **o** senado*, *aspiramos **a** vitória*. Nesse sentido, encontramos dicionários que abonam esse emprego.

3. Quanto aos verbos *chegar* e *ir*, a gramática normativa não aceita o emprego da preposição *em*, quando segue um termo indicando direção ou movimento. Há linguistas, porém, que confirmam a preferência cada vez mais frequente pelo uso da preposição *em* em substituição à preposição *a*: *cheguei **em** casa* (e não *cheguei **à** casa*), foi ***numa** exposição* (e não *foi **a uma** exposição*).

   Não se esqueça, no entanto, de que devemos seguir a gramática normativa quando há exigência do uso da língua padrão em situações formais.

APLICAÇÃO

1 Leia este anúncio da Eletrobras Furnas, uma empresa de economia mista que atua na geração e transmissão de energia elétrica:

REPRODUÇÃO

Novos empreendimentos com investimentos equivalentes a mais de 15 bilhões, cerca de 20 mil km de linhas de transmissão e 11 usinas hidrelétricas. Tudo com o maior respeito pelo meio ambiente.

Tem gente que acha que FURNAS só gera energia. Não é de hoje que ela faz muito mais que isso. Há décadas FURNAS volta sua atenção também para a preservação do meio ambiente. É a empresa pioneira na conservação da cobertura vegetal sob os cabos condutores das linhas de transmissão e, antes de iniciar qualquer obra, todos os projetos passam por rigorosos estudos de impacto ambiental. FURNAS também desenvolve pesquisas permanentes de monitoramento hidrológico e, atualmente, opera 7 viveiros com capacidade anual de 60.000 mudas nativas de biomas. FURNAS gera a energia que o Brasil precisa para continuar crescendo sem agredir a natureza. Isso é dar toda a força ao meio ambiente.

a) No anúncio, o que simboliza a imagem formada pela árvore e o texto que a circunda, alongando-se pela paisagem?

b) Que características da empresa são destacadas nesse anúncio?

c) Interprete o emprego da palavra *força* nesta frase que, no anúncio, aparece no final do texto abaixo da árvore: "Isso é dar toda a **força** ao meio ambiente".

d) Releia as frases que circundam a árvore: "Novos empreendimentos com investimentos equivalentes a mais de 15 bilhões, cerca de 20 mil km de linhas de transmissão e 11 usinas hidrelétricas. Tudo com o maior respeito pelo meio ambiente".

- Casos de que tipo de regência encontramos nesse trecho: nominal ou verbal? Justifique sua resposta.
- Destaque os casos de regência presentes no trecho, identificando a palavra que liga o termo regido ao regente.

e) Releia este período do texto: "Há décadas FURNAS **volta** sua atenção também para a preservação do meio ambiente".

- Qual é o sentido e a regência do verbo *voltar* nessa frase?
- Quais são os complementos desse verbo e como se chamam, considerando a função sintática que exercem na frase?
- Explique o tipo de regência que se estabelece entre o substantivo *preservação* e o termo *do meio ambiente*.
- Observe, agora, o emprego do verbo *voltar* nesta frase: *Hoje ocorreu um apagão na cidade, mas a energia* ***voltou*** *logo*. Explique o sentido e a regência do verbo *voltar* nesse contexto.

f) Leia com atenção o período a seguir, observando a relação dos termos uns com os outros.

- "É a empresa pioneira na **conservação** da **cobertura vegetal** sob os cabos condutores das linhas de transmissão e, antes de iniciar qualquer obra, todos os projetos passam por **rigorosos estudos** de **impacto ambiental**".
- Identifique os termos que se ligam às palavras destacadas, para completar-lhes o sentido, e explique a regência ocorrida.
- Identifique a função sintática desses termos que você analisou.

g) Releia este período: "Isso é **dar** toda a força ao meio ambiente". Qual é a regência do verbo *dar* nessa frase? Esclareça sua resposta.

2 Reescreva as frases, completando-as com a preposição adequada. Todas as situações são casos de regência nominal.

a) O gerente estava **propenso** ★ dar-lhe uma nova chance.

b) Este estagiário logo se tornou **apto** ★ operar qualquer máquina.

c) Nem sempre somos **passíveis** ★ mudanças em nossos hábitos.

d) O motorista mostrou-se **atencioso** ★ a passageira.

e) As fotos seguem **junto** ★ toda documentação exigida.

3 Reescreva as frases a seguir, substituindo o verbo destacado pelo verbo entre parênteses. Faça as alterações necessárias em função da regência do novo verbo de acordo com a gramática normativa.

a) Algumas pessoas **viam** a apresentação na praça. (assistir)

b) Rita **gostava** muito dos amigos da faculdade. (querer)

c) O jovem advogado **deseja** uma promoção na empresa. (visar)

d) A televisão **alertou** os motoristas quanto aos deslizamentos. (informar)

e) Os seguranças **seguem** as orientações dos lojistas. (obedecer)

f) Os clientes do restaurante **respiravam** a fumaça dos cigarros. (aspirar)

g) Os cidadãos **querem** um país mais seguro, sem violência. (aspirar)

h) A aprovação do acordo não **envolve** a presença de todos. (implicar)

4 Leia este texto:

Por uma dieta mais saudável

O modo de preparo dos alimentos e as combinações alimentares podem alterar a digestão dos açúcares e, dessa forma, diminuir as taxas de glicose no sangue.

Prefira os alimentos crus aos cozidos. As fibras aumentam o tempo de digestão, o que faz com que o alimento cru demore mais tempo para se transformar em glicose no sangue. Cem gramas de cenoura crua, por exemplo, têm metade da carga glicêmica da mesma quantidade de cenoura cozida.

GEFF REIS/KEYSTONE

Comer vegetais e legumes à noite ajuda a garantir o abastecimento de energia do organismo por mais tempo.

Combinar alimentos de alto teor glicêmico com proteínas e fibras ajuda a diminuir a carga glicêmica da refeição. O tradicional arroz com feijão é uma combinação bastante saudável. O feijão faz diminuir o ritmo com que o arroz se transforma em açúcar no sangue.

Uma boa ideia para reduzir a carga glicêmica dos alimentos é substituir pães, farinhas e arroz brancos pelos integrais. A carga glicêmica de uma fatia de pão integral, por exemplo, é um terço menor que a de um pão branco.

À noite, dê preferência aos alimentos ricos em fibras, como vegetais e legumes, e aos carboidratos complexos, como arroz integral e pães integrais. Como eles são digeridos mais lentamente, garantem o abastecimento de energia para o organismo por mais tempo. Essa medida impede que a pessoa acorde com fome no meio da noite.

Veja, São Paulo, n. 1.971, 30 ago. 2006.

a) Esse texto apresenta elementos de caráter persuasivo. Explique por quê.

b) Segundo o texto, que problema de saúde acarretado pela má alimentação é mais combatido com a dieta sugerida?

c) Quais são as principais orientações para a redução da carga glicêmica no sangue?

d) Releia esta oração: "**Prefira** os alimentos crus aos cozidos".
- O verbo *preferir* é transitivo direto ou indireto nessa frase? Justifique.
- Seria adequado dizer *Prefira mais alimentos crus do que cozidos*? Esclareça sua resposta.

e) Reescreva as frases a seguir, substituindo os verbos destacados pelos substantivos equivalentes, adequando a regência.
- "**Combinar** alimentos de alto teor glicêmico com proteínas e fibras ajuda a **diminuir** a carga glicêmica da refeição."
- "Uma boa ideia para **reduzir** a carga glicêmica dos alimentos é **substituir** pães, farinhas e arroz brancos pelos integrais."

f) Releia este período: "À noite, dê preferência aos alimentos ricos em fibras, como vegetais e legumes, e aos carboidratos complexos, como arroz integral e pães integrais".
- O termo *aos alimentos ricos em fibras* é complemento do substantivo *preferência* ou do verbo *dar*? Nesse caso, qual é a regência exigida?
- Que tipo de regência há na expressão *ricos em fibras*? Qual é a função do termo *em fibras*?

5 Leia este anúncio:

REPRODUÇÃO

a) Explique o sentido do texto que está na parte superior do anúncio.

b) No anúncio, encontramos duas formas verbais cujo emprego visa influenciar o público-alvo. Quais são e em que modo verbal estão empregadas?

c) Releia esta frase do anúncio: "Assista a estas e outras atrações a hora que você quiser".
- Por que o complemento do verbo *assistir* está ligado a ele por preposição (*a estas e outras atrações*)?
- Com que sentido o verbo *assistir* é transitivo direto? Exemplifique.

d) Observe esta outra frase que aparece no anúncio, no texto em letras pequenas: "E o melhor: você não paga nada por isso e assiste a hora que quiser".
- Nessa frase, não se emprega preposição para ligar o verbo *pagar* a seu complemento (*você não **paga nada***). Explique por quê.
- Quando o verbo *pagar* exige preposição para se ligar a seu complemento? Dê um exemplo.

6 Reescreva as frases a seguir, completando-as com os verbos entre parênteses, regidos adequadamente.

a) O jogador ★ gol a uma boa distância e chutou. (visar)
b) ★ horário da entrevista marcada para esta semana. (esquecer)
c) O síndico do prédio ★ condôminos a taxa extra. (avisar)
d) Rebeca ★ musse de chocolate ★ torta de morango. (preferir)
e) ★ pais a obrigação de impor limites aos filhos. (assistir)

7 Leia esta tira de Zoé & Zezé:

ZOÉ & ZEZÉ

Jerry Scott & Rick Kirkm

2001 KING FEATURES SYNDICATE/IPRESS

a) O que chamou a atenção do marido ao observar o calendário? Que solução ele apresentou para o problema?
b) Por que a solução proposta pelo marido não agradou à esposa? Qual foi a contraproposta dela?
c) Releia esta oração: "Mães precisam de calendários maiores!".
   - Qual é o sentido e a regência do verbo *precisar* na oração?
   - Que outro sentido e regência pode ter o verbo *precisar*? Dê um exemplo.
d) Observe a frase dita pela mulher: "Prefiro semanas mais curtas". Complemente essa oração, alterando a regência do verbo *preferir* para transitivo direto e indireto.

Estudo da crase

No texto

Leia esta tira do Níquel Náusea:

NÍQUEL NÁUSEA

Fernando Gonsales

FERNANDO GONSALES

1. O que deu comicidade ao texto?
2. Releia esta frase do balão de fala: "Quem for voluntário dê um passo à frente!!!".
   a) Destaque o caso de regência nominal que ocorre nessa frase. Depois, identifique o termo regente e o termo regido.

b) Identifique o complemento do termo regente e dê sua função sintática.

c) Explique como se dá a ligação entre o termo regente e o regido.

d) Na expressão *passo à frente*, a preposição *a* se une ao artigo feminino *a* que antecede o substantivo *frente*. O que ocorre quando há esse encontro da preposição *a* com o artigo feminino *a*?

A contração da preposição *a* com o artigo definido feminino (*a*, *as*) ou com determinados pronomes iniciados pela vogal *a* resulta no fenômeno chamado **crase**. Na escrita, a crase é marcada pelo acento grave (*à*).

Conteúdo multimídia
Trecho do programa "Nossa Língua Portuguesa", da TV Cultura: A crase e seu uso

Então, na frase da tira "Quem for voluntário dê um passo **à** frente!!!", o termo *à* colocado entre as palavras *passo* e *frente* é uma ocorrência da crase, marcada pelo acento grave (`).

Em contexto

Além da ocorrência na junção da preposição *a* com o artigo definido feminino (*a*, *as*), a crase também se apresenta quando a preposição *a* se une aos pronomes demonstrativos *aquele*, *aqueles*, *aquela*, *aquelas*, *aquilo*, *a* (= *aquela*), *as* (= *aquelas*) e aos pronomes relativos *a qual* e *as quais*.

Logo mais, haverá viagens turísticas ***à*** *Lua*
preposição *a* + artigo definido *a*

O advogado dedicou-se ***àquele*** *caso com especial interesse.*
preposição *a* + pronome demonstrativo *aquele*

As duas funcionárias são atenciosas; pedi ***à*** *de blusa listrada um chocolate quente.*
preposição *a* + pronome demonstrativo *a* (= *aquela*)

Aquela é a candidata ***à qual*** *os jurados se referiram.*
preposição *a* + pronome relativo *a qual*

Casos obrigatórios de crase

1. Em locuções adverbiais formadas por preposição e palavra feminina: *às pressas*, *às carreiras*, *às ocultas*, *às escondidas*, *à tarde*, *à noite*, *às vezes*, *à toa* (no sentido de "sem fazer nada"), etc.

   O caseiro apareceu ***às carreiras*** *à procura do dono.*

2. Em locuções prepositivas: *à frente de*, *à custa de*, *à maneira de*, *à vista de*, *à exceção de*, *à beira de*, *à espera de*, etc.

   A mãe ficou ***à espera da*** *filha na porta do colégio.*

3. Em locuções conjuntivas: *à medida que*, *à proporção que*, etc.

   Minhas ideias fluíam ***à proporção que*** *eu escrevia.*

4. Quando os pronomes demonstrativos *aquele(s)*, *aquela(s)*, *aquilo* e *a(s)* vierem precedidos de verbos regidos pela preposição *a*.

   Fomos ***àquela*** *ilha no verão.*

5. Quando são subentendidas as expressões *à moda* (*de*), *à maneira* (*de*), etc.

   Ela pediu talharim ***à parisiense***. (= à moda parisiense)

6. Antes de numerais indicando horas, podendo a palavra *hora*(*s*) vir expressa ou subentendida.

   O tabelião voltou ***às quinze horas***.

7. Quando nomes de lugares que admitem o artigo *a* vierem precedidos de verbos regidos pela preposição *a*.

   Paula ***foi à Alemanha*** *com a mãe*. (à = para a)

8. Antes das palavras *casa* e *terra*, se vierem determinadas e antecedidas de verbos regidos pela preposição *a*.

   O corretor ***regressou à casa do cliente*** *com outra proposta*.

   A escritora ***chegou à terra de sua família***.

9. Com os pronomes relativos *a qual* e *as quais* quando o verbo exigir a preposição *a* e o pronome estiver se referindo a um nome feminino.

   As ***alunas às quais*** *estou me* ***referindo*** *participarão da dança*.

10. Antes de certos pronomes de tratamento, como *senhora* e *senhorita*, dos pronomes adjetivos *mesma* e *mesmas*, *tal* e *tais* (quando se referem a nomes femininos) e dos pronomes indefinidos *outra* e *outras*, quando o nome ou verbo é regido pela preposição *a*. Nesse caso, considera-se que o pronome (+ o substantivo, quando for caso) está determinado pelo artigo feminino.

    Devo muitos favores ***à senhora***, *Dona Mercedes*.

    Ele está sempre se referindo ***às mesmas*** *coisas*.

    Pedi ***à outra*** *enfermeira que me trouxesse o remédio*.

    (quando houver especificação da pessoa ou coisa a que se refere)

Casos em que nunca ocorre crase

1. Antes de palavra masculina.

   O carro de Felipe era ***a álcool***.

2. Quando a preposição *a* estiver antecedendo um substantivo feminino no plural empregado em sentido geral – nesse caso, o nome ou o verbo a que se liga o substantivo devem ser regidos pela preposição *a*.

   Gostava de ***ir a pousadas*** *no interior*.

   Esta agência de turismo está promovendo uma ***visita a cavernas***.

3. Antes de verbos no infinitivo.

   Os brasileiros passaram ***a viajar*** *mais*.

4. Antes de nomes de lugar que não admitem artigo.

   Muitas bandas foram ***a Campinas***.

5. Quando as palavras *casa* e *terra* não vêm determinadas, isto é, quando forem usadas com o sentido de "próprio lar" e "terra, chão firme", respectivamente.

   Meus irmãos voltam ***a casa*** *hoje*.

   Os barcos voltaram ***a terra*** *com pouca pesca*.

6. Antes de **pronomes que rejeitam o artigo**, como os pessoais, de tratamento, demonstrativos, indefinidos, interrogativos e relativos.

   *Dirigi-me **a ela** esperançoso.* (pronome pessoal)

   *O juiz concedeu **a V. Sa.** habeas corpus?* (pronome de tratamento)

   *O cantor se referiu **a esta** música.* (pronome demonstrativo)

   *Informou **a toda** família sua decisão.* (pronome indefinido)

   *Você se refere **a qual** área?* (pronome interrogativo)

   *A agência **a que** fui tinha boas propostas de viagem.* (pronome relativo)

Observação

- Quando os pronomes estão no masculino (isto é, referem-se a nomes no masculino), vale a regra de que não se usa a crase antes de palavras masculinas: *O professor sempre se refere **a este** caso. Ele informou **a todo o grupo** sua decisão.*

7. Quando a preposição *a* antecede o artigo indefinido *uma*.

   *Os alunos ofereceram um mimo **a uma** funcionária da escola.*

8. Em expressões formadas por palavras (masculinas ou femininas) repetidas ligadas pela preposição **a**.

   *Primeiro ficamos **frente a frente**, depois **lado a lado**.*

9. Na locução adverbial *a distância* quando a distância não estiver determinada.

   *Olhava **a distância** os carros que passavam pela estrada.*

Observação

- Se a distância estiver determinada, ocorre crase: Estacionamos ***à distância de vinte metros*** *da ponte*.

Casos de uso facultativo da crase

1. Diante de pronomes possessivos femininos no singular quando é exigida a preposição *a* no contexto da frase – o uso da crase é facultativo porque é facultativo também o uso de artigo definido antes de pronomes possessivos.

   *O chofer saiu **à (a) minha** procura.*

   *Já contei o fato **à (a) minha** irmã.*

   *O diretor referiu-se **à (a) nossa** participação nas olimpíadas escolares.*

2. Diante de substantivos próprios femininos, normalmente ocorre a crase se houver familiaridade; caso contrário, não. Nesse caso, o contexto também deve exigir o uso da preposição *a*.

   *Ofereci **à Chris**, minha prima, um convite para a festa.*

   *O estudante referiu-se **a Marina Colasanti**, autora de muitos livros.*

3. Na locução prepositiva *até a*.

   *Caminhou **até à (até a)** orla marítima.*

   *O hóspede se dirigiu **até à (até a)** recepção.*

Regras práticas

Quando houver dúvida quanto à ocorrência ou não de crase, pode-se recorrer a estas três regras práticas:

1. Substitua a palavra feminina, que representa o termo regido, por uma palavra masculina da mesma classe gramatical. Caso ocorra a combinação *ao(s)* antes da palavra masculina, ocorre a crase antes da palavra feminina.

   Observe:

   - *A equipe brasileira chegou* (**a** ou **à**?) **final** *do campeonato mundial.*
   - A equipe brasileira chegou **ao fim** do campeonato mundial.

   → Então: *A equipe brasileira chegou* **à final** *do campeonato.*

   - *Nós dois fomos* (**a** ou **à**?) **praia** *neste final de semana.*
   - *Nós dois fomos* **ao cinema** *neste final de semana.*

   → Então: *Nós dois fomos* **à praia** *neste final de semana.*

2. Quando o termo regente for um verbo cuja regência se dá com a preposição *a*, substitua-o por outro verbo cuja regência seja a preposição *de* (*vir*, *voltar*, etc.). Se houver a contração *do(s)*, *da(s)* depois do verbo, ocorre a crase no caso do verbo cuja regência é a preposição *a*.

   Observe:

   - *O presidente do Brasil foi* (**a** ou **à**?) **África**.
   - *O presidente do Brasil* **voltou da África**.

   → Então: *O presidente do Brasil foi* **à África**.

3. Com nomes de lugares antecedidos por verbos regidos pela preposição *a*, se for possível substituir essa preposição por *para a*, haverá crase. Se só for possível fazer essa substituição por *para*, não ocorrerá crase.

   Veja:

   - *O ministro dos Transportes foi* (**a** ou **à**?) **Suíça**.
   - *O ministro dos Transportes foi* **para a Suíça**.

   → Então: *O ministro dos Transportes foi* **à Suíça**.

   - *Os deputados e senadores voltaram* (**a** ou **à**?) **Brasília**.
   - *Os deputados e senadores voltaram* **para Brasília**.

   → Então: *Os deputados e senadores voltaram* **a Brasília**.

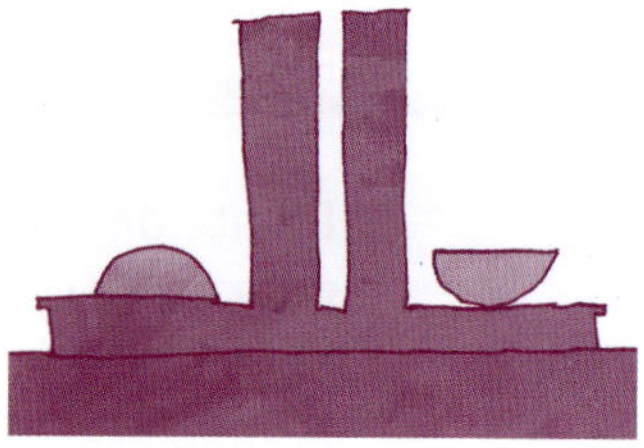

APLICAÇÃO

1 Reescreva as frases, completando-as com *a*, *as*, *à* ou *às*, adequadamente.

a) Informo ★ Vossa Excelência ★ data da viagem ★ Dinamarca.
b) Trajava um conjunto ★ moda Dior comprado ★ prazo.
c) Dirigiu-se ★ Ritinha e levou-a até ★ porta do carro.
d) ★ cliente solicitou ★ outra recepcionista ★ troca da consulta.
e) O sedex chegou ★ minha casa ★ dez horas com ★ encomenda.
f) Meu primo foi ★ Campinas ★ negócios e volta ★ tarde.
g) O almoço será ★ uma hora em um chalé ★ beira da lagoa.
h) O engenheiro referiu-se ★ obra do metrô ★ qual prestava serviços.
i) Passo ★ passo, ele começou ★ exercitar-se e dedicou-se ★ ioga.
j) ★ vezes retornava ★ terra natal e ia ★ fazenda andar ★ cavalo.

2 Leia este texto:

Uma interrupção no consumo de açúcar pode levar à depressão?

Se a dieta exigir o corte radical dos carboidratos (e não apenas do açúcar), isso pode ocorrer. A explicação dos especialistas está na química cerebral. Os carboidratos funcionam como matéria-prima indispensável à síntese de serotonina, o neurotransmissor associado à sensação de bem-estar. Uma queda brusca na oferta desse nutriente pode levar a uma redução considerável nas taxas de serotonina e, com isso, suscitar sintomas de depressão. Além disso, o consumo de doces, especificamente, eleva as taxas de outro neurotransmissor: a dopamina, associada à sensação de prazer. Essa relação explica, por exemplo, por que pessoas com sintomas de depressão ou alterações de humor muitas vezes aumentam o consumo de doces.

Veja, São Paulo, n. 1.971, p. 96, 30 ago. 2006.

RACHEL CANTO / OPÇÃO BRASIL IMAGENS

Plantação de milho. Foto de 2007. Entre os alimentos que nos fornecem carboidratos estão os cereais, como o milho, o arroz e o trigo.

a) Com base no texto, explique por que a dieta que elimina totalmente carboidratos, entre eles o açúcar, pode provocar depressão.

b) O texto responde à pergunta do título: "Uma interrupção no consumo de açúcar pode levar à depressão"? Justifique sua resposta.

c) Explique por que se empregou a crase no termo *à depressão*, presente no título do texto.

d) Observe esta frase do texto: "Uma queda brusca na oferta desse nutriente pode levar **a** uma redução considerável nas taxas de serotonina".

- Explique por que não se empregou a crase no *a* no termo *a uma redução*.
- Se fosse empregado o artigo definido feminino *a* em lugar do indefinido *uma* acompanhando o substantivo *redução*, ocorreria a crase? Por quê?

e) Releia esta oração: "Além disso, o consumo de doces, especificamente, eleva **as** taxas de outro neurotransmissor". Explique por que não ocorre a crase em "eleva **as** taxas de outro neurotransmissor".

f) Explique a ocorrência de crase nestes três casos presentes no texto: "indispensável **à** síntese de serotonina", "associado **à** sensação de bem-estar", "associada **à** sensação de prazer".

3 Leia a tira a seguir.

RECRUTA ZERO Mort Walker

a) Por que o entendimento do humor da tira somente ocorre no segundo quadrinho?

b) Na tira, ocorre o emprego da crase nestas locuções: *às onze*, *às treze* e *às dezoito*. Explique por quê.

4 **Leia a seguir um trecho do conto *O alienista*, de Machado de Assis. O protagonista desse conto, o doutor Simão Bacamarte, baseado em suas teorias sobre a loucura, decide internar, aos poucos, em um hospício fundado por ele, chamado Casa Verde, quase todas as pessoas da cidade de Itaguaí.**

Quatro dias depois, a população de Itaguaí ouviu consternada a notícia de que um certo Costa fora recolhido à Casa Verde.

– Impossível!

– Qual impossível! foi recolhido hoje de manhã.

– Mas, na verdade, ele não merecia... Ainda em cima! depois de tanto que ele fez... Costa era um dos cidadãos mais estimados de Itaguaí. Herdara quatrocentos mil cruzados em boa moeda de el-rei D. João V, dinheiro cuja renda bastava, segundo lhe declarou o tio no testamento, para viver "até o fim do mundo". Tão depressa recolheu a herança, como entrou a dividi-la em empréstimos, sem usura, mil cruzados a um, dois mil a outro, trezentos a este, oitocentos àquele, a tal ponto que, no fim de cinco anos, estava sem nada. Se a miséria viesse de chofre, o pasmo de Itaguaí seria enorme; mas veio devagar; ele foi passando da opulência à abastança, da abastança à mediania, da mediania à pobreza, da pobreza à miséria, gradualmente. Ao cabo daqueles cinco anos, pessoas que levavam o chapéu ao chão, logo que ele assomava no fim da rua, agora batiam-lhe no ombro, com intimidade, davam-lhe piparotes no nariz, diziam-lhe pulhas. [...]

ASSIS, Machado de. *O alienista*.
São Paulo: Moderna, 1991. p. 11. (Fragmento).

Glossário

Usura: avareza.

De chofre: de repente.

Pasmo: espanto.

Piparotes: pequenos golpes.

Pulhas: gracejos ou ditos desrespeitosos.

a) Em sua opinião, que julgamento se pode fazer da atitude de Costa ao consumir toda a sua herança? E o que você acha da reação das pessoas?

b) Observe o emprego da crase diante da palavra *casa* nesta frase: "Costa fora recolhido à Casa Verde". Por que se empregou a crase?

c) Explique por que não ocorre o emprego de crase nas palavras destacadas neste período: "Tão depressa recolheu **a** herança, como entrou **a** dividi-la em empréstimos, sem usura, mil cruzados **a** um, dois mil **a** outro, trezentos **a** este".

d) Releia esta passagem: "oitocentos **àquele**, a tal ponto que, no fim de cinco anos, estava sem nada". Como se justifica o emprego da crase no termo destacado?

e) A crase foi empregada de acordo com uma mesma regra nestes termos: "à abastança", "à mediania", "à pobreza", "à miséria". Explique por quê.

5 Reescreva as frases a seguir, completando-as com a preposição *a* e empregando, quando necessário, o acento indicativo de crase.

a) Os turistas visavam ★ um ressarcimento das passagens, mas o gerente respondeu ★ eles que isso seria impossível.

b) Minha irmã preferiu fazer Economia ★ Ciência da computação.

c) O empresário decidiu pagar ★ funcionários da montadora o aumento concedido somente ★ equipe de projetos.

d) Informaram ★ clientela o novo endereço ★ partir de janeiro.

e) Nós assistimos ★ queima de fogos ★ uma distância que deu segurança ★ todos.

f) O supermercado ★ que nos dirigimos vendia azeitona ★ granel.

g) Estarão sujeitos ★ multa e ★ guincho os carros que estacionarem, neste local, de segunda ★ sexta, das 9 ★ 18 horas.

6 Leia estas estrofes do poema "Poesia e mendicidade", de Castro Alves, autor da terceira geração da poesia romântica brasileira. Castro Alves compôs poemas sociais e líricos.

Hoje o Poeta – caminheiro errante,
Que tem saudades de um país melhor
Pede uma pérola – à maré montante,
Do seio às vagas – pede – um outro amor.

[...]

Pede à mulher que seja boa e linda
– Vestal de um tipo que o *ideal* revela...
Pois ser formosa é ser melhor ainda...
Se és boa – és luz... mas se és formosa – estrela...

E pede à sombra, pra aljofrar de orvalho
A fronte azul da solidão noturna.
E pede às auras pra afagar os galhos,
E pede ao lírio, pra enfeitar a furna.

Pede ao olhar a maciez suave
Que tem o arminho e o *edredon* macio,
O aveludado da penugem d'ave,
Que afaga as plumas no palmar sombrio.

Glossário

Vestal: virgem, mulher virgem.

Aljofrar: umedecer, molhar.

Auras: brisas, aragens.

Furna: gruta, cova.

Palmar: palmeiral.

ALVES, Castro. In: GOMES, Eugênio (Org.). *Castro Alves*: obra completa. Rio de Janeiro: Nova Aguilar, 1997. p. 130-131. (Fragmento).

a) Castro Alves cultivou o amor sensual, ao contrário de Álvares de Azevedo, poeta da segunda geração romântica brasileira, que exaltava a mulher como uma musa sedutora e inatingível. Em que versos é possível perceber essa característica de Castro Alves?

b) A natureza aparece na poesia lírica de Castro Alves como expressão de seus desejos e de seus estados de alma. Em sua opinião, como se sente o eu lírico e como esse sentimento se reflete na natureza?

c) Observe que, nessas estrofes, há cinco casos de ocorrência de crase relacionados à regência verbal. Identifique quais são e explique.

7 Leia este anúncio:

Fundação O Boticário de Proteção à Natureza.

Evitar a destruição da natureza é uma contribuição fundamental para o equilíbrio ecológico do planeta e para a manutenção das condições de vida para esta e as futuras gerações. É por esses e outros motivos que a Fundação O Boticário de Proteção à Natureza trabalha em prol da conservação dos ambientes naturais.

Criada em 1990, a Fundação O Boticário tem sede em Curitiba (PR) e atua em todo o território nacional. A organização já apoiou mais de 1.100 projetos de conservação em todas as regiões do País, protege importantes remanescentes de Mata Atlântica e Cerrado por meio de duas reservas naturais e ainda desenvolve ações de formação e sensibilização da sociedade para a causa ambiental.

Projeto Oásis: água boa para São Paulo

O Projeto Oásis é uma das iniciativas da Fundação O Boticário, que tem foco na proteção de mananciais localizados na Grande São Paulo, especificamente na bacia hidrográfica da represa de Guarapiranga. O diferencial do projeto é o apoio técnico e financeiro à conservação de áreas naturais em propriedades particulares, destinado a proprietários que se comprometem a proteger esses remanescentes.

Com o Projeto Oásis, a Fundação também espera estimular governos e outras instituições a investir em iniciativas similares, ampliando assim as ações voltadas para a conservação da natureza no Brasil.

Lista de exercícios

a) O que a imagem e o texto do anúncio levam o leitor a concluir a respeito do equilíbrio ecológico do planeta e da manutenção das condições de vida para os seres humanos?

b) Compare estes dois trechos presentes no anúncio: "proteção à natureza" e "Conservar a natureza para proteger a vida". Por que se usa a crase depois de *proteção* ("proteção à natureza") e por que ela não é usada depois de *proteger* ("proteger a vida")?

Visão do especialista

c) O termo *à conservação de áreas naturais* é complemento de que palavra? Que tipo de regência ocorre nesse caso: verbal ou nominal? Explique.

d) Explique o emprego ou não da crase nestes trechos:

- "destinado **a** proprietários que se comprometam **a** proteger esses remanescentes";
- destinado **às** proprietárias que se dedicam **à** proteção desses remanescentes.

Questões do Enem e de vestibulares comentadas

RESUMO

Regências nominal e verbal

- **Regência nominal** – relação de dependência entre um nome (substantivo, adjetivo ou advérbio) e o termo regido por ele: *As praias **do** Nordeste recebem turistas de vários países.*
- **Regência verbal** – relação de dependência entre o verbo e o termo ou os termos que completam seu sentido: *Gosto **de** maçãs bem vermelhas.*
- **Termo regente** ou **subordinante** – aquele que rege outro termo: ***A oferta** de empregos caiu este semestre. Minha mãe **vendeu** o carro.*
- **Termo regido** ou **subordinado** – aquele que completa o significado do termo regente: *O repórter relatou **o fato** emocionado.*
- **Regência dos substantivos, adjetivos e advérbios** – os substantivos, adjetivos e advérbios admitem uma preposição ou mais na regência: *O filho demonstrou amor **pela** mãe. O amor **de** mãe é eterno.*
- **Regência dos verbos** – relaciona-se à transitividade do verbo no contexto (transitivo direto, transitivo indireto, transitivo direto e indireto e intransitivo): *Visou **o** passaporte* (*visar*, no sentido de "dar visto" é transitivo direto). *Visa **à** chefia da empresa* (*visar* no sentido de "querer" é transitivo indireto).

A crase e seu emprego

- **Crase** – contração da preposição *a* com o artigo definido feminino *a(s)* e com os pronomes demonstrativos *aquele*, *aqueles*, *aquelas*, etc.: *O fiscal devolveu **à** moça os papéis.*
- **Casos obrigatórios de crase**
  - Em locuções adverbiais prepositivas com palavra feminina: *Deixou tudo **às claras**.*
  - Em locuções prepositivas: *Continuava **à procura de** provas.*
  - Em locuções conjuntivas: *Ela emocionava-se **à proporção que** assistia ao filme.*
  - Quando os pronomes *aquele(s)*, *aquela(s)*, *aquilo* e *a(s)* vierem precedidos de verbos regidos pela preposição *a*: *Mário retornou **àquela** questão que conseguira resolver.*
  - Quando as expressões *à moda de* e *à maneira de* estão subentendidas: *Gostava de bife **à milanesa*** (= à moda milanesa).

- Junto a numerais na indicação de hora(s): *O motoboy só voltou **às** quatorze horas*.
- Antes de nomes de lugares determinados pelo artigo *a* antecedidos por verbos regidos pela preposição *a*: *O presidente vai **à** Itália*.
- Antes das palavras *casa* e *terra* quando determinadas e antecedidas por verbos regidos pela preposição *a*: *Dirigi-me **à** casa de minha prima. Fui à terra natal de meus pais*.

- **Casos em que nunca ocorre crase**
  - Antes de substantivo masculino: *O prefeito viajou **a** serviço*.
  - Antes de substantivo feminino no plural empregado em sentido geral: *Dedicou-se **a** experiências importantes*.
  - Diante de verbo no infinitivo: *Ele começou **a** descobrir sua aptidão para o teatro*.
  - Antes de nome de lugar que não admite artigo: *O grupo de turistas foi **a Florianópolis***.
  - Quando as palavras *casa* e *terra* não forem determinadas: *Regressarei **a casa** ainda hoje. O barco precisava chegar **a terra** logo*.
  - Diante de pronomes pessoais, de tratamento, demonstrativos, indefinidos, interrogativos e relativos: *Muitos preferem **a ela***. Exceção: *Enviou **à senhora** Nogueira o convite*.
  - Antes de artigo indefinido: *O casal dirigiu-se **a** uma delegacia*.
  - Em expressões formadas por palavras repetidas: *Andavam **passo a passo** e de mãos dadas*.
  - Na locução *a distância*, quando esta for indeterminada: *A polícia acompanhava **a distância** os manifestantes*.
- **Casos de uso facultativo da crase**
  - Antes de pronomes possessivos femininos: *Referia-se **à (a)** minha colega*.
  - Diante de nomes próprios femininos: *Falei **à** Renata sobre a festa. O escritor aludiu **a** Cecília Meireles*.
  - Na locução prepositiva *até a*: *Cheguei **até à (a)** janela para ver o desfile*.

Parte 5

Introdução à estilística e à semântica

Capítulo 27

Estilística: figuras de linguagem

Introdução

No texto

Leia o poema a seguir. Seu autor, **Raul Bopp** (1898-1984), jornalista e diplomata, poeta modernista, foi um dos mais ativos participantes da Semana de Arte Moderna de 1922. Sua obra, *Cobra Norato*, a princípio escrita para crianças, contém muitas expressões indígenas e reflete o universo amazônico. O "Poema XXVI", que apresenta influência do folclore brasileiro, faz parte dessa obra.

Poema XXVI

Noite está bonita
Parece envidraçada

Dormem sororoquinhas na beira do rio
Árvores nuas tomam banho

Jacarés em férias
mastigam estrelas que se derretem dentro dágua

Entre toiceiras de macegas
passa uma suçuarana com sapatos de seda

Ventinho penteia as folhas de embaúba

A paisagem se desfia num pano de fundo

Cunhado Jabuti torceu caminho
— Dê lembranças à dona Jabota

Enquanto é noite
com todo esse céu espaçoso e tanta estrela
vamos andando machucando estradas mais pra diante

BOPP, Raul. *Cobra Norato*.
Rio de Janeiro: José Olympio, 1998. p. 39.

Glossário

Sororoquinhas: peixes conhecidos também como sardas ou cavalas-pintadas.

Toiceiras (ou touceiras): conjunto de plantas da mesma espécie que formam um tufo espesso.

Macegas: ervas daninhas.

Suçuarana: onça-vermelha, puma.

Embaúba: árvore nativa de regiões tropicais.

1. No verso "Árvores **nuas** tomam banho", observe que, ao descrever as árvores, o eu lírico emprega uma **linguagem figurada (subjetiva)** ou **conotativa**.
   a) Que significado o adjetivo *nuas* adquire nesse verso da segunda estrofe do poema?
   b) Interprete a imagem que é estabelecida pela expressão *árvores nuas*.

Na **linguagem conotativa**, a palavra assume um sentido figurado, incomum, subjetivo e, por isso, válido apenas no contexto em que é utilizado.

c) Agora, considere esta frase: *A luz do sol banhava os corpos **nus***. Observe que o mesmo adjetivo *nus*, agora no masculino, foi empregado em **linguagem objetiva** ou **denotativa**. Que significado, então, o adjetivo *nus* tem nessa frase? Por quê?

Na **linguagem denotativa**, a palavra assume seu sentido literal, mais comum.

2. Pode-se dizer que, em todas as estrofes, está presente a linguagem conotativa, figurada, subjetiva.
   a) Explique o sentido conotativo que pode ser identificado nos versos da primeira estrofe: "Noite está bonita / Parece envidraçada".
   b) Observe as imagens utilizadas na terceira estrofe: "Jacarés em férias / mastigam estrelas que se derretem dentro dágua". Em sua opinião, qual é o objetivo do eu lírico ao utilizar a linguagem figurada?
3. Interprete a linguagem figurada presente nestes versos:
   a) "Entre toiceiras de macegas / passa uma suçuarana com sapatos de seda."
   b) "vamos andando machucando estradas mais pra adiante".
4. No poema, alguns animais e elementos não vivos ganham características humanas, quando o eu lírico lhes atribui linguagem, sentimentos e ações comuns às pessoas. Destaque os versos em que isso ocorre.

No contexto do poema, você pôde observar que as palavras tornam-se mais expressivas quando empregadas em sentido figurado ou conotativo.

A esse recurso de expressão que consiste no emprego da linguagem em um contexto inesperado, seja no que diz respeito ao sentido, à posição ou à combinação das palavras, chamamos **figura de linguagem**.

As figuras de linguagem recebem nomes específicos, considerando em que elas consistem. Por exemplo, a atribuição de comportamentos e sentimentos humanos a seres inanimados ou irracionais constitui uma figura de linguagem chamada **personificação** ou **prosopopeia** ("Árvores nuas tomam banho", "Ventinho penteia as folhas de embaúba").

Em contexto

Há quatro tipos de figuras de linguagem: **figuras de palavras** ou **tropos**, **figuras de pensamento**, **figuras de construção**, também chamadas de **figuras de sintaxe**, e **figuras sonoras**. O quadro a seguir relaciona as principais figuras de linguagem.

Figuras de linguagem

Tipos	Caracterização	Figuras
Figuras de palavras ou tropos	Transposição do sentido literal das palavras para o sentido figurado.	Comparação, metáfora, catacrese, metonímia, antonomásia ou perífrase, sinestesia.
Figuras de pensamento	Introdução de uma ideia diferente daquela que a palavra apresenta.	Antítese, paradoxo, eufemismo, ironia, hipérbole, personificação ou prosopopeia, gradação, apóstrofe.
Figuras de construção ou de sintaxe	Mudança na estrutura da oração.	Hipérbato, elipse, zeugma, pleonasmo, polissíndeto, assíndeto, anacoluto, anáfora, silepse.
Figuras sonoras	Geração de efeitos sonoros.	Aliteração, assonância, onomatopeia, paronomásia.

Figuras de palavras ou tropos

As **figuras de palavras** ou **tropos** consistem na mudança do sentido literal das palavras para seu sentido figurado. São figuras de palavras: a **comparação**, a **metáfora**, a **catacrese**, a **metonímia**, a **antonomásia** ou **perífrase** e a **sinestesia**.

Comparação

A **comparação** consiste em atribuir a um ser características de um outro em decorrência de alguma semelhança entre os dois elementos comparados. Normalmente, a comparação é expressa por meio de uma conjunção comparativa (*como*, *tal qual*, *assim como*, etc.), interposta entre os dois elementos diferentes que estão sendo comparados.

Observe a ocorrência dessa figura de palavra nos textos a seguir.

Texto 1

HAGAR — Chris Browne

No primeiro quadrinho, Hagar, ao falar com seu filho, compara a vida a um banquete: *A vida é **como um** banquete*, isto é, a vida é igual a um banquete. Observe que *vida* e *banquete* são os elementos de comparação e esta é estabelecida na frase pela palavra *como*. A relação de semelhança entre *vida* e *banquete*, elementos distintos, cria uma imagem da vida expressa por meio de sua comparação com um banquete.

Texto 2

Irmã Sóror Saudade me chamaste...
E na minh'alma o nome iluminou-se
Como um vitral ao sol, como se fosse
A luz do próprio sonho que sonhaste.

ESPANCA, Florbela. Sóror Saudade. *Sonetos*. Rio de Janeiro: Bertrand Brasil, 1998. p. 73. (Fragmento).

Nesses versos, o eu lírico compara a sensação do reconhecimento de um nome à iluminação de um vitral transparente pela luz do sol. Portanto, a proximidade entre os dois elementos (*nome* e *vitral*) ocorre pela semelhança ou pelas qualidades atribuídas a eles; ambos apresentam-se iluminados.

A **comparação** consiste em estabelecer, por meio de um termo comparativo explícito, uma relação de semelhança entre dois seres diferentes, atribuindo-se a eles algo em comum.

Metáfora

Leia este anúncio:

Y & R REPRODUÇÃO

Observe que o anúncio faz uma relação entre o intestino e um cadeado. O cadeado é um tipo de fechadura usada para prender elos de correntes ou argolas. Nesse caso, a imagem do cadeado aberto torna-se símbolo do intestino regulado, livre, o que ocorre em razão do consumo do produto anunciado. Dizemos, então, que a caracterização de *preso* dada ao intestino no texto (*intestino **preso***) é uma metáfora, pois essa palavra foi empregada com o sentido de fechado, desregulado, estabelecido com base na comparação com o termo *aberto* (*livre*) aplicado ao cadeado.

Leia, agora, estes versos do poema "Delírio", de Gonçalves Dias, poeta da primeira geração romântica brasileira:

À noite quando durmo, esclarecendo
As trevas do meu sono,
Uma etérea visão vem assentar-se
Junto ao meu leito aflito!

Acordo do meu sonho tormentoso,
E choro o meu sonhar!
E fecho os olhos, e de novo intento
O sonho reatar.

DIAS, Gonçalves. In: BUENO, Alexei (Org.). *Gonçalves Dias*: poesia e prosa completas. Rio de Janeiro: Nova Aguilar, 1998. p. 148. (Fragmentos).

Observe que, no verso "As trevas do meu sono", o eu lírico utiliza a palavra *trevas* não em seu sentido literal de escuridão, mas para remeter-se à intranquilidade de um sono conturbado. Por meio de uma comparação subentendida, ele transpõe o sentido original de *trevas* e lhe dá novo sentido. Temos, portanto, uma metáfora em *as trevas do meu sono*.

Observe este outro anúncio publicitário:

F/NAZCA/REPRODUÇÃO

Quando o assunto é meio ambiente, a gente mergulha fundo. Até porque isso faz parte do nosso negócio.

Leia esta frase que aparece no canto superior do anúncio: "Quando o assunto é meio ambiente, a gente mergulha fundo". Observe que, na expressão a *gente* ***mergulha fundo***, o verbo *mergulhar* e o advérbio *fundo* estão empregados em sentido figurado, com o significado de "empenhar-se ao máximo".

Nessa frase, o verbo *mergulhar* e o advérbio *fundo* não assumem seu sentido objetivo, comum ou literal, que é "submergir bem abaixo da superfície". Na oração "a gente mergulha fundo", a expressão *mergulhar fundo* ganhou um novo sentido, que não lhe é comum (o de "empenhar-se ao máximo"), em virtude de uma relação de semelhança entre os dois sentidos. Temos, portanto, um caso de metáfora.

Metáfora é o emprego de uma palavra fora de seu sentido próprio, podendo ter como base uma comparação subentendida, em que o elemento comparativo está implícito, ou ser motivada por nosso conhecimento prévio, além da comparação.

Catacrese

A **catacrese** é a utilização de um termo fora de seu sentido literal, comum, por não haver uma palavra apropriada para expressar o que se pretende. Nesse caso, o uso da palavra já está incorporado à língua, para suprir a falta de um termo exato. Essa figura é, na verdade, uma metáfora de uso corrente.

Veja o emprego da catacrese nestes versos de José Paulo Paes:

Ninguém coça as costas da cadeira.
Ninguém chupa a manga da camisa.
O piano jamais abana a cauda.
Tem asa, porém não voa, a xícara.

PAES, José Paulo. Inutilidades. *É isso ali.*
Rio de Janeiro: Salamandra, 1984. (Fragmento).

Essa figura de linguagem ocorre nestas construções: ***costas** da cadeira*, ***manga** da camisa*, ***cauda** do piano*, ***asa** da xícara*.

Catacrese é o emprego de um termo fora de seu sentido próprio em situações em que há semelhança conceitual que possibilite o uso, por não haver uma palavra apropriada para expressar o que se pretende.

Metonímia

Diferentemente da metáfora – que aproxima dois elementos de universos distintos –, a **metonímia** consiste na substituição de um termo por outro por haver uma relação de correspondência em razão de pertencer ao mesmo meio, ambiente ou âmbito. Dessa forma, estabelece-se entre os dois termos uma relação de contiguidade, de inclusão, de interdependência ou de coexistência; por exemplo: continente x conteúdo, efeito x causa, todo x parte, etc.

Leia este trecho do conto "Missa do galo", de Machado de Assis, e observe os termos destacados:

[...] Sentei-me à mesa que havia no centro da sala, e à luz de um candeeiro de querosene, enquanto **a casa dormia**, trepei ainda uma vez ao cavalo magro de D'Artagnan e fui-me às aventuras. Dentro em pouco estava completamente **ébrio de Dumas**. [...]

ASSIS, Machado de. Missa do galo. In: COUTINHO, Afrânio (Org.). *Machado de Assis*: obra completa. Rio de Janeiro: Nova Aguilar, 1992. v. 2. p. 606. (Fragmento).

Em *a casa dormia*, observe que o narrador se refere às pessoas que já estavam dormindo, portanto ele substitui a palavra *pessoas* por *casa*, que pertencem a um mesmo âmbito, o familiar. Nesse caso, trata-se de relação em que se toma o lugar pelos seres que estão nesse lugar. Temos, então, um caso de metonímia.

Quando o narrador diz que estava completamente *ébrio de Dumas*, significa que ele estava extasiado, encantado com a leitura do romance *Os três mosqueteiros*, do escritor Alexandre Dumas. Nesse caso, ocorre uma metonímia porque se substituiu o nome da obra (*Os três mosqueteiros*) pelo autor (Dumas).

A **metonímia** ocorre quando empregamos:

a) o nome do autor, inventor ou criador pela obra.

*Os leitores de **Clarice Lispector** são inúmeros.*

autor pela obra

b) o continente (aquilo que contém algo) pelo conteúdo.

*A menina comeu **toda a caixa de bombons**.*

todos os bombons da caixa

c) o abstrato pelo concreto ou vice-versa.

*A **velhice** deve ser respeitada pela **juventude**.*

(os) velhos — (os) jovens

d) o efeito pela causa ou vice-versa.

*O empresário venceu com seu empenho e **suor**.*

trabalho

*A família viveu muito tempo do **trabalho** da mãe.*

rendimentos advindos do trabalho

e) a parte pelo todo.

No Brasil, ainda falta ***teto*** *para a população.*

casa

f) a marca pelo produto.

Viajamos em nosso ***Ford****.*

carro

g) o singular pelo plural.

O ***argentino*** *e o* ***brasileiro*** *são rivais no futebol.*

(os) argentinos (os) brasileiros

h) a matéria pelo objeto.

O ***couro*** *rolava nos campos quando houve o pênalti.*

(a) bola

i) o símbolo pela coisa ou ideia simbolizada.

O sonho dos políticos é chegar ao ***Palácio do Planalto****.*

(à) Presidência da República

Metonímia é o emprego de um termo por outro, por haver entre os dois uma relação de contiguidade, de inclusão, de interdependência ou de coexistência.

Antonomásia ou perífrase

Observe os termos destacados nestas frases:

A dama do teatro brasileiro *foi indicada para o Oscar.*

Fernanda Montenegro

Quincas Borba é uma das obras-primas do ***Bruxo do Cosme Velho****.*

Machado de Assis

O nome da atriz (Fernanda Montenegro) e o do escritor (Machado de Assis) foram substituídos por denominações pelas quais essas pessoas também são conhecidas ou identificadas. Os dois casos constituem exemplos de antonomásia.

A **antonomásia** é a substituição de um nome por uma expressão que identifica a coisa ou pessoa, salientando suas qualidades ou um fato notável pelo qual ela é conhecida.

Sinestesia

Leia este verso de Castro Alves, um poeta da terceira geração romântica brasileira, observando o termo destacado:

Meu Deus! Como é sublime um **canto ardente**

ALVES, Castro. O navio negreiro. *Poesias completas*. Rio de Janeiro: Ediouro, 2005. p. 234. (Coleção Prestígio). (Fragmento).

Agora, leia estes outros versos, de Cruz e Sousa, poeta simbolista brasileiro, observando também os termos destacados:

Indefiníveis músicas supremas,
Harmonias **da Cor e do Perfume**...

SOUSA, João da Cruz e. Antífona. In: AGUIAR, Flávio (Sel.). *Cruz e Sousa*. São Paulo: Global, 2001. p. 25. (Coleção Melhores Poemas). (Fragmento).

No termo destacado do verso de Castro Alves ("canto ardente"), observe que se associou sensações causadas pelos sentidos da audição (*canto*) e do tato (*ardente*), produzindo-se forte sugestão. No caso dos versos de Cruz e Souza ("da Cor e do Perfume"), temos a associação dos sentidos da visão (*cor*) e do olfato (*perfume*).

A **sinestesia** consiste na associação, na mistura de sensações em que se fundem dois ou mais sentidos.

APLICAÇÃO

1 Leia esta tira do Níquel Náusea:

NÍQUEL NÁUSEA

Fernando Gonsales

Identifique a figura de linguagem empregada humoristicamente na tira e destaque os casos que ocorrem no texto. Explique sua resposta.

2 Identifique a figura de linguagem que encontramos nas frases a seguir, justificando sua resposta.

- A mulher abriu a boca do forno e tirou os pães de queijo.
- Como não chovesse havia tempo, o leito do rio secou.

3 Destaque as figuras de palavra encontradas nestes textos e identifique-as:

a) Oh não aguardes que a madura idade,
Te converta essa flor, essa beleza,
Em terras, em cinza, em pó, em sombra, em nada.

MATOS, Gregório de. Soneto. In: WISNIK, José Miguel (Org.) *Gregório de Matos*: poemas escolhidos. São Paulo: Círculo do Livro/Cultrix, s.d. p. 301. (Fragmento).

b) [...] Voltou-se novamente para a distância: lá estava a cidade, massa negra na montanha verde sobre o mar, a cidade e os amigos, a alegria, a vida.

AMADO, Jorge. *Os pastores da noite*. Rio de Janeiro: Record, 1977. p. 62. (Fragmento).

c) O grito friorento das marrecas povoava de terror o ronco medonho da cheia.

ÉLIS, Bernardo. *Caminhos dos Gerais*.
Rio de Janeiro: Civilização Brasileira, 1975. (Fragmento).

d) O Poeta dos Escravos combateu a escravidão negra, denunciando-a em seus versos.

e) Ah! se trotassem os cavalos de motor... Ah! se fosse de circo o macaco do carro...

PAES, José Paulo. Inutilidades. *É isso ali*.
Rio de Janeiro: Salamandra, 1984. (Fragmento).

f) A pequena é boa de garfo, pois comeu dois pratos e pediu mais.

4 Leia a tira do Frank & Ernest e identifique a figura de linguagem que podemos reconhecer no texto. Justifique sua resposta.

FRANK & ERNEST — Bob Thaves

2004 THAVES/DIST. BY UNIVERSAL UCLICK FOR UFS

5 Observe os termos destacados nas frases a seguir e diferencie a metáfora da metonímia.

- O amor é o **néctar** da vida.
- O **coração** desconhece as razões para amar.

6 Observe estas mensagens visuais:

BETO CELLI, SKOCKO/SHUTTERSTOCK

BETO CELLI, SKOCKO/SHUTTERSTOCK

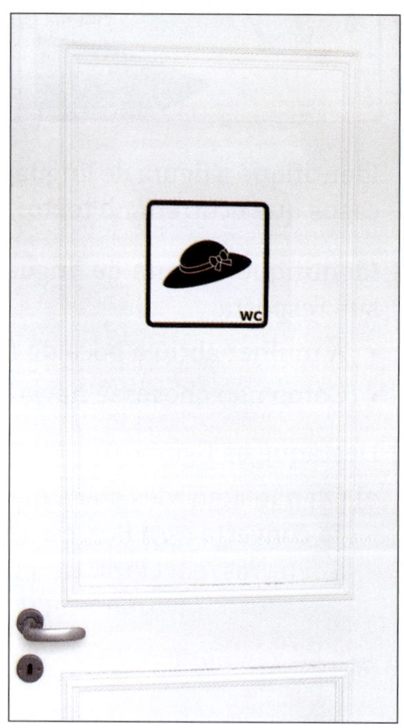

Que figura de linguagem é possível reconhecer nessas mensagens visuais? Justifique sua resposta.

Figuras de pensamento

As **figuras de pensamento** ocorrem quando são empregadas, intencionalmente, palavras que provocam significados ou ideias diferentes daquelas que normalmente as palavras ou expressões sugerem no contexto.

As principais figuras de pensamento são: a **antítese**, o **paradoxo**, o **eufemismo**, a **ironia**, a **hipérbole**, a **personificação** ou **prosopopeia**, a **gradação** e a **apóstrofe**.

Antítese

A **antítese** consiste no emprego de palavras ou expressões de sentidos opostos para caracterizar um mesmo elemento e que acabam por realçar o contraste de significados.

Observe os exemplos que ocorrem nestes textos:

De vós me aparto, ó **Vida**! Em tal mudança
Sinto vivo da **morte** o sentimento.

CAMÕES, Luís de. Soneto 22. In: SALGADO JÚNIOR, Antônio (Org.). *Luís de Camões*: obra completa. Rio de Janeiro: Nova Aguilar, 2008. p. 276. (Fragmento).

Oh! Como se me **alonga**, de ano em ano
A peregrinação cansada minha!
Como se **encurta** e como ao fim caminha

CAMÕES, Luís de. Soneto 57. In: SALGADO JÚNIOR, Antônio (Org.). *Luís de Camões*: obra completa. Rio de Janeiro: Nova Aguilar, 2008. p. 288. (Fragmento).

Não desejei senão estar ao **sol** ou à **chuva** –
[...]
Sentir **calor** e **frio** e vento,
E não ir mais longe.

PESSOA, Fernando. Poemas inconjuntos. Poemas completos de Alberto Caeiro. In: GALHOZ, Maria Aliete (Org.). *Fernando Pessoa*: obra poética. Rio de Janeiro: Nova Aguilar, 1999. p. 236. (Fragmento).

A **antítese** consiste em destacar uma ideia ou um conceito por meio de palavras de sentido oposto. Em geral, seu objetivo é enfatizar a diferença entre os termos.

Paradoxo

O **paradoxo** é uma antítese com maior intensidade no contraste de ideias, e mais reúne do que opõe as ideias contrastantes. Veja estes exemplos:

Amor é um **fogo que arde sem se ver**;
É **ferida que dói e não se sente**;
É um **contentamento descontente**;
É **dor que desatina sem doer**;

CAMÕES, Luís de. Soneto 4. In: SALGADO JÚNIOR, Antônio (Org.). *Luís de Camões*: obra completa. Rio de Janeiro: Nova Aguilar, 2008. p. 270. (Fragmento).

O **paradoxo** é uma antítese que contrasta ideias com maior intensidade. Ele mais reúne as ideias do que as opõe.

Eufemismo

O **eufemismo** consiste em suavizar a linguagem, evitando-se o emprego de palavras ou expressões consideradas desagradáveis por quem enuncia o discurso.

Observe o uso desse recurso estilístico nos versos a seguir:

Era uma **estrela** divina [estrela = criança]
Que **ao firmamento voou!** [...] [voou ao firmamento = morreu]

AZEVEDO, Álvares de. Anjinho. In: BUENO, Alexei (Org.). *Álvares de Azevedo*: obra completa. Rio de Janeiro: Nova Aguilar, 2000. p. 128. (Fragmento).

Alma minha gentil, que **te partiste** [partiste = morreste]
Tão cedo desta vida, descontente,
Repousa lá no Céu eternamente
E viva eu cá na terra sempre triste.

CAMÕES, Luís de. Soneto 2. In: SALGADO JÚNIOR, Antônio (Org.). *Luís de Camões*: obra completa. Rio de Janeiro: Nova Aguilar, 2008. p. 269. (Fragmento).

Tirar Inês ao mundo determina, [tirar = matar]
Por lhe tirar o filho que tem preso,
Crendo co sangue só da morte indi[g]na
Matar do firme amor o fogo aceso.

CAMÕES, Luís de. *Os lusíadas*. Canto III. In: SALGADO JÚNIOR, Antônio (Org.). *Luís de Camões*: obra completa. Rio de Janeiro: Nova Aguilar, 2008. p. 86. (Fragmento).

O **eufemismo** representa o emprego de palavras ou expressões suaves no lugar de outras consideradas desagradáveis ou chocantes.

Ironia

A **ironia** ocorre quando se diz o contrário do que se pensa, normalmente com intenção sarcástica.

Leia estes versos do poeta modernista português Fernando Pessoa:

Quem me dera ouvir de alguém a voz humana
Que confessasse não um pecado, mas uma infâmia;
Que contasse não uma violência, mas uma cobardia!
Não, **são todos o Ideal**, se os oiço e me falam.
Quem há neste largo mundo que me confesse que uma vez foi vil?
Ó príncipes, meus irmãos,

Arre, estou farto de semideuses!
Onde é que há gente no mundo?
[...]

PESSOA, Fernando. Poema em linha reta. Poesias de Álvaro de Campos. In: GALHOZ, Maria Aliete (Org.). *Fernando Pessoa*: obra poética. Rio de Janeiro: Nova Aguilar, 1999. p. 419. (Fragmento).

Nesse trecho, o eu lírico insinua, de forma irônica, que há somente semideuses neste mundo, seres perfeitos, já que não encontra quem confesse suas próprias vilanias.

A **ironia** consiste em afirmar o oposto do que se quer dizer.

Hipérbole

A **hipérbole** caracteriza-se pelo exagero da linguagem a fim de intensificar uma ideia. Observe o exemplo destacado nestes versos:

Farei que amor a todos avivente,
Pintando mil segredos delicados,
Brandas iras, suspiros magoados,
Temerosa ousadia e pena ausente.

CAMÕES, Luís de. Soneto 33. In: SALGADO JÚNIOR, Antônio (Org.). *Luís de Camões*: obra completa. Rio de Janeiro: Nova Aguilar, 2008. p. 280. (Fragmento).

A **hipérbole** consiste no uso de uma expressão exagerada, em geral para enfatizar uma ideia.

Personificação ou prosopopeia

Leia este parágrafo em que o autor confere a elementos da natureza características humanas:

Num dia a chuva parava, **e o sol, vingando-se das nuvens escuras que lhe taparam o rosto pegando fogo,** brilhava em cima dos matos, como nunca. As **tanajuras aproveitavam a trégua para uma passeata por toda parte.** [...]

REGO, José Lins do. *Menino de engenho*. Rio de Janeiro: José Olympio, 2002. p. 130. (Fragmento).

Essa atribuição de qualidades e sentimentos humanos a seres irracionais e/ou inanimados constitui a **personificação** ou **prosopopeia**.

Veja outros exemplos nesta estrofe de um poema da escritora goiana Cora Coralina:

O Pão chega pela manhã em nossa casa.
Traz um resto de madrugada.
Cheiro de forno aquecido, de lêvedo e de lenha queimada.
Traz as mãos rudes do trabalhador e a Paz dos campos cheios.
Vem numa veste pobre de papel.

CORALINA, Cora. Pão-Paz. *Meu livro de cordel*. São Paulo: Global, 2002. p. 67. (Fragmento).

Observe que são atribuídas ao Pão ações inerentes às de uma pessoa: *chega pela manhã, traz as mãos rudes do trabalhador* e *vem numa veste pobre*.

A **personificação** consiste na atribuição de ações, sentimentos, qualidades e linguagem próprios do ser humano a seres inanimados ou irracionais.

Gradação

A **gradação** acontece quando se cria no texto uma sequência de ideias em progressão, tanto no sentido crescente como no decrescente.

Observe um exemplo neste trecho do romance realista *Quincas Borba*, de Machado de Assis:

> Herdeiro já era muito; mas universal... Esta palavra inchava as bochechas à herança. Herdeiro de tudo, nem uma colherinha menos. E quanto seria tudo? ia ele pensando. **Casas, apólices, ações, escravos, roupa, louça, alguns quadros**, que ele teria na Corte, porque era homem de muito gosto, tratava de coisas de arte com grande saber. [...]

ASSIS, Machado de. In: COUTINHO, Afrânio (Org.). *Machado de Assis*: obra completa. Rio de Janeiro: Nova Aguilar, 1992. p. 654. (Fragmento).

Nessa passagem, a personagem Rubião imagina o que poderia herdar com a morte de Quincas Borba. Observe que a gradação destacada apresenta-se em sentido decrescente.

A **gradação** consiste na organização de uma sequência de palavras ou expressões que exprimem a redução ou intensificação progressiva (crescente ou decrescente) de uma ideia.

Apóstrofe

À invocação ou chamamento de alguém ou de alguma coisa chamamos **apóstrofe**. Na frase, esse termo exerce sintaticamente a função de vocativo.

Observe o emprego dessa figura nos seguintes versos:

Ai, Nise amada! ... se este meu tormento,
Se estes meus sentidíssimos gemidos,
Lá no teu peito, lá nos teus ouvidos
Achar pudessem brando acolhimento...!

COSTA, Cláudio Manuel da. Soneto XIX. In: LOPES, Edward. *Metamorfoses*: a poesia de Cláudio Manuel da Costa. São Paulo: Ed. da Unesp, 1997. p. 127. (Fragmento).

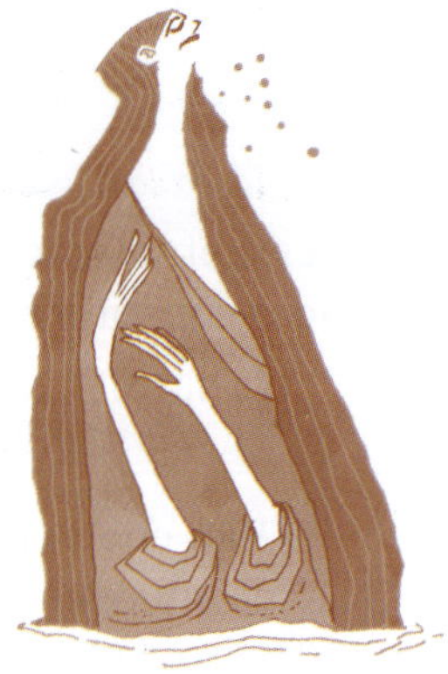

Alegres campos, verdes arvoredos,
Claras e frescas águas de cristal,
Que em vós os debuxais ao natural.
Discorrendo da altura dos rochedos.

CAMÕES, Luís de. Soneto 1. In: SALGADO JÚNIOR, Antônio (Org.). *Luís de Camões*: obra completa. Rio de Janeiro: Nova Aguilar, 2008. p. 269. (Fragmento).

A **apóstrofe** consiste em uma invocação ou interpelação de alguém ou de alguma coisa personificada, real ou imaginária.

APLICAÇÃO

1 Que figura de pensamento produz humor nesta tira? Justifique sua resposta.

HAGAR — Chris Browne

2 Identifique e destaque as figuras de pensamento presentes nos versos a seguir.

a) E tanta vida que meu peito enchia
Morreu na minha triste mocidade!

AZEVEDO, Álvares de. Adeus, meus sonhos! *Lira dos vinte anos*. São Paulo: Nobel, 2009. p. 245. (Fragmento).

b) Cantam alegremente as águas límpidas do riacho.

c) Pó e cinzas onde houve flor e encantos!
E noite, onde foi luz de primavera!

QUENTAL, Antero de. *Solemnia verba*. In: MESQUITA, Ary (Org.). *O livro de ouro da poesia universal*. Rio de Janeiro: Ediouro, 1988. p. 489. (Fragmento).

3 Qual é a figura de linguagem que confere humor à tira a seguir? Justifique sua resposta.

RECRUTA ZERO — Mort Walker

4 Que figura de linguagem constitui o trecho destacado nos versos a seguir? Justifique sua resposta.

Debaixo de minha escrita
há sangue em lugar de tinta
– **e alguém calado que grita**.

SANT'ANNA, Affonso Romano de. O duplo. *A catedral de Colônia e outros poemas*. Rio de Janeiro: Rocco, 1985. p. 9. (Fragmento).

5 Destaque as figuras de pensamento presentes nos versos a seguir e classifique-as em: antítese, eufemismo, ironia, hipérbole, personificação (ou prosopopeia), gradação, apóstrofe ou paradoxo.

a) Estando em terra, chego ao Céu voando;
Numa hora acho mil anos; e é de jeito
Que em mil anos não posso achar uma hora.

CAMÕES, Luís de. Soneto 91. In: SALGADO JÚNIOR, Antônio (Org.). *Luís de Camões*: obra completa. Rio de Janeiro: Nova Aguilar, 2008. p. 299. (Fragmento).

b) Há doenças piores que as doenças,
Há dores que não doem, nem na alma
Mas que são dolorosas mais que as outras.

PESSOA, Fernando. A outra. In: GALHOZ, Maria Aliete (Org.). *Fernando Pessoa*: obra poética. Rio de Janeiro: Nova Aguilar, 1999. p. 186. (Fragmento).

c) A cada canto um grande conselheiro
Que nos quer governar cabana e vinha;
Não sabem governar sua cozinha,
E podem governar o mundo inteiro.

MATOS, Gregório de. Soneto. In: WISNIK, José Miguel (Org.). *Gregório de Matos*: poesia completa. São Paulo: Círculo do Livro/Cultrix, s.d. p. 31. (Fragmento).

d) Minha bela Marília, tudo passa;
a sorte deste mundo é mal segura;
se vem depois dos males a ventura,
vem depois dos prazeres a desgraça.

GONZAGA, Tomás Antônio. Marília de Dirceu. Parte I. Lira XIV. *Marília de Dirceu e Cartas chilenas*. São Paulo: Ática, 2001. p. 56. (Fragmento).

e) Roga a Deus, que teus anos encurtou,
Que tão cedo de cá me leve a ver-te,

CAMÕES, Luís de. Soneto 2. In: SALGADO JÚNIOR, Antônio (Org.). *Luís de Camões*: obra completa. Rio de Janeiro: Nova Aguilar, 2008. p. 9. (Fragmento).

6 **Leia a tira do Recruta Zero e a da Turma da Mônica e identifique as figuras de linguagem.**

a) RECRUTA ZERO — Greg & Mort Walker

b) TURMA DA MÔNICA — Mauricio de Sousa

7 Identifique as figuras de palavras e de pensamento presentes nos versos a seguir.

a) Foi por ti que num sonho de ventura
A flor da mocidade consumi,
E às primaveras digo adeus tão cedo
E na idade do amor envelheci!

Vinte anos! derramei-os gota a gota
Num abismo de dor e esquecimento...
De fogosas visões nutri meu peito...
Vinte anos!... não vivi um só momento!

AZEVEDO, Álvares de. Saudades. *Lira dos vinte anos*. In: BUENO, Alexei (Org.). *Álvares de Azevedo*: obra completa. Rio de Janeiro: Nova Aguilar, 2000. p. 171-172. (Fragmento).

b) Estrela – na tempestade,
Rosa – nos ermos da vida;
Íris – do náufrago errante,
Ilusão – d'alma descrida!
Tu foste, mulher formosa!
Tu foste, ó filha do céu!...

ALVES, Castro. Onde estás? In: GOMES, Eugênio (Org.). *Castro Alves*: poesias completas. Rio de Janeiro: Nova Aguilar, 1997. p. 138. (Fragmento).

c) Gelou-se no meu sangue moribundo
Essa gota final de que eu vivia!

AZEVEDO, Álvares de. *Lira dos vinte anos*. In: BUENO, Alexei (Org.). *Álvares de Azevedo*: obra completa. Rio de Janeiro: Nova Aguilar, 2000. p. 139. (Fragmento).

Figuras de construção ou de sintaxe

As **figuras de construção** ou **de sintaxe** caracterizam-se por apresentar determinadas mudanças na estrutura comum das orações.

Como você já viu, os termos das orações em português obedecem a esta sequência na **ordem direta**: sujeito + verbo + complementos (verbais) + adjuntos adverbiais. Observe este exemplo:

sujeito — complemento verbal (objeto direto)

Eu vi o meu semblante numa fonte,

verbo — adjunto adverbial

GONZAGA, Tomás Antônio. Lira I. *Marília de Dirceu e Cartas chilenas*. São Paulo: Ática, 2001. p. 81. (Fragmento).

Sintaxe é a parte da gramática que estuda a ordem e as relações das palavras na frase e das frases no texto.

Na **ordem indireta**, a colocação dos termos na oração apresenta-se de forma diferente dessa sequência. Por exemplo:

***Numa fonte*, *eu vi o meu semblante*.**

***Eu vi numa fonte o meu semblante*.**

As figuras de construção ou de sintaxe se relacionam a mudanças na ordem direta, à concordância dos termos e a outras situações, como você verá a seguir. São exemplos dessas figuras: o **hipérbato**, a **elipse**, o **zeugma**, o **pleonasmo**, o **polissíndeto**, o **assíndeto**, o **anacoluto**, a **anáfora** e a **silepse**.

Hipérbato

O **hipérbato** é uma inversão mais complexa do que a anástrofe (que é uma inversão mais simples), pois a alteração na ordem dos termos da oração é mais acentuada.

Leia este fragmento do romance *Quincas Borba*, de Machado de Assis, e observe os exemplos de inversão simples destacados:

> [...] No fim de dez minutos, a comadre não entendia nada, tão **desconcertados eram os fatos e os conceitos**; mais cinco minutos, entrou a sentir medo. Quando os minutos chegaram a vinte, pediu licença e foi a uma vizinha dizer que Rubião parecia ter virado o juízo. Voltou com ela e um irmão, que se demorou pouco tempo e saiu a espalhar a nova. **Vieram vindo outras pessoas, às duas e às quatro**, e, antes de uma hora, muita gente espiava da rua.
>
> ASSIS, Machado de. *Quincas Borba*. In: COUTINHO, Afrânio (Org.). *Machado de Assis*: obra completa. Rio de Janeiro: Nova Aguilar, 1992. v. 2. p. 805. (Fragmento).

Na **ordem direta**, as orações destacadas ficariam assim: *os fatos e os conceitos eram desconcertados; Outras pessoas vieram vindo às duas e às quatro*.

Veja este outro exemplo retirado de uma crônica de Rubem Alves:

> **Viveu, há muitos e muitos anos, num distante país, um homem agraciado pelos deuses com dons extraordinários.** Ele tinha o poder de, pelo simples uso da palavra, operar transformações mágicas nas pessoas...
>
> ALVES, Rubem. O rei, o guru e o burro. *Na morada das palavras*: crônicas. São Paulo: Papirus, 2005. p. 13. (Fragmento).

Observe que o sujeito da oração – *um homem agraciado pelos deuses com dons extraordinários* – foi colocado depois do verbo. Na ordem direta, a oração seria escrita assim: *Um homem agraciado pelos deuses com dons extraordinários viveu, há muitos e muitos anos, num país distante*.

Agora, observe estes versos em que a inversão dos termos é mais acentuada:

> **Vendo o triste pastor que com enganos**
> **Lhe fora assi[m] negada a sua pastora,**
>
> CAMÕES, Luís de. Soneto 88. In: SALGADO JÚNIOR, Antônio (Org.). *Luís de Camões*: obra completa. Rio de Janeiro: Nova Aguilar, 2008. p. 298. (Fragmento).

Na ordem direta, teríamos: *O triste pastor, vendo que a sua pastora lhe fora negada assi[m] com enganos...*

Veja outro exemplo:

> **De repente estala-me sobre os ouvidos**
> **Como um clarim a meu lado,**
> **O velho grito, mas agora irado, metálico,**
>
> PESSOA, Fernando. Ode marítima. In: GALHOZ, Maria Aliete (Org.). *Fernando Pessoa*: obra completa. Rio de Janeiro: Nova Aguilar, 1999. p. 324. (Fragmento).

Na ordem direta, ficaria: *O velho grito estala-me de repente sobre os ouvidos como um clarim a meu lado, mas agora irado, metálico*.

O **hipérbato** é uma inversão mais complexa ou mais acentuada na ordem dos termos de uma oração.

Elipse

A **elipse** é a omissão de uma ou mais palavras, sem que se comprometa o sentido da frase. As palavras omitidas devem ser facilmente identificadas ou subentendidas no contexto.

Observe a elipse do pronome pessoal *ele* nestes versos de Álvares de Azevedo (o contexto do poema permite identificar facilmente que esse pronome está sendo omitido):

[**Ele**] Via o futuro em mágicos espelhos,
Tua bela visão o enfeitiçava,

[**Ele**] Sonhava adormecer nos teus joelhos...
Tanto enlevo [**ele**] sonhava!

AZEVEDO, Álvares de. Página rota. In: BUENO, Alexei (Org.). *Álvares de Azevedo*: obra completa. Rio de Janeiro: Nova Aguilar, 2000. p. 289. (Fragmento).

A **elipse** consiste na omissão de uma ou mais palavras facilmente identificadas ou subentendidas no contexto e cuja ausência não prejudica o sentido da frase.

Zeugma

A **zeugma** ocorre quando há omissão de uma ou mais palavras já expressas anteriormente, ficando facilmente subentendida no contexto a repetição. Observe, nos versos a seguir, os casos de zeugma de verbos.

Houve tempo em que os meus olhos
Gostavam do sol brilhante,
E [**gostavam**] do negro véu da noite,
E da aurora cintilante.

Gostavam da branca nuvem
Em céu de azul espraiada.
[**Gostavam**] Do terno gemer da fonte
Sobre pedras despenhada.

DIAS, Gonçalves. Quadras da minha vida. In: BUENO, Alexei (Org.). *Gonçalves Dias*: poesia e prosa completas. Rio de Janeiro: Nova Aguilar, 1998. p. 193. (Fragmento).

Não acabava, quando uma figura
Se nos **mostra** no ar, robusta e válida,
De disforme e grandíssima estatura;
[**Mostra**] O rosto carregado, a barba esquálida,
Os olhos encovados, e a postura
Medonha e má e a cor terrena e pálida;
[**Mostra**] Cheios de terra e crespos os cabelos,
A boca negra, os dentes amarelos.

CAMÕES, Luís de. *Os lusíadas*. Canto V. In: SALGADO JÚNIOR, Antônio (Org.). *Luís de Camões*: obra completa. Rio de Janeiro: Nova Aguilar, 2008. p. 123. (Fragmento).

Neste exemplo, o sujeito da oração anterior é omitido na oração seguinte, ficando facilmente subentendido:

Em frente do meu leito, em negro quadro,
A minha amante dorme. [**A minha amante**] É uma estampa
De bela adormecida. A rósea face

AZEVEDO, Álvares de. Ideias íntimas. *Lira dos vinte anos*. In: BUENO, Alexei (Org.). *Álvares de Azevedo*: obra completa. Rio de Janeiro: Nova Aguilar, 2000. p. 206. (Fragmento).

A **zeugma** consiste na supressão de palavras expressas anteriormente e que se encontram facilmente subentendidas no contexto.

Pleonasmo

O **pleonasmo** consiste no uso simultâneo de termos diferentes, porém com o mesmo sentido, para realçar uma ideia ou deixá-la mais clara. Trata-se de uma redundância de significado que tem o objetivo de dar mais expressividade ao texto.

Observe o exemplo que encontramos nestes versos:

E em seu louvor hei de espalhar meu canto
E **rir meu riso** e derramar meu pranto
Ao seu pesar ou seu contentamento

MORAES, Vinicius de. Soneto de fidelidade. In: BUENO, Alexei (Org.). *Vinicius de Moraes*: poesia completa e prosa. Rio de Janeiro: Nova Aguilar, 1998. p. 831. (Fragmento). Os direitos relativos ao uso do poema de autoria de Vinicius de Moraes foram autorizados pela VM Empreendimentos artísticos e culturais Ltda. além de: © VM e © Cia. das Letras (Editora Schwarcz).

Nesse caso, a expressão *meu riso* (objeto direto do verbo *rir*) repete a ideia contida no verbo *rir* e reforça seu sentido, funcionando como um termo de valor pleonástico.

Observe outro exemplo de pleonasmo presente nestes versos do poeta português Fernando Pessoa:

Querem flores mais belas do que estas que vejo!
A mim este Sol, estes prados, estas flores contentam-**me**.

PESSOA, Fernando. Poemas inconjuntos. Poemas completos de Alberto Caeiro. In: GALHOZ, Maria Aliete (Org.). *Fernando Pessoa*: obra completa. Rio de Janeiro: Nova Aguilar, 1999. p. 244. (Fragmento).

Observação

- Há casos em que a repetição é desnecessária, pois não realça o sentido da expressão; pelo contrário, cria uma situação chamada de **pleonasmo vicioso**, resultado do desconhecimento ou esquecimento do significado de certas palavras, caracterizando o que é denominado **vício de linguagem**. Veja alguns exemplos de pleonasmo vicioso:

*O elevador **subiu para cima** com excesso de pessoas.*

*Os alunos **entraram para dentro** da sala rapidamente.*

*O quadrinista detém o **monopólio exclusivo** sobre essa personagem.*

O **pleonasmo** é o emprego de palavras de significado redundante com o objetivo de realçar uma ideia ou deixá-la mais clara.

Polissíndeto

O **polissíndeto** ocorre quando há repetição de um conectivo (geralmente a conjunção coordenativa aditiva *e*) entre termos ou orações, para enfatizar cada uma das ideias.

Observe este exemplo:

E a névoa **e** flores **e** o doce ar cheiroso
Do amanhecer na serra,
E o céu azul **e** o manto nebuloso
Do céu de minha terra;

AZEVEDO, Álvares de. Na minha terra (1). In: BUENO, Alexei (Org.). *Álvares de Azevedo*: obra completa. Rio de Janeiro: Nova Aguilar, 2000. p. 140. (Fragmento).

O **polissíndeto** é a repetição constante de uma conjunção coordenativa entre orações ou termos coordenados, utilizada como um recurso enfático.

Assíndeto

O **assíndeto** ocorre quando há a ausência de conectivo entre termos ou orações que deveriam vir ligados, de acordo com a gramática normativa, por conjunção coordenativa. Nesse caso, os termos ou as orações vêm geralmente separados por vírgula.

Observe um exemplo nestes versos:

erguem os colos, **[e]** voltam as cabeças;
param o ledo canto,
move-se o tronco, **[e]** o vento se suspende;

GONZAGA, Tomás Antonio. Lira XI. *Marília de Dirceu*. In: RONCARI, Luiz. *Literatura brasileira*: dos primeiros cronistas aos últimos românticos. São Paulo: Edusp, 1995. p. 265. (Fragmento).

Segundo a gramática normativa, assim deveriam ser escritos os trechos em que há ausência de conectivo: *erguem os olhos* **e** *voltam as cabeças; param o ledo canto, move-se o tronco* **e** *o vento se suspende*.

O **assíndeto** é a ausência de conectivo ligando termos ou orações, quando a gramática normativa o prescreve.

Anacoluto

O **anacoluto** ocorre quando há uma interrupção brusca da estrutura regular da oração e se introduz uma palavra ou expressão que fica solta, sem ligação sintática com os outros termos.

Observe a ocorrência dessa figura sintática nestas frases:

Essas criadas de hoje, não se pode confiar nelas.

MACHADO, Aníbal. *A morte da porta-estandarte e outras histórias.* Rio de Janeiro: José Olympio, 1994. (Fragmento).

Eu, não me importa a desonra do mundo.

CASTELO BRANCO, Camilo. *Amor de perdição.* Rio de Janeiro: Ediouro, 1989. (Fragmento).

O **anacoluto** consiste na quebra da estrutura normal da oração com a introdução de uma palavra ou expressão sem ligação sintática com os demais termos.

Anáfora

A repetição de uma ou mais palavras para dar ênfase a uma ideia constitui a **anáfora**. Essa figura é muito comum em poemas, no início de versos.

Observe este exemplo:

Nem um minuto se passa,
Nem um inseto esvoaça,
Nem uma brisa perpassa
Sem uma lembrança aqui;

VARELA, Fagundes. Juvenília (II). In: TÁTI, Miécio; GUERRA, E. Carrera (Org.). *Poesias completas de L. N. Fagundes Varela.* São Paulo: Companhia Editora Nacional, 1988. v. 2. p. 25. (Fragmento).

A **anáfora** é a repetição enfática de uma ou mais palavras.

Silepse

A concordância de um termo feita com outro subentendido, e não com o que está explícito na oração, é chamada de **silepse**. Há três tipos de silepse: **de gênero**, **de número** e **de pessoa**. Observe os exemplos.

a) **Silepse de gênero.**

*Vossa Excelência parece **cansado** devido à longa viagem.*

Nesse caso, a concordância do adjetivo *cansado* é feita não com o pronome de tratamento *Vossa Excelência*, de forma feminina, mas com a pessoa a quem esse pronome se refere (pessoa do sexo masculino).

b) **Silepse de número.**

*O pessoal ficou apavorado e **saíram** correndo.*

O verbo *sair* (*saíram*) concorda com a ideia de plural subentendida na palavra *pessoal*.

c) **Silepse de pessoa.**

*Os brasileiros **gostamos** de futebol.*

Nessa frase, o sujeito *os brasileiros* levaria o verbo para a terceira pessoa do plural, mas a concordância foi feita com a primeira pessoa do plural, indicando que a pessoa que fala se inclui no sujeito (*nós, os brasileiros*).

A **silepse** é a concordância feita com a ideia que se quer transmitir, e não com os termos presentes na oração. Pode ser **de gênero**, **de número** e **de pessoa**.

APLICAÇÃO

1 Destaque as figuras de sintaxe ou de construção encontradas nos textos a seguir e identifique-as.

a) Ao entardecer no mato, a casa entre
bananeiras, pés de manjericão e cravo-santo,
aparece dourada.

PRADO, Adélia. Bucólica nostálgica. *Poesia reunida*. São Paulo: Siciliano, 1991. p. 42. (Fragmento). © by Adélia Prado.

b) Na minha vila, a única vila do mundo, as mulheres sonhavam com vestidos novos para saírem. Para serem abraçadas pela felicidade. A mim, quando me deram a saia de rodar, eu me tranquei em minha casa.

COUTO, Mia. *O fio das missangas*: contos. São Paulo: Companhia das Letras, 2009. p. 29. (Fragmento).

c) O tempo cobre o chão de verde manto,
Que já coberto foi de neve fria,
E em mi[m] converte em choro o doce canto.

CAMÕES, Luís de. Soneto 45. In: SALGADO JÚNIOR, Antônio (Org.). *Luís de Camões*: obra completa. Rio de Janeiro: Nova Aguilar, 2008. p. 284. (Fragmento).

d) Longe de ti são ermos os caminhos,
Longe de ti não há luar nem rosas,
Longe de ti há noites silenciosas,
Há dias sem calor, beirais sem ninhos!

ESPANCA, Florbela. Fumo. *Sonetos*. Rio de Janeiro: Bertrand Brasil, 1998. p. 78. (Fragmento).

2 Identifique o item em que a figura de sintaxe destacada foi identificada de forma incorreta. Corrija-a e esclareça sua resposta.

a) Polissíndeto.

E todos os gestos não saem do nosso corpo
E só alcançamos onde o nosso braço chega,
E só vemos até onde chega o nosso olhar.

PESSOA, Fernando. Dois excertos de odes. In: GALHOZ, Maria Aliete (Org.). *Fernando Pessoa*: obra completa. Rio de Janeiro: Nova Aguilar, 1999. p. 312. (Fragmento).

b) Anáfora.

Nosso céu tem mais estrelas,
Nossas várzeas têm mais flores,
Nossos bosques têm mais vida,
Nossa vida mais amores.

DIAS, Gonçalves. Canção do exílio.
In: BUENO, Alexei (Org.).
Gonçalves Dias: poesia e prosa completas.
Rio de Janeiro: Nova Aguilar, 1998. p. 105. (Fragmento).

c) Anacoluto.

Eu — que tenho provado neste mundo
As sensações possíveis;
Que tenho ido da afecção mais terna
Às penas mais incríveis;

FREIRE, Junqueira. Desejo (Hora do delírio).
Clássicos da poesia brasileira.
São Paulo: Klick, 1999. p. 101.
(Coleção Vestibular Estadão). (Fragmento).

d) Elipse.

Como te enganas! meu amor é chama
Que se alimenta no voraz segredo,
E se te fujo é que te adoro louco...
És bela – **eu moço**; tens amor – **eu medo!**...

ABREU, Casimiro de. Amor e medo.
Clássicos da poesia brasileira.
São Paulo: Klick, 1999. p. 112.
(Coleção Vestibular Estadão). (Fragmento).

3 Qual figura de sintaxe destacada nos versos a seguir tem uma classificação diferente das demais?

a) **Presa nos elos de uma só cadeia,**
A multidão faminta cambaleia,
E chora e dança ali!

ALVES, Castro. O navio negreiro. *Poesias completas.*
Rio de Janeiro: Ediouro, 2005. p. 237.
(Coleção Prestígio). (Fragmento).

b) **Eu pois**, que vos quisera ver clemente,
Não vos mostro em metal minha agonia,
Mostro a minha pobreza realmente.

MATOS, Gregório de. In: WISNIK, José Miguel (Org.).
Gregório de Matos: poemas escolhidos.
São Paulo: Círculo do Livro/Cultrix, s.d. (Fragmento).

c) **Já hoje não caçam nas matas frondosas**
A corça ligeira, o trombudo quati...
A morte pousava nas plumas da frecha,
No gume da maça, no arco Tupi!

DIAS, Gonçalves. Deprecação. In: BUENO, Alexei (Org.).
Gonçalves Dias: poesia e prosa completas.
Rio de Janeiro: Nova Aguilar, 1998. p. 114. (Fragmento).

d) **Nos silêncios das cinzas do meu Ser**
Agita-se uma sombra de cipreste,
Sombra roubada ao livro que ando a ler,

ESPANCA, Florbela. A um livro. *Sonetos*. Rio de Janeiro: Bertrand Brasil, 1998. p. 56. (Fragmento).

4 Classifique os tipos de silepse encontrada nas frases a seguir, justificando sua resposta.

a) A gente nos descuidamos da saúde.

b) Após o espetáculo, o elenco voltou ao palco e agradeceram os aplausos.

c) Senhor deputado, Vossa Senhoria continua dedicado à causa popular?

5 Reescreva, na ordem direta, os versos em que ocorre hipérbato.

a) Sete anos de pastor Jacó servia
Labão, pai de Raquel, serrana bela;
Mas não servia ao pai, servia a ela,
Que a ela só por prêmio pretendia.

CAMÕES, Luís de. Soneto 88. In: SALGADO JÚNIOR, Antônio (Org.), *Luís de Camões*: obra completa. Rio de Janeiro: Nova Aguilar, 2008. p. 298. (Fragmento).

b) E a esta hora tudo em mim revive:
Saudades de saudades que não tenho...
Sonhos que são os sonhos dos que eu tive...

ESPANCA, Florbela. Anoitecer. Sonetos. Rio de Janeiro: Bertrand Brasil, 1998. p. 89. (Fragmento).

6 Identifique os exemplos de pleonasmo e de anacoluto que ocorrem nos versos a seguir. Justifique sua classificação.

a) Eu, que outrora incensava a formosura
Das que enfeita o pudor gentil, e isento,
A já corrupta ideia hoje apascento

BOCAGE. Soneto 147. *Sonetos e outros poemas*. São Paulo: FTD, 1994. p. 62. (Fragmento).

b) A mim me tinha cabido um prêmio do Ministério. Eu tinha sido o melhor professor rural.

COUTO, Mia. *O fio das missangas*: contos. São Paulo: Companhia das Letras, 2009. p. 125. (Fragmento).

Figuras sonoras

Esse tipo de figura de linguagem se caracteriza pela sua função de gerar efeitos sonoros específicos. As figuras desse tipo são mais bem identificadas quando lidas em voz alta. São figuras sonoras: a **aliteração**, a **assonância**, a **onomatopeia** e a **paronomásia**.

Aliteração

A **aliteração** ocorre quando se repetem os mesmos fonemas consonantais em frases ou versos. Tem como objetivo realçar determinado som ou dar ritmo a um texto, podendo ocorrer no início ou no meio de palavras próximas.

Veja o emprego da aliteração nestes versos de Cruz e Sousa, em que se repetem os sons consonantais **/v/** e **/t/**:

Ó **v**elho **v**ento saudoso,
Velho **v**ento compassi**v**o,
Ó ser **v**ulcânico e **v**i**v**o,
Taci**t**urno e **t**ormen**t**oso.

SOUSA, João da Cruz e. Sinfonias do ocaso. *Antologia poética*. Rio de Janeiro: Ediouro, s.d. p. 28. (Fragmento).

A **aliteração** é a repetição de fonemas consonantais para realçar determinado som ou dar ritmo à frase ou ao verso, buscando-se dar expressividade ao texto.

Assonância

A **assonância** ocorre quando se repetem fonemas vocálicos em sílabas tônicas, criando um efeito sonoro semelhante ao produzido pela aliteração.

Observe a seguir a repetição dos sons vocálicos **/ê/**, **/ẽ/**, **/i/**, **/ô/** e **/u/**, que reforçam a ideia de um lamento:

Soluç**ou** o p**ei**to ard**en**te,
Sent**iu** que a alma dem**en**te
Lhe desmaiava a trem**er**:
Embriag**ou**-se de enl**ei**o,
No s**o**no daqu**e**le s**ei**o
Pens**ou** que ele **i**a morrer!

AZEVEDO, Álvares de. O poeta. In: BUENO, Alexei (Org.). *Álvares de Azevedo*: obra completa. Rio de Janeiro: Nova Aguilar, 2000. p. 135. (Fragmento).

Nestes versos do poeta simbolista Cruz e Sousa, você pode observar assonância produzida pela repetição da vogal **a** acentuada:

Ó Formas **a**lvas, br**a**ncas, Formas cl**a**ras
De lu**a**res, de neves, de neblinas!...
Ó Formas v**a**gas, fluidas, cristalinas...

SOUSA, João da Cruz e. Antífona. In: AGUIAR, Flávio (Sel.). *Cruz e Sousa*. São Paulo: Global, 2001. p. 25. (Coleção Melhores Poemas). (Fragmento).

Repare como, no primeiro exemplo, a repetição dos sons vocálicos **e**, **i**, **o** e **u** (sons fechados) e **e** nasalizado reforçam uma ideia de algo triste, sombrio e lamentoso, enquanto, no segundo exemplo, a repetição da vogal **a** (aberta) reforça a ideia de um ambiente luminoso.

A **assonância** consiste na repetição de fonemas vocálicos acentuados.

Onomatopeia

Dá-se o nome de **onomatopeia** à figura de linguagem construída com palavras cuja pronúncia imita ou representa certos sons ou ruídos.

Veja, no último quadrinho da tira, como foi feita a representação do som de um provável acidente com o serrote da pessoa que se apresentava na TV:

GARFIELD — Jim Davis

A **onomatopeia** é a palavra que imita certos sons ou ruídos.

Paronomásia

A **paronomásia** consiste na exploração de parônimos, isto é, de palavras semelhantes ou iguais na pronúncia, mas diferentes no significado e, às vezes, também na escrita.

Observe este exemplo:

> Os **magnetes** atraem o ferro; os **magnatas** o ouro:
>
> VIEIRA, padre Antônio. *Os sermões*. São Paulo: Agir, 1986. (Coleção Nossos Clássicos). (Fragmento).

Quando a paronomásia é empregada com sentido cômico, ocorre um trocadilho. Veja o exemplo presente nesta tira (aeromoça → aeromosca):

NÍQUEL NÁUSEA — Fernando Gonsales

A **paronomásia** é a exploração dos parônimos.

APLICAÇÃO

1 Leia o poema de Vinicius de Moraes a seguir. Além de poeta, Vinicius de Moraes foi compositor e músico.

Soneto de carnaval

Distante o meu amor, se me afigura
O amor como um patético tormento
Pensar nele é morrer de desventura
Não pensar é matar meu pensamento.

Seu mais doce desejo se amargura
Todo o instante perdido é um sofrimento
Cada beijo lembrado uma tortura
Um ciúme do próprio ciumento.

E vivemos partindo, ela de mim
E eu dela, enquanto breves vão-se os anos
Para a grande partida que há no fim

De toda a vida e todo o amor humanos:
Mas tranquila ela sabe, e eu sei tranquilo
Que se um fica o outro parte a redimi-lo.
Oxford, carnaval de 1939

MORAES, Vinicius de. In: BUENO, Alexei (Org.). *Vinicius de Moraes*: poesia completa e prosa. Rio de Janeiro: Nova Aguilar, 1998. p. 329-330. (Fragmento). Os direitos relativos ao uso do poema de autoria de Vinicius de Moraes foram autorizados pela VM Empreendimentos artísticos e culturais Ltda., além de: © VM e © Cia. das Letras (Editora Schwarcz).

a) Nesse soneto, o eu lírico fala de um amor que ele chama de "amor de carnaval" e que o deixa em conflito constante. Explique por quê.
b) Na segunda estrofe, o eu lírico destaca as características desse amor de carnaval. Como ele reage sob o efeito do amor?
c) De acordo com o primeiro terceto, por que o eu lírico se preocupa tanto com a passagem do tempo?
d) No último terceto, por que ele parece resignado diante da realidade de que logo tudo vai acabar?
e) Quais são as figuras de palavras da primeira estrofe? Destaque-as.
f) Na segunda e terceira estrofes, quais são as figuras de linguagem? Destaque-as.
g) Qual figura de pensamento encontramos na última estrofe? Destaque-a.

2 Classifique as figuras de linguagem de cada um dos versos a seguir.

a) [...] o raio fere a um, o relâmpago a muitos, o trovão a todos. Assim há de ser a voz do pregador – **um trovão do céu**, que assombre e faça tremer o mundo. [...]

LINS, Ivan. *Sermões e cartas do padre Antônio Vieira*. Rio de Janeiro: Ediouro, s.d. p. 165. (Fragmento).

b) Meu coração é **um pórtico partido**
Dando excessivamente sobre o mar.
Vejo em minha alma **as velas vãs** passar
E cada vela passa num sentido.

PESSOA, Fernando. Passos da cruz. In: GALHOZ, Maria Aliete (Org.). *Fernando Pessoa*: obra poética. Rio de Janeiro: Nova Aguilar, 1999. p. 126. (Fragmento).

c) Quando nas sestas do verão saudoso
A sombra cai nos laranjais do vale
Onde **o vento adormece** e se perfuma,
E os raios d'oiro, cintilando vivos,
Como chuva encantada se gotejam
Nas folhas do arvoredo recendente,

AZEVEDO, Álvares de. *Anima mea*.
In: BUENO, Alexei (Org.).
Álvares de Azevedo: obra completa.
Rio de Janeiro: Nova Aguilar, 2000. p. 154. (Fragmento).

d) Eu sou, Senhor, **a ovelha desgarrada**,
Cobrai-a: e não queirais, **pastor divino**,
Perder na vossa ovelha a vossa glória.

MATOS, Gregório de. Soneto.
In: WISNIK, José Miguel (Org.).
Gregório de Matos: poemas escolhidos.
São Paulo: Círculo do Livro/Cultrix, s.d. p. 279. (Fragmento).

e) **V**ozes **v**eladas, **v**eludosas **v**ozes,
volúpias dos **v**iolões, **v**ozes **v**eladas,
vagam nos **v**elhos **v**órtices **v**elozes
dos **v**entos, **v**ivas, **v**ãs, **v**ulcanizadas.

SOUSA, João da Cruz e. Violões que choram.
In: AGUIAR, Flávio (Sel.). *Cruz e Sousa*.
São Paulo: Global, 2001. p. 69.
(Coleção Melhores Poemas). (Fragmento).

3 Leia esta tira do Hagar:

HAGAR — Chris Browne

a) O que confere humor ao texto?

b) O que Hagar quis dizer com "Há algo de novo nele!"? Justifique sua resposta.

c) No contexto da tira, o adjetivo *torto* ganha dois sentidos diferentes: um denotativo (literal) e outro, conotativo (figurado). Explique isso.

4 Em qual dos versos a seguir a figura de linguagem predominante foi classificada de forma incorreta? Justifique sua resposta.

a) Antítese.

O todo sem a parte não é todo;
A parte sem o todo não é parte;

MATOS, Gregório de. Soneto.
In: WISNIK, José Miguel (Org.).
Gregório de Matos: poemas escolhidos.
São Paulo: Círculo do Livro/Cultrix,
s.d. p. 289. (Fragmento).

b) Personificação.

Mar desarrumado
de horizontes elásticos
passou toda a noite com insônia
monologando e resmungando.

BOPP, Raul. *Cobra Norato*.
Rio de Janeiro: José Olympio, 1998. p. 27.
(Fragmento).

c) Pleonasmo.

Ah! não, não fez o céu, gentil pastora,
para glória de amor igual tesouro:
Graças, Marília bela,
graças à minha estrela!

GONZAGA, Tomás Antônio. Marília de Dirceu.
Marília de Dirceu e *Cartas chilenas*.
São Paulo: Ática, 2001. p. 82. (Fragmento).

d) Hipérbato.

Triste quem ama, cego quem se fia
Da feminina voz na vã promessa!
[...]
Do desengano o bálsamo lhe aplico,
e a teus laços, Amor, sem medo exponho
Dos benéficos céus o dom mais rico:

BOCAGE. Soneto. *Sonetos e outros poemas*.
São Paulo: FTD, 1994. p. 45. (Fragmento).

e) Metáfora.

Mãos tenazes e obtusas,
feridas na remoção de pedras e tropeços,
quebrando as arestas da vida.
Mãos alavancas
Na escava de construções inconclusas.

CORALINA, Cora. Estas mãos. *Meu livro de cordel*.
São Paulo: Global, 2002. p. 64. (Fragmento).

5 Leia esta tira do Recruta Zero:

RECRUTA ZERO
Greg & Mort Walker

a) Como o quadrinista deu conotação humorística ao texto?

b) Explique o que motivou a pergunta do general feita à esposa.

c) No comentário feito pela esposa, observamos o emprego de uma figura de linguagem. Qual é essa figura e que termo do texto a ilustra?

6 Classifique as figuras de linguagem (de construção ou de sintaxe e sonoras) destacadas nos versos a seguir.

a) Eu não sou, minha Nise, pegureiro,
que viva de guardar alheio gado;
nem sou pastor grosseiro,
dos **frios gelos** e do sol queimado,

GONZAGA, Tomás Antônio. Marília de Dirceu. *Marília de Dirceu* e *Cartas chilenas*. São Paulo: Ática, 2001. p. 34. (Fragmento).

b) **Que eu**, se tenho nos olhos malferidos
pensamentos de vida formulados,
são pensamentos idos e vividos.

ASSIS, Machado de. A Carolina. In: COUTINHO, Afrânio (Org.). *Machado de Assis*: obra completa. Rio de Janeiro: Nova Aguilar, 1992. v. 3. p. 313. (Fragmento).

c) Amor é um fogo que arde sem se ver;
É ferida que dói e não se sente;
É um contentamento descontente;
É dor que desatina sem doer;

CAMÕES, Luís de. Soneto 4. In: SALGADO JÚNIOR, Antônio (Org.). *Luís de Camões*: obra completa. Rio de Janeiro: Nova Aguilar, 2008. p. 270. (Fragmento).

d) **S**egue o **s**eco **s**em **s**acar que o caminho é **s**eco.
sem **s**acar que o e**s**pinho é **s**eco
sem **s**acar que **s**eco é o **S**er **S**ol

BROW, Carlinhos; MONTE, Marisa. Segue o seco. Intérprete: Marisa Monte. In: MARISA MONTE. *Verde, amarelo, anil, cor-de-rosa e carvão*. [S.l.]: EMI Music Brasil, 1994. 1 CD. Faixa 4. (Fragmento).

e) **E** o olhar estaria ansioso esperando
E a cabeça ao sabor da mágoa balançando
E o coração fugindo e o coração voltando
E os minutos passando e os minutos passando...

MORAES, Vinicius de. O olhar para trás. In: BUENO, Alexei (Org.). *Vinicius de Moraes*: obra completa. Rio de Janeiro: Nova Aguilar, 1998. p. 195. (Fragmento). Os direitos relativos ao uso do poema de autoria de Vinícius de Moraes foram autorizados pela VM Empreendimentos artísticos e culturais Ltda., além de: © VM e © Cia. das Letras (Editora Schwarcz).

f) Meu Deus, meu Deus... Parece
Meu velho pai — que já morreu!
Como pude **ficarmos** assim?
Nosso olhar — duro — interroga:

QUINTANA, Mário. O velho do espelho. *80 anos de poesia*. São Paulo: Globo, 1998. p. 128. (Fragmento). © by Elena Quintana.

g) **Transforma-se o amador na cousa amada**,
Por virtude do muito imaginar;
Não tenho, logo, mais que desejar,
Pois em mi[m] tenho a parte desejada.

CAMÕES, Luís de. Soneto 96. In: SALGADO JÚNIOR, Antônio (Org.). *Luís de Camões*: obra completa. Rio de Janeiro: Nova Aguilar, 2008. p. 301. (Fragmento).

7 **Identifique a figura de pensamento e a figura sonora que ocorrem na tira do Garfield a seguir, e classifique-as.**

GARFIELD   Jim Davis

8 **Identifique as figuras de linguagem presentes nos versos a seguir, destacando-as.**

a) Incultas produções da mocidade
Exponho a vossos olhos, ó leitores:
Vede-as com mágoa, vede-as com piedade,
Que elas buscam piedade, e não louvores.

BOCAGE. Soneto. *Sonetos e outros poemas*.
São Paulo: FTD, 1994. p. 19. (Fragmento).

b) Por sobre o verde turvo do amplo rio
Os circunflexos brancos das gaivotas...

PESSOA, Fernando. A outra. In: GALHOZ, Maria Aliete (Org.).
Fernando Pessoa: obra poética. Rio de Janeiro:
Nova Aguilar, 1999. p. 186. (Fragmento).

c) Triste Bahia! ó quão dessemelhante
Estás e estou do nosso antigo estado!
Pobre te vejo a ti, tu a mi[m] empenhado,
Rica te vi eu já, tu a mi[m] abundante.

MATOS, Gregório de. Soneto. In: WISNIK, José Miguel (Org.).
Gregório de Matos: poemas escolhidos. São Paulo:
Círculo do Livro/Cultrix, s.d. p. 30. (Fragmento).

d) Mas como causar pode seu favor
Nos corações humanos amizade,
Se tão contrário a si é o mesmo Amor?

CAMÕES, Luís de. Soneto 4.
In: SALGADO JÚNIOR, Antônio (Org.).
Luís de Camões: obra completa.
Rio de Janeiro: Nova Aguilar, 2008. p. 270. (Fragmento).

e) Tão temerosa vinha e carregada,
Que pôs nos corações um grande medo;
Bramindo, o negro mar de longe brada,
Como se desse em vão nalgum rochedo.

– Ó Potestade, disse, sublimada:
Que ameaço divino ou que segredo
Este clima e este mar nos apresenta,
Que mor cousa parece que tormenta?

CAMÕES, Luís de. *Os lusíadas*. Canto V.
In: SALGADO JÚNIOR, Antônio (Org.). *Luís de Camões*: obra completa.
Rio de Janeiro: Nova Aguilar, 2008. p. 122. (Fragmento).

9 Leia o anúncio publicitário a seguir.

REPRODUÇÃO

ideias inovadoras em ambiente, energia, negócios, urbanismo, consumo, lixo, desenvolvimento, saúde e educação

a) Este anúncio faz parte de uma campanha em defesa do meio ambiente, desenvolvida por várias empresas, em diferentes órgãos da imprensa. Em sua opinião, por que o logotipo e o bóton da campanha foram colocados lado a lado e em destaque no anúncio?

b) Releia o texto central do anúncio, constituído de uma pergunta e da resposta a ela:

> **Qual a relação entre o aumento da biodiversidade em torno dos icebergs e o uso racional da água?**
> **A importância de entender a sustentatibilidade.**

- Explique a relação entre a pergunta e a resposta, tendo em vista o conteúdo do anúncio.
- Qual termo foi omitido na frase interrogativa? Como se chama a figura de linguagem exemplificada por esse tipo de omissão?

c) O anúncio apresenta informações sobre a escassez da água potável no mundo. Releia este trecho, observando a parte destacada:

> "Previsões indicam que, com a seca de aquíferos, **redução de rios e aumento de áreas áridas**, o acesso à água potável se tornará um sério problema."

- Qual figura de linguagem representa a parte destacada? Explique sua resposta.

d) Em torno do bóton lê-se a seguinte frase: "As áreas afetadas por secas severas já representam um terço do planeta".

- Que palavra foi empregada em sentido conotativo (figurado) nessa frase? Esclareça sua resposta.
- Escreva uma frase em que essa palavra seja empregada em sentido denotativo (literal, objetivo).

e) Observe o logotipo da campanha, que aparece ao lado da imagem do bóton. Explique o que representam os elementos não verbais desse logotipo, considerando o contexto do anúncio.

Lista de exercícios

RESUMO

Figuras de linguagem

- **Figuras de linguagem** – recursos estilísticos aplicados ao texto a fim de obter efeitos expressivos relacionados ao sentido, à posição ou à combinação das palavras.

Figuras de palavras ou tropos

- **Comparação** – consiste em relacionar termos diferentes que possuem determinada semelhança: *Meus ouvidos estão* ***como o zumbir das cigarras****.*
- **Metáfora** – comparação subentendida: *A vida é* ***um caminho desconhecido****.*
- **Catacrese** – uso de uma palavra para descrever algo fora de seu contexto habitual por falta de um termo específico: *A* ***asa*** *do bule quebrou-se.*
- **Metonímia** – substituição de um termo por outro, desde que haja relação de correspondência entre eles: *Examinou cuidadosamente o* ***Renoir****.*
- **Perífrase** ou **antonomásia** – substituição de um nome por uma expressão que o identifica: *A* ***Cidade Maravilhosa*** *encanta os turistas.*
- **Sinestesia** – mistura de diferentes sensações: *Recendia pela sala um perfume* ***macio e doce****.*

Figuras de pensamento

- **Antítese** – emprego de palavras de sentidos opostos: *"Porém se* ***acaba*** *o Sol, por que* ***nascia****?"* (Gregório de Matos).
- **Eufemismo** – substituição de palavras por outras visando suavizar o enunciado: ***Apropriou-se indevidamente*** *de alguns objetos.*

- **Paradoxo** – espécie de antítese que contrasta ideias com maior intensidade: "*Amor é um **contentamento descontente***" (Luís de Camões).
- **Ironia** – afirmação contrária à intenção real do enunciado: *Permaneceu sentado **educadamente**, enquanto a velha senhora tentava equilibrar-se no ônibus em movimento.*
- **Hipérbole** – expressão de ideias de maneira exagerada: "*O mundo **em mil pedaços** se converte*" (Gonçalves Dias).
- **Prosopopeia ou personificação** – atribuição de características humanas a seres inanimados ou irracionais: "*É noite! as **sombras correm** nebulosas*" (Castro Alves).
- **Gradação** – sequência que exprime ideias em progressão crescente ou decrescente: ***Duas, quatro, dez, cem, milhares** de pessoas foram ocupando as arquibancadas do estádio.*
- **Apóstrofe** – corresponde ao vocativo: "***Ó solidão do Mar, ó amargor das vagas***" (Cruz e Sousa).

Figuras de construção ou de sintaxe

- **Hipérbato** – inversão dos termos da oração: "*Começa o mundo enfim pela ignorância*" (Gregório de Matos).
- **Elipse** – omissão de palavra identificável pelo contexto: *[**Nós**] Precisamos escolher melhor nossos representantes no governo.*
- **Zeugma** – supressão de um termo expresso anteriormente: *Meu pai trabalha de dia; minha mãe, à noite.*
- **Pleonasmo** – redundância que tem como objetivo enfatizar uma determinada ideia: "***Morrerás morte** vil na mão de um forte*" (Gonçalves Dias).
- **Polissíndeto** – repetição de conectivos: "***E** reflexos de luz, **e** som **e** vozes, **e** deleite, **e** prazer; **e** fora a chuva,*" (Gonçalves Dias).
- **Assíndeto** – omissão de conectivos: "*Seus olhos tão negros, tão belos, tão puros*" (Gonçalves Dias).
- **Anacoluto** – interrupção na construção sintática da oração: ***Os sonhos**, não devemos nos abdicar deles.*
- **Anáfora** – repetição de palavra(s) no início de versos ou frases: ***O mar** vinha em ondas, **o mar** vinha calmo, **o mar** chegava tranquilo, envolvendo meus pés.*
- **Silepse** – concordância com termo subentendido, com a ideia que se quer transmitir: (de gênero) ***Vossa Senhoria** ficou **satisfeito** com o atendimento?*; (de número) *A **multidão** reunida na praça, numa grande agitação, **gritavam** contra o desemprego*; (de pessoa) "*Na noite seguinte **estávamos** reunidas algumas pessoas*" (Machado de Assis).

Figuras sonoras

- **Aliteração** – repetição de fonemas consonantais: "*Auriverde pendão de minha terra / que a **b**risa do **B**rasil **b**eija e **b**alança*" (Castro Alves).
- **Assonância** – repetição de fonemas vocálicos em sílabas tônicas: "*Ó Formas **a**lvas, br**a**ncas, Formas cl**a**ras*" (João da Cruz e Sousa).
- **Onomatopeia** – representação de sons por meio de palavras: ***Plaft! Plaft!** passa veloz o mangalarga.*
- **Paronomásia** – associação entre parônimos (trocadilhos): *Não vou me **apressar** na compra de um carro, quero antes **apreçar** o valor em algumas concessionárias.*

Capítulo 28 O texto poético: poesia, poema e prosa

Poesia e poema

No texto

Leia o poema a seguir, da autora portuguesa Florbela Espanca (1894-1930), uma das grandes representantes do Modernismo português. Observe que se trata de um soneto, isto é, um poema de forma fixa constituído de dois quartetos e dois tercetos; o quarteto é uma estrofe de quatro versos e o terceto, de três.

Os meus versos

Rasga esses versos que eu te fiz, amor!
Deita-os ao nada, ao pó, ao esquecimento,
Que a cinza os cubra, que os arraste o vento,
Que a tempestade os leve aonde for!

Rasga-os na mente, se os souberes de cor,
Que volte ao nada o nada de um momento!
Julguei-me grande pelo sentimento,
E pelo orgulho ainda sou maior!...

Tanto verso já disse o que eu sonhei!
Tantos penaram já o que eu penei!
Asas que passam, todo o mundo as sente...

Rasga os meus versos... Pobre endoidecida!
Como se um grande amor cá nesta vida
Não fosse o amor de toda a gente!...

ESPANCA, Florbela. In: FARACO, Sérgio (Sel. e ed.). *A mensageira das violetas*: antologia. Porto Alegre: L&PM, 1999. (Pocket).

1. O poema trata do desencanto advindo do fim de um relacionamento amoroso.

a) Nesse poema, quem é o interlocutor expresso com o qual o eu lírico parece dialogar? Justifique.

b) Na primeira estrofe, por que o eu lírico faz uma súplica negativista tão veemente?

c) Como se percebe a intensidade com que o eu lírico anseia destruir os versos de amor? Esclareça sua resposta com base no texto.

2. Na segunda estrofe, o eu lírico abandona por um momento o motivo de sua ansiedade, a destruição de seus versos, e fala de si.

a) Qual foi a reação do eu lírico antes e depois da perda do amor? Identifique os versos em que ocorrem esses momentos.

b) Na segunda estrofe, destaque o verso em que há uma metonímia.

c) Tendo em vista o contexto, interprete o sentido subjetivo do seguinte verso: "Que volte ao nada o nada de um momento!".

3. O eu lírico extravasa suas emoções e revela seus sentimentos de mágoa e tristeza diante do mundo, com o qual partilha sua dor.

a) Em sua opinião, por que o eu lírico parece se identificar com as pessoas na terceira estrofe (primeiro terceto)? Essa proximidade lhe é satisfatória ou não? Por quê?

b) Releia este verso: "Asas que passam, todo o mundo as sente...". Observe que a palavra *asas* foi empregada em linguagem figurada. Em sua opinião, a que asas o eu lírico se refere? O que elas simbolizam?

4. Observe, na última estrofe (segundo terceto), o emprego da expressão "Pobre endoidecida!" no primeiro verso; ela cria certa ambiguidade ou confusão em relação ao eu enunciador e ao receptor. O que vem a ser essa expressão: um aposto (termo explicativo) ou um vocativo (termo apelativo)? Justifique sua resposta.

5. Como já foi dito, esse poema constitui um soneto, compondo-se, portanto, de quatro estrofes – dois quartetos e dois tercetos – separadas entre si por uma linha em branco. Toda estrofe é formada por versos, e cada verso é uma linha poética. No último terceto, encontra-se, quase sempre, a "chave de ouro" ou a ideia essencial do soneto.

a) Os versos desse poema apresentam a mesma quantidade de sílabas poéticas: são **eneassílabos**, isto é, têm nove sílabas poéticas cada um (as sílabas poéticas são auditivas e não gramaticais). Que efeito produz essa regularidade de sílabas poéticas no poema?

b) Analisando a terminação dos versos, o que você observa quanto à rima (identidade e semelhança de sons)?

c) Com base na análise feita, resuma as características desse poema.

Antes de estudar os elementos constitutivos dos poemas, leia estas explicações:

Poesia é a arte de trabalhar a linguagem, explorando-se os sentidos figurados (subjetivos) e os recursos sonoros e visuais das palavras, em que se manifesta a expressão da subjetividade de um eu lírico (ser imaginário criado pelo autor ou poeta). Pode-se manifestar em prosa ou verso.

Poema é um gênero textual constituído por versos, recursos sonoros (rima, métrica, aliteração, assonância, ritmo), exploração da linguagem figurada e sugestão de imagens.

Versificação é a técnica de compor versos ou de estudar os elementos que os constituem. Quando os versos apresentam o mesmo número de sílabas poéticas, tem-se a **versificação regular**; caso contrário, a **versificação irregular**.

Verso é cada linha de palavras que compõe o poema; também é chamado de **linha poética**. **Estrofe** ou **estância** é um grupo determinado de versos em um poema.

Em contexto

A estrofe e sua classificação

A estrofe recebe um nome de acordo com o número de versos que apresenta:

a) **monóstico** (um verso);
b) **dístico** (dois versos);
c) **terceto** (três versos);
d) **quarteto** ou **quadra** (quatro versos);
e) **quintilha** (cinco versos);
f) **sexteto** ou **sextilha** (seis versos);
g) **septilha** ou **sétima** (sete versos);
h) **oitava** (oito versos);
i) **nona** (nove versos);
j) **décima** (dez versos).

Quando tem mais de dez versos, a estrofe recebe o nome do respectivo número de versos: estrofe de 11 versos, estrofe de 12 versos, etc.

Estes dois textos exemplificam, respectivamente, uma estrofe de seis versos (sexteto) e uma de oito versos (oitava):

Valeu a pena? Tudo vale a pena
Se a alma não é pequena.
Quem quere passar além do Bojador
Tem que passar além da dor.
Deus ao mar o perigo e o abysmo deu,
Mas nelle é que espelhou o céu.

PESSOA, Fernando. X. Mar portuguez.
In: GALHOZ, Maria Aliete (Org.).
Fernando Pessoa: obra poética.
Rio de Janeiro: Nova Aguilar, 1999. p. 82.
(Fragmento).

Sangro todos os meses sobre o papel
passo um rol de letras miúdas à máquina
lavo vírgulas, costuro parágrafos
varro apenas o sentido vão,
Não há razão de sobra e palavra
que eu não lavre a penas.
Não bordo senão o texto encardido.
Pés no chão.

SIMÕES, Maria das Graças.
In: BARROS, Roberto de (Org.). *Taquicardias*.
Sabará: Edições Dubolso, 1985. p. 54.

Observação

- Ao verso ou versos que se repetem no final de cada estrofe dá-se o nome de **estribilho**.

O verso e sua classificação

Considerando a métrica (sílabas poéticas) e o ritmo, os versos classificam-se em **tradicionais** ou **regulares** e **livres**.

Os **versos tradicionais** apresentam o mesmo número de sílabas poéticas (isto é, a mesma extensão) e a mesma sequência rítmica, isto é, as sílabas tônicas aparecem em intervalos regulares dentro de cada verso. Esses versos são feitos com rima.

Observe estes versos e suas características estruturais:

Trans**for**ma-se o ama**dor** na cousa a**ma**da,
Por vir**tu**de do **mui**to imagi**nar**;
Não **te**nho, logo, **mais** que dese**jar**,
Pois em **mi[m]** tenho a **par**te dese**ja**da.

CAMÕES, Luís de. Soneto 96.
In: SALGADO JÚNIOR, Antônio (Org.).
Luís de Camões: obra completa.
Rio de Janeiro: Nova Aguilar, 2008. p. 301.
(Fragmento).

	1	2	3	4	5	6	7	8	9	10	
1	Trans	**for**	ma-	se o a	ma	**dor**	na	cou	sa a	**ma**	da
2	Por	vir	**tu**	de	do	**mui**	to i	ma	gi	**nar**	
3	Não	**te**	nho,	lo	go,	**mais**	que	de	se	**jar**	
4	Pois	em	**mi[m]**	te	nho a	**par**	te	de	se	**ja**	da

Os versos acima têm dez sílabas (poéticas) e recebem o nome de **decassílabos**. São tradicionais porque têm pausas regulares: nos versos 1 e 3, tonicidade nas sílabas 2, 6 e 10; nos versos 2 e 4, tonicidade nas sílabas 3, 6 e 10.

Os **versos livres** não apresentam métrica regular, isto é, o mesmo número de sílabas, e o mesmo ritmo. O poeta dispõe os versos na estrofe livremente ou de maneira intuitiva, de acordo com a concepção que estabeleceu para o poema. Eventualmente, os versos livres podem ter rimas.

Observe este exemplo de versos livres:

Não se trata do poema e sim do homem
e sua vida
– a mentida, a ferida, a consentida
vida já ganha e já perdida e ganha
outra vez.
Não se trata do poema e sim da fome
de vida,

GULLAR, Ferreira. A vida bate.
In: AYALA, Walmir (Coord.).
Ferreira Gullar: poemas escolhidos.
Rio de Janeiro: Ediouro, 1989. p. 59. (Fragmento).

Versos tradicionais ou **regulares** são os que apresentam o mesmo número de sílabas e a mesma sequência rítmica.

Versos livres são os que não apresentam regularidade estrutural, isto é, têm tamanhos diferentes.

O metro e a classificação do verso quanto ao número de sílabas

O **metro** é a extensão do verso, da linha poética, ou seja, trata-se do processo de contabilização das sílabas métricas de um verso.

O processo de contagem das sílabas métricas é denominado **escansão**. Assim, contar as sílabas métricas é o mesmo que **escandir**.

A contagem das sílabas poéticas é feita auditivamente e não gramaticalmente. Para escandir um verso, ou seja, contar suas sílabas métricas, devem ser observadas as seguintes normas:

a) A vogal final de uma palavra e a vogal inicial da palavra seguinte formarão uma só sílaba métrica, se forem pronunciadas numa única emissão de voz. Não se unem vogais tônicas.

Observe a diferença entre sílabas gramaticais e métricas (poéticas) em relação a este verso:

Incêndio em mares de água disfarçado

MATOS, Gregório de. Soneto.
In: WISNIK, José Miguel (Org.).
Gregório de Matos: poemas escolhidos.
São Paulo: Círculo do Livro/Cultrix, s.d. p. 200.
(Fragmento).

(sílabas gramaticais – 13 sílabas)

1 2 3 4 5 6 7 8 9 10 11 12 13
In / cên / dio em ma / res de á / gua dis / far / ça / do

(sílabas métricas – 10 sílabas)

1 2 3 4 5 6 7 8 9 10
In / cên / dio em / ma / res / de á / gua / dis / far / ça / do

b) Contam-se as sílabas apenas até a última sílaba tônica do verso.

1 2 3 4 5 6 7 8 9 10
Ri / o / de / ne / ve em / fo / go / con / ver / **ti** / do

MATOS, Gregório de. Soneto.
In: WISNIK, José Miguel (Org.).
Gregório de Matos: poemas escolhidos.
São Paulo: Círculo do Livro/Cultrix, s.d. p. 200.
(Fragmento).

c) Os ditongos crescentes formam, normalmente, uma só sílaba métrica.

1 2 3 4 5 6 7 8 9
Já / vi / gí / lias / pas / sei / na / mo / ra / do,

1 2 3 4 5 6 7 8 9
Do / ces / ho / ras / d'in / sô / nia / pas / sei,

DIAS, Gonçalves. O desengano.
In: BUENO, Alexei (Org.).
Gonçalves Dias: poesia e prosa completas.
Rio de Janeiro: Nova Aguilar, 1998. p. 134.
(Fragmento).

O verso recebe um nome de acordo com o número de sílabas métricas (sílabas poéticas) que apresenta:

a) **monossílabo**;
b) **dissílabo**;
c) **trissílabo**;
d) **tetrassílabo**;
e) **pentassílabo** ou **redondilha menor**;
f) **hexassílabo**;
g) **heptassílabo** ou **redondilha maior**;
h) **octossílabo**;
i) **eneassílabo**;
j) **decassílabo**;
k) **hendecassílabo**;
l) **dodecassílabo** ou **alexandrino**.

Os versos com mais de doze sílabas são chamados **bárbaros**.

Observação

- Quando o sentido de um verso é completado por uma ou mais palavras do verso seguinte, ocorre o chamado **encadeamento** ou ***enjambement***.

Do leito embalde no macio encosto
Tento o sono reter!... já **esmorece**
O corpo exausto que o repouso esquece...
Eis o estado em que a mágoa me tem posto!

AZEVEDO, Álvares de. Soneto. In: BUENO, Alexei (Org.). *Álvares de Azevedo*: obra completa. Rio de Janeiro: Nova Aguilar, 2000. p. 257. (Fragmento).

Metro é o tamanho da linha poética, ou seja, a medida que contabiliza o número de sílabas (métricas) de um verso.

A rima e sua classificação

Observe as rimas (sons semelhantes) que ocorrem nestes versos:

Sperae! Cahi no areal e na hora adv**ersa** A
Que Deus concede aos s**eus** B
Para o intervallo em que esteja a alma imm**ersa** A
Em sonhos que são D**eus**. B

Que importa o areal e a morte e a desvent**ura** C
Se com Deus me guard**ei**? D
É O que eu me sonhei que eterno d**ura**, C
É Esse que regressar**ei**. D

PESSOA, Fernando. D. Sebastião. In: GALHOZ, Maria Aliete (Org.). *Fernando Pessoa*: obra poética. Rio de Janeiro: Nova Aguilar, 1999. p. 84. (Fragmento).

Por convenção, cada rima é indicada por uma letra do alfabeto; rimas iguais correspondem, portanto, à mesma letra. Nas estrofes reproduzidas, a distribuição das rimas nos versos é representada pelos esquemas ABAB e CDCD.

Rima é a identidade ou semelhança de sons no final ou no meio de versos diferentes.

As rimas classificam-se quanto ao **valor** ou à **qualidade**, quanto à **disposição** nas estrofes e quanto à **posição** da sílaba tônica.

Classificação das rimas quanto ao valor ou à qualidade

Quanto ao **valor** ou à **qualidade**, as rimas classificam-se em:

a) **pobres**: quando são formadas por palavras da mesma classe gramatical: *escura* (adjetivo) e *pura* (adjetivo);

b) **ricas**: quando são formadas por palavras de classes gramaticais diferentes: *vago* (adjetivo) e *lago* (substantivo);

c) **raras**: quando são formadas por palavras para as quais haja poucas com rimas correspondentes: ***mim*** e ***mastim***, ***prostíbulo*** e ***patíbulo***, ***bulício*** e ***vício***;

d) **preciosas**: quando são feitas de forma artificial, para forçar uma aproximação sonora: ***perdê-lo*** e ***belo***, ***gozo*** e ***pouso***.

Classificação das rimas quanto à disposição

Quanto à **disposição** nas estrofes, as rimas classificam-se em:

a) **emparelhadas** (ou **paralelas**): quando se sucedem duas a duas;

Não tinha casa pin**tura**, A
O chão não tinha cul**tura**: A
Paredes nuas, lad**rilho**, B
Tudo singelo, sem b**rilho**... B

DIAS, Gonçalves. No jardim! In: BUENO, Alexei (Org.). *Gonçalves Dias*: poesia e prosa completas. Rio de Janeiro: Nova Aguilar, 1998. p. 682. (Fragmento).

b) **cruzadas** (ou **alternadas**): quando ocorrem em versos alternados, rimando, de um lado, os versos ímpares (o 1º com o 3º , etc.) e, de outro, os versos pares (o 2º com o 4º, etc.);

O tempo cobre o chão de verde m**anto**, A
que já coberto foi de neve fria, B
e em mim converte em choro o doce c**anto**. A

CAMÕES, Luís de. Soneto 45. In: SALGADO JÚNIOR, Antônio (Org.). *Luís de Camões*: obra completa. Rio de Janeiro: Nova Aguilar, 2008. p. 284. (Fragmento).

c) **interpoladas** (ou **intercaladas** ou **opostas**): ocorrem quando o 1º verso rima com o 4º e o 2º verso rima com o 3º;

Mudam-se os tempos, mudam-se as vont**ades**, A
Muda-se o ser, muda-se a confi**ança**; B
Todo o Mundo é composto de mud**ança**, B
Tomando sempre novas qualid**ades**. A

CAMÕES, Luís de. Soneto 45. In: SALGADO JÚNIOR, Antônio (Org.). *Luís de Camões*: obra completa. Rio de Janeiro: Nova Aguilar, 2008. p. 284. (Fragmento).

d) **misturadas**: quando vêm distribuídas livremente;

Criança po**bre** A
de pé no ch**ão** B
Suja, rasgada, despente**ada**. C
Desmazel**ada**. C
Criada à toa, de rold**ão**. B
Cria de case**bre**, A
Enxerto de galp**ão**. B

CORALINA, Cora. Dolor. *Meu livro de cordel*. 10. ed. São Paulo: Global, 2002. p. 50. (Fragmento).

e) **encadeadas**: quando ocorrem entre o fim ou o meio de um verso e o interior do verso seguinte.

No céu brilhante do po**ente** em fogo
Com auréola ard**ente** o sol dormia:
Do mar doirado nas vermelhas ondas
Purpúreo se escondia

AZEVEDO, Álvares de. Crepúsculo do mar.
In: BUENO, Alexei (Org.).
Álvares de Azevedo: obra completa.
Rio de Janeiro: Nova Aguilar, 2000. p. 147.
(Fragmento).

Classificação das rimas quanto à posição do acento tônico

De acordo com a **posição do acento tônico**, as rimas são classificadas em:

a) **agudas**: quando o acento se localiza na última sílaba do verso;

Em cismar, sozinho, à noite,
Mais prazer encontro eu **lá**;
Minha terra tem palmeiras,
Onde canta o Sabi**á**.
Minha terra tem primores
que tais não encontro eu **cá**
[...]

DIAS, Gonçalves. Canção do exílio.
In: BUENO, Alexei (Org.).
Gonçalves Dias: poesia e prosa completas.
Rio de Janeiro: Nova Aguilar, 1998. p. 105. (Fragmento).

b) **graves**: quando o acento tônico se localiza na penúltima sílaba do verso;

Meu amor era puro, extre**mo**so,
Era amor que meu peito sen**ti**a,
Eram lavas de um fogo tei**mo**so,
Eram notas de meiga harmo**ni**a.

DIAS, Gonçalves. O desengano.
In: BUENO, Alexei (Org.).
Gonçalves Dias: poesia e prosa completas.
Rio de Janeiro: Nova Aguilar, 1998. p. 134. (Fragmento).

c) **esdrúxulas**: o acento tônico localiza-se na antepenúltima sílaba.

No ar lento fumam gomas aro**máticas**
Brilham as navetas, brilham as dal**máticas**.

CASTRO, Eugênio de. *Últimos versos*.
Lisboa: Bertrand, 1938. (Fragmento).

Observação

- Os versos que não têm rima são chamados versos **brancos** ou **soltos**.

Prosa e prosa poética

No texto

Leia um fragmento do romance *Ana Terra*, de Érico Veríssimo. No trecho anterior, Ana Terra encontra o corpo ferido de Pedro Missioneiro, perto da sanga onde ela lavava roupa e, assustada, foge. Na passagem reproduzida a seguir, Ana chega em casa e conta ao pai, Maneco Terra, e a seus dois irmãos, o que havia acontecido.

Ana Terra

Ana tinha agora diante de si três caras morenas, curtidas pelo vento e pelo sol. Ali estava o pai, com os grossos bigodes grisalhos, o corpo pesado e retaco, o ar reconcentrado; Antônio, alto e ossudo, os cabelos pretos e duros; e Horácio, com seu rosto de menino, o buço ralo e os olhos enviesados. Em todas aquelas caras havia um retesamento de músculos, já uma rigidez agressiva. Escutaram a narrativa rápida e ofegante de Ana, consultaram-se numa troca de olhares, precipitaram-se para a casa, apanharam as espingardas e desceram os três a passo acelerado na direção da sanga.

Ana entrou no rancho e contou tudo à mãe, que estava junto do fogão botando no forno uma forma de lata com broas de milho. D. Henriqueta escutou-a em silêncio, tapou o forno, ergueu-se limpando as mãos na fímbria da saia e fitou na filha os olhos tristes e assustados.

— Quem será, Ana? Quem será?

— Não sei, mamãe. Acho que ele está muito ferido. Decerto veio se arrastando pra beber água na sanga e desmaiou.

D. Henriqueta sacudia a cabeça devagarinho. Aquilo não era vida! Viviam com o coração na mão. Os homens do Continente não faziam outra coisa senão lidar com o perigo. Tinha saudade de Sorocaba, de sua casa, de seu povo. Lá pelo menos não vivia com o pavor na alma. Às vezes temia ficar louca, quando o filho ia com a carreta para Rio Pardo, o marido saía a campear com o Horácio e ela ficava ali no rancho sozinha horas e horas com a filha. Ouvia contar histórias horríveis de mulheres que tinham sido roubadas e levadas como escravas pelos índios coroados, que acabavam obrigando-as a se casarem com algum membro da tribo.

VERÍSSIMO, Érico. *Ana Terra*. Porto Alegre: Globo, 1979. p. 10-11. (Fragmento).

Glossário

Retaco: baixo e corpulento; atarracado.

Sanga: córrego.

Fímbria: borda, extremidade inferior.

Campear: cavalgar explorando os campos.

1. No primeiro parágrafo, o narrador descreve os traços físicos do pai e dos irmãos de Ana Terra.
   a) O que ele quis destacar quanto à personalidade desses três personagens?
   b) Comente as atitudes de Ana e de sua mãe, D. Henriqueta, quando a filha lhe fala sobre o homem da sanga.
2. No último parágrafo, o narrador conta como D. Henriqueta se sentia vivendo naquele rancho.
   a) O que mais angustiava a mãe de Ana Terra?
   b) De acordo com o texto, é possível concluir que o rancho dos Terra ficava isolado e distante das cidades mais próximas? Justifique sua resposta.
3. Releia o texto "Os meus versos", de Florbela Espanca, e compare-o ao texto "Ana Terra" quanto à forma, ao conteúdo e à linguagem.

Leia, agora, um trecho de um conto do escritor moçambicano Mia Couto (1955-), observando a carga poética que é incorporada ao texto.

Inundação

Há um rio que atravessa a casa. Esse rio, dizem, é o tempo. E as lembranças são peixes nadando ao invés da corrente. Acredito, sim, por educação. Mas não creio. Minhas lembranças são aves. A haver inundação é de céu, repleção de nuvem. Vos guio por essa nuvem, minha lembrança.

A casa, aquela casa nossa, era morada mais da noite que do dia. Estranho, dirão. Noite e dia não são metades, folha e verso? Como podiam o claro e o escuro repartir-se em desigual? Explico. Bastava que a voz de minha mãe em canto se escutasse para que, no mais lúcido meio-dia, se fechasse a noite. Lá fora, a chuva sonhava, tamborileira. E nós éramos meninos para sempre.

Certa vez, porém, de nossa mãe escutamos o pranto. Era um choro delgadinho, um fio de água, um chilrear de morcego. Mão em mão, ficamos à porta do quarto dela. Nossos olhos boquiabertos. Ela só suspirou:

– *Vosso pai já não é meu.*

Apontou o armário e pediu que o abríssemos. A nossos olhos, bem para além do espanto, se revelaram os vestidos envelhecidos que meu pai há muito lhe ofertara. Bastou, porém, a brisa da porta se abrindo para que os vestidos se desfizessem em pó e, como cinzas, se enevoassem pelo chão. Apenas os cabides balançavam, esqueletos sem corpo.

– *E agora* – disse a mãe –, *olhem para estas cartas.*

Eram apaixonados bilhetes, antigos, que minha mãe conservava numa caixa. Mas agora os papéis estavam brancos, toda a tinta se desbotara.

– *Ele foi. Tudo foi.*

Desde então, a mãe se recusou a deitar no leito. Dormia no chão. A ver se o rio do tempo a levava, numa dessas invisíveis enxurradas. Assim dizia, queixosa. Em poucos dias, se aparentou às sombras, desleixando todo seu volume.

– *Quero perder todas as forças. Assim não tenho mais esperas.*

– *Durma na cama, mãe.*

– *Não quero. Que a cama é engolidora de saudade.*

E ela queria guardar aquela saudade. Como se aquela ausência fosse o único troféu de sua vida.

Não tinham passado nem semanas desde que meu pai se volatizara quando, numa certa noite, não me desceu o sono. Eu estava pressentimental, incapaz de me guardar no leito. Fui ao quarto de meus pais. Minha mãe lá estava, envolta no lençol até à cabeça. Acordei-a. O seu rosto assomou à penumbra doce que pairava. Estava sorridente.

– *Não faça barulho, meu filho. Não acorde seu pai.*

– *Meu pai?*

– *Seu pai está aqui, muito comigo.*

Levantou-se com cuidado de não desalinhar o lençol. Como se ocultasse algo debaixo do pano. Foi à cozinha e serviu-se de água. Sentei-me com ela, na mesa onde se acumulavam as panelas do jantar.

– *Como eu o chamei, quer saber?*

Tinha sido o seu cantar. Que eu não tinha notado, porque o fizera em surdina. Mas ela cantara, sem parar, desde que ele saíra. E agora, olhando o chão da cozinha, ela dizia:

– *Talvez uma minha voz seja um pano; sim, um pano que limpa o tempo.*

No dia seguinte, a mãe cumpria a vontade de domingo, comparecida na igreja, seu magro joelho cumprimentando a terra. Sabendo que ela iria demorar eu voltei ao seu quarto e ali me deixei por um instante. A porta do armário escancarada deixava entrever as entranhas da sombra. Me aproximei. A surpresa me abalou: de novo se enfunavam os vestidos, cheios de formas e cores. De imediato, me virei a espreitar a caixa onde se guardavam as lembranças de namoro de meus pais. A tinta regressara ao papel, as cartas de meu velho pai se haviam recomposto? Mas não abri. Tive medo. Porque eu, secretamente, sabia a resposta.

Saí no bico do pé, quando senti minha mãe entrando. E me esgueirei pelo quintal, deitando passo na estrada de areia. Ali me retive a contemplar a casa como que irrealizada em pintura. Entendi que por muita que fosse a estrada eu nunca ficaria longe daquele lugar. Nesse instante, escutei o canto doce de minha mãe. Foi quando eu vi a casa esmorecer, engolida por um rio que tudo inundava.

COUTO, Mia. *O fio das missangas*: contos.
São Paulo: Companhia das Letras, 2009. p. 25-27.

Glossário

Invés: contra.

Repleção: repleto, cheio.

Tamborileira: que produz som ou ruído semelhante ao de um tamboril.

Enfunavam: enchiam, avolumavam.

1. Esse conto de Mia Couto é breve, e a história apresenta um conteúdo lírico construído a partir da recriação da realidade.

a) Reproduza, de forma objetiva, o fio narrativo que compõe a história.

b) O emprego de determinados recursos, como figuras de linguagem, polissemia, conteúdo subjetivo e exploração da fantasia e do mistério, proporcionam a esse texto características poéticas. Identifique o tema que define o tratamento subjetivo do conteúdo desse conto.

2. No primeiro e segundo parágrafos, o narrador já introduz o fantasioso no relato dos fatos, ao passar da recriação de uma realidade mais objetiva para a criação de um mundo fantasioso, imaginário.

a) Explique com suas palavras por que o rio simboliza o "tempo" e os peixes representam as "lembranças".

b) Segundo o narrador, suas lembranças podiam inundar o céu, e não o rio. Por quê?

3. Observe o emprego dos elementos coesivos no início do terceiro parágrafo.

a) Que sentido expressam a locução adverbial *certa vez* e a conjunção *porém* em relação ao contexto?

b) De acordo com o conteúdo, porque foram empregados tais elementos de coesão nesse parágrafo?

c) O que sugere, no texto, que a mãe era uma mulher forte e alegre enquanto tinha o marido?

4. Como vimos, há nesse conto uma recriação lírica, fantasiosa da realidade.

a) Do quarto ao nono parágrafo, de que modo o narrador recria o comportamento da mulher abandonada pelo marido?

b) A partir do décimo quarto parágrafo, por que a mãe começa a ter um comportamento diferente?

5. Nas frases do texto transcritas a seguir, as palavras rio e deitar estão empregadas com mais de um sentido (polissemia). Explique o sentido dessas palavras em cada frase.

a) "A ver se o rio do tempo a levava, numa dessas invisíveis enxurradas."

b) "Foi quando eu vi a casa esmorecer, engolida por um rio que tudo inundava."

c) "Desde então, a mãe se recusou a deitar no leito."

d) "E me esgueirei pelo quintal, deitando passo na estrada de areia."

6. Identifique as figuras de linguagem destacadas nas frases a seguir, transcritas do texto.

a) "Minhas lembranças são aves."

b) "Como podiam o claro e o escuro repartir-se em desigual?"

c) "Lá fora, a chuva sonhava, tamborileira."

d) "Noite e dia não são metades, folha e verso?

e) "Certa vez, porém, de nossa mãe escutamos o pranto."

f) "Era um choro delgadinho, um fio de água, um chilrear de morcego."

g) "Nossos olhos boquiabertos."

h) "para que os vestidos se desfizessem em pó e, como cinzas, se enevoassem pelo chão".

i) "Apenas os cabides balançavam, esqueletos sem corpo."

7. Reescreva as frases a seguir de acordo com sua interpretação.

a) "Em poucos dias, se aparentou às sombras, desleixando todo seu volume."

b) "seu magro joelho cumprimentando a terra."

c) "Eu estava pressentimental, incapaz de me guardar no leito."

Em contexto

O texto "Ana Terra" é um trecho de romance e o texto "Inundação" é um conto. Ambos são textos literários em prosa (isto é, apresentam-se em linhas contínuas e parágrafos), embora apresentem diferenças em relação à linguagem e ao foco narrativo.

Em "Ana Terra", a linguagem é objetiva, direta; não há o emprego de figuras ou de imagens; os fatos são narrados em 3ª pessoa, numa perspectiva mais distanciada e objetiva; não há o uso intencional de palavras polissêmicas; não há conteúdo lírico ou subjetivo.

No conto "Inundação", a linguagem é conotativa, pois é possível perceber o emprego de figuras e da intenção polissêmica; há exploração de conteúdo lírico e emotivo (amor, medo, mágoa, revolta, saudade, desesperança, etc.); os fatos são narrados em 1ª pessoa, numa perspectiva mais próxima e subjetiva. Por isso, o conto de Mia Couto constitui uma prosa poética.

Prosa é uma das formas literárias. Sua principal característica é a apresentação do texto em linhas contínuas, organizadas em sequência, com parágrafos e pontuação. Tanto textos literários como não literários podem estar escritos em prosa.

Prosa poética é o texto literário escrito em linhas contínuas e parágrafos, mas que apresenta várias características da poesia, como o predomínio da linguagem subjetiva e a exploração dos recursos sonoros (rima, ritmo, aliteração, etc.).

APLICAÇÃO

1 Leia este poema de Ferreira Gullar, que ainda hoje faz poesia engajada, isto é, comprometida com os problemas sociais:

Homem comum

Sou um homem comum
de carne e de memória
de osso e esquecimento.
Ando a pé, de ônibus, de táxi, de avião
e a vida sopra dentro de mim
pânica
feito a chama de um maçarico
e pode
subitamente
cessar.

[...]

Sou um homem comum
brasileiro, maior, casado, reservista,
e não vejo na vida, amigo,
nenhum sentido, senão
lutarmos juntos por um mundo melhor.
Poeta fui de rápido destino
Mas a poesia é rara e não comove
nem move o pau de arara.

Quero, por isso, falar com você
de homem para homem,
apoiar-me em você
oferecer-lhe meu braço
que o tempo é pouco
e o latifúndio está aí, matando.

[...]
Homem comum, igual
a você,
cruzo a Avenida sob a pressão do imperialismo
A sombra do latifúndio
mancha a paisagem
turva as águas do mar
e a infância nos volta
à boca amarga,
suja de lama e de fome.
Mas somos muitos milhões de homens
comuns
e podemos formar uma muralha
com nossos corpos de sonho e margaridas.

GULLAR, Ferreira. *Toda poesia (1950-1999)*.
Rio de Janeiro: José Olympio, 2000. p. 167-168. (Fragmento).

a) Nota-se, no poema, uma preocupação do eu lírico em declarar-se um "homem comum", por isso ele se repete. Explique por que o eu lírico enfatiza suas características e ideias.

b) Interprete estes versos: "Mas a poesia é rara e não comove / Nem move o pau de arara".
c) Pode-se dizer que há, no poema, uma certa frustração, mas também uma mensagem de esperança. Esclareça essa afirmação.
d) Nos últimos versos, o eu lírico convoca mais uma vez todos os homens para a luta. Em sua opinião, o que quer dizer "podemos fazer uma muralha com nossos corpos de sonho e margaridas"?
e) Observe a composição do poema e explique como se chamam esses versos quanto à métrica. Justifique sua resposta.
f) Os versos do poema não apresentam rima. Como se chama esse tipo de verso? Por quê?
g) Considerando o número de versos, que nome recebe a primeira, a segunda e a terceira estrofe do poema?

2 Leia este soneto de Vinicius de Moraes:

Soneto do maior amor

Maior amor nem mais estranho existe
Que o meu, que não sossega a coisa amada
E quando a sente alegre, fica triste
E se a vê descontente, dá risada.

E que só fica em paz se lhe resiste
O amado coração, e que se agrada
Mais da eterna aventura em que persiste
Que de uma vida mal-aventurada.

Louco amor meu, que quando toca, fere
E quando fere vibra, mas prefere
Ferir a fenecer – e vive a esmo

Fiel à sua lei de cada instante
Desassombrado, doido, delirante
Numa paixão de tudo e de si mesmo.

Oxford, 1938

MORAES, Vinicius de. In: BUENO, Alexei (Org.). *Vinicius de Moraes*: poesia completa e prosa. Rio de Janeiro: Nova Aguilar, 1998. p. 310. Os direitos relativos ao uso do poema de autoria de Vinicius de Moraes foram autorizados pela VM Empreendimentos artísticos e culturais Ltda., além de: © VM e © CIA.

Glossário
Fenecer: extinguir-se, murchar.
A esmo: sem direção.

a) Na primeira estrofe, o eu lírico considera seu jeito de amar estranho. Explique por quê.
b) Na segunda estrofe, como o eu lírico caracteriza seu "amor maior"?
c) Na terceira estrofe, por que esse amor é considerado louco?
d) Explique por que esse poema é um soneto.
e) Nesse soneto, o que o eu lírico conclui sobre seu sentimento amoroso?
f) Transcreva os versos em que ocorrem antíteses, identificando-as.
g) Faça a escansão das sílabas poéticas da primeira estrofe e dê o nome dos versos de acordo com o número de sílabas.
h) Faça o esquema das rimas do poema, empregando as letras (A, B, C, etc.), e classifique o tipo de rima quanto à disposição.
i) Classifique as rimas do poema quanto ao valor.

3 Leia este poema de Guilherme de Almeida (1890-1969), que, além de escritor modernista, foi advogado e jornalista:

Sobre a ambição

Só
de pó
Deus o fez
mas ele, em vez
de se conformar,
quis ser sol, quis ser mar,
e ser céu... – ser tudo, enfim!
Mas nada pôde! E foi assim
que se pôs a chorar de furor...
Mas – ah! – foi sobre a sua própria dor
que as lágrimas tristes rolaram. E o pó
molhado, ficou sendo lodo – e lodo só!

ALMEIDA, Guilherme de. *Meus versos mais queridos*.
Rio de Janeiro: Edições de Ouro, 1967.

a) Quais são as ideias principais desenvolvidas no poema?

b) Como se observa, os versos apresentam extensão variada. Faça a escansão desses versos e nomeie cada um deles de acordo com o número de sílabas poéticas.

c) O metro e a disposição dos versos do poema revelam uma determinada intenção do poeta. Relacione essa intenção ao conteúdo do texto e explique o que ele sugere.

d) Observe o emprego das palavras *pó* e o *lodo* no poema: elas simbolizam o ser humano. Que figura de linguagem elas exemplificam? Justifique sua resposta.

e) Que recurso o poeta empregou na construção do poema a fim de sugerir a transformação que se opera no ser humano à medida que ele se deixa dominar por seus desejos?

f) Releia estes versos: "quis ser sol, quis ser mar, / e ser céu... – ser tudo, enfim!". Que figura de linguagem foi utilizada nesses versos? Explique sua resposta.

g) Observe este trecho do décimo primeiro verso: "que as lágrimas tristes rolaram". Que figura se identifica nesse trecho? Por quê?

h) Observe as rimas do poema ("só / pó", "fez / vez", "conformar / mar", etc.).
- Faça o esquema das rimas encontradas nos versos.
- Quanto à disposição, como essas rimas são classificadas?
- Explique o efeito que essas rimas produzem no poema.

i) Considerando o contexto, o que o poeta sugere ao empregar as mesmas rimas nos dois primeiros e nos dois últimos versos?

4 Sobre cada uma das estrofes a seguir, identifique:
- o número de sílabas métricas dos versos e o nome que recebe o tipo de verso com esse número de sílabas;
- o tipo das rimas empregadas quanto à disposição;
- o nome que a estrofe recebe quanto ao número de versos.

a) Amor é um fogo que arde sem se ver;
É ferida que dói e não se sente;
É um contentamento descontente;
É dor que desatina sem doer.

CAMÕES, Luís de. Soneto 4.
In: SALGADO JÚNIOR, Antônio (Org.).
Luís de Camões: obra completa. Rio de Janeiro:
Nova Aguilar, 2008. p. 270. (Fragmento).

b) Se alguma pessoa amiga
Pedir que você lhe diga
Se você me quer ou não,
Diga que você me adora,
Que você lamenta e chora
A nossa separação...

ROSA, Noel. Último desejo. Intérprete: Maria Bethânia.
In: *Maria Bethânia canta Noel Rosa. 1965.*
Sony & BMG. Faixa 14. (Fragmento).

c) Como é por dentro outra pessoa
Quem é que o saberá sonhar?
A alma de outrem é outro universo
Com que não há comunicação possível,
Com que não há verdadeiro entendimento.

Nada sabemos da alma
Senão da nossa;
As dos outros são olhares,
São gestos, são palavras,
Com a suposição de qualquer semelhança
No fundo.

PESSOA, Fernando. Como é por dentro outra pessoa.
In: GALHOZ, Maria Aliete (Org.). *Fernando Pessoa*: obra poética.
Rio de Janeiro: Nova Aguilar, 1999. p. 576-577. (Fragmento).

d) Manhã. Sangue em delírio, verde gomo,
Promessa ardente, berço e liminar:
A árvore pulsa, no primeiro assomo
Da vida, inchando a seiva ao sol... Sonhar!

BILAC, Olavo. Ciclo. In: BUENO, Alexei (Org.).
Olavo Bilac: obra reunida. Rio de Janeiro:
Nova Aguilar, 1996. p. 239. (Fragmento).

5 Leia este poema do escritor mineiro Roberto Almada (1935-1994):

Justificativa para o poema

As casas como as pessoas
são diferentes, mas não outras,
ainda que sejam iguais;
às vezes menos, às vezes mais.

Foram feitas para guardar
num mesmo e único lugar
o que não foi consumido.

Na memória, o esquecido.
Numa parte deste quarto
as coisas de que me farto.

É um mesmo pó vertical.
Chame parede ou chame pele
ao círculo que as envolve,
ambas o tempo as dissolve.

Por dentro muito segredo.
Por fora silêncio e medo.

ALMADA, Roberto. *O país d'el rey & A casa imaginária*.Vitória: FCAA/UFES, 1991.

a) O poeta desenvolve o tema de seus versos por meio de expressivos recursos da linguagem figurada (subjetiva). Qual é esse tema?

b) Na primeira estrofe, o eu lírico expressa sua visão sobre as pessoas e as casas, baseando-se em uma comparação feita entre elas. Qual é essa visão?

c) Como o eu lírico confirma sua visão sobre as pessoas e as casas ao desenvolver a segunda e a terceira estrofe?

d) Explique o sentido deste verso no contexto do poema: "É um mesmo pó vertical".

e) Releia estes versos: "Chame parede ou chame pele / ao círculo que as envolve, / ambas o tempo as dissolve". No contexto do poema, o que é o "círculo"? O que ocorre com ele?

f) Na estrofe final, qual é a semelhança estabelecida entre as casas e as pessoas pelo eu lírico?

g) Identifique no poema as seguintes figuras de linguagem: metáfora, comparação, antítese, anáfora, pleonasmo e elipse.

h) Esse poema é composto por cinco estrofes. Nomeie cada uma delas de acordo com o número de versos.

i) Faça a escansão dos versos da última estrofe e classifique-os quanto à métrica.

j) Em que versos as rimas são emparelhadas?

k) Quanto ao valor, que nome recebem as rimas dos versos 5 e 6, 15 e 16? Por quê?

Lista de exercícios

RESUMO

Poesia e poema

- **Poesia** – arte de compor utilizando recursos de linguagem e estilísticos que sugerem subjetividade do eu lírico e despertam emoção no leitor.
- **Poema** – composição com traços poéticos estruturada em versos.
- **Versificação** – arte ou técnica de fazer versos.
- **Verso** – cada linha do poema. É classificado de acordo com a quantidade de sílabas: monossílabo, dissílabo, trissílabo, tetrassílabo, pentassílabo ou redondilha menor, hexassílabo, heptassílabo ou redondilha maior, octossílabo, eneassílabo, decassílabo, hendecassílabo, dodecassílabo ou alexandrino e bárbaro.
- **Estrofe** – conjunto de versos. É nomeada de acordo com a quantidade de versos: monóstico, dístico, terceto, quarteto ou quadra, quintilha, sexteto ou sextilha, setilha ou sétima, oitava, nona e décima; com mais de dez, a estrofe recebe o nome do respectivo número de versos.
- **Metro** – medida de um verso, isto é, o tamanho da linha poética.
- **Rima** – semelhança de sons no final ou no meio de versos diferentes. As rimas são classificadas quanto ao valor (pobres, ricas, raras e preciosas), quanto à disposição (emparelhadas, cruzadas, interpoladas, misturadas e encadeadas) e quanto à posição da sílaba tônica (agudas, graves e esdrúxulas).

Prosa e prosa poética

- **Prosa** – texto em linhas contínuas organizadas em parágrafos.
- **Prosa poética** – texto em prosa que apresenta características poéticas.

Capítulo 29 Introdução à semântica

O que é semântica

No texto

Leia o anúncio publicitário a seguir.

EURO RSCG/REPRODUÇÃO

1. Que recursos verbais e não verbais foram empregados no anúncio para valorizar a qualidade do produto divulgado?
2. Observe estas frases em destaque no anúncio:

   "Você vai se sentir no céu. E seus pés, nas nuvens."

   a) A leitura da frase "E seus pés, nas nuvens" é a seguinte: *E seus pés vão se sentir nas nuvens*. Explique o que essa frase significa no anúncio.

   b) Considerando o contexto do anúncio, podemos dizer que, na frase "E seus pés [vão se sentir], nas nuvens", a palavra *pés* expressa um sentido metafórico, isto é, a pessoa por inteiro. Nesta outra frase do anúncio: "Conforto para seus **pés**", qual é o sentido da palavra *pés*?

3. Como observamos, o anúncio explorou a palavra *pé* em dois sentidos diferentes, mas ela ainda pode ter outros sentidos. Escreva o sentido que a palavra *pé* tem nas frases a seguir.

   a) A família não sabia em que **pé** estavam as negociações com o inquilino.

   b) Diante da minha resposta, não houve **pé** para continuar a discussão.

   c) Havia informações importantes no **pé** da página do livro.

   d) O agricultor perdeu quase todos os **pés** de café com as enchentes.

   e) No sistema métrico decimal, o **pé** corresponde a 30,48 cm.

   f) As crianças sentaram-se no **pé** da cama.

4. Muitas vezes, a palavra *pé* compõe uma expressão da língua (expressão idiomática) e, nesses casos, não é possível identificar o sentido da palavra isoladamente, mas apenas expressão já popularmente consagrada.

   a) Explique o sentido das expressões formadas com a palavra *pé* nas seguintes frases:

      - A filha **não arredou pé de** sua decisão de estagiar no exterior.
      - Os acionistas estavam **com um pé atrás** diante das notícias.
      - Os iranianos continuavam **em pé de guerra** com os vizinhos.
      - O político perdeu nas eleições, mas **caiu de pé** mais uma vez.
      - O menino conseguiu nadar, pois o riacho **dava pé** para ele.
      - Os convidados só **deram no pé** quando já era de madrugada.
      - Os jovens seguiram as ordens **ao pé da letra**.

   b) Explique o sentido das expressões a seguir formadas com a palavra *pé* e escreva uma frase utilizando cada uma delas.

      - em pé de igualdade
      - um pé lá outro cá
      - pegar no pé
      - tomar pé em/de
      - apertar o pé
      - ao pé do ouvido
      - tirar o pé da lama
      - negar de pés juntos
      - meter os pés pelas mãos
      - com pés de lã
      - pé ante pé
      - ter os pés no chão

Leia, agora, um trecho do conto "Plenitude do meio-dia", do escritor mineiro Bartolomeu Campos Queirós.

Laranja, manga, abacate, romã, mamão, eram frutas que Antônio sabia. Um dia veio a conhecer maçã, vermelha como crista de galo e lisa como as xícaras de porcelana da mãe – presente de casamento. Vinha enrolada em papel roxo, da cor do manto da Nossa Senhora, aquela que tinha no coração sete espadas de dores. Com seu cheiro forte, jamais podia ser comida às escondidas. Ela se anunciava sem constrangimento. Fruta à vontade, exagerada em cor e perfume.

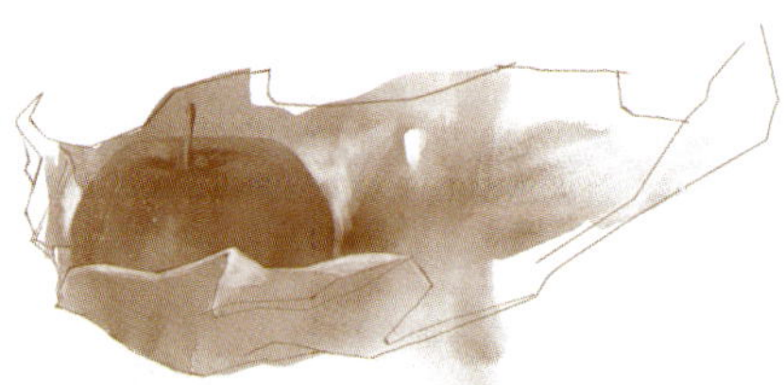

Para aprender a nadar, os meninos engoliam piabas vivas. Antônio, sonhando com mergulhos, não perdeu tempo. Com água pela cintura e peneira, engoliu todas as piabas pescadas. Uma cócega na garganta e mais uma na barriga e já imaginava o fundo das águas entre cidades e reinos.

Mas o que veio foi uma infecção intestinal. Febre e desânimo pelo corpo inteiro. Os vômitos tornaram-se frequentes. Depois de tantos chás sem efeito, o pai partiu para a cidade.

Explicou tudo ao farmacêutico e voltou carregado de poções, fortificantes, cápsulas e mais um embrulho de maçãs.

Assentado na janela, em repouso e regime, Antônio cheirava o papel roxo e comia maçãs que lembravam rezas.

QUEIRÓS, Bartolomeu Campos. *Indez*. Belo Horizonte: Miguilim, 1998. p. 47. (Fragmento).

---

1. Com base no texto, explique quem seria Antônio e onde você acha que ele mora. Justifique sua resposta.
2. Releia estas frases do texto, observando as palavras destacadas:
   - "Laranja, manga, abacate, romã, mamão, eram frutas que Antônio **sabia**."
   - "Um dia veio a **conhecer** maçã, vermelha como crista de galo e lisa como as xícaras de porcelana da mãe."

   a) Que sentido tem o verbo *saber* na primeira frase?

   b) Na segunda frase, como se substitui o verbo *conhecer* pelo verbo *saber*? Identifique o sentido de ambos.

   c) Identifique nessas duas frases as palavras que apresentam uma certa relação de sentido?

   d) Em uma das duas frases, há uma palavra que agrupa essas palavras que você identificou no item anterior. Qual é essa palavra? Explique.
3. Observe esta frase do texto:

   "Ela se anunciava sem constrangimento."

   Nessa frase, a palavra *constrangimento* pode ser substituída, sem alteração do significado, pela palavra:
   - arrependimento
   - acanhamento
   - estranheza
   - irritação
   - afetação
   - questionamento
4. Releia esta frase do texto, observando o verbo utilizado: "Os vômitos **tornaram-se** frequentes". Compare o sentido dessa frase com estas duas outras, levando em conta o novo verbo utilizado.
   - Os vômitos **eram** frequentes.
   - Os vômitos **estavam** frequentes.
5. Identifique, no texto, a(s) palavra(s) que pode(m) se ajuntar, pelo sentido, a cada uma das palavras a seguir, e que faça(m) parte da mesma área ou do mesmo universo semântico.
   - vermelha
   - coração
   - poções
   - mãe
6. Observe o sentido do verbo destacado nas frases a seguir. A primeira delas foi retirada do texto.
   - "Assentado na janela, em repouso e regime, Antônio cheirava o papel roxo e comia maçãs que **lembravam** rezas."
   - Os fortes raios de sol **evocavam** as manhãs na roça.
   - Os meninos **pareciam** satisfeitos com a vida naquele lugar.
   - Em quais frases é possível substituir os verbos destacados um pelo outro sem que haja alteração de sentido?

Em contexto

Uma mesma palavra pode apresentar sentidos variados, dependendo do contexto em que é empregada. A ciência que estuda a significação das palavras chama-se **semântica**.

Entre os assuntos tradicionais ligados à semântica destacam-se: a **sinonímia**, a **antonímia**, a **hiponímia**, a **hiperonímia**, o **campo semântico** e a **polissemia**, que se referem ao sentido das palavras; e a **ambiguidade** ou a **duplicidade de sentidos**, que diz respeito a frases completas.

Semântica é o estudo dos sentidos ou das significações das palavras e expressões da língua e até mesmo de frases completas.

Sinonímia

No texto

Leia esta tira de Frank e Ernest:

FRANK & ERNEST

Bob Thaves

1. De que modo o autor conseguiu produzir humor nessa tira?
2. Explique por que, na tira, as palavras que constituem as opções de resposta não permitem a escolha de apenas uma.
3. Quais dessas palavras apresentam um sentido semelhante à palavra *enfastiado* na frase a seguir, podendo substituí-la?
   - As pesquisas deixam o senhor **enfastiado**?

Em contexto

Quando uma palavra apresenta um sentido próximo ao de outra, e ambas servem para descrever as mesmas coisas e as mesmas situações, dizemos que elas são **sinônimos** ou **palavras sinônimas**. Observe estes exemplos:

Os longos discursos nos deixaram ***entediados*** *(ou* ***aborrecidos****).*

As pessoas ficaram ***irritadas*** *(ou* ***enfurecidas*** *ou* ***exasperadas****) com o atraso do voo.*

As palavras destacadas nos parênteses podem ser utilizadas em lugar daquelas que estão destacadas nas frases, mantendo-se o mesmo significado ou um significado bastante próximo.

Não existem sinônimos perfeitos; assim, a escolha de palavras sinônimas vai depender do sentido que elas apresentam no contexto.

Sinônimos são palavras de sentidos iguais ou próximos que podem ser substituídas uma pela outra em contextos variados. A **sinonímia** é a parte da semântica que estuda os sinônimos.

Antonímia

No texto

Leia esta tira do Mundo Monstro:

MUNDO MONSTRO — Adão Iturrusgarai

ADÃO ITURRUSGARAI

1. Na tira, a jovem fica impressionada com a cuidadosa arrumação feita pelo amigo (o homem-legenda). Em sua opinião, qual foi a intenção do quadrinista com essa história?
2. Quais palavras utilizadas nessa tira apresentam um sentido contrário ou oposto uma da outra?

Em contexto

As palavras que se opõem quanto ao sentido são chamadas de **antônimos** ou **palavras antônimas**: *vida* e *morte*, *chegar* e *partir*, *alto* e *baixo*, *grande* e *pequeno*, *feliz* e *infeliz*, *incluir* e *excluir*, etc.

Como no caso das palavras sinônimas, não há antônimos perfeitos.

Antônimos são palavras de sentido contrário ou oposto. A **antonímia** é a parte da semântica que estuda os antônimos.

Campo semântico

No texto

Leia o poema a seguir, de Carlos Drummond de Andrade. O tema de que trata o poema é bastante significativo na obra desse poeta.

Família

Três meninos e duas meninas,
sendo uma ainda de colo.
A cozinheira preta, a copeira mulata,
o papagaio, o gato, o cachorro,
as galinhas gordas no palmo de horta
e a mulher que trata de tudo.

A espreguiçadeira, a cama, a gangorra,
o cigarro, o trabalho, a reza,
a goiabada na sobremesa de domingo,
o palito nos dentes contentes,

o gramofone rouco toda noite
e a mulher que trata de tudo.

O agiota, o leiteiro, o turco,
o médico uma vez por mês,
o bilhete todas as semanas
branco! Mas a esperança sempre verde.
A mulher que trata de tudo
e a felicidade.

ANDRADE, Carlos Drummond de. *Poesia completa*. Rio de Janeiro: Nova Aguilar, 2002. p. 26. Carlos Drummond de Andrade © Graña Drummond (www.carlosdrummond.com.br)

1. Esse poema é composto de três estrofes de versos livres.
   a) Como se chamam essas estrofes quanto ao número de versos?
   b) Qual é o assunto de cada estrofe?
2. Observe que o eu lírico fala de determinada mulher nos versos finais de cada estrofe. Qual foi a intenção dele?
3. Releia estes dois versos da segunda estrofe:

   "o palito nos dentes contentes,
   o gramofone rouco toda noite"

   Nesses versos ocorre duas vezes uma mesma figura de linguagem. Qual é essa figura e em que partes dos versos ela está presente?
4. Releia a primeira estrofe do poema. As palavras *meninos*, *meninas* e *mulher* pertencem a uma mesma área de sentido, pois apresentam uma relação de significado comum entre elas. Diz-se, então, que essas palavras fazem parte de um mesmo **campo semântico**.
   - De acordo com essa informação, que outros grupos de palavras pertencem a um mesmo campo semântico na primeira estrofe?
5. Cada uma das palavras pertencentes a um mesmo campo semântico recebe o nome de **hipônimo**. O termo que abrange ou engloba todo o grupo de palavras da mesma área semântica chama-se **hiperônimo**. Por exemplo, as palavras *meninos*, *meninas* e *mulher* são hipônimos, e a palavra *família* é o hiperônimo.
   - Qual é o hiperônimo de cada grupo de palavras hipônimas identificadas no exercício anterior (questão 4)?

Em contexto

Além dos campos semânticos observados nos exercícios, encontramos outros casos no poema "Família", de Carlos Drummond de Andrade:

- na segunda estrofe, há os hipônimos *espreguiçadeira*, *cama* e *gangorra*, que têm como hiperônimo a palavra *objeto*;
- na terceira estrofe, os hipônimos *agiota*, *leiteiro*, *turco* (*vendedor* ou *mascate*) e *médico*, que têm como hiperônimo a palavra *profissão*.

Campo semântico é o conjunto de palavras que são associadas por expressarem um sentido comum.

Hipônimo é cada palavra de sentido específico dentro de um grupo de palavras que apresentam uma relação de sentido comum ou familiar.

Hiperônimo é a palavra de sentido amplo que engloba um determinado grupo de hipônimos.

Polissemia

No texto

Leia esta tira do Hagar:

HAGAR | Chris Browne

- Observe que o conteúdo humorístico do texto se relaciona ao jogo de sentido criado com base na palavra *topo*.
  a) Explique o sentido da palavra *topo* no primeiro e no terceiro quadrinhos.
  b) No último quadrinho, Hagar revela como se sentiu com a descoberta que fez, mas sua fala tem duplo sentido, advindo do uso da palavra *frio*. Explique.
  c) Em sua opinião, a que conclusão Hagar chegou ao meditar sobre a sua história de vida?

Como você observou, a palavra *topo* é utilizada na tira com significados diferentes. Já o uso da palavra *frio* permite um duplo entendimento devido à variação de sentido que ela pode ter em função do contexto. Esse fato da língua relativo à variação de significados de uma palavra está ligado ao que se chama de **polissemia**.

Em contexto

A **polissemia** é a característica que uma mesma palavra ou expressão (locução) tem de apresentar mais de um sentido ou uma multiplicidade de sentidos, considerando o contexto em que é utilizada. Cada novo sentido, no entanto, guarda alguma relação com o significado original.

Na última tira analisada, você observou o uso da palavra *topo* com sentidos diferentes: "vitória ou sucesso" e "a parte mais alta de uma montanha ou monte".

> **Polissemia** é a propriedade que uma palavra tem de possuir vários sentidos, estabelecidos com base principalmente em seu sentido original, em maior ou menor grau.

Ambiguidade

No texto

A ambiguidade (isto é, o uso de palavras, expressões ou frases com mais de um sentido) pode ser um interessante recurso de expressão, quando empregada em histórias em quadrinhos, anúncios publicitários, textos poéticos e humorísticos.

Leia o texto humorístico a seguir e observe como o uso da ambiguidade transmite as ideias de forma mais divertida.

No restaurante

O garçom pergunta a um sujeito que entra no restaurante:

– O senhor, o que toma?

Ele responde:

– Eu tomo uma boa vitamina pela manhã, remédio para combater minha dor nas costas.

– Acho que o senhor não me entendeu ¬– diz o garçom –, o que eu perguntei é o que o senhor gostaria!

– Ah, bom! Eu gostaria de ser rico, de ter uma casa na praia, de viajar bastante...

– O que eu quero saber é o que o senhor quer para beber! – diz o garçom, já irritado.

– Ah, bom! Vamos ver... que é que você tem?

– Eu? Nada, não, só um pouco chateado porque o meu time perdeu, o salário daqui é muito baixo, estou me sentindo sozinho...

Revista *Seleções*, junho / 2000. (Adaptado).

1. A piada é apresentada em forma de diálogo (discurso direto) entre um garçom e um cliente do restaurante. Explique como o humor do texto foi desenvolvido.

2. Reescreva as frases em que as perguntas apresentam sentido ambíguo, de forma a tornar o diálogo mais compreensível.

Em contexto

A **ambiguidade** é a característica que uma palavra, expressão ou frase tem de apresentar mais de um sentido no contexto em que são empregadas. Pode ser um recurso favorável na construção de um texto ou pode prejudicar a clareza e a precisão das ideias, dificultando a compreensão da leitura.

O prejuízo à clareza e à precisão de ideias ocorre principalmente quando a ambiguidade é causada por pontuação imprópria, problemas de construção lexical e/ou emprego de palavras com mais de um sentido, que podem gerar, de forma não intencional, mais de uma possibilidade de interpretação.

Leia, por exemplo, a seguinte frase:

O computador tornou-se um grande aliado do ser humano, mas ***esse*** *nem sempre realiza todas as* ***suas*** *tarefas.*

Observe que as palavras *esse* e *suas* podem referir-se tanto ao computador quanto ao ser humano: um e outro podem não realizar completamente o seu trabalho. Para evitar a ambiguidade, a frase poderia ser reescrita da seguinte maneira:

O computador, apesar de ser um grande aliado do ser humano, não consegue realizar todas as tarefas humanas.

Observe, a seguir, alguns casos em que é comum a ocorrência da ambiguidade, as frases utilizadas como exemplos e as sugestões para uma nova redação.

a) **Com o uso de pronomes possessivos.**

*Raquel realizou a pesquisa com Sílvio e fez **sua** apresentação.*

Raquel fez a apresentação da pesquisa ou a de Sílvio?
Sugestões para evitar a ambiguidade:

- *Raquel e Sílvio realizaram a pesquisa, e **ambos** fizeram a apresentação.*
- *Raquel e Sílvio realizaram a pesquisa, e **ele** fez a apresentação **dele**.*
- *Raquel e Sílvio realizaram a pesquisa, e **ela** fez a apresentação **dela**.*

b) **Com o uso de pronomes relativos.**

*Visitamos o teatro e o museu **cuja** qualidade artística é inegável.*

É o teatro ou o museu que possui qualidade artística?
Sugestões:

- *Visitamos o teatro e o museu, **os quais** têm qualidade artística inegável.*
- *Visitamos o teatro e o museu, e **aquele** tem qualidade artística inegável.*
- *Visitamos o teatro e o museu, e **este** tem qualidade artística inegável.*

c) **Com a colocação inadequada de palavras.**

*O cliente **aborrecido** recusou o suco por causa do sabor.*

O cliente era aborrecido ou ficou aborrecido no momento?
Sugestões:

- *O cliente recusou **aborrecido** o suco por causa do sabor.*
- *O cliente, **que era aborrecido**, recusou o suco por causa do sabor.*

d) **Com sentido indistinto entre agente e paciente.**

A recepção dos noivos foi no salão do clube.

A recepção foi oferecida pelos noivos ou eles foram recepcionados?
Sugestões:

- *A recepção foi oferecida pelos noivos no salão do clube.*
- *Os noivos foram recepcionados no salão do clube.*

e) **Com uso indistinto entre o pronome relativo e a conjunção integrante.**

*O motorista falou com o passageiro **que** era gaúcho.*

O motorista ou o passageiro era gaúcho?
Sugestões:

- *O motorista disse **que** era gaúcho ao passageiro.*
- *O motorista conversou com o passageiro, **que** era gaúcho.*

f) **Com o uso de formas nominais dos verbos.**

*O pai viu o filho **chegando** em casa bem tarde.*

Quem chegou em casa bem tarde: o pai ou o filho?
Sugestões:

- *O pai viu **que o filho chegava** em casa bem tarde.*
- ***O pai**, que chegava em casa bem tarde, **viu o filho**.*

A **ambiguidade** é o emprego de palavras, expressões ou frases com duplicidade de sentidos, causando dificuldade ao entendimento do texto.

APLICAÇÃO

1 Leia este poema de José Paulo Paes (1926-1998), poeta que considerava a poesia uma metáfora do mundo:

Ao alfinete

A tua cabeça
é um infinito às avessas.
Com tua ponta aprende
a língua mais perversa.

Piedosamente escondes
obscenos rasgões.
Com prender o molde ao pano
uma roupa lhe impões.

No idioma da ambição
só ao módico dás nome:
"Algum para os alfinetes"
pede a mulher ao homem.

Mas se cais ao chão ninguém
se rebaixa em colher-te.
Com um muxoxo de desdém
diz: "É um simples alfinete".

PAES, José Paulo. *Prosas seguidas de odes mínimas.* São Paulo: Companhia das Letras, 2002. p. 81.

Glossário

Obscenos: que ferem o pudor, impuros, vulgares.

Módicos: modestos, comedidos.

Desdém: desprezo, aversão.

a) O texto apresenta quatro estrofes constituídas por quartetos.
- Quanto à disposição, que rimas foram empregadas na quarta estrofe?
- E quanto ao valor, como se chamam as rimas da quarta estrofe?

b) De acordo com o poema, que uso se pode fazer do alfinete?

c) Explique o sentido deste verso: "Algum para os alfinetes".

d) Observe que, na última estrofe, a conjunção *mas* introduz uma oposição em relação à estrofe anterior. Que ideia é antônima ou contrária entre elas?

2 Leia esta charge de Frank & Ernest:

FRANK & ERNEST Bob Thaves

2004 UNITED MEDIA/IPRESS

a) Observe que as personagens utilizam as palavras em sentido subjetivo. Explique o que a professora de ginástica quis dizer em "Vamos queimar essa gordura!".

b) Um dos alunos se queixa ao ouvir o pedido da professora. Como a fala da professora foi interpretada por essa personagem?

c) Que palavras na tira pertencem ao mesmo campo semântico e são hipônimos? Por quê?

3 Leia o anúncio publicitário a seguir.

REPRODUÇÃO

a) O anúncio destaca o crescimento de uma rede de pagamentos eletrônicos. De que forma foi trabalhada essa ideia no texto?

b) No enunciado no alto do anúncio, que ideia retoma o pronome *isso*?

c) A palavra *bandeira* é uma palavra polissêmica, isto é, pode apresentar sentidos diferentes de acordo com o contexto.

- Que sentido a palavra *bandeiras* expressa no anúncio?
- Escreva frases empregando a palavra *bandeiras* com outros sentidos.

4 Leia esta tira do Recruta Zero:

RECRUTA ZERO — Mort Walker

a) No primeiro balão da tira, que sentido expressa a frase "Estou vendo uma luz no fim do túnel!", dita pelo soldado?

b) Observando o balão de fala do segundo quadrinho, explique por que o outro soldado mostra uma reação contrária à do colega que está lendo o jornal.

c) A palavra *túnel* é polissêmica, isto é, pode ser empregada com vários sentidos. No texto, ela significa "uma situação ruim que parece não ter fim". Escreva uma frase em que essa palavra é usada com outro sentido.

5 Leia esta outra tira do Recruta Zero:

RECRUTA ZERO — Mort Walker

a) Como é possível interpretar as palavras da esposa no segundo quadrinho?

b) Que palavras e expressões do texto são antônimos?

6 Explique a ambiguidade que ocorre nas frases a seguir, considerando a posição das palavras destacadas.

a) O guarda declarou ter multado o motorista **errado**.

b) Os empresários deixaram os clientes **satisfeitos**.

c) A gerente conversou com a vendedora **enjoada**.

7 Reescreva as frases a seguir, desfazendo a ambiguidade decorrente do emprego inadequado do pronome relativo.

a) Adquiri um sítio com um belo lago **que** fica distante da cidade.

b) Encontrei Cláudia, mãe de Camila, **que** faz ginástica comigo na academia.

c) O engenheiro explicou o problema ao bombeiro **que** trabalha na obra.

d) O contador fez uma avaliação dos gastos para atender a um pedido do gerente **que** o deixou ansioso.

8 Reescreva as frases a seguir, eliminando a ambiguidade.

a) Caso você venha ao churrasco com Ana, poderá ver seu namorado.

b) Luísa olhava o jardineiro plantando suas mudas de rosa.

c) O pai não permitiu que o filho dirigisse seu carro.

9 Leia esta tira de Frank & Ernest:

FRANK & ERNEST

Bob Thaves

2009 UNITED MEDIA/IPRESS

a) Observando o contexto da tira, explique o que a personagem quis dizer com "carrega demais nas tintas".

b) "Carregar nas tintas" é uma das muitas expressões idiomáticas empregadas pelas pessoas no cotidiano. Escreva o sentido das expressões idiomáticas destacadas:

- A massagista foi cedo à casa da cliente, mas **deu com os burros n'água**.
- Durante a entrevista, o político **misturou alhos com bugalhos**.
- Depois da conversa com o namorado, a moça **ficou com a alma lavada**.
- Logo que assumiu o cargo, o técnico **pôs o carro na frente dos bois**.
- Qualquer conversa com o inquilino era como **chover no molhado**.

Lista de exercícios | Visão do especialista | Questões do Enem e de vestibulares comentadas

RESUMO

Introdução à semântica

- **Semântica** – parte da gramática que estuda o sentido de palavras, expressões e frases: *Marina **está** bonita* (estado transitório); *Maria **é** bonita* (estado próprio ou inerente ao ser).
- **Sinônimos** – palavras de sentidos iguais ou semelhantes, parecidos: *O **ladrão*** (ou *assaltante, larápio, trapaceiro, meliante*) *roubou o **veículo*** (ou *carro, viatura, automóvel*) *em poucos segundos*.
- **Antônimos** – palavras de sentido contrário: *Sua presença faz tanto **bem** quanto **mal**. Passou do **riso** ao **pranto**.*
- **Hipônimos** e **hiperônimos** – palavras hipônimas são aquelas de mesmo campo semântico, ou que pertencem a um universo comum, e que apresentam um sentido mais determinado ou específico, como neste grupo de palavras: *motorista, carro, farol, pedágio, rodovia*. O hiperônimo, nesse caso, é a palavra *trânsito*, porque apresenta um sentido abrangente para compreender todas elas.
- **Polissemia** – emprego de uma mesma palavra com vários sentidos: *A **luz** do Sol alegra o dia. Apagou a **luz** ao sair. Havia **luz** em seu olhar. A humanidade viveu dias de **luz** e de trevas.*
- **Ambiguidade** – emprego de palavras ou de frases com duplicidade de sentidos: *O jogador falou com a secretária **que mora perto daqui*** (O jogador ou a secretária moram perto daqui?).

Índice de assuntos

D

E

F

G

H

I

J

L

M

N

O

P

Q

R

S

T

U

V

Z

ANTUNES, Irandé. *Aula de português*: encontro & interação. São Paulo: Parábola, 2003.

______. *Língua, texto e ensino*: outra escola possível. São Paulo: Parábola, 2009.

______. *Muito além da gramática*: por um ensino da língua sem pedras no caminho. São Paulo: Parábola, 2007.

AZEREDO, José Carlos de. *Gramática Houaiss da língua portuguesa*. São Paulo: Publifolha, 2008.

BAGNO, Marcos. *A língua de Eulália*: novela sociolinguística. São Paulo: Contexto, 1997.

______. *Nada na língua é por acaso*: por uma pedagogia da variação linguística. São Paulo: Parábola, 2009.

______. *Preconceito linguístico*: o que é, como se faz. 43. ed. São Paulo: Loyola, 2006.

BECHARA, Evanildo. *Moderna gramática portuguesa*. 37. ed. Rio de Janeiro: Nova Fronteira/Lucerna, 2009.

BRAIT, Beth (Org.). *Bakhtin*: conceitos-chave. São Paulo: Contexto, 2005.

______. *Bakhtin II*: outros conceitos-chave. São Paulo: Contexto, 2006.

CEGALLA, Domingos Paschoal. *Dicionário de dificuldades da língua portuguesa*. Rio de Janeiro: Nova Fronteira, 1996.

CHARTIER, Roger (Org.). *Práticas da leitura*. Trad. de Cristiane Nascimento. São Paulo: Estação Liberdade, 2000.

CUNHA, Celso. *Língua portuguesa e realidade brasileira*. Rio de Janeiro: Tempo Brasileiro, 1976.

______; CINTRA, Luís F. Lindley. *Nova gramática do português contemporâneo*. 5. ed. rev. Rio de Janeiro: Lexikon, 2008.

FERREIRA, Aurélio Buarque de Holanda. *Aurélio século XXI*. Rio de Janeiro: Nova Fronteira, 1999.

FIORIN, José Luiz (Org.). *Introdução à linguística*. São Paulo: Contexto, 2002-2003. 2 v.

GARCIA, Othon Manuel. *Comunicação em prosa moderna*. 25. ed. Rio de Janeiro: FGV, 2006.

GUIMARÃES, Elisa. *A articulação do texto*. 9. ed. São Paulo: Ática, 2004.

ILARI, Rodolfo. *A linguística e o ensino de português*. São Paulo: Martins Fontes, 1985.

______. *Introdução à semântica*: brincando com a gramática. São Paulo: Contexto, 2001.

______. *Introdução ao estudo do léxico*: brincando com as palavras. São Paulo: Contexto, 2008.

______; BASSO, Renato. *O português da gente*: a língua que estudamos, a língua que falamos. São Paulo: Contexto, 2006.

______; GERALDI, João Wanderley. *Semântica*. 10. ed. São Paulo: Ática, 1998.

KOCH, Ingedore Villaça. *A inter-ação pela linguagem*. 5. ed. São Paulo: Contexto, 1995.

______. *Introdução à linguística textual*. São Paulo: Martins Fontes, 2004.

______. *Ler e compreender*: os sentidos do texto. São Paulo: Contexto, 2006.

______. *O texto e a construção dos sentidos*. São Paulo: Contexto, 1997.

LAPA, Manuel Rodrigues. *Estilística da língua portuguesa*. São Paulo: Martins Fontes, 1982.

LIMA, Carlos Henrique da Rocha. *Gramática normativa da língua portuguesa*. 17. ed. Rio de Janeiro: José Olympio, 1974.

MAINGUENEAU, Dominique. *Análise de textos de comunicação*. 4. ed. Trad. de Cecília P. de Souza-e-Silva e Décio Rocha. São Paulo: Cortez, 2005.

MELO, Gladstone Chaves de. *Gramática fundamental da língua portuguesa*. 2. ed. Rio de Janeiro: Acadêmica, 1970.

NEVES, Maria Helena de Moura. *A gramática funcional*. São Paulo: Martins Fontes, 1997.

______. *Gramática de usos do português*. São Paulo: Unesp, 2000.

______. *Que gramática estudar na escola?*: norma e uso na língua portuguesa. São Paulo: Contexto, 2003.

______. *Texto e gramática*. São Paulo: Contexto, 2006.

PERINI, Mário A. *A língua do Brasil amanhã e outros mistérios*. São Paulo: Parábola, 2004.

______. *Princípios de linguística descritiva*: introdução ao pensamento gramatical. São Paulo: Parábola, 2006.

POSSENTI, S. *Por que (não) ensinar gramática na escola*. Campinas: Associação de Leitura do Brasil (ALB) / Mercado de Letras, 1996.

SOARES, Magda. *Linguagem e escola*: uma perspectiva social. São Paulo: Ática, 1986.

TRAVAGLIA, Luiz Carlos. *Gramática e interação*. São Paulo: Cortez, 1996.

VYGOTSKY, L. S. *Pensamento e linguagem*. São Paulo: Martins Fontes, 1993.

Vereda Digital

Gramática em textos

Volume único

Conteúdo do DVD

✓ **Visão do especialista**

✓ **Biblioteca do estudante**
- Ferramentas digitais: como usar
- Sugestões de *sites*
- Apêndices

✓ **Conteúdo multimídia**
- Vídeos
- Animações
- Música e áudio

✓ **Lista de exercícios**

✓ **Questões do Enem e de vestibulares comentadas**

Especificações técnicas para uso do DVD
- CPU de 1.0 GHz
- Memória RAM de 1 Gb
- Leitor de DVD
- Acrobat Reader
- Sistema operacional: Windows XP ou superior
- Resolução mínima de vídeo: 1024x768